Platon, Sohn des Ariston, geboren um 427 v. Chr. in Athen, ist ebendort 349 v. Chr. gestorben.

Das umfangreiche und vielschichtige Werk Platons fordert noch heute jeden zur Auseinandersetzung heraus, dem es um philosophische Bildung zu tun ist. Schon seit der Antike genießt Platon den Ruf eines klassischen philosophischen Autors. Seine Schriften haben daher nicht nur in der von ihm gegründeten Akademie zu differenzierten Reaktionen geführt, sondern auch darüber hinaus eine sehr komplexe Wirkungsgeschichte ausgelöst; noch in der Neuzeit hat man sich auf immer wieder neue Weisen mit Platon befaßt. Angesichts einer solch bedeutenden Tradition ist zu wünschen, daß sich auch künftig viele Köpfe an Platon zu schulen versuchen. Die vorliegende insel taschenbuch-Ausgabe in zehn Bänden unterstützt diesen Wunsch, indem sie das gesamte Corpus der Platonischen Schriften im griechischen Originaltext und in einer deutschen Übersetzung einem breiten Publikum zugänglich macht.

insel taschenbuch 1408

Platon

Timaios · Kritias

PLATON

SÄMTLICHE WERKE

in zehn Bänden
Griechisch und deutsch
Nach der Übersetzung
Friedrich Schleiermachers,
ergänzt durch Übersetzungen
von Franz Susemihl
und anderen
Herausgegeben von
Karlheinz Hülser

PLATON

PHILEBOS · TIMAIOS
KRITIAS

Griechisch und deutsch
Sämtliche Werke VIII

Insel Verlag

insel taschenbuch 1408
Erste Auflage 1991

Hinweise zu dieser Ausgabe zu Beginn des ersten Bandes
Vertrieb durch den Suhrkamp Taschenbuch Verlag
Umschlag nach Entwürfen von Willy Fleckhaus
Satz: Pagina GmbH, Tübingen
Druck: Nomos Verlagsgesellschaft, Baden-Baden
Printed in Germany

1 2 3 4 5 6 – 96 95 94 93 92 91

INHALT

Φίληβος
Philebos

GLIEDERUNG

1. Streit um das Gute: nach Philebos, vertreten durch Protarchos, ist die Lust das Gute; nach Sokrates sind Vernunft und Erkenntnis der Lust überlegen. Die anstehenden Argumentationsverpflichtungen (11a1)
2. Vorentscheidung: Das gute Leben kann nur ein aus Lust und Vernunft gemischtes sein (12b7)
2.1. Die Vielheit in Lust und Erkenntnis (12b7)
2.1.1. Die einander unähnlichen und entgegengesetzten Arten der Lust – nicht unterschiedslos als gut zu bezeichnen? (12b7)
2.1.2. Anerkennung verschiedener Arten sowohl bei der Erkenntnis als auch bei der Lust. Die Unterschiede sind weiter durchzuprüfen (13e2)
2.2. Das Problem von Eins und Vielen (14c1)
2.2.1. Präzisierung des Problems: Wie kann das Eins, wenn es unveränderlich ist, im Bereich des Werdens Vieles werden? (14c1)
2.2.2. Entwurf der richtigen Methode, das Verhältnis von Eins und Vielen zu untersuchen (15d1)
2.2.3. Verdeutlichung am Beispiel der Buchstaben, Töne und Rhythmen (17a8)
2.2.4. Beim wechselseitigen Übergang zwischen dem Eins und dem Unendlichen gilt es, die Zahl der bestimmten Zwischenwerte zu erkennen. Das Beispiel der Vokale und Konsonanten bei den Buchstaben (18a1)
2.3. Ob das Leben der Lust oder das der Erkenntnis das gute Leben ist (18e3)
2.3.1. Neufassung der ursprünglichen Fragestellung im Anschluß an die Erörterungen über Eins und Vieles (18e3)
2.3.2. Das Gute ist vollendet, selbstgenügsam und Ziel allen Strebens. Wäre die reine Lust das Gute, so wäre die ihr gemäße Lebensform nicht wünschenswert (20b6)
2.3.3. Ein Leben reiner, lustfreier Vernunft ist ebenfalls weder wünschenswert noch gut. Der erste Platz gebührt ei-

finden. Können Lust und Unlust wahr oder falsch sein? (35d8)

3.3. Wahrheit und Falschheit bei Lust und Unlust (37a2)

3.3.1. Die Lust nimmt wie die Meinung verschiedene Beschaffenheiten an und scheint wie diese auch wahrheits- und falschheitsfähig zu sein (37a2)

3.3.2. Richtige und falsche Meinungen beruhen auf Selbstgesprächen der Seele über Wahrgenommenes oder Erinnertes. Das Gedächtnis als Niederschrift solcher Gespräche und als bildhafte Aufzeichnung von Wahrgenommenem in der Seele (38b2)

3.3.3. Die Hoffnungen lehren: es gibt wahre Lust als wahre Rede und Abbildung, falsche Lust als falsche Rede und Abbildung. Ist die Falschheit der Lust der Grund ihrer Schlechtigkeit? (39e8)

3.3.4. Die Entstehung der Falschheit bei Lust und Unlust aus dem Vergleich beider; dieser betrifft das Mehr oder Weniger und wird durch größere oder geringere Entfernung des Verglichenen verfälscht. Ankündigung einer ärgeren Art falscher Lust und Unlust (41b8)

3.4. Die mit Unlust gemischte Lust (42c9)

3.4.1. Nur starke Veränderungen des Körpers bewirken Lust oder Unlust, mittelmäßige und kleine keins von beiden. Entsprechend gibt es die angenehme, die unangenehme und eine neutrale Lebensform, die weder als lust- noch als unlustvoll gelten kann (42c9)

3.4.2. Verdeutlichung der Dreiteilung an der These, es gebe anstelle von Lust nur ein der Unlust Entkommen. Lust und Unlust an ihren extremsten Erscheinungsformen am besten zu erkennen: an den Kranken (44b4)

3.4.3. Extreme Lust und Unlust aufgrund einer Verderbnis von Leib und Seele; entsprechende Beispiele und ihre unterschiedlichen Lust-Unlust-Mischungen (45d3)

3.4.4. Mischungen von Lust und Unlust in der Seele allein, insbesondere beim Anschauen von Komödien; das Wesen des Lächerlichen und des Neides (47d6)

3.4.5. Ergebnis: Im Leib, in der Seele und in beiden zusammen ist Lust immer mit Unlust gemischt (50b7)

3.5. Die von Unlust freie Lust (50e5)

3.5.1. Ihr Charakteristikum: eine Befriedigung ohne die Notwendigkeit einer Beimischung von Unlust. Beispiele: Lust an Farben, Gestalten, Gerüchen, Tönen, Lust an Kenntnissen (50e5)

3.5.2. Reine Lust zeigt Abgemessenheit, nicht Ungemessenheit. Nicht die größte und meiste, sondern die unvermischteste und reinste Lust ist die angenehmste, wahrste und schönste (52c1)

3.5.3. Manche sagen, Lust sei nur Werdendes, nichts Seiendes. Dann erfolgt sie um eines Seienden willen und befindet sich nicht wie dieses in der Ordnung des Guten. Nur wer die lust- und unlustfreie Lebensform wählt, wählt dann etwas Gutes und Schönes (53c4)

3.6. Reine und unreine Erkenntnis (55c5)

3.6.1. Verschiedene Einteilungen der Künste und Wissenschaften im Hinblick darauf, wie interessiert an zuverlässiger Erkenntnis sie sind (55c5)

3.6.2. Die Disziplinen mit den zuverlässigeren Erkenntnissen bieten die reineren Erkenntnisse; die reinsten vermittelt die philosophische Kunst der vernünftigen Rede. Einordnung der Rhetorik und der Naturwissenschaften (57a9)

4. Ein Umriß des guten Lebens und der Rang von Lust und Vernunft (59b10)

4.1. Zusammenstellung der Ausgangspositionen und einiger Zwischenergebnisse (59b10)

4.2. Umriß des aus Lust und Vernunft gemischten guten Lebens (60d4)

4.2.1. Die Notwendigkeit, Lust und Vernunft miteinander vermischt zu besitzen. Vorschlag, um zum Guten zu gelangen, zunächst die wahrste Erkenntnis und die wahrste Lust zu mischen (60d4)

4.2.2. Die Notwendigkeit, außer den reinsten Erkenntnissen zur Mischung auch alle unreineren zuzulassen (62a2)

4.2.3. Von den Lüsten sind zur Mischung nur die wahren und reinen zuzulassen. Endlich ist Wahrheit einzumischen (62d7)

Φίληβος

ΣΩΚΡΑΤΗΣ ΠΡΩΤΑΡΧΟΣ ΦΙΛΗΒΟΣ

ΣΩΚΡΑΤΗΣ. Ὅρα δή, Πρώταρχε, τίνα λόγον μέλλεις 11 a
παρὰ Φιλήβου δέχεσθαι νυνὶ καὶ πρὸς τίνα τὸν παρ' ἡμῖν
ἀμφισβητεῖν, ἐὰν μή σοι κατὰ νοῦν ᾖ λεγόμενος. Βούλει b
συγκεφαλαιωσώμεθα ἑκάτερον;

ΠΡΩΤΑΡΧΟΣ. Πάνυ μὲν οὖν.

ΣΩ. Φίληβος μὲν τοίνυν ἀγαθὸν εἶναί φησι τὸ χαίρειν
πᾶσι ζῴοις καὶ τὴν ἡδονὴν καὶ τέρψιν, καὶ ὅσα τοῦ γένους
ἐστὶ τούτου σύμφωνα· τὸ δὲ παρ' ἡμῶν ἀμφισβήτημά ἐστι
μὴ ταῦτα, ἀλλὰ τὸ φρονεῖν καὶ τὸ νοεῖν καὶ μεμνῆσθαι καὶ
τὰ τούτων αὖ συγγενῆ, δόξαν τε ὀρθὴν καὶ ἀληθεῖς λογισ-
μούς, τῆς γε ἡδονῆς ἀμείνω καὶ λῴω γίγνεσθαι σύμπασιν c
ὅσαπερ αὐτῶν δυνατὰ μεταλαβεῖν· δυνατοῖς δὲ μετασχεῖν
ὠφελιμώτατον ἁπάντων εἶναι πᾶσι τοῖς οὖσί τε καὶ ἐσομέ-
νοις. Μῶν οὐχ οὕτω πως λέγομεν, ὦ Φίληβε, ἑκάτεροι;

ΦΙΛΗΒΟΣ. Πάντων μὲν οὖν μάλιστα, ὦ Σώκρατες.

ΣΩ. Δέχῃ δὴ τοῦτον τὸν νῦν διδόμενον, ὦ Πρώταρχε,
λόγον;

ΠΡΩ. Ἀνάγκη δέχεσθαι· Φίληβος γὰρ ἡμῖν ὁ καλὸς
ἀπείρηκεν.

ΣΩ. Δεῖ δὴ περὶ αὐτῶν τρόπῳ παντὶ τἀληθές πῃ περαν-
θῆναι;

ΠΡΩ. Δεῖ γὰρ οὖν. d

ΣΩ. Ἴθι δή, πρὸς τούτοις διομολογησώμεθα καὶ τόδε.

ΠΡΩ. Τὸ ποῖον;

Philebos

SOKRATES PROTARCHOS PHILEBOS

1. Streit um das Gute: nach Philebos, vertreten durch Protarchos, ist die Lust das Gute; nach Sokrates sind Vernunft und Erkenntnis der Lust überlegen. Die anstehenden Argumentationsverpflichtungen

SOKRATES: Sieh also zu, Protarchos, was für eine Rede 11a
du jetzt vom Philebos übernehmen willst, und gegen was für
eine von unserer Seite streiten, falls sie dir nicht zu Sinne b
sollte gesprochen sein. Wollen wir sie uns beide noch einmal
wiederholen?

PROTARCHOS: Allerdings.

SOKRATES: Philebos nämlich sagt, daß für alles lebendige
in dem Wohlbefinden das Gute bestehe, und in der Lust und
dem Vergnügen und was sonst mit dieser Gattung zusammenstimmt.
Von unserer Seite aber ist das Bedenken, daß
vielleicht doch nicht dieses, sondern das Vernünftigsein und
das Erkennen und sich erinnern, und was wiederum hiemit
verwandt ist, richtige Meinung und wahrhafte Folgerungen,
besser sein mag als Lust und trefflicher für alles was nur c
daran teilnehmen kann, und für die, so es können das vorteilhafteste
von allem hieran teilzuhaben, für die jetzigen sowohl
als für die künftigen. Behaupten wir nicht dies ungefähr,
o Philebos, von beiden Seiten?

PHILEBOS: Ganz unstreitig, o Sokrates.

SOKRATES: Und übernimmst du diesen dir jetzt übertragenen Satz, o Protarchos?

PROTARCHOS: Ich muß ihn wohl übernehmen; denn Philebos der schöne ist uns ja ermüdet.

SOKRATES: Und auf alle Weise soll doch das Wahre darüber herausgebracht werden?

PROTARCHOS: Das soll freilich. d

SOKRATES: Wohlan! so laß uns außer dem vorigen auch noch dieses feststellen.

PROTARCHOS: Was doch?

ΣΩ. Ὡς νῦν ἡμῶν ἑκάτερος ἕξιν ψυχῆς καὶ διάθεσιν ἀποφαίνειν τινὰ ἐπιχειρήσει τὴν δυναμένην ἀνθρώποις πᾶσι τὸν βίον εὐδαίμονα παρέχειν. Ἆρ᾽ οὐχ οὕτως;

ΠΡΩ. Οὕτω μὲν οὖν.

ΣΩ. Οὐκοῦν ὑμεῖς μὲν τὴν τοῦ χαίρειν, ἡμεῖς δ᾽ αὖ τὴν τοῦ φρονεῖν;

ΠΡΩ. Ἔστι ταῦτα.

ΣΩ. Τί δ᾽ ἂν ἄλλη τις κρείττων τούτων φανῇ; μῶν
οὐκ, ἂν μὲν ἡδονῇ μᾶλλον φαίνηται συγγενής, ἡττώμεθα μὲν e
ἀμφότεροι τοῦ ταῦτα ἔχοντος βεβαίως βίου, κρατεῖ δὲ ὁ 12 a
τῆς ἡδονῆς τὸν τῆς φρονήσεως;

ΠΡΩ. Ναί.

ΣΩ. Ἂν δέ γε φρονήσει, νικᾷ μὲν φρόνησις τὴν ἡδονήν, ἡ δὲ ἡττᾶται; ταῦθ᾽ οὕτως ὁμολογούμενά φατε, ἢ πῶς;

ΠΡΩ. Ἐμοὶ γοῦν δοκεῖ.

ΣΩ. Τί δὲ Φιλήβῳ; τί φῄς;

ΦΙ. Ἐμοὶ μὲν πάντως νικᾶν ἡδονὴ δοκεῖ καὶ δόξει· σὺ δέ, Πρώταρχε, αὐτὸς γνώσῃ.

ΠΡΩ. Παραδούς, ὦ Φίληβε, ἡμῖν τὸν λόγον οὐκ ἂν ἔτι κύριος εἴης τῆς πρὸς Σωκράτη ὁμολογίας ἢ καὶ τοὐναντίον.

ΦΙ. Ἀληθῆ λέγεις· ἀλλὰ γὰρ ἀφοσιοῦμαι καὶ μαρτύρο- b
μαι νῦν αὐτὴν τὴν θεόν.

ΠΡΩ. Καὶ ἡμεῖς σοι τούτων γε αὐτῶν συμμάρτυρες ἂν εἶμεν, ὡς ταῦτα ἔλεγες ἃ λέγεις. Ἀλλὰ δὴ τὰ μετὰ ταῦτα ἑξῆς, ὦ Σώκρατες, ὅμως καὶ μετὰ Φιλήβου ἑκόντος ἢ ὅπως ἂν ἐθέλῃ πειρώμεθα περαίνειν.

SOKRATES: Daß jetzt auch jeglicher von beiden unternehmen muß eine gewisse Beschaffenheit und Verfassung der Seele als diejenige aufzuzeigen, welche allen Menschen vermag das Leben glückselig zu machen. Nicht so?

PROTARCHOS: Allerdings so.

SOKRATES: Also ihr die des Wohlbefindens, und wir dagegen die des Vernünftigseins?

PROTARCHOS: So ist es.

SOKRATES: Wie aber wenn sich noch eine andere besser zeigt als diese? werden nicht dann, falls sie sich der Lust e
verwandter zeigt, zwar wir beide von der jene Beschaffenheit festhaltenden Lebensweise überwunden werden, doch aber 12a
dann das Leben der Lust den Sieg davon tragen über das der Erkenntnis?

PROTARCHOS: Ja.

SOKRATES: Falls aber der Vernünftigkeit verwandter, dann siegt doch die Vernunft über die Lust und diese wird überwunden. Gebt ihr zu, daß dies so fest stehe, oder wie?

PROTARCHOS: Mir wenigstens gefällt es.

SOKRATES: Wie aber dem Philebos? was meinst du?

PHILEBOS: Mir ist auf alle Weise annehmlich, und wird es immer sein, daß die Lust siegt. Du aber, Protarchos wirst ja selbst wissen.

PROTARCHOS: Nachdem du uns die Rede übergeben, o Philebos, bist du auch nicht mehr Herr darüber, dem Sokrates dies zuzugestehen oder nicht.

PHILEBOS: Richtig gesprochen. Ich will mich auch nur b
lossagen, und rufe jetzt die Göttin selbst zum Zeugen.

PROTARCHOS: Auch wir wollen dir dies wohl gern mit bezeugen, daß du das gesagt hast, was du sagst. Allein das weitere, o Sokrates, wollen nun wir mit Philebos Beistimmung, oder wie er es sonst halten will, durchzuführen versuchen.

ΣΩ. Πειρατέον, ἀπ' αὐτῆς δὴ τῆς θεοῦ, ἣν ὅδε Ἀφροδίτην μὲν λέγεσθαί φησι, τὸ δ' ἀληθέστατον αὐτῆς ὄνομα ἡδονὴν εἶναι.

ΠΡΩ. Ὀρθότατα.

ΣΩ. Τὸ δ' ἐμὸν δέος, ὦ Πρώταρχε, ἀεὶ πρὸς τὰ τῶν c
θεῶν ὀνόματα οὐκ ἔστι κατ' ἄνθρωπον, ἀλλὰ πέρα τοῦ μεγίστου φόβου. Καὶ νῦν τὴν μὲν Ἀφροδίτην, ὅπῃ ἐκείνῃ φίλον, ταύτῃ προσαγορεύω· τὴν δὲ ἡδονὴν οἶδα ὡς ἔστι ποικίλον, καὶ ὅπερ εἶπον, ἀπ' ἐκείνης ἡμᾶς ἀρχομένους ἐνθυμεῖσθαι δεῖ καὶ σκοπεῖν ἥντινα φύσιν ἔχει. Ἔστι γάρ, ἀκούειν μὲν οὕτως ἁπλῶς, ἕν τι, μορφὰς δὲ δήπου παντοίας εἴληφε καί τινα τρόπον ἀνομοίους ἀλλήλαις.
Ἰδὲ γάρ· ἥδεσθαι μέν φαμεν τὸν ἀκολασταίνοντα ἄνθρωπον, d
ἥδεσθαι δὲ καὶ τὸν σωφρονοῦντα αὐτῷ τῷ σωφρονεῖν· ἥδεσθαι δ' αὖ καὶ τὸν ἀνοηταίνοντα καὶ ἀνοήτων δοξῶν καὶ ἐλπίδων μεστόν, ἥδεσθαι δ' αὖ τὸν φρονοῦντα αὐτῷ τῷ φρονεῖν· καὶ τούτων τῶν ἡδονῶν ἑκατέρας πῶς ἄν τις ὁμοίας ἀλλήλαις εἶναι λέγων οὐκ ἀνόητος φαίνοιτο ἐνδίκως;

ΠΡΩ. Εἰσὶ μὲν γὰρ ἀπ' ἐναντίων, ὦ Σώκρατες, αὗται πραγμάτων, οὐ μὴν αὐταί γε ἀλλήλαις ἐναντίαι. Πῶς γὰρ
ἡδονή γε ἡδονῇ μὴ οὐχ ὁμοιότατον ἂν εἴη, τοῦτο αὐτὸ e
ἑαυτῷ, πάντων χρημάτων;

ΣΩ. Καὶ γὰρ χρῶμα, ὦ δαιμόνιε, χρώματι· κατά γε αὐτὸ τοῦτο οὐδὲν διοίσει τὸ χρῶμα εἶναι πᾶν, τό γε μὴν μέλαν τῷ λευκῷ πάντες γιγνώσκομεν ὡς πρὸς τῷ διάφορον εἶναι

2. Vorentscheidung: Das gute Leben kann nur ein aus Lust und Vernunft gemischtes sein

2.1. Die Vielheit in Lust und Erkenntnis

2.1.1. Die einander unähnlichen und entgegengesetzten Arten der Lust – nicht unterschiedslos als gut zu bezeichnen?

SOKRATES: Das wollen wir versuchen, und zwar von der Göttin selbst anfangend, welche zwar Aphrodite genannt wird, wie dieser behauptet, ihr eigentlichster Namen aber sei Lust.

PROTARCHOS: Ganz richtig.

SOKRATES: Meine Angst aber, Protarchos, die ich immer c
habe wegen der Benennungen der Götter, ist gar nichts ge-
wöhnliches, sondern ärger als jede Furcht. So auch jetzt die
Aphrodite will ich, wie es ihr selbst lieb ist, benennen; Lust
aber weiß ich, ist ein gar krauses Ding, und eben von ihr,
wie gesagt, müssen wir anfangen daran zu gehn und zuzu-
sehen, was für eine Natur sie eigentlich hat. Denn so anzu-
hören ist sie freilich ganz einfach nur Eins, aber vielfältige
Gestalten nimmt sie doch an, und die einander auf gewisse
Weise wirklich unähnlich sind. Denn sieh nur, Lust zu emp-
finden, schreiben wir dem ausschweifenden Menschen zu, d
und Lust auch wiederum dem besonnenen, eben inwiefern er
besonnen ist; und eben so Lust dem Unvernünftigen und mit
unvernünftigen Meinungen und Hoffnungen erfüllten, und
Lust zu empfinden auch wiederum dem Vernünftigen, eben
inwiefern er vernünftig ist; und wer nun von diesen beiden
Arten der Lust, daß sie einander ähnlich wären, behaupten
wollte, wie sollten wir den nicht mit vollem Recht für un-
vernünftig halten?

PROTARCHOS: Freilich entstehen diese, o Sokrates, aus
entgegengesetzten Dingen, doch aber sind sie selbst einander
nicht entgegengesetzt. Denn wie sollte nicht Lust der Lust, e
dieselbige Sache sich selbst am ähnlichsten sein unter allen
Dingen?

SOKRATES: Freilich auch Farbe, du Wunderlicher, wird von der Farbe wenigstens was dieses selbst betrifft das Farbesein auch ganz und gar nicht einmal verschieden sein; aber das Weiße, wissen wir doch alle, ist dem Schwarzen außer

καὶ ἐναντιώτατον ὂν τυγχάνει. Καὶ δὴ καὶ σχῆμα σχήματι κατὰ ταὐτόν· γένει μέν ἐστι πᾶν ἕν, τὰ δὲ μέρη τοῖς μέρεσιν αὐτοῦ τὰ μὲν ἐναντιώτατα ἀλλήλοις, τὰ δὲ διαφορότητ' ἔχοντα μυρίαν που τυγχάνει, καὶ πολλὰ ἕτερα 13 a
οὕτως ἔχονθ' εὑρήσομεν. Ὥστε τούτῳ γε τῷ λόγῳ μὴ πίστευε, τῷ πάντα τὰ ἐναντιώτατα ἓν ποιοῦντι. Φοβοῦμαι δὲ μή τινας ἡδονὰς ἡδοναῖς εὑρήσομεν ἐναντίας.

ΠΡΩ. Ἴσως· ἀλλὰ τί τοῦθ' ἡμῶν βλάψει τὸν λόγον;

ΣΩ. Ὅτι προσαγορεύεις αὐτὰ ἀνόμοια ὄντα ἑτέρῳ, φήσομεν, ὀνόματι· λέγεις γὰρ ἀγαθὰ πάντ' εἶναι τὰ ἡδέα. Τὸ μὲν οὖν μὴ οὐχὶ ἡδέα εἶναι τὰ ἡδέα λόγος οὐδεὶς ἀμφισβητεῖ· κακὰ δ' ὄντα αὐτῶν τὰ πολλὰ καὶ ἀγαθὰ δέ, ὡς b
ἡμεῖς φαμέν, ὅμως πάντα σὺ προσαγορεύεις ἀγαθὰ αὐτά, ὁμολογῶν ἀνόμοια εἶναι, τῷ λόγῳ εἴ τίς σε προσαναγκάζοι. Τί οὖν δὴ ταὐτὸν ἐν ταῖς κακαῖς ὁμοίως καὶ ἐν ἀγαθαῖς ἐνὸν πάσας ἡδονὰς ἀγαθὸν εἶναι προσαγορεύεις;

ΠΡΩ. Πῶς λέγεις, ὦ Σώκρατες; οἴει γάρ τινα συγχωρήσεσθαι, θέμενον ἡδονὴν εἶναι τἀγαθόν, εἶτα ἀνέξεσθαί σου λέγοντος τὰς μὲν εἶναί τινας ἀγαθὰς ἡδονάς, τὰς δέ τινας c
ἑτέρας αὐτῶν κακάς;

ΣΩ. Ἀλλ' οὖν ἀνομοίους γε φήσεις αὐτὰς ἀλλήλαις εἶναι καί τινας ἐναντίας.

ΠΡΩ. Οὔτι καθ' ὅσον γε ἡδοναί.

ΣΩ. Πάλιν εἰς τὸν αὐτὸν φερόμεθα λόγον, ὦ Πρώταρχε, οὐδ' ἄρα ἡδονὴν ἡδονῆς διάφορον, ἀλλὰ πάσας ὁμοίας εἶναι φήσομεν, καὶ τὰ παραδείγματα ἡμᾶς τὰ νυνδὴ λεχθέντα οὐδέν τι τρώσει, πειρασόμεθα δὲ καὶ ἐροῦμεν ἅπερ οἱ πάντων φαυλότατοί τε καὶ περὶ λόγους ἅμα νέοι. d

ΠΡΩ. Τὰ ποῖα δὴ λέγεις;

der Verschiedenheit auch noch das allerentgegengesetzteste. Eben so Gestalt ist mit der Gestalt in derselben Hinsicht der Gattung nach ganz eins, die Arten aber sind den Arten teils ganz entgegengesetzt, teils haben sie tausendfältige Verschie- 13a
denheiten von einander. Und vieles andere werden wir finden, daß es sich eben so verhält, so daß du dieser Rede nicht trauen darfst, welche auch das Entgegengesetzteste zu Einem macht. Ich fürchte aber, daß wir manche Lust der andern werden entgegengesetzt finden.

PROTARCHOS: Vielleicht! aber wie soll das unserm Satze schaden?

SOKRATES: Weil du sie, werden wir sagen, unähnlich wie sie einander sind, doch alle noch mit einem andern Namen benennst. Denn du sagst ja, alles angenehme sei gut. Daß nun das angenehme nicht alles angenehm wäre, dagegen kann kein Satz auftrete. Aber da vieles davon schlecht ist b
und auch gut, wie wir sagen, sagst du doch von allem aus sie seien gut, obgleich du zugibst, daß sie einander unähnlich sind, wenn dir es jemand in der Rede abdringen will. Was ist nun das selbige den schlechten gleichermaßen wie den guten einwohnende, weshalb du aller Lust zuschreibst, daß sie gutes ist?

PROTARCHOS: Wie sagst du, Sokrates? Glaubst du wohl, irgend jemand werde einräumen, nachdem er einmal festgesetzt, die Lust sei das Gute, daß er sich hernach gefallen lassen werde, wenn du sagst, einige gewisse Arten der Lust c
wären zwar gut, andere gewisse Arten aber schlecht?

SOKRATES: Doch aber unähnlich wirst du gestehen daß sie einander sind, und einige auch entgegengesetzt.

PROTARCHOS: Nicht doch sofern sie Lust sind.

SOKRATES: Da werden wir wieder auf dieselbe Rede getrieben, o Protarchos, und werden auch nicht einmal, daß eine Lust von der andern verschieden sei, sondern daß sie alle ähnlich sind, behaupten müssen. Und alle die eben angeführten Beispiele tun uns nichts; sondern wir werden das versuchen und vorbringen, was die schlechtesten unter allen, d
und die zugleich in solchen Reden ganz neu sind.

PROTARCHOS: Was doch meinst du?

ΣΩ. Ὅτι σε μιμούμενος ἐγὼ καὶ ἀμυνόμενος ἐὰν τολμῶ λέγειν ὡς τὸ ἀνομοιότατόν ἐστι τῷ ἀνομοιοτάτῳ πάντων ὁμοιότατον, ἕξω τὰ αὐτὰ σοὶ λέγειν, καὶ φανούμεθά γε νεώτεροι τοῦ δέοντος, καὶ ὁ λόγος ἡμῖν ἐκπεσὼν οἰχήσεται. Πάλιν οὖν αὐτὸν ἀνακρουώμεθα, καὶ τάχ' ἂν ἰόντες εἰς τὰς ὁμοίας ἴσως ἄν πως ἀλλήλοις συγχωρήσαιμεν.

ΠΡΩ. Λέγε πῶς; e

ΣΩ. Ἐμὲ θὲς ὑπὸ σοῦ πάλιν ἐρωτώμενον, ὦ Πρώταρχε.

ΠΡΩ. Τὸ ποῖον δή;

ΣΩ. Φρόνησίς τε καὶ ἐπιστήμη καὶ νοῦς καὶ πάνθ' ὁπόσα δὴ κατ' ἀρχὰς ἐγὼ θέμενος εἶπον ἀγαθά, διερωτώμενος ὅτι ποτ' ἐστὶ τἀγαθόν, ἆρ' οὐ ταὐτὸν πείσονται τοῦτο ὅπερ ὁ σὸς λόγος;

ΠΡΩ. Πῶς;

ΣΩ. Πολλαί τε αἱ συνάπασαι ἐπιστῆμαι δόξουσιν εἶναι καὶ ἀνόμοιοί τινες αὐτῶν ἀλλήλαις· εἰ δὲ καὶ ἐναντίαι πῃ γίγνονταί τινες, ἆρα ἄξιος ἂν εἴην τοῦ διαλέγεσθαι 14 a
νῦν, εἰ φοβηθεὶς τοῦτο αὐτὸ μηδεμίαν ἀνόμοιον φαίην ἐπιστήμην ἐπιστήμῃ γίγνεσθαι, κᾄπειθ' ἡμῖν οὕτως ὁ λόγος ὥσπερ μῦθος ἀπολόμενος οἴχοιτο, αὐτοὶ δὲ σῳζοίμεθα ἐπί τινος ἀλογίας;

ΠΡΩ. Ἀλλ' οὐ μὴν δεῖ τοῦτο γενέσθαι, πλὴν τοῦ σωθῆναι. Τό γε μήν μοι ἴσον τοῦ σοῦ τε καὶ ἐμοῦ λόγου ἀρέσκει· πολλαὶ μὲν ἡδοναὶ καὶ ἀνόμοιοι γιγνέσθων, πολλαὶ δὲ ἐπιστῆμαι καὶ διάφοροι.

ΣΩ. Τὴν τοίνυν διαφορότητα, ὦ Πρώταρχε, [τοῦ b
ἀγαθοῦ] τοῦ τ' ἐμοῦ καὶ τοῦ σοῦ μὴ ἀποκρυπτόμενοι, κατατιθέντες δὲ εἰς τὸ μέσον, τολμῶμεν, ἄν πῃ ἐλεγχόμενοι μηνύσωσι πότερον ἡδονὴν τἀγαθὸν δεῖ λέγειν ἢ φρόνησιν ἤ τι τρίτον ἄλλο εἶναι. Νῦν γὰρ οὐ δήπου πρός γε αὐτὸ

SOKRATES: Daß, falls ich dich nachahmen und mich wehren wollte, wenn ich etwa das Herz gehabt hätte zu sagen, daß das unähnlichste dem unähnlichsten von allen am ähnlichsten sei, ich nur dasselbe zu sagen brauchte, und wir zeigen uns dann wohl jünger als billig, und unsere Rede wird uns festsitzen und drauf gehn. Also laß sie uns nur wieder umwenden. Und vielleicht wenn wir auf die selbigen Wendungen zurückkommen, werden wir miteinander einig werden.

PROTARCHOS: Sage wie? e

2.1.2. Anerkennung verschiedener Arten sowohl bei der Erkenntnis als auch bei der Lust. Die Unterschiede sind weiter durchzuprüfen

SOKRATES: Nimm an, daß ich nun meinerseits von dir gefragt würde, o Protarchos.

PROTARCHOS: Wonach doch?

SOKRATES: Einsicht und Erkenntnis und Vernunft und alles übrige, was ich am Anfang als gut setzte, wird dem nicht, wenn ich nun weiter ausgefragt werde, was doch das Gute ist, eben dasselbe begegnen wie deiner Rede?

PROTARCHOS: Wie so?

SOKRATES: Als viele werden uns die sämtlichen Erkenntnisse erscheinen, und einige einander unähnlich. Und werden auch einige gar irgendwie entgegengesetzte: würde ich wohl 14a
wert sein jetzt Gespräch zu führen, wenn ich eben dies scheuend sagen wollte, keine Erkenntnis werde je der andern unähnlich, so daß demnach diese Rede uns wie eine Fabel verloren ginge, und wir selbst uns nur auf irgend einer Unvernunft retteten? Sondern das darf keinesweges geschehen, außer das Retten. Und eben dies gleiche deines und meines Satzes gefällt mir. Vielerlei Lust und unähnliche soll es geben, und vielerlei Erkenntnis, und verschiedene. Diese Ver- b
schiedenheit nun, o Protarchos, in meinem Gut und in deinem wollen wir uns nicht verbergen, sondern den Mut haben, sie vor uns hinzustellen, ob sie nicht irgendwie weiter durchgeprüft uns zeigen sollte, ob man sagen muß, Lust oder Einsicht sei das Gute, oder ob etwas anderes Drittes. Denn jetzt ist es uns doch wohl nicht darum zu tun, daß das

τοῦτο φιλονικοῦμεν, ὅπως ἁγὼ τίθεμαι, ταῦτ' ἔσται τὰ νικῶντα, ἢ ταῦθ' ἃ σύ, τῷ δ' ἀληθεστάτῳ δεῖ που συμμαχεῖν ἡμᾶς ἄμφω.

ΠΡΩ. Δεῖ γὰρ οὖν.

ΣΩ. Τοῦτον τοίνυν τὸν λόγον ἔτι μᾶλλον δι' ὁμολογίας βεβαιωσώμεθα. c

ΠΡΩ. Τὸν ποῖον δή;

ΣΩ. Τὸν πᾶσι παρέχοντα ἀνθρώποις πράγματα ἑκοῦσί τε καὶ ἄκουσιν ἐνίοις καὶ ἐνίοτε.

ΠΡΩ. Λέγε σαφέστερον.

ΣΩ. Τὸν νυνδὴ παραπεσόντα λέγω, φύσει πως πεφυκότα θαυμαστόν. Ἓν γὰρ δὴ τὰ πολλὰ εἶναι καὶ τὸ ἓν πολλὰ θαυμαστὸν λεχθέν, καὶ ῥᾴδιον ἀμφισβητῆσαι τῷ τούτων ὁποτερονοῦν τιθεμένῳ.

ΠΡΩ. Ἆρ' οὖν λέγεις ὅταν τις ἐμὲ φῇ Πρώταρχον ἕνα γεγονότα φύσει πολλοὺς εἶναι πάλιν τοὺς ἐμὲ καὶ ἐναντίους ἀλλήλοις, μέγαν καὶ σμικρὸν τιθέμενος καὶ βαρὺν καὶ κοῦφον τὸν αὐτὸν καὶ ἄλλα μυρία; d

ΣΩ. Σὺ μέν, ὦ Πρώταρχε, εἴρηκας τὰ δεδημευμένα τῶν θαυμαστῶν περὶ τὸ ἓν καὶ πολλά, συγκεχωρημένα δὲ ὡς ἔπος εἰπεῖν ὑπὸ πάντων ἤδη μὴ δεῖν τῶν τοιούτων ἅπτεσθαι, παιδαριώδη καὶ ῥᾴδια καὶ σφόδρα τοῖς λόγοις ἐμπόδια ὑπολαμβανόντων γίγνεσθαι, ἐπεὶ μηδὲ τὰ τοιάδε, ὅταν τις ἑκάστου τὰ μέλη τε καὶ ἅμα μέρη διελὼν τῷ λόγῳ, πάντα ταῦτα τὸ ἓν ἐκεῖνο εἶναι διομολογησάμενος, ἐλέγχῃ καταγελῶν ὅτι τέρατα διηνάγκασται φάναι, τό τε ἓν ὡς πολλά ἐστι καὶ ἄπειρα, καὶ τὰ πολλὰ ὡς ἓν μόνον. e

ΠΡΩ. Σὺ δὲ δὴ ποῖα, ὦ Σώκρατες, ἕτερα λέγεις, ἃ

was ich sage den Sieg davon tragen soll, oder das was du; sondern für das richtigste müssen wir doch wohl beide streiten.

PROTARCHOS: Das müssen wir freilich.

2.2. Das Problem von Eins und Vielen

2.2.1. Präzisierung des Problems: Wie kann das Eins, wenn es unveränderlich ist, im Bereich des Werdens Vieles werden?

SOKRATES: Laß also zuerst diesen Satz noch mehr durch c
Übereinkunft befestigen.

PROTARCHOS: Welchen doch?

SOKRATES: Der allen Menschen zu schaffen macht mit ihrem Willen und auch wider ihren Willen manchen und manchmal.

PROTARCHOS: Erkläre dich deutlicher.

SOKRATES: Ich meine den, auf den wir jetzt eben gestoßen sind, der von Natur gar wunderbar geartet ist. Denn daß Eines vieles ist und Vieles eines, ist doch wunderbar zu sagen, und wohl leicht zu streiten mit dem, der welches auch von beiden behauptet.

PROTARCHOS: Meinst du wenn jemand sagte, daß ich
Protarchos, der ich von Natur Einer bin, doch auch wieder d
Viele wäre und einander entgegengesetzte, indem er mich als groß und klein setzte und als leicht und schwer und dergleichen noch tausenderlei?

SOKRATES: Du bringst nur das vor, Protarchos, was schon gemein geworden ist von diesen Wunderbarkeiten über das Eine und Viele, und kurz zu sagen, von Allen schon eingestanden ist, daß man daran nicht rühren dürfte, welche annehmen dies sei kindisch und leicht und gereiche nur den Reden sehr zur Verwicklung. Ja auch das nicht einmal, wenn
einer von einer Sache alle Glieder, die zugleich Teile sind der e
Erklärung gemäß teilend den, welcher zugäbe, dies alles sei eben zusammen jenes Eine, den auslachte und tadelte, daß er wunderliche Dinge einzuräumen genötiget wäre, daß nämlich das Eine vieles ist und unendliches, und das Viele wiederum nur Eines.

PROTARCHOS: Was meinst denn du, o Sokrates, was

μήπω συγκεχωρημένα δεδήμευται περὶ τὸν αὐτὸν τοῦτον λόγον;

ΣΩ. Ὁπόταν, ὦ παῖ, τὸ ἓν μὴ τῶν γιγνομένων τε καὶ 15 a
ἀπολλυμένων τις τιθῆται, καθάπερ ἀρτίως ἡμεῖς εἴπομεν. Ἐνταυθοῖ μὲν γὰρ καὶ τὸ τοιοῦτον ἕν, ὅπερ εἴπομεν νυνδή, συγκεχώρηται τὸ μὴ δεῖν ἐλέγχειν· ὅταν δέ τις ἕνα ἄνθρωπον ἐπιχειρῇ τίθεσθαι καὶ βοῦν ἕνα καὶ τὸ καλὸν ἓν καὶ τὸ ἀγαθὸν ἕν, περὶ τούτων τῶν ἑνάδων καὶ τῶν τοιούτων ἡ πολλὴ σπουδὴ μετὰ διαιρέσεως ἀμφισβήτησις γίγνεται.

ΠΡΩ. Πῶς;

ΣΩ. Πρῶτον μὲν εἴ τινας δεῖ τοιαύτας εἶναι μονάδας b
ὑπολαμβάνειν ἀληθῶς οὔσας· εἶτα πῶς αὖ ταύτας, μίαν ἑκάστην οὖσαν ἀεὶ τὴν αὐτὴν καὶ μήτε γένεσιν μήτε ὄλεθρον προσδεχομένην, ὅλως εἶναι βεβαιότατα μίαν ταύτην, μετὰ δὲ τοῦτ᾽ ἐν τοῖς γιγνομένοις αὖ καὶ ἀπείροις εἴτε διεσπασμένην καὶ πολλὰ γεγονυῖαν θετέον, εἴθ᾽ ὅλην αὐτὴν αὑτῆς χωρίς, ὃ δὴ πάντων ἀδυνατώτατον φαίνοιτ᾽ ἄν, ταὐτὸν καὶ ἓν ἅμα ἐν ἑνί τε καὶ πολλοῖς γίγνεσθαι. Ταῦτ᾽ ἔστι
τὰ περὶ τὰ τοιαῦτα ἓν καὶ πολλά, ἀλλ᾽ οὐκ ἐκεῖνα, ὦ Πρώ- c
ταρχε, ἁπάσης ἀπορίας αἴτια μὴ καλῶς ὁμολογηθέντα καὶ εὐπορίας ἂν αὖ καλῶς.

ΠΡΩ. Οὐκοῦν χρὴ τοῦθ᾽ ἡμᾶς, ὦ Σώκρατες, ἐν τῷ νῦν πρῶτον διαπονήσασθαι;

ΣΩ. Ὥς γοῦν ἐγὼ φαίην ἄν.

ΠΡΩ. Καὶ πάντας τοίνυν ἡμᾶς ὑπόλαβε συγχωρεῖν σοι τούσδε τὰ τοιαῦτα· Φίληβον δ᾽ ἴσως κράτιστον ἐν τῷ νῦν ἐπερωτῶντα μὴ κινεῖν εὖ κείμενον.

ΣΩ. Εἶεν· πόθεν οὖν τις ταύτης ἄρξηται πολλῆς οὔσης d
καὶ παντοίας περὶ τὰ ἀμφισβητούμενα μάχης; ἆρ᾽ ἐνθένδε;

noch nicht so zugestanden und gemein geworden ist über
denselben Satz?

SOKRATES: Wenn jemand, mein Kind, das Eine nicht aus 15a
dem Werdenden und Vergehenden nimmt, wie wir jetzt eben
taten. Denn hievon und von einem solchen Eins, wie wir
jetzt eben besprachen, ist schon eingestanden, daß man es
nicht prüfen darf. Wenn aber jemand den Menschen als Ei-
nen setzt, und den Ochsen als Einen, und das Schöne als
Eins, und das Gute als Eins, über diese und ähnliche Ein-
heiten wird bei fleißigerer Behandlung und Auseinanderle-
gung leicht Streitigkeit entstehen.

PROTARCHOS: Wie meinst du?

SOKRATES: Zuerst ob man wohl annehmen darf, daß es b
dergleichen Einheiten gebe als wahrhaft seiend. Dann aber
auch, wie doch diese, da jede von ihnen immer dieselbe ist,
und weder Werden noch Untergang zuläßt, dennoch zuerst
zwar eine solche Beharrlichkeit sei, hernach aber in dem
Werdenden und Unendlichen wiederum, sei es nun als zer-
rissen und vieles geworden zu setzen ist, oder ganz in ihnen
außerhalb ihrer selbst, was doch für das unmöglichste von
allem zu halten wäre, dieses selbige und Eine zugleich in
Einem sowohl als in Vielen wird. Dies ist das in dergleichen
Dingen Eine und Viele, nicht aber jenes, o Protarchos, was c
aller Zweifel Ursache ist, wenn es nicht richtig bestimmt
wird, aber auch wieder aller Sicherheit wenn richtig.

PROTARCHOS: Also müssen wir wohl, o Sokrates, für jetzt zuerst dieses verarbeiten.

SOKRATES: Wie ich wenigstens raten möchte.

PROTARCHOS: Und nimm nur immer an, daß wir hier alle dir in dergleichen folgen. Den Philebos aber wäre wohl am besten, für jetzt nicht durch Fragen aufzustören, da er ruhig liegt.

2.2.2. *Entwurf der richtigen Methode, das Verhältnis von Eins und Vielen zu untersuchen*

SOKRATES: Wohl! Wobei soll man nun aber wohl diesen d
großen und vielfältigen Streit über das Bezweifelte anfangen?
Etwa hiebei?

ΠΡΩ. Πόθεν;

ΣΩ. Φαμέν που ταὐτὸν ἓν καὶ πολλὰ ὑπὸ λόγων γιγνό-
μενα περιτρέχειν πάντῃ καθ' ἕκαστον τῶν λεγομένων ἀεί,
καὶ πάλαι καὶ νῦν. Καὶ τοῦτο οὔτε μὴ παύσηταί ποτε οὔτε
ἤρξατο νῦν, ἀλλ' ἔστι τὸ τοιοῦτον, ὡς ἐμοὶ φαίνεται, τῶν
λόγων αὐτῶν ἀθάνατόν τι καὶ ἀγήρων πάθος ἐν ἡμῖν· ὁ δὲ
πρῶτον αὐτοῦ γευσάμενος ἑκάστοτε τῶν νέων, ἡσθεὶς ὥς e
τινα σοφίας ηὑρηκὼς θησαυρόν, ὑφ' ἡδονῆς ἐνθουσιᾷ τε καὶ
πάντα κινεῖ λόγον ἄσμενος, τοτὲ μὲν ἐπὶ θάτερα κυκλῶν καὶ
συμφύρων εἰς ἕν, τοτὲ δὲ πάλιν ἀνειλίττων καὶ διαμερίζων,
εἰς ἀπορίαν αὑτὸν μὲν πρῶτον καὶ μάλιστα καταβάλλων,
δεύτερον δ' ἀεὶ τὸν ἐχόμενον, ἄντε νεώτερος ἄντε πρεσβύ-
τερος ἄντε ἧλιξ ὢν τυγχάνῃ, φειδόμενος οὔτε πατρὸς οὔτε
μητρὸς οὔτε ἄλλου τῶν ἀκουόντων οὐδενός, ὀλίγου δὲ καὶ 16 a
τῶν ἄλλων ζῴων, οὐ μόνον τῶν ἀνθρώπων, ἐπεὶ βαρβάρων
γε οὐδενὸς ἂν φείσαιτο, εἴπερ μόνον ἑρμηνέα ποθὲν ἔχοι.

ΠΡΩ. Ἆρ', ὦ Σώκρατες, οὐχ ὁρᾷς ἡμῶν τὸ πλῆθος, ὅτι
νέοι πάντες ἐσμέν, καὶ οὐ φοβῇ μή σοι μετὰ Φιλήβου
συνεπιθώμεθα, ἐὰν ἡμᾶς λοιδορῇς; ὅμως δέ, μανθάνομεν γὰρ
ὃ λέγεις, εἴ τις τρόπος ἔστι καὶ μηχανὴ τὴν μὲν τοιαύτην
ταραχὴν ἡμῖν ἔξω τοῦ λόγου εὐμενῶς πως ἀπελθεῖν, ὁδὸν
δέ τινα καλλίω ταύτης ἐπὶ τὸν λόγον ἀνευρεῖν, σύ τε προ- b
θυμοῦ τοῦτο καὶ ἡμεῖς συνακολουθήσομεν εἰς δύναμιν· οὐ
γὰρ σμικρὸς ὁ παρὼν λόγος, ὦ Σώκρατες.

ΣΩ. Οὐ γὰρ οὖν, ὦ παῖδες, ὥς φησιν ὑμᾶς προσαγο-
ρεύων Φίληβος. Οὐ μὴν ἔστι καλλίων ὁδὸς οὐδ' ἂν γένοιτο
ἧς ἐγὼ ἐραστὴς μέν εἰμι ἀεί, πολλάκις δέ με ἤδη διαφυ-
γοῦσα ἔρημον καὶ ἄπορον κατέστησεν.

ΠΡΩ. Τίς αὕτη; λεγέσθω μόνον.

ΣΩ. Ἣν δηλῶσαι μὲν οὐ πάνυ χαλεπόν, χρῆσθαι δὲ c

PROTARCHOS: Wobei?

SOKRATES: Wir sagen doch, daß Eines und Vieles unter
der Rede dasselbe werdend überall herumlaufe, wo nur etwas
geredet wird, immer und schon lange wie jetzt. Und daß das
weder jemals aufhören wird, noch auch jetzt erst angefangen
hat; sondern es ist dies soviel ich sehe ein unsterbliches und
nie veraltendes Begegnis der Reden selbst unter uns. Wer
aber von jungen Leuten zuerst davon kostet, der, froh als e
hätte er einen ganzen Schatz von Weisheit gefunden, ist ganz
begeistert vor Freude, und lüstern jegliche Rede aufzustören,
indem er die Sache bald auf die eine Seite wälzt und in eins
zusammenrührt, bald wieder sie aufwickelt und zerteilt,
zuerst und am meisten sich selbst in Ratlosigkeit stürzend,
zunächst aber auch, wen er jedesmal festhält, sei es nun ein
jüngerer oder ein älterer oder von gleichem Alter mit ihm,
ohne weder des Vaters zu schonen noch der Mutter, noch 16a
irgend eines andern Hörers, ja fast auch nicht einmal der
andern Tiere, nicht nur der Menschen nicht. Denn Barbaren
würde er gewiß keinen schonen, wenn er nur irgend woher
einen Dolmetscher bekommen könnte.

PROTARCHOS: Aber siehst du denn nicht, Sokrates, wie-
viel wir unserer sind, und alles Jünglinge? und fürchtest du
nicht, daß wir mit dem Philebos über dich herfallen, wenn
du uns schmähst? Jedoch, denn wir verstehen recht gut was
du meinst, wenn es eine Art gibt und einen Rat um eine so
große Verwirrung aus unserer Rede ganz gelinde los zu wer-
den, und einen bessern Weg als diesen zu unserm Satze zu b
finden: so sinne du es nur aus, und wir wollen dir nach
Vermögen folgen. Denn nichts geringfügiges ist unsere der-
malige Rede, o Sokrates.

SOKRATES: Freilich nicht, ihr Kinder, wie euch Philebos immer anredet: und einen schönern Weg gibt es nicht, und kann es nicht geben, als welchen ich zwar immer liebe, oft aber auch schon, wenn ich ihn verloren hatte, in der Irre und ratlos zurückgeblieben bin.

PROTARCHOS: Welcher ist dieser? er werde uns nur angezeigt.

SOKRATES: Der zu beschreiben zwar gar nicht schwer ist, c

παγχάλεπον· πάντα γὰρ ὅσα τέχνης ἐχόμενα ἀνηυρέθη πώποτε, διὰ ταύτης φανερὰ γέγονε. Σκόπει δὲ ἣν λέγω.

ΠΡΩ. Λέγε μόνον.

ΣΩ. Θεῶν μὲν εἰς ἀνθρώπους δόσις, ὥς γε καταφαίνεται
ἐμοί, ποθὲν ἐκ θεῶν ἐρρίφη διά τινος Προμηθέως ἅμα
φανοτάτῳ τινὶ πυρί· καὶ οἱ μὲν παλαιοί, κρείττονες ἡμῶν
καὶ ἐγγυτέρω θεῶν οἰκοῦντες, ταύτην φήμην παρέδοσαν,
ὡς ἐξ ἑνὸς μὲν καὶ πολλῶν ὄντων τῶν ἀεὶ λεγομένων εἶναι
πέρας δὲ καὶ ἀπειρίαν ἐν αὑτοῖς σύμφυτον ἐχόντων. Δεῖν
οὖν ἡμᾶς τούτων οὕτω διακεκοσμημένων ἀεὶ μίαν ἰδέαν περὶ d
παντὸς ἑκάστοτε θεμένους ζητεῖν — εὑρήσειν γὰρ ἐνοῦσαν
— ἐὰν οὖν μεταλάβωμεν, μετὰ μίαν δύο, εἴ πως εἰσί, σκο-
πεῖν, εἰ δὲ μή, τρεῖς ἤ τινα ἄλλον ἀριθμόν, καὶ τῶν ἓν
ἐκείνων ἕκαστον πάλιν ὡσαύτως, μέχριπερ ἂν τὸ κατ᾽ ἀρχὰς
ἓν μὴ ὅτι ἓν καὶ πολλὰ καὶ ἄπειρά ἐστι μόνον ἴδῃ τις, ἀλλὰ
καὶ ὁπόσα· τὴν δὲ τοῦ ἀπείρου ἰδέαν πρὸς τὸ πλῆθος μὴ
προσφέρειν πρὶν ἄν τις τὸν ἀριθμὸν αὐτοῦ πάντα κατίδῃ
τὸν μεταξὺ τοῦ ἀπείρου τε καὶ τοῦ ἑνός, τότε δ᾽ ἤδη τὸ ἓν e
ἕκαστον τῶν πάντων εἰς τὸ ἄπειρον μεθέντα χαίρειν ἐᾶν.
Οἱ μὲν οὖν θεοί, ὅπερ εἶπον, οὕτως ἡμῖν παρέδοσαν σκο-
πεῖν καὶ μανθάνειν καὶ διδάσκειν ἀλλήλους· οἱ δὲ νῦν τῶν
ἀνθρώπων σοφοὶ ἓν μέν, ὅπως ἂν τύχωσι, [καὶ πολλὰ] θᾶττον 17 a
καὶ βραδύτερον ποιοῦσι τοῦ δέοντος, μετὰ δὲ τὸ ἓν ἄπειρα
εὐθύς, τὰ δὲ μέσα αὐτοὺς ἐκφεύγει, οἷς διακεχώρισται τό
τε διαλεκτικῶς πάλιν καὶ τὸ ἐριστικῶς ἡμᾶς ποιεῖσθαι πρὸς
ἀλλήλους τοὺς λόγους.

ΠΡΩ. Τὰ μέν πως, ὦ Σώκρατες, δοκῶ σου μανθάνειν, τὰ δὲ ἔτι σαφέστερον δέομαι ἃ λέγεις ἀκοῦσαι.

einzuschlagen aber sehr schwer. Denn alles, was jemals mit der Kunst zusammenhängend ist erfunden worden, hat man durch ihn entdeckt. Siehe nun, welchen ich meine.

PROTARCHOS: Sage nur.

SOKRATES: Als eine wahre Gabe von den Göttern an die
Menschen, wofür ich es wenigstens erkenne, ist einmal von
den Göttern herabgeworfen worden durch irgend einen Pro-
metheus, zugleich mit einem glanzvollesten Feuer, und die
Alten besseren als wir und den Göttern näher wohnenden
haben uns diese Sage übergeben, aus Einem und Vielem sei
alles, wovon jedesmal gesagt wird daß es ist, und habe Be-
stimmung und Unbestimmtheit in sich verbunden. Deshalb
nun müssen wir, da dieses so geordnet ist, immer Einen Be- d
griff von allem jedesmal annehmen und suchen; denn finden
würden wir ihn gewiß darin. Wenn wir ihn nun ergriffen
haben, dann nächst dem Einen, ob etwa zwei darin sind zu
sehn, wo aber nicht, ob drei oder irgend eine andere Zahl,
und mit jedem einzelnen von diesen darin befindlichen eben
so, bis man von dem ursprünglichen Einen nicht nur daß es
Eins und Vieles und Unendliches ist sieht, sondern auch wie-
vieles; des Unendlichen Begriff aber an die Menge nicht eher
anlegen, bis einer die Zahl derselben ganz übersehen hat, die
zwischen dem Unendlichen und dem Einen liegt, und dann e
erst jede Einheit von allem in die Unendlichkeit freilassen
und verabschieden. So nun haben, wie ich sagte, die Götter
uns überliefert zu untersuchen und zu lernen und einander zu
lehren. Die jetzigen Weisen unter den Menschen hingegen 17a
setzen Eines, wie sie es eben treffen, und Vieles schneller
oder langsamer als es sich gehörte, nach dem Einen aber
gleich unendliches; das in der Mitte hingegen entgeht ihnen,
wodurch doch eben zu unterscheiden ist, ob wir in unsern
Reden dialektisch oder nur streitsüchtig mit einander verfah-
ren.

PROTARCHOS: In einigem, o Sokrates, glaube ich dich wohl zu verstehen, von anderem aber muß ich erst noch deutlicher vernehmen, wie du es meinst.

ΣΩ. Σαφὲς μήν, ὦ Πρώταρχε, ἐστὶν ἐν τοῖς γράμμασιν ὃ λέγω, καὶ λάμβαν' αὐτὸ ἐν τούτοις οἷσπερ καὶ πεπαίδευσαι. b

ΠΡΩ. Πῶς;

ΣΩ. Φωνὴ μὲν ἡμῖν ἐστί που μία διὰ τοῦ στόματος ἰοῦσα, καὶ ἄπειρος αὖ πλήθει, πάντων τε καὶ ἑκάστου.

ΠΡΩ. Τί μήν;

ΣΩ. Καὶ οὐδὲν ἑτέρῳ γε τούτων ἐσμέν πω σοφοί, οὔτε ὅτι τὸ ἄπειρον αὐτῆς ἴσμεν οὔθ' ὅτι τὸ ἕν· ἀλλ' ὅτι πόσα τ' ἐστὶ καὶ ὁποῖα, τοῦτ' ἔστι τὸ γραμματικὸν ἕκαστον ποιοῦν ἡμῶν.

ΠΡΩ. Ἀληθέστατα.

ΣΩ. Καὶ μὴν καὶ τὸ μουσικὸν ὃ τυγχάνει ποιοῦν, τοῦτ' ἔστι ταὐτόν.

ΠΡΩ. Πῶς;

ΣΩ. Φωνὴ μέν που κατ' ἐκείνην τὴν τέχνην ἐστὶ μία ἐν αὐτῇ. c

ΠΡΩ. Πῶς δ' οὔ;

ΣΩ. Δύο δὲ θῶμεν βαρὺ καὶ ὀξύ, καὶ τρίτον ὁμότονον. Ἢ πῶς;

ΠΡΩ. Οὕτως.

ΣΩ. Ἀλλ' οὔπω σοφὸς ἂν εἴης τὴν μουσικὴν εἰδὼς ταῦτα μόνα, μὴ δὲ εἰδὼς ὥς γ' ἔπος εἰπεῖν εἰς ταῦτα οὐδενὸς ἄξιος ἔσῃ.

ΠΡΩ. Οὐ γὰρ οὖν.

ΣΩ. Ἀλλ', ὦ φίλε, ἐπειδὰν λάβῃς τὰ διαστήματα ὁπόσα ἐστὶ τὸν ἀριθμὸν τῆς φωνῆς ὀξύτητός τε πέρι καὶ βαρύτητος, καὶ ὁποῖα, καὶ τοὺς ὅρους τῶν διαστημάτων, καὶ τὰ d ἐκ τούτων ὅσα συστήματα γέγονεν — ἃ κατιδόντες οἱ πρόσθεν παρέδοσαν ἡμῖν τοῖς ἑπομένοις ἐκείνοις καλεῖν αὐτὰ ἁρμονίας, ἔν τε ταῖς κινήσεσιν αὖ τοῦ σώματος ἕτερα

2.2.3. Verdeutlichung am Beispiel der Buchstaben, Töne und Rhythmen

SOKRATES: Ganz deutlich, o Protarchos, ist was ich meine an den Buchstaben; fasse es also nur an dem, worin du selbst unterrichtet bist. b

PROTARCHOS: Wie so?

SOKRATES: Der Laut ist uns doch wohl Einer, der durch unsern Mund ausgeht, und unendlich mannigfaltig ist er auch wiederum bei Allem und Jedem.

PROTARCHOS: Wie sollte er nicht!

SOKRATES: Aber durch keines von diesen beiden verstehen wir doch irgend etwas, weder weil wir das Unendliche desselben kennen, noch weil das Eine, sondern weil das wievielerlei und welcherlei, dies ist es, was jeden von uns zum Sprachkundigen macht.

PROTARCHOS: Vollkommen richtig.

SOKRATES: Und eben so was zum Tonkünstler macht ist ganz dasselbige.

PROTARCHOS: Wie so?

SOKRATES: Der Laut oder Ton ist es doch auch was jene c
Kunst ausmacht, und ist nur Einer in ihr?

PROTARCHOS: Wie sollte er nicht!

SOKRATES: Laß uns nun aber auch ein zweifaches darin setzen, hohes und tiefes, und das einstimmige als das Dritte. Oder wie?

PROTARCHOS: Allerdings so.

SOKRATES: Aber noch lange verständest du nichts von der Tonkunst, wenn du nur dieses wüßtest; sondern nur, wenn du auch dies noch nicht einmal weißt, bist du um es grade heraus zu sagen noch gar nichts wert in dieser Sache.

PROTARCHOS: Freilich nicht.

SOKRATES: Aber Freund, wenn du die Zwischenräume der Töne aufgefaßt hast, wieviel deren sind der Zahl nach, und welcherlei an Höhe und Tiefe und die Erklärungen die- d
ser Zwischenräume, und wieviele Verbindungen wieder aus ihnen entstehen, welche eben die Älteren erkannt und uns ihren Nachfolgern überliefert haben sie Tonarten zu nennen, und eben so ähnliche Verhältnisse, die sich in den Bewegun-

τοιαῦτα ἐνόντα πάθη γιγνόμενα, ἃ δὴ δι᾿ ἀριθμῶν μετρη-
θέντα δεῖν αὖ φασι ῥυθμοὺς καὶ μέτρα ἐπονομάζειν, καὶ ἅμα
ἐννοεῖν ὡς οὕτω δεῖ περὶ παντὸς ἑνὸς καὶ πολλῶν σκοπεῖν
— ὅταν γὰρ αὐτά τε λάβῃς οὕτω, τότε ἐγένου σοφός, ὅταν
τε ἄλλο τῶν ἓν ὁτιοῦν ταύτῃ σκοπούμενος ἕλῃς, οὕτως e
ἔμφρων περὶ τοῦτο γέγονας· τὸ δ᾿ ἄπειρόν σε ἑκάστων καὶ
ἐν ἑκάστοις πλῆθος ἄπειρον ἑκάστοτε ποιεῖ τοῦ φρονεῖν
καὶ οὐκ ἐλλόγιμον οὐδ᾿ ἐνάριθμον, ἅτ᾿ οὐκ εἰς ἀριθμὸν οὐ-
δένα ἐν οὐδενὶ πώποτε ἀπιδόντα.

ΠΡΩ. Κάλλιστα, ὦ Φίληβε, ἔμοιγε τὰ νῦν λεγόμενα
εἰρηκέναι φαίνεται Σωκράτης.

ΦΙ. Καὶ ἐμοὶ ταῦτά γε αὐτά· ἀλλὰ τί δή ποτε πρὸς ἡμᾶς 18 a
ὁ λόγος οὗτος νῦν εἴρηται καὶ τί ποτε βουλόμενος;

ΣΩ. Ὀρθῶς μέντοι τοῦθ᾿ ἡμᾶς, ὦ Πρώταρχε, ἠρώτηκε
Φίληβος.

ΠΡΩ. Πάνυ μὲν οὖν, καὶ ἀποκρίνου γε αὐτῷ.

ΣΩ. Δράσω ταῦτα διελθὼν σμικρὸν ἔτι περὶ αὐτῶν τού-
των. Ὥσπερ γὰρ ἓν ὁτιοῦν εἴ τίς ποτε λάβοι, τοῦτον, ὥς
φαμεν, οὐκ ἐπ᾿ ἀπείρου φύσιν δεῖ βλέπειν εὐθὺς ἀλλ᾿ ἐπί τινα
ἀριθμόν, οὕτω καὶ τὸ ἐναντίον ὅταν τις τὸ ἄπειρον ἀναγ-
κασθῇ πρῶτον λαμβάνειν, μὴ ἐπὶ τὸ ἓν εὐθύς, ἀλλ᾿ ἐπ᾿ b
ἀριθμὸν αὖ τινὰ πλῆθος ἕκαστον ἔχοντά τι κατανοεῖν, τε-
λευτᾶν τε ἐκ πάντων εἰς ἕν. Πάλιν δὲ ἐν τοῖς γράμμασι τὸ
νῦν λεγόμενον λάβωμεν.

ΠΡΩ. Πῶς;

ΣΩ. Ἐπειδὴ φωνὴν ἄπειρον κατενόησεν εἴτε τις θεὸς

gen des Leibes finden, welche man in Zahlen gemessen, wie
sie sagen wiederum Takte und Maße nennen muß, und zu-
gleich bedenken, daß man eben so jedes, was hierin Eins und
Vieles ist, untersuchen muß; wenn du dies so aufgefaßt hast,
dann bist du der Sache kundig geworden, und wenn du e
irgend etwas anderes auf eben die Weise untersucht und
gefaßt hast, dann bist du darin zur Einsicht gelangt. Das
unendliche aber jedes Begriffs und in jeglichem Dinge macht
jedesmal, daß du in der Kenntnis auch nicht zu Ende
kommst, und nicht zu nennen bist in der Sache noch mit-
zuzählen, da du ja in keiner Sache niemals irgend auf die
Zahl siehst.

PROTARCHOS: Sehr schön, o Philebos, scheint mit Sokrates, was er jetzt gesagt hat, vorgetragen zu haben.

2.2.4. Beim wechselseitigen Übergang zwischen dem Eins und dem Unendlichen gilt es, die Zahl der bestimmten Zwischenwerte zu erkennen. Das Beispiel der Vokale und Konsonanten bei den Buchstaben

PHILEBOS: Auch mich dünkte es eben so. Allein was geht 18a
uns doch diese Rede an, daß sie an uns ist gerichtet worden,
und was will sie von uns?

SOKRATES: Ganz mit Recht, o Protarchos, hat uns Philebos hiernach gefragt.

PROTARCHOS: Allerdings, und antworte ihm also.

SOKRATES: Das will ich tun, sobald ich nur noch ein
weniges über eben dieses werde auseinandergesetzt haben.
Nämlich wie wenn jemanden irgend etwas Eines vorgenom-
men ist, dieser, wie wir sagen, dabei nicht gleich auf das
Unendliche sehen muß, sondern zuvor irgend eine Zahl su-
chen; so auch auf der andern Seite wenn jemand genöti-
get wäre das Unendliche zuerst zu nehmen, muß er nicht b
gleich auf das Eine, sondern wiederum auf eine Zahl, die
doch jegliche eine bestimmte Menge in sich begreift, hinse-
hen, und so von Allen bei dem Einen endigen. Laßt uns aber
wiederum an den Buchstaben das jetzt gesagte betrachten.

PROTARCHOS: Wie das?

SOKRATES: Nachdem nämlich zuerst den Laut als ein un-

εἴτε καὶ θεῖος ἄνθρωπος — ὡς λόγος ἐν Αἰγύπτῳ Θεῦθ τινα
τοῦτον γενέσθαι λέγων, ὃς πρῶτος τὰ φωνήεντα ἐν τῷ
ἀπείρῳ κατενόησεν οὐχ ἓν ὄντα ἀλλὰ πλείω, καὶ πάλιν
ἕτερα φωνῆς μὲν οὔ, φθόγγου δὲ μετέχοντά τινος, ἀριθμὸν c
δέ τινα καὶ τούτων εἶναι, τρίτον δὲ εἶδος γραμμάτων διε-
στήσατο τὰ νῦν λεγόμενα ἄφωνα ἡμῖν· τὸ μετὰ τοῦτο διῄ-
ρει τά τε ἄφθογγα καὶ ἄφωνα μέχρι ἑνὸς ἑκάστου, καὶ τα
φωνήεντα καὶ τὰ μέσα κατὰ τὸν αὐτὸν τρόπον, ἕως ἀριθμὸν
αὐτῶν λαβὼν ἑνί τε ἑκάστῳ καὶ σύμπασι στοιχεῖον ἐπωνό-
μασε· καθορῶν δὲ ὡς οὐδεὶς ἡμῶν οὐδ᾽ ἂν ἓν αὐτὸ καθ᾽ αὑτὸ
ἄνευ πάντων αὐτῶν μάθοι, τοῦτον τὸν δεσμὸν αὖ λογισά-
μενος ὡς ὄντα ἕνα καὶ ταῦτα πάντα ἕν πως ποιοῦντα μίαν d
ἐπ᾽ αὐτοῖς ὡς οὖσαν γραμματικὴν τέχνην ἐπεφθέγξατο
προσειπών.

ΦΙ. Ταῦτ᾽ ἔτι σαφέστερον ἐκείνων αὐτά γε πρὸς ἄλληλα,
ὦ Πρώταρχε, ἔμαθον· τό δ᾽ αὐτό μοι τοῦ λόγου νῦν τε καὶ
σμικρὸν ἔμπροσθεν ἐλλείπεται.

ΣΩ. Μῶν, ὦ Φίληβε, τὸ τί πρὸς ἔπος αὖ ταῦτ᾽ ἐστίν;

ΦΙ. Ναί, τοῦτ᾽ ἔστιν ὃ πάλαι ζητοῦμεν ἐγώ τε καὶ
Πρώταρχος.

ΣΩ. Ἦ μὴν ἐπ᾽ αὐτῷ γε ἤδη γεγονότες ζητεῖτε, ὡς
φῄς, πάλαι. e

ΦΙ. Πῶς;

ΣΩ. Ἆρ᾽ οὐ περὶ φρονήσεως ἦν καὶ ἡδονῆς ἡμῖν ἐξ
ἀρχῆς ὁ λόγος, ὁπότερον αὐτοῖν αἱρετέον;

ΦΙ. Πῶς γὰρ οὔ;

endliches aufgefaßt hatte, war es nun ein Gott, oder irgend
ein göttlicher Mensch, wie denn in Ägypten eine Sage geht
welche sagt, es sei dies ein gewisser Theuth gewesen, wel-
cher zuerst die Selbstlauter in diesem Unendlichen unter-
schied, nicht als Eines, sondern als mehrere, und dann wie-
derum andere, die zwar keinen Laut eigentlich, wohl aber ein c
gewisses Geräusch geben, und wie diese ebenfalls eine ge-
wisse Zahl ausmachen, und der endlich noch eine dritte Art
der Buchstaben unterschied, die wir jetzt stumme nennen:
nächstdem aber sonderte er sowohl die laut- und ge-
räuschlosen einzeln ab, als auch die Selbstlauter und die mitt-
leren auf dieselbe Weise, bis er ihre Zahl zusammenfassend
jeden einzeln und alle insgesamt Buchstaben nannte. Und da
er sah, daß niemand von uns auch nicht Einen für sich allein
ohne sie insgesamt verstehen kann: so faßte er wiederum
dieses ihr Band als Eines zusammen und als diese alle ver- d
einigend, und benannte es daher als das Eine zu diesen die
Sprachkunst.

PHILEBOS: Dies habe ich nun noch deutlicher als jenes
nämlich in seiner Beziehung unter sich verstanden, o Protar-
chos. Dieselbe Kleinigkeit aber fehlt mir an der Rede auch
jetzt noch wie vorher.

SOKRATES: Etwa, o Philebos, was dies wohl zur Sache
austrägt?

PHILEBOS: Ja das ist es, wonach Protarchos und ich
schon lange suchen.

SOKRATES: Wahrhaftig, ihr seid schon eben dabei, und
sucht es doch, wie du sagst, noch immer? e

PHILEBOS: Wie doch?

2.3. Ob das Leben der Lust oder das der Erkenntnis das gute Leben ist

2.3.1. Neufassung der ursprünglichen Fragestellung im Anschluß an die Erörterungen über Eins und Vieles

SOKRATES: War uns nicht von Anfang an die Rede von
Vernünftigkeit und Lust, welche von beiden zu wählen wä-
re?

PROTARCHOS: Wovon anders?

ΣΩ. Καὶ μὴν ἕν γε ἑκάτερον αὐτοῖν εἶναί φαμεν.

ΦΙ. Πάνυ μὲν οὖν.

ΣΩ. Τοῦτ᾽ αὐτὸ τοίνυν ἡμᾶς ὁ πρόσθεν λόγος ἀπαιτεῖ,
πῶς ἔστιν ἓν καὶ πολλὰ αὐτῶν ἑκάτερον, καὶ πῶς μὴ ἄπειρα
εὐθύς, ἀλλά τινά ποτε ἀριθμὸν ἑκάτερον ἔμπροσθεν κέκτη- 19 a
ται τοῦ ἄπειρα αὐτῶν ἕκαστα γεγονέναι;

ΠΡΩ. Οὐκ εἰς φαῦλόν γε ἐρώτημα, ὦ Φίληβε, οὐκ οἶδ᾽
ὅντινα τρόπον κύκλῳ πως περιαγαγὼν ἡμᾶς ἐμβέβληκε
Σωκράτης. Καὶ σκόπει δὴ πότερος ἡμῶν ἀποκρινεῖται τὸ
νῦν ἐρωτώμενον. Ἴσως δὴ γελοῖον τὸ ἐμὲ τοῦ λόγου διά-
δοχον παντελῶς ὑποστάντα διὰ τὸ μὴ δύνασθαι τὸ νῦν
ἐρωτηθὲν ἀποκρίνασθαι σοὶ πάλιν τοῦτο προστάττειν·
γελοιότερον δ᾽ οἶμαι πολὺ τὸ μηδέτερον ἡμῶν δύνασθαι. b
Σκόπει δὴ τί δράσομεν. Εἴδη γάρ μοι δοκεῖ νῦν ἐρωτᾶν
ἡδονῆς ἡμᾶς Σωκράτης εἴτ᾽ ἔστιν εἴτε μή, καὶ ὁπόσα ἐστὶ
καὶ ὁποῖα· τῆς τ᾽ αὖ φρονήσεως πέρι κατὰ ταὐτὰ ὡσαύτως.

ΣΩ. Ἀληθέστατα λέγεις, ὦ παῖ Καλλίου· μὴ γὰρ δυνά-
μενοι τοῦτο κατὰ παντὸς ἑνὸς καὶ ὁμοίου καὶ ταὐτοῦ δρᾶν
καὶ τοῦ ἐναντίου, ὡς ὁ παρελθὼν λόγος ἐμήνυσεν, οὐδεὶς
εἰς οὐδὲν οὐδενὸς ἂν ἡμῶν οὐδέποτε γένοιτο ἄξιος.

ΠΡΩ. Σχεδὸν ἔοικεν οὕτως, ὦ Σώκρατες, ἔχειν. Ἀλλὰ c
καλὸν μὲν τὸ σύμπαντα γιγνώσκειν τῷ σώφρονι, δεύτερος
δ᾽ εἶναι πλοῦς δοκεῖ μὴ λανθάνειν αὐτὸν αὐτόν. Τί δή μοι
τοῦτο εἴρηται τὰ νῦν; ἐγώ σοι φράσω. Σὺ τήνδε ἡμῖν τὴν
συνουσίαν, ὦ Σώκρατες, ἐπέδωκας πᾶσι καὶ σεαυτὸν πρὸς
τὸ διελέσθαι τί τῶν ἀνθρωπίνων κτημάτων ἄριστον. Φιλή-
βου γὰρ εἰπόντος ἡδονὴν καὶ τέρψιν καὶ χαρὰν καὶ πάνθ᾽
ὁπόσα τοιαῦτ᾽ ἐστί, σὺ πρὸς αὐτὰ ἀντεῖπες ὡς οὐ ταῦτα

SOKRATES: Und jede von beiden sagen wir doch ist Eins?

PHILEBOS: Freilich.

SOKRATES: Eben dieses also fragt die vorige Rede uns ab, wie doch jede von beiden Eines ist und Vieles, und wie nicht gleich unendlich, sondern zuvor jede ihre bestimmte Zahl hat, ehe das einzelne in ihnen unendlich geworden 19a
ist.

PROTARCHOS: In eine gar nicht schlechte Aufgabe, o Philebos, hat uns ich weiß nicht auf welche Weise rings herumführend Sokrates hineingeworfen. Siehe daher zu, welcher von uns beiden das jetzt gefragte beantworten soll. Denn vielleicht ist es wohl lächerlich, wenn ich, der ich die Rede vollständig zu übernehmen mich erklärt habe, nun, weil ich das jetzt gefragte nicht zu beantworten vermag, es dir wieder zurückschiebe; noch lächerlicher aber bei weitem, b
glaube ich, wenn keiner von uns beiden es vermöchte. Überlege also, was wir tun sollen. Nach den Arten der Lust nämlich scheint mir Sokrates jetzt zu fragen, ob es deren gibt oder nicht, und wieviele und was für welche, und nach der Einsicht eben so auf dieselbe Weise.

SOKRATES: Vollkommen richtig, o Sohn des Kallias. Denn wenn wir dies nicht mit jedem Einen und ähnlichen und selbigen zu tun wissen, und eben so mit dem Gegenteil davon: so wird, wie die eben durchgeführte Rede uns nachgewiesen hat, keiner von uns in nichts auch nur irgend etwas wert sein.

PROTARCHOS: So scheint es fast wohl, o Sokrates, sich zu c
verhalten. Allein schön ist es freilich alles zu wissen dem Weisen; doch die nächstbeste Fahrt wenigstens scheint zu sein, daß man sich selbst nicht verkenne. Was mir damit jetzt gesagt sein soll, will ich dir erklären. Du hast uns allen, o Sokrates, diese Unterredung hier zugestanden und dich selbst um zu bestimmen, welches wohl unter den menschlichen Besitztümern das vortrefflichste sei. Denn da Philebos behauptete Lust, Vergnügen und Freude, und alles was es dergleichen gibt seien es, so hast du dem widersprochen, nicht dies wäre es, sondern jenes, was wir uns oft absichtlich d

ἀλλ' ἐκεῖνά ἐστιν ἃ πολλάκις ἡμᾶς αὐτοὺς ἀναμιμνῄσκομεν d
ἑκόντες, ὀρθῶς δρῶντες, ἵν' ἐν μνήμῃ παρακείμενα ἑκάτερα
βασανίζηται. Φῄς δ', ὡς ἔοικε, σὺ τὸ προσρηθησόμενον
ὀρθῶς ἄμεινον ἡδονῆς γε ἀγαθὸν εἶναι νοῦν, ἐπιστήμην,
σύνεσιν, τέχνην καὶ πάντα αὖ τὰ τούτων συγγενῆ, ⟨ἃ⟩
κτᾶσθαι δεῖν, ἀλλ' οὐχὶ ἐκεῖνα. Τούτων δὴ μετ' ἀμφισβητή-
σεως ἑκατέρων λεχθέντων ἡμεῖς σοι μετὰ παιδιᾶς ἠπειλή-
σαμεν ὡς οὐκ ἀφήσομεν οἴκαδέ σε πρὶν ἂν τούτων τῶν e
λόγων πέρας ἱκανὸν γένηταί τι διορισθέντων, σὺ δὲ συνε-
χώρησας καὶ ἔδωκας εἰς ταῦθ' ἡμῖν σαυτόν, ἡμεῖς δὲ δὴ
λέγομεν, καθάπερ οἱ παῖδες, ὅτι τῶν ὀρθῶς δοθέντων
ἀφαίρεσις οὐκ ἔστι· παῦσαι δὴ τὸν τρόπον ἡμῖν ἀπαντᾶν
τοῦτον ἐπὶ τὰ νῦν λεγόμενα.

ΣΩ. Τίνα λέγεις;

ΠΡΩ. Εἰς ἀπορίαν ἐμβάλλων καὶ ἀνερωτῶν ὧν μὴ 20 a
δυναίμεθ' ἂν ἱκανὴν ἀπόκρισιν ἐν τῷ παρόντι διδόναι σοι.
Μὴ γὰρ οἰώμεθα τέλος ἡμῖν εἶναι τῶν νῦν τὴν πάντων
ἡμῶν ἀπορίαν, ἀλλ' εἰ δρᾶν τοῦθ' ἡμεῖς ἀδυνατοῦμεν, σοὶ
δραστέον· ὑπέσχου γάρ. Βουλεύου δὴ πρὸς ταῦτα αὐτὸς
πότερον ἡδονῆς εἴδη σοι καὶ ἐπιστήμης διαιρετέον ἢ καὶ
ἐατέον, εἴ πῃ καθ' ἕτερόν τινα τρόπον οἷός τ' εἶ καὶ βούλει
δηλῶσαί πως ἄλλως τὰ νῦν ἀμφισβητούμενα παρ' ἡμῖν.

ΣΩ. Δεινὸν μὲν τοίνυν ἔτι προσδοκᾶν οὐδὲν δεῖ τὸν ἐμέ, b
ἐπειδὴ τοῦθ' οὕτως εἶπες· τὸ γὰρ εἰ βούλει ῥηθὲν λύει
πάντα φόβον ἑκάστων πέρι. Πρὸς δὲ αὖ τοῖς μνήμην τινὰ
δοκεῖ τίς μοι δεδωκέναι θεῶν ἡμῖν.

ΠΡΩ. Πῶς δὴ καὶ τίνων;

wiederholen, und mit Recht, damit dem Gedächtnis wohl
eingeprägt beides geprüft werde. Du behauptest nämlich,
wie zu sehen ist, was mit Recht ein besseres Gut als die Lust
wenigstens genannt werden könne, sei Vernunft, Erkenntnis,
Verstand, Kunst, und alles damit verwandte, welches man
müsse zu erlangen suchen, nicht aber jenes. Da nun beide
Meinungen nicht ohne Widerspruch sind vorgebracht wor-
den, haben wir dich scherzhafterweise bedroht, wir würden e
dich nicht nach Hause lassen, bis diese Reden so zu Ende
gekommen, daß etwas genügendes darüber bestimmt wäre.
Und du hast eingewilliget, und hiezu uns dich selbst herge-
geben. Also sagen wir wie die Kinder, was einmal ordentlich
geschenkt ist, kann nicht zurückgenommen werden. Höre
demnach auf, dem jetzt gesagten auf diese Weise zu begeg-
nen.

SOKRATES: Auf welche meinst du?

PROTARCHOS: Daß du uns in die Enge treibst, und im- 20a
mer weiter zurück nach solchen Dingen fragst, worauf wir
dir im Augenblick keine befriedigende Antwort zu geben
wissen. Denn das wollen wir nicht gelten lassen, daß jetzt die
Sache mit unser aller Ratlosigkeit endigen soll; sondern
wenn wir es auszurichten unvermögend sind, mußt du es
ausrichten, denn du hast es versprochen. Gehe also nun
selbst mit dir zu Rate, ob du die verschiedenen Arten der
Lust und der Erkenntnis aufstellen sollst, oder es lassen, falls
du etwa auf eine andere Weise kannst und willst das jetzt
unter uns streitige irgend anderswie deutlich machen.

SOKRATES: Nun habe doch ich nichts arges mehr zu er- b
warten, da du dich hierüber so erklärst. Denn dies, wenn du
willst, macht aller Furcht über alles ein Ende. Überdies aber
hat mir wohl ein Gott selbst etwas in Erinnerung gebracht,
zu unserm Besten.

PROTARCHOS: Wie so? und was?

ΣΩ. Λόγων ποτέ τινων πάλαι ἀκούσας ὄναρ ἢ καὶ ἐγρηγορὼς νῦν ἐννοῶ περί τε ἡδονῆς καὶ φρονήσεως, ὡς οὐδέτερον αὐτοῖν ἐστὶ τἀγαθόν, ἀλλὰ ἄλλο τι τρίτον, ἕτερον μὲν τούτων, ἄμεινον δὲ ἀμφοῖν. Καίτοι τοῦτό γε ἂν ἐναργῶς ἡμῖν φανῇ νῦν, ἀπήλλακται μὲν ἡδονὴ τοῦ νικᾶν· τὸ c
γὰρ ἀγαθὸν οὐκ ἂν ἔτι ταὐτὸν αὐτῇ γίγνοιτο. Ἢ πῶς;

ΠΡΩ. Οὕτως.

ΣΩ. Τῶν δέ γε εἰς τὴν διαίρεσιν εἰδῶν ἡδονῆς οὐδὲν ἔτι προσδεησόμεθα κατ᾽ ἐμὴν δόξαν. Προϊὸν δ᾽ ἔτι σαφέστερον δείξει.

ΠΡΩ. Κάλλιστα εἰπὼν οὕτω καὶ διαπέραινε.

ΣΩ. Σμίκρ᾽ ἄττα τοίνυν ἔμπροσθεν ἔτι διομολογησώμεθα.

ΠΡΩ. Τὰ ποῖα;

ΣΩ. Τὴν τἀγαθοῦ μοῖραν πότερον ἀνάγκη τέλεον ἢ μὴ d
τέλεον εἶναι;

ΠΡΩ. Πάντων δήπου τελεώτατον, ὦ Σώκρατες.

ΣΩ. Τί δέ; ἱκανὸν τἀγαθόν;

ΠΡΩ. Πῶς γὰρ οὔ; καὶ πάντων γε εἰς τοῦτο διαφέρειν τῶν ὄντων.

ΣΩ. Τόδε γε μήν, ὡς οἶμαι, περὶ αὐτοῦ ἀναγκαιότατον εἶναι λέγειν, ὡς πᾶν τὸ γιγνῶσκον αὐτὸ θηρεύει καὶ ἐφίεται βουλόμενον ἑλεῖν καὶ περὶ αὑτὸ κτήσασθαι, καὶ τῶν ἄλλων οὐδὲν φροντίζει πλὴν τῶν ἀποτελουμένων ἅμα ἀγαθοῖς.

ΠΡΩ. Οὐκ ἔστι τούτοις ἀντειπεῖν.

ΣΩ. Σκοπῶμεν δὴ καὶ κρίνωμεν τόν τε ἡδονῆς καὶ τὸν e
φρονήσεως βίον ἰδόντες χωρίς.

ΠΡΩ. Πῶς εἶπες;

ΣΩ. Μήτε ἐν τῷ τῆς ἡδονῆς ἐνέστω φρόνησις μήτ᾽ ἐν τῷ τῆς φρονήσεως ἡδονή. Δεῖ γάρ, εἴπερ πότερον αὐτῶν

2.3.2. Das Gute ist vollendet, selbstgenügsam und Ziel allen Strebens. Wäre die reine Lust das Gute, so wäre die ihr gemäße Lebensform nicht wünschenswert

SOKRATES: Reden, die ich schon lange gehört habe im Traume oder auch wachend, fallen mir jetzt ein über Lust und Einsicht, daß keines von beiden das Gute ist, sondern ein anderes drittes von ihnen verschiedenes und besseres als Beide. Zeigte sich uns nun dieses jetzt deutlich: so wäre es c
mit der Lust schon vorbei, und sie könnte nicht siegen, denn das Gute wäre nicht mehr einerlei mit ihr. Oder wie?

PROTARCHOS: Allerdings so.

SOKRATES: Und der Arten der Lust bedürften wir dann zur Bestimmung gar nicht mehr, wie ich meine und die Rede selbst im Fortgang es noch deutlicher zeigen wird.

PROTARCHOS: Vortrefflich gesagt, und führe es nun auf diese Art weiter.

SOKRATES: Nur einiges wenige laß uns vorher noch mit einander ausmachen.

PROTARCHOS: Was doch?

SOKRATES: Ist das Los des Guten wohl, notwendig voll- d
endet zu sein, oder nicht vollendet?

PROTARCHOS: Vor allem andern offenbar doch das vollendetste, o Sokrates.

SOKRATES: Und wie? ist das Gute genügend?

PROTARCHOS: Wie sollte es nicht! und noch dazu übertrifft es hierin alles andere.

SOKRATES: Und dies muß man doch am allernotwendigsten davon sagen, daß alles erkennende danach trachtet und strebt es zu gewinnen und für sich zu haben, und sich um alles übrige nichts kümmert, als nur um das, was mit dem Guten zugleich erlangt wird.

PROTARCHOS: Dagegen ist nichts zu sagen.

SOKRATES: Betrachten wir also, und beurteilen nun das e
Leben der Lust, und das der Einsicht, indem wir sie getrennt betrachten.

PROTARCHOS: Wie meinst du das?

SOKRATES: Weder soll in dem der Lust irgend Einsicht sein, noch in dem der Einsicht irgend Lust. Denn wenn eines

ἐστὶ τἀγαθόν, μηδὲν μηδενὸς ἔτι προσδεῖσθαι· δεόμενον δ' ἂν φανῇ πότερον, οὐκ ἔστι που τοῦτ' ἔτι τὸ ὄντως ἡμῖν 21a ἀγαθόν.

ΠΡΩ. Πῶς γὰρ ἄν;

ΣΩ. Οὐκοῦν ἐν σοὶ πειρώμεθα βασανίζοντες ταῦτα;

ΠΡΩ. Πάνυ μὲν οὖν.

ΣΩ. Ἀποκρίνου δή.

ΠΡΩ. Λέγε.

ΣΩ. Δέξαι' ἄν, Πρώταρχε, σὺ ζῆν τὸν βίον ἅπαντα ἡδόμενος ἡδονὰς τὰς μεγίστας;

ΠΡΩ. Τί δ' οὔ;

ΣΩ. Ἆρ' οὖν ἔτι τινὸς ἂν σοι προσδεῖν ἡγοῖο, εἰ τοῦτ' ἔχεις παντελῶς;

ΠΡΩ. Οὐδαμῶς.

ΣΩ. Ὅρα δή, τοῦ φρονεῖν καὶ τοῦ νοεῖν καὶ λογίζεσθαι [τὰ δέοντα] καὶ ὅσα τούτων ἀδελφά, μῶν μὴ δέοι' ἄν τι; b

ΠΡΩ. Καὶ τί; πάντα γὰρ ἔχοιμ' ἄν που τὸ χαίρειν ἔχων.

ΣΩ. Οὐκοῦν οὕτω ζῶν ἀεὶ μὲν διὰ βίου ταῖς μεγίσταις ἡδοναῖς χαίροις ἄν;

ΠΡΩ. Τί δ' οὔ;

ΣΩ. Νοῦν δέ γε καὶ μνήμην καὶ ἐπιστήμην καὶ δόξαν μὴ κεκτημένος ἀληθῆ, πρῶτον μὲν τοῦτο αὐτό, εἰ χαίρεις ἢ μὴ χαίρεις, ἀνάγκη δήπου σε ἀγνοεῖν, κενόν γε ὄντα πάσης φρονήσεως;

ΠΡΩ. Ἀνάγκη.

ΣΩ. Καὶ μὴν ὡσαύτως μνήμην μὴ κεκτημένον ἀνάγκη c δήπου μηδ' ὅτι ποτὲ ἔχαιρες μεμνῆσθαι, τῆς τ' ἐν τῷ παραχρῆμα ἡδονῆς προσπιπτούσης μηδ' ἡντινοῦν μνήμην ὑπομένειν· δόξαν δ' αὖ μὴ κεκτημένον ἀληθῆ μὴ δοξάζειν χαίρειν χαίροντα, λογισμοῦ δὲ στερόμενον μηδ' εἰς τὸν

von beiden das Gute ist, darf dies weiter sonst gar nichts bedürfen. Zeigt sich aber eines von beiden noch bedürftig, 21a so kann uns dies nicht mehr das wahrhaft Gute sein.

PROTARCHOS: Wie sollte es auch!

SOKRATES: Wollen wir also den Versuch machen, an dir dieses zu prüfen?

PROTARCHOS: Immerhin.

SOKRATES: So antworte denn!

PROTARCHOS: Sprich nur.

SOKRATES: Möchtest du wohl so leben, o Protarchos, daß du dein ganzes Leben hindurch an allen größten Vergnügungen dich vergnügtest?

PROTARCHOS: Warum nicht?

SOKRATES: Würdest du wohl glauben daß dir noch etwas fehle, wenn du dies ganz vollkommen tätest?

PROTARCHOS: Keineswegs.

SOKRATES: Sieh doch zu! von Einsehn und Wissen und gehörigem Folgern, möchtest du davon nichts auch nur b sehn?

PROTARCHOS: Und wozu? Denn ich hätte ja alles weil ich das Vergnügtsein hätte.

SOKRATES: Auf diese Art also lebend würdest du zwar immer an jeglicher größten Lust dich vergnügen –

PROTARCHOS: Freilich.

SOKRATES: Von Vernunft aber und Erinnerung, von Erkenntnis und richtiger Meinung, auch nicht das mindeste habend, mußt du doch zuerst schon dieses, ob du vergnügt bist oder nicht, offenbar nicht wissen, da du ja aller Einsicht leer bist.

PROTARCHOS: Notwendig.

SOKRATES: Und eben so, da du ja gar kein Gedächtnis c besitzest, kannst du offenbar weder dessen, daß du einst vergnügt warst, dich erinnern, noch kann dir von der Lust, die dir im Augenblick zufällt, auch nur das mindeste Andenken zurückbleiben. Wiederum da du auch keine richtige Meinung hast, kannst du nicht einmal, indem du dich freust, urteilen daß du dich freust. Und da du aller Folgerungen beraubt bist, wirst du auch nicht einmal, daß du in Zukunft noch

ἔπειτα χρόνον ὡς χαιρήσεις δυνατὸν εἶναι λογίζεσθαι, ζῆν δὲ οὐκ ἀνθρώπου βίον, ἀλλά τινος πλεύμονος ἢ τῶν ὅσα θαλάττια μετ' ὀστρεΐνων ἔμψυχά ἐστι σωμάτων. Ἔστι ταῦτα, ἢ παρὰ ταῦτα ἔχομεν ἄλλως πως διανοηθῆναι; d

ΠΡΩ. Καὶ πῶς;

ΣΩ. Ἆρ' οὖν αἱρετὸς ἡμῖν βίος ὁ τοιοῦτος;

ΠΡΩ. Εἰς ἀφασίαν παντάπασί με, ὦ Σώκρατες, οὗτος ὁ λόγος ἐμβέβληκε τὰ νῦν.

ΣΩ. Μήπω τοίνυν μαλθακιζώμεθα, τὸν δὲ τοῦ νοῦ μεταλαβόντες αὖ βίον ἴδωμεν.

ΠΡΩ. Τὸν ποῖον δὴ λέγεις;

ΣΩ. Εἴ τις δέξαιτ' ἂν αὖ ζῆν ἡμῶν φρόνησιν μὲν καὶ νοῦν καὶ ἐπιστήμην καὶ μνήμην πᾶσαν πάντων κεκτημένος, e ἡδονῆς δὲ μετέχων μήτε μέγα μήτε σμικρόν, μηδ' αὖ λύπης, ἀλλὰ τὸ παράπαν ἀπαθὴς πάντων τῶν τοιούτων.

ΠΡΩ. Οὐδέτερος ὁ βίος, ὦ Σώκρατες, ἔμοιγε τούτων αἱρετός, οὐδ' ἄλλῳ μή ποτε, ὡς ἐγᾦμαι, φανῇ.

ΣΩ. Τί δ' ὁ συναμφότερος, ὦ Πρώταρχε, ἐξ ἀμφοῖν 22 a συμμειχθεὶς κοινὸς γενόμενος;

ΠΡΩ. Ἡδονῆς λέγεις καὶ νοῦ καὶ φρονήσεως;

ΣΩ. Οὕτω καὶ τὸν τοιοῦτον λέγω ἔγωγε.

ΠΡΩ. Πᾶς δήπου τοῦτόν γε αἱρήσεται πρότερον ἢ 'κείνων ὁποτερονοῦν, καὶ πρὸς τούτοις γε οὐχ ὁ μέν, ὁ δ' οὔ.

ΣΩ. Μανθάνομεν οὖν ὅτι νῦν ἡμῖν ἐστι τὸ συμβαῖνον ἐν τοῖς παροῦσι λόγοις;

ΠΡΩ. Πάνυ μὲν οὖν, ὅτι γε τρεῖς μὲν βίοι προυτέθησαν, τοῖν δυοῖν δ' οὐδέτερος ἱκανὸς οὐδὲ αἱρετὸς οὔτε b

vergnügt sein wirst, berechnen können, und so nicht ein menschliches Leben leben, sondern irgend eines Polypen oder eines Schaltieres wie man sie im Meere findet. Ist es so, oder können wir uns die Sache irgend anderswie vor- d
stellen?

PROTARCHOS: Wie nur!

SOKRATES: Ist uns nun wohl ein solches Leben zu wählen?

PROTARCHOS: Ganz zum Verstummen hat mich diese deine Rede jetzt gebracht.

2.3.3. Ein Leben reiner, lustfreier Vernunft ist ebenfalls weder wünschenswert noch gut. Der erste Platz gebührt einem aus Vernunft und Lust gemischten Leben. Den zweiten jedoch beansprucht die Vernunft

SOKRATES: Laß uns nur noch nicht abstehn, sondern nun auch das Leben der Vernunft vornehmen und betrachten.

PROTARCHOS: Was für eines meinst du?

SOKRATES: Ob wohl einer von uns leben möchte, so daß er zwar alle Einsicht und Vernunft und Wissenschaft und Erinnerung von allem hätte, Lust aber weder viel noch we- e
nig genösse, und eben so wenig Unlust, sondern für dieses alles ganz unempfänglich wäre?

PROTARCHOS: Keine von diesen beiden Lebensweisen ist mir wünschenswert, noch wird sie wohl irgend einem andern glaube ich so vorkommen.

SOKRATES: Wie aber eine beiderseitige, o Protarchos, aus 22a
beiden ganz gemeinschaftlich gemischte?

PROTARCHOS: Aus Lust meinst du und aus Vernunft und Einsicht?

SOKRATES: So, und eben eine solche meine ich.

PROTARCHOS: Diese wird wohl jeder eher als irgend eine von jenen wählen, und zu jenen dazu; nicht etwa nur einer, und ein anderer wieder nicht.

SOKRATES: Verstehen wir nun wohl, was uns aus der bisherigen Rede folgt?

PROTARCHOS: Allerdings; es sind uns drei Lebensweisen vorgelegt worden; von ihrer zweien aber war keine genügend b

ἀνθρώπων οὔτε ζῴων οὐδενί.

ΣΩ. Μῶν οὖν οὐκ ἤδη τούτων γε πέρι δῆλον ὡς οὐδέ-
τερος αὐτοῖν εἶχε τἀγαθόν; ἦν γὰρ ἂν ἱκανὸς καὶ τέλεος
καὶ πᾶσι φυτοῖς καὶ ζῴοις αἱρετός, οἷσπερ δυνατὸν ἦν
οὕτως ἀεὶ διὰ βίου ζῆν· εἰ δέ τις ἄλλα ᾑρεῖθ᾽ ἡμῶν, παρὰ
φύσιν ἂν τὴν τοῦ ἀληθῶς αἱρετοῦ ἐλάμβανεν ἄκων ἐξ
ἀγνοίας ἤ τινος ἀνάγκης οὐκ εὐδαίμονος.

ΠΡΩ. Ἔοικε γοῦν ταῦθ᾽ οὕτως ἔχειν.

ΣΩ. Ὡς μὲν τοίνυν τήν γε Φιλήβου θεὸν οὐ δεῖ δια- c
νοεῖσθαι ταὐτὸν καὶ τἀγαθόν, ἱκανῶς εἰρῆσθαί μοι δοκεῖ.

ΦΙ. Οὐδὲ γὰρ ὁ σὸς νοῦς, ὦ Σώκρατες, ἔστι τἀγαθόν,
ἀλλ᾽ ἕξει που ταὐτὰ ἐγκλήματα.

ΣΩ. Τάχ᾽ ἄν, ὦ Φίληβε, ὅ γ᾽ ἐμός· οὐ μέντοι τόν γε
ἀληθινὸν ἅμα καὶ θεῖον οἶμαι νοῦν, ἀλλ᾽ ἄλλως πως ἔχειν.
Τῶν μὲν οὖν νικητηρίων πρὸς τὸν κοινὸν βίον οὐκ ἀμφισ-
βητῶ πω ὑπὲρ νοῦ, τῶν δὲ δὴ δευτερείων ὁρᾶν καὶ σκοπεῖν
χρὴ πέρι τί δράσομεν· τάχα γὰρ ἂν τοῦ κοινοῦ τούτου βίου d
αἰτιῴμεθ᾽ ἂν ἑκάτερος ὁ μὲν τὸν νοῦν αἴτιον, ὁ δ᾽ ἡδονὴν
εἶναι, καὶ οὕτω τὸ μὲν ἀγαθὸν τούτων ἀμφοτέρων οὐδέ-
τερον ἂν εἴη, τάχα δ᾽ ἂν αἴτιόν τις ὑπολάβοι πότερον
αὐτῶν εἶναι. Τούτου δὴ πέρι καὶ μᾶλλον ἔτι πρὸς Φίληβον
διαμαχοίμην ἂν ὡς ἐν τῷ μεικτῷ τούτῳ βίῳ, ὅτι ποτ᾽ ἔστι
τοῦτο ὃ λαβὼν ὁ βίος οὗτος γέγονεν αἱρετὸς ἅμα καὶ
ἀγαθός, οὐχ ἡδονὴ ἀλλὰ νοῦς τούτῳ συγγενέστερον καὶ
ὁμοιότερόν ἐστι, καὶ κατὰ τοῦτον τὸν λόγον οὔτ᾽ ἂν τῶν e
πρωτείων οὐδ᾽ αὖ τῶν δευτερείων ἡδονῇ μετὸν ἀληθῶς ἄν
ποτε λέγοιτο· πορρωτέρω δ᾽ ἐστὶ τῶν τριτείων, εἴ τι τῷ ἐμῷ
νῷ δεῖ πιστεύειν ἡμᾶς τὰ νῦν.

ΠΡΩ. Ἀλλὰ μήν, ὦ Σώκρατες, ἔμοιγε δοκεῖ νῦν μὲν

noch wünschenswert weder für Menschen noch für irgend ein anderes lebendes Wesen.

SOKRATES: Ist nun nicht von diesen schon soviel gewiß, daß keine von beiden das Gute in sich hatte? Denn sonst müßte sie ja genügend sein, und vollständig und allen Gewächsen und Tieren wünschenswert, denen es nur irgend möglich wäre, so ihr ganzes Leben hinzubringen. Und wenn dennoch jemand von uns etwas anderes wählte, so ergriffe er das gegen die Natur des wahrhaft erwählungswerten wider Willen aus Unwissenheit oder vermöge sonst einer unseligen Notwendigkeit.

PROTARCHOS: So muß es sich allerdings wohl verhalten.

SOKRATES: Daß man also des Philebos Göttin, und das c
Gute nicht für einerlei halten darf, das dünkt mich hinlänglich gezeigt zu sein.

PHILEBOS: Aber auch deine Vernunft, o Sokrates, ist nicht das Gute, sondern unterliegt wohl denselbigen Einwendungen.

SOKRATES: Vielleicht, o Philebos, die meinige wohl, die wahrhafte und göttliche Vernunft aber glaube ich wohl nicht, sondern mit der wird es sich wohl ganz anders verhalten. Um den ersten Preis also streite ich mich nicht mit jenem gemeinsamen Leben für die Vernunft. Wegen der zweiten Stelle aber, müssen wir nun zusehn und überlegen,
was wir tun wollen. Denn von diesem gemeinsamen Leben d
könnten wir nun jeder der eine die Vernunft für die Ursach halten, der andere die Lust. Und so wäre zwar keine von diesen beiden das Gute selbst, aber für die Ursache desselben könnte doch einer eine von beiden ansehen. Darüber nun möchte ich noch um so lieber mit unserem Philebos streiten, daß, was das auch sei in diesem gemischten Leben, wodurch es zugleich erwählungswert ist und gut, diesem nicht die Lust sondern die Vernunft das verwandtere und ähnlichere
ist. Und sonach könnte man von der Lust weder daß ihr die e
erste, noch daß ihr die zweite Stelle zukäme, irgend mit Recht sagen, ja auch noch weiter als die Dritte steht sie zurück, wenn meiner Vernunft für jetzt irgend zu glauben ist.

PROTARCHOS: Allerdings, o Sokrates, scheint mir wenig-

ἡδονή σοι πεπτωκέναι καθαπερεὶ πληγεῖσα ὑπὸ τῶν νυνδὴ
λόγων· τῶν γὰρ νικητηρίων πέρι μαχομένη κεῖται. Τὸν δὲ
νοῦν, ὡς ἔοικε, λεκτέον ὡς ἐμφρόνως οὐκ ἀντεποιεῖτο τῶν 23 a
νικητηρίων· τὰ γὰρ αὐτὰ ἔπαθεν ἄν. Τῶν δὲ δὴ δευτερείων
στερηθεῖσα ἡδονὴ παντάπασιν ἄν τινα καὶ ἀτιμίαν σχοίη
πρὸς τῶν αὑτῆς ἐραστῶν· οὐδὲ γὰρ ἐκείνοις ἔτ' ἂν ὁμοίως
φαίνοιτο καλή.

ΣΩ. Τί οὖν; οὐκ ἄμεινον αὐτὴν ἐᾶν ἤδη καὶ μὴ τὴν
ἀκριβεστάτην αὐτῇ προσφέροντα βάσανον καὶ ἐξελέγχοντα
λυπεῖν;

ΠΡΩ. Οὐδὲν λέγεις, ὦ Σώκρατες.

ΣΩ. Ἆρ' ὅτι τὸ ἀδύνατον εἶπον, λυπεῖν ἡδονήν; b

ΠΡΩ. Οὐ μόνον γε, ἀλλ' ὅτι καὶ ἀγνοεῖς ὡς οὐδείς πώ
σε ἡμῶν μεθήσει πρὶν ἂν εἰς τέλος ἐπεξέλθῃς τούτων τῷ
λόγῳ.

ΣΩ. Βαβαὶ ἄρα, ὦ Πρώταρχε, συχνοῦ μὲν λόγου τοῦ
λοιποῦ, σχεδὸν δὲ οὐδὲ ῥᾳδίου πάνυ τι νῦν. Καὶ γὰρ δὴ
φαίνεται δεῖν ἄλλης μηχανῆς, ἐπὶ τὰ δευτερεῖα ὑπὲρ νοῦ
πορευόμενον οἷον βέλη ἔχειν ἕτερα τῶν ἔμπροσθεν λόγων·
ἔστι δὲ ἴσως ἔνια καὶ ταὐτά. Οὐκοῦν χρή;

ΠΡΩ. Πῶς γὰρ οὔ;

ΣΩ. Τὴν δέ γε ἀρχὴν αὐτοῦ διευλαβεῖσθαι πειρώμεθα c
τιθέμενοι.

ΠΡΩ. Ποίαν δὴ λέγεις;

ΣΩ. Πάντα τὰ νῦν ὄντα ἐν τῷ παντὶ διχῇ διαλάβωμεν,
μᾶλλον δ', εἰ βούλει, τριχῇ.

stens jetzt, die Lust gefallen zu sein gleichsam tödlich getroffen von diesen jetzigen Reden. Denn um den ersten Preis kämpfend unterliegt sie. Der Vernunft aber muß man, wie es 23a
scheint, nachsagen daß sie sehr weislich um den ersten Preis sich nicht beworben hat; denn ihr wäre dasselbe begegnet. Geht nun die Lust auch des zweiten Preises verlustig: so würde ihr das ja auf alle Weise zur Schande gereichen bei ihren Verehrern, denn und auch denen würde sie nicht mehr so schön wie sonst erscheinen.

SOKRATES: Wie also? ist es nun nicht besser sie lieber gleich lassen, und nicht indem wir sie auf die schärfste Probe nehmen und ganz durchprüfen, ihr wehe tun?

PROTARCHOS: Das ist nichts gesagt, Sokrates!

SOKRATES: Etwa weil ich etwas unmögliches ausge- b
sprochen, der Lust weh tun?

PROTARCHOS: Wenigstens nicht darum allein, sondern auch weil du nicht bedenkst, daß keiner von uns dich loslassen wird, bis du dies ganz zu Ende führst in deiner Rede.

SOKRATES: Weh also, Protarchos, über die vielen Reden die wir noch vor uns haben, und die gar nicht leicht sind für jetzt. Denn es zeigt sich wohl, daß noch anderer Künste bedarf wer für die Vernunft auf den zweiten Preis losgehn will, um andere Pfeile zu haben als unsere vorigen Reden. Doch vielleicht sind einige auch wohl dieselben. Also wollen wir nur.

PROTARCHOS: Wie sollten wir auch nicht.

3. Untersuchung von Lust und Erkenntnis im Blick auf ihre ontologischen Gattungen

3.1. Die vier Arten des Seienden und der Ort von Lust und Erkenntnis darin

3.1.1. Skizze der vier Arten: Unbegrenztes, Begrenztes, beider Mischung und die Ursache der Mischung

SOKRATES: Den Anfang aber laß uns ja versuchen recht c
vorsichtig festzustellen.

PROTARCHOS: Was für einen meinst du?

SOKRATES: Laß uns alles was jetzt ist in dem Ganzen, in zwei Teile teilen, oder lieber wenn du willst in dreie.

ΠΡΩ. Καθ᾽ ὅτι, φράζοις ἄν.

ΣΩ. Λάβωμεν ἄττα τῶν νυνδὴ λόγων.

ΠΡΩ. Ποῖα;

ΣΩ. Τὸν θεὸν ἐλέγομέν που τὸ μὲν ἄπειρον δεῖξαι τῶν ὄντων, τὸ δὲ πέρας;

ΠΡΩ. Πάνυ μὲν οὖν.

ΣΩ. Τούτω δὴ τῶν εἰδῶν τὰ δύο τιθώμεθα, τὸ δὲ τρίτον ἐξ ἀμφοῖν τούτοιν ἕν τι συμμισγόμενον. Εἰμὶ δ', ὡς d
ἔοικεν, ἐγὼ γελοῖός τις ἱκανῶς κατ᾽ εἴδη διιστὰς καὶ συναριθμούμενος.

ΠΡΩ. Τί φῄς, ὠγαθέ;

ΣΩ. Τετάρτου μοι γένους αὖ προσδεῖν φαίνεται.

ΠΡΩ. Λέγε τίνος.

ΣΩ. Τῆς συμμείξεως τούτων πρὸς ἄλληλα τὴν αἰτίαν ὅρα, καὶ τίθει μοι πρὸς τρισὶν ἐκείνοις τέταρτον τοῦτο.

ΠΡΩ. Μῶν οὖν σοι καὶ πέμπτου προσδεήσει διάκρισίν τινος δυναμένου;

ΣΩ. Τάχ᾽ ἄν· οὐ μὴν οἶμαί γε ἐν τῷ νῦν· ἂν δέ τι δέῃ, συγγνώσῃ πού μοι σὺ μεταδιώκοντι πέμπτον τι ὄν. e

ΠΡΩ. Τί μήν;

ΣΩ. Πρῶτον μὲν δὴ τῶν τεττάρων τὰ τρία διελόμενοι, τὰ δύο τούτων πειρώμεθα, πολλὰ ἑκάτερον ἐσχισμένον καὶ διεσπασμένον ἰδόντες, εἰς ἓν πάλιν ἑκάτερον συναγαγόντες, νοῆσαι πῇ ποτε ἦν αὐτῶν ἓν καὶ πολλὰ ἑκάτερον.

ΠΡΩ. Εἴ μοι σαφέστερον ἔτι περὶ αὐτῶν εἴποις, τάχ᾽ ἂν ἑποίμην.

ΣΩ. Λέγω τοίνυν τὰ δύο ἃ προτίθεμαι ταῦτ᾽ εἶναι ἅπερ 24 a
νυνδή, τὸ μὲν ἄπειρον, τὸ δὲ πέρας ἔχον· ὅτι δὲ τρόπον

PROTARCHOS: Wolltest du wohl erklären wonach?

SOKRATES: Einige von den vorigen Reden wollen wir wieder aufnehmen.

PROTARCHOS: Welche denn?

SOKRATES: Gott, sagten wir ja wohl, habe von dem Seienden einiges als unbegrenzt gezeigt, anderes mit Grenze.

PROTARCHOS: Allerdings.

SOKRATES: Diese also setzen wir als zwei von diesen Ar-
ten; als die dritte aber das aus diesen beiden in Eins zusam- d
mengemischte. Ich werde aber wie es scheint lächerlich, wenn ich nach Arten etwas gehörig auseinander stelle, und zusammenzähle.

PROTARCHOS: Wie meinst du das, Guter?

SOKRATES: Mir kommt schon wieder vor, als ob noch eine vierte Gattung nötig wäre.

PROTARCHOS: Sage welche.

SOKRATES: Sieh doch auf die Ursache der Vermischung dieser beiden mit einander, und setze mir diese zu jenen als die vierte.

PROTARCHOS: Wirst du etwa auch eine fünfte noch brauchen, welche ihre Trennung bewirkt?

SOKRATES: Vielleicht; doch glaube ich für jetzt wohl nicht. Sollte es indes nötig sein, so wirst du mir schon nach-
sehen, wenn ich noch auf eine fünfte Jagd mache. e

PROTARCHOS: Warum auch nicht.

3.1.2. Erläuterung der beiden ersten Arten in Hinsicht auf Eins und Vieles

SOKRATES: Zuerst nun laß uns von diesen vieren die dreie aussondern, und versuchen, da wir die zweie von ihnen jedes gar vielfach zerspalten und zerrissen sehen, ob wir, wenn wir sie werden jedes in Eins zusammengebracht haben, bemerken können wie wohl jedes von ihnen Eins und Vieles war.

PROTARCHOS: Wenn du mir dies noch deutlicher erklärtest, könnte ich vielleicht folgen.

SOKRATES: Die zweie also, die ich vorlege, sollen sein 24a
die eben genannten, das eine das unbegrenzte, das andere das

τινὰ τὸ ἄπειρον πολλά ἐστι, πειράσομαι φράζειν. Τὸ δὲ πέρας ἔχον ἡμᾶς περιμενέτω.

ΠΡΩ. Μένει.

ΣΩ. Σκέψαι δή. Χαλεπὸν μὲν γὰρ καὶ ἀμφισβητήσιμον
ὃ κελεύω σε σκοπεῖν, ὅμως δὲ σκόπει. Θερμοτέρου καὶ
ψυχροτέρου πέρι πρῶτον ὅρα πέρας εἴ ποτέ τι νοήσαις
ἄν, ἢ τὸ μᾶλλόν τε καὶ ἧττον ἐν αὐτοῖς οἰκοῦν⟨τε⟩ τοῖς
γένεσιν, ἕωσπερ ἂν ἐνοικῆτον, τέλος οὐκ ἂν ἐπιτρεψαίτην b
γίγνεσθαι· γενομένης γὰρ τελευτῆς καὶ αὐτὼ τετελευτή-
κατον.

ΠΡΩ. Ἀληθέστατα λέγεις.

ΣΩ. Ἀεὶ δέ γε, φαμέν, ἔν τε τῷ θερμοτέρῳ καὶ ψυχροτέρῳ τὸ μᾶλλόν τε καὶ ἧττον ἔνι.

ΠΡΩ. Καὶ μάλα.

ΣΩ. Ἀεὶ τοίνυν ὁ λόγος ἡμῖν σημαίνει τούτω μὴ τέλος ἔχειν· ἀτελῆ δ' ὄντε δήπου παντάπασιν ἀπείρω γίγνεσθον.

ΠΡΩ. Καὶ σφόδρα γε, ὦ Σώκρατες.

ΣΩ. Ἀλλ' εὖ γε, ὦ φίλε Πρώταρχε, ὑπέλαβες καὶ
ἀνέμνησας ὅτι καὶ τὸ σφόδρα τοῦτο, ὃ σὺ νῦν ἐφθέγξω, c
καὶ τό γε ἠρέμα τὴν αὐτὴν δύναμιν ἔχετον τῷ μᾶλλόν τε
καὶ ἧττον· ὅπου γὰρ ἂν ἐνῆτον, οὐκ ἐᾶτον εἶναι ποσὸν
ἕκαστον, ἀλλ' ἀεὶ σφοδρότερον ἡσυχαιτέρου καὶ τοὐναντίον
ἑκάσταις πράξεσιν ἐμποιοῦντε τὸ πλέον καὶ τὸ ἔλαττον
ἀπεργάζεσθον, τὸ δὲ ποσὸν ἀφανίζετον. Ὃ γὰρ ἐλέχθη
νυνδή, μὴ ἀφανίσαντε τὸ ποσόν, ἀλλ' ἐάσαντε αὐτό τε καὶ
τὸ μέτριον ἐν τῇ τοῦ μᾶλλον καὶ ἧττον καὶ σφόδρα καὶ
ἠρέμα ἕδρᾳ ἐγγενέσθαι, αὐτὰ ἔρρει ταῦτα ἐκ τῆς αὐτῶν d
χώρας ἐν ᾗ ἐνῆν. Οὐ γὰρ ἔτι θερμότερον οὐδὲ ψυχρότερον
εἴτην ἂν λαβόντε τὸ ποσόν· προχωρεῖ γὰρ καὶ οὐ μένει τό
τε θερμότερον ἀεὶ καὶ τὸ ψυχρότερον ὡσαύτως, τὸ δὲ
ποσὸν ἔστη καὶ προϊὸν ἐπαύσατο. Κατὰ δὴ τοῦτον τὸν
λόγον ἄπειρον γίγνοιτ' ἂν τὸ θερμότερον καὶ τοὐναντίον
ἅμα.

begrenzte. Daß nun das unbegrenzte gewissermaßen Vieles ist, will ich versuchen dir zu erklären, das begrenzte aber soll auf uns warten.

PROTARCHOS: Es warte.

SOKRATES: Sieh also. Es ist freilich schwierig und streitig, was ich dich auffodere zu betrachten, aber betrachte es doch. Zuerst an dem wärmeren und kälteren sieh doch ob du wohl eine Grenze bemerken kannst, oder ob nicht das Mehr
und Weniger, welches diesen Gattungen einwohnt, so lange b
es ihnen einwohnt, gar kein Ende entstehn läßt; denn sobald ein Ende entstände, wäre es selbst auch zu Ende.

PROTARCHOS: Vollkommen richtig.

SOKRATES: Und immer, behaupten wir doch, ist in dem kälteren sowohl als wärmeren das mehr und weniger.

PROTARCHOS: Allerdings.

SOKRATES: Immer also, deutet unsere Rede an, werden diese Beiden kein Ende haben, und da sie also ohne Ende sind, sind sie doch auf alle Weise unbegrenzt.

PROTARCHOS: Und das gar stark, o Sokrates.

SOKRATES: Sehr gut, lieber Protarchos, hast du dies
aufgefaßt und mich erinnert, daß auch dieses Gar stark, was c
du jetzt ausgesprochen hast, und das Gar schwach ganz dieselbe Bedeutung haben, wie das mehr und weniger. Denn worin sie sich befinden, das lassen sie nicht bestimmter Größe sein; sondern indem sie in jeglicher Handlung ein stärkeres als das schwächere und umgekehrt einzeichnen, bewirken sie ein mehr und minder, und machen die bestimmte Größe verschwinden. Denn wie wir eben sagten, wenn sie die bestimmte Größe nicht verschwinden machten, sondern diese und das gemessene in die Stelle des mehr und minder
und stark und schwach eintreten ließen: so müßten diese d
selbst aus ihrer Stelle verloren gehn in der sie sich befanden. Denn sie wären nicht mehr wärmeres und kälteres, wenn sie die bestimmte Größe aufnähmen. Denn immer vorwärts schreitet das wärmere, und bleibt nicht, und eben so auch das kältere. Das von bestimmter Größe aber steht still, und ist aufgehalten im Fortschreiten. Dem zufolge also wäre das Wärmere unbegrenzt, und sein Gegenteil auch.

ΠΡΩ. Φαίνεται γοῦν, ὦ Σώκρατες· ἔστι δ', ὅπερ εἶπες,
οὐ ῥᾴδια ταῦτα συνέπεσθαι. Τὸ δὲ εἰς αὖθίς τε καὶ αὖθις
ἴσως λεχθέντα τόν τε ἐρωτῶντα καὶ τὸν ἐρωτώμενον e
ἱκανῶς ἂν συμφωνοῦντας ἀποφήναιεν.

ΣΩ. Ἀλλ' εὖ μὲν λέγεις καὶ πειρατέον οὕτω ποιεῖν.
Νῦν μέντοι ἄθρει τῆς τοῦ ἀπείρου φύσεως εἰ τοῦτο
δεξόμεθα σημεῖον, ἵνα μὴ πάντ' ἐπεξιόντες μηκύνωμεν.

ΠΡΩ. Τὸ ποῖον δὴ λέγεις;

ΣΩ. Ὁπόσ' ἂν ἡμῖν φαίνηται μᾶλλόν τε καὶ ἧττον
γιγνόμενα καὶ τὸ σφόδρα καὶ ἠρέμα δεχόμενα καὶ τὸ λίαν
καὶ ὅσα τοιαῦτα πάντα, εἰς τὸ τοῦ ἀπείρου γένος ὡς εἰς 25 a
ἓν δεῖ πάντα ταῦτα τιθέναι, κατὰ τὸν ἔμπροσθεν λόγον,
ὃν ἔφαμεν, ὅσα διέσπασται καὶ διέσχισται συναγαγόντας
χρῆναι κατὰ δύναμιν μίαν ἐπισημαίνεσθαί τινα φύσιν, εἰ
μέμνησαι.

ΠΡΩ. Μέμνημαι.

ΣΩ. Οὐκοῦν τὰ μὴ δεχόμενα ταῦτα, τούτων δὲ τὰ
ἐναντία πάντα δεχόμενα, πρῶτον μὲν τὸ ἴσον καὶ ἰσότητα,
μετὰ δὲ τὸ ἴσον τὸ διπλάσιον καὶ πᾶν ὅτιπερ ἂν πρὸς
ἀριθμὸν ἀριθμὸς ἢ μέτρον ᾖ πρὸς μέτρον, ταῦτα σύμπαντα b
εἰς τὸ πέρας ἀπολογιζόμενοι καλῶς ἂν δοκοῖμεν δρᾶν
τοῦτο. Ἢ πῶς σὺ φῄς;

ΠΡΩ. Κάλλιστά γε, ὦ Σώκρατες.

ΣΩ. Εἶεν· τὸ δὲ τρίτον τὸ μεικτὸν ἐκ τούτοιν ἀμφοῖν
τίνα ἰδέαν φήσομεν ἔχειν;

ΠΡΩ. Σὺ καὶ ἐμοὶ φράσεις, ὡς οἶμαι.

ΣΩ. Θεὸς μὲν οὖν, ἄνπερ γε ἐμαῖς εὐχαῖς ἐπήκοος
γίγνηταί τις θεῶν.

ΠΡΩ. Εὔχου δὴ καὶ σκόπει.

ΣΩ. Σκοπῶ· καί μοι δοκεῖ τις, ὦ Πρώταρχε, αὐτῶν
φίλος ἡμῖν νυνδὴ γεγονέναι.

ΠΡΩ. Πῶς λέγεις τοῦτο καὶ τίνι τεκμηρίῳ χρῇ; c

PROTARCHOS: Das leuchtet freilich ein, o Sokrates; aber wie du auch sagtest, es ist nicht leicht zu folgen. Wird es
indes wieder und immer wieder vorgetragen, so muß wohl e
erhellen, daß Fragender und Gefragter hinreichend darüber einverstanden sind.

SOKRATES: Sehr wohl bemerkt, und wir müssen versuchen es so zu machen. Jetzt aber sieh doch zu, ob wir nicht dieses als ein Merkmal von der Natur des Unbegrenzten annehmen wollen, um nicht alles durchgehend die Sache in die Länge zu ziehn.

PROTARCHOS: Welches meinst du?

SOKRATES: Alles woran wir sehen, daß es mehr und weniger wird, und das stark und schwach und sehr und alles
dergleichen annimmt, dies alles müssen wir unter die Gat- 25a
tung des Unbegrenzten als unter eins zusammenstellen nach unserer vorigen Rede, da wir sagten, daß wir alles zerspaltene und zerrissene nach Vermögen müßten suchen unter Einen Begriff einzuzeichnen, wenn du dich erinnerst.

PROTARCHOS: Wohl erinnere ich mich.

SOKRATES: Also was nun dieses nicht annimmt, sondern alles entgegengesetzte hievon annimmt, zuerst das Gleiche und die Gleichheit und das zwiefache und was sonst Eine
Zahl ist zu einer anderen und Ein Maß zum andern, wenn b
wir dies alles unter das Begrenzte rechneten, würden wir wohl ganz recht daran tun. Oder wie meinst du?

PROTARCHOS: Ganz vortrefflich, o Sokrates.

3.1.3. Das aus Unbegrenztem und Begrenztem Gemischte

SOKRATES: Wohl! aber das Dritte aus diesen beiden gemischte, welche Gestalt sollen wir sagen daß dieses habe?

PROTARCHOS: Auch das, denke ich, wirst du mir wohl sagen.

SOKRATES: Ein Gott wohl, wenn anders einer meine Bitten erhören will von den Göttern.

PROTARCHOS: So bete denn, und sieh zu.

SOKRATES: Ich sehe schon, und es dünkt mich allerdings, o Protarchos, einer von ihnen uns jetzt gewogen zu sein.

PROTARCHOS: Wie meinst du das, und woran erkennst c
du es?

ΣΩ. Φράσω δῆλον ὅτι· σὺ δέ μοι συνακολούθησον τῷ λόγῳ.

ΠΡΩ. Λέγε μόνον.

ΣΩ. Θερμότερον ἐφθεγγόμεθα νυνδή πού τι καὶ ψυχρότερον. Ἦ γάρ;

ΠΡΩ. Ναί.

ΣΩ. Πρόσθες δὴ ξηρότερον καὶ ὑγρότερον αὐτοῖς καὶ πλέον καὶ ἔλαττον καὶ θᾶττον καὶ βραδύτερον καὶ μεῖζον καὶ σμικρότερον καὶ ὁπόσα ἐν τῷ πρόσθεν τῆς τὸ μᾶλλόν τε καὶ ἧττον δεχομένης ἐτίθεμεν εἰς ἓν φύσεως.

ΠΡΩ. Τῆς τοῦ ἀπείρου λέγεις; d

ΣΩ. Ναί. Συμμείγνυ δέ γε εἰς αὐτὴν τὸ μετὰ ταῦτα τὴν αὖ τοῦ πέρατος γένναν.

ΠΡΩ. Ποίαν;

ΣΩ. Ἣν καὶ νυνδή, δέον ἡμᾶς καθάπερ τὴν τοῦ ἀπείρου συνηγάγομεν εἰς ἕν, οὕτω καὶ τὴν τοῦ περατοειδοῦς συναγαγεῖν, οὐ συνηγάγομεν. Ἀλλ' ἴσως καὶ νῦν ταὐτὸν δράσασι τούτων ἀμφοτέρων συναγομένων καταφανὴς κἀκείνη γενήσεται.

ΠΡΩ. Ποίαν καὶ πῶς λέγεις;

ΣΩ. Τὴν τοῦ ἴσου καὶ διπλασίου, καὶ ὁπόση παύει πρὸς ἄλληλα τἀναντία διαφόρως ἔχοντα, σύμμετρα δὲ καὶ e σύμφωνα ἐνθεῖσα ἀριθμὸν ἀπεργάζεται.

ΠΡΩ. Μανθάνω· φαίνῃ γάρ μοι λέγειν μειγνῦσι ταῦτα γενέσεις τινὰς ἐφ' ἑκάστων αὐτῶν συμβαίνειν.

ΣΩ. Ὀρθῶς γὰρ φαίνομαι.

ΠΡΩ. Λέγε τοίνυν.

ΣΩ. Ἆρα οὐκ ἐν μὲν νόσοις ἡ τούτων ὀρθὴ κοινωνία τὴν ὑγιείας φύσιν ἐγέννησεν;

ΠΡΩ. Παντάπασι μὲν οὖν. 26 a

ΣΩ. Ἐν δὲ ὀξεῖ καὶ βαρεῖ καὶ ταχεῖ καὶ βραδεῖ, ἀπείροις οὖσιν, ἆρ' οὐ ταὐτὰ ἐγγιγνόμενα ταῦτα ἅμα πέρας τε

SOKRATES: Das will ich dir eben sagen; folge du nur meiner Rede.

PROTARCHOS: So sage denn.

SOKRATES: Wir nannten doch eben etwas wärmeres und kälteres. Nicht wahr?

PROTARCHOS: Ja.

SOKRATES: Nimm nun auch noch trockneres und feuchteres dazu, und mehr und weniger, und schnelleres und langsameres und größeres und kleineres, und was wir sonst noch vorher unter den das mehr und minder annehmenden Begriff zusammengestellt haben.

PROTARCHOS: Du meinst unter den des unbegrenzten? d

SOKRATES: Ja. Und mit diesem vermische hierauf wiederum die Familie der Begrenzung.

PROTARCHOS: Was für eine?

SOKRATES: Die wir auch vor kurzem, wiewohl wir gesollt hätten, so wie wir die des Unbegrenzten in eins zusammenbrachten, so auch die des grenzartigen zusammenbringen, nicht zusammengebracht haben. Aber vielleicht wird es auch jetzt noch das nämliche bewirken; haben wir diese Beiden zusammengebracht, so wird uns auch jene deutlich werden.

PROTARCHOS: Welche und wie meinst du?

SOKRATES: Ich meine die des gleichen und zwiefachen,
und jede welche sonst noch macht, daß das entgegengesetzte
aufhört sich ungleich zu verhalten, und welche durch Ein- e
bringung des gleichmäßigen und zusammenstimmenden eine
Zahl hervorbringt.

PROTARCHOS: Ich verstehe. Du willst nämlich offenbar sagen, daß, wenn ich diese mische, gewisse Erzeugnisse aus jedem derselben herauskommen werden.

SOKRATES: Das will ich offenbar.

PROTARCHOS: Sprich also weiter.

SOKRATES: Pflegt also nicht bei Krankheiten die richtige Gemeinschaft beider das Wesen der Gesundheit zu erzeugen?

PROTARCHOS: Allerdings. 26a

SOKRATES: Und wenn in hohes und tiefes, in schnelles und langsames, als unbestimmt, eben dieses selbige hinein-

ἀπηργάσατο καὶ μουσικὴν σύμπασαν τελεώτατα συνεστήσατο;

ΠΡΩ. Κάλλιστά γε.

ΣΩ. Καὶ μὴν ἔν γε χειμῶσι καὶ πνίγεσιν ἐγγενόμενα τὸ μὲν πολὺ λίαν καὶ ἄπειρον ἀφείλετο, τὸ δὲ ἔμμετρον καὶ ἅμα σύμμετρον ἀπηργάσατο.

ΠΡΩ. Τί μήν;

ΣΩ. Οὐκοῦν ἐκ τούτων ὧραί τε καὶ ὅσα καλὰ πάντα b ἡμῖν γέγονε, τῶν τε ἀπείρων καὶ τῶν πέρας ἐχόντων συμμειχθέντων;

ΠΡΩ. Πῶς δ' οὔ;

ΣΩ. Καὶ ἄλλα γε δὴ μυρία ἐπιλείπω λέγων, οἷον μεθ' ὑγιείας κάλλος καὶ ἰσχύν, καὶ ἐν ψυχαῖς αὖ πάμπολλα ἕτερα καὶ πάγκαλα. Ὕβριν γάρ που καὶ σύμπασαν πάντων πονηρίαν αὕτη κατιδοῦσα ἡ θεός, ὦ καλὲ Φίληβε, πέρας οὔτε ἡδονῶν οὐδὲν οὔτε πλησμονῶν ἐνὸν ἐν αὐτοῖς, νόμον καὶ τάξιν πέρας ἔχοντ' ἔθετο· καὶ σὺ μὲν ἀποκναῖσαι φῂς αὐτήν, ἐγὼ δὲ τοὐναντίον ἀποσῶσαι λέγω. Σοὶ δέ, ὦ c Πρώταρχε, πῶς φαίνεται;

ΠΡΩ. Καὶ μάλα, ὦ Σώκρατες, ἔμοιγε κατὰ νοῦν.

ΣΩ. Οὐκοῦν τὰ μὲν δὴ τρία ταῦτα εἴρηκα, εἰ συννοεῖς.

ΠΡΩ. Ἀλλ' οἶμαι κατανοεῖν· ἓν μὲν γάρ μοι δοκεῖς τὸ ἄπειρον λέγειν, ἓν δὲ καὶ δεύτερον τὸ πέρας ἐν τοῖς οὖσι· τρίτον δὲ οὐ σφόδρα κατέχω τί βούλει φράζειν.

ΣΩ. Τὸ γὰρ πλῆθός σε, ὦ θαυμάσιε, ἐξέπληξε τῆς τοῦ τρίτου γενέσεως· καίτοι πολλά γε καὶ τὸ ἄπειρον παρέ- d σχετο γένη, ὅμως δ' ἐπισφραγισθέντα τῷ τοῦ μᾶλλον καὶ ἐναντίου γένει ἓν ἐφάνη.

ΠΡΩ. Ἀληθῆ.

ΣΩ. Καὶ μὴν τό γε πέρας οὔτε πολλὰ ⟨οὐκ⟩ εἶχεν, οὔτε ἐδυσκολαίνομεν ὡς οὐκ ἦν ἓν φύσει.

kommt, wird es nicht indem es eine Begrenzung bewirkt zugleich die gesamte Tonkunst aufs vollkommenste darstellen?

PROTARCHOS: Allerdings.

SOKRATES: Und wenn in Kälte und Hitze hineinkommt, so wird das allzuheftige und unbegrenzte aufgehoben, und darin das angemessene und ebenmäßige bewirkt.

PROTARCHOS: Wie anders?

SOKRATES: Hieraus also entstehn uns die geregelten Zei- b
ten und alles was nur schön ist, wenn das unbegrenzte und das die Begrenzung in sich habende vermischt werden.

PROTARCHOS: Wie anders!

SOKRATES: Und tausenderlei anderes übergehe ich anzuführen; wie nächst der Gesundheit auch Schönheit und Stärke, und in der Seele wiederum vielerlei anderes herrliches. Denn Übermut und jegliche Schlechtigkeit aller Art sah diese Göttin wohl, schöner Philebos, daß keine Begrenzung weder der Lust noch der Sättigung in ihnen sei, und hat daher Gesetz und Ordnung als Begrenzung in sich habend eingerichtet; und du zwar sagtest, sie erschöpfe, ich aber be- c
haupte sie erhalte. Wie aber erscheint es dir, o Protarchos?

PROTARCHOS: Gar sehr, o Sokrates, ist es so auch nach meinem Sinne.

SOKRATES: Diese dreie also hätte ich abgesprochen, wenn du dich besinnst.

PROTARCHOS: Ich glaube wohl es zu verstehen, eines nämlich denke ich erklärst du als das unbestimmte, eines, das zweite nämlich, als die Bestimmung in den Dingen, das Dritte aber habe ich noch nicht recht inne, was du damit sagen willst.

SOKRATES: Die Menge hat dich eben verwirrt, o Bester, in der Erzeugung dieses dritten. Wiewohl ja auch das unbegrenzte uns viele Arten darbot, doch aber eingezeichnet d
unter das mehr und seines Gegenteils Begriff erschien es uns als Eins.

PROTARCHOS: Richtig.

SOKRATES: Die Begrenzung aber hatte weder vieles unter sich, noch waren wir auch im mindesten schwierig, daß sie vielleicht nicht eins wäre ihrer Natur nach.

ΠΡΩ. Πῶς γὰρ ἄν;

ΣΩ. Οὐδαμῶς. Ἀλλὰ τρίτον φάθι με λέγειν, ἓν τοῦτο τιθέντα τὸ τούτων ἔκγονον ἅπαν, γένεσιν εἰς οὐσίαν ἐκ τῶν μετὰ τοῦ πέρατος ἀπειργασμένην μέτρων.

ΠΡΩ. Ἔμαθον.

ΣΩ. Ἀλλὰ δὴ πρὸς ⟨τοῖς⟩ τρισὶ τέταρτόν τι τότε ἔφαμεν e
εἶναι γένος σκεπτέον· κοινὴ δ' ἡ σκέψις. Ὅρα γὰρ εἴ σοι δοκεῖ ἀναγκαῖον εἶναι πάντα τὰ γιγνόμενα διά τινα αἰτίαν γίγνεσθαι.

ΠΡΩ. Ἔμοιγε· πῶς γὰρ ἂν χωρὶς τούτου γίγνοιτο;

ΣΩ. Οὐκοῦν ἡ τοῦ ποιοῦντος φύσις οὐδὲν πλὴν ὀνόματι τῆς αἰτίας διαφέρει, τὸ δὲ ποιοῦν καὶ τὸ αἴτιον ὀρθῶς ἂν εἴη λεγόμενον ἕν;

ΠΡΩ. Ὀρθῶς.

ΣΩ. Καὶ μὴν τό γε ποιούμενον αὖ καὶ τὸ γιγνόμενον 27 a
οὐδὲν πλὴν ὀνόματι, καθάπερ τὸ νυνδή, διαφέρον εὑρήσομεν. Ἢ πῶς;

ΠΡΩ. Οὕτως.

ΣΩ. Ἆρ' οὖν ἡγεῖται μὲν τὸ ποιοῦν ἀεὶ κατὰ φύσιν, τὸ δὲ ποιούμενον ἐπακολουθεῖ γιγνόμενον ἐκείνῳ;

ΠΡΩ. Πάνυ γε.

ΣΩ. Ἄλλο ἄρα καὶ οὐ ταὐτὸν αἰτία τ' ἐστὶ καὶ τὸ δουλεῦον εἰς γένεσιν αἰτίᾳ.

ΠΡΩ. Τί μήν;

ΣΩ. Οὐκοῦν τὰ μὲν γιγνόμενα καὶ ἐξ ὧν γίγνεται πάντα τὰ τρία παρέσχετο ἡμῖν γένη;

ΠΡΩ. Καὶ μάλα.

ΣΩ. Τὸ δὲ δὴ πάντα ταῦτα δημιουργοῦν λέγομεν τέταρ- b
τον, τὴν αἰτίαν, ὡς ἱκανῶς ἕτερον ἐκείνων δεδηλωμένον;

ΠΡΩ. Ἕτερον γὰρ οὖν.

ΣΩ. Ὀρθῶς μὴν ἔχει, διωρισμένων τῶν τεττάρων, ἑνὸς ἑκάστου μνήμης ἕνεκα ἐφεξῆς αὐτὰ καταριθμήσασθαι.

PROTARCHOS: Wie konnten wir auch!

SOKRATES: Gar nicht freilich. Unter dem dritten aber sage nur meinte ich das gesamte Erzeugnis dieser beiden als eines sehend, die Erzeugung zum Sein durch die mit der Begrenzung sich ergebenden Maße.

PROTARCHOS: Ich habe verstanden.

3.1.4. Die vierte Art des Seienden: Ursache oder Bewirkendes

SOKRATES: Aber wir behaupteten, es sei noch ein vierter e
Begriff zu den dreien zu untersuchen; und das ist eine gemeinsame Untersuchung. Denn sieh nur, ob dich notwendig dünkt, daß alles werdende kraft einer Ursache werde.

PROTARCHOS: Allerdings; denn wie könnte es wohl ohne dies werden?

SOKRATES: Also der Begriff des bewirkenden ist nur 27a
dem Namen nach von dem der Ursache verschieden, und das Bewirkende und Ursächliche würde mit Recht eines genannt.

PROTARCHOS: Mit Recht.

SOKRATES: Eben so das Bewirkte und das Werdende finden wir gewiß auch, wie das obige, nur dem Namen nach verschieden. Oder wie?

PROTARCHOS: Allerdings so.

SOKRATES: Und das Bewirkende führt doch immer an, seiner Natur nach, das Bewirkte aber folgt als werdendes jenem.

PROTARCHOS: Freilich.

SOKRATES: Ein anderes also und nicht dasselbe ist die Ursache, und das der Ursache bei dem Werden dienende.

PROTARCHOS: Wie anders?

SOKRATES: Also das Werdende und das woraus wird insgesamt stellten uns jene drei Begriffe dar.

PROTARCHOS: Allerdings.

SOKRATES: Was aber nun jenes sämtlich bildet, wollen b
wir für das vierte erklären, die Ursache, als hinlänglich für verschieden von jenen anerkannt.

PROTARCHOS: Das wollen wir.

SOKRATES: Gut wäre es nun wohl, nachdem wir sie alle viere bestimmt haben, wenn wir sie wegen besserer Erinnerung jedes Einzelnen noch einmal der Reihe nach aufzählten.

ΠΡΩ. Τί μήν;

ΣΩ. Πρῶτον μὲν τοίνυν ἄπειρον λέγω, δεύτερον δὲ πέρας, ἔπειτ᾽ ἐκ τούτων τρίτον μεικτὴν καὶ γεγενημένην οὐσίαν· τὴν δὲ τῆς μείξεως αἰτίαν καὶ γενέσεως τετάρτην λέγων ἆρα μὴ πλημμελοίην ἄν τι; c

ΠΡΩ. Καὶ πῶς;

ΣΩ. Φέρε δή, τὸ μετὰ τοῦθ᾽ ἡμῖν τίς ὁ λόγος, καὶ τί ποτε βουληθέντες εἰς ταῦτα ἀφικόμεθα; ἆρ᾽ οὐ τόδε ἦν; δευτερεῖα ἐζητοῦμεν πότερον ἡδονῆς γίγνοιτ᾽ ἂν ἢ φρονήσεως. Οὐχ οὕτως ἦν;

ΠΡΩ. Οὕτω μὲν οὖν.

ΣΩ. Ἆρ᾽ οὖν ἴσως νῦν, ἐπειδὴ ταῦτα οὕτω διειλόμεθα, κάλλιον ἂν καὶ τὴν κρίσιν ἐπιτελεσαίμεθα πρώτου πέρι καὶ δευτέρου, περὶ ὧν δὴ τὸ πρῶτον ἠμφισβητήσαμεν;

ΠΡΩ. Ἴσως.

ΣΩ. Ἴθι δή· νικῶντα μὲν ἔθεμέν που τὸν μεικτὸν βίον d ἡδονῆς τε καὶ φρονήσεως. Ἦν οὕτως;

ΠΡΩ. Ἦν.

ΣΩ. Οὐκοῦν τοῦτον μὲν τὸν βίον ὁρῶμέν που τίς τέ ἐστι καὶ ὁποίου γένους;

ΠΡΩ. Πῶς γὰρ οὔ;

ΣΩ. Καὶ μέρος γ᾽ αὐτὸν φήσομεν εἶναι τοῦ τρίτου, οἶμαι, γένους· οὐ γὰρ δυοῖν τινοῖν ἐστι μεικτὸν ἐκεῖνο, ἀλλὰ συμπάντων τῶν ἀπείρων ὑπὸ τοῦ πέρατος δεδεμένων, ὥστε ὀρθῶς ὁ νικηφόρος οὗτος βίος μέρος ἐκείνου γίγνοιτ᾽ ἄν.

ΠΡΩ. Ὀρθότατα μὲν οὖν.

ΣΩ. Εἶεν· τί δὲ ὁ σός, ὦ Φίληβε, ἡδὺς καὶ ἄμεικτος e ὤν; ἐν τίνι γένει τῶν εἰρημένων λεγόμενος ὀρθῶς ἄν ποτε λέγοιτο; ὧδε δ᾽ ἀπόκριναί μοι πρὶν ἀποφήνασθαι.

PROTARCHOS: Sehr gut.

SOKRATES: Den ersten also nenne ich das Unbegrenzte, den zweiten die Begrenzung, dann den dritten aus diesen das gemischte und gewordene Sein; und wenn ich nun der Mischung und des Werdens Ursache den vierten nenne, würde c
ich dann wohl fehlen?

PROTARCHOS: Wie solltest du?

3.1.5. Das aus Lust und Unlust gemischte Leben gehört zur Gattung des aus Begrenztem und Unbegrenztem Gemischten. Ungemischte Lust und Unlust gehören zur Gattung des Unbegrenzten. Wohin mit der Vernunft?

SOKRATES: Wohl! worauf geht nun weiter unsere Rede? und weshalb sind wir hierauf gekommen? War es nicht dieses, daß wir, wem der zweite Preis zukäme, untersuchen wollten, ob der Lust oder der Vernünftigkeit? War es nicht so?

PROTARCHOS: So war es freilich.

SOKRATES: Können wir nun nicht jetzt, nachdem wir dies so unterschieden, vielleicht auch das Urteil richtiger abfassen über das erste und zweite, worüber wir vorher im Streit waren.

PROTARCHOS: Vielleicht.

SOKRATES: Wohlan! als Sieger erkannten wir doch das d
gemischte Leben aus Lust und Vernunft. War es nicht so?

PROTARCHOS: Es war.

SOKRATES: Und dieses Leben sehen wir doch leicht was für eines es ist, und von welcher Gattung.

PROTARCHOS: Wie sollten wir nicht!

SOKRATES: Und werden wohl denke ich behaupten, es sei ein Teil unserer dritten Gattung. Denn nicht aus irgend zweien gemischt ist jene, sondern aus allem unbegrenzten von der Begrenzung gebundenem, so daß mit Recht dieses gekrönte Leben ein Teil von jener wäre.

PROTARCHOS: Mit ganz vollkommenem Recht.

SOKRATES: Wohl! wie aber nun deines, o Philebos, was e
nur angenehm und ungemischt ist, unter welche von den beschriebenen Gattungen würden wir es zu setzen haben um

ΦΙ. Λέγε μόνον.

ΣΩ. Ἡδονὴ καὶ λύπη πέρας ἔχετον, ἢ τῶν τὸ μᾶλλόν τε καὶ ἧττον δεχομένων ἐστόν;

ΦΙ. Ναί, τῶν τὸ μᾶλλον, ὦ Σώκρατες· οὐ γὰρ ἂν ἡδονὴ πᾶν ἀγαθὸν ἦν, εἰ μὴ ἄπειρον ἐτύγχανε πεφυκὸς καὶ πλήθει καὶ τῷ μᾶλλον.

ΣΩ. Οὐδέ γ' ἄν, ὦ Φίληβε, λύπη πᾶν κακόν· ὥστ' ἄλλο 28 a
τι νῷν σκεπτέον ἢ τὴν τοῦ ἀπείρου φύσιν ὃ παρέχεταί τι μέρος ταῖς ἡδοναῖς ἀγαθοῦ. Τοῦτο δή σοι τῶν ἀπεράντων γεγονὸς ἔστω· φρόνησιν δὲ καὶ ἐπιστήμην καὶ νοῦν εἰς τί ποτε τῶν προειρημένων, ὦ Πρώταρχέ τε καὶ Φίληβε, νῦν θέντες οὐκ ἂν ἀσεβοῖμεν; οὐ γάρ μοι δοκεῖ σμικρὸς ἡμῖν εἶναι ὁ κίνδυνος κατορθώσασι καὶ μὴ περὶ τὸ νῦν ἐρωτώμενον.

ΦΙ. Σεμνύνεις γάρ, ὦ Σώκρατες, τὸν σεαυτοῦ θεόν. b

ΣΩ. Καὶ γὰρ σύ, ὦ ἑταῖρε, τὴν σαυτοῦ· τὸ δ' ἐρωτώμενον ὅμως ἡμῖν λεκτέον.

ΠΡΩ. Ὀρθῶς τοι λέγει Σωκράτης, ὦ Φίληβε, καὶ αὐτῷ πειστέον.

ΦΙ. Οὐκοῦν ὑπερ ἐμοῦ σύ, Πρώταρχε, προῄρησαι λέγειν;

ΠΡΩ. Πάνυ γε· νῦν μέντοι σχεδὸν ἀπορῶ, καὶ δέομαί γε, ὦ Σώκρατες, αὐτόν σε ἡμῖν γενέσθαι προφήτην, ἵνα μηδὲν ἡμεῖς σοι περὶ τὸν ἀγωνιστὴν ἐξαμαρτάνοντες παρὰ μέλος φθεγξώμεθά τι.

ΣΩ. Πειστέον, ὦ Πρώταρχε· οὐδὲ γὰρ χαλεπὸν οὐδὲν c
ἐπιτάττεις. Ἀλλ' ὄντως σε ἐγώ, καθάπερ εἶπε Φίληβος, σεμνύνων ἐν τῷ παίζειν ἐθορύβησα, νοῦν καὶ ἐπιστήμην ἐρόμενος ὁποίου γένους εἶεν;

ΠΡΩ. Παντάπασί γε, ὦ Σώκρατες.

ΣΩ. Ἀλλὰ μὴν ῥᾴδιον· πάντες γὰρ συμφωνοῦσιν οἱ

es richtig zu setzen? Antworte mir aber so, ehe du dich erklärst.

PHILEBOS: Sprich nur.

SOKRATES: Haben wohl Lust und Unlust eine Grenze? oder gehören sie zu dem das Mehr und minder aufnehmenden?

PHILEBOS: Ja zu dem das Mehr, o Sokrates. Denn die Lust wäre ja auch nicht alles Gute, wenn sie nicht unbegrenzt wäre, sowohl der Menge als dem Grade nach.

SOKRATES: Und so doch auch die Unlust, o Philebos, 28a
nicht alles Übel. So daß wir wohl auf etwas anderes sehen müssen, als auf die Natur des unbegrenzten, um den Lüsten einen Anteil an dem Guten zu sichern. Aus diesem unbegrenzten also sei sie dir hervorgegangen. Vernunft aber und Erkenntnis und Einsicht, welchem von den vorherbeschriebenen, o Protarchos und Philebos, müssen wir diese wohl beigesellen um nicht zu freveln? Denn es dünkt mich nicht wenig darauf zu beruhen, ob wir über diese Frage richtig entscheiden oder nicht.

PHILEBOS: Du willst eben deinen Gott recht hervorheben b
und verherrlichen, o Sokrates.

SOKRATES: Auch du Freund deine Göttin. Das gefragte aber ist uns doch zu beantworten.

PROTARCHOS: Daran sagt Sokrates ganz recht, und wir müssen ihm gehorchen.

PHILEBOS: Für mich aber hast du dich ja schon anheischig gemacht zu reden, Protarchos.

PROTARCHOS: Freilich wohl. Jetzt aber weiß ich fast keinen Rat und bitte dich Sokrates, du wollest selbst unser Wortführer sein, damit wir nicht gegen deinen Kämpfer uns versündigend etwas mißtöniges vorbringen.

SOKRATES: Darin muß ich dir Folge leisten, o Protar- c
chos; auch legst du mir nichts schweres auf, sondern ich habe in der Tat, wie Philebos sagt, dich im Scherz durch Feierlichkeit aus der Fassung gebracht, als ich fragte, zu welcher Gattung Vernunft und Erkenntnis gehörten.

PROTARCHOS: Das hast du freilich sehr, o Sokrates.

SOKRATES: Es ist aber gar leicht. Denn alle Weisen stim-

σοφοί, ἑαυτοὺς ὄντως σεμνύνοντες, ὡς νοῦς ἐστι βασιλεὺς ἡμῖν οὐρανοῦ τε καὶ γῆς. Καὶ ἴσως εὖ λέγουσι. Διὰ μακροτέρων δ', εἰ βούλει, τὴν σκέψιν αὐτοῦ τοῦ γένους ποιησώμεθα.

ΠΡΩ. Λέγ' ὅπως βούλει, μηδὲν μῆκος ἡμῖν ὑπολογιζό- d
μενος, ὦ Σώκρατες, ὡς οὐκ ἀπεχθησόμενος.

ΣΩ. Καλῶς εἶπες. Ἀρξώμεθα δέ πως ὧδε ἐπανερωτῶντες.

ΠΡΩ. Πῶς;

ΣΩ. Πότερον, ὦ Πρώταρχε, τὰ σύμπαντα καὶ τόδε τὸ καλούμενον ὅλον ἐπιτροπεύειν φῶμεν τὴν τοῦ ἀλόγου καὶ εἰκῇ δύναμιν καὶ τὸ ὅπῃ ἔτυχεν, ἢ τἀναντία, καθάπερ οἱ πρόσθεν ἡμῶν ἔλεγον, νοῦν καὶ φρόνησίν τινα θαυμαστὴν συντάττουσαν διακυβερνᾶν;

ΠΡΩ. Οὐδὲν τῶν αὐτῶν, ὦ θαυμάσιε Σώκρατες· ὃ μὲν e
γὰρ σὺ νῦν λέγεις, οὐδὲ ὅσιον εἶναί μοι φαίνεται. Τὸ δὲ νοῦν πάντα διακοσμεῖν αὐτὰ φάναι καὶ τῆς ὄψεως τοῦ κόσμου καὶ ἡλίου καὶ σελήνης καὶ ἀστέρων καὶ πάσης τῆς περιφορᾶς ἄξιον, καὶ οὐκ ἄλλως ἔγωγ' ἄν ποτε περὶ αὐτῶν εἴποιμι οὐδ' ἂν δοξάσαιμι.

ΣΩ. Βούλει δῆτά τι καὶ ἡμεῖς τοῖς ἔμπροσθεν ὁμολογούμενον συμφήσωμεν ὡς ταῦθ' οὕτως ἔχει, καὶ μὴ μόνον 29 a
οἰώμεθα δεῖν τἀλλότρια ἄνευ κινδύνου λέγειν, ἀλλὰ καὶ συγκινδυνεύωμεν καὶ μετέχωμεν τοῦ ψόγου, ὅταν ἀνὴρ δεινὸς φῇ ταῦτα μὴ οὕτως ἀλλ' ἀτάκτως ἔχειν;

ΠΡΩ. Πῶς γὰρ οὐκ ἂν βουλοίμην;

ΣΩ. Ἴθι δή, τὸν ἐπιόντα περὶ τούτων νῦν ἡμῖν λόγον ἄθρει.

ΠΡΩ. Λέγε μόνον.

ΣΩ. Τὰ περὶ τὴν τῶν σωμάτων φύσιν ἁπάντων τῶν ζῴων, πῦρ καὶ ὕδωρ καὶ πνεῦμα καθορῶμέν που καὶ γῆν, καθάπερ οἱ χειμαζόμενοί φασιν, ἐνόντα ἐν τῇ συστάσει. b

men darin zusammen, recht um sich selbst zu verherrlichen, daß die Vernunft der König ist Himmels und der Erden. Und vielleicht haben sie Recht. Laß uns aber ausführlicher die Untersuchung über ihre Gattung anstellen.

PROTARCHOS: Führe sie nur wie du willst, und wende d nicht vor, sie wäre zu lang; denn dadurch wirst du uns nicht zuwider sein.

3.1.6. Als universales Ordnungsprinzip gehört die Vernunft zur Gattung der Ursache – sehr im Gegensatz zur Lust

SOKRATES: Wohl gesprochen! und laß uns etwa mit dieser Frage anfangen.

PROTARCHOS: Mit welcher?

SOKRATES: Ob wir wohl, o Protarchos, sagen wollen, über alles insgesamt und über dies sogenannte Ganze walte die Gewalt des Vernunftlosen und des Zufälligen und das Ohngefähr, oder im Gegenteil, wie auch unsere Vorfahren gesagt haben, eine wundervolle Vernunft und Einsicht beherrsche alles anordnend?

PROTARCHOS: Gar ist ja beides nicht zu vergleichen, du e wunderbarer Sokrates; denn was du jetzt sagst, ist ja nicht einmal erlaubt. Zu sagen aber, daß Vernunft es alles anordnet, ziemt dem, der Welt und Sonne, Mond und Sterne und den ganzen Umschwung anschaut, und nie möchte ich etwas anderes darüber sagen oder glauben.

SOKRATES: Willst du also, daß auch wir mit den Früheren einstimmend behaupten, dies verhalte sich so, und zwar nicht 29a nur in der Meinung wir könnten wohl fremdes ohne Gefahr nachsagen, sondern daß wir auch mit die Gefahr tragen und den Tadel teilen, wenn ein gewaltiger Mann sagt, es verhalte sich so nicht, sondern ganz unordentlich.

PROTARCHOS: Wie sollte ich das nicht wollen!

SOKRATES: So komm und sieh was uns hierüber nun weiter folgt.

PROTARCHOS: Sage nur.

SOKRATES: Was zur Natur der Leiber aller Lebendigen gehört, Erde, Feuer, Wasser und auch Luft, wie die Beklommenen rufen, finden wir doch in der Zusammensetzung des b Ganzen.

ΠΡΩ. Καὶ μάλα· χειμαζόμεθα γὰρ ὄντως ὑπ' ἀπορίας ἐν τοῖς νῦν λόγοις.

ΣΩ. Φέρε δή, περὶ ἑκάστου τῶν παρ' ἡμῖν λαβὲ τὸ τοιόνδε.

ΠΡΩ. Ποῖον;

ΣΩ. Ὅτι σμικρόν τε τούτων ἕκαστον παρ' ἡμῖν ἔνεστι καὶ φαῦλον καὶ οὐδαμῇ οὐδαμῶς εἰλικρινὲς ὂν καὶ τὴν δύναμιν οὐκ ἀξίαν τῆς φύσεως ἔχον. Ἐν ἑνὶ δὲ λαβὼν περὶ πάντων νόει ταὐτόν. Οἷον πῦρ ἔστι μέν που παρ' ἡμῖν, ἔστι δ' ἐν τῷ παντί.

ΠΡΩ. Τί μήν;

ΣΩ. Οὐκοῦν σμικρὸν μέν τι τὸ παρ' ἡμῖν καὶ ἀσθενὲς c
καὶ φαῦλον, τὸ δ' ἐν τῷ παντὶ πλήθει τε θαυμαστὸν καὶ κάλλει καὶ πάσῃ δυνάμει τῇ περὶ τὸ πῦρ οὔσῃ.

ΠΡΩ. Καὶ μάλ' ἀληθὲς ὃ λέγεις.

ΣΩ. Τί δέ; τρέφεται καὶ γίγνεται ἐκ τούτου καὶ ἄρχεται τὸ τοῦ παντὸς πῦρ ὑπὸ τοῦ παρ' ἡμῖν πυρός, ἢ τοὐναντίον ὑπ' ἐκείνου τό τ' ἐμὸν καὶ τὸ σὸν καὶ τὸ τῶν ἄλλων ζῴων ἅπαντ' ἴσχει ταῦτα;

ΠΡΩ. Τοῦτο μὲν οὐδ' ἀποκρίσεως ἄξιον ἐρωτᾷς.

ΣΩ. Ὀρθῶς· ταὐτὰ γὰρ ἐρεῖς οἶμαι περί τε τῆς ἐν τοῖς d
ζῴοις γῆς τῆς ἐνθάδε καὶ τῆς ἐν τῷ παντί, καὶ τῶν ἄλλων δὴ πάντων ὅσων ἠρώτησα ὀλίγον ἔμπροσθεν. Οὕτως ἀποκρινῇ;

ΠΡΩ. Τίς γὰρ ἀποκρινόμενος ἄλλως ὑγιαίνων ἄν ποτε φανείη;

ΣΩ. Σχεδὸν οὐδ' ὁστισοῦν· ἀλλὰ τὸ μετὰ τοῦτο ἑξῆς ἕπου. Πάντα γὰρ ἡμεῖς ταῦτα τὰ νυνδὴ λεχθέντα ἆρ' οὐκ εἰς ἓν συγκείμενα ἰδόντες ἐπωνομάσαμεν σῶμα;

ΠΡΩ. Τί μήν;

ΣΩ. Ταὐτὸν δὴ λαβὲ καὶ περὶ τοῦδε ὃν κόσμον λέγομεν. e
[διὰ] τὸν αὐτὸν γὰρ τρόπον ἂν εἴη που σῶμα, σύνθετον ὂν ἐκ τῶν αὐτῶν.

PROTARCHOS: Gar recht. Denn beklommenen sind wir wahrhaftig auch aus Ratlosigkeit in unsern jetzigen Verhandlungen.

SOKRATES: Wohl! Von dem allen nun, wie es in uns ist nimm nur dieses an.

PROTARCHOS: Was doch?

SOKRATES: Daß von diesen jegliches sich nur gar sparsam in uns findet und schlecht; und nirgend irgend etwas rein und den seiner Natur eigenen Kräften ganz entsprechend. Nimm es nur an einem recht wahr, und sieh dann wie es überall dasselbe ist. Wie Feuer ist doch in uns, und ist auch in dem Ganzen?

PROTARCHOS: Wie sollte es nicht?

SOKRATES: Und nicht wahr, wenig ist doch dessen in c
uns, und schwaches und schlechtes; das aber in dem Ganzen ist bewundernswürdig viel und schön und in der vollen Kraft, welche dem Feuer zukommt?

PROTARCHOS: Ganz richtig ist was du sagst.

SOKRATES: Wie aber? nährt sich etwa und entsteht aus diesem, und wird beherrscht das Feuer des Ganzen von dem Feuer in uns? oder im Gegenteil hat nicht von jenem das meinige und deinige und das aller andern Lebendigen eben alles dieses?

PROTARCHOS: Diese Frage verdient nicht einmal eine Antwort.

SOKRATES: Ganz recht; und dasselbige denke ich wirst d
du auch sagen von der Erde in den Lebendigen hier und der im Ganzen, und von allem übrigen wonach ich nur eben fragte. Antwortest du so?

PROTARCHOS: Wen dürfte man wohl für ganz bei Sinnen halten, wenn er anders antwortete?

SOKRATES: Wohl niemanden. Aber folge nun auch dem nächsten. Alles eben erwähnte, wenn wir es in Eins verbunden sehen, nennen wir es dann nicht Leib?

PROTARCHOS: Wie sollten wir nicht?

SOKRATES: Dasselbe nimm nun auch an, von dem was e
wir Welt nennen. Denn ganz auf dieselbe Weise wäre es doch auch ein Leib, da es zusammengesetzt ist aus dem selbigen.

ΠΡΩ. Ὀρθότατα λέγεις.

ΣΩ. Πότερον οὖν ἐκ τούτου τοῦ σώματος ὅλως τὸ παρ' ἡμῖν σῶμα ἢ ἐκ τοῦ παρ' ἡμῖν τοῦτο τρέφεταί τε καὶ ὅσα νυνδὴ περὶ αὐτῶν εἴπομεν εἴληφέν τε καὶ ἔχει;

ΠΡΩ. Καὶ τοῦθ' ἕτερον, ὦ Σώκρατες, οὐκ ἄξιον ἐρωτήσεως.

ΣΩ. Τί δέ; τόδε ἆρα ἄξιον; ἢ πῶς ἐρεῖς; 30 a

ΠΡΩ. Λέγε τὸ ποῖον.

ΣΩ. Τὸ παρ' ἡμῖν σῶμα ἆρ' οὐ ψυχὴν φήσομεν ἔχειν;

ΠΡΩ. Δῆλον ὅτι φήσομεν.

ΣΩ. Πόθεν, ὦ φίλε Πρώταρχε, λαβόν, εἴπερ μὴ τό γε τοῦ παντὸς σῶμα ἔμψυχον ὂν ἐτύγχανε, ταὐτά γε ἔχον τούτῳ καὶ ἔτι πάντῃ καλλίονα;

ΠΡΩ. Δῆλον ὡς οὐδαμόθεν ἄλλοθεν, ὦ Σώκρατες.

ΣΩ. Οὐ γάρ που δοκοῦμέν γε, ὦ Πρώταρχε, τὰ τέτταρα ἐκεῖνα, πέρας καὶ ἄπειρον καὶ κοινὸν καὶ τὸ τῆς αἰτίας γένος ἐν ἅπασι τέταρτον ἐνόν, τοῦτο ἐν μὲν τοῖς παρ' ἡμῖν b
ψυχήν τε παρέχον καὶ σωμασκίαν ἐμποιοῦν καὶ πταίσαντος σώματος ἰατρικὴν καὶ ἐν ἄλλοις ἄλλα συντιθὲν καὶ ἀκούμενον πᾶσαν καὶ παντοίαν σοφίαν ἐπικαλεῖσθαι, τῶν δ' αὐτῶν τούτων ὄντων ἐν ὅλῳ τε οὐρανῷ καὶ κατὰ μεγάλα μέρη, καὶ προσέτι καλῶν καὶ εἰλικρινῶν, ἐν τούτοις δ' οὐκ ἄρα μεμηχανῆσθαι τὴν τῶν καλλίστων καὶ τιμιωτάτων φύσιν.

ΠΡΩ. Ἀλλ' οὐδαμῶς τοῦτό γ' ἂν λόγον ἔχοι. c

ΣΩ. Οὐκοῦν εἰ μὴ τοῦτο, μετ' ἐκείνου τοῦ λόγου ἂν ἑπόμενοι βέλτιον λέγοιμεν ὡς ἔστιν, ἃ πολλάκις εἰρήκαμεν, ἄπειρόν τε ἐν τῷ παντὶ πολύ, καὶ πέρας ἱκανόν, καί τις ἐπ' αὐτοῖς αἰτία οὐ φαύλη, κοσμοῦσά τε καὶ συντάττουσα ἐνιαυτούς τε καὶ ὥρας καὶ μῆνας, σοφία καὶ νοῦς λεγομένη δικαιότατ' ἄν.

ΠΡΩ. Δικαιότατα δῆτα.

PROTARCHOS: Vollkommen richtig.

SOKRATES: Wird nun wohl von diesem Leibe insgesamt unser Leib, oder von dem unsrigen jener genährt werden, und was wir vorhin schon davon sagten, erhalten und haben?

PROTARCHOS: Auch dies, o Sokrates, ist gar nicht der Frage wert.

SOKRATES: Etwa aber folgendes mehr? Oder was wirst 30a
du sagen?

PROTARCHOS: Laß nur hören was.

SOKRATES: Unser Leib, wollen wir nicht sagen, der habe eine Seele?

PROTARCHOS: Offenbar wollen wir das.

SOKRATES: Woher aber, o lieber Protarchos, sollte er sie erhalten haben, wenn nicht auch des Ganzen Leib beseelt wäre, dasselbe habend wie er, und noch in jeder Hinsicht trefflicher?

PROTARCHOS: Offenbar wohl nirgends anders her, o Sokrates.

SOKRATES: Denn wir glauben doch nicht, o Protarchos, daß jene vier, die Begrenzung und das Unbegrenzte und das Gemeinsame und der Begriff der Ursache, welcher allen ins-
gesamt als das vierte einwohnt, daß dieser bei uns zwar, die b
Seele bildend, und die Leibesstärke hervorbringend und des kränkelnden Leibes Heilkunst, und anderwärts anderes zusammensetzend und herstellend, deshalb die gesamte und vielfältige Weisheit genannt wird, daß aber, wiewohl eben dasselbe alles im ganzen Himmel sich findet in großen Massen und noch dazu schön und rein, es dort nicht sollte Rat gewußt haben für die Hervorbringung des schönsten und vortrefflichsten?

PROTARCHOS: Das ließe sich ja keinesweges denken. c

SOKRATES: Also wenn das nicht ist, würden wir wohl jener Rede folgend richtiger sagen, daß, wovon wir nun schon so oft gesprochen haben, des Unbegrenzten in dem Ganzen gar vieles ist, und auch Begrenzung genug, und außer diesen eine nicht schlechte Ursache, welche Jahre und Jahreszeiten und Monate ordnend und bestimmend und mit vollem Rechte Weisheit und Vernunft kann genannt werden.

ΣΩ. Σοφία μὴν καὶ νοῦς ἄνευ ψυχῆς οὐκ ἄν ποτε γενοίσθην.

ΠΡΩ. Οὐ γὰρ οὖν.

ΣΩ. Οὐκοῦν ἐν μὲν τῇ τοῦ Διὸς ἐρεῖς φύσει βασιλικὴν d
μὲν ψυχήν, βασιλικὸν δὲ νοῦν ἐγγίγνεσθαι διὰ τὴν τῆς αἰτίας δύναμιν, ἐν δ' ἄλλοις ἄλλα καλά, καθ' ὅ τι φίλον ἑκάστοις λέγεσθαι.

ΠΡΩ. Μάλα γε.

ΣΩ. Τοῦτον δὴ τὸν λόγον ἡμᾶς μή τι μάτην δόξῃς, ὦ Πρώταρχε, εἰρηκέναι, ἀλλ' ἔστι τοῖς μὲν πάλαι ἀποφηναμένοις ὡς ἀεὶ τοῦ παντὸς νοῦς ἄρχει σύμμαχος ἐκείνοις.

ΠΡΩ. Ἔστι γὰρ οὖν.

ΣΩ. Τῇ δέ γε ἐμῇ ζητήσει πεπορικὼς ἀπόκρισιν, ὅτι
νοῦς ἐστι γένους τις τοῦ πάντων αἰτίου λεχθέντος· τῶν e
τεττάρων δ' ἦν ἡμῖν ἓν τοῦτο. Ἔχεις γὰρ δήπου νῦν ἡμῶν ἤδη τὴν ἀπόκρισιν.

ΠΡΩ. Ἔχω καὶ μάλα ἱκανῶς· καίτοι με ἀποκρινάμενος ἔλαθες.

ΣΩ. Ἀνάπαυλα γάρ, ὦ Πρώταρχε, τῆς σπουδῆς γίγνεται ἐνίοτε ἡ παιδιά.

ΠΡΩ. Καλῶς εἶπες.

ΣΩ. Νοῦς δήπου, ὦ ἑταῖρε, οὗ μὲν γένους ἐστὶ καὶ τίνα 31 a
ποτὲ δύναμιν κέκτηται, σχεδὸν ἐπιεικῶς ἡμῖν τὰ νῦν δεδήλωται.

ΠΡΩ. Πάνυ μὲν οὖν.

ΣΩ. Καὶ μὴν ἡδονῆς γε ὡσαύτως πάλαι τὸ γένος ἐφάνη.

ΠΡΩ. Καὶ μάλα.

ΣΩ. Μεμνώμεθα δὴ καὶ ταῦτα περὶ ἀμφοῖν, ὅτι νοῦς μὲν αἰτίας ἦν συγγενὴς καὶ τούτου σχεδὸν τοῦ γένους, ἡδονὴ δὲ ἄπειρός τε αὐτὴ καὶ τοῦ μήτε ἀρχὴν μήτε μέσα μήτε τέλος ἐν αὑτῷ ἀφ' ἑαυτοῦ ἔχοντος μηδὲ ἕξοντός ποτε γένους.

ΠΡΩ. Μεμνησόμεθα· πῶς γὰρ οὔ; b

PROTARCHOS: Mit vollem Recht freilich.

SOKRATES: Weisheit und Vernunft aber können doch ohne Seele unmöglich sein?

PROTARCHOS: Freilich nicht.

SOKRATES: Also in der Natur des Zeus, wirst du sagen, d
wohne eine königliche Seele und königliche Vernunft von wegen der Kraft der Ursache, und anderes Schöne in anderem, nenne man es wie es jeglichem lieb ist.

PROTARCHOS: Gewiß.

SOKRATES: Und diese Rede, o Protarchos, glaube ja nicht daß wir etwa umsonst herbeigeführt haben, sondern sie ist zuerst jenen schon längst ausgesprochenen, daß immer über das Ganze Vernunft herrscht, genau verbündet.

PROTARCHOS: Das ist sie gewiß.

SOKRATES: Und dann hat sie auch die Antwort hergegeben auf meine Frage, daß nämlich die Vernunft zu der als das Ursächliche in allem beschriebenen Gattung gehört unter e
den vieren, von denen uns diese auch eine war. Denn nun hast du ja schon unsere Antwort.

PROTARCHOS: Und ganz befriedigend, wiewohl ich nicht gemerkt hatte, daß du antwortetest.

SOKRATES: Es gewährt ja eine Erholung von dem Ernst, o Protarchos, bisweilen zu scherzen.

PROTARCHOS: Wohl gesprochen.

SOKRATES: Zu welcher Gattung also die Vernunft ge- 31a
hört, und welche Kraft sie besitzt, das ist uns nun ja wohl gehörig erklärt.

PROTARCHOS: Allerdings.

SOKRATES: Und die Gattung der Lust hat sich uns ja auch schon längst gezeigt.

PROTARCHOS: Ja freilich.

SOKRATES: Laß uns aber auch dieses von beiden wohl im Sinne behalten, daß die Vernunft der Ursach verwandt war und aus dieser Gattung, die Lust aber selbst unbegrenzt und aus der weder Anfang noch Mitte noch Ende von selbst in sich habenden noch je haben werdenden Gattung.

PROTARCHOS: Das wollen wir behalten. Wie sollten wir b
auch nicht!

ΣΩ. Δεῖ δὴ τὸ μετὰ τοῦτο, ἐν ᾧ τέ ἐστιν ἑκάτερον αὐτοῖν καὶ διὰ τί πάθος γίγνεσθον, ὁπόταν γίγνησθον, ἰδεῖν ἡμᾶς. Πρῶτον τὴν ἡδονήν· ὥσπερ τὸ γένος αὐτῆς πρότερον ἐβασανίσαμεν, οὕτω καὶ ταῦτα πρότερα. Λύπης δὲ αὖ χωρὶς τὴν ἡδονὴν οὐκ ἄν ποτε δυναίμεθα ἱκανῶς βασανίσαι.

ΠΡΩ. Ἀλλ' εἰ ταύτῃ χρὴ πορεύεσθαι, ταύτῃ πορευώμεθα.

ΣΩ. Ἆρ' οὖν σοὶ καθάπερ ἐμοὶ φαίνεται τῆς γενέσεως αὐτῶν πέρι,

ΠΡΩ. Τὸ ποῖον; c

ΣΩ. Ἐν τῷ κοινῷ μοι γένει ἅμα φαίνεσθον λύπη τε καὶ ἡδονὴ γίγνεσθαι κατὰ φύσιν.

ΠΡΩ. Κοινὸν δέ γε, ὦ φίλε Σώκρατες, ὑπομίμνῃσκε ἡμᾶς τί ποτε τῶν προειρημένων βούλει δηλοῦν.

ΣΩ. Ἔσται ταῦτ' εἰς δύναμιν, ὦ θαυμάσιε.

ΠΡΩ. Καλῶς εἶπες.

ΣΩ. Κοινὸν τοίνυν ὑπακούωμεν ὃ δὴ τῶν τεττάρων τρίτον ἐλέγομεν.

ΠΡΩ. Ὃ μετὰ τὸ ἄπειρον καὶ πέρας ἔλεγες, ἐν ᾧ καὶ ὑγίειαν, οἶμαι δὲ καὶ ἁρμονίαν, ἐτίθεσο;

ΣΩ. Κάλλιστ' εἶπες. Τὸν νοῦν δὲ ὅτι μάλιστ' ἤδη πρόσεχε. d

ΠΡΩ. Λέγε μόνον.

ΣΩ. Λέγω τοίνυν τῆς ἁρμονίας μὲν λυομένης ἡμῖν ἐν τοῖς ζῴοις ἅμα λύσιν τῆς φύσεως καὶ γένεσιν ἀλγηδόνων ἐν τῷ τότε γίγνεσθαι χρόνῳ.

ΠΡΩ. Πάνυ λέγεις εἰκός.

ΣΩ. Πάλιν δὲ ἁρμοττομένης τε καὶ εἰς τὴν αὐτῆς

3.2. Die Entstehung von Lust und Unlust in den Lebewesen

3.2.1. Unlust als Auflösung, Lust als Wiederherstellung einer naturgemäßen Mischung aus Begrenztem und Unbegrenztem

SOKRATES: Nächstdem müssen wir, worin jedes von beiden ist und durch welches Ereignis es wird, wenn es wird, wohl erwägen zuerst von der Lust, wie wir auch ihre Gattung zuerst erforscht haben, so auch dieses zuerst. Abgesondert jedoch von der Unlust möchten wir die Lust wohl schwerlich jemals gehörig erforschen können.

PROTARCHOS: Also wenn wir diesen Weg gehn müssen, laß ihn uns gehn.

SOKRATES: Dünkt dich nun wohl von ihrer Entstehung dasselbe, wie mich?

PROTARCHOS: Was doch? c

SOKRATES: In der Gattung des gemischten scheinen mir ihrer Natur gemäß Lust und Unlust zugleich zu entstehen.

PROTARCHOS: Das gemischte, lieber Sokrates, bringe uns nochmals in Erinnerung, welches von den vorher beschriebenen du dadurch bezeichnen willst.

SOKRATES: Das soll nach Vermögen geschehen, du Wunderbarer.

PROTARCHOS: Wohl gesprochen.

SOKRATES: Unter dem gemischten also wollen wir das verstehen, was wir unter den vieren als das dritte aufgeführt haben.

PROTARCHOS: Was du nach dem Unbegrenzten und der Begrenzung aufstelltest, wohin du auch die Gesundheit glaube ich und die Zusammenstimmung rechnetest?

SOKRATES: Sehr schön gesagt. Nun aber merke möglichst auf. d

PROTARCHOS: Rede nur.

SOKRATES: Ich sage also, daß wenn die Zusammenstimmung in den Lebendigen aufgelöst wird, zugleich auch eine Auflösung der Natur und eine Erzeugung von Schmerz alsdann erfolge.

PROTARCHOS: Das läßt sich hören.

SOKRATES: Wird sie aber wiederum gestimmt, und geht in ihre eigentümliche Natur zurück, dann, müssen wir sagen,

φύσιν ἀπιούσης ἡδονὴν γίγνεσθαι λεκτέον, εἰ δεῖ δι᾽ ὀλίγων περὶ μεγίστων ὅτι τάχιστα ῥηθῆναι.

ΠΡΩ. Οἶμαι μέν σε ὀρθῶς λέγειν, ὦ Σώκρατες, ἐμφα- e
νέστερον δὲ ἔτι ταὐτὰ ταῦτα πειρώμεθα λέγειν.

ΣΩ. Οὐκοῦν τὰ δημόσιά που καὶ περιφανῆ ῥᾷστον συννοεῖν;

ΠΡΩ. Ποῖα;

ΣΩ. Πείνη μέν που λύσις καὶ λύπη;

ΠΡΩ. Ναί.

ΣΩ. Ἐδωδὴ δέ, πλήρωσις γιγνομένη πάλιν, ἡδονή;

ΠΡΩ. Ναί.

ΣΩ. Δίψος δ᾽ αὖ φθορὰ καὶ λύπη [καὶ λύσις], ἡ δὲ τοῦ ὑγροῦ πάλιν τὸ ξηρανθὲν πληροῦσα δύναμις ἡδονή· διά- 32 a
κρισις δέ γ᾽ αὖ καὶ διάλυσις ἡ παρὰ φύσιν, τοῦ πνίγους πάθη, λύπη, κατὰ φύσιν δ᾽ ἡ πάλιν ἀπόδοσίς τε καὶ ψῦξις ἡδονή.

ΠΡΩ. Πάνυ μὲν οὖν.

ΣΩ. Καὶ ῥίγους ἡ μὲν παρὰ φύσιν τοῦ ζῴου τῆς ὑγρότητος πῆξις λύπη· πάλιν δ᾽ εἰς ταὐτὸν ἀπιόντων καὶ διακρινομένων ἡ κατὰ φύσιν ὁδὸς ἡδονή. Καὶ ἑνὶ λόγῳ σκόπει εἴ σοι μέτριος ὁ λόγος, ὃς ἂν φῇ τὸ ἔκ τε ἀπείρου καὶ πέ-
ρατος κατὰ φύσιν ἔμψυχον γεγονὸς εἶδος, ὅπερ ἔλεγον ἐν b
τῷ πρόσθεν, ὅταν μὲν τοῦτο φθείρηται, τὴν μὲν φθορὰν λύπην εἶναι, τὴν δ᾽ εἰς τὴν αὐτῶν οὐσίαν ὁδόν, ταύτην δὲ αὖ πάλιν τὴν ἀναχώρησιν πάντων ἡδονήν.

ΠΡΩ. Ἔστω· δοκεῖ γάρ μοι τύπον γέ τινα ἔχειν.

ΣΩ. Τοῦτο μὲν τοίνυν ἓν εἶδος τιθώμεθα λύπης τε καὶ ἡδονῆς ἐν τούτοις τοῖς πάθεσιν ἑκατέροις;

ΠΡΩ. Κείσθω.

entsteht Lust, wenn wir über das größte in wenigen Worten aufs schleunigste uns erklären sollen.

PROTARCHOS: Ich glaube wohl, daß du richtig erklärst, o Sokrates. Laß uns aber doch versuchen, dasselbe noch einleuchtender zu sagen. e

SOKRATES: Also, das alltägliche und augenscheinliche ist doch am leichtesten zu erkennen?

PROTARCHOS: Welches?

SOKRATES: Der Hunger ist doch eine Auflösung und Unlust.

PROTARCHOS: Ja.

SOKRATES: Wenn aber durch Speise wieder eine Erfüllung entsteht, so ist das Lust.

PROTARCHOS: Ja.

SOKRATES: Der Durst wiederum ist Verderben und Unlust; und die das ausgetrocknete wieder mit Feuchtigkeit an- 32a
füllende Tätigkeit ist Lust. Wiederum die Zergehung und Auflösung, welche widernatürlich in der Hitze bewirkt wird, ist Unlust, die naturgemäße Wiederherstellung aber und Erfrischung ist Lust.

PROTARCHOS: Allerdings.

SOKRATES: Auch im Frost ist die dem Lebendigen widernatürliche Erstarrung der Feuchtigkeiten Unlust; treten sie aber wieder in den vorigen Zustand zurück und zergehen, so ist diese naturgemäße Veränderung Lust. Und mit einem Wort, sieh zu, ob dir die Erklärung gerecht ist, welche aussagt, daß wenn die aus dem Unbegrenzten und der Begrenzung gemäß der beseelten Natur entstandene Art, welche ich b
in dem vorigen schon erklärt habe, verdirbt, ihre Verderbnis Unlust sei, der Weg aber in ihr Sein und Bestehen, diese Rückkehr wiederum sei in allem Lust.

PROTARCHOS: So sei es; denn das scheint mir solch ein Gepräge zu haben.

SOKRATES: Dies also wollen wir setzen als Eine Art von Lust und Unlust in diesen beiderlei Zuständen.

PROTARCHOS: Es stehe fest.

ΣΩ. Τίθει τοίνυν αὐτῆς τῆς ψυχῆς κατὰ τὸ τούτων τῶν παθημάτων προσδόκημα τὸ μὲν πρὸ τῶν ἡδέων ἐλπιζόμενον c
ἡδὺ καὶ θαρραλέον, τὸ δὲ πρὸ τῶν λυπηρῶν φοβερὸν καὶ ἀλγεινόν.

ΠΡΩ. Ἔστι γὰρ οὖν τοῦθ' ἡδονῆς καὶ λύπης ἕτερον εἶδος, τὸ χωρὶς τοῦ σώματος αὐτῆς τῆς ψυχῆς διὰ προσδοκίας γιγνόμενον.

ΣΩ. Ὀρθῶς ὑπέλαβες. Ἐν γὰρ τούτοις οἶμαι, κατά γε τὴν ἐμὴν δόξαν, εἰλικρινέσιν τε ἑκατέροις γιγνομένοις, ὡς δοκεῖ, καὶ ἀμείκτοις ⟨εἴδεσι⟩ λύπης τε καὶ ἡδονῆς, ἐμφανὲς ἔσεσθαι τὸ περὶ τὴν ἡδονήν, πότερον ὅλον ἐστὶ τὸ d
γένος ἀσπαστόν, ἢ τοῦτο μὲν ἑτέρῳ τινὶ τῶν προειρημένων δοτέον ἡμῖν γενῶν, ἡδονῇ δὲ καὶ λύπῃ, καθάπερ θερμῷ καὶ ψυχρῷ καὶ πᾶσι τοῖς τοιούτοις, τοτὲ μὲν ἀσπαστέον αὐτά, τοτὲ δὲ οὐκ ἀσπαστέον, ὡς ἀγαθὰ μὲν οὐκ ὄντα, ἐνίοτε δὲ καὶ ἔνια δεχόμενα τὴν τῶν ἀγαθῶν ἔστιν ὅτε φύσιν.

ΠΡΩ. Ὀρθότατα λέγεις, ὅτι ταύτῃ πῃ δεῖ διαπορηθῆναι τὸ νῦν μεταδιωκόμενον.

ΣΩ. Πρῶτον μὲν τοίνυν τόδε συνίδωμεν· [ὡς] εἴπερ ὄντως ἔστι τὸ λεγόμενον, διαφθειρομένων μὲν αὐτῶν ἀλγη- e
δών, ἀνασῳζομένων δὲ ἡδονή, τῶν μήτε διαφθειρομένων μήτε ἀνασῳζομένων ἐννοήσωμεν πέρι, τίνα ποτὲ ἕξιν δεῖ τότε ἐν ἑκάστοις εἶναι τοῖς ζῴοις, ὅταν οὕτως ἴσχῃ. Σφόδρα δὲ προσέχων τὸν νοῦν εἰπέ· ἆρα οὐ πᾶσα ἀνάγκη πᾶν ἐν τῷ τότε χρόνῳ ζῷον μήτε τι λυπεῖσθαι μήτε ἥδεσθαι μήτε μέγα μήτε σμικρόν;

ΠΡΩ. Ἀνάγκη μὲν οὖν.

3.2.2. Lust und Unlust als Erwartungsgefühle der Seele von Angenehmem bzw. Unangenehmem. Daneben ist ein dritter Zustand der Seele anzusetzen, frei von Lust und Unlust, die göttlichste Lebensweise

SOKRATES: Denke dir nun aber auch in Bezug auf die Erwartung dieser Zustände das Vorgefühl der Seele selbst c vor dem angenehmen angenehm und ermutigend, das vor dem unlustigen aber fürchtend und schmerzlich.

PROTARCHOS: Dies ist also eine andere Art von Lust und Unlust, welche ganz abgesondert von dem Leibe der Seele allein durch die Erwartung entsteht.

SOKRATES: Richtig aufgefaßt. Und an diesen Zuständen glaube ich nach meiner Meinung wenigstens, da beide rein entstehen wie es scheint und unvermischt Lust mit Unlust, wird offenbar werden, wie es um die Lust steht, ob die ganze d Gattung begehrungswert ist, oder ob dieses wohl nur einer andern von unsern vorher beschriebenen Gattungen beizulegen ist, der Lust und Unlust aber, wie dem warmen und kalten und allem dergleichen, nur daß sie bisweilen wohl begehrungswert ist, bisweilen aber auch wieder nicht, weil sie nämlich Güter wohl nicht sind, bisweilen aber doch und einige von ihnen die Natur des Guten annehmen können.

PROTARCHOS: Ganz richtig sagst du, daß auf diesem Wege irgendwie das herauskommen muß worauf wir Jagd machen.

SOKRATES: Zuerst nun laß uns dieses bedenken, daß wenn wirklich, wie wir sagten, Schmerz ist wenn das Leben- e de verdirbt, und wenn es sich wieder herstellt Lust, wir doch in Bezug auf die welche eben jetzt weder verderben noch sich wiederherstellen, überlegen müssen, was für eine Beschaffenheit wohl jedes Lebendige dann an sich haben muß, wann es ihm auf diese Art ergeht. Gib aber sehr wohl Acht, und sage, ist es nicht ganz notwendig, daß in dieser Zeit jegliches Lebendige eben so wenig Lust haben kann als Unlust, weder viel noch wenig?

PROTARCHOS: Notwendig freilich.

SOKRATES: Also gibt es für uns noch einen dritten sol-

ΣΩ. Οὐκοῦν ἔστι τις τρίτη ἡμῶν ἡ τοιαύτη διάθεσις παρά τε τὴν τοῦ χαίροντος καὶ παρὰ τὴν τοῦ λυπουμένου; 33 a

ΠΡΩ. Τί μήν;

ΣΩ. Ἄγε δὴ τοίνυν, ταύτης προθυμοῦ μεμνῆσθαι. Πρὸς γὰρ τὴν τῆς ἡδονῆς κρίσιν οὐ σμικρὸν μεμνῆσθαι ταύτην ἔσθ' ἡμῖν ἢ μή. Βραχὺ δέ τι περὶ αὐτῆς, εἰ βούλει, διαπεράνωμεν.

ΠΡΩ. Λέγε ποῖον.

ΣΩ. Τῷ τὸν τοῦ φρονεῖν ἑλομένῳ βίον οἶσθ' ὡς τοῦτον τὸν τρόπον οὐδὲν ἀποκωλύει ζῆν.

ΠΡΩ. Τὸν τοῦ μὴ χαίρειν μηδὲ λυπεῖσθαι λέγεις; b

ΣΩ. Ἐρρήθη γάρ που τότε ἐν τῇ παραβολῇ τῶν βίων μηδὲν δεῖν μήτε μέγα μήτε σμικρὸν χαίρειν τῷ τὸν τοῦ νοεῖν καὶ φρονεῖν βίον ἑλομένῳ.

ΠΡΩ. Καὶ μάλα οὕτως ἐρρήθη.

ΣΩ. Οὐκοῦν οὕτως ἂν ἐκείνῳ γε ὑπάρχοι· καὶ ἴσως οὐδὲν ἄτοπον εἰ πάντων τῶν βίων ἐστὶ θειότατος.

ΠΡΩ. Οὔκουν εἰκός γε οὔτε χαίρειν θεοὺς οὔτε τὸ ἐναντίον.

ΣΩ. Πάνυ μὲν οὖν οὐκ εἰκός· ἄσχημον γοῦν αὐτῶν ἑκάτερον γιγνόμενόν ἐστιν. Ἀλλὰ δὴ τοῦτο μὲν ἔτι καὶ εἰς αὖθις ἐπισκεψόμεθα, ἐὰν πρὸς λόγον τι ᾖ, καὶ τῷ νῷ πρὸς c τὰ δευτερεῖα, ἐὰν μὴ πρὸς τὰ πρωτεῖα δυνώμεθα προσθεῖναι, προσθήσομεν.

ΠΡΩ. Ὀρθότατα λέγεις.

ΣΩ. Καὶ μὴν τό γε ἕτερον εἶδος τῶν ἡδονῶν, ὃ τῆς ψυχῆς αὐτῆς ἔφαμεν εἶναι, διὰ μνήμης πᾶν ἐστι γεγονός.

ΠΡΩ. Πῶς;

ΣΩ. Μνήμην, ὡς ἔοικεν, ὅτι ποτ' ἔστι πρότερον ἀναληπτέον, καὶ κινδυνεύει πάλιν ἔτι πρότερον αἴσθησιν

chen Zustand, außer dem des Vergnügtseins und dem des 33a
Betrübtseins.

PROTARCHOS: Wie sollte es nicht!

SOKRATES: Wohlan, also diesen suche nur im Sinn zu behalten. Denn es kommt nicht wenig darauf an bei der Beurteilung der Lust, ob wir diesen im Sinne haben oder nicht. Ein weniges aber laß uns, wenn du willst, von ihm durchgehn.

PROTARCHOS: Sage nur was.

SOKRATES: Den der die Lebensweise der Einsicht gewählt hat, weißt du wohl, daß nichts hindert auf diese Weise zu leben.

PROTARCHOS: Du meinst so, daß er weder vergnügt sei, b
noch unlustig?

SOKRATES: Denn es wurde damals gesagt bei der Vergleichung der Lebensweisen, daß wer die der Vernunft und der Einsicht gewählt habe, der Lust weder viel noch wenig haben müsse.

PROTARCHOS: So ist freilich gesagt worden.

SOKRATES: So könnte es demnach um jenen stehen, und vielleicht ist es nichts wunderbares, wenn unter allen Lebensweisen diese die göttlichste ist.

PROTARCHOS: Wahrscheinlich ist es wenigstens nicht, daß die Götter Lust haben oder das Gegenteil.

SOKRATES: Gar nicht wahrscheinlich. Unziemlich für sie wäre wenigstens beides. Allein dies wollen wir hernach noch
bedenken, wenn es zur Sache gehört, und wollen es der Ver- c
nunft zum zweiten Preise, wo wir doch zum ersten nicht können, zulegen.

PROTARCHOS: Sehr richtig gesagt.

3.2.3. Die Lust als Gefühl der Seele entsteht durch das Gedächtnis. Bestimmung von Gedächtnis, Wahrnehmung, und Erinnerung

SOKRATES: Nun aber, jene andere Art der Lust, welche wir der Seele allein zuschrieben, entsteht doch ganz durch das Gedächtnis.

PROTARCHOS: Wie das?

SOKRATES: Es scheint wir werden wohl zuerst vorneh-

μνήμης, εἰ μέλλει τὰ περὶ ταῦθ' ἡμῖν κατὰ τρόπον φανερά πῃ γενήσεσθαι.

ΠΡΩ. Πῶς φῄς; d

ΣΩ. Θὲς τῶν περὶ τὸ σῶμα ἡμῶν ἑκάστοτε παθημάτων τὰ μὲν ἐν τῷ σώματι κατασβεννύμενα πρὶν ἐπὶ τὴν ψυχὴν διεξελθεῖν ἀπαθῆ ἐκείνην ἐάσαντα, τὰ δὲ δι' ἀμφοῖν ἰόντα καί τινα ὥσπερ σεισμὸν ἐντιθέντα ἴδιόν τε καὶ κοινὸν ἑκατέρῳ.

ΠΡΩ. Κείσθω.

ΣΩ. Τὰ μὲν δὴ μὴ δι' ἀμφοῖν ἰόντα ἐὰν τὴν ψυχὴν ἡμῶν φῶμεν λανθάνειν, τὰ δὲ δι' ἀμφοῖν μὴ λανθάνειν, ἆρ' ὀρθότατα ἐροῦμεν;

ΠΡΩ. Πῶς γὰρ οὔ; e

ΣΩ. Τὸ τοίνυν λεληθέναι μηδαμῶς ὑπολάβῃς ὡς λέγω λήθης ἐνταῦθά που γένεσιν· ἔστι γὰρ λήθη μνήμης ἔξοδος, ἡ δ' ἐν τῷ λεγομένῳ νῦν οὔπω γέγονε. Τοῦ δὴ μήτε ὄντος μήτε γεγονότος πω γίγνεσθαι φάναι τινὰ ἀποβολὴν ἄτοπον. Ἦ γάρ;

ΠΡΩ. Τί μήν;

ΣΩ. Τὰ τοίνυν ὀνόματα μετάβαλε μόνον.

ΠΡΩ. Πῶς;

ΣΩ. Ἀντὶ μὲν τοῦ λεληθέναι τὴν ψυχήν, ὅταν ἀπαθὴς αὕτη γίγνηται τῶν σεισμῶν τῶν τοῦ σώματος, ἣν νῦν λήθην καλεῖς ἀναισθησίαν ἐπονόμασον. 34 a

ΠΡΩ. Ἔμαθον.

ΣΩ. Τὸ δ' ἐν ἑνὶ πάθει τὴν ψυχὴν καὶ τὸ σῶμα κοινῇ γιγνόμενον κοινῇ καὶ κινεῖσθαι, ταύτην δ' αὖ τὴν κίνησιν ὀνομάζων αἴσθησιν οὐκ ἀπὸ τρόπου φθέγγοι' ἄν.

ΠΡΩ. Ἀληθέστατα λέγεις.

ΣΩ. Οὐκοῦν ἤδη μανθάνομεν ὃ βουλόμεθα καλεῖν τὴν αἴσθησιν;

men müssen, was Gedächtnis ist, und noch früher als Gedächtnis wohl die Wahrnehmung, wenn uns diese Dinge irgend deutlich werden sollen.

PROTARCHOS: Wie meinst du das? d

SOKRATES: Nimm an, daß von den jedesmaligen Vorkommenheiten an unserm Leibe einige in dem Leibe selbst sich verlieren, ehe sie zur Seele hindurch gelangen, so daß sie jene unteilnehmend lassen, andere aber durch beide hindurch gehend, gleichsam eine eigentümliche und beiden gemeinschaftliche Erschütterung zurücklassen.

PROTARCHOS: Das stehe fest.

SOKRATES: Wenn wir nun sagen, daß die nicht durch beide hindurch sich entstreckende unserer Seele entgehen, die aber durch beide ihr nicht entgehen, würden wir dann wohl ganz richtig sprechen?

PROTARCHOS: Warum nicht? e

SOKRATES: Denn verstehe nur das Entgehen nicht so, als meinte ich hier das Entstehen eines Vergessens; denn das Vergessen ist das Aufhören der Erinnerung, und diese ist da wovon jetzt die Rede ist noch nicht entstanden; und von einem Verlust dessen zu reden was weder ist noch schon geworden ist wäre ungereimt. Nicht wahr?

PROTARCHOS: Allerdings.

SOKRATES: Also vertausche nur die Namen.

PROTARCHOS: Wie?

SOKRATES: Anstatt zu sagen, daß etwas der Seele entgehe, wenn sie unteilnehmend bleibt an den Erschütterungen
des Leibes, so nenne dies was du jetzt Entgehen nanntest 34a
Bewußtlosigkeit.

PROTARCHOS: Ich verstehe.

SOKRATES: Wenn aber in Einer Erregung Seele und Leib gemeinschaftlich begriffen sind, und so auch gemeinschaftlich bewegt werden, wenn du dann diese Bewegung wolltest Empfindung oder Wahrnehmung nennen, würdest du nicht aus der Weise reden.

PROTARCHOS: Vollkommen richtig.

SOKRATES: Also nun verstehen wir schon, was wir Wahrnehmung nennen wollen?

ΠΡΩ. Τί μήν;

ΣΩ. Σωτηρίαν τοίνυν αἰσθήσεως τὴν μνήμην λέγων ὀρθῶς ἄν τις λέγοι κατά γε τὴν ἐμὴν δόξαν.

ΠΡΩ. Ὀρθῶς γὰρ οὖν. b

ΣΩ. Μνήμης δὲ ἀνάμνησιν ἆρ' οὐ διαφέρουσαν λέγομεν;

ΠΡΩ. Ἴσως.

ΣΩ. Ἆρ' οὖν οὐ τόδε;

ΠΡΩ. Τὸ ποῖον;

ΣΩ. Ὅταν ἃ μετὰ τοῦ σώματος ἔπασχέν ποθ' ἡ ψυχή, ταῦτ' ἄνευ τοῦ σώματος αὐτὴ ἐν ἑαυτῇ ὅτι μάλιστα ἀναλαμβάνῃ, τότε ἀναμιμνῄσκεσθαί που λέγομεν. Ἦ γάρ;

ΠΡΩ. Πάνυ μὲν οὖν.

ΣΩ. Καὶ μὴν καὶ ὅταν ἀπολέσασα μνήμην εἴτ' αἰσθήσεως εἴτ' αὖ μαθήματος αὖθις ταύτην ἀναπολήσῃ πάλιν αὐτὴ ἐν ἑαυτῇ, καὶ ταῦτα σύμπαντα ἀναμνήσεις, οὐ μνή- c
μας που λέγομεν.

ΠΡΩ. Ὀρθῶς λέγεις.

ΣΩ. Οὗ δὴ χάριν ἅπαντ' εἴρηται ταῦτ', ἔστι τόδε.

ΠΡΩ. Τὸ ποῖον;

ΣΩ. Ἵνα πῃ τὴν ψυχῆς ἡδονὴν χωρὶς σώματος ὅτι μάλιστα καὶ ἐναργέστατα λάβοιμεν, καὶ ἅμα ἐπιθυμίαν· διὰ γὰρ τούτων πως ταῦτα ἀμφότερα ἔοικε δηλοῦσθαι.

ΠΡΩ. Λέγωμεν τοίνυν, ὦ Σώκρατες, ἤδη τὸ μετὰ ταῦτα.

ΣΩ. Πολλά γε περὶ γένεσιν ἡδονῆς καὶ πᾶσάν τινα μορφὴν αὐτῆς ἀναγκαῖον, ὡς ἔοικε, λέγοντας σκοπεῖν. d
Καὶ γὰρ νῦν πρότερον ἔτι φαίνεται ληπτέον ἐπιθυμίαν εἶναι τί ποτ' ἔστι καὶ ποῦ γίγνεται.

PROTARCHOS: Wie sollten wir nicht.

SOKRATES: Und wenn nun einer das Aufbehalten der Wahrnehmung Gedächtnis nennte, würde er wohl auch nach meiner Meinung richtig reden.

PROTARCHOS: Freilich richtig. b

SOKRATES: Sagen wir aber nicht, daß vom Gedächtnis die Erinnerung verschieden sei?

PROTARCHOS: Vielleicht.

SOKRATES: Nicht etwa so?

PROTARCHOS: Wie denn?

SOKRATES: Wenn was der Seele mit dem Leibe zugleich begegnet ist, sie dieses ohne den Leib für sich allein möglichst zurückholt, dann sagen wir doch, daß sie sich erinnert. Nicht wahr?

PROTARCHOS: Allerdings.

SOKRATES: Aber auch wenn sie nachdem das Andenken sei es nun einer Wahrnehmung oder einer Kenntnis verloren gegangen war, sie dies wiederum selbst bei sich selbst wiederholt, auch dies insgesamt nennen wir doch Erinnerung c
oder Gedächtnis.

PROTARCHOS: Richtig.

SOKRATES: Weshalb aber dieses alles gesagt worden, das ist dies.

PROTARCHOS: Welches doch?

SOKRATES: Damit wir aufs beste und bestimmteste auffassen könnten, die Lust der Seele, abgesondert von dem Leibe, so richtig und deutlich als möglich aufzufassen und zugleich auch die Begierde. Denn um deswillen gewiß ist dieses beides erklärt worden.

3.2.4. Trieb und Begierde: entstehen als ein Begehren des entgegengesetzten Zustandes – vermöge des Gedächtnisses – allein in der Seele

PROTARCHOS: So laß uns also, o Sokrates, das nächste nun vornehmen.

SOKRATES: Vieles von der Entstehung der Lust und ihrer ganzen Gestalt müssen wir, wie es scheint, notwendig d
besprechen. So auch jetzt müssen wir offenbar zuerst vornehmen, was wohl die Begierde ist, und wo sie entsteht.

ΠΡΩ. Σκοπῶμεν τοίνυν· οὐδὲν γὰρ ἀπολοῦμεν.

ΣΩ. Ἀπολοῦμεν μὲν οὖν, ὥς ταῦτά γε, ὦ Πρώταρχε, εὑρόντες ἃ νῦν ζητοῦμεν, ἀπολοῦμεν τὴν περὶ αὐτὰ ταῦτα ἀπορίαν.

ΠΡΩ. Ὀρθῶς ἠμύνω· τὸ δ' ἐφεξῆς τούτοις πειρώμεθα λέγειν.

ΣΩ. Οὐκοῦν νυνδὴ πείνην τε καὶ δίψος καὶ πολλὰ ἕτερα τοιαῦτα ἔφαμεν εἶναί τινας ἐπιθυμίας; e

ΠΡΩ. Σφόδρα γε.

ΣΩ. Πρὸς τί ποτε ἄρα ταὐτὸν βλέψαντες οὕτω πολὺ διαφέροντα ταῦθ' ἑνὶ προσαγορεύομεν ὀνόματι;

ΠΡΩ. Μὰ Δί' οὐ ῥᾴδιον ἴσως εἰπεῖν, ὦ Σώκρατες, ἀλλ' ὅμως λεκτέον.

ΣΩ. Ἐκεῖθεν δὴ ἐκ τῶν αὐτῶν πάλιν ἀναλάβωμεν.

ΠΡΩ. Πόθεν δή;

ΣΩ. Διψῇ γέ που λέγομεν ἑκάστοτέ τι;

ΠΡΩ. Πῶς δ' οὔ;

ΣΩ. Τοῦτο δέ γ' ἐστὶ κενοῦται;

ΠΡΩ. Τί μήν;

ΣΩ. Ἆρ' οὖν τὸ δίψος ἐστὶν ἐπιθυμία;

ΠΡΩ. Ναί, πώματός γε.

ΣΩ. Πώματος, ἢ πληρώσεως πώματος; 35 a

ΠΡΩ. Οἶμαι μὲν πληρώσεως.

ΣΩ. Ὁ κενούμενος ἡμῶν ἄρα, ὥς ἔοικεν, ἐπιθυμεῖ τῶν ἐναντίων ἢ πάσχει· κενούμενος γὰρ ἐρᾷ πληροῦσθαι.

ΠΡΩ. Σαφέστατά γε.

ΣΩ. Τί οὖν; ὁ τὸ πρῶτον κενούμενος ἔστιν ὁπόθεν εἴτ' αἰσθήσει πληρώσεως ἐφάπτοιτ' ἂν εἴτε μνήμῃ, τούτου ὃ μήτ' ἐν τῷ νῦν χρόνῳ πάσχει μήτ' ἐν τῷ πρόσθεν πώποτε ἔπαθεν;

ΠΡΩ. Καὶ πῶς;

ΣΩ. Ἀλλὰ μὴν ὅ γε ἐπιθυμῶν τινὸς ἐπιθυμεῖ, φαμέν. b

PROTARCHOS: So laß es uns überlegen. Wir verlieren ja nichts dabei.

SOKRATES: Allerdings verlieren wir, o Protarchos, wenn wir gefunden haben, was wir jetzt suchen, die Ratlosigkeit über alle diese Dinge.

PROTARCHOS: Gut abgewehrt. Versuchen wir nun aber das folgende zu berichtigen.

SOKRATES: Sagten wir also nicht eben, Hunger und Durst und vielerlei anderes dergleichen wären Begierden? e

PROTARCHOS: Gar sehr.

SOKRATES: Was ist doch also dieses selbige in ihnen, worauf wir sehen, indem wir so sehr verschiedene Dinge mit Einem Namen benannten?

PROTARCHOS: Beim Zeus, das ist wohl nicht leicht zu sagen, o Sokrates, doch aber muß es versucht werden.

SOKRATES: Holen wir es nur wieder eben von dort her.

PROTARCHOS: Von wo?

SOKRATES: Wir sagen doch immer daß etwas durstet?

PROTARCHOS: Freilich.

SOKRATES: Und das heißt doch, daß es sich leer befindet.

PROTARCHOS: Was denn sonst?

SOKRATES: Ist nun der Durst eine Begierde?

PROTARCHOS: Ja, nach Getränke doch?

SOKRATES: Nach Getränk, oder nach Anfüllung mit Ge- 35a
tränk?

PROTARCHOS: Ich glaube wohl nach Anfüllung.

SOKRATES: Wer also von uns leer geworden ist, wie es scheint, der begehrt das Gegenteil von dem, das ihm begegnet. Denn ausgeleert wünscht er angefüllt zu werden.

PROTARCHOS: Ganz offenbar.

SOKRATES: Wie nun aber? kann wer zum erstenmal ausgeleert ist, wohl sei es nun mit der Wahrnehmung auf die Anfüllung treffen, oder sei es mit dem Gedächtnis, auf etwas was ihm weder in der gegenwärtigen Zeit begegnet, noch ihm jemals vorher begegnet ist?

PROTARCHOS: Wie sollte das doch?

SOKRATES: Aber der Begehrende begehrt ja doch etwas, b
sagen wir?

ΠΡΩ. Πῶς γὰρ οὔ;

ΣΩ. Οὐκ ἄρα ὅ γε πάσχει, τούτου ἐπιθυμεῖ. Διψῇ γάρ, τοῦτο δὲ κένωσις· ὁ δ' ἐπιθυμεῖ πληρώσεως.

ΠΡΩ. Ναί.

ΣΩ. Πληρώσεώς γ' ἄρα πῄ τι τῶν τοῦ διψῶντος ἂν ἐφάπτοιτο.

ΠΡΩ. Ἀναγκαῖον.

ΣΩ. Τὸ μὲν δὴ σῶμα ἀδύνατον· κενοῦται γάρ που.

ΠΡΩ. Ναί.

ΣΩ. Τὴν ψυχὴν ἄρα τῆς πληρώσεως ἐφάπτεσθαι λοιπόν, τῇ μνήμῃ δῆλον ὅτι· τῷ γὰρ ἂν ἔτ' ἄλλῳ ἐφάψαιτο; c

ΠΡΩ. Σχεδὸν οὐδενί.

ΣΩ. Μανθάνομεν οὖν ὃ συμβέβηχ' ἡμῖν ἐκ τούτων τῶν λόγων;

ΠΡΩ. Τὸ ποῖον;

ΣΩ. Σώματος ἐπιθυμίαν οὔ φησιν ἡμῖν οὗτος ὁ λόγος γίγνεσθαι.

ΠΡΩ. Πῶς;

ΣΩ. Ὅτι τοῖς ἐκείνου παθήμασιν ἐναντίαν ἀεὶ παντὸς ζῴου μηνύει τὴν ἐπιχείρησιν.

ΠΡΩ. Καὶ μάλα.

ΣΩ. Ἡ δ' ὁρμή γε ἐπὶ τοὐναντίον ἄγουσα ἢ τὰ παθήματα δηλοῖ που μνήμην οὖσαν τῶν τοῖς παθήμασιν ἐναντίων.

ΠΡΩ. Πάνυ γε.

ΣΩ. Τὴν ἄρα ἐπάγουσαν ἐπὶ τὰ ἐπιθυμούμενα ἀποδείξας μνήμην ὁ λόγος ψυχῆς σύμπασαν τήν τε ὁρμὴν καὶ ἐπιθυμίαν καὶ τὴν ἀρχὴν τοῦ ζῴου παντὸς ἀπέφηνεν. d

ΠΡΩ. Ὀρθότατα.

ΣΩ. Διψῆν ἄρα ἡμῶν τὸ σῶμα ἢ πεινῆν ἤ τι τῶν τοιούτων πάσχειν οὐδαμῇ ὁ λόγος αἱρεῖ.

PROTARCHOS: Wie sollte er nicht!

SOKRATES: Also auch nicht dasselbe was ihm begegnet begehrt er. Denn er hat Durst, und das ist Ausleerung, er aber begehrt nach Anfüllung.

PROTARCHOS: Ja.

SOKRATES: Irgend etwas also an dem Durstenden muß doch irgendwie auf die Anfüllung treffen.

PROTARCHOS: Notwendig.

SOKRATES: Der Leib aber unmöglich, denn der ist ja ausgeleert.

PROTARCHOS: Ja.

SOKRATES: Also bleibt nur übrig, daß die Seele die Anfüllung trifft vermittelst des Gedächtnisses.

PROTARCHOS: Offenbar. c

SOKRATES: Denn womit anders sollte sie sie treffen?

PROTARCHOS: Es gibt wohl kaum etwas.

SOKRATES: Merken wir nun wohl, was uns aus diesen Reden folgt?

PROTARCHOS: Was doch?

SOKRATES: Diese Rede behauptet, daß es eine Begierde des Leibes nicht gibt.

PROTARCHOS: Wie so?

SOKRATES: Weil sie immer ein den Zuständen jenes entgegengesetztes Streben andeutet.

PROTARCHOS: Allerdings.

SOKRATES: Und der Trieb wie er auf das Gegenteil des jedesmaligen damaligen Zustandes führt, offenbart doch, daß ein Gedächtnis da ist von dem Gegenteil dieses Zustandes.

PROTARCHOS: Freilich.

SOKRATES: Indem also unsere Rede die zu dem Begehr- d
ten hinführende Erinnerung aufgewiesen hat, hat sie zugleich gezeigt, daß Trieb und Begierde sowohl als die gesamte Regierung eines jeglichen Lebendigen der Seele angehören.

PROTARCHOS: Ganz richtig.

SOKRATES: Daß also unser Leib hungere oder durste oder dergleichen etwas erleide, das nimmt unsere Rede keinesweges an.

PROTARCHOS: Völlig der Wahrheit gemäß.

ΠΡΩ. Ἀληθέστατα.

ΣΩ. Ἔτι δὴ καὶ τόδε περὶ ταὐτὰ ταῦτα κατανοήσωμεν. Βίου γὰρ εἶδός τί μοι φαίνεται βούλεσθαι δηλοῦν ὁ λόγος ἡμῖν ἐν τούτοις αὐτοῖς.

ΠΡΩ. Ἐν τίσι καὶ ποίου πέρι βίου φράζεις; e

ΣΩ. Ἐν τῷ πληροῦσθαι καὶ κενοῦσθαι καὶ πᾶσιν ὅσα περὶ σωτηρίαν τ' ἐστὶ τῶν ζῴων καὶ τὴν φθοράν, καὶ εἴ τις τούτων ἐν ἑκατέρῳ γιγνόμενος ἡμῶν ἀλγεῖ, τοτὲ δὲ χαίρει κατὰ τὰς μεταβολάς.

ΠΡΩ. Ἔστι ταῦτα.

ΣΩ. Τί δ' ὅταν ἐν μέσῳ τούτων γίγνηται;

ΠΡΩ. Πῶς ἐν μέσῳ;

ΣΩ. Διὰ μὲν τὸ πάθος ἀλγῇ, μεμνῆται δὲ τῶν ἡδέων ⟨ὧν⟩ γενομένων παύοιτ' ἂν τῆς ἀλγηδόνος, πληρῶται δὲ μήπω· τί τότε; φῶμεν ἢ μὴ φῶμεν αὐτὸν ἐν μέσῳ τῶν παθημάτων εἶναι; 36 a

ΠΡΩ. Φῶμεν μὲν οὖν.

ΣΩ. Πότερον ἀλγοῦνθ' ὅλως ἢ χαίροντα;

ΠΡΩ. Μὰ Δί', ἀλλὰ διπλῇ τινι λύπῃ λυπούμενον, κατὰ μὲν τὸ σῶμα ἐν τῷ παθήματι, κατὰ δὲ τὴν ψυχὴν προσδοκίας τινὶ πόθῳ.

ΣΩ. Πῶς, ὦ Πρώταρχε, τὸ διπλοῦν τῆς λύπης εἶπες; ἆρ' οὐκ ἔστι μὲν ὅτε τις ἡμῶν κενούμενος ἐν ἐλπίδι φανερᾷ τοῦ πληρωθήσεσθαι καθέστηκεν, τοτὲ δὲ τοὐναντίον ἀνελπίστως ἔχει; b

ΠΡΩ. Καὶ μάλα γε.

ΣΩ. Μῶν οὖν οὐχὶ ἐλπίζων μὲν πληρωθήσεσθαι τῷ μεμνῆσθαι δοκεῖ σοι χαίρειν, ἅμα δὲ κενούμενος ἐν τούτοις τοῖς χρόνοις ἀλγεῖν;

3.2.5. Die Möglichkeit, Lust und Unlust gleichzeitig zu empfinden. Können Lust und Unlust wahr oder falsch sein?

SOKRATES: Auch dieses aber laß uns noch über dasselbige bemerken. Diese Rede nämlich scheint uns einen eigenen Lebenszustand eben hierin offenbar zu wollen.

PROTARCHOS: Worin und von was für einem Leben re- e
dest du?

SOKRATES: In dem angefüllt werden und ausgeleert sein und allem, was sich so auf die Erhaltung und das Verderben der Lebendigen bezieht, und wenn jemand von uns in einem von beiden begriffen Unlust hat, und dann wieder Lust, je nachdem es wechselt?

PROTARCHOS: So ist es.

SOKRATES: Wie aber nun, wenn einer sich in der Mitte von beiden befindet?

PROTARCHOS: Wie so in der Mitte?

SOKRATES: Vermöge seines gegenwärtigen Zustandes hat er zwar Unlust, erinnert sich aber des gewesenen angenehmen; so könnte er vom Schmerz Ruhe haben, er ist aber noch nicht angefüllt. Wie dann? sollen wir behaupten oder
leugnen, daß er sich in der Mitte zwischen beiden Zuständen 36a
befindet?

PROTARCHOS: Behaupten wollen wir es freilich.

SOKRATES: Als lauter Unlust habend, oder Lust?

PROTARCHOS: Beim Zeus nein, sondern als von doppelter Unlust gequält, dem Leibe nach durch den unmittelbaren Zustand, der Seele nach durch das sehnsüchtige der Erwartung.

SOKRATES: Wie doch, o Protarchos, hast du das gemeint mit der doppelten Unlust? Kann nicht bisweilen einer von
uns der ausgeleert ist in der sicheren Erwartung stehen ange- b
füllt zu werden, ein anderesmal aber im Gegenteil sich hoffnungslos befinden?

PROTARCHOS: Freilich wohl.

SOKRATES: Und dünkt dich nun nicht, daß er als hoffend angefüllt zu werden, sich freut wegen der Erinnerung, zugleich aber, weil ausgeleert, in derselben Zeit auch Unlust empfindet?

ΠΡΩ. Ἀνάγκη.

ΣΩ. Τότε ἄρ' ἄνθρωπος καὶ τἆλλα ζῷα λυπεῖταί τε ἅμα καὶ χαίρει.

ΠΡΩ. Κινδυνεύει.

ΣΩ. Τί δ' ὅταν ἀνελπίστως ἔχῃ κενούμενος τεύξεσθαι πληρώσεως; ἆρ' οὐ τότε τὸ διπλοῦν γίγνοιτ' ἂν περὶ τὰς λύπας πάθος, ὃ σὺ νυνδὴ κατιδὼν ᾠήθης ἁπλῶς εἶναι διπλοῦν; c

ΠΡΩ. Ἀληθέστατα, ὦ Σώκρατες.

ΣΩ. Ταύτῃ δὴ τῇ σκέψει τούτων τῶν παθημάτων τόδε χρησώμεθα.

ΠΡΩ. Τὸ ποῖον;

ΣΩ. Πότερον ἀληθεῖς ταύτας τὰς λύπας τε καὶ ἡδονὰς ἢ ψευδεῖς εἶναι λέξομεν; ἢ τὰς μέν τινας ἀληθεῖς, τὰς δ' οὔ;

ΠΡΩ. Πῶς δ', ὦ Σώκρατες, ἂν εἶεν ψευδεῖς ἡδοναὶ ἢ λῦπαι;

ΣΩ. Πῶς δέ, ὦ Πρώταρχε, φόβοι ἂν ἀληθεῖς ἢ ψευδεῖς, ἢ προσδοκίαι ἀληθεῖς ἢ μή, ἢ δόξαι ἀληθεῖς ἢ ψευδεῖς;

ΠΡΩ. Δόξας μὲν ἔγωγ' ἄν που συγχωροίην, τὰ δ' ἕτερα ταῦτ' οὐκ ἄν. d

ΣΩ. Πῶς φῄς; λόγον μέντοι τινὰ κινδυνεύομεν οὐ πάνυ σμικρὸν ἐπεγείρειν.

ΠΡΩ. Ἀληθῆ λέγεις.

ΣΩ. Ἀλλ' εἰ πρὸς τὰ παρεληλυθότα, ὦ παῖ 'κείνου τἀνδρός, προσήκοντα, τοῦτο σκεπτέον.

ΠΡΩ. Ἴσως τοῦτό γε.

ΣΩ. Χαίρειν τοίνυν δεῖ λέγειν τοῖς ἄλλοις μήκεσιν ἢ καὶ ὁτῳοῦν τῶν παρὰ τὸ προσῆκον λεγομένων.

ΠΡΩ. Ὀρθῶς.

ΣΩ. Λέγε δή μοι· θαῦμα γάρ μέ γε ἔχει διὰ τέλους ἀεὶ περὶ τὰ αὐτὰ ἃ νυνδὴ προυθέμεθα ἀπορήματα. Πῶς δὴ φῄς; ψευδεῖς, αἱ δ' ἀληθεῖς οὐκ εἰσὶν ἡδοναί; e

PROTARCHOS: Notwendig.

SOKRATES: Dann also wird der Mensch und die andern Tiere zu gleicher Zeit Unlust haben und Lust.

PROTARCHOS: So kommt es heraus.

SOKRATES: Wie nun aber, wenn der Ausgeleerte ohne alle Hoffnung ist, zur Anfüllung zu gelangen, wird nicht dann erst jener zwiefache Zustand der Unlust eintreten, welchen du eben vorhin wahrnehmend in der Meinung standest er finde schlechthin statt? c

PROTARCHOS: Vollkommen richtig, o Sokrates.

SOKRATES: Diese Untersuchung also über diese Zustände wollen wir hiezu anwenden.

PROTARCHOS: Wozu?

SOKRATES: Ob wir sagen wollen, diese Empfindungen der Lust und Unlust wären wahr oder falsch, oder einige wahr andere teils nicht.

PROTARCHOS: Wie aber, o Sokrates, könnte wohl Lust oder Unlust falsch sein?

SOKRATES: Wie aber, o Protarchos, wäre dann Furcht wahr oder falsch? und Erwartungen wahr oder nicht? und Vorstellungen wahr oder falsch?

PROTARCHOS: Vorstellungen möchte ich wohl zugeben, d
das andere aber nicht.

SOKRATES: Wie sagst du? da werden wir wieder eine gar nicht kurze Rede aufregen müssen.

PROTARCHOS: Darin kannst du Recht haben.

SOKRATES: Aber ob sie auch zu dem vorigen sich schickt, Freund, das müssen wir doch überlegen.

PROTARCHOS: Das wohl gewiß.

SOKRATES: Allen übrigen Weitläufigkeiten also wollen wir absagen, und allem und jedem über das gebührliche hinaus gehenden in der Rede.

PROTARCHOS: Richtig.

SOKRATES: Sage mir also, denn ich wundere mich im- e
merfort über diese Schwierigkeiten, die wir jetzt vorgelegt haben.

PROTARCHOS: Wie meinst du.

SOKRATES: Also Lust könnte nicht einige wahr sein und andere falsch?

ΠΡΩ. Πῶς γὰρ ἄν;

ΣΩ. Οὔτε δὴ ὄναρ οὔθ' ὕπαρ, ὡς φῄς, [ἔστιν] οὔτ' ἐν μανίαις οὔτ' ἐν παραφροσύναις οὐδεὶς ἔσθ' ὅστις ποτὲ δοκεῖ μὲν χαίρειν, χαίρει δὲ οὐδαμῶς, οὐδ' αὖ δοκεῖ μὲν λυπεῖσθαι, λυπεῖται δ' οὔ.

ΠΡΩ. Πάνθ' οὕτω ταῦτα, ὦ Σώκρατες, ἔχειν πάντες ὑπειλήφαμεν.

ΣΩ. Ἆρ' οὖν ὀρθῶς; ἢ σκεπτέον εἴτ' ὀρθῶς εἴτε μὴ ταῦτα λέγεται;

ΠΡΩ. Σκεπτέον, ὥς γ' ἐγὼ φαίην ἄν. 37 a

ΣΩ. Διορισώμεθα δὴ σαφέστερον ἔτι τὸ νυνδὴ λεγόμενον ἡδονῆς τε πέρι καὶ δόξης. Ἔστι γάρ πού τι δοξάζειν ἡμῖν;

ΠΡΩ. Ναί.

ΣΩ. Καὶ ἥδεσθαι;

ΠΡΩ. Ναί.

ΣΩ. Καὶ μὴν καὶ τὸ δοξαζόμενόν ἐστί τι;

ΠΡΩ. Πῶς δ' οὔ;

ΣΩ. Καὶ τό γε ᾧ τὸ ἡδόμενον ἥδεται;

ΠΡΩ. Καὶ πάνυ γε.

ΣΩ. Οὐκοῦν τὸ δοξάζον, ἄντε ὀρθῶς ἄντε μὴ ὀρθῶς δοξάζῃ, τό γε δοξάζειν ὄντως οὐδέποτε ἀπόλλυσιν.

ΠΡΩ. Πῶς γὰρ ἄν;

b

ΣΩ. Οὐκοῦν καὶ τὸ ἡδόμενον, ἄντε ὀρθῶς ἄντε μὴ ὀρθῶς ἥδηται, τό γε ὄντως ἥδεσθαι δῆλον ὡς οὐδέποτ' ἀπολεῖ.

ΠΡΩ. Ναί, καὶ τοῦθ' οὕτως ἔχει.

ΣΩ. Ὅτῳ ποτὲ οὖν δὴ τρόπῳ δόξα ψευδής τε καὶ

PROTARCHOS: Wie ginge das wohl?

SOKRATES: Also weder wachend noch im Traum gibt es nach deiner Behauptung noch im Wahnsinn oder sonst einem Zustand von Unvernunft irgend einen der wohl einmal glaubt sich wohl zu befinden, befindet sich aber gar nicht wohl, noch auch wiederum glaubt Unlust zu haben, hat aber gar keine.

PROTARCHOS: Alle nehmen wir immer an, o Sokrates, daß sich dies alles so verhalte.

SOKRATES: Aber auch mit Recht? oder müssen wir erst untersuchen, ob dies richtig so gesagt wird, oder nicht?

PROTARCHOS: Untersuchen muß man es wohl, würde ich wenigstens behaupten. 37a

3.3. Wahrheit und Falschheit bei Lust und Unlust

3.3.1. Die Lust nimmt wie die Meinung verschiedene Beschaffenheiten an und scheint wie diese auch wahrheits- und falschheitsfähig zu sein

SOKRATES: Bestimmen wir aber noch genauer das eben gesagte von Lust und Vorstellung. Wir nennen doch etwas vorstellen?

PROTARCHOS: Ja.

SOKRATES: Und etwas Lust empfinden?

PROTARCHOS: Ja.

SOKRATES: Und das vorgestellte ist doch auch etwas?

PROTARCHOS: Wie sollte es nicht!

SOKRATES: Und doch auch das, worüber das Lustempfindende Lust empfindet?

PROTARCHOS: Ei freilich.

SOKRATES: Und dem Vorstellenden, mag es nun richtig oder auch nicht richtig vorstellen, geht doch das niemals verloren, daß es in der Tat vorstellt?

PROTARCHOS: Wie wäre das auch möglich! b

SOKRATES: So auch dem Lustempfindenden, mag es nun richtig oder auch nicht richtig empfinden, wird doch, daß es nicht in der Tat Lust empfinde, niemals verloren gehen?

PROTARCHOS: Richtig, auch dies verhält sich so.

SOKRATES: Auf welche Weise nun soll uns wohl die Vor-

ἀληθὴς ἡμῖν φιλεῖ γίγνεσθαι, τὸ δὲ τῆς ἡδονῆς μόνον ἀληθές, δοξάζειν δ' ὄντως καὶ χαίρειν ἀμφότερα ὁμοίως εἴληχε ⟨σκεπτέον⟩.

ΠΡΩ. Σκεπτέον.

ΣΩ. Ἆρ' ὅτι δόξῃ μὲν ἐπιγίγνεσθον ψεῦδός τε καὶ ἀληθές, καὶ ἐγένετο οὐ μόνον δόξα διὰ ταῦτα ἀλλὰ καὶ ποιά c
τις ἑκατέρα, σκεπτέον φῂς τοῦτ' εἶναι;

ΠΡΩ. Ναί.

ΣΩ. Πρὸς δέ γε τούτοις, εἰ καὶ τὸ παράπαν ἡμῖν τὰ μέν ἐστι ποί' ἄττα, ἡδονὴ δὲ καὶ λύπη μόνον ἅπερ ἐστί, ποιώ τινε δὲ οὐ γίγνεσθον, καὶ ταῦθ' ἡμῖν διομολογητέον.

ΠΡΩ. Δῆλον.

ΣΩ. Ἀλλ' οὐδὲν τοῦτό γε χαλεπὸν ἰδεῖν, ὅτι καὶ ποιώ τινε· πάλαι γὰρ εἴπομεν ὅτι μεγάλαι τε καὶ σμικραὶ καὶ σφόδρα ἑκάτεραι γίγνονται, λῦπαί τε καὶ ἡδοναί. d

ΠΡΩ. Παντάπασι μὲν οὖν.

ΣΩ. Ἂν δέ γε πονηρία τούτων, ὦ Πρώταρχε, προσγίγνηταί τινι, πονηρὰν μὲν φήσομεν οὕτω γίγνεσθαι δόξαν, πονηρὰν δὲ καὶ ἡδονήν;

ΠΡΩ. Ἀλλὰ τί μήν, ὦ Σώκρατες;

ΣΩ. Τί δ', ἂν ὀρθότης ἢ τοὐναντίον ὀρθότητι τινὶ τούτων προσγίγνηται; μῶν οὐκ ὀρθὴν μὲν δόξαν ἐροῦμεν, ἂν ὀρθότητα ἴσχῃ, ταὐτὸν δὲ ἡδονήν;

ΠΡΩ. Ἀναγκαῖον.

ΣΩ. Ἂν δέ γε ἁμαρτανόμενον τὸ δοξαζόμενον ᾖ, τὴν e
δόξαν τότε ἁμαρτάνουσάν γε οὐκ ὀρθὴν ὁμολογητέον οὐδ' ὀρθῶς δοξάζουσαν;

ΠΡΩ. Πῶς γὰρ ἄν;

ΣΩ. Τί δ', ἂν αὖ λύπην ἤ τινα ἡδονὴν περὶ τὸ ἐφ' ᾧ λυπεῖται ἢ τοὐναντίον ἁμαρτάνουσαν ἐφορῶμεν, ὀρθὴν ἢ χρηστὴν ἤ τι τῶν καλῶν ὀνομάτων αὐτῇ προσθήσομεν;

ΠΡΩ. Ἀλλ' οὐχ οἷόν τε, εἴπερ ἁμαρτήσεταί γε ἡδονή.

stellung zwar gern falsch werden, oder wahr, die Lust aber allein wahr, da doch das in der Tat vorstellen und Lust haben beiden gleichermaßen zukommt?

PROTARCHOS: Das müssen wir bedenken.

SOKRATES: Etwa daß zur Vorstellung immer Wahrheit und Falschheit hinzukommt, und sie dadurch nicht nur Vor- c stellung, sondern auch jede eine von einer gewissen Beschaffenheit wird, meinst du, wir nüssen dies bedenken?

PROTARCHOS: Ja.

SOKRATES: Nächstdem aber müssen wir auch, ob denn diese zwar von gewisser Beschaffenheit sind, Lust aber und Unlust nur was sie sind, nicht aber von einer gewissen Beschaffenheit werden, auch darüber uns einigen.

PROTARCHOS: Offenbar.

SOKRATES: Allein das ist ja gar nicht schwer zu sehn, daß auch sie von gewisser Beschaffenheit sind. Denn schon lange sagen wir ja, daß Lust und Unlust beide auch groß und klein und heftig und gelinde werden. d

PROTARCHOS: Allerdings wohl.

SOKRATES: Wenn nun, o Protarchos, einer von ihnen Schlechtigkeit zukommt, so werden wir doch sagen, daß so die Vorstellung schlecht wird und auch die Lust schlecht.

PROTARCHOS: Wie könnten wir wohl anders, o Sokrates.

SOKRATES: Wie nun, wenn Richtigkeit oder das Gegenteil der Richtigkeit einer von ihnen zukommt, werden wir etwa nicht die Vorstellung wenn sie Richtigkeit hat, eine richtige nennen, und die Lust eben so?

PROTARCHOS: Notwendig.

SOKRATES: Wenn aber das vorgestellte verfehlt ist, dann e müssen wir doch die verfehlende Vorstellung nicht als richtig anerkennen, noch für richtig vorstellend?

PROTARCHOS: Wie könnten wir auch!

SOKRATES: Und wie wenn wir eben so eine Lust oder Unlust in Absicht auf das woran Unlust empfunden wird oder das Gegenteil, fehlen sehen, sollen wir sie dann richtig oder gut mit sonst einem schönen Namen nennen?

PROTARCHOS: Das ist freilich nicht möglich, wenn nur die Lust wird fehlen können.

ΣΩ. Καὶ μὴν ἔοικέ γε ἡδονὴ πολλάκις οὐ μετὰ δόξης ὀρθῆς ἀλλὰ μετὰ ψεύδους ἡμῖν γίγνεσθαι.

ΠΡΩ. Πῶς γὰρ οὔ; καὶ τὴν μὲν δόξαν γε, ὦ Σώκρατες, ἐν τῷ τοιούτῳ καὶ τότ' ἐλέγομεν ψευδῆ, τὴν δ' ἡδονὴν αὐτὴν 38 a οὐδεὶς ἄν ποτε προσείποι ψευδῆ.

ΣΩ. Ἀλλὰ προθύμως ἀμύνεις τῷ τῆς ἡδονῆς, ὦ Πρώταρχε, λόγῳ τὰ νῦν.

ΠΡΩ. Οὐδέν γε, ἀλλ' ἅπερ ἀκούω λέγω.

ΣΩ. Διαφέρει δ' ἡμῖν οὐδέν, ὦ ἑταῖρε, ἡ μετὰ δόξης τε ὀρθῆς καὶ μετ' ἐπιστήμης ἡδονὴ τῆς μετὰ τοῦ ψεύδους καὶ ἀγνοίας πολλάκις ἑκάστοις ἡμῶν ἐγγιγνομένης;

ΠΡΩ. Εἰκὸς γοῦν μὴ σμικρὸν διαφέρειν. b

ΣΩ. Τῆς δὴ διαφορᾶς αὐτοῖν ἐπὶ θεωρίαν ἔλθωμεν.

ΠΡΩ. Ἄγ' ὅπῃ σοι φαίνεται.

ΣΩ. Τῇδε δὴ ἄγω.

ΠΡΩ. Πῇ;

ΣΩ. Δόξα, φαμέν, ἡμῖν ἔστι μὲν ψευδής, ἔστι δὲ καὶ ἀληθής;

ΠΡΩ. Ἔστιν.

ΣΩ. Ἕπεται μὴν ταύταις, ὃ νυνδὴ ἐλέγομεν, ἡδονὴ καὶ λύπη πολλάκις, ἀληθεῖ καὶ ψευδεῖ δόξῃ λέγω.

ΠΡΩ. Πάνυ γε.

ΣΩ. Οὐκοῦν ἐκ μνήμης τε καὶ αἰσθήσεως δόξα ἡμῖν καὶ τὸ διαδοξάζειν ἐγχειρεῖν γίγνεθ' ἑκάστοτε; c

ΠΡΩ. Καὶ μάλα.

ΣΩ. Ἆρ' οὖν ἡμᾶς ὧδε περὶ ταῦτα ἀναγκαῖον ἡγούμεθα ἴσχειν;

ΠΡΩ. Πῶς;

ΣΩ. Πολλάκις ἰδόντι τινὶ πόρρωθεν μὴ πάνυ σαφῶς τὰ καθορώμενα συμβαίνειν βούλεσθαι κρίνειν φαίης ἂν ταῦθ' ἅπερ ὁρᾷ;

ΠΡΩ. Φαίην ἄν.

SOKRATES: Aber es ist doch klar, daß die Lust uns oft nicht mit einer richtigen sondern mit einer falschen Vorstellung entsteht.

PROTARCHOS: Wie sollte sie nicht? und die Vorstellung, o Sokrates, nennen wir ja in einem solchen Falle dann falsch; 38a
nur die Lust selbst wird doch wohl nie jemand als falsch beschreiben.

SOKRATES: Du verteidigest ja jetzt die Sache der Lust gar eifrig.

PROTARCHOS: Gar nicht; ich sage nur was ich gehört habe.

SOKRATES: Soll uns denn gar kein Unterschied sein, o Freund, zwischen der Lust die mit richtiger Vorstellung und mit Erkenntnis, und der welche mit falscher und mit Unwissenheit oftmals jedem von uns einwohnt?

PROTARCHOS: Sie müssen ja wohl nicht wenig verschie- b
den sein.

3.3.2. Richtige und falsche Meinungen beruhen auf Selbstgesprächen der Seele über Wahrgenommenes oder Erinnertes. Das Gedächtnis als Niederschrift solcher Gespräche und als bildhafte Aufzeichnung von Wahrgenommenem in der Seele

SOKRATES: So laß uns denn zur Betrachtung ihrer Verschiedenheit schreiten.

PROTARCHOS: Führe wie es dir gut dünkt.

SOKRATES: So will ich denn so führen.

PROTARCHOS: Wie?

SOKRATES: Vorstellung, sagen wir doch, gibt es falsche und gibt auch wahre.

PROTARCHOS: Die gibt es.

SOKRATES: Und diesen, wie wir auch eben sagten, folgen Lust und Unlust gar oftmals, der wahren Vorstellung meine ich und der falschen.

PROTARCHOS: Allerdings.

SOKRATES: Und nicht wahr aus dem Gedächtnis und der Wahrnehmung entsteht uns jedesmal die Vorstellung und
das Bestreben durch Vorstellung zu unterscheiden. c

PROTARCHOS: Ganz gewiß.

ΣΩ. Οὐκοῦν τὸ μετὰ τοῦτο αὐτὸς αὑτὸν οὗτος ἀνέροιτ' ἂν ὧδε;

ΠΡΩ. Πῶς;

ΣΩ. Τί ποτ' ἄρ' ἔστι παρὰ τὴν πέτραν τοῦθ' ἑστάναι φανταζόμενον ὑπό τινι δένδρῳ; ταῦτ' εἰπεῖν ἄν τις πρὸς d
ἑαυτὸν δοκεῖ σοι, τοιαῦτ' ἄττα κατιδὼν φαντασθέντα αὐτῷ ποτε;

ΠΡΩ. Τί μήν,

ΣΩ. Ἆρ' οὖν μετὰ ταῦτα ὁ τοιοῦτος ὡς ἀποκρινόμενος ἂν πρὸς αὑτὸν εἴποι τοῦτο, ὡς ἔστιν ἄνθρωπος, ἐπιτυχῶς εἰπών;

ΠΡΩ. Καὶ πάνυ γε.

ΣΩ. Καὶ παρενεχθείς γε αὖ τάχ' ἂν ὡς ἔστι τινῶν ποιμένων ἔργον τὸ καθορώμενον ἄγαλμα προσείποι.

ΠΡΩ. Μάλα γε.

ΣΩ. Κἂν μέν τίς γ' αὐτῷ παρῇ, τά τε πρὸς αὑτὸν e
ῥηθέντα ἐντείνας εἰς φωνὴν πρὸς τὸν παρόντα αὐτὰ ταῦτ' ἂν πάλιν φθέγξαιτο, καὶ λόγος δὴ γέγονεν οὕτως ὃ τότε δόξαν ἐκαλοῦμεν;

ΠΡΩ. Τί μήν;

ΣΩ. Ἂν δ' ἄρα μόνος ᾖ τοῦτο ταὐτὸν πρὸς αὑτὸν διανοούμενος, ἐνίοτε καὶ πλείω χρόνον ἔχων ἐν αὑτῷ πορεύεται.

ΠΡΩ. Πάνυ μὲν οὖν.

ΣΩ. Τί οὖν; ἆρα σοὶ φαίνεται τὸ περὶ τούτων ὅπερ ἐμοί;

ΠΡΩ. Τὸ ποῖον;

ΣΩ. Δοκεῖ μοι τότε ἡμῶν ἡ ψυχὴ βιβλίῳ τινὶ προσεοικέναι.

ΠΡΩ. Πῶς;

ΣΩ. Ἡ μνήμη ταῖς αἰσθήσεσι συμπίπτουσα εἰς ταὐτὸν 39 a
κἀκεῖνα ἃ περὶ ταῦτ' ἐστὶ τὰ παθήματα φαίνονταί μοι

SOKRATES: Dünkt es uns nun nicht notwendig, daß wir uns hiebei so verhalten?

PROTARCHOS: Wie?

SOKRATES: Manchmal, wenn einer etwas von weitem erblicktes nicht recht genau sieht, kommt es doch wohl, sagst du das nicht auch, daß er beurteilen will, was er sieht?

PROTARCHOS: Das sage ich auch.

SOKRATES: Und dann möchte wohl ein solcher sich selbst so anreden.

PROTARCHOS: Wie?

SOKRATES: Was ist doch wohl das, was mir da bei dem Felsen zu stehen scheint unter einem Baume. Meinst du nicht d
daß einer so zu sich selbst redet, dem irgend einmal dergleichen zu Gesicht kommt?

PROTARCHOS: Was sollte er nicht?

SOKRATES: Und demnächst könnte er wohl gleichsam sich selbst antwortend bei sich sagen, es ist ein Mensch, aber nur so aufs Geratewohl.

PROTARCHOS: Sehr leicht.

SOKRATES: Kommt er aber näher hinzu, dann möchte er vielleicht sagen, was er gesehen sei ein Schnitzwerk, das einige Hirten gemacht.

PROTARCHOS: Ganz wohl.

SOKRATES: Und wenn jemand mit ihm wäre, dann würde e
er das bei sich selbst gesagte dem Anwesenden durch die Stimme darstellen, und so würde er wiederum ganz dasselbige wirklich aussprechen, und was wir vorher eine Meinung nannten, wäre dann eine Rede geworden.

PROTARCHOS: Wie könnte es anders sein?

SOKRATES: Ist er aber allein, und denkt dieses nur für sich selbst, so geht er vielleicht längere Zeit hin und behält es bei sich.

PROTARCHOS: Allerdings.

SOKRATES: Wie nun? Kommt dir dieses wohl eben so vor wie mir?

PROTARCHOS: Wie doch?

SOKRATES: Unsere Seele scheint mir dann einem Buche zu gleichen.

σχεδὸν οἷον γράφειν ἡμῶν ἐν ταῖς ψυχαῖς τότε λόγους· καὶ ὅταν μὲν ἀληθῆ γράψῃ τοῦτο τὸ πάθημα, δόξα τε ἀληθὴς καὶ λόγοι ἀπ' αὐτοῦ συμβαίνουσιν ἀληθεῖς ἐν ἡμῖν γιγνόμενοι· ψευδῆ δ' ὅταν ὁ τοιοῦτος παρ' ἡμῖν γραμματεὺς γράψῃ, τἀναντία τοῖς ἀληθέσιν ἀπέβη.

ΠΡΩ. Πάνυ μὲν οὖν δοκεῖ μοι, καὶ ἀποδέχομαι τὰ b ῥηθέντα οὕτως.

ΣΩ. Ἀποδέχου δὴ καὶ ἕτερον δημιουργὸν ἡμῶν ἐν ταῖς ψυχαῖς ἐν τῷ τότε χρόνῳ γιγνόμενον.

ΠΡΩ. Τίνα;

ΣΩ. Ζωγράφον, ὃς μετὰ τὸν γραμματιστὴν τῶν λεγομένων εἰκόνας ἐν τῇ ψυχῇ τούτων γράφει.

ΠΡΩ. Πῶς δὴ τοῦτον αὖ καὶ πότε λέγομεν;

ΣΩ. Ὅταν ἀπ' ὄψεως ἤ τινος ἄλλης αἰσθήσεως τὰ τότε δοξαζόμενα καὶ λεγόμενα ἀπαγαγών τις τὰς τῶν δοξασθέντων καὶ λεχθέντων εἰκόνας ἐν αὑτῷ ὁρᾷ πως. Ἦ τοῦτο c οὐκ ἔστι γιγνόμενον παρ' ἡμῖν;

ΠΡΩ. Σφόδρα μὲν οὖν.

ΣΩ. Οὐκοῦν αἱ μὲν τῶν ἀληθῶν δοξῶν καὶ λόγων εἰκόνες ἀληθεῖς, αἱ δὲ τῶν ψευδῶν ψευδεῖς;

ΠΡΩ. Παντάπασιν.

ΣΩ. Εἰ δὴ ταῦτ' ὀρθῶς εἰρήκαμεν, ἔτι καὶ τόδε ἐπὶ τούτοις σκεψώμεθα.

ΠΡΩ. Τὸ ποῖον;

ΣΩ. Εἰ περὶ μὲν τῶν ὄντων καὶ τῶν γεγονότων ταῦτα ἡμῖν οὕτω πάσχειν ἀναγκαῖον, περὶ δὲ τῶν μελλόντων οὔ;

ΠΡΩ. Περὶ ἁπάντων μὲν οὖν τῶν χρόνων ὡσαύτως.

ΣΩ. Οὐκοῦν αἵ γε διὰ τῆς ψυχῆς αὐτῆς ἡδοναὶ καὶ d λῦπαι ἐλέχθησαν ἐν τοῖς πρόσθεν ὡς πρὸ τῶν διὰ τοῦ σώματος ἡδονῶν καὶ λυπῶν προγίγνοιντ' ἄν, ὥσθ' ἡμῖν συμβαίνει τὸ προχαίρειν τε καὶ προλυπεῖσθαι περὶ τὸν μέλλοντα χρόνον εἶναι γιγνόμενον;

ΠΡΩ. Ἀληθέστατα.

PROTARCHOS: Wie das?

SOKRATES: Das mit den Wahrnehmungen zusammen- 39a
treffende Gedächtnis, und was sonst zu diesen Zuständen gehört, scheinen mir dann in unsere Seelen gleichsam Reden einzuschreiben; und wenn sie richtig geschrieben haben, dann ist dieses Ereignis eine richtige Vorstellung, und es gehen daraus richtige Reden in uns hervor, wenn aber dieser Schreiber bei uns falsches schreibt, so entsteht das Gegenteil von dem richtigen.

PROTARCHOS: Allerdings scheint mir das auch, und ich b
nehme das so gesagte an.

SOKRATES: So nimm dann auch an, daß noch ein anderer Meister sich zu derselben Zeit in unsern Seelen befindet.

PROTARCHOS: Was für einer?

SOKRATES: Ein Maler, der nächst dem Schreiber des gesprochenen die Bilder davon in der Seele zeichnet.

PROTARCHOS: Wie tut das der nun wieder und wenn?

SOKRATES: Wenn einer von dem Gesicht oder welcher Sinn es sonst sei das damals vorgestellte und ausgesprochene
losmachend die Bilder des vorgestellten und gesprochenen c
irgendwie in sich selbst sieht. Oder geschieht das etwa nicht bei uns?

PROTARCHOS: Gar sehr freilich.

SOKRATES: Sind nun nicht der richtigen Vorstellungen und Reden Bilder auch richtige, die der falschen aber falsche?

PROTARCHOS: Auf alle Weise.

SOKRATES: Wenn wir nun dies richtig bestimmt haben, so laß uns auch noch dieses dazu untersuchen.

PROTARCHOS: Welches doch?

SOKRATES: Ob uns mit dem gegenwärtigen und vergangenen dieses zwar notwendig so begegnet, mit dem künftigen aber nicht.

PROTARCHOS: Mit allem aus allen Zeiten gewiß auf gleiche Weise

SOKRATES: Nun ist doch von der Lust und Unlust der d
Seele in dem vorigen gesagt worden, daß sie wohl vor der Lust und Unlust des Leibes vorher entstehen könnte, so daß uns also eine Vorlust und eine Vorunlust in Bezug auf die künftige Zeit entsteht.

ΣΩ. Πότερον οὖν τὰ γράμματά τε καὶ ζωγραφήματα, ἃ
σμικρῷ πρότερον ἐτίθεμεν ἐν ἡμῖν γίγνεσθαι, περὶ μὲν τὸν
γεγονότα καὶ τὸν παρόντα χρόνον ἐστίν, περὶ δὲ τὸν μέλ- e
λοντα οὐκ ἔστιν;

ΠΡΩ. Σφόδρα γε.

ΣΩ. Ἆρα σφόδρα λέγεις, ὅτι πάντ᾽ ἐστὶ ταῦτα ἐλπίδες εἰς τὸν ἔπειτα χρόνον οὖσαι, ἡμεῖς δ᾽ αὖ διὰ παντὸς τοῦ βίου ἀεὶ γέμομεν ἐλπίδων;

ΠΡΩ. Παντάπασι μὲν οὖν.

ΣΩ. Ἄγε δή, πρὸς τοῖς νῦν εἰρημένοις καὶ τόδε ἀπόκριναι.

ΠΡΩ. Τὸ ποῖον;

ΣΩ. Δίκαιος ἀνὴρ καὶ εὐσεβὴς καὶ ἀγαθὸς πάντως ἆρ᾽ οὐ θεοφιλής ἐστιν;

ΠΡΩ. Τί μήν;

ΣΩ. Τί δέ; ἄδικός τε καὶ παντάπασι κακὸς ἆρ᾽ οὐ τοὐ-
ναντίον ἐκείνῳ; 40 a

ΠΡΩ. Πῶς δ᾽ οὔ;

ΣΩ. Πολλῶν μὴν ἐλπίδων, ὡς ἐλέγομεν ἄρτι, πᾶς ἄνθρωπος γέμει;

ΠΡΩ. Τί δ᾽ οὔ;

ΣΩ. Λόγοι μήν εἰσιν ἐν ἑκάστοις ἡμῶν, ἃς ἐλπίδας ὀνομάζομεν;

ΠΡΩ. Ναί.

ΣΩ. Καὶ δὴ καὶ τὰ φαντάσματα ἐζωγραφημένα· καί τις ὁρᾷ πολλάκις ἑαυτῷ χρυσὸν γιγνόμενον ἄφθονον καὶ ἐπ᾽ αὐτῷ πολλὰς ἡδονάς· καὶ δὴ καὶ ἐνεζωγραφημένον αὐτὸν ἐφ᾽ αὑτῷ χαίροντα σφόδρα καθορᾷ.

ΠΡΩ. Τί δ᾽ οὔ; b

ΣΩ. Τούτων οὖν πότερα φῶμεν τοῖς μὲν ἀγαθοῖς ὡς τὸ πολὺ τὰ γεγραμμένα παρατίθεσθαι ἀληθῆ διὰ τὸ θεοφιλεῖς εἶναι, τοῖς δὲ κακοῖς ὡς αὖ ⟨τὸ⟩ πολὺ τοὐναντίον, ἢ μὴ φῶμεν;

PROTARCHOS: Sehr wahr.

SOKRATES: Gibt es nun solche Schriften und Bilder, wie wir kurz zuvor in uns entstehn ließen, zwar von der vergangenen und gegenwärtigen Zeit, von der künftigen aber e
nicht?

PROTARCHOS: Ganz gewiß doch.

SOKRATES: Sagst du etwa ganz gewiß, weil sie ja alle auf die künftige Zeit bezogen Hoffnungen sind, und wir unser ganzes Leben hindurch immer voll sind von Hoffnungen?

PROTARCHOS: Auf alle Weise freilich.

3.3.3. Die Hoffnungen lehren: es gibt wahre Lust als wahre Rede und Abbildung, falsche Lust als falsche Rede und Abbildung. Ist die Falschheit der Lust der Grund ihrer Schlechtigkeit?

SOKRATES: Wohlan denn, zu dem jetzt erklärten beantworte mir auch noch dieses.

PROTARCHOS: Was doch?

SOKRATES: Ein gerechter und frommer und durchaus guter Mann, ist der nicht gottgeliebt?

PROTARCHOS: Wie sollte er nicht!

SOKRATES: Und der ungerechte und ganz und gar
schlechte, ist der nicht ganz das Gegenteil von jenem? 40a

PROTARCHOS: Wie sollte er nicht!

SOKRATES: Und vieler Hoffnungen, wie wir eben sagten, ist jeder Mensch voll?

PROTARCHOS: Wie könnte einer anders!

SOKRATES: In jedem von uns also sind solche Reden, welche wir Hoffnungen nannten.

PROTARCHOS: Ja.

SOKRATES: Und doch auch die gemalten Bilder. Und so kann einer oftmals sehn, daß er ungeheuer viel Gold hat, und dabei große Lust, und auch sich selbst kann er in sich abgemalt sehn als gar höchlich erfreut.

PROTARCHOS: Gar leicht. b

SOKRATES: Sollen wir nun hievon sagen, daß was die guten Menschen so geschrieben in sich tragen größtenteils wahr ist, weil sie gottgeliebt sind, was aber die schlechten, ganz im Gegenteil. Oder wollen wir das nicht sagen?

ΠΡΩ. Καὶ μάλα φατέον.

ΣΩ. Οὐκοῦν καὶ τοῖς κακοῖς ἡδοναί γε οὐδὲν ἧττον πάρεισιν ἐζωγραφημέναι, ψευδεῖς δὲ αὗταί που.

ΠΡΩ. Τί μήν;

ΣΩ. Ψευδέσιν ἄρα ἡδοναῖς τὰ πολλὰ οἱ πονηροὶ χαίρουσιν, οἱ δ' ἀγαθοὶ τῶν ἀνθρώπων ἀληθέσιν. c

ΠΡΩ. Ἀναγκαιότατα λέγεις.

ΣΩ. Εἰσὶ δὴ κατὰ τοὺς νῦν λόγους ψευδεῖς ἐν ταῖς τῶν ἀνθρώπων ψυχαῖς ἡδοναί, μεμιμημέναι μέντοι τὰς ἀληθεῖς ἐπὶ τὰ γελοιότερα, καὶ λῦπαι δὲ ὡσαύτως.

ΠΡΩ. Εἰσίν.

ΣΩ. Οὐκοῦν ἦν δοξάζειν μὲν ὄντως ἀεὶ τῷ τὸ παράπαν δοξάζοντι, μὴ ἐπ' οὖσι δὲ μηδ' ἐπὶ γεγονόσι μηδὲ ἐπ' ἐσομένοις ἐνίοτε.

ΠΡΩ. Πάνυ γε.

ΣΩ. Καὶ ταῦτά γε ἦν οἶμαι τὰ ἀπεργαζόμενα δόξαν ψευδῆ τότε καὶ τὸ ψευδῶς δοξάζειν. Ἦ γάρ; d

ΠΡΩ. Ναί.

ΣΩ. Τί οὖν; οὐκ ἀνταποδοτέον ταῖς λύπαις τε καὶ ἡδοναῖς τὴν τούτων ἀντίστροφον ἕξιν ἐν ἐκείνοις;

ΠΡΩ. Πῶς;

ΣΩ. Ὡς ἦν μὲν χαίρειν ὄντως ἀεὶ τῷ τὸ παράπαν ὁπωσοῦν καὶ εἰκῇ χαίροντι, μὴ μέντοι ἐπὶ τοῖς οὖσι μηδ' ἐπὶ τοῖς γεγονόσιν ἐνίοτε, πολλάκις δὲ καὶ ἴσως πλειστάκις ἐπὶ τοῖς μηδὲ μέλλουσί ποτε γενήσεσθαι.

ΠΡΩ. Καὶ ταῦθ' οὕτως ἀναγκαῖον, ὦ Σώκρατες, ἔχειν. e

ΣΩ. Οὐκοῦν ὁ αὐτὸς λόγος ἂν εἴη περὶ φόβων τε καὶ θυμῶν καὶ πάντων τῶν τοιούτων, ὡς ἔστι καὶ ψευδῆ πάντα τὰ τοιαῦτα ἐνίοτε;

ΠΡΩ. Πάνυ μὲν οὖν.

ΣΩ. Τί δέ; πονηρὰς δόξας κἀχρήστους ἄλλως ἢ ψευδεῖς γιγνομένας ἔχομεν εἰπεῖν;

PROTARCHOS: Gar sehr wollen wir es sagen.

SOKRATES: Und auch die Schlechten haben eben so gut Lust bei sich abgemalt, nur ist es falsche.

PROTARCHOS: Freilich wohl.

SOKRATES: An falscher Lust also ergötzen sich meistenteils die Schlechten, die guten unter den Menschen aber an wahrer. c

PROTARCHOS: Ganz notwendig ist es so wie du sagst.

SOKRATES: Es gibt also nach dieser unserer jetzigen Rede allerdings in den Seelen der Menschen falsche Lust, welche der wahren nur ins lächerliche sich nachbildet; und eben so auch Unlust.

PROTARCHOS: Es gibt.

SOKRATES: Mußte nun nicht, wer nur überall vorstellt, allerdings immer in der Tat vorstellen, aber doch bisweilen was nicht ist noch war noch auch sein wird?

PROTARCHOS: Freilich.

SOKRATES: Und dies war es eben, glaube ich, woraus uns d denn die unrichtige Vorstellung und das unrichtige Vorstellen entstand; nicht wahr?

PROTARCHOS: Ja.

SOKRATES: Und wie? müssen wir nicht der Lust und Unlust eine jenen ganz ähnliche Beschaffenheit unter denselben Umständen beilegen?

PROTARCHOS: Wie das?

SOKRATES: Daß allerdings wer nur überall, sei es auch noch so eitler Weise, Lust hat, in der Tat jedesmal wirklich Lust hat, bisweilen jedoch an dem was nicht ist und nicht gewesen ist und oft ja vielleicht meistenteils an dem was auch niemals sein wird.

PROTARCHOS: Auch das, o Sokrates, verhält sich not- e wendig so.

SOKRATES: Und dasselbe würde wohl auch gelten von Furcht und Ereiferung und allem ähnlichen, daß alles dergleichen auch bisweilen falsch ist.

PROTARCHOS: Allerdings.

SOKRATES: Und wie können wir wohl anders Vorstellungen schlecht und gut nennen, als weil sie wahr sind oder falsch?

ΠΡΩ. Οὐκ ἄλλως.

ΣΩ. Οὐδ' ἡδονάς γ' οἶμαι κατανοοῦμεν ὡς ἄλλον τινὰ τρόπον εἰσὶ πονηραὶ πλὴν τῷ ψευδεῖς εἶναι. 41 a

ΠΡΩ. Πάνυ μὲν οὖν τοὐναντίον, ὦ Σώκρατες, ⟨ἢ⟩ εἴρηκας. Σχεδὸν γὰρ τῷ ψεύδει μὲν οὐ πάνυ πονηρὰς ἄν τις λύπας τε καὶ ἡδονὰς θείη, μεγάλῃ δὲ ἄλλῃ καὶ πολλῇ συμπιπτούσας πονηρίᾳ.

ΣΩ. Τὰς μὲν τοίνυν πονηρὰς ἡδονὰς καὶ διὰ πονηρίαν οὔσας τοιαύτας ὀλίγον ὕστερον ἐροῦμεν, ἂν ἔτι δοκῇ νῷν· τὰς δὲ ψευδεῖς κατ' ἄλλον τρόπον ἐν ἡμῖν πολλὰς καὶ πολλάκις ἐνούσας τε καὶ ἐγγιγνομένας λεκτέον. Τούτῳ γὰρ b ἴσως χρησόμεθα πρὸς τὰς κρίσεις.

ΠΡΩ. Πῶς γὰρ οὔκ; εἴπερ γ' εἰσίν.

ΣΩ. Ἀλλ', ὦ Πρώταρχε, εἰσὶ κατά γε τὴν ἐμήν. Τοῦτο δὲ τὸ δόγμα ἕως ἂν κέηται παρ' ἡμῖν, ἀδύνατον ἀνέλεγκτον δήπου γίγνεσθαι.

ΠΡΩ. Καλῶς.

ΣΩ. Περιιστώμεθα δὴ καθάπερ ἀθληταὶ πρὸς τοῦτον αὖ τὸν λόγον.

ΠΡΩ. Ἴωμεν.

ΣΩ. Ἀλλὰ μὴν εἴπομεν, εἴπερ μεμνήμεθα, ὀλίγον ἐν τοῖς πρόσθεν, ὡς ὅταν αἱ λεγόμεναι ἐπιθυμίαι ἐν ἡμῖν c ὦσι, δίχα ἄρα τότε τὸ σῶμα καὶ χωρὶς τῆς ψυχῆς τοῖς παθήμασι διείληπται.

ΠΡΩ. Μεμνήμεθα, καὶ προερρήθη ταῦτα.

ΣΩ. Οὐκοῦν τὸ μὲν ἐπιθυμοῦν ἦν ἡ ψυχὴ τῶν τοῦ σώματος ἐναντίων ἕξεων, τὸ δὲ τὴν ἀλγηδόνα ἤ τινα διὰ πάθος ἡδονὴν τὸ σῶμα ἦν τὸ παρεχόμενον;

ΠΡΩ. Ἦν γὰρ οὖν.

PROTARCHOS: Nicht anders.

SOKRATES: Und auch Lust, meine ich, können wir nicht merken, daß sie auf andere Weise schlecht ist, als dadurch daß sie falsch ist. 41a

PROTARCHOS: Wohl ganz das Gegenteil von dem was du sagst, Sokrates. Denn des falschen wegen würde einer Lust und Unlust wohl gar nicht für schlecht halten, wohl aber wenn sie in viele andere große Schlechtigkeit hineingeraten.

SOKRATES: Von der schlechten Lust also, welche durch Schlechtigkeit eine solche ist, wollen wir hernach bald reden, wenn es uns noch so bedünkt; wie aber die falschen auch noch auf andere Weise viel und oft uns beschleichen und b einwohnen, muß erwähnt werden; denn dies werden wir vielleicht brauchen zu unserer Beurteilung.

PROTARCHOS: Warum nicht? wenn es nur welche gibt!

SOKRATES: Aber Protarchos, es gibt deren wohl nach meiner Meinung; und so lange diese Annahme uns vorliegt kann sie unmöglich ununtersucht bleiben.

PROTARCHOS: Schön.

3.3.4. Die Entstehung der Falschheit bei Lust und Unlust aus dem Vergleich beider; dieser betrifft das Mehr oder Weniger und wird durch größere oder geringere Entfernung des Verglichenen verfälscht. Ankündigung einer ärgeren Art falscher Lust und Unlust

SOKRATES: So laß uns denn wie Kämpfer auch gegen diesen Satz uns wieder stellen.

PROTARCHOS: Komm.

SOKRATES: Wir haben doch vor kurzem in dem vorigen, wenn wir uns dessen erinnern, gesagt, daß wenn, was wir c Begierden nennen, in uns sind, der Leib ganz getrennt und abgesondert von der Seele in seinen Zuständen geteilt ist.

PROTARCHOS: Dessen erinnere ich mich, und es ist vorher gesagt worden.

SOKRATES: Und nicht wahr, das was begehrt, nämlich die den Beschaffenheiten des Leibes entgegengesetzten, war die Seele, das aber, was den Schmerz oder irgend eine aus einer Erregung hervorgehende Lust in sich aufnimmt, war der Leib.

ΣΩ. Συλλογίζου δὴ τὸ γιγνόμενον ἐν τούτοις.

ΠΡΩ. Λέγε.

ΣΩ. Γίγνεται τοίνυν, ὁπόταν ᾖ ταῦτα, ἅμα παρακεῖσθαι d
λύπας τε καὶ ἡδονάς, καὶ τούτων αἰσθήσεις ἅμα παρ᾽
ἀλλήλας ἐναντίων οὐσῶν γίγνεσθαι, ὃ καὶ νυνδὴ ἐφάνη.

ΠΡΩ. Φαίνεται γοῦν.

ΣΩ. Οὐκοῦν καὶ τόδε εἴρηται καὶ συνωμολογημένον
ἡμῖν ἔμπροσθε κεῖται;

ΠΡΩ. Τὸ ποῖον;

ΣΩ. Ὡς τὸ μᾶλλόν τε καὶ ἧττον ἄμφω τούτω δέχεσθον,
λύπη τε καὶ ἡδονή, καὶ ὅτι τῶν ἀπείρων εἴτην.

ΠΡΩ. Εἴρηται. Τί μήν;

ΣΩ. Τίς οὖν μηχανὴ ταῦτ᾽ ὀρθῶς κρίνεσθαι;

ΠΡΩ. Πῇ δὴ καὶ πῶς; e

ΣΩ. Εἰ τὸ βούλημα ἡμῖν τῆς κρίσεως τούτων ἐν τοιού-
τοις τισὶ διαγνῶναι βούλεται ἑκάστοτε τίς τούτων πρὸς
ἀλλήλας μείζων καὶ τίς ἐλάττων καὶ τίς μᾶλλον καὶ τίς
σφοδροτέρα, λύπη τε πρὸς ἡδονὴν καὶ λύπη πρὸς λύπην
καὶ ἡδονὴ πρὸς ἡδονήν.

ΠΡΩ. Ἀλλ᾽ ἔστι ταῦτά τε τοιαῦτα καὶ ἡ βούλησις τῆς
κρίσεως αὕτη.

ΣΩ. Τί οὖν; ἐν μὲν ὄψει τὸ πόρρωθεν καὶ ἐγγύθεν ὁρᾶν
τὰ μεγέθη τὴν ἀλήθειαν ἀφανίζει καὶ ψευδῆ ποιεῖ δοξά- 42 a
ζειν, ἐν λύπαις δ᾽ ἄρα καὶ ἡδοναῖς οὐκ ἔστι ταὐτὸν τοῦτο
γιγνόμενον;

ΠΡΩ. Πολὺ μὲν οὖν μᾶλλον, ὦ Σώκρατες.

ΣΩ. Ἐναντίον δὴ τὸ νῦν τῷ σμικρὸν ἔμπροσθε γέγονεν.

ΠΡΩ. Τὸ ποῖον λέγεις;

ΣΩ. Τότε μὲν αἱ δόξαι ψευδεῖς τε καὶ ἀληθεῖς αὗται
γιγνόμεναι τὰς λύπας τε καὶ ἡδονὰς ἅμα τοῦ παρ᾽ αὑταῖς
παθήματος ἀνεπίμπλασαν.

ΠΡΩ. Ἀληθέστατα. b

PROTARCHOS: So war es freilich.

SOKRATES: So rechne denn zusammen was hierin liegt.

PROTARCHOS: Sprich.

SOKRATES: Es liegt darin, daß wenn sich dies so verhält, d alsdann Lust und Unlust zugleich in uns liegen, und das Bewußtsein beider die doch entgegengesetzt sind uns mit einander entsteht, was sich uns auch nur eben gezeigt hat.

PROTARCHOS: Das scheint freilich wohl.

SOKRATES: War nun nicht auch dieses gesagt worden und steht uns fest als vorher eingestanden?

PROTARCHOS: Welches doch?

SOKRATES: Daß Lust und Unlust beide das mehr und minder aufnehmen und zum Unbegrenzten gehören.

PROTARCHOS: Das ist gesagt. Warum?

SOKRATES: Was ist nun wohl für Rat um dieses richtig zu beurteilen?

PROTARCHOS: Was nur und wie? e

SOKRATES: Wenn doch unsere Absicht dieses zu beurteilen in dergleichen jedesmal dahin geht zu unterscheiden, welche von ihnen wohl mit den andern verglichen größer ist und kleiner, und welche es in höherem Grade ist und stärker, sowohl Unlust mit Lust verglichen als auch Unlust mit Unlust und Lust mit Lust.

PROTARCHOS: So ist es allerdings, und dies ist die Absicht der Beurteilung.

SOKRATES: Wie also? beim Gesicht leidet die Wahrheit, wenn man Größen von nahe und von fern sieht, und dies 42a bewirkt falsche Vorstellungen, und bei Lust und Unlust sollte nicht dasselbe eintreten?

PROTARCHOS: Noch weit mehr wohl, o Sokrates.

SOKRATES: Ganz entgegengesetzt kommt aber das jetzige heraus dem kurz vorherigen.

PROTARCHOS: Welches meinst du?

SOKRATES: Damals nämlich waren es die Vorstellungen, welche je nachdem sie wahr oder falsch ausfielen, auch die Lust und Unlust mit dem was ihnen selbst begegnet war anfüllten.

PROTARCHOS: Vollkommen wahr. b

ΣΩ. Νῦν δέ γε αὗται διὰ τὸ πόρρωθέν τε καὶ ἐγγύθεν ἑκάστοτε μεταβαλλόμεναι θεωρεῖσθαι, καὶ ἅμα τιθέμεναι παρ᾽ ἀλλήλας, αἱ μὲν ἡδοναὶ παρὰ τὸ λυπηρὸν μείζους φαίνονται καὶ σφοδρότεραι, λῦπαι δ᾽ αὖ διὰ τὸ παρ᾽ ἡδονὰς τοὐναντίον ἐκείναις.

ΠΡΩ. Ἀνάγκη γίγνεσθαι τὰ τοιαῦτα διὰ ταῦτα.

ΣΩ. Οὐκοῦν ὅσῳ μείζους τῶν οὐσῶν ἑκάτεραι καὶ ἐλάττους φαίνονται, τοῦτο ἀποτεμόμενος ἑκατέρων τὸ φαινόμενον ἀλλ᾽ οὐκ ὄν, οὔτε αὐτὸ ὀρθῶς φαινόμενον ἐρεῖς, c
οὐδ᾽ αὖ ποτε τὸ ἐπὶ τούτῳ μέρος τῆς ἡδονῆς καὶ λύπης γιγνόμενον ὀρθόν τε καὶ ἀληθὲς τολμήσεις λέγειν.

ΠΡΩ. Οὐ γὰρ οὖν.

ΣΩ. Τούτων τοίνυν ἑξῆς ὀψόμεθα ἐὰν τῇδε ἀπαντῶμεν ἡδονὰς καὶ λύπας ψευδεῖς ἔτι μᾶλλον ἢ ταύτας φαινομένας τε καὶ οὔσας ἐν τοῖς ζῴοις.

ΠΡΩ. Ποίας δὴ καὶ πῶς λέγεις;

ΣΩ. Εἴρηταί που πολλάκις ὅτι τῆς φύσεως ἑκάστων διαφθειρομένης μὲν συγκρίσεσι καὶ διακρίσεσι καὶ πληρώσεσι καὶ κενώσεσι καί τισιν αὔξαις καὶ φθίσεσι λῦπαί τε d
καὶ ἀλγηδόνες καὶ ὀδύναι καὶ πάνθ᾽ ὁπόσα τοιαῦτ᾽ ὀνόματα ἔχει συμβαίνει γιγνόμενα.

ΠΡΩ. Ναί, ταῦτα εἴρηται πολλάκις.

ΣΩ. Εἰς δέ γε τὴν αὑτῶν φύσιν ὅταν καθιστῆται, ταύτην αὖ τὴν κατάστασιν ἡδονὴν ἀπεδεξάμεθα παρ᾽ ἡμῶν αὐτῶν.

ΠΡΩ. Ὀρθῶς.

ΣΩ. Τί δ᾽ ὅταν περὶ τὸ σῶμα μηδὲν τούτων γιγνόμενον ἡμῶν ᾖ;

SOKRATES: Jetzt aber ist sie es selbst, welche weil sie abwechselnd bald von weitem bald von nahem gesehen und zugleich eine neben die andere gestellt wird, und zwar die Lust neben das Unangenehme gestellt größer und stärker erscheint, die Unlust aber neben das Angenehme gestellt im Gegenteil.

PROTARCHOS: Dergleichen erfolgt wohl notwendig aus dieser Ursache.

SOKRATES: Wenn du also das um wieviel jede von ihnen größer oder kleiner erscheint als sie wirklich ist, dieses erscheinende aber nicht seiende von beiden abschneidest: so c wirst du weder von ihm selbst sagen können daß es richtig erscheine, noch auch wirst du dich jemals, was von Lust und Unlust auf diesen Teil fällt, getrauen richtig und wahr zu nennen.

PROTARCHOS: Freilich nicht.

SOKRATES: Gleich nach diesem laß uns nun sehen, ob wir nicht darauf treffen, daß noch ärgere falsche Lust und Unlust als diese in den lebendigen Wesen erscheint und ist.

PROTARCHOS: Wie doch und was für welche meinst du?

3.4. Die mit Unlust gemischte Lust

3.4.1. Nur starke Veränderungen des Körpers bewirken Lust oder Unlust, mittelmäßige und kleine keins von beiden. Entsprechend gibt es die angenehme, die unangenehme und eine neutrale Lebensform, die weder als lust- noch als unlustvoll gelten kann

SOKRATES: Es ist doch schon oft gesagt worden, daß wenn die Natur eines jeden leidet durch Vermischungen und Aussonderungen, durch Anfüllungen und Ausleerungen d oder gewisse Vermehrungen und Abnahmen, alsdann Unlust Beschwerde Schmerz und alles was dergleichen Namen führt zu entstehen pflege.

PROTARCHOS: Ja das ist oft schon gesagt.

SOKRATES: Wann es aber wieder zu seiner eigenen Natur zurückkehrt, diese Rückkehr setzten wir bei uns fest, sei Lust.

PROTARCHOS: Richtig.

SOKRATES: Wie nun aber wenn an unserm Leibe keines von beiden wirklich vorgeht?

ΠΡΩ. Πότε δὲ τοῦτ᾽ ἂν γένοιτο, ὦ Σώκρατες;

ΣΩ. Οὐδὲν πρὸς λόγον ἐστίν, ὦ Πρώταρχε, ὃ σὺ νῦν e
ἤρου τὸ ἐρώτημα.

ΠΡΩ. Τί δή;

ΣΩ. Διότι τὴν ἐμὴν ἐρώτησιν οὐ κωλύει ἐμὲ διερέσθαι σε πάλιν.

ΠΡΩ. Ποίαν;

ΣΩ. Εἰ δ᾽ οὖν μὴ γίγνοιτο, ὦ Πρώταρχε, φήσω, τὸ τοιοῦτον, τί ποτε ἀναγκαῖον ἐξ αὐτοῦ συμβαίνειν ἡμῖν;

ΠΡΩ. Μὴ κινουμένου τοῦ σώματος ἐφ᾽ ἑκάτερα φῄς;

ΣΩ. Οὕτως.

ΠΡΩ. Δῆλον δὴ τοῦτό γε, ὦ Σώκρατες, ὡς οὔτε ἡδονὴ γίγνοιτ᾽ ἂν ἐν τῷ τοιούτῳ ποτὲ οὔτ᾽ ἂν τις λύπη.

ΣΩ. Κάλλιστ᾽ εἶπες. Ἀλλὰ γάρ, οἶμαι, τόδε λέγεις, ὡς 43 a
ἀεί τι τούτων ἀναγκαῖον ἡμῖν συμβαίνειν, ὡς οἱ σοφοί φασιν· ἀεὶ γὰρ ἅπαντα ἄνω τε καὶ κάτω ῥεῖ.

ΠΡΩ. Λέγουσι γὰρ οὖν, καὶ δοκοῦσί γε οὐ φαύλως λέγειν.

ΣΩ. Πῶς γὰρ ἄν, μὴ φαῦλοί γε ὄντες; ἀλλὰ γὰρ ὑπεκστῆναι τὸν λόγον ἐπιφερόμενον τοῦτον βούλομαι· τῇδ᾽ οὖν διανοοῦμαι φεύγειν, καὶ σύ μοι σύμφευγε.

ΠΡΩ. Λέγε ὅπῃ.

ΣΩ. Ταῦτα μὲν τοίνυν οὕτως ἔστω, φῶμεν πρὸς τούτους. Σὺ δ᾽ ἀπόκριναι· πότερον ἀεὶ πάντα, ὁπόσα πάσχει τι b
τῶν ἐμψύχων, ταῦτ᾽ αἰσθάνεται τὸ πάσχον, καὶ οὔτ᾽ αὐξανόμενοι λανθάνομεν ἡμᾶς αὐτοὺς οὔτε τι τῶν τοιούτων οὐδὲν πάσχοντες, ἢ πᾶν τοὐναντίον;

ΠΡΩ. Ἅπαν δήπου τοὐναντίον. Ὀλίγου γὰρ τά γε τοιαῦτα λέληθε πάνθ᾽ ἡμᾶς.

ΣΩ. Οὐ τοίνυν καλῶς ἡμῖν εἴρηται τὸ νυνδὴ ῥηθέν, ὡς αἱ μεταβολαὶ κάτω τε καὶ ἄνω γιγνόμεναι λύπας τε καὶ ἡδονὰς ἀπεργάζονται.

PROTARCHOS: Wann könnte das aber wohl sein, o Sokrates?

SOKRATES: Die Frage tut gar nichts zur Sache die du e
jetzt vorbringst.

PROTARCHOS: Wie so nicht?

SOKRATES: Weil sie mich doch nicht hindert meine Frage dir noch einmal aufzuwerfen.

PROTARCHOS: Welche?

SOKRATES: Wenn nun dergleichen jemals gar nicht statt fände, werde ich immer sagen, was würde uns daraus notwendig folgen?

PROTARCHOS: Du meinst, wenn der Leib auf keine von beiden Seiten bewegt würde?

SOKRATES: Eben das.

PROTARCHOS: Offenbar doch wohl dieses, o Sokrates, daß in einem solchen dann weder Lust wäre, noch auch irgend eine Unlust.

SOKRATES: Sehr richtig gesagt. Nur meinst du, glaube 43a
ich, es müsse dergleichen immer etwas in uns sein, wie die
Weisen sagen; denn es fließt alles immer nach oben oder
unten.

PROTARCHOS: Das sagen sie freilich, und es dünkt mich gar nicht schlecht.

SOKRATES: Wie wollte es auch, da sie selbst nicht schlecht sind! Aber ich möchte dieser Rede gern ausweichen, die mir entgegen kommt. Hieher denke ich deshalb zu fliehen, und fliehe du nur mit.

PROTARCHOS: Sage nur wie.

SOKRATES: Das soll freilich so sein, wollen wir zu ihnen
sprechen. Du aber beantworte mir nur dieses, ob denn im- b
mer alles was nur einem beseelten Wesen begegnet, auch von
dem wahrgenommen wird, dem es begegnet; und wir auch
nicht einmal wachsen ohne es zu merken und gar vielerlei
eben so mit uns vorgeht? oder ganz das Gegenteil? denn fast
alles dieser Art entgeht uns gänzlich.

PROTARCHOS: Ganz im Gegenteil freilich.

SOKRATES: Also war uns nur das eben gesagte nicht ganz richtig gesagt, daß die Veränderungen nach oben und unten Lust und Unlust bewirken.

ΠΡΩ. Τί μήν;

ΣΩ. Ὧδ᾽ ἔσται κάλλιον καὶ ἀνεπιληπτότερον τὸ λεγό- c μενον.

ΠΡΩ. Πῶς;

ΣΩ. Ὡς αἱ μὲν μεγάλαι μεταβολαὶ λύπας τε καὶ ἡδονὰς ποιοῦσιν ἡμῖν, αἱ δ᾽ αὖ μέτριαί τε καὶ σμικραὶ τὸ παράπαν οὐδέτερα τούτων.

ΠΡΩ. Ὀρθότερον οὕτως ἢ ᾽κείνως, ὦ Σώκρατες.

ΣΩ. Οὐκοῦν εἰ ταῦτα οὕτω, πάλιν ὁ νυνδὴ ῥηθεὶς βίος ἂν ἥκοι.

ΠΡΩ. Ποῖος;

ΣΩ. Ὃν ἄλυπόν τε καὶ ἄνευ χαρμονῶν ἔφαμεν εἶναι.

ΠΡΩ. Ἀληθέστατα λέγεις.

ΣΩ. Ἐκ δὴ τούτων τιθῶμεν τριττοὺς ἡμῖν βίους, ἕνα μέν ἡδύν, τὸν δ᾽ αὖ λυπηρόν, τὸν δ᾽ ἕνα μηδέτερα. Ἢ πῶς d ἂν φαίης σὺ περὶ τούτων;

ΠΡΩ. Οὐκ ἄλλως ἔγωγε ἢ ταύτῃ, τρεῖς εἶναι τοὺς βίους.

ΣΩ. Οὐκοῦν οὐκ ἂν εἴη τὸ μὴ λυπεῖσθαί ποτε ταὐτὸν τῷ χαίρειν;

ΠΡΩ. Πῶς γὰρ ἄν;

ΣΩ. Ὁπόταν οὖν ἀκούσῃς ὡς ἥδιστον πάντων ἐστὶν ἀλύπως διατελεῖν τὸν βίον ἅπαντα, τί τόθ᾽ ὑπολαμβάνεις λέγειν τὸν τοιοῦτον;

ΠΡΩ. Ἡδὺ λέγειν φαίνεται ἔμοιγε οὗτος τὸ μὴ λυπεῖσθαι.

ΣΩ. Τριῶν ὄντων οὖν ἡμῖν, ὡντινων βούλει, τίθει, καλ- e λίοσιν ἵνα ὀνόμασι χρώμεθα, τὸ μὲν χρυσόν, τὸ δ᾽ ἄργυρον, τρίτον δὲ τὸ μηδέτερα τούτων.

ΠΡΩ. Κεῖται.

ΣΩ. Τὸ δὴ μηδέτερα τούτων ἔσθ᾽ ἡμῖν ὅπως θάτερα γένοιτο ἄν, χρυσὸς ἢ ἄργυρος;

PROTARCHOS: Wie so nicht?

SOKRATES: Besser und untadelhafter wäre es so ausgedrückt. c

PROTARCHOS: Wie doch?

SOKRATES: Die großen Veränderungen verursachen uns Lust und Unlust, die mittelmäßigen und kleinen aber ganz und gar keines von beiden.

PROTARCHOS: Richtiger als jenes ist dieses allerdings, o Sokrates.

SOKRATES: Und ist nun dieses so: so kommt ja der nur eben angeführte Lebenszustand schon wieder.

PROTARCHOS: Welcher doch?

SOKRATES: Von dem wir sagten, er sei schmerzlos und auch ohne Vergnügungen.

PROTARCHOS: Du hast ganz recht.

SOKRATES: Wollen wir uns nun hieraus dreierlei Leben bilden, das eine unangenehm, das andere angenehm, das dritte keins von beiden? Oder wie wolltest du es anders sagen? d

PROTARCHOS: Gar nicht anders, sondern so daß es diese dreierlei gibt.

SOKRATES: Und nicht Unlust haben ist doch niemals dasselbe wie Lust haben?

PROTARCHOS: Wie sollte es auch?

SOKRATES: Wenn du also hörst, es sei das angenehmste schmerzlos sein ganzes Leben hinzubringen, was denkst du dir wohl, daß ein solcher dann sagt?

PROTARCHOS: Mir wenigstens scheint ein solcher das nicht Unlust haben für das Angenehme auszugeben.

SOKRATES: Von drei verschiedenen also welche du willst e setze mir, damit wir nur schönere Namen dafür haben, das eine als Gold das andere als Silber das dritte als keines von beiden.

PROTARCHOS: Das steht nun fest.

SOKRATES: Jenes keines von beiden nun, kann das wohl eines von den beiden andern sein, Gold oder Silber?

PROTARCHOS: Wie wäre es möglich!

SOKRATES: Also auch der mittlere Zustand kann niemals mit Recht angenehm oder schmerzlich vorgestellt werden,

ΠΡΩ. Καὶ πῶς ἄν;

ΣΩ. Οὐδ' ἄρα ὁ μέσος βίος ἡδὺς ἢ λυπηρὸς γενόμενος ὀρθῶς ἄν ποτε οὔτ' εἰ δοξάζοι τις, δοξάζοιτο, οὔτ' εἰ λέγοι, λεχθείη, κατά γε τὸν ὀρθὸν λόγον.

ΠΡΩ. Πῶς γὰρ ἄν;

ΣΩ. Ἀλλὰ μήν, ὦ ἑταῖρε, λεγόντων γε ταῦτα καὶ 44a δοξαζόντων αἰσθανόμεθα.

ΠΡΩ. Καὶ μάλα.

ΣΩ. Πότερον οὖν καὶ χαίρειν οἴονται τότε, ὅταν μὴ λυπῶνται;

ΠΡΩ. Φασὶ γοῦν.

ΣΩ. Οὐκοῦν οἴονται τότε χαίρειν· οὐ γὰρ ἂν ἔλεγόν που.

ΠΡΩ. Κινδυνεύει.

ΣΩ. Ψευδῆ γε μὴν δοξάζουσι περὶ τοῦ χαίρειν, εἴπερ χωρὶς τοῦ μὴ λυπεῖσθαι καὶ τοῦ χαίρειν ἡ φύσις ἑκατέρου.

ΠΡΩ. Καὶ μὴν χωρίς γε ἦν.

ΣΩ. Πότερον οὖν αἱρώμεθα παρ' ἡμῖν ταῦτ' εἶναι, καθάπερ ἄρτι, τρία, ἢ δύο μόνα, λύπην μὲν κακὸν τοῖς ἀνθρώ- b ποις, τὴν δ' ἀπαλλαγὴν τῶν λυπῶν, αὐτὸ τοῦτο ἀγαθὸν ὄν, ἡδὺ προσαγορεύεσθαι;

ΠΡΩ. Πῶς δὴ νῦν τοῦτο, ὦ Σώκρατες, ἐρωτώμεθα ὑφ' ἡμῶν αὐτῶν; οὐ γὰρ μανθάνω.

ΣΩ. Ὄντως γὰρ τοὺς πολεμίους Φιλήβου τοῦδε, ὦ Πρώταρχε, οὐ μανθάνεις.

ΠΡΩ. Λέγεις δὲ αὐτοὺς τίνας;

ΣΩ. Καὶ μάλα δεινοὺς λεγομένους τὰ περὶ φύσιν, οἳ τὸ παράπαν ἡδονὰς οὔ φασιν εἶναι.

ΠΡΩ. Τί μήν;

ΣΩ. Λυπῶν ταύτας εἶναι πάσας ἀποφυγάς, ἃς νῦν οἱ c περὶ Φίληβον ἡδονὰς ἐπονομάζουσιν.

wenn ihn sich einer vorstellen will, noch genannt werden, wenn ihn einer so nennen wollte, nach richtiger Weise wenigstens nicht.

PROTARCHOS: Wie ginge das auch.

SOKRATES: Aber doch, o Freund, merken wir welche, 44a die dieses sagen und sich so vorstellen.

PROTARCHOS: Gar sehr.

SOKRATES: Glauben sie also dann Lust zu haben, wenn sie ohne Unlust sind?

PROTARCHOS: Sie sagen es wenigstens.

SOKRATES: Also glauben sie doch dann Lust zu haben. Denn sie würden es ja nicht sagen.

PROTARCHOS: Das scheint wohl.

SOKRATES: Und falsches denken sie also von der Lust, wenn doch nicht Unlust haben und Lust haben jedes etwas besonderes für sich ist.

PROTARCHOS: Etwas besonderes sind ja beide ganz gewiß.

SOKRATES: Wollen wir nun bei uns fest setzen, wie eben, daß dieses dreierlei ist, oder soll nur zweierlei, die Unlust das b Übel für die Menschen, und die Befreiung von der Unlust, weil eben dieses das gute ist, das Angenehme genannt werden.

3.4.2. Verdeutlichung der Dreiteilung an der These, es gebe anstelle von Lust nur ein der Unlust Entkommen. Lust und Unlust an ihren extremsten Erscheinungsformen am besten zu erkennen: an den Kranken

PROTARCHOS: Wie denn, o Sokrates, werden wir dies nun von uns selbst gefragt? denn ich verstehe nicht.

SOKRATES: Du verstehst eben in der Tat die rechten Feinde unseres Philebos nicht, o Protarchos.

PROTARCHOS: Welche meinst du denn sind es?

SOKRATES: Gar gewaltige Leute in Sachen der Natur, welche behaupten es gebe ganz und gar keine Lust.

PROTARCHOS: Wie so doch?

SOKRATES: Dies insgesamt wären nur Abwesenheiten c der Unlust, was Philebos und die Seinigen jetzt Lust nennen.

ΠΡΩ. Τούτοις οὖν ἡμᾶς πότερα πείθεσθαι συμβουλεύεις, ἢ πῶς, ὦ Σώκρατες;

ΣΩ. Οὔκ, ἀλλ' ὥσπερ μάντεσι προσχρῆσθαί τισι, μαντευομένοις οὐ τέχνῃ ἀλλά τινι δυσχερείᾳ φύσεως οὐκ ἀγεννοῦς, λίαν μεμισηκότων τὴν τῆς ἡδονῆς δύναμιν καὶ νενομικότων οὐδὲν ὑγιές, ὥστε καὶ αὐτὸ τοῦτο αὐτῆς τὸ ἐπαγωγὸν γοήτευμα, οὐχ ἡδονὴν εἶναι. Τούτοις μὲν οὖν d ταῦτα ἂν προσχρήσαιο, σκεψάμενος ἔτι καὶ τὰ ἄλλα αὐτῶν δυσχεράσματα· μετὰ δὲ ταῦτα αἵ γέ μοι δοκοῦσιν ἡδοναὶ ἀληθεῖς εἶναι πεύσῃ, ἵνα ἐξ ἀμφοῖν τοῖν λόγοιν σκεψάμενοι τὴν δύναμιν αὐτῆς παραθώμεθα πρὸς τὴν κρίσιν.

ΠΡΩ. Ὀρθῶς λέγεις.

ΣΩ. Μεταδιώκωμεν δὴ τούτους, ὥσπερ συμμάχους, κατὰ τὸ τῆς δυσχερείας αὐτῶν ἴχνος. Οἶμαι γὰρ τοιόνδε τι λέγειν αὐτούς, ἀρχομένους ποθὲν ἄνωθεν, ὡς εἰ βουληθεῖμεν ὁτουοῦν εἴδους τὴν φύσιν ἰδεῖν, οἷον τὴν τοῦ σκληροῦ, e πότερον εἰς τὰ σκληρότατα ἀποβλέποντες οὕτως ἂν μᾶλλον συννοήσαιμεν ἢ πρὸς τὰ πολλοστὰ σκληρότητι; δεῖ δή σε, ὦ Πρώταρχε, καθάπερ ἐμοί, καὶ τούτοις τοῖς δυσχερέσιν ἀποκρίνεσθαι.

ΠΡΩ. Πάνυ μὲν οὖν, καὶ λέγω γε αὐτοῖς ὅτι πρὸς τὰ πρῶτα μεγέθει.

ΣΩ. Οὐκοῦν εἰ καὶ τὸ τῆς ἡδονῆς γένος ἰδεῖν ἥντινά ποτ' ἔχει φύσιν βουληθεῖμεν, οὐκ εἰς τὰς πολλοστὰς ἡδονὰς ἀποβλεπτέον, ἀλλ' εἰς τὰς ἀκροτάτας καὶ σφοδροτάτας 45 a λεγομένας.

ΠΡΩ. Πᾶς ἄν σοι ταύτῃ συγχωροίη τὰ νῦν.

ΣΩ. Ἆρ' οὖν, αἵ πρόχειροί γε αἵπερ καὶ μέγισται τῶν ἡδονῶν, ὃ λέγομεν πολλάκις, αἱ περὶ τὸ σῶμά εἰσιν αὗται;

ΠΡΩ. Πῶς γὰρ οὔ;

ΣΩ. Πότερον οὖν καὶ μείζους εἰσὶ καὶ γίγνονται περὶ τοὺς κάμνοντας ἐν ταῖς νόσοις ἢ περὶ ὑγιαίνοντας; εὐλα-

PROTARCHOS: Rätst du nun daß wir diesen folgen, o
Sokrates, oder wie?

SOKRATES: Gar nicht; aber wir wollen sie gebrauchen
wie Wahrsager, die nicht aus Kunst sondern aus einer ge-
wissen verdrießlichen Strenge ihrer nicht unedlen Natur
wahrsagen, gewaltig erbittert gegen die Kraft der Lust und
sie für nichts gesundes haltend, so daß auch eben dieser ihr
Reiz ein Zaubermittel sei, nicht Lust. Dies kannst du hiezu d
gut brauchen, wenn du erst auch ihre andern verdrießlichen
Reden noch erwogen hast. Nachher aber sollst du, was ich für
wahrhafte Lust halte, erfahren, damit wir so nach Maßgabe
beider Reden die Kraft der Lust in Betrachtung und zum
Spruch ziehen.

PROTARCHOS: Richtig gesprochen.

SOKRATES: Laß uns also diesen als Bundesgenossen auf
den Spuren ihrer Verdrießlichkeit nachgehn. Ich denke mir
nämlich, daß sie irgend woher von oben anfangend ohnge-
fähr so sagen. Wenn wir nun irgend eines Begriffes Natur in e
Betracht ziehn wollten, wie die des harten, würden wir,
wenn wir auf die härtesten Dinge sähen, sie so am besten
auffassen, oder wenn auf die welche nur ein kleinstes Teil-
chen Härte haben? du mußt aber, o Protarchos, wie vorher
mir, so auch nun diesen gestrengen antworten.

PROTARCHOS: Allerdings, und ich sage ihnen also, auf
das größte in seiner Art.

SOKRATES: Also auch wenn wir nun den Begriff der
Lust, was für eine Natur sie wohl hat betrachten wollten,
müßten wir nicht auf die kleinsten Lüste sehen, sondern auf 45a
die welche für die schärfsten und stärksten gelten.

PROTARCHOS: Das würde dir jetzt wohl jeder zugeben.

SOKRATES: Sind nun nicht, die wir gleich bei der Hand
haben welche auch die größten Lüste sind, wie wir oft sagen,
diese die den Leib angehn?

PROTARCHOS: Wie sollten sie nicht!

SOKRATES: Sind nun diese, und werden größer, bei den
Kranken oder bei den Gesunden? Wir wollen uns aber in
Acht nehmen daß wir nicht voreilig antwortend fehltreten.

PROTARCHOS: Wie so?

βηθῶμεν δὲ μὴ προπετῶς ἀποκρινόμενοι πταίσωμέν πῃ. Τάχα γὰρ ἴσως φαῖμεν ἂν περὶ ὑγιαίνοντας. b

ΠΡΩ. Εἰκός γε.

ΣΩ. Τί δ᾿; οὐχ αὗται τῶν ἡδονῶν ὑπερβάλλουσιν, ὧν ἂν καὶ ἐπιθυμίαι μέγισται προγίγνωνται;

ΠΡΩ. Τοῦτο μὲν ἀληθές.

ΣΩ. Ἀλλ᾿ οὐχ οἱ πυρέττοντες καὶ ἐν τοιούτοις νοσήμασιν ἐχόμενοι μᾶλλον διψῶσι καὶ ῥιγοῦσι καὶ πάντα ὁπόσα διὰ τοῦ σώματος εἰώθασι πάσχειν, μᾶλλόν τ᾿ ἐνδείᾳ συγγίγνονται καὶ ἀποπληρουμένων μείζους ἡδονὰς ἴσχουσιν; ἢ τοῦτο οὐ φήσομεν ἀληθὲς εἶναι;

ΠΡΩ. Πάνυ μὲν οὖν νῦν ῥηθὲν φαίνεται. c

ΣΩ. Τί οὖν; ὀρθῶς ἂν φαινοίμεθα λέγοντες ὡς εἴ τις τὰς μεγίστας γε ἡδονὰς ἰδεῖν βούλοιτο, οὐκ εἰς ὑγίειαν ἀλλ᾿ εἰς νόσον ἰόντας δεῖ σκοπεῖν; ὅρα δὲ μή με ἡγῇ διανοούμενον ἐρωτᾶν σε εἰ πλείω χαίρουσιν οἱ σφόδρα νοσοῦντες τῶν ὑγιαινόντων, ἀλλ᾿ οἴου μέγεθός με ζητεῖν ἡδονῆς, καὶ τὸ σφόδρα περὶ τοῦ τοιούτου ποῦ ποτε γίγνεται ἑκάστοτε. Νοῆσαι γὰρ δεῖ φαμεν ἥντινα φύσιν ἔχει καὶ τίνα λέγουσιν οἱ φάσκοντες μηδ᾿ εἶναι τὸ παράπαν αὐτήν. d

ΠΡΩ. Ἀλλὰ σχεδὸν ἕπομαι τῷ λόγῳ σου.

ΣΩ. Τάχα, ὦ Πρώταρχε, οὐχ ἧττον δείξεις. Ἀπόκριναι γάρ· ἐν ὕβρει μείζους ἡδονάς — οὐ πλείους λέγω, τῷ σφόδρα δὲ καὶ τῷ μᾶλλον ὑπερεχούσας — ὁρᾷς ἢ ἐν τῷ σώφρονι βίῳ; λέγε δὲ προσέχων τὸν νοῦν.

ΠΡΩ. Ἀλλ᾿ ἔμαθον ὃ λέγεις, καὶ πολὺ τὸ διαφέρον ὁρῶ. Τοὺς μὲν γὰρ σώφρονάς που καὶ ὁ παροιμιαζόμενος ἐπίσχει λόγος ἑκάστοτε, ὁ τὸ « μηδὲν ἄγαν » παρακελευόμενος, e ᾧ πείθονται· τὸ δὲ τῶν ἀφρόνων τε καὶ ὑβριστῶν μέχρι μανίας ἡ σφοδρὰ ἡδονὴ κατέχουσα περιβοήτους ἀπεργάζεται.

SOKRATES: Wir könnten leicht sagen, bei den Gesunden. b

PROTARCHOS: Wahrscheinlich wohl.

SOKRATES: Wie? ragen nicht diejenigen hervor unter den Lüsten, denen auch die größten Begierden voran gehn?

PROTARCHOS: Das ist wohl wahr.

SOKRATES: Aber haben nicht die Fieberkranken und mit ähnlichen Übeln behafteten, mehr Durst und Frost, und was sie sonst am Leibe zu leiden pflegen, und beständig mehr Bedürfnisse, und deshalb auch wenn diese befriedigt werden, größere Lust? Oder wollen wir nicht sagen daß das wahr sei?

PROTARCHOS: Allerdings, leuchtet das jetzt sehr ein. c

SOKRATES: Wie also? scheinen wir nun wohl richtig zu sagen, daß wenn jemand die größte Lust sehen will, er nicht zur Gesundheit sondern zur Krankheit gehn muß, um sie da zu betrachten? Sieh aber zu daß du nicht etwa glaubst, ich meinte mit meiner Frage, daß die Kranken mehr Vergnügen hätten als die Gesunden; sondern denke, ich suche nur die Größe der Lust, und das heftige derselben, wo sich das wohl jedesmal findet. Denn wir müssen einsehen, welche Natur sie hat, und was doch die von ihr meinen, welche behaupten, es gebe sie ganz und gar nicht. d

PROTARCHOS: Ich folge nun wohl deiner Rede.

3.4.3. Extreme Lust und Unlust aufgrund einer Verderbnis von Leib und Seele; entsprechende Beispiele und ihre unterschiedlichen Lust-Unlust-Mischungen

SOKRATES: Bald, o Protarchos, wirst du wohl eben so gut selbst zeigen; denn du wirst antworten. Antworte nur. Siehst du größere Lust, ich sage nicht mehrere, aber an Heftigkeit und Stärke hervorragend im Übermut oder in dem besonnenen Leben? Nimm dich aber gut zusammen bei der Antwort.

PROTARCHOS: Ich verstehe schon was du meinst, und sehe einen großen Unterschied. Denn die Besonnenen hält schon das Sprichwort zurück, welches ihnen jedesmal das e
Nichts zuviel einschärft, und dem sie gehorchen. Die Unsinnigen aber und Übermütigen nimmt die heftige Lust bis zum Wahnsinn ein, und macht sie ganz verrufen.

ΣΩ. Καλῶς· καὶ εἴ γε τοῦθ' οὕτως ἔχει, δῆλον ὡς ἔν τινι πονηρίᾳ ψυχῆς καὶ τοῦ σώματος, ἀλλ' οὐκ ἐν ἀρετῇ μέγισται μὲν ἡδοναί, μέγισται δὲ καὶ λῦπαι γίγνονται.

ΠΡΩ. Πάνυ μὲν οὖν.

ΣΩ. Οὐκοῦν τούτων τινὰς προελόμενον δεῖ σκοπεῖσθαι τίνα ποτὲ τρόπον ἐχούσας ἐλέγομεν αὐτὰς εἶναι μεγίστας.

ΠΡΩ. Ἀνάγκη. 46

ΣΩ. Σκόπει δὴ τὰς τῶν τοιῶνδε νοσημάτων ἡδονάς, τίνα ποτὲ ἔχουσι τρόπον.

ΠΡΩ. Ποίων;

ΣΩ. Τὰς τῶν ἀσχημόνων, ἃς οὓς εἴπομεν δυσχερεῖς μισοῦσι παντελῶς.

ΠΡΩ. Ποίας;

ΣΩ. Οἷον τὰς τῆς ψώρας ἰάσεις τῷ τρίβειν καὶ ὅσα τοιαῦτα, οὐκ ἄλλης δεόμενα φαρμάξεως· τοῦτο γὰρ δὴ τὸ πάθος ἡμῖν, ὦ πρὸς θεῶν, τί ποτε φῶμεν ἐγγίγνεσθαι; πότερον ἡδονὴν ἢ λύπην;

ΠΡΩ. Σύμμεικτον τοῦτό γ' ἄρ', ὦ Σώκρατες, ἔοικε γίγνεσθαί τι κακόν.

ΣΩ. Οὐ μὲν δὴ Φιλήβου γε ἕνεκα παρεθέμην τὸν λόγον· b ἀλλ' ἄνευ τούτων, ὦ Πρώταρχε, τῶν ἡδονῶν καὶ τῶν ταύταις ἑπομένων, ἂν μὴ κατοφθῶσι, σχεδὸν οὐκ ἄν ποτε δυναίμεθα διακρίνασθαι τὸ νῦν ζητούμενον.

ΠΡΩ. Οὐκοῦν ἰτέον ἐπὶ τὰς τούτων συγγενεῖς.

ΣΩ. Τὰς ἐν τῇ μείξει κοινωνούσας λέγεις;

ΠΡΩ. Πάνυ μὲν οὖν.

ΣΩ. Εἰσὶ τοίνυν μείξεις αἱ μὲν κατὰ τὸ σῶμα ἐν αὐτοῖς τοῖς σώμασιν, αἱ δ' αὐτῆς τῆς ψυχῆς ἐν τῇ ψυχῇ· τὰς δ' c αὖ τῆς ψυχῆς καὶ τοῦ σώματος ἀνευρήσομεν λύπας ἡδοναῖς μειχθείσας τοτὲ μὲν ἡδονὰς τὰ συναμφότερα, τοτὲ δὲ λύπας ἐπικαλουμένας.

SOKRATES: Schön! und wenn sich dies so verhält, ist doch offenbar daß in einer gewissen Verderbtheit des Leibes und der Seele, und nicht in ihrer rechten Tüchtigkeit, die größte Lust und Unlust entsteht.

PROTARCHOS: Allerdings.

SOKRATES: Von diesen also müssen wir uns einige vornehmen und betrachten, wie sie sich doch verhalten, daß wir sagen sie seien die größten.

PROTARCHOS: Notwendig. 46a

SOKRATES: So betrachte denn die Lüste in solchem krankhaften Zustande, auf welche Weise sie sich verhalten.

PROTARCHOS: In was für welchem?

SOKRATES: Die Lust der Schamlosen, die eben von unsern vorigen Verdrießlichen so ausnehmend gehaßt wird.

PROTARCHOS: Was für welche?

SOKRATES: Nun wie sie sich zum Beispiel die Krätze heilen durch Reiben und mehreres dergleichen was keines andern Mittels bedarf; denn eben dieses Gefühl bei den Göttern was sollen wir denn sagen daß es in uns ist? Lust oder Unlust?

PROTARCHOS: Ein gemischtes Übel, o Sokrates, scheint dies zu sein.

SOKRATES: Gar nicht des Philebos wegen habe ich diese b
Rede vorgebracht, o Protarchos; allein ohne diese Lust und die damit zusammenhängenden, wenn man sie nicht beachtet, würden wir fast nicht im Stande sein das zu entscheiden, wonach jetzt gefragt wird.

PROTARCHOS: So laß uns denn weiter gehn zu den mit diesen verwandten.

SOKRATES: Welche an der Mischung Teil haben, meinst du.

PROTARCHOS: Eben die.

SOKRATES: Es gibt also einige Mischungen die nur den
Leib betreffen in den Leibern selbst, andere der Seele allein c
in der Seele, die aber worin des Leibes und der Seele Lust und Unlust untereinander gemischt vorkommen, werden wir finden, daß sie zusammengenommen bald Lust bald Unlust genannt werden.

ΠΡΩ. Πῶς;

ΣΩ. Ὁπόταν ἐν τῇ καταστάσει τις ἢ τῇ διαφθορᾷ τἀναντία ἅμα πάθη πάσχῃ, ποτὲ ῥιγῶν θέρηται καὶ θερμαινόμενος ἐνίοτε ψύχηται, ζητῶν, οἶμαι, τὸ μὲν ἔχειν, τοῦ δὲ ἀπαλλάττεσθαι, τὸ δὴ λεγόμενον πικρῷ γλυκὺ μεμειγμένον, μετὰ δυσαπαλλακτίας παρόν, ἀγανάκτησιν καὶ ὕστερον d
σύντασιν ἀγρίαν ποιεῖ.

ΠΡΩ. Καὶ μάλα ἀληθὲς τὸ νῦν λεγόμενον.

ΣΩ. Οὐκοῦν αἱ τοιαῦται μείξεις αἱ μὲν ἐξ ἴσων εἰσὶ λυπῶν τε καὶ ἡδονῶν, αἱ δ᾽ ἐκ τῶν ἑτέρων πλειόνων;

ΠΡΩ. Πῶς γὰρ οὔ;

ΣΩ. Λέγε δὴ τὰς μέν, ὅταν πλείους λῦπαι τῶν ἡδονῶν γίγνωνται — τὰς τῆς ψώρας λεγομένας νυνδὴ ταύτας εἶναι καὶ τὰς τῶν γαργαλισμῶν — ὁπόταν ἐντὸς τὸ ζέον ᾖ καὶ τὸ φλεγμαῖνον, τῇ τρίψει δὲ καὶ τῇ κνήσει μὴ ἐφικνῆταί τις, τὰ δ᾽ ἐπιπολῆς μόνον διαχέῃ, τοτὲ φέρον- e
τες εἰς πῦρ αὐτὰ καὶ εἰς τοὐναντίον, ἀπορίαις μεταβάλλοντες ἐνίοτε ἀμηχάνους ἡδονάς, τοτὲ δὲ τοὐναντίον τοῖς ἐντὸς πρὸς τὰ τῶν ἔξω, λύπας ἡδοναῖς συγκερασθείσας, εἰς ὁπότερ᾽ ἂν ῥέψῃ, παρέσχοντο τῷ τὰ συγκεκριμένα βίᾳ διαχεῖν ἢ τὰ διακεκριμένα συγχεῖν, καὶ ὁμοῦ λύπας ἡδο- 47 a
ναῖς παρατιθέναι.

ΠΡΩ. Ἀληθέστατα.

ΣΩ. Οὐκοῦν ὁπόταν αὖ πλείων ἡδονὴ κατὰ τὰ τοιαῦτα πάντα συμμειχθῇ, τὸ μὲν ὑπομεμειγμένον τῆς λύπης γαργαλίζει τε καὶ ἠρέμα ἀγανακτεῖν ποιεῖ, τὸ δ᾽ αὖ τῆς ἡδονῆς πολὺ πλέον ἐγκεχυμένον συντείνει τε καὶ ἐνίοτε πηδᾶν ποιεῖ, καὶ παντοῖα μὲν χρώματα, παντοῖα δὲ σχήματα, παντοῖα δὲ πνεύματα ἀπεργαζόμενον πᾶσαν ἔκπληξιν καὶ βοὰς μετὰ ἀφροσύνης ἐνεργάζεται;

ΠΡΩ. Μάλα γε. b

ΣΩ. Καὶ λέγειν τε, ὦ ἑταῖρε, αὐτόν τε περὶ ἑαυτοῦ

PROTARCHOS: Wie so?

SOKRATES: Wenn einer in der Wiederherstellung oder in der Störung entgegengesetztes zugleich erleidet, als ein Frierender sich wärmt, oder als ein Erhitzter sich abkühlt, indem er eigentlich sucht, so denke ich, das eine zu haben und das andere los zu werden: so verursacht dieses gemischte sogenannte Bittersüße, wenn es anhält, weil das eine nicht d verschwinden will, Unwillen und hernach eine heftige Spannung.

PROTARCHOS: Sehr richtig trifft das eben erklärte.

SOKRATES: Sind nun nicht diese Mischungen teils aus gleicher Lust und Unlust, teils aus einer von beiden überwiegend?

PROTARCHOS: Wie sollten sie nicht.

SOKRATES: So sage denn, die in welchen mehr Unlust als Lust sich findet seien eben diese itzt angeführten von der Krätze und dem Gurgeln, wenn das brennende und entzündete inwendig ist und einer mit Reiben und Kratzen nicht dazu kommt, sonden nur die äußere Oberfläche reizt, indem e man sie bald in das Feuer bringt, und in das Gegenteil, wobei bisweilen aus überschwänglicher Lust doch nur Hülflosigkeit herauskommt, bald aber im Gegenteil pflegt man den innern Teilen um die Unlust in den äußeren damit zu vermischen, wohin es nun auch ausschlage, Lust zu erregen, indem man bald verbundenes mit Gewalt trennt, bald gesondertes mischt, und somit der Unlust Lust beigesellt. 47a

PROTARCHOS: Vollkommen richtig.

SOKRATES: Und nicht wahr, wenn in allem diesem ein größerer Anteil Lust gemischt wird, so verursacht die beigemischte Unlust nur gelinden Reiz und Unruhe, die weit reichlicher eingeflößte Lust aber spannt an und macht bisweilen springen, und indem sie allerlei vielfach wechselnde Farben und Gebärden und Atemzüge herausbringt, bringt sie unsinniges Entzücken und Geschrei hervor?

PROTARCHOS: So ist es freilich. b

SOKRATES: Und macht daß einer von sich selbst sagt und auch Andere, es sei fast zum Sterben wie diese Lüste ergötzen. Und diesen geht nun jeder um so mehr nach, je unbän-

ποιεῖ καὶ ἄλλον ὡς ταύταις ταῖς ἡδοναῖς τερπόμενος οἷον ἀποθνῄσκει· καὶ ταύτας γε δὴ παντάπασιν ἀεὶ μεταδιώκει τοσούτῳ μᾶλλον ὅσῳ ἂν ἀκολαστότερός τε καὶ ἀφρονέστερος ὢν τυγχάνῃ, καὶ καλεῖ δὴ μεγίστας ταύτας, καὶ τὸν ἐν αὐταῖς ὅτι μάλιστ' ἀεὶ ζῶντα εὐδαιμονέστατον καταριθμεῖται.

ΠΡΩ. Πάντα, ὦ Σώκρατες, τὰ συμβαίνοντα πρὸς τῶν πολλῶν ἀνθρώπων εἰς δόξαν διεπέρανας. c

ΣΩ. Περί γε τῶν ἡδονῶν, ὦ Πρώταρχε, τῶν ἐν τοῖς κοινοῖς παθήμασιν αὐτοῦ τοῦ σώματος τῶν ἐπιπολῆς τε καὶ ἐντὸς κερασθέντων· περὶ δέ γ' ὧν ψυχὴ σώματι τἀναντία συμβάλλεται, λύπην τε ἅμα πρὸς ἡδονὴν καὶ ἡδονὴν πρὸς λύπην, ὥστ' εἰς μίαν ἀμφότερα κρᾶσιν ἰέναι, ταῦτα ἔμπροσθε μὲν διήλθομεν, ὡς, ὁπόταν [αὖ] κενῶται, πληρώσεως ἐπιθυμεῖ, καὶ ἐλπίζων μὲν χαίρει, κενούμενος δὲ ἀλγεῖ, ταῦτα δὲ τότε μὲν οὐκ ἐμαρτυράμεθα, νῦν δὲ λέγομεν ὡς ψυχῆς πρὸς σῶμα διαφερομένης ἐν πᾶσι τούτοις πλήθει ἀμηχάνοις οὖσι μεῖξις μία λύπης τε καὶ ἡδονῆς συμπίπτει γιγνομένη. d

ΠΡΩ. Κινδυνεύεις ὀρθότατα λέγειν.

ΣΩ. Ἔτι τοίνυν ἡμῖν τῶν μείξεων λύπης τε καὶ ἡδονῆς λοιπὴ μία.

ΠΡΩ. Ποία, φῄς;

ΣΩ. Ἣν αὐτὴν τὴν ψυχὴν αὑτῇ πολλάκις λαμβάνειν σύγκρασιν ἔφαμεν.

ΠΡΩ. Πῶς οὖν δὴ τοῦτ' αὐτὸ λέγομεν;

ΣΩ. Ὀργὴν καὶ φόβον καὶ πόθον καὶ θρῆνον καὶ ἔρωτα καὶ ζῆλον καὶ φθόνον καὶ ὅσα τοιαῦτα, ἆρ' οὐκ αὐτῆς τῆς ψυχῆς τίθεσαι ταύτας λύπας τινάς; e

ΠΡΩ. Ἔγωγε.

ΣΩ. Οὐκοῦν αὐτὰς ἡδονῶν μεστὰς εὑρήσομεν ἀμηχάνων; ἢ δεόμεθα ὑπομιμνῄσκεσθαι τὸ

diger und unvernünftiger er ist, und nennt diese die größten, und wer in diesen am meisten lebt, den schätzt er für den glückseligsten.

PROTARCHOS: Alles, o Sokrates, wie sich bei den Menschen aus der Menge die Meinung ergibt, hast du ausgeführt. c

SOKRATES: Von denen Lüsten nun, o Protarchos, wobei zu einem zusammengesetzten Zustande des Leibes allein inneres und äußeres gemischt ist, und von denen wobei die Seele dem Leibe entgegengesetztes beiträgt, Unlust sowohl zur Lust, als Lust zur Unlust, so daß beides in eine Mischung eingeht, haben wir dieses zwar vorher schon ausgeführt, daß wenn einer ausgeleert ist er nach Anfüllung strebt, und sofern er hofft sich zwar freut, sofern er aber ausgeleert ist Schmerz hat, dieses aber haben wir damals nicht erklärt, sa- d
gen es aber jetzt, daß wo die Seele von dem Leibe abweicht, in allen diesen unzähligen Fällen, alles in Eine Mischung von Lust und Unlust zusammenfällt.

PROTARCHOS: Du scheinst vollkommen richtig zu reden.

3.4.4. Mischungen von Lust und Unlust in der Seele allein, insbesondere beim Anschauen von Komödien; das Wesen des Lächerlichen und des Neides

SOKRATES: Von allen Mischungen der Lust und Unlust ist uns also nur noch eine übrig.

PROTARCHOS: Welche meinst du?

SOKRATES: Welche wir sagten daß die Seele selbst für sich oftmals annimmt.

PROTARCHOS: Wie aber meinen wir dies eigentlich?

SOKRATES: Zorn und Furcht und Verlangen und Weh- e
mut und Liebespein und Eifersucht und Neid und was dergleichen ist, setzest du das nicht als Unlust der Seele selbst?

PROTARCHOS: Ich allerdings.

SOKRATES: Und werden wir dies alles nicht unsäglicher Lust voll finden? oder ist erst Not uns zu erinnern an das, „der selbst, zu Zorn nämlich und Eifer auch den Weiseren pflegt zu erbittern, der weit süßer zuerst denn sanft eingleitender Honig“, und an die Lust welche bei Wehmut und 48a
Sehnsucht mit der Unlust gemischt ist?

ὅς τ' ἐφέηκε πολύφρονά περ χαλεπῆναι
ὅς τε πολὺ γλυκίων μέλιτος καταλειβομένοιο,

καὶ τὰς ἐν τοῖς θρήνοις καὶ πόθοις ἡδονὰς ἐν λύπαις 48 a
οὔσας ἀναμεμειγμένας;

ΠΡΩ. Οὔκ, ἀλλ' οὕτω ταῦτά γε καὶ οὐκ ἄλλως ἂν συμβαίνοι γιγνόμενα.

ΣΩ. Καὶ μὴν καὶ τάς γε τραγικὰς θεωρήσεις, ὅταν ἅμα χαίροντες κλάωσι, μέμνησαι;

ΠΡΩ. Τί δ' οὔ;

ΣΩ. Τὴν δ' ἐν ταῖς κωμῳδίαις διάθεσιν ἡμῶν τῆς ψυχῆς, ἆρ' οἶσθ' ὡς ἔστι κἀν τούτοις μεῖξις λύπης τε καὶ ἡδονῆς;

ΠΡΩ. Οὐ πάνυ κατανοῶ.

ΣΩ. Παντάπασι γὰρ οὐ ῥᾴδιον, ὦ Πρώταρχε, ἐν τούτῳ b
συννοεῖν τὸ τοιοῦτον ἑκάστοτε πάθος.

ΠΡΩ. Οὔκουν ὥς γ' ἔοικεν ἐμοί.

ΣΩ. Λάβωμέν γε μὴν αὐτὸ τοσούτῳ μᾶλλον ὅσῳ σκοτεινότερόν ἐστιν, ἵνα καὶ ἐν ἄλλοις ῥᾷον καταμαθεῖν τις οἷός τ' ᾖ μεῖξιν λύπης τε καὶ ἡδονῆς.

ΠΡΩ. Λέγοις ἄν.

ΣΩ. Τό τοι νυνδὴ ῥηθὲν ὄνομα φθόνου πότερα λύπην τινὰ ψυχῆς θήσεις, ἢ πῶς;

ΠΡΩ. Οὕτως.

ΣΩ. Ἀλλὰ μὴν ὁ φθονῶν γε ἐπὶ κακοῖς τοῖς τῶν πέλας ἡδόμενος ἀναφανήσεται.

ΠΡΩ. Σφόδρα γε.

ΣΩ. Κακὸν μὴν ἄγνοια καὶ ἣν δὴ λέγομεν ἀβελτέραν ἕξιν.

ΠΡΩ. Τί μήν;

ΣΩ. Ἐκ δὴ τούτων ἰδὲ τὸ γελοῖον ἥντινα φύσιν ἔχει.

ΠΡΩ. Λέγε μόνον.

ΣΩ. Ἔστι δὴ πονηρία μέν τις τὸ κεφάλαιον, ἕξεώς

PROTARCHOS: Nein, sondern nur so und anders nicht kann dieses sich verhalten.

SOKRATES: Und wenn sie die Tragödien sehen, erinnerst du dich doch wohl, wie sie zugleich sich ergötzend doch weinen?

PROTARCHOS: Wie sollte ich nicht!

SOKRATES: Wie aber unsere Seele bei den Komödien bewegt ist, weißt du wohl, daß auch darin eine Mischung von Lust und Unlust liegt?

PROTARCHOS: Das verstehe ich nicht recht.

SOKRATES: Ganz gewiß ist es auch gar nicht leicht, o b
Protarchos, hierin den jedesmaligen Zustand dieser Art zu erkennen.

PROTARCHOS: Freilich nicht, wie mir wenigstens scheint.

SOKRATES: Nehmen wir indes dies um so lieber vor, je dunkler es ist, damit einer auch in andern Fällen desto leichter eine Mischung von Lust und Unlust erkennen könne.

PROTARCHOS: So erkläre es denn.

SOKRATES: Was wir eben vorher auch nannten, Neid, verstehst du unter diesem Worte eine Unlust der Seele? oder wie?

PROTARCHOS: So.

SOKRATES: Wer aber neidet, der wird sich wohl immer über die Übel des Nächsten erfreut zeigen.

PROTARCHOS: Gar sehr allerdings. c

SOKRATES: Und ein Übel ist doch Unwissenheit, und was wir sonst Unfähigkeit nennen?

PROTARCHOS: Wie sollte sie nicht!

SOKRATES: Hieraus nun sieh, welches eigentlich die Natur des Lächerlichen ist.

PROTARCHOS: Sprich nur.

SOKRATES: Es ist also eine Schlechtigkeit, die von einer gewissen Beschaffenheit beigenamt wird, und zwar von der gesamten Schlechtigkeit der Teil welcher den entgegengesetzten Zustand enthält des von dem delphischen Spruch ausgedrückten.

PROTARCHOS: Meinst du das Kenne dich selbst, o Sokrates?

τινος ἐπίκλην λεγομένη· τῆς δ' αὖ πάσης πονηρίας ἐστὶ ⟨τὸ⟩ τοὐναντίον πάθος ἔχον ἢ τὸ λεγόμενον ὑπὸ τῶν ἐν Δελφοῖς γραμμάτων.

ΠΡΩ. Τὸ « γνῶθι σαυτὸν » λέγεις, ὦ Σώκρατες;

ΣΩ. Ἔγωγε. Τοὐναντίον μὴν ἐκείνῳ δῆλον ὅτι τὸ d
μηδαμῇ γιγνώσκειν αὐτὸν [λεγόμενον ὑπὸ τοῦ γράμματος] ἂν εἴη.

ΠΡΩ. Τί μήν;

ΣΩ. Ὦ Πρώταρχε, πειρῶ δὴ αὐτὸ τοῦτο τριχῇ τέμνειν.

ΠΡΩ. Πῇ φῄς; οὐ γὰρ μὴ δυνατὸς ὦ.

ΣΩ. Λέγεις δὴ δεῖν ἐμὲ τοῦτο διελέσθαι τὰ νῦν;

ΠΡΩ. Λέγω, καὶ δέομαί γε πρὸς τῷ λέγειν.

ΣΩ. Ἆρ' οὖν οὐ τῶν ἀγνοούντων αὐτοὺς κατὰ τρία ἀνάγκη τοῦτο τὸ πάθος πάσχειν ἕκαστον;

ΠΡΩ. Πῶς;

ΣΩ. Πρῶτον μὲν κατὰ χρήματα, δοξάζειν εἶναι πλου- e
σιώτερον ἢ κατὰ τὴν αὐτῶν οὐσίαν.

ΠΡΩ. Πολλοὶ γοῦν εἰσὶν τὸ τοιοῦτον πάθος ἔχοντες.

ΣΩ. Πλείους δέ γε οἳ μείζους καὶ καλλίους αὑτοὺς δοξάζουσι, καὶ πάντα ὅσα κατὰ τὸ σῶμα εἶναι διαφερόντως τῆς οὔσης αὐτοῖς ἀληθείας.

ΠΡΩ. Πάνυ γε.

ΣΩ. Πολὺ δὲ πλεῖστοί γε οἶμαι περὶ τὸ τρίτον εἶδος τὸ τῶν ἐν ταῖς ψυχαῖς διημαρτήκασιν, ἀρετῇ δοξάζοντες βελτίους ἑαυτούς, οὐκ ὄντες.

ΠΡΩ. Σφόδρα μὲν οὖν.

ΣΩ. Τῶν ἀρετῶν δ' ἆρ' οὐ σοφίας πέρι τὸ πλῆθος 49 a
πάντως ἀντεχόμενον μεστὸν ἐρίδων καὶ δοξοσοφίας ἐστὶ ψευδοῦς;

ΠΡΩ. Πῶς δ' οὔ;

ΣΩ. Κακὸν μὲν δὴ πᾶν ἄν τις τὸ τοιοῦτον εἰπὼν ὀρθῶς ἂν εἴποι πάθος.

ΠΡΩ. Σφόδρα γε.

SOKRATES: Allerdings. Und offenbar wäre doch sich d selbst nie zu erkennen das Gegenteil von jenem in dem Spruch ausgedrückten.

PROTARCHOS: Wie sollte es nicht?

SOKRATES: O Protarchos, versuche also eben dieses dreifach zu teilen.

PROTARCHOS: Auf welche Weise meinst du? ich werde es wohl nicht können.

SOKRATES: Du meinst also wohl, für diesmal soll ich es nur abteilen?

PROTARCHOS: Und bitte dich darum außer dem daß ich es meine.

SOKRATES: Muß nun nicht denen welche sich selbst verkennen dies in Absicht auf drei Stücke begegnen?

PROTARCHOS: Wie so?

SOKRATES: Zuerst in Absicht auf Geld und Gut, daß sich e einer für reicher hält als sein Vermögen beträgt.

PROTARCHOS: Sehr Vielen begegnet dieses.

SOKRATES: Und noch mehreren wohl, daß sie sich für größer und schöner und was sonst den Leib betrifft für ausgezeichneter halten, als ihnen der Wahrheit nach zukommt.

PROTARCHOS: Freilich.

SOKRATES: Bei weitem die meisten aber glaube ich verfehlen es in Absicht des dritten Stückes, nämlich dessen was in der Seele ist, indem sie sich selbst für besser halten in der Tugend, ohne es zu sein.

PROTARCHOS: Bei weitem allerdings.

SOKRATES: Und unter allen Tugenden ist es nicht vor- 49a züglich auf die Weisheit, daß die Menge auf alle Weise Anspruch macht, und deshalb voll Streites ist und falscher Dünkelweisheit.

PROTARCHOS: Wie könnte es anders sein.

SOKRATES: Und wer nun jeden solchen Zustand ein Übel nennte, würde ihn wohl ganz recht benennen.

PROTARCHOS: Gar sehr gewiß.

SOKRATES: Dieser nun muß noch halbiert werden, o Protarchos, wenn wir den scherzhaften Neid sehen und darin

ΣΩ. Τοῦτο τοίνυν ἔτι διαιρετέον, ὦ Πρώταρχε, δίχα, εἰ μέλλομεν τὸν παιδικὸν ἰδόντες φθόνον ἄτοπον ἡδονῆς καὶ λύπης ὄψεσθαι μεῖξιν.

ΠΡΩ. Πῶς οὖν τέμνομεν δίχα, λέγεις;

ΣΩ. Πάντες ὁπόσοι ταύτην τὴν ψευδῆ δόξαν περὶ b ἑαυτῶν ἀνοήτως δοξάζουσι, καθάπερ ἁπάντων ἀνθρώπων, καὶ τούτων ἀναγκαιότατον ἕπεσθαι τοῖς μὲν ῥώμην αὐτῶν καὶ δύναμιν, τοῖς δὲ οἶμαι τοὐναντίον.

ΠΡΩ. Ἀνάγκη.

ΣΩ. Ταύτῃ τοίνυν δίελε, καὶ ὅσοι μὲν αὐτῶν εἰσι μετ' ἀσθενείας τοιοῦτοι καὶ ἀδύνατοι καταγελώμενοι τιμωρεῖσθαι, γελοίους τούτους φάσκων εἶναι τἀληθῆ φθέγξῃ· τοὺς δὲ δυνατοὺς τιμωρεῖσθαι καὶ ἰσχυροὺς φοβεροὺς καὶ ἐχθροὺς προσαγορεύων ὀρθότατον τούτων σαυτῷ λόγον c ἀποδώσεις. Ἄγνοια γὰρ ἡ μὲν τῶν ἰσχυρῶν ἐχθρά τε καὶ αἰσχρά — βλαβερὰ γὰρ καὶ τοῖς πέλας αὐτή τε καὶ ὅσαι εἰκόνες αὐτῆς εἰσιν — ἡ δ' ἀσθενὴς ἡμῖν τὴν τῶν γελοίων εἴληχε τάξιν τε καὶ φύσιν.

ΠΡΩ. Ὀρθότατα λέγεις. Ἀλλὰ γὰρ ἡ τῶν ἡδονῶν καὶ λυπῶν μεῖξις ἐν τούτοις οὔπω μοι καταφανής.

ΣΩ. Τὴν τοίνυν τοῦ φθόνου λαβὲ δύναμιν πρῶτον.

ΠΡΩ. Λέγε μόνον.

ΣΩ. Λύπη τις ἄδικός ἐστί που καὶ ἡδονή; d

ΠΡΩ. Τοῦτο μὲν ἀνάγκη.

ΣΩ. Οὐκοῦν ἐπὶ μὲν τοῖς τῶν ἐχθρῶν κακοῖς οὔτ' ἄδικον οὔτε φθονερόν ἐστι τὸ χαίρειν;

ΠΡΩ. Τί μήν;

ΣΩ. Τὰ δέ γε τῶν φίλων ὁρῶντας ἔστιν ὅτε κακὰ μὴ λυπεῖσθαι, χαίρειν δέ, ἆρα οὐκ ἄδικόν ἐστιν;

ΠΡΩ. Πῶς δ' οὔ;

ΣΩ. Οὐκοῦν τὴν ἄγνοιαν εἴπομεν ὅτι κακὸν πᾶσιν;

ΠΡΩ. Ὀρθῶς.

eine wunderbare Mischung von Lust und Unlust erkennen sollen.

PROTARCHOS: Wie sollen wir ihn nun halbieren? sage es nur.

SOKRATES: Alle welche diese falsche Meinung von sich b
selbst unsinnigerweise hegen, von denen muß doch, wie von allen andern Menschen so auch ganz notwendigerweise von ihnen, Einigen Stärke und Macht zukommen und Andern denke ich das Gegenteil.

PROTARCHOS: Notwendig.

SOKRATES: Hiernach also teile, und so viele von ihnen aus Schwachheit solche sind, und unvermögend, wenn sie ausgelacht werden, sich zu rächen, wenn du von diesen sagst, daß sie lächerlich sind, wirst du wohl ganz richtig reden, die sich aber rächen können, wenn du die als furchtbar und schändlich und feindselig bezeichnest, wirst du dir selbst die c
richtigste Erklärung über sie geben. Denn die Unwissenheit der Mächtigen ist feindselig und schändlich, denn sie ist auch den Nächsten verderblich, sie selbst und ihre Abbilder; die schwache aber fällt uns in die Natur und das Gebiet des Lächerlichen.

PROTARCHOS: Vollkommen richtig. Allein die Mischung der Lust und Unlust darin ist mir noch nicht deutlich.

SOKRATES: Nimmm also zuerst das Wesen des Neides vor.

PROTARCHOS: Erkläre es nur.

SOKRATES: Er ist doch eine ungerechte Unlust und Lust? d

PROTARCHOS: Das wohl notwendig.

SOKRATES: Nun ist doch über der Feinde Übel weder ungerecht noch neidisch sich zu freuen?

PROTARCHOS: Wie sollte es!

SOKRATES: Wenn man aber Übel der Freunde sieht, dann bisweilen sich nicht zu betrüben sondern zu freuen ist das nicht ungerecht?

PROTARCHOS: Wie sollte es nicht?

SOKRATES: Und die Unwissenheit sagen wir doch ist ein Übel für Alle?

PROTARCHOS: Richtig.

ΣΩ. Τὴν οὖν τῶν φίλων δοξοσοφίαν καὶ δοξοκαλίαν καὶ ὅσα νυνδὴ διήλθομεν, ἐν τρισὶ λέγοντες εἴδεσι γίγνεσθαι, e
γελοῖα μὲν ὁπόσα ἀσθενῆ, μισητὰ δ᾽ ὁπόσα ἐρρωμένα, ⟨φῶμεν⟩ ἢ μὴ φῶμεν ὅπερ εἶπον ἄρτι, τὴν τῶν φίλων ἕξιν ταύτην ὅταν ἔχῃ τις τὴν ἀβλαβῆ τοῖς ἄλλοις, γελοίαν εἶναι;

ΠΡΩ. Πάνυ γε.

ΣΩ. Κακὸν δ᾽ οὐχ ὁμολογοῦμεν αὐτὴν ἄγνοιάν γε οὖσαν εἶναι;

ΠΡΩ. Σφόδρα γε.

ΣΩ. Χαίρομεν δὲ ἢ λυπούμεθα, ὅταν ἐπ᾽ αὐτῇ γελῶμεν;

ΠΡΩ. Δῆλον ὅτι χαίρομεν. 50a

ΣΩ. Ἡδονὴν δὲ ἐπὶ τοῖς τῶν φίλων κακοῖς, οὐ φθόνον ἔφαμεν εἶναι τὸν τοῦτ᾽ ἀπεργαζόμενον;

ΠΡΩ. Ἀνάγκη.

ΣΩ. Γελῶντας ἄρα ἡμᾶς ἐπὶ τοῖς τῶν φίλων γελοίοις φησὶν ὁ λόγος, κεραννύντας ἡδονὴν αὖ φθόνῳ, λύπῃ τὴν ἡδονὴν συγκεραννύναι· τὸν γὰρ φθόνον ὡμολογῆσθαι λύπην ψυχῆς ἡμῖν πάλαι, τὸ δὲ γελᾶν ἡδονήν, ἅμα γίγνεσθαι δὲ τούτω ἐν τούτοις τοῖς χρόνοις.

ΠΡΩ. Ἀληθῆ.

ΣΩ. Μηνύει δὴ νῦν ὁ λόγος ἡμῖν ἐν θρήνοις τε καὶ ἐν b
τραγῳδίαις ⟨καὶ κωμῳδίαις⟩, μὴ τοῖς δράμασι μόνον ἀλλὰ καὶ τῇ τοῦ βίου συμπάσῃ τραγῳδίᾳ καὶ κωμῳδίᾳ, λύπας ἡδοναῖς ἅμα κεράννυσθαι, καὶ ἐν ἄλλοις δὴ μυρίοις.

ΠΡΩ. Ἀδύνατον μὴ ὁμολογεῖν ταῦτα, ὦ Σώκρατες, εἰ καί τις φιλονικοῖ πάνυ πρὸς τἀναντία.

ΣΩ. Ὀργὴν μὴν καὶ πόθον καὶ θρῆνον καὶ φόβον καὶ ἔρωτα καὶ ζῆλον καὶ φθόνον προυθέμεθα καὶ ὁπόσα τοιαῦτα, c

SOKRATES: Wie nun? Der Freunde Dünkelweisheit und
Dünkelschönheit, und was wir eben anführten als unter drei e
Arten verteilt, ist doch lächerlich soviel davon schwach ist,
verhaßt aber soviel davon stark ist? oder wollen wir nicht
mehr zugeben, was ich vorhin sagte, daß diese Beschaffen-
heit, wenn einer der Freunde sie auf eine für Andere un-
schädliche Art an sich hat, lächerlich ist?

PROTARCHOS: Allerdings wollen wir.

SOKRATES: Und erkennen wir sie nicht als ein Übel an,
da sie doch Unwissenheit ist?

PROTARCHOS: Gar sehr.

SOKRATES: Freuen wir uns nun oder sind wir betrübt,
wenn wir über sie lachen?

PROTARCHOS: Offenbar freuen wir uns. 50a

SOKRATES: Und Lust an der Freunde Übel, sagten wir
nicht daß der Neid es sei der diese bewirke?

PROTARCHOS: Notwendig.

SOKRATES: Wenn wir also über unserer Freunde Lächer-
lichkeiten lachen, sagt die Rede, daß wir Lust dem Neide
beimischend die Lust der Unlust beimischen; denn der Neid
sei uns schon lange bestimmt als eine Unlust der Seele, das
Lachen aber als Lust, und beides sei hiebei zu gleicher Zeit
vorhanden.

PROTARCHOS: Richtig.

SOKRATES: Und so deutet uns die Rede an, daß auch in b
Klaggedichten und Trauerspielen, nicht denen auf der Bühne
nur, sondern auch in dem gesamten Trauerspiel und Lust-
spiel des Lebens, Unlust mit Lust zugleich gemischt sei und
so in tausend andern Dingen.

PROTARCHOS: Es ist unmöglich dies nicht einzugestehn,
o Sokrates, wenn einer auch ganz hartnäckig auf dem Ge-
genteil bestehen wollte.

3.4.5. Ergebnis: Im Leib, in der Seele und in beiden zusammen ist Lust immer mit Unlust gemischt

SOKRATES: Und Zorn und Sehnsucht und Wehmut und
Furcht und Liebe und Eifersucht und Neid hatten wir uns c
doch vorgehalten, daß darin, wie wir behaupteten, das nun

ἐν οἷς ἔφαμεν εὑρήσειν μειγνύμενα τὰ νῦν πολλάκις λεγόμενα. Ἦ γάρ;

ΠΡΩ. Ναί.

ΣΩ. Μανθάνομεν οὖν ὅτι θρήνου πέρι καὶ φθόνου καὶ ὀργῆς πάντα ἐστὶ τὰ νυνδὴ διαπερανθέντα;

ΠΡΩ. Πῶς γὰρ οὐ μανθάνομεν;

ΣΩ. Οὐκοῦν πολλὰ ἔτι τὰ λοιπά;

ΠΡΩ. Καὶ πάνυ γε.

ΣΩ. Διὰ δὴ τί μάλισθ' ὑπολαμβάνεις με δεῖξαί σοι τὴν ἐν τῇ κωμῳδίᾳ μεῖξιν; ἆρ' οὐ πίστεως χάριν, ὅτι τήν γε ἐν τοῖς φόβοις καὶ ἔρωσι καὶ τοῖς ἄλλοις ῥᾴδιον κρᾶσιν d
ἐπιδεῖξαι· λαβόντα δὲ τοῦτο παρὰ σαυτῷ ἀφεῖναί με μηκέτι ἐπ' ἐκεῖνα ἰόντα δεῖν μηκύνειν τοὺς λόγους, ἀλλ' ἁπλῶς λαβεῖν τοῦτο, ὅτι καὶ σῶμα ἄνευ ψυχῆς καὶ ψυχὴ ἄνευ σώματος καὶ κοινῇ μετ' ἀλλήλων ἐν τοῖς παθήμασι μεστά ἐστι συγκεκραμένης ἡδονῆς λύπαις; νῦν οὖν λέγε πότερα ἀφίῃς με ἢ μέσας ποιήσεις νύκτας; εἰπὼν δὲ σμικρὰ οἶμαί σου τεύξεσθαι μεθεῖναί με· τούτων γὰρ ἁπάντων αὔριον ἐθελήσω σοι λόγον δοῦναι, τὰ νῦν δὲ ἐπὶ τὰ λοιπὰ βούλομαι e
στέλλεσθαι πρὸς τὴν κρίσιν ἣν Φίληβος ἐπιτάττει.

ΠΡΩ. Καλῶς εἶπες, ὦ Σώκρατες· ἀλλ' ὅσα λοιπὰ ἡμῖν διέξελθε ὅπῃ σοι φίλον.

ΣΩ. Κατὰ φύσιν τοίνυν μετὰ τὰς μειχθείσας ἡδονὰς ὑπὸ δή τινος ἀνάγκης ἐπὶ τὰς ἀμείκτους πορευοίμεθ' ἂν ἐν τῷ μέρει.

ΠΡΩ. Κάλλιστ' εἶπες. 51 a

ΣΩ. Ἐγὼ δὴ πειράσομαι μεταβαλὼν σημαίνειν ἡμῖν αὐτάς. Τοῖς γὰρ φάσκουσι λυπῶν εἶναι παῦλαν πάσας τὰς

schon so oft genannte sich müßte vermischt finden. Nicht wahr?

PROTARCHOS: Ja.

SOKRATES: Und wir sehen doch ein, daß von Wehmut und Neid und Zorn das jetzt durchgeführte alles wirklich handelt.

PROTARCHOS: Wie sollten wir das nicht einsehn?

SOKRATES: Viel anderes aber ist doch noch übrig?

PROTARCHOS: Gar sehr.

SOKRATES: Weshalb nun denkst du wohl, daß ich dir vorzüglich die Mischung in der Komödie gezeigt habe?
Nicht des Beweises wegen, weil in Furcht und Liebe und d
dem übrigen noch leichter ist die Mischung aufzuweisen, damit wenn du dies bei dir festgestellt hättest, du mir erlassen möchtest nicht erst zu jenen auch zu gehen und die Rede dadurch in die Länge zu ziehen, sondern diese schlechthin annehmen, daß sowohl der Leib ohne die Seele als die Seele ohne den Leib und beide mit einander in ihren Zuständen voll sind der mit Unlust gemischten Lust. Nun sage also, ob du es mir erläßt, oder ob du Mitternacht heranbringen willst. Ich denke aber, wenn ich nur noch weniges gesagt habe, von dir zu erlangen, daß du mich gehen läßt. Denn von diesem
allen insgesamt will ich dir Morgen Rechenschaft ablegen; e
jetzt aber möchte ich auf das übrige lossteuern zu dem Urteile welches Philebos fordert.

PROTARCHOS: Wohl gesprochen, o Sokrates. Also nimm nur durch was wir noch vor uns haben, wie es dir lieb ist.

3.5. Die von Unlust freie Lust

3.5.1. Ihr Charakteristikum: eine Befriedigung ohne die Notwendigkeit einer Beimischung von Unlust. Beispiele: Lust an Farben, Gestalten, Gerüchen, Tönen, Lust an Kenntnissen

SOKRATES: Der Natur gemäß sollten wir nun nach den gemischten Vergnügungen vermöge einer Art von Notwendigkeit zu den ungemischten an ihrem Teil übergehn.

PROTARCHOS: Wohl gesprochen. 51a

SOKRATES: Ich will also versuchen umwendend sie euch zu bezeichnen. Denn denen welche sagen, daß alle Lust nur

ἡδονὰς οὐ πάνυ πως πείθομαι, ἀλλ' ὅπερ εἶπον, μάρτυσι καταχρῶμαι πρὸς τὸ τινὰς ἡδονὰς εἶναι δοκούσας, οὔσας δ' οὐδαμῶς, καὶ μεγάλας ἑτέρας τινὰς ἅμα καὶ πολλὰς φαντασθείσας, εἶναι δ' αὐτὰς συμπεφυρμένας ὁμοῦ λύπαις τε καὶ ἀναπαύσεσιν ὀδυνῶν τῶν μεγίστων περί τε σώματος καὶ ψυχῆς ἀπορίας.

ΠΡΩ. Ἀληθεῖς δ' αὖ τίνας, ὦ Σώκρατες, ὑπολαμβάνων b ὀρθῶς τις διανοοῖτ' ἄν;

ΣΩ. Τὰς περί τε τὰ καλὰ λεγόμενα χρώματα καὶ περὶ τὰ σχήματα καὶ τῶν ὀσμῶν τὰς πλείστας καὶ τὰς τῶν φθόγγων καὶ ὅσα τὰς ἐνδείας ἀναισθήτους ἔχοντα καὶ ἀλύπους τὰς πληρώσεις αἰσθητὰς καὶ ἡδείας καθαρὰς λυπῶν παραδίδωσιν.

ΠΡΩ. Πῶς δὴ ταῦτα, ὦ Σώκρατες, αὖ λέγομεν οὕτω;

ΣΩ. Πάνυ μὲν οὖν οὐκ εὐθὺς δῆλά ἐστιν ἃ λέγω, πειρατέον μὴν δηλοῦν. Σχημάτων τε γὰρ κάλλος οὐχ ὅπερ c ἂν ὑπολάβοιεν οἱ πολλοὶ πειρῶμαι νῦν λέγειν, οἷον ζῴων ἤ τινων ζωγραφημάτων, ἀλλ' εὐθύ τι λέγω, φησὶν ὁ λόγος, καὶ περιφερὲς καὶ ἀπὸ τούτων δὴ τά τε τοῖς τόρνοις γιγνόμενα ἐπίπεδά τε καὶ στερεὰ καὶ τὰ τοῖς κανόσι καὶ γωνίαις, εἴ που μανθάνεις. Ταῦτα γὰρ οὐκ εἶναι πρός τι καλὰ λέγω, καθάπερ ἄλλα, ἀλλ' ἀεὶ καλὰ καθ' αὑτὰ πεφυκέναι καί τινας ἡδονὰς οἰκείας ἔχειν, οὐδὲν ταῖς τῶν κνήσεων προσφερεῖς· d καὶ χρώματα δὴ τοῦτον τὸν τύπον καλὰ καὶ ἡδονὰς ἔχοντα. Ἀλλ' ἆρα μανθάνομεν, ἢ πῶς;

ΠΡΩ. Πειρῶμαι μέν, ὦ Σώκρατες· πειράθητι δὲ καὶ σὺ σαφέστερον ἔτι λέγειν.

ΣΩ. Λέγω δὴ ἠχὰς τῶν φθόγγων τὰς λείας καὶ λαμπράς, τὰς ἕν τι καθαρὸν ἱείσας μέλος, οὐ πρὸς ἕτερον καλὰς ἀλλ' αὐτὰς καθ' αὑτὰς εἶναι, καὶ τούτων συμφύτους ἡδονὰς ἑπομένας.

Hemmung der Unlust sei, kann ich nicht recht glauben; sondern wie ich schon sagte, ich brauche sie nur zu Zeugen dafür, daß es allerlei scheinbare Lust gibt, welche wirklich keine ist, und daß noch vielerlei andere gar groß erscheint, welche aber zugleich gemischt ist mit Unlust und mit Erholungen von den größten Schmerzen in Ratlosigkeit Leibes und der Seelen.

PROTARCHOS: Aber welche, o Sokrates, könnte wohl ei- b
ner als wahr annehmen, der richtig darüber denken wollte?

SOKRATES: Die an den schönen Farben und Gestalten, und die meisten die von Gerüchen herrühren und Tönen, und alles was nach einem unmerklichen und schmerzlosen Bedürfnis uns eine merkliche und angenehme Befriedigung rein von Unlust gewährt.

PROTARCHOS: Wie ist das nun wieder eigentlich gemeint, o Sokrates?

SOKRATES: Freilich ist wohl nicht sogleich deutlich was
ich meine, man muß aber versuchen es deutlich zu machen. c
Ich versuche also als Schönheit der Gestalten dir nicht, was wohl die meisten glauben möchten, zu erklären, etwa die der lebenden Körper oder die gewisser Gemälde; sondern ich nenne etwas grade, sagt meine Erklärung, und etwas rund und aus diesen wiederum die Flächen und Körper, welche gedreht werden, oder durch Regel und Winkelmaß bestimmt, wenn du mich verstehst. Denn diese, sage ich, sind nicht in Beziehung auf etwas schön wie anderes, sondern immer an und für sich sind sie ihrer Natur nach schön, und
haben eine eigentümliche Lust, die nichts mit der des Kitzels d
zu schaffen hat; und so auch Farben sind nach dieser selbigen Weise schön und haben ihre Lust. Aber verstehn wir es auch, oder wie?

PROTARCHOS: Ich bemühe mich wohl, o Sokrates; bemühe nur auch du dich es noch deutlicher zu erklären.

SOKRATES: Ich sage also, daß auch von den Tönen, jene glatten und hellen, welche Einen bestimmten reinen Gesang von sich geben, nicht in Bezug auf etwas schön sind sondern an und für sich, und daß ihnen mitgeborene Lust sie begleitet.

ΠΡΩ. Ἔστι γὰρ οὖν καὶ τοῦτο.

ΣΩ. Τὸ δὲ περὶ τὰς ὀσμὰς ἧττον μὲν τούτων θεῖον γένος e
ἡδονῶν· τὸ δὲ μὴ συμμεμεῖχθαι ἐν αὐταῖς ἀναγκαίους
λύπας, καὶ ὅπῃ τοῦτο καὶ ἐν ὅτῳ τυγχάνει γεγονὸς ἡμῖν,
τοῦτ᾽ ἐκείνοις τίθημι ἀντίστροφον ἅπαν. Ἀλλ᾽, εἰ κατα-
νοεῖς, ταῦτα εἴδη δύο ⟨ὧν⟩ λέγομεν ἡδονῶν.

ΠΡΩ. Κατανοῶ.

ΣΩ. Ἔτι δὴ τοίνυν τούτοις προσθῶμεν τὰς περὶ τὰ 52a
μαθήματα ἡδονάς, εἰ ἄρα δοκοῦσιν ἡμῖν αὗται πείνας μὲν
μὴ ἔχειν τοῦ μανθάνειν μηδὲ διὰ μαθημάτων πείνην ἀλγη-
δόνας ἐξ ἀρχῆς γιγνομένας.

ΠΡΩ. Ἀλλ᾽ οὕτω συνδοκεῖ.

ΣΩ. Τί δέ; μαθημάτων πληρωθεῖσιν ἐὰν ὕστερον ἀπο-
βολαὶ διὰ τῆς λήθης γίγνωνται, καθορᾷς τινας ἐν αὐταῖς
ἀλγηδόνας;

ΠΡΩ. Οὔ τι φύσει γε, ἀλλ᾽ ἔν τισι λογισμοῖς τοῦ παθή-
ματος, ὅταν τις στερηθεὶς λυπηθῇ διὰ τὴν χρείαν. b

ΣΩ. Καὶ μήν, ὦ μακάριε, νῦν γε ἡμεῖς αὐτὰ τὰ τῆς
φύσεως μόνον παθήματα χωρὶς τοῦ λογισμοῦ διαπεραί-
νομεν.

ΠΡΩ. Ἀληθῆ τοίνυν λέγεις, ὅτι χωρὶς λύπης ἡμῖν λήθη
γίγνεται ἑκάστοτε ἐν τοῖς μαθήμασιν.

ΣΩ. Ταύτας τοίνυν τὰς τῶν μαθημάτων ἡδονὰς ἀμείκτους
τε εἶναι λύπαις ῥητέον καὶ οὐδαμῶς τῶν πολλῶν ἀνθρώπων
ἀλλὰ τῶν σφόδρα ὀλίγων.

ΠΡΩ. Πῶς γὰρ οὐ ῥητέον;

ΣΩ. Οὐκοῦν ὅτε μετρίως ἤδη διακεκρίμεθα χωρὶς τάς c
τε καθαρὰς ἡδονὰς καὶ τὰς σχεδὸν ἀκαθάρτους ὀρθῶς ἂν
λεχθείσας, προσθῶμεν τῷ λόγῳ ταῖς μὲν σφοδραῖς ἡδοναῖς

PROTARCHOS: Auch das ist allerdings so.

SOKRATES: Die an den Gerüchen ist nun freilich eine e
weniger göttliche Art von Lust als diese; aber daß ihnen
doch keine notwendige Unlust beigemischt ist, wo immer
und woran uns dieses sich zeigt, das setze ich insgesamt je-
nen entgegen. Also, wenn du es verstehst, nennen wir dieses
die zwei Arten der Lust.

PROTARCHOS: Ich verstehe.

SOKRATES: Laß uns nun diesen noch beifügen die Lust 52a
an Kenntnissen, wenn doch auch diese uns bedünken nicht
einen Hunger nach dem Erkennen bei sich zu haben, noch
ursprüngliche aus dem Hunger nach Kenntnissen entstehen-
de Schmerzen.

PROTARCHOS: So dünkt es mich freilich auch.

SOKRATES: Und wie? wenn nun denen die mit Erkenntnissen angefüllt sind, hernach Verlust derselben antritt durch Vergessen, siehst du darin einigen Schmerz?

PROTARCHOS: Nicht von Natur wenigstens, sondern nur
in den Betrachtungen des Zustandes, wenn einer dem sie b
verloren gegangen sich betrübt, weil sie ihm fehlen.

SOKRATES: Aber, o Bester, wir haben es jetzt nur mit dem Zustande selbst zu tun, wie er seiner Natur nach ist, abgesehen von der Betrachtung darüber.

PROTARCHOS: Dann hast du also ganz Recht, daß jedesmal bei unsern Kenntnissen das Vergessen uns ohne alle Unlust kommt.

SOKRATES: Diese Lust also an den Kenntnissen sei unvermischt mit Unlust, müssen wir sagen, und keineswegs für die Menge der Menschen, sondern nur für gar wenige.

PROTARCHOS: Wie sollten wir das nicht sagen.

3.5.2. Reine Lust zeigt Abgemessenheit, nicht Ungemessenheit. Nicht die größte und meiste, sondern die unvermischteste und reinste Lust ist die angenehmste, wahrste und schönste

SOKRATES: Nun wir also schon ziemlich abgesondert ha- c
ben die reine Lust und die welche man mit Recht unrein
nennen kann: so laß uns nun in der Erklärung noch hinzu-
fügen für die heftigen Lüste Ungemessenheit, für die welche

ἀμετρίαν, ταῖς δὲ μὴ τοὐναντίον ἐμμετρίαν· καὶ ⟨τὰς⟩ τὸ μέγα καὶ τὸ σφοδρὸν αὖ ⟨δεχομένας⟩, καὶ πολλάκις καὶ ὀλιγάκις γιγνομένας τοιαύτας, [τῆς] τοῦ ἀπείρου γε ἐκείνου καὶ ἧττον καὶ μᾶλλον διά τε σώματος καὶ ψυχῆς φερομένου [προσ]θῶμεν αὐτὰς εἶναι γένους, τὰς δὲ μὴ τῶν ἐμμέτρων. d

ΠΡΩ. Ὀρθότατα λέγεις, ὦ Σώκρατες.

ΣΩ. Ἔτι τοίνυν πρὸς τούτοις μετὰ ταῦτα τόδε αὐτῶν διαθεατέον.

ΠΡΩ. Τὸ ποῖον;

ΣΩ. Τί ποτε χρὴ φάναι πρὸς ἀλήθειαν εἶναι; τὸ καθαρόν τε καὶ εἰλικρινὲς καὶ τὸ ἱκανὸν ἢ τὸ σφόδρα τε καὶ τὸ πολὺ καὶ τὸ μέγα;

ΠΡΩ. Τί ποτ᾽ ἄρα, ὦ Σώκρατες, ἐρωτᾷς βουλόμενος;

ΣΩ. Μηδέν, ὦ Πρώταρχε, ἐπιλείπειν ἐλέγχων ἡδονῆς τε καὶ ἐπιστήμης, εἰ τὸ μὲν ἄρ᾽ αὐτῶν ἑκατέρου καθαρόν e
ἐστι, τὸ δ᾽ οὐ καθαρόν, ἵνα καθαρὸν ἑκάτερον ἰὸν εἰς τὴν κρᾶσιν ἐμοὶ καὶ σοὶ καὶ συνάπασι τοῖσδε ῥᾴω παρέχῃ τὴν κρίσιν.

ΠΡΩ. Ὀρθότατα.

ΣΩ. Ἴθι δή, περὶ πάντων, ὅσα καθαρὰ γένη λέγομεν, οὑτωσὶ διανοηθῶμεν· προελόμενοι πρῶτον αὐτῶν ἕν τι σκοπῶμεν.

ΠΡΩ. Τί οὖν προελώμεθα; 53 a

ΣΩ. Τὸ λευκὸν ἐν τοῖς πρῶτον, εἰ βούλει, θεασώμεθα γένος.

ΠΡΩ. Πάνυ μὲν οὖν.

ΣΩ. Πῶς οὖν ἂν λευκοῦ καὶ τίς καθαρότης ἡμῖν εἴη; πότερα τὸ μέγιστόν τε καὶ πλεῖστον ἢ τὸ ἀκρατέστατον, ἐν ᾧ χρώματος μηδεμία μοῖρα ἄλλη μηδενὸς ἐνείη;

ΠΡΩ. Δῆλον ὅτι τὸ μάλιστ᾽ εἰλικρινὲς ὄν.

ΣΩ. Ὀρθῶς. Ἆρ᾽ οὖν οὐ τοῦτο ἀληθέστατον, ὦ Πρώταρχε, καὶ ἅμα δὴ κάλλιστον τῶν λευκῶν πάντων θήσομεν, b
ἀλλ᾽ οὐ τὸ πλεῖστον οὐδὲ τὸ μέγιστον;

ΠΡΩ. Ὀρθότατά γε.

es nicht sind im Gegenteil Abgemessenheit; und welche das groß und heftig annehmen, mögen sie nun oft oder selten solche werden, denen wollen wir hinzufügen, daß sie von jener unbegrenzten bald mehr bald weniger durch Leib und Seele sich bewegenden Art sind, die aber nicht, daß sie zu d den abgemessenen gehören.

PROTARCHOS: Vollkommen richtig, o Sokrates.

SOKRATES: Nun ist also nächst diesem noch dies von ihnen auseinanderzusetzen.

PROTARCHOS: Welches?

SOKRATES: Was doch wohl zur Wahrheit des Seins beiträgt, ob das reine und lautere oder das starke und viele und große und überflüssige?

PROTARCHOS: Was willst du eigentlich, o Sokrates, mit dieser Frage?

SOKRATES: Ich will nur, o Protarchos, nichts versäumen in der Prüfung der Lust und der Erkenntnis, wenn etwa an e jeder von beiden etwas rein ist und etwas unrein, damit dann jede dir und mir und allen diesen rein vor Gericht komme, und uns also das Urteil erleichtere.

PROTARCHOS: Ganz richtig.

SOKRATES: Wohlan über alles was wir reine Arten nennen laß uns so nachdenken, daß wir zuerst irgend eine von ihnen vor uns nehmen und betrachten.

PROTARCHOS: Welche also wollen wir vor uns nehmen? 53a

SOKRATES: Ich denke wir wollen das Weiße zuerst uns ansehn.

PROTARCHOS: Ganz wohl.

SOKRATES: Wie nun, und welches wäre uns die Reinheit des Weißen? Etwa das recht viele und große, oder das unvermischteste, worin auch nicht der mindeste Teil irgend einer andern Farbe sich fände?

PROTARCHOS: Offenbar das, welches das unvermischteste ist.

SOKRATES: Richtig. Wollen wir also, o Protarchos, nicht dieses als das wahrste und zugleich als das schönste unter b allem Weißen setzen, nicht aber das größte noch das meiste?

PROTARCHOS: Vollkommen richtig.

ΣΩ. Σμικρὸν ἄρα καθαρὸν λευκὸν μεμειγμένου πολλοῦ λευκοῦ λευκότερον ἅμα καὶ κάλλιον καὶ ἀληθέστερον ἐὰν φῶμεν γίγνεσθαι, παντάπασιν ἐροῦμεν ὀρθῶς.

ΠΡΩ. Ὀρθότατα μὲν οὖν.

ΣΩ. Τί οὖν; οὐ δήπου πολλῶν δεησόμεθα παραδειγμάτων τοιούτων ἐπὶ τὸν τῆς ἡδονῆς πέρι λόγον, ἀλλ᾽ ἀρκεῖ νοεῖν ἡμῖν αὐτόθεν ὡς ἄρα καὶ σύμπασα ἡδονὴ σμικρὰ
μεγάλης καὶ ὀλίγη πολλῆς, καθαρὰ λύπης, ἡδίων καὶ c
ἀληθεστέρα καὶ καλλίων γίγνοιτ᾽ ἄν.

ΠΡΩ. Σφόδρα μὲν οὖν, καὶ τό γε παράδειγμα ἱκανόν.

ΣΩ. Τί δὲ τὸ τοιόνδε; ἆρα περὶ ἡδονῆς οὐκ ἀκηκόαμεν ὡς ἀεὶ γένεσίς ἐστιν, οὐσία δὲ οὐκ ἔστι τὸ παράπαν ἡδονῆς; κομψοὶ γὰρ δή τινες αὖ τοῦτον τὸν λόγον ἐπιχειροῦσι μηνύειν ἡμῖν, οἷς δεῖ χάριν ἔχειν.

ΠΡΩ. Τί δή;

ΣΩ. Διαπερανοῦμαί σοι τοῦτ᾽ αὐτὸ ἐπανερωτῶν, ὦ
Πρώταρχε φίλε. d

ΠΡΩ. Λέγε καὶ ἐρώτα μόνον.

ΣΩ. Ἐστὸν δή τινε δύο, τὸ μὲν αὐτὸ καθ᾽ αὑτό, τὸ δ᾽ ἀεὶ ἐφιέμενον ἄλλου.

ΠΡΩ. Πῶς τούτω καὶ τίνε λέγεις;

ΣΩ. Τὸ μὲν σεμνότατον ἀεὶ πεφυκός, τὸ δ᾽ ἐλλιπὲς ἐκείνου.

ΠΡΩ. Λέγ᾽ ἔτι σαφέστερον.

ΣΩ. Παιδικά που καλὰ καὶ ἀγαθὰ τεθεωρήκαμεν ἅμα καὶ ἐραστὰς ἀνδρείους αὐτῶν.

ΠΡΩ. Σφόδρα γε.

ΣΩ. Τούτοις τοίνυν ἐοικότα δυοῖν οὖσι δύο ἄλλα ζήτει
κατὰ πάνθ᾽ ὅσα λέγομεν εἶναι. e

SOKRATES: Wenn wir also sagen, ein weniges reines Weiß sei weißer und zugleich schöner und wahrer als vieles gemischte Weiß; so werden wir auf alle Weise richtig reden.

PROTARCHOS: Vollkommen richtig ganz gewiß.

SOKRATES: Wie nun? es wird wohl nicht erst noch vieler solcher Beispiele bedürfen für unsere Erklärung über die Lust, sondern es genügt uns auch schon hieraus einzusehn,
daß auch insgesamt jede kleine und geringe aber von Unlust c
reine Lust angenehmer und wahrer und schöner sein muß als viele und große gemischte.

PROTARCHOS: Gar sehr, und das Beispiel reicht hin.

3.5.3. Manche sagen, Lust sei nur Werdendes, nichts Seiendes. Dann erfolgt sie um eines Seienden willen und befindet sich nicht wie dieses in der Ordnung des Guten. Nur wer die lust- und unlustfreie Lebensform wählt, wählt dann etwas Gutes und Schönes

SOKRATES: Wie aber nun dieses? Haben wir von der Lust nicht gehört, daß sie immer nur ein Werden ist, daß es ein Sein der Lust ganz und gar nicht gibt? Denn einige treffliche Leute wagen uns diesen Satz darzustellen, denen man Dank wissen muß.

PROTARCHOS: Wie das?

SOKRATES: Dieses eben will ich fragend mit dir durch-
gehn, o lieber Protarchos. d

PROTARCHOS: Sprich nur und frage.

SOKRATES: Nimm also zweierlei an, daß Eine sei an und für sich, das Andere immer eines anderen begehrend.

PROTARCHOS: Wie und von welcherlei meinst du das?

SOKRATES: Das eine ist stets das Herrlichere seiner Natur nach, das andere hinter jenem zurückbleibend.

PROTARCHOS: Erkläre es noch deutlicher.

SOKRATES: Wir haben doch wohl schöne und vortreffliche Lieblinge gesehen und zugleich tapfere Liebhaber derselben?

PROTARCHOS: Gar viel.

SOKRATES: Diesen zweien ähnlich nun suche zweierlei
anderes in allem wovon wir sagen, es sei das dritte für ein e
zweites.

ΠΡΩ. Τὸ τρίτον ἔτ' ἐρῶ; λέγε σαφέστερον, ὦ Σώκρατες, ὅ τι λέγεις.

ΣΩ. Οὐδέν τι ποικίλον, ὦ Πρώταρχε· ἀλλ' ὁ λόγος ἐρεσχηλεῖ νῷν, λέγει δ' ὅτι τὸ μὲν ἕνεκά του τῶν ὄντων ἔστ' ἀεί, τὸ δ' οὗ χάριν ἑκάστοτε τὸ τινὸς ἕνεκα γιγνόμενον ἀεὶ γίγνεται.

ΠΡΩ. Μόγις ἔμαθον διὰ τὸ πολλάκις λεχθῆναι.

ΣΩ. Τάχα δ' ἴσως, ὦ παῖ, μᾶλλον μαθησόμεθα προ- 54 a
ελθόντος τοῦ λόγου.

ΠΡΩ. Τί γὰρ οὔ;

ΣΩ. Δύο δὴ τάδε ἕτερα λάβωμεν.

ΠΡΩ. Ποῖα;

ΣΩ. Ἓν μέν τι γένεσιν πάντων, τὴν δὲ οὐσίαν ἕτερον ἕν.

ΠΡΩ. Δύο ἀποδέχομαί σου ταῦτα, οὐσίαν καὶ γένεσιν.

ΣΩ. Ὀρθότατα. Πότερον οὖν τούτων ἕνεκα ποτέρου, τὴν γένεσιν οὐσίας ἕνεκα φῶμεν ἢ τὴν οὐσίαν εἶναι γενέσεως ἕνεκα;

ΠΡΩ. Τοῦτο ὃ προσαγορεύεται οὐσία εἰ γενέσεως ἕνεκα τοῦτ' ἔστιν ὅπερ ἐστί, νῦν πυνθάνῃ;

ΣΩ. Φαίνομαι.

ΠΡΩ. Πρὸς θεῶν ἆρ' [ἂν] ἐπανερωτᾷς με τοιόνδε τι; b
λέγ' ὦ Πρώταρχέ μοι, πότερα πλοίων ναυπηγίαν ἕνεκα φῂς γίγνεσθαι μᾶλλον ἢ πλοῖα ἕνεκα ναυπηγίας, καὶ πάνθ' ὁπόσα τοιαῦτ' ἐστίν;

ΣΩ. Λέγω τοῦτ' αὐτό, ὦ Πρώταρχε.

ΠΡΩ. Τί οὖν οὐκ αὐτὸς ἀπεκρίνω σαυτῷ, ὦ Σώκρατες;

ΣΩ. Οὐδὲν ὅτι οὔ· σὺ μέντοι τοῦ λόγου συμμέτεχε.

ΠΡΩ. Πάνυ μὲν οὖν.

ΣΩ. Φημὶ δὴ γενέσεως μὲν ἕνεκα φάρμακά τε καὶ πάντα c
ὄργανα καὶ πᾶσαν ὕλην παρατίθεσθαι πᾶσιν, ἑκάστην δὲ

PROTARCHOS: Sage doch nur deutlicher, o Sokrates, was du meinst.

SOKRATES: Gar nichts krauses, o Protarchos, sondern die Rede scherzt nur mit uns beiden, und meint nur, daß einiges immer um eines seienden willen ist, anderes aber eben dasjenige, wegen dessen jedesmal das um eines andern willen werdende wird.

PROTARCHOS: Ich habe es kaum verstanden, weil es so oft gesagt worden.

SOKRATES: Vielleicht, Kind, werden wir es noch besser 54a
verstehen, wenn unsere Rede fortschreitet.

PROTARCHOS: Warum auch nicht.

SOKRATES: Nun laß uns auch diese andern zwei nehmen.

PROTARCHOS: Was für welche?

SOKRATES: Eines das Werden von allem, und das Sein das andere.

PROTARCHOS: Diese beiden nehme ich an, das Sein und das Werden.

SOKRATES: Ganz richtig. Welches nun von diesen beiden ist um welches willen? Sollen wir sagen das Werden sei wegen des Seins, oder das Sein sei wegen des Werdens?

PROTARCHOS: Das was das Sein genannt wird, ob das wegen des Werdens das ist was es ist, danach fragst du jetzt?

SOKRATES: Offenbar.

PROTARCHOS: Bei den Göttern, fragst du mich etwa wei- b
ter aus?

SOKRATES: Dergleichen, o Protarchos, sage ich zu mir, nimmst du wohl an, behauptest du, daß der Schiffsbau mehr der Schiffe wegen da ist, als die Schiffe wegen des Schiffbaues? und was sonst alles dem ähnlich ist davon sage ich eben dieses, o Protarchos.

PROTARCHOS: Warum antwortest du dir darauf nicht selbst, o Sokrates?

SOKRATES: Daran hindert freilich nichts; nimm du nur Teil an der Rede.

PROTARCHOS: Allerdings.

SOKRATES: Ich behaupte also, daß um des Werdens wil- c
len alle Hülfsmittel Werkzeuge und alles was man Stoff

γένεσιν ἄλλην ἄλλης οὐσίας τινὸς ἑκάστης ἕνεκα γίγνεσθαι, σύμπασ αν δὲ γένεσιν οὐσίας ἕνεκα γίγνεσθαι συμπάσης.

ΠΡΩ. Σαφέστατα μὲν οὖν.

ΣΩ. Οὐκοῦν ἡδονή γε, εἴπερ γένεσίς ἐστιν, ἕνεκά τινος οὐσίας ἐξ ἀνάγκης γίγνοιτ' ἄν

ΠΡΩ. Τί μήν;

ΣΩ. Τό γε μὴν οὗ ἕνεκα τὸ ἕνεκά του γιγνόμενον ἀεὶ γίγνοιτ' ἄν, ἐν τῇ τοῦ ἀγαθοῦ μοίρᾳ ἐκεῖνό ἐστι· τὸ δὲ τινὸς ἕνεκα γιγνόμενον εἰς ἄλλην, ὦ ἄριστε, μοῖραν θετέον.

ΠΡΩ. Ἀναγκαιότατον.

ΣΩ. Ἆρ' οὖν ἡδονή γε εἴπερ γένεσίς ἐστιν, εἰς ἄλλην d
ἢ τὴν τοῦ ἀγαθοῦ μοῖραν αὐτὴν τιθέντες ὀρθῶς θήσομεν;

ΠΡΩ. Ὀρθότατα μὲν οὖν.

ΣΩ. Οὐκοῦν ὅπερ ἀρχόμενος εἶπον τούτου τοῦ λόγου, τῷ μηνύσαντι τῆς ἡδονῆς πέρι τὸ γένεσιν μέν, οὐσίαν δὲ μηδ' ἡντινοῦν αὐτῆς εἶναι, χάριν ἔχειν δεῖ· δῆλον γὰρ ὅτι οὗτος τῶν φασκόντων ἡδονὴν ἀγαθὸν εἶναι καταγελᾷ.

ΠΡΩ. Σφόδρα γε.

ΣΩ. Καὶ μὴν αὐτὸς οὗτος ἑκάστοτε καὶ τῶν ἐν ταῖς e
γενέσεσιν ἀποτελουμένων καταγελάσεται.

ΠΡΩ. Πῶς δὴ καὶ ποίων λέγεις;

ΣΩ. Τῶν ὅσοι ἐξιώμενοι ἢ πείνην ἢ δίψαν ἤ τι τῶν τοιούτων, ὅσα γένεσις ἐξιᾶται, χαίρουσι διὰ τὴν γένεσιν ἅτε ἡδονῆς οὔσης αὐτῆς, καί φασι ζῆν οὐκ ἂν δέξασθαι μὴ διψῶντές τε καὶ πεινῶντες καὶ τἆλλα ἅ τις ἂν εἴποι πάντα τὰ ἑπόμενα τοῖς τοιούτοις παθήμασι μὴ πάσχοντες.

ΠΡΩ. Ἐοίκασι γοῦν. 55 a

ΣΩ. Οὐκοῦν τῷ γίγνεσθαί γε τοὐναντίον ἅπαντες τὸ φθείρεσθαι φαῖμεν ἄν.

ΠΡΩ. Ἀναγκαῖον.

ΣΩ. Τὴν δὴ φθορὰν καὶ γένεσιν αἱροῖτ' ἄν τις τοῦθ'

nennt überall angewendet werde, daß aber jegliches Werden wegen eines Seins jedes wegen eines anderen geschehe, und das gesamte Werden wegen des gesamten Seins.

PROTARCHOS: Ganz offenbar freilich.

SOKRATES: Also auch die Lust, wenn sie ein Werden ist muß notwendig irgend eines Seins wegen werden.

PROTARCHOS: Wie sollte sie nicht.

SOKRATES: Nun aber muß doch dasjenige, wegen dessen jedesmal ein um eines andern willen erfolgendes erfolgt, in der Ordnung des Guten befindlich sein: das eines andern wegen erfolgende aber, o Bester, müssen wir in eine andere Ordnung setzen.

PROTARCHOS: Ganz notwendig.

SOKRATES: Also auch die Lust, wenn sie doch ein Wer- d
den ist, stellen wir ganz richtig, wenn wir sie in eine andere als die Ordnung des Guten stellen?

PROTARCHOS: Vollkommen richtig freilich.

SOKRATES: Also, was ich schon am Anfang dieser Rede sagte, dem, der uns von der Lust dieses angedeutet hat, daß es nur ein Werden, aber auch nicht im mindesten ein Sein derselben gäbe, müssen wir es Dank wissen. Denn offenbar lacht dieser diejenigen aus, welche behaupten die Lust sei das Gute.

PROTARCHOS: Gar sehr.

SOKRATES: Und so auch die, welche sich jedesmal nur in e
dem Werden befriediget fühlen, wird er ebenfalls auslachen.

PROTARCHOS: Wie so? und was für welche meinst du?

SOKRATES: Die welche, wenn sie sich Hunger und Durst und ähnliches ausheilen, was durch ein Werden kann geheilt werden, sich an diesem Werden freuen, weil es eben eine Lust ist, und sagen, sie möchten nicht leben wenn sie nicht hungerten und dursteten, und was man weiter dem anhängend anführen könnte empfänden.

PROTARCHOS: So scheinen sie freilich. 55a

SOKRATES: Und das Gegenteil des Werdens sagen wir doch Alle sei das Vergehen.

PROTARCHOS: Notwendig.

SOKRATES: Also das Vergehen und Werden würde wäh-

αἱρούμενος, ἀλλ᾽ οὐ τὸν τρίτον ἐκεῖνον βίον, τὸν ἐν ᾧ μήτε χαίρειν μήτε λυπεῖσθαι, φρονεῖν δ᾽ ἦν δυνατὸν ὡς οἷόν τε καθαρώτατα.

ΠΡΩ. Πολλή τις, ὡς ἔοικεν, ὦ Σώκρατες, ἀλογία συμβαίνει γίγνεσθαι, ἐάν τις τὴν ἡδονὴν ὡς ἀγαθὸν ἡμῖν τιθῆται.

ΣΩ. Πολλή, ἐπεὶ καὶ τῇδε ἔτι λέγωμεν.

ΠΡΩ. Πῇ;

ΣΩ. Πῶς οὐκ ἄλογόν ἐστι μηδὲν ἀγαθὸν εἶναι μηδὲ b
καλὸν μήτε ἐν σώμασι μήτ᾽ ἐν πολλοῖς ἄλλοις πλὴν ἐν
ψυχῇ, καὶ ἐνταῦθα ἡδονὴν μόνον, ἀνδρείαν δὲ ἢ σωφρο-
σύνην ἢ νοῦν ἤ τι τῶν ἄλλων ὅσα ἀγαθὰ εἴληχε ψυχή,
μηδὲν τοιοῦτον εἶναι; πρὸς τούτοις δὲ ἔτι τὸν μὴ χαίροντα,
ἀλγοῦντα δέ, ἀναγκάζεσθαι φάναι κακὸν εἶναι τότε ὅταν
ἀλγῇ, κἂν ᾖ ἄριστος πάντων, καὶ τὸν χαίροντα αὖ, ὅσῳ
μᾶλλον χαίρει, τότε ὅταν χαίρῃ, τοσούτῳ διαφέρειν πρὸς c
ἀρετήν.

ΠΡΩ. Πάντ᾽ ἐστὶ ταῦτα, ὦ Σώκρατες, ὡς δυνατὸν ἀλογώτατα.

ΣΩ. Μὴ τοίνυν ἡδονῆς μὲν πάντως ἐξέτασιν πᾶσαν ἐπιχειρῶμεν ποιήσασθαι, νοῦ δὲ καὶ ἐπιστήμης οἷον φειδόμενοι σφόδρα φανῶμεν· γενναίως δέ, εἴ πῇ τι σαθρὸν ἔχει, πᾶν περικρούωμεν, ὥς ὅτι καθαρώτατόν ἐστ᾽ αὐτῶν φύσει, τοῦτο κατιδόντες εἰς τὴν κρᾶσιν χρώμεθα τὴν κοινὴν τοῖς τε τούτων καὶ τοῖς τῆς ἡδονῆς μέρεσιν ἀληθεστάτοις.

ΠΡΩ. Ὀρθῶς.

ΣΩ. Οὐκοῦν ἡμῖν τὸ μέν, οἶμαι, δημιουργικόν ἐστι τῆς d
περὶ τὰ μαθήματα ἐπιστήμης, τὸ δὲ περὶ παιδείαν καὶ
τροφήν. Ἢ πῶς;

len wer jenes wählt, nicht jene dritte Lebensweise, in welcher weder Lust noch Unlust war, sondern ein soviel als möglich reines Vernünftigsein.

PROTARCHOS: Gar viele Unvernunft also wie es scheint, o Sokrates, folgt daraus, wenn einer die Lust als das Gute setzt.

SOKRATES: Gar viele. Denn laß uns das nämliche auch noch so vortragen.

PROTARCHOS: Wie?

SOKRATES: Wie sollte es nicht unvernünftig sein, daß es b
nichts gutes noch schönes geben sollte, weder in den Leibern noch in vielen andern Dingen, sondern nur in der Seele, und auch in dieser nur die Lust, Tapferkeit aber und Besonnenheit und Vernunft und was sonst gutes der Seele zu Teil geworden ist, sollte gar nichts solches sein? und außerdem noch wer nicht Lust hat sondern Schmerz, daß der genötiget wäre zu sagen er sei schlecht, dann wann er Schmerz hat, und wenn er auch der Beste von allen wäre, und wiederum wer
Lust hat sei je mehr er Lust hat, dann wann er Lust hat um c
desto vortrefflicher und tugendhafter?

PROTARCHOS: Dies alles, o Sokrates, ist aufs möglichste ungereimt.

3.6. Reine und unreine Erkenntnis

3.6.1. Verschiedene Einteilungen der Künste und Wissenschaften im Hinblick darauf, wie interessiert an zuverlässiger Erkenntnis sie sind

SOKRATES: Aber daß wir nun auch nicht die Lust zwar so genau als möglich durchzuprüfen versuchen, dagegen aber scheinen der Vernunft und der Erkenntnis gleichsam gar sehr zu schonen! Sondern dreist laß uns auch hier überall anklopfen, ob vielleicht etwas schlechtes daran ist, bis wir was davon das reinste ist seiner Natur nach erkennen, und uns dann dessen und der wahrhaftesten Teile der Lust bei der gemeinsamen Entscheidung bedienen.

PROTARCHOS: Richtig.

SOKRATES: Nun ist uns doch ein Teil der auf bestimmte d
Gegenstände gerichteten Erkenntnis werkbildend, ein anderer gehört zur Ausbildung und Erziehung. Oder wie?

ΠΡΩ. Οὕτως.

ΣΩ. Ἐν δὴ ταῖς χειροτεχνικαῖς διανοηθῶμεν πρῶτα εἰ τὸ μὲν ἐπιστήμης αὐτῶν μᾶλλον ἐχόμενον, τὸ δ' ἧττον ἔνι, καὶ δεῖ τὰ μὲν ὡς καθαρώτατα νομίζειν, τὰ δ' ὡς ἀκαθαρτότερα.

ΠΡΩ. Οὐκοῦν χρή.

ΣΩ. Τὰς τοίνυν ἡγεμονικὰς διαληπτέον ἑκάστων αὐτῶν χωρίς;

ΠΡΩ. Ποίας καὶ πῶς;

ΣΩ. Οἷον πασῶν που τεχνῶν ἄν τις ἀριθμητικὴν χωρίζῃ e
καὶ μετρητικὴν καὶ στατικήν, ὡς ἔπος εἰπεῖν φαῦλον τὸ καταλειπόμενον ἑκάστης ἂν γίγνοιτο.

ΠΡΩ. Φαῦλον μὲν δή.

ΣΩ. Τὸ γοῦν μετὰ ταῦτ' εἰκάζειν λείποιτ' ἂν καὶ τὰς αἰσθήσεις καταμελετᾶν ἐμπειρίᾳ καί τινι τριβῇ, ταῖς τῆς στοχαστικῆς προσχρωμένους δυνάμεσιν ἃς πολλοὶ τέχνας
ἐπονομάζουσι, μελέτῃ καὶ πόνῳ τὴν ῥώμην ἀπειργασμένας. 56 a

ΠΡΩ. Ἀναγκαιότατα λέγεις.

ΣΩ. Οὐκοῦν μεστὴ μέν που αὐτῆς αὐλητικὴ πρῶτον, τὸ σύμφωνον ἁρμόττουσα οὐ μέτρῳ ἀλλὰ μελέτης στοχασμῷ, καὶ σύμπασα μουσική, τὸ μέτρον ἑκάστης χορδῆς τῷ στοχάζεσθαι φερομένης θηρεύουσα, ὥστε πολὺ μεμειγμένον ἔχειν τὸ μὴ σαφές, σμικρὸν δὲ τὸ βέβαιον.

ΠΡΩ. Ἀληθέστατα.

ΣΩ. Καὶ μὴν ἰατρικήν τε καὶ γεωργίαν καὶ κυβερνητικὴν b
καὶ στρατηγικὴν ὡσαύτως εὑρήσομεν ἐχούσας.

ΠΡΩ. Καὶ πάνυ γε.

ΣΩ. Τεκτονικὴν δέ γε, οἶμαι, πλείστοις μέτροις τε καὶ ὀργάνοις χρωμένην τὰ πολλὴν ἀκρίβειαν αὐτῇ πορίζοντα τεχνικωτέραν τῶν πολλῶν ἐπιστημῶν παρέχεται.

PROTARCHOS: So ist es.

SOKRATES: Erwägen wir nun erst an den ausübenden dieses, ob ein Teil von ihnen mehr an der Erkenntnis hängt, ein anderer weniger, und wir also einige für die reineren erklären müssen, andere für die unreineren.

PROTARCHOS: Das wollen wir.

SOKRATES: Diejenigen nun, welche den einzelnen zur Regel dienen haben wir wohl abzusondern.

PROTARCHOS: Welche doch und wie?

SOKRATES: Zum Beispiel wenn jemand aus allen Künsten e
die Rechenkunst und die Meßkunst und die Waagekunst ausscheidet, so ist es grade heraus zu sagen nur etwas geringfügiges was von einer jeden dann noch übrig bleibt.

PROTARCHOS: Geringfügiges freilich.

SOKRATES: Es bleibt wenigstens nach diesem nichts übrig als Abschätzen nach Gutdünken und Einübung der Sinne durch Erfahrung und Gewöhnung, indem man dazu nimmt was nur die glückliche Mutmaßung vermag, welche Viele auch eine Kunst nennen, die durch Anstrengung und Sorg- 56a
falt ihre Stärke erreicht.

PROTARCHOS: Ganz notwendig ist es so wie du sagst.

SOKRATES: Ist nun nicht hievon voll die Tonkunst, indem sie zuerst das Wohlklingende nicht nach Maß zusammenfügt, sondern nur wie man es durch Übung geschickt zu treffen weiß, und so auch der gesamte Teil von ihr, welcher die Kunst die Instrumente zu schlagen begreift, sucht das Maß wie jegliche Saite bewegt werden soll nur durch solche Versuche zu treffen; so daß viel unsicheres in ihr eingemengt ist und wenig festes.

PROTARCHOS: Sehr richtig.

SOKRATES: Und mit der Heilkunst und dem Ackerbau b
und der Kunst des Seefahrers und des Heerführers werden wir finden daß es sich eben so verhält.

PROTARCHOS: Allerdings.

SOKRATES: Die Baukunst aber, glaube ich, welche sich der meisten Maße und Werkzeuge bedient, wird durch das was ihr so viele Genauigkeit sichert, auch kunstreicher als die meisten andern.

ΠΡΩ. Πῇ;

ΣΩ. Κατά τε ναυπηγίαν καὶ κατ᾽ οἰκοδομίαν καὶ ἐν πολλοῖς ἄλλοις τῆς ξυλουργικῆς. Κανόνι γάρ, οἶμαι, καὶ τόρνῳ χρῆται καὶ διαβήτῃ καὶ στάθμῃ καί τινι προσαγωγίῳ c κεκομψευμένῳ.

ΠΡΩ. Καὶ πάνυ γε, ὦ Σώκρατες, ὀρθῶς λέγεις.

ΣΩ. Θῶμεν τοίνυν διχῇ τὰς λεγομένας τέχνας, τὰς μὲν μουσικῇ συνεπομένας ἐν τοῖς ἔργοις ἐλάττονος ἀκριβείας μετισχούσας, τὰς δὲ τεκτονικῇ πλείονος.

ΠΡΩ. Κείσθω.

ΣΩ. Τούτων δὲ ταύτας ἀκριβεστάτας εἶναι τέχνας, ἃς νυνδὴ πρώτας εἴπομεν.

ΠΡΩ. Ἀριθμητικὴν φαίνῃ μοι λέγειν καὶ ὅσας μετὰ ταύτης τέχνας ἐφθέγξω νυνδή.

ΣΩ. Πάνυ μὲν οὖν. Ἀλλ᾽, ὦ Πρώταρχε, ἆρ᾽ οὐ διττὰς d αὖ καὶ ταύτας λεκτέον; ἢ πῶς;

ΠΡΩ. Ποίας δὴ λέγεις;

ΣΩ. Ἀριθμητικὴν πρῶτον ἆρ᾽ οὐκ ἄλλην μέν τινα τὴν τῶν πολλῶν φατέον, ἄλλην δ᾽ αὖ τὴν τῶν φιλοσοφούντων;

ΠΡΩ. Πῇ ποτε διορισάμενος οὖν ἄλλην, τὴν δὲ ἄλλην θείη τις ἂν ἀριθμητικήν;

ΣΩ. Οὐ σμικρὸς ὅρος, ὦ Πρώταρχε. Οἱ μὲν γάρ που μονάδας ἀνίσους καταριθμοῦνται τῶν περὶ ἀριθμόν, οἷον στρατόπεδα δύο καὶ βοῦς δύο καὶ δύο τὰ σμικρότατα ἢ καὶ e τὰ πάντων μέγιστα· οἱ δ᾽ οὐκ ἄν ποτε αὐτοῖς συνακολουθήσειαν, εἰ μὴ μονάδα μονάδος ἑκάστης τῶν μυρίων μηδεμίαν ἄλλην ἄλλης διαφέρουσάν τις θήσει.

ΠΡΩ. Καὶ μάλα εὖ λέγεις οὐ σμικρὰν διαφορὰν τῶν

PROTARCHOS: Wie das?

SOKRATES: Sowohl wenn sie Schiffe baut als wenn sie Häuser ausführt und auch in vielen andern Zweigen, welche in Holz arbeiten. Denn sie bedient sich da des Richtscheites, denke ich, und des Rundhobels und des Zirkels und c
der Schnur, und noch eines anderen preiswürdigen Werkzeuges.

PROTARCHOS: Das ist vollkommen richtig, o Sokrates, was du sagst.

SOKRATES: Teilen wir also die genannten Künste zwiefach, in solche welche der Tonkunst folgend in ihren Werken nur geringerer Genauigkeit fähig sind, und in solche die der Baukunst folgend größerer.

PROTARCHOS: So sei es.

SOKRATES: Sagen aber, daß genauere als diese Künste diejenigen sind, welche wir vorher zuerst genannt haben.

PROTARCHOS: Du scheinst mir die Rechenkunst zu meinen, und die du vorher mit dieser zugleich ausgesprochen hast.

SOKRATES: Allerdings; aber, o Protarchos, müssen wir d
nicht sagen, daß auch diese wiederum zwiefach sind, oder wie?

PROTARCHOS: Auf welche Weise meinst du?

SOKRATES: Die Rechenkunst zuerst, muß man nicht gestehn, daß eine ganz andere ist die gemeine, und eine ganz andere wiederum die der Wissenschaftlichen?

PROTARCHOS: Wodurch aber soll man sie unterscheiden, und die eine als eine solche setzen, die andere aber wiederum als eine solche?

SOKRATES: Die Unterscheidung ist nicht klein, o Protarchos. Die einen nämlich zählen immer der Zahl selbst ungleiche Einheiten zusammen, wie zwei Läger oder zwei Ochsen und zwei allerkleinste oder auch zwei allergrößte, die e
andern aber gehn gar nicht mit, wenn einer nicht eine Einheit setzt, welche von jeder Einheit der Teile durchaus nicht verschieden ist.

PROTARCHOS: Da hast du sehr recht, daß dies kein geringer Unterschied ist zwischen denen die mit der Zahl zu

περὶ ἀριθμὸν τευταζόντων, ὥστε λόγον ἔχειν δύ' αὐτὰς εἶναι.

ΣΩ. Τί δέ; λογιστικὴ καὶ μετρητικὴ ⟨ἡ⟩ κατὰ τεκτονικὴν καὶ κατ' ἐμπορικὴν τῆς κατὰ φιλοσοφίαν γεωμετρίας τε καὶ λογισμῶν καταμελετωμένων — πότερον ὡς μία ἑκατέρα 57 a
λεκτέον ἢ δύο τιθῶμεν;

ΠΡΩ. Τοῖς πρόσθεν ἑπόμενος ἔγωγ' ἂν δύο κατὰ τὴν ἐμὴν ψῆφον τιθείην ἑκατέραν τούτων.

ΣΩ. Ὀρθῶς. Οὗ δ' ἕνεκα ταῦτα προηνεγκάμεθα εἰς τὸ μέσον, ἆρα ἐννοεῖς;

ΠΡΩ. Ἴσως, ἀλλὰ σὲ βουλοίμην ἂν ἀποφήνασθαι τὸ νῦν ἐρωτώμενον.

ΣΩ. Δοκεῖ τοίνυν ἔμοιγε οὗτος ὁ λόγος, οὐχ ἧττον ἢ ὅτε λέγειν αὐτὸν ἠρχόμεθα, ταῖς ἡδοναῖς ζητῶν ἀντίστροφον ἐνταῦθα προβεβληκέναι, σκοπῶν ἆρά ἐστί τις ἑτέρας ἄλλη καθαρωτέρα ἐπιστήμης ἐπιστήμη, καθάπερ ἡδονῆς b
ἡδονή.

ΠΡΩ. Καὶ μάλα σαφὲς τοῦτό γε, ὅτι ταῦθ' ἕνεκα τούτων ἐπικεχείρηκεν.

ΣΩ. Τί οὖν; ἆρ' οὐκ ἐν μὲν τοῖς ἔμπροσθεν ἐπ' ἄλλοις ἄλλην τέχνην οὖσαν ἀνεύρισκε σαφεστέραν καὶ ἀσαφεστέραν ἄλλην ἄλλης;

ΠΡΩ. Πάνυ μὲν οὖν.

ΣΩ. Ἐν τούτοις δὲ ἆρ' οὔ τινα τέχνην ὡς ὁμώνυμον φθεγξάμενος, εἰς δόξαν καταστήσας ὡς μιᾶς, πάλιν ὡς δυοῖν ἐπανερωτᾷ τούτοιν αὐτοῖν τὸ σαφὲς καὶ τὸ καθαρὸν c
περὶ ταῦτα πότερον ἡ τῶν φιλοσοφούντων ἢ μὴ φιλοσοφούντων ἀκριβέστερον ἔχει;

ΠΡΩ. Καὶ μάλα δοκεῖ μοι τοῦτο διερωτᾶν.

tun haben, so daß es Grund genug hat sie als zwiefach zu setzen.

SOKRATES: Und wie? die Berechnungskunst und die Meßkunst wie sie von den Baukünstlern und Handelsleuten gebraucht wird, und wie von denen die auf eine wissenschaftliche Weise Messung und Berechnungen treiben, sollen 57a
wir diese jede nur für eine erklären oder als zwei setzen?

PROTARCHOS: Dem vorigen folgend würde ich wenigstens meine Stimme dazu geben sie als zwei zu setzen.

SOKRATES: Richtig. Weshalb wir dies aber hier beigebracht haben, hast du auch das inne?

PROTARCHOS: Vielleicht. Aber ich will doch lieber, daß du das itzt gefragte bestimmt erklärst.

3.6.2. Die Disziplinen mit den zuverlässigeren Erkenntnissen bieten die reineren Erkenntnisse; die reinsten vermittelt die philosophische Kunst der vernünftigen Rede. Einordnung der Rhetorik und der Naturwissenschaften

SOKRATES: Mich dünkt nämlich diese Rede noch immer nicht minder als da wir sie anfingen ein Gegenstück zu der Lust suchend hiehergekommen zu sein; sie ist nämlich in der Untersuchung begriffen, ob auch eine Erkenntnis wohl reiner ist, als die andere, eben wie einige Lust als die b
andere.

PROTARCHOS: Das ist freilich ganz deutlich daß sie deswegen dies unternommen hat.

SOKRATES: Wie nun? fand sie nicht in dem vorigen über einer Kunst eine andere als die gewissere, und so auch eine andere ungewisser als die andere?

PROTARCHOS: Allerdings.

SOKRATES: Und hatte sie nicht von diesen eine Kunst als gleichnamig ausgesprochen, und also auch die Meinung aufgestellt als ob sie eine wäre, und fragt doch nun weiter, als c
ob es zweie wären danach, ob das gewisse und reine in diesen Dingen die der Wissenschaftlichen oder die der Nichtwissenschaftlichen genauer enthält?

PROTARCHOS: Freilich scheint sie mir eben dieses auszufragen.

ΣΩ. Τίν' οὖν, ὦ Πρώταρχε, αὐτῷ δίδομεν ἀπόκρισιν;

ΠΡΩ. Ὦ Σώκρατες, εἰς θαυμαστὸν διαφορᾶς μέγεθος εἰς σαφήνειαν προεληλύθαμεν ἐπιστημῶν.

ΣΩ. Οὐκοῦν ἀποκρινούμεθα ῥᾷον;

ΠΡΩ. Τί μήν; καὶ εἰρήσθω γε ὅτι πολὺ μὲν αὗται τῶν ἄλλων τεχνῶν διαφέρουσι, τούτων δ' αὐτῶν αἱ περὶ τὴν τῶν ὄντως φιλοσοφούντων ὁρμὴν ἀμήχανον ἀκριβείᾳ καὶ d
ἀληθείᾳ περὶ μέτρα τε καὶ ἀριθμοὺς διαφέρουσιν.

ΣΩ. Ἔστω ταῦτα κατὰ σέ, καὶ σοὶ δὴ πιστεύοντες θαρροῦντες ἀποκρινούμεθα τοῖς δεινοῖς περὶ λόγων ὁλκὴν —

ΠΡΩ. Τὸ ποῖον;

ΣΩ. Ὡς εἰσὶ δύο ἀριθμητικαὶ καὶ δύο μετρητικαὶ καὶ ταύταις ἄλλαι τοιαῦται συνεπόμεναι συχναί, τὴν διδυμότητα ἔχουσαι ταύτην, ὀνόματος δὲ ἑνὸς κεκοινωμέναι.

ΠΡΩ. Διδῶμεν τύχῃ ἀγαθῇ τούτοις οὓς φῄς δεινοὺς e
εἶναι ταύτην τὴν ἀπόκρισιν, ὦ Σώκρατες.

ΣΩ. Ταύτας οὖν λέγομεν ἐπιστήμας ἀκριβεῖς μάλιστ' εἶναι;

ΠΡΩ. Πάνυ μὲν οὖν.

ΣΩ. Ἀλλ' ἡμᾶς, ὦ Πρώταρχε, ἀναίνοιτ' ἂν ἡ τοῦ διαλέγεσθαι δύναμις, εἴ τινα πρὸ αὐτῆς ἄλλην κρίναιμεν.

ΠΡΩ. Τίνα δὲ ταύτην αὖ δεῖ λέγειν;

ΣΩ. Δῆλον ὁτιὴ πᾶς ἂν τήν γε νῦν λεγομένην γνοίη· 58 a
τὴν γὰρ περὶ τὸ ὂν καὶ τὸ ὄντως καὶ τὸ κατὰ ταὐτὸν ἀεὶ πεφυκὸς πάντως ἔγωγε οἶμαι ἡγεῖσθαι σύμπαντας ὅσοις νοῦ καὶ σμικρὸν προσήρτηται μακρῷ ἀληθεστάτην εἶναι γνῶσιν. Σὺ δέ τί; πῶς τοῦτο, ὦ Πρώταρχε, διακρίνοις ἄν;

SOKRATES: Was für eine Antwort also, o Protarchos, wollen wir ihr geben?

PROTARCHOS: Wir sind ja schon, o Sokrates, zu einem wunderbar großen Unterschied in Absicht auf Gewißheit der Erkenntnisse gelangt.

SOKRATES: Werden wir also nicht desto leichter antworten können?

PROTARCHOS: Wie sollten wir nicht? Und so sei denn gesagt, daß diese zwar bei weitem sich auszeichnen vor den übrigen Künsten, unter ihnen selbst aber die welche in dem Geschäft der wahrhaft wissenschaftlichen vorkommen un- d
begreiflich weit an Genauigkeit und Wahrheit in Maßen und Zahlen sich auszeichnen.

SOKRATES: So sei es, dir zufolge, und dir vertrauend wollen wir getrost denen antworten welche Meister sind im Abwägen der Erklärungen.

PROTARCHOS: Was doch?

SOKRATES: Daß es eine zwiefache Rechenkunst gibt, und eine zwiefache Meßkunst, und daß dieser eben so mehrere andere solche folgen, und dieselbe Zwiefältigkeit enthalten, wiewohl nur Eines Namens teilhaftig.

PROTARCHOS: Geben wir denn mit gutem Glücke diese e
Antwort denen, welche du als solche Meister beschreibst, o Sokrates.

SOKRATES: Diese Wissenschaften also sollen wir sagen wären die am meisten genauen?

PROTARCHOS: Allerdings.

SOKRATES: Aber, o Protarchos, würde nicht die Kunst der vernünftigen Rede uns verleugnen, wenn wir irgend eine andere ihr vorzögen?

PROTARCHOS: Wie aber sollen wir diese wiederum beschreiben?

SOKRATES: Offenbar doch ist sie die welche alle bis jetzt 58a
genannten erkennt. Denn die sich mit dem wahrhaft seienden und immer auf gleiche Weise gearteten beschäftigt, glaube ich, werden doch auf alle Weise alle insgesamt, denen auch nur ein wenig Vernunft anhängt, bei weitem für die wahrste Erkenntnis halten. Oder wie würdest du, o Protarchos, den Rang bestimmen?

ΠΡΩ. Ἤκουον μὲν ἔγωγε, ὦ Σώκρατες, ἑκάστοτε Γορ-
γίου πολλάκις ὡς ἡ τοῦ πείθειν πολὺ διαφέροι πασῶν
τεχνῶν· πάντα γὰρ ὑφ᾽ αὑτῇ δοῦλα δι᾽ ἑκόντων ἀλλ᾽ οὐ b
διὰ βίας ποιοῖτο, καὶ μακρῷ ἀρίστη πασῶν εἴη τῶν τεχνῶν·
νῦν δ᾽ οὔτε σοὶ οὔτε δὴ ἐκείνῳ βουλοίμην ἂν ἐναντία
τίθεσθαι.

ΣΩ. Τὰ ὅπλα μοι δοκεῖς βουληθεὶς εἰπεῖν αἰσχυνθεὶς
ἀπολιπεῖν.

ΠΡΩ. Ἔστω νῦν ταῦτα ταύτῃ ὅπῃ σοι δοκεῖ.

ΣΩ. Ἆρ᾽ οὖν αἴτιος ἐγὼ τοῦ μὴ καλῶς ὑπολαβεῖν σε;

ΠΡΩ. Τὸ ποῖον;

ΣΩ. Οὐκ, ὦ φίλε Πρώταρχε, τοῦτο ἔγωγε ἐζήτουν πω,
τίς τέχνη ἢ τίς ἐπιστήμη πασῶν διαφέρει τῷ μεγίστη καὶ c
ἀρίστη καὶ πλεῖστα ὠφελοῦσα ἡμᾶς, ἀλλὰ τίς ποτε τὸ
σαφὲς καὶ τἀκριβὲς καὶ τὸ ἀληθέστατον ἐπισκοπεῖ, κἂν εἰ
σμικρὰ καὶ σμικρὰ ὀνινᾶσα, τοῦτ᾽ ἔστιν ὃ νῦν δὴ ζητοῦμεν.
Ἀλλ᾽ ὅρα· οὐδὲ γὰρ ἀπεχθήσῃ Γοργίᾳ, τῇ μὲν ἐκείνου
ὑπάρχειν τέχνῃ διδοὺς πρὸς χρείαν τοῖς ἀνθρώποις κρατεῖν,
ᾗ δ᾽ εἶπον ἐγὼ νῦν πραγματείᾳ, καθάπερ τοῦ λευκοῦ πέρι
τότε ἔλεγον, κἂν εἰ σμικρόν, καθαρὸν δ᾽ εἴη, τοῦ πολλοῦ
καὶ μὴ τοιούτου διαφέρειν, τούτῳ γ᾽ αὐτῷ τῷ ἀληθεστάτῳ, d
καὶ νῦν δὴ σφόδρα διανοηθέντες καὶ ἱκανῶς διαλογισάμενοι,
μήτ᾽ εἴς τινας ὠφελίας ἐπιστημῶν βλέψαντες μήτε τινὰς
εὐδοκιμίας, ἀλλ᾽ ἥ τις πέφυκε τῆς ψυχῆς ἡμῶν δύναμις
ἐρᾶν τε τοῦ ἀληθοῦς καὶ πάντα ἕνεκα τούτου πράττειν,
ταύτην εἴπωμεν διεξερευνησάμενοι, τὸ καθαρὸν νοῦ τε
καὶ φρονήσεως εἰ ταύτῃ μάλιστα ἐκ τῶν εἰκότων ἐκτῆ-
σθαι φαῖμεν ἂν ἤ τινα ἑτέραν ταύτης κυριωτέραν ἡμῖν
ζητητέον. e

ΠΡΩ. Ἀλλὰ σκοπῶ, καὶ χαλεπὸν οἶμαι συγχωρῆσαί
τινα ἄλλην ἐπιστήμην ἢ τέχνην τῆς ἀληθείας ἀντέχεσθαι
μᾶλλον ἢ ταύτην.

PROTARCHOS: Ich meines Teils, o Sokrates, habe immer vom Gorgias vielfältig gehört, daß die Kunst zu überreden vor allen andern bei weitem den Vorzug verdiene. Denn sie b
mache sich alles unterwürfig freiwillig und nicht mit Gewalt, und sei also bei weitem die trefflichste unter allen Künsten. Nun aber möchte ich dir nicht gern, aber auch ihm nicht das Widerspiel halten.

SOKRATES: Du scheinst mir die Waffen, schon im Begriff zu reden, beschämt wieder im Stich zu lassen.

PROTARCHOS: Es sei also dies so wie du es meinst.

SOKRATES: Bin ich aber auch etwa Schuld, daß du es nicht richtig gefaßt hast?

PROTARCHOS: Was denn?

SOKRATES: Nicht danach, lieber Protarchos, fragte ich, welche Kunst oder Wissenschaft vor allen andern den Vor- c
zug verdiene deshalb, weil sie die größte und stärkste und uns am meisten Nutzen bringende ist; sondern welche das gewisse und genaue und das wahrste im Auge hat, wenn sie auch nur gering ist und geringes nutzt. Das ist es wonach wir jetzt fragen. Aber sieh nur zu, du wirst es auch mit dem Gorgias nicht verderben, wenn du seiner Kunst zugibst daß sie für die Bedürfnisse der Menschen den Rang behauptet, von der Beschäftigung aber von der ich jetzt rede, laß uns eben wie ich damals von dem Weißen sagte, wenn es auch nur gering aber rein ist, daß es vor dem vielen aber nicht d
solchen den Vorzug habe, eben dadurch durch die größere Wahrheit, so auch jetzt nach genauer Überlegung und hinlänglichem Durchdenken, nicht auf irgend Vorteile der Erkenntnisse sehend oder auf das Ansehn worin sie etwa stehen; sondern, wenn in unserer Seele von Natur ein Vermögen ist das wahre zu lieben und alles um seinetwillen zu tun, von diesem sagen, da wir die Reinheit der Vernunft und der Einsicht untersuchen, ob wohl diese Erkenntnis es wahrscheinlich am meisten besitzen werde, oder ob wir noch eine andere vortrefflichere werden suchen müssen? e

PROTARCHOS: Das überlege ich, und es dünkt mich hart zu gestehen, daß irgend eine andere Wissenschaft oder Kunst genauer an der Wahrheit halte als diese.

ΣΩ. Ἆρ' οὖν ἐννοήσας τὸ τοιόνδε εἴρηκας ὃ λέγεις νῦν, ὡς αἱ πολλαὶ τέχναι, καὶ ὅσοι περὶ ταῦτα πεπόνηνται, πρῶτον μὲν δόξαις χρῶνται καὶ τὰ περὶ δόξαν ζητοῦσι 59 a
συντεταμένως; εἴ τε καὶ περὶ φύσεως ἡγεῖταί τις ζητεῖν, οἶσθ' ὅτι τὰ περὶ τὸν κόσμον τόνδε, ὅπῃ τε γέγονεν καὶ ὅπῃ πάσχει τι καὶ ὅπῃ ποιεῖ, ταῦτα ζητεῖ διὰ βίου; φαῖμεν ἂν ταῦτα, ἢ πῶς;

ΠΡΩ. Οὕτως.

ΣΩ. Οὐκοῦν οὐ περὶ τὰ ὄντα ἀεί, περὶ δὲ τὰ γιγνόμενα καὶ γενησόμενα καὶ γεγονότα ἡμῶν ὁ τοιοῦτος ἀνῄρηται τὸν πόνον;

ΠΡΩ. Ἀληθέστατα.

ΣΩ. Τούτων οὖν τι σαφὲς ἂν φαῖμεν τῇ ἀκριβεστάτῃ ἀληθείᾳ γίγνεσθαι, ὧν μήτε ἔσχε μηδὲν πώποτε κατὰ ταὐτὰ b
μήθ' ἕξει μήτε εἰς τὸ νῦν παρὸν ἔχει;

ΠΡΩ. Καὶ πῶς;

ΣΩ. Περὶ οὖν τὰ μὴ κεκτημένα βεβαιότητα μηδ' ἡντινοῦν πῶς ἄν ποτε βέβαιον γίγνοιθ' ἡμῖν καὶ ὁτιοῦν;

ΠΡΩ. Οἶμαι μὲν οὐδαμῶς.

ΣΩ. Οὐδ' ἄρα νοῦς οὐδέ τις ἐπιστήμη περι αὐτά ἐστιν τὸ ἀληθέστατον ἔχουσα.

ΠΡΩ. Οὔκουν εἰκός γε.

ΣΩ. Τὸν μὲν δὴ σὲ καὶ ἐμὲ καὶ Γοργίαν καὶ Φίληβον χρὴ συχνὰ χαίρειν ἐᾶν, τόδε δὲ διαμαρτύρασθαι τῷ λόγῳ. c

ΠΡΩ. Τὸ ποῖον;

ΣΩ. Ὡς ἢ περὶ ἐκεῖνα ἔσθ' ἡμῖν τό τε βέβαιον καὶ τὸ

SOKRATES: Hast du etwa auch als du das eben gesagte
aussprachst bei dir bedacht, daß die meisten Künste und so-
viele sich mit diesen Dingen beschäftigen zuerst nur mit 59a
Vorstellungen zu tun haben und was Vorstellung angeht in
gehöriger Ordnung untersuchen? Und wenn auch einer
glaubt Untersuchungen über die Natur anzustellen: so weißt
du doch, daß er immer nur von dieser Welt hier, wie sie
geworden ist und wie sie doch dies und jenes erleidet und
tut, sein Lebenlang untersucht? Sollen wir das behaupten
oder wie?

PROTARCHOS: Vollkommen so.

SOKRATES: Also nicht auf das immer Seiende sondern auf das Werdende und Werdensollende und Gewordene hat ein solcher seine ganze Arbeit verwendet.

PROTARCHOS: Ganz richtig.

SOKRATES: Und hievon, sollen wir glauben, könne ir-
gend etwas nach der vollkommensten Wahrheit deutlich
werden, wovon doch niemals irgend etwas auf gleiche Weise b
sich weder verhalten hat noch verhalten wird, noch auch nur
in dem gegenwärtigen Augenblick verhält?

PROTARCHOS: Und wie wäre das möglich?

SOKRATES: Von dem also was auch nicht die mindeste Beharrlichkeit in sich hat, wie könnte uns da wohl auch nur irgend etwas beharrliches zukommen?

PROTARCHOS: Ich glaube auf keine Weise.

SOKRATES: Also gibt es auch keinen Verstand davon, noch eine Erkenntnis die wirklich das wahreste enthielte.

PROTARCHOS: Nein wie es wohl scheint.

4. Ein Umriß des guten Lebens und der Rang von Lust und Vernunft

4.1. Zusammenstellung der Ausgangspositionen und einiger Zwischenergebnisse

SOKRATES: Dich also und mich und den Gorgias und
Philebos wollen wir gänzlich gehn lassen unserer Rede aber
dieses nachzeugen. c

PROTARCHOS: Was doch?

SOKRATES: Daß entweder von jenem es für uns das be-

καθαρὸν καὶ ἀληθὲς καὶ ὃ δὴ λέγομεν εἰλικρινές, περὶ τὰ ἀεὶ κατὰ τὰ αὐτὰ ὡσαύτως ἀμεικτότατα ἔχοντα, ἢ περὶ ὅσ᾽ ἐκείνων ὅτι μάλιστά ἐστι συγγενῆ· τὰ δ᾽ ἄλλα πάντα δεύτερά τε καὶ ὕστερα λεκτέον.

ΠΡΩ. Ἀληθέστατα λέγεις.

ΣΩ. Τὰ δὴ τῶν ὀνομάτων περὶ τὰ τοιαῦτα κάλλιστα ἆρ᾽ οὐ τοῖς καλλίστοις δικαιότατον ἀπονέμειν;

ΠΡΩ. Εἰκός γε.

ΣΩ. Οὐκοῦν νοῦς ἐστὶ καὶ φρόνησις ἅ γ᾽ ἄν τις τιμήσειε d
μάλιστα ὀνόματα;

ΠΡΩ. Ναί.

ΣΩ. Ταῦτ᾽ ἄρα ἐν ταῖς περὶ τὸ ὂν ὄντως ἐννοίαις ἐστὶν ἀπηκριβωμένα ὀρθῶς κείμενα καλεῖσθαι.

ΠΡΩ. Πάνυ μὲν οὖν.

ΣΩ. Καὶ μὴν ἅ γε εἰς τὴν κρίσιν ἐγὼ τότε παρεσχόμην οὐκ ἄλλ᾽ ἐστὶν ἢ ταῦτα τὰ ὀνόματα.

ΠΡΩ. Τί μήν, ὦ Σώκρατες;

ΣΩ. Εἶεν. Τὸ μὲν δὴ φρονήσεώς τε καὶ ἡδονῆς πέρι
πρὸς τὴν ἀλλήλων μεῖξιν εἴ τις φαίη καθαπερεὶ δημιουρ- e
γοῖς ἡμῖν ἐξ ὧν ἢ ἐν οἷς δεῖ δημιουργεῖν τι παρακεῖσθαι,
καλῶς ἂν τῷ λόγῳ ἀπεικάζοι.

ΠΡΩ. Καὶ μάλα.

ΣΩ. Τὸ δὴ μετὰ ταῦτα ἆρ᾽ οὐ μειγνύναι ἐπιχειρητέον;

ΠΡΩ. Τί μήν;

ΣΩ. Οὐκοῦν τάδε προειποῦσι καὶ ἀναμνήσασιν ἡμᾶς αὐτοὺς ὀρθότερον ἂν ἔχοι;

ΠΡΩ. Τὰ ποῖα;

ΣΩ. Ἃ καὶ πρότερον ἐμνήσθημεν· εὖ δ᾽ ἡ παροιμία
δοκεῖ ἔχειν, τὸ καὶ δὶς καὶ τρὶς τό γε καλῶς ἔχον ἐπαναπο- 60 a
λεῖν τῷ λόγῳ δεῖν.

ΠΡΩ. Τί μήν;

harrliche das reine und wahre und was wir das lautere nannten gibt, von dem immer seienden und auf leichte Weise unvermischtest sich verhaltenden, oder was wenigstens jenem am meisten verwandt ist, alles übrige aber erst für das zweite und geringere zu erklären ist.

PROTARCHOS: Du sprichst vollkommen wahr.

SOKRATES: Und von den Benennungen, die es für dergleichen gibt, ist es nicht am billigsten die schönste dem schönsten beizulegen?

PROTARCHOS: Das ist ja einleuchtend.

SOKRATES: Und Vernunft und Einsicht sind doch wohl d
die Benennungen die einer am meisten in Ehren halten müßte?

PROTARCHOS: Ja wohl.

SOKRATES: Wenn diese also dem Wissen um das wahrhaft seiende angepaßt werden, kann man sagen daß sie richtig angewandt sind?

PROTARCHOS: Allerdings.

SOKRATES: Und was ich damals zur Beurteilung stellte war doch nichts anderes als eben diese Benennungen?

PROTARCHOS: Nichts anderes, o Sokrates.

SOKRATES: Wohl. Wenn einer also sagte, daß jetzt, was
Vernunft und Lust betrifft Bezugs ihrer Mischung mit ein- e
ander, uns gleichsam wie Künstlern das woraus oder worin sie etwas arbeiten sollen vorliege, so würde er die Sache ganz richtig bezeichnet haben.

PROTARCHOS: Gar sehr.

SOKRATES: Sollen wir nun nächstdem nicht versuchen zu mischen?

PROTARCHOS: Warum nicht?

SOKRATES: Richtiger aber würde es wohl gehn wenn wir uns dieses erst vorsagten und in Erinnerung brächten.

PROTARCHOS: Was doch?

SOKRATES: Woran wir auch vorher schon gedacht hat-
ten. Das Sprichwort aber scheint wohl Recht zu haben, daß 60a
man auch zwei und dreimal das richtige wieder durchgehn müsse in der Rede.

PROTARCHOS: Warum auch nicht?

ΣΩ. Φέρε δὴ πρὸς Διός· οἶμαι γὰρ οὑτωσί πως τὰ τότε λεχθέντα ῥηθῆναι.

ΠΡΩ. Πῶς;

ΣΩ. Φίληβός φησι τὴν ἡδονὴν σκοπὸν ὀρθὸν πᾶσι ζῴοις γεγονέναι καὶ δεῖν πάντας τούτου στοχάζεσθαι, καὶ δὴ καὶ τἀγαθὸν τοῦτ' αὐτὸ εἶναι σύμπασι, καὶ δύο ὀνόματα, ἀγαθὸν καὶ ἡδύ, ἑνί τινι καὶ φύσει μιᾷ τούτω ὀρθῶς τεθέντ' ἔχειν· Σωκράτης δ' ἓν μὲν οὔ φησι τοῦτ' εἶναι, δύο δὲ b
καθάπερ τὰ ὀνόματα, καὶ τό τε ἀγαθὸν καὶ ἡδὺ διάφορον ἀλλήλων φύσιν ἔχειν, μᾶλλον δὲ μέτοχον εἶναι τῆς τοῦ ἀγαθοῦ μοίρας τὴν φρόνησιν ἢ τὴν ἡδονήν. Οὐ ταῦτ' ἔστιν τε καὶ ἦν τὰ τότε λεγόμενα, ὦ Πρώταρχε;

ΠΡΩ. Σφόδρα μὲν οὖν.

ΣΩ. Οὐκοῦν καὶ τόδε καὶ τότε καὶ νῦν ἡμῖν ἂν συνομολογοῖτο;

ΠΡΩ. Τὸ ποῖον;

ΣΩ. Τὴν τἀγαθοῦ διαφέρειν φύσιν τῷδε τῶν ἄλλων.

ΠΡΩ. Τίνι; c

ΣΩ. Ὧι παρείη τοῦτ' ἀεὶ τῶν ζῴων διὰ τέλους πάντως καὶ πάντῃ, μηδενὸς ἑτέρου ποτὲ ἔτι προσδεῖσθαι, τὸ δὲ ἱκανὸν τελεώτατον ἔχειν. Οὐχ οὕτως;

ΠΡΩ. Οὕτω μὲν οὖν.

ΣΩ. Οὐκοῦν τῷ λόγῳ ἐπειράθημεν χωρὶς ἑκάτερον ἑκατέρου θέντες εἰς τὸν βίον ἑκάστων, ἄμεικτον μὲν ἡδονὴν φρονήσει, φρόνησιν δὲ ὡσαύτως ἡδονῆς μηδὲ τὸ σμικρότατον ἔχουσαν;

ΠΡΩ. Ἦν ταῦτα.

ΣΩ. Μῶν οὖν ἡμῖν αὐτῶν τότε πότερον ἱκανὸν ἔδοξεν d
εἶναί τῳ;

ΠΡΩ. Καὶ πῶς;

SOKRATES: Wohlan also beim Zeus! ich glaube das damals gesagte war so ausgedrückt worden.

PROTARCHOS: Wie doch?

SOKRATES: Philebos behauptet, die Lust sei das richtige Ziel für alles lebendige, und ein jedes müsse dahin zu treffen suchen. Und eben dasselbige sei auch das Gute für Alle, und für diese eine und dieselbe Natur seien die beiden Namen das Gute und das Angenehme mit Recht festgesetzt. Sokrates b
aber leugnet dieses zuerst, und das Gute und Angenehme habe jedes eine von dem andern verschiedene Natur, mehr Teil aber habe an dem Gebiet des Guten die Einsicht als die Lust. Ist nicht und war dies das damals gesagte, o Protarchos?

PROTARCHOS: Gar sehr allerdings.

SOKRATES: Wäre nun nicht auch dieses damals sowohl als jetzt zu bejahen?

PROTARCHOS: Was doch?

SOKRATES: Daß die Natur des Guten sich von allem andern hiedurch vorzüglich unterscheide?

PROTARCHOS: Wodurch? c

SOKRATES: Daß welchem Lebendigen dieses beständig auf alle Weise und überall beiwohnt, dieses nichts anderes mehr bedürfe, sondern das hinreichende aufs vollständigste habe. Nicht so?

PROTARCHOS: So allerdings.

SOKRATES: Versuchten wir nun nicht in unserer Rede zuerst jedes von beiden abgesondert vom andern in das Leben eines jeglichen zu stellen, Lust unvermischt mit Einsicht, und eben so auch Einsicht ohne daß sie das allermindeste von Lust bei sich hätte.

PROTARCHOS: So war es.

SOKRATES: Schien uns nun wohl damals eines von bei- d
den hinlänglich für jemand?

PROTARCHOS: Wie könnte es auch!

ΣΩ. Εἰ δέ γε παρηνέχθημέν τι τότε, νῦν ὁστισοῦν
ἐπαναλαβὼν ὀρθότερον εἰπάτω, μνήμην καὶ φρόνησιν καὶ
ἐπιστήμην καὶ ἀληθῆ δόξαν τῆς αὐτῆς ἰδέας τιθέμενος
καὶ σκοπῶν εἴ τις ἄνευ τούτων δέξαιτ' ἄν οἱ καὶ ὁτιοῦν
εἶναι ἢ καὶ γίγνεσθαι, μὴ ὅτι δή γε ἡδονὴν εἴθ' ὡς πλείστην
εἴθ' ὡς σφοδροτάτην, ἣν μήτε ἀληθῶς δοξάζοι χαίρειν μήτε
τὸ παράπαν γιγνώσκοι τί ποτε πέπονθε πάθος μήτ' αὖ e
μνήμην τοῦ πάθους μηδ' ὁντινοῦν χρόνον ἔχοι. Ταὐτὰ δὲ
λεγέτω καὶ περὶ φρονήσεως, εἴ τις ἄνευ πάσης ἡδονῆς καὶ
τῆς βραχυτάτης δέξαιτ' ἂν φρόνησιν ἔχειν μᾶλλον ἢ μετά
τινων ἡδονῶν ἢ πάσας ἡδονὰς χωρὶς φρονήσεως μᾶλλον ἢ
μετὰ φρονήσεως αὖ τινος.

ΠΡΩ. Οὐκ ἔστιν, ὦ Σώκρατες, ἀλλ' οὐδὲν δεῖ ταῦτά γε
πολλάκις ἐπερωτᾶν.

ΣΩ. Οὐκοῦν τό γε τέλεον καὶ πᾶσιν αἱρετὸν καὶ τὸ 61 a
παντάπασιν ἀγαθὸν οὐδέτερον ἂν τούτων εἴη;

ΠΡΩ. Πῶς γὰρ ἄν;

ΣΩ. Τὸ τοίνυν ἀγαθὸν ἤτοι σαφῶς ἢ καί τινα τύπον
αὐτοῦ ληπτέον, ἵν', ὅπερ ἐλέγομεν, δευτερεῖα ὅτῳ δώσομεν
ἔχωμεν.

ΠΡΩ. Ὀρθότατα λέγεις.

ΣΩ. Οὐκοῦν ὁδὸν μέν τινα ἐπὶ τἀγαθὸν εἰλήφαμεν;

ΠΡΩ. Τίνα;

ΣΩ. Καθάπερ εἴ τίς τινα ἄνθρωπον ζητῶν τὴν οἴκησιν
πρῶτον ὀρθῶς ἵν' οἰκεῖ πύθοιτο αὐτοῦ, μέγα τι δήπου πρὸς b
τὴν εὕρεσιν ἂν ἔχοι τοῦ ζητουμένου.

ΠΡΩ. Πῶς δ' οὔ;

ΣΩ. Καὶ νῦν δή τις λόγος ἐμήνυσεν ἡμῖν, ὥσπερ καὶ κατ'
ἀρχάς, μὴ ζητεῖν ἐν τῷ ἀμείκτῳ βίῳ τἀγαθὸν ἀλλ' ἐν τῷ
μεικτῷ.

4.2. Umriß des aus Lust und Vernunft gemischten guten Lebens
4.2.1. Die Notwendigkeit, Lust und Vernunft miteinander vermischt zu besitzen. Vorschlag, um zum Guten zu gelangen, zunächst die wahrste Erkenntnis und die wahrste Lust zu mischen

SOKRATES: Sollten wir aber auch damals etwas übersehen haben, so nehme jetzt wer nur will jenes zurück, und trage richtigeres vor überlegend, wenn er Erinnerung, Erkenntnis, Vernünftigkeit, richtige Vorstellung in Eins zusammenfaßt, ob wohl jemand ohne alles dieses überhaupt irgend etwas, was es auch sei, haben oder bekommen möchte, geschweige dann Lust wieviel ihrer und wie stark sie auch wäre; wenn er weder in Wahrheit die Vorstellung hätte, daß er sich ergötzte, noch überall wüßte in was für einem Zustande er sich eigentlich befände, noch auch wiederum auch nur die klein- e
ste Zeitlang eine Erinnerung seines Zustandes hätte. Und dasselbe sage denn auch von der Vernunft, ob jemand diese ohne alle auch die kleinste Lust lieber haben möchte als mit einiger Lust, oder alle Lüste ohne Vernunft lieber als mit doch einiger Vernunft.

PROTARCHOS: Nicht möglich, o Sokrates, und es ist gar nicht nötig dies noch wiederholt durchzufragen.

SOKRATES: Also das Vollendete und Allen wünschens- 61a
werte und durchaus gute wäre keines von diesen beiden.

PROTARCHOS: Wie könnte es wohl!

SOKRATES: Wir müssen aber doch das Gute entweder genau oder doch einen Umriß davon uns verzeichnen, damit wir wie gesagt bestimmen können, wem wir den zweiten Preis geben sollen.

PROTARCHOS: Vollkommen richtig.

SOKRATES: Einen Weg nun haben wir doch schon zu dem Guten.

PROTARCHOS: Was doch für einen?

SOKRATES: Wie wenn einer einen Menschen suchte, und zuerst nur seine Wohnung wo er wohnt richtig erkundete, b
daran schon etwas Großes hätte zum Auffinden des Gesuchten.

PROTARCHOS: Wie sollte er nicht?

SOKRATES: So hat nun auch uns jetzt die Rede angedeu-

ΠΡΩ. Πάνυ γε.

ΣΩ. Ἐλπὶς μὴν πλείων ἐν τῷ μειχθέντι καλῶς τὸ ζητούμενον ἔσεσθαι φανερώτερον ἢ ἐν τῷ μή;

ΠΡΩ. Πολύ γε.

ΣΩ. Τοῖς δὴ θεοῖς, ὦ Πρώταρχε, εὐχόμενοι κεραννύωμεν, εἴτε Διόνυσος εἴτε Ἥφαιστος εἴθ᾽ ὅστις θεῶν ταύτην c
τὴν τιμὴν εἴληχε τῆς συγκράσεως.

ΠΡΩ. Πάνυ μὲν οὖν.

ΣΩ. Καὶ μὴν καθάπερ ἡμῖν οἰνοχόοις τισὶ παρεστᾶσι κρῆναι, μέλιτος μὲν ἂν ἀπεικάζοι τις τὴν τῆς ἡδονῆς, τὴν δὲ τῆς φρονήσεως νηφαντικὴν καὶ ἄοινον αὐστηροῦ καὶ ὑγιεινοῦ τινος ὕδατος· ἃς προθυμητέον ὡς κάλλιστα συμμειγνύναι.

ΠΡΩ. Πῶς γὰρ οὔ;

ΣΩ. Φέρε δὴ πρότερον· ἆρα πᾶσαν ἡδονὴν πάσῃ φρονήσει d
μειγνύντες τοῦ καλῶς ἂν μάλιστα ἐπιτύχοιμεν;

ΠΡΩ. Ἴσως.

ΣΩ. Ἀλλ᾽ οὐκ ἀσφαλές. Ἧι δὲ ἀκινδυνότερον ἂν μειγνύοιμεν, δόξαν μοι δοκῶ τινα ἀποφήνασθαι ἄν.

ΠΡΩ. Λέγε τίνα.

ΣΩ. Ἦν ἡμῖν ἡδονή τε ἀληθῶς, ὡς οἰόμεθα, μᾶλλον ἑτέρας ἄλλη καὶ δὴ καὶ τέχνη τέχνης ἀκριβεστέρα;

ΠΡΩ. Πῶς γὰρ οὔ;

ΣΩ. Καὶ ἐπιστήμη δὴ ἐπιστήμης διάφορος, ἡ μὲν ἐπὶ
τὰ γιγνόμενα καὶ ἀπολλύμενα ἀποβλέπουσα, ἡ δ᾽ ἐπὶ τὰ e
μήτε γιγνόμενα μήτε ἀπολλύμενα, κατὰ ταὐτὰ δὲ καὶ ὡσαύτως ὄντα ἀεί. Ταύτην εἰς τὸ ἀληθὲς ἐπισκοπούμενοι ἡγησάμεθα ἐκείνης ἀληθεστέραν εἶναι.

ΠΡΩ. Πάνυ μὲν οὖν ὀρθῶς.

tet wie auch schon im Anfang, das Gute nicht in dem ungemischten Leben zu suchen sondern in dem gemischten.

PROTARCHOS: Allerdings.

SOKRATES: Und so ist doch größere Hoffnung, daß das Gesuchte sich in dem wohl gemischten deutlicher wird finden lassen als in dem nicht so?

PROTARCHOS: Bei weitem.

SOKRATES: So laß uns denn, o Protarchos, die Götter
anflehen, mag es nun Dionysos sein oder Hephaistos, oder c
welchem andern das Geschäft des Mischens zugeteilt ist, und so laß uns mischen.

PROTARCHOS: Das wollen wir.

SOKRATES: So haben wir nun wie Weinschenken zwei Quellen vor uns stehen, der Süßigkeit des Honigs könnte man die der Lust vergleichen, die ganz nüchterne und unberauschende der Einsicht aber einem strengen und gesunden Wasser, welche beide wir nun versuchen müssen aufs beste unter einander zu mischen.

PROTARCHOS: Das sollen wir freilich.

SOKRATES: So sprich denn zuerst, werden wir wohl d
wenn wir jede Lust mit jeder Einsicht mischen das Beste am meisten treffen?

PROTARCHOS: Vielleicht.

SOKRATES: Aber nicht sicher. Wie wir aber gefahrloser mischen können, darüber glaube ich eine Meinung mitteilen zu können.

PROTARCHOS: Sage was für eine.

SOKRATES: Es war doch, wie wir glaubten, eine Lust mehr wahr als die andere, und so auch eine Kunst genauer als die andere.

PROTARCHOS: Wie könnte es anders sein?

SOKRATES: Und auch eine Erkenntnis vorzüglich vor der
andern, die eine auf das Werdende und Vergehende sehend, e
die andere auf das weder werdende noch vergehende sondern einerlei und auf gleiche Weise immer seiende. Die letzte nun hielten wir, wenn wir auf das Wahre sehen wollen, für wahrer als die erste.

PROTARCHOS: Vollkommen richtig.

ΣΩ. Οὐκοῦν εἰ τἀληθέστατα τμήματα ἑκατέρας ἴδοιμεν πρῶτον συμμείξαντες, ἆρα ἱκανὰ ταῦτα συγκεκραμένα τὸν ἀγαπητότατον βίον ἀπεργασάμενα παρέχειν ἡμῖν, ἤ τινος ἔτι προσδεόμεθα καὶ τῶν μὴ τοιούτων;

ΠΡΩ. Ἐμοὶ γοῦν δοκεῖ δρᾶν οὕτως. 62 a

ΣΩ. Ἔστω δή τις ἡμῖν φρονῶν ἄνθρωπος αὐτῆς περὶ δικαιοσύνης ὅτι ἔστιν, καὶ λόγον ἔχων ἑπόμενον τῷ νοεῖν, καὶ δὴ καὶ περὶ τῶν ἄλλων ἁπάντων τῶν ὄντων ὡσαύτως διανοούμενος.

ΠΡΩ. Ἔστω γὰρ οὖν.

ΣΩ. Ἆρ᾽ οὖν οὗτος ἱκανῶς ἐπιστήμης ἕξει, κύκλου μὲν καὶ σφαίρας αὐτῆς τῆς θείας τὸν λόγον ἔχων, τὴν δὲ ἀνθρωπίνην ταύτην σφαῖραν καὶ τοὺς κύκλους τούτους ἀγνοῶν, καὶ χρώμενος ἐν οἰκοδομίᾳ ἐκείνοις τοῖς ἄλλοις ὁμοίως b κανόσι καὶ τοῖς κύκλοις;

ΠΡΩ. Γελοίαν διάθεσιν ἡμῶν, ὦ Σώκρατες, ἐν ταῖς θείαις οὖσαν μόνον ἐπιστήμαις λέγομεν.

ΣΩ. Πῶς φῄς; ἦ τοῦ ψευδοῦς κανόνος ἅμα καὶ τοῦ κύκλου τὴν οὐ βέβαιον οὐδὲ καθαρὰν τέχνην ἐμβλητέον κοινῇ καὶ συγκρατέον;

ΠΡΩ. Ἀναγκαῖον γάρ, εἰ μέλλει τις ἡμῶν καὶ τὴν ὁδὸν ἑκάστοτε ἐξευρήσειν οἴκαδε.

ΣΩ. Ἦ καὶ μουσικήν, ἣν ὀλίγον ἔμπροσθεν ἔφαμεν c στοχάσεώς τε καὶ μιμήσεως μεστὴν οὖσαν καθαρότητος ἐνδεῖν;

ΠΡΩ. Ἀναγκαῖον φαίνεται ἔμοιγε, εἴπερ γε ἡμῶν ὁ βίος ἔσται καὶ ὁπωσοῦν ποτε βίος.

ΣΩ. Βούλει δῆτα, ὥσπερ θυρωρὸς ὑπ᾽ ὄχλου τις ὠθούμενος καὶ βιαζόμενος, ἡττηθεὶς ἀναπετάσας τὰς θύρας ἀφῶ πάσας τὰς ἐπιστήμας εἰσρεῖν καὶ μείγνυσθαι ὁμοῦ καθαρᾷ τὴν ἐνδεεστέραν;

SOKRATES: Wenn wir nun zusähen zuerst die wahrsten Abschnitte von beiden zusammenmischend, ob diese Mischung wohl hinreicht um das wünschenswürdigste Leben zu bereiten, oder ob wir auch noch von dem übrigen was nicht so beschaffen ist etwas mit bedürfen?

PROTARCHOS: Mich wenigstens dünkt wir sollten es so 62a machen.

4.2.2. Die Notwendigkeit, außer den reinsten Erkenntnissen zur Mischung auch alle unreineren zuzulassen

SOKRATES: Wohl! Es sei uns also zuerst ein Mensch richtig denkend in Absicht der Gerechtigkeit was sie ist, und habe auch seiner Einsicht angemessene Reden darüber: und auch in Absicht auf alles übrige, was ist, habe er eben solche Einsicht.

PROTARCHOS: Wohl, der sei uns.

SOKRATES: Wird der nun wohl Erkenntnis genug haben, wenn er von der göttlichen Kugel und dem Kreise selbst den Begriff hat, diese menschliche Kugel hier aber und diese Kreise nicht kennt, und sich nun in der Baukunst doch der b andern Richtmaße und Kreise bedienen soll?

PROTARCHOS: Da käme ja, o Sokrates, ein lächerlicher Zustand heraus, wenn wir nur die göttlichen Erkenntnisse allein inne hätten.

SOKRATES: Wie meinst du? sollen wir etwa des falschen Richtmaßes und Kreises unsichere und unreine Kunst insgemein mit hineinwerfen und beimischen?

PROTARCHOS: Notwendig doch wenn einer von uns auch nur jedesmal den Weg nach Hause finden will.

SOKRATES: Etwa auch die Tonkunst, von der wir nur c vor kurzem noch sagten, daß sie, weil voll Nachahmung und nur durch Mutmaßung treffend der Reinheit ermangele?

PROTARCHOS: Notwendig scheint das mir wenigstens, wenn unser Leben auch nur irgendwie ein Leben sein soll.

SOKRATES: Willst du also, daß ich wie ein Türsteher der von anströmender Menge gedrängt und überwältiget wird, gleichfalls bezwungen, die Türen öffnen und alle Erkenntnisse einströmen lassen soll, so daß auch die dürftigere sich unter die reinere mische?

ΠΡΩ. Οὔκουν ἔγωγε οἶδα, ὦ Σώκρατες, ὅτι τις ἂν βλάπτοιτο πάσας λαβὼν τὰς ἄλλας ἐπιστήμας, ἔχων τὰς πρώτας. d

ΣΩ. Μεθιῶ δὴ τὰς συμπάσας ῥεῖν εἰς τὴν τῆς Ὁμήρου καὶ μάλα ποιητικῆς μισγαγκείας ὑποδοχήν ;

ΠΡΩ. Πάνυ μὲν οὖν.

ΣΩ. Μεθεῖνται· καὶ πάλιν ἐπὶ τὴν τῶν ἡδονῶν πηγὴν ἰτέον. Ὡς γὰρ διενοήθημεν αὐτὰς μειγνύναι, τὰ τῶν ἀληθῶν μόρια πρῶτον, οὐκ ἐξεγένεθ' ἡμῖν, ἀλλὰ διὰ τὸ πᾶσαν ἀγαπᾶν ἐπιστήμην εἰς ταὐτὸν μεθεῖμεν ἀθρόας καὶ πρόσθεν τῶν ἡδονῶν.

ΠΡΩ. Ἀληθέστατα λέγεις.

ΣΩ. Ὥρα δὴ βουλεύεσθαι νῷν καὶ περὶ τῶν ἡδονῶν, πότερα καὶ ταύτας πάσας ἀθρόας ἀφετέον ἢ καὶ τούτων πρώτας μεθετέον ἡμῖν ὅσαι ἀληθεῖς.

ΠΡΩ. Πολύ τι διαφέρει πρός γε ἀσφάλειαν πρώτας τὰς ἀληθεῖς ἀφεῖναι.

ΣΩ. Μεθείσθων δή. Τί δὲ μετὰ ταῦτα; ἆρ' οὐκ εἰ μέν τινες ἀναγκαῖαι, καθάπερ ἐκεῖ, συμμεικτέον καὶ ταύτας;

ΠΡΩ. Τί δ' οὔ ; τάς γε ἀναγκαίας δήπουθεν.

ΣΩ. Εἰ δέ γε καί, καθάπερ τὰς τέχνας πάσας ἀβλαβές τε καὶ ὠφέλιμον ἦν ἐπίστασθαι διὰ βίου, καὶ νῦν δὴ ταὐτὰ λέγομεν περὶ τῶν ἡδονῶν, εἴπερ πάσας ἡδονὰς ἥδεσθαι διὰ βίου συμφέρον τε ἡμῖν ἐστι καὶ ἀβλαβὲς ἅπασι, πάσας συγκρατέον. 63 a

ΠΡΩ. Πῶς οὖν δὴ περὶ αὐτῶν τούτων λέγωμεν ; καὶ πῶς ποιῶμεν ;

PROTARCHOS: Ich wenigstens weiß nicht, o Sokrates, d was für Schaden einer davon haben könnte, wenn er auch die übrigen alle bekäme, sofern er nur die ersten Erkenntnisse hat.

SOKRATES: Also soll ich sie nur sämtlich einlassen, um sich in des Homeros sehr poetischen gemeinsamen Tales Becken zu ergießen?

PROTARCHOS: Allerdings, und sie sind hiemit eingelassen.

4.2.3. Von den Lüsten sind zur Mischung nur die wahren und reinen zuzulassen. Endlich ist Wahrheit einzumischen

SOKRATES: Und nun laß uns wiederum zu der Quelle der Lüste gehn. Denn wie wir gedachten sie zu mischen zuerst die wahresten Teile von beiden, so ist es uns nicht geraten; sondern weil uns jede Erkenntnis recht war, haben wir sie e zusammen eingelassen ohne Unterschied insgsamt vor den Lüsten.

PROTARCHOS: Du hast vollkommen recht.

SOKRATES: Nun ist es also Zeit für uns auch eine Bestimmung zu fassen über die Lüste, ob wir auch diese alle auf einmal einlassen sollen, oder auch von ihnen zuerst nur die welche wahr sind?

PROTARCHOS: Bei weitem ist es doch der Sicherheit wegen besser zuerst die wahren einzulassen.

SOKRATES: So sollen denn diese eingelassen sein. Was aber nun weiter? Werden wir nicht wenn nun einige notwendig sind wie dort, auch diese mit beimischen müssen?

PROTARCHOS: Wie sollten wir nicht? Die notwendigen doch offenbar.

SOKRATES: Und wenn nun eben wie dort alle Künste zu 63a verstehen uns im Leben unschädlich war und nützlich, so wir auch jetzt dasselbe sagen wollen von den Lüsten, wenn an allen Lüsten lebenslang uns zu ergötzen uns allen heilsam und unschädlich ist, dann müssen wir auch alle mit einmengen.

PROTARCHOS: Was sollen wir nun aber eben von ihnen sagen, und wie es mit ihnen halten?

ΣΩ. Οὐχ ἡμᾶς, ὦ Πρώταρχε, διερωτᾶν χρή, τὰς ἡδονὰς δὲ αὐτὰς καὶ τὰς φρονήσεις διαπυνθανομένους τὸ τοιόνδε ἀλλήλων πέρι.

ΠΡΩ. Τὸ ποῖον; b

ΣΩ. « Ὦ φίλαι, εἴτε ἡδονὰς ὑμᾶς χρὴ προσαγορεύειν εἴτε ἄλλῳ ὁτῳοῦν ὀνόματι, μῶν οὐκ ἂν δέξαισθε οἰκεῖν μετὰ φρονήσεως πάσης ἢ χωρὶς τοῦ φρονεῖν; » οἶμαι μὲν πρὸς ταῦτα τόδ' αὐτὰς ἀναγκαιότατον εἶναι λέγειν.

ΠΡΩ. Τὸ ποῖον;

ΣΩ. Ὅτι καθάπερ ἔμπροσθεν ἐρρήθη, « Τὸ μόνον καὶ ἔρημον εἰλικρινὲς εἶναί τι γένος οὔτε πάνυ τι δυνατὸν οὔτ' ὠφέλιμον· πάντων γε μὴν ἡγούμεθα γενῶν ἄριστον ἓν ἀνθ' c ἑνὸς συνοικεῖν ἡμῖν τὸ τοῦ γιγνώσκειν τἆλλά τε πάντα καὶ [αὖ τὴν] αὐτὴν ἡμῶν τελέως εἰς δύναμιν ἑκάστην. »

ΠΡΩ. « Καὶ καλῶς γε εἰρήκατε τὰ νῦν », φήσομεν.

ΣΩ. Ὀρθῶς. Πάλιν τοίνυν μετὰ τοῦτο τὴν φρόνησιν καὶ τὸν νοῦν ἀνερωτητέον. « Ἆρ' ἡδονῶν τι προσδεῖσθε ἐν τῇ συγκράσει; » φαῖμεν ἂν αὖ τὸν νοῦν τε καὶ τὴν φρόνησιν ἀνερωτῶντες. « Ποίων », φαῖεν ἂν ἴσως, « ἡδονῶν; »

ΠΡΩ. Εἰκός.

ΣΩ. Ὁ δέ γ' ἡμέτερος λόγος μετὰ τοῦτ' ἐστὶν ὅδε. d « Πρὸς ταῖς ἀληθέσιν ἐκείναις ἡδοναῖς », φήσομεν, « ἆρ' ἔτι προσδεῖσθ' ὑμῖν τὰς μεγίστας ἡδονὰς συνοίκους εἶναι καὶ τὰς σφοδροτάτας; » — « Καὶ πῶς, ὦ Σώκρατες », ἴσως φαῖεν ἄν, « αἵ γ' ἐμποδίσματά τε μυρία ἡμῖν ἔχουσι, τὰς ψυχὰς ἐν αἷς οἰκοῦμεν ταράττουσαι διὰ μανικὰς ὠδῖνας, καὶ γίγνεσθαί τε ἡμᾶς τὴν ἀρχὴν οὐκ ἐῶσι, τά τε γιγνόμενα ἡμῶν τέκνα ὡς τὸ πολύ, δι' ἀμέλειαν λήθην ἐμποιοῦσαι, e παντάπασι διαφθείρουσιν; ἀλλ' ἅς τε ἡδονὰς ἀληθεῖς καὶ καθαρὰς [ἃς] εἶπες, σχεδὸν οἰκείας ἡμῖν νόμιζε, καὶ πρὸς ταύταις τὰς μεθ' ὑγιείας καὶ τοῦ σωφρονεῖν, καὶ δὴ καὶ

SOKRATES: Nicht von uns, o Protarchos, müssen wir das erfragen, sondern von den Lüsten und Einsichten selbst, indem wir von ihnen gegenseitig dieses zu erkunden suchen. b

PROTARCHOS: Was eigentlich?

SOKRATES: Ihr Lieben! mag man euch nun Lüste benennen sollen oder mit irgend welchem andern Namen, solltet ihr es wohl nicht lieber zufrieden sein mit aller Einsicht zusammenzuwohnen, als abgesondert von aller Vernunft? Und ich glaube hierauf werden sie ganz notwendig so antworten müssen.

PROTARCHOS: Wie doch?

SOKRATES: Daß wie schon vorher erklärt ist, es weder recht gut möglich noch auch nützlich ist, daß ganz lauter irgend eine Gattung einsam und allein sei: eine aber gegen c
die andere gehalten halten wir fürs beste, daß diejenige uns beiwohne, nämlich welche alles übrige und so auch jede von uns selbst soviel möglich vollständig erkennt.

PROTARCHOS: Daran habt ihr sehr wohl gesprochen wollen wir sagen.

SOKRATES: Richtig. Nun aber haben wir auch wiederum die Einsicht und die Vernunft zu fragen. Braucht ihr etwas von Lüsten in der Mischung? würden wir etwa sagen, indem wir nun Vernunft und Einsicht fragten. – Was doch, würden sie vielleicht antworten, für Lüste?

PROTARCHOS: Wahrscheinlich.

SOKRATES: Und dann würde unsere weitere Rede etwa d
diese sein. Außer jenen wahren Lüsten, würden wir sagen, habt ihr etwa nötig auch die größten Lüste bei auch wohnen zu haben und die heftigsten? – Und woher doch, o Sokrates, würden sie wohl sagen, da ja diese uns tausendfältige Hindernisse in den Weg legen, indem sie die Seelen in denen wir wohnen nur in Verwirrung bringen durch unsinnige Bewegungen, und uns am liebsten überall nicht entstehen lassen, auch die von uns erzeugten Kinder größtenteils, indem sie e
aus Sorglosigkeit Vergessenheit veranlassen, ganz und gar verderben. Andere Lüste aber, die wahren und reinen, welche du ja auch angeführt hast, sieh nur an als uns verwandt, und außer ihnen noch die welche mit der Gesundheit und

συμπάσης ἀρετῆς ὁπόσαι καθάπερ θεοῦ ὀπαδοὶ γιγνόμεναι αὐτῇ συνακολουθοῦσι πάντῃ, ταύτας μείγνυ· τὰς δ' ἀεὶ μετ' ἀφροσύνης καὶ τῆς ἄλλης κακίας ἑπομένας πολλή που ἀλογία τῷ νῷ μειγνύναι τὸν βουλόμενον ὅτι καλλίστην ἰδόντα καὶ ἀστασιαστοτάτην μεῖξιν καὶ κρᾶσιν, ἐν ταύτῃ 64 a
μαθεῖν πειρᾶσθαι, τί ποτε ἔν τ' ἀνθρώπῳ καὶ τῷ παντὶ πέφυκεν ἀγαθὸν καὶ τίνα ἰδέαν αὐτὴν εἶναί ποτε μαντευτέον. » Ἆρ' οὐκ ἐμφρόνως ταῦτα καὶ ἐχόντως ἑαυτὸν τὸν νοῦν φήσομεν ὑπέρ τε αὐτοῦ καὶ μνήμης καὶ δόξης ὀρθῆς ἀποκρίνασθαι τὰ νῦν ῥηθέντα;

ΠΡΩ. Παντάπασι μὲν οὖν.

ΣΩ. Ἀλλὰ μὴν καὶ τόδε γε ἀναγκαῖον, καὶ οὐκ ἄλλως ἄν ποτε γένοιτο οὐδ' ἂν ἕν.

ΠΡΩ. Τὸ ποῖον; b

ΣΩ. Ὧι μὴ μείξομεν ἀλήθειαν, οὐκ ἄν ποτε τοῦτο ἀληθῶς γίγνοιτο οὐδ' ἂν γενόμενον εἴη.

ΠΡΩ. Πῶς γὰρ ἄν;

ΣΩ. Οὐδαμῶς. Ἀλλ' εἴ τινος ἔτι προσδεῖ τῇ συγκράσει ταύτῃ, λέγετε σὺ καὶ Φίληβος. Ἐμοὶ μὲν γὰρ καθαπερεὶ κόσμος τις ἀσώματος ἄρξων καλῶς ἐμψύχου σώματος ὁ νῦν λόγος ἀπειργάσθαι φαίνεται.

ΠΡΩ. Καὶ ἐμοὶ τοίνυν, ὦ Σώκρατες, οὕτω λέγε δέδοχθαι.

ΣΩ. Ἆρ' οὖν ἐπὶ μὲν τοῖς τοῦ ἀγαθοῦ νῦν ἤδη προθύροις c
καὶ τῆς οἰκήσεως ἐφεστάναι τῆς τοῦ τοιούτου λέγοντες ἴσως ὀρθῶς ἄν τινα τρόπον φαῖμεν;

ΠΡΩ. Ἐμοὶ γοῦν δοκεῖ.

ΣΩ. Τί δῆτα ἐν τῇ συμμείξει τιμιώτατον ἅμα καὶ μάλιστ' αἴτιον εἶναι δόξειεν ἂν ἡμῖν τοῦ πᾶσι γεγονέναι προσφιλῆ τὴν τοιαύτην διάθεσιν; τοῦτο γὰρ ἰδόντες μετὰ

der Besonnenheit und der gesamten Tugend bestehen können, so viele ihrer gleichsam als Dienerinnen die Göttin begleiten. Diese mische ein; die aber immer mit der Unvernunft und andern Schlechtigkeiten gesellt sind, solche der Vernunft beizumischen wäre doch wohl großer Unverstand für den, welcher da er die schönste und ruhigste Mischung und 64a
Verbindung gesehen hat, nun versuchen will an dieser zu erfahren, was doch wohl in dem Menschen und dem Ganzen überhaupt gut sei von Natur, und was man wohl ahnden soll daß der Begriff des Guten sei. Sollen wir nicht sagen, daß die Vernunft ganz verständigerweise und mit Anwendung ihrer selbst, dieses eben gesagte für sich und für die Erinnerung und die richtige Vorstellung antworten werde?

PROTARCHOS: Auf alle Weise freilich.

SOKRATES: Aber auch dieses ist wohl notwendig, und anders käme wohl nicht eines zu Stande.

PROTARCHOS: Was doch? b

SOKRATES: Wem wir nicht Wahrheit beimischen, das kann doch auch nicht wahrhaft werden, noch auch wenn es geworden wäre sein.

PROTARCHOS: Wie könnte es wohl!

4.2.4. Schönheit, Verhältnismäßigkeit und Wahrheit als Formen des Guten und als Ursache für die Güte einer Mischung

SOKRATES: Gar nicht. Allein wenn nun noch etwas erfodert wird zu dieser Mischung so sagt ihr es, du und Philebos, denn mir scheint, wie eine unkörperliche Ordnung die schön über einen belebten Körper herrschen soll, die gegenwärtige Rede vollendet zu sein.

PROTARCHOS: Sage nur immer, Sokrates, daß dies auch meine Meinung sei.

SOKRATES: Wenn wir also nun sagten, daß wir jetzt c
schon an dem Eingange des Guten und der Wohnung des so beschaffenen ständen, würden wir wohl ganz richtig reden.

PROTARCHOS: Das dünkt mich wenigstens.

SOKRATES: Was ist nun wohl in dieser Mischung das vorzüglichste, und was am meisten Ursache zu sein scheint, daß eine solche Beschaffenheit Allen erwünscht ist? Denn

τοῦτ' ἐπισκεψόμεθα εἴθ' ἡδονῇ εἴτε τῷ νῷ προσφυέστερον καὶ οἰκειότερον ἐν τῷ παντὶ συνέστηκεν.

ΠΡΩ. Ὀρθῶς· τοῦτο γὰρ εἰς τὴν κρίσιν ἡμῖν ἐστι d
συμφορώτατον.

ΣΩ. Καὶ μὴν καὶ συμπάσης γε μείξεως οὐ χαλεπὸν ἰδεῖν τὴν αἰτίαν, δι' ἣν ἢ παντὸς ἀξία γίγνεται ἡτισοῦν ἢ τὸ παράπαν οὐδενός.

ΠΡΩ. Πῶς λέγεις;

ΣΩ. Οὐδείς που τοῦτο ἀνθρώπων ἀγνοεῖ.

ΠΡΩ. Τὸ ποῖον;

ΣΩ. Ὅτι μέτρου καὶ τῆς συμμέτρου φύσεως μὴ τυχοῦσα ἡτισοῦν καὶ ὁπωσοῦν σύγκρασις πᾶσα ἐξ ἀνάγκης ἀπόλλυσι τά τε κεραννύμενα καὶ πρώτην αὑτήν· οὐδὲ
γὰρ κρᾶσις, ἀλλά τις ἄκρατος συμπεφυρμένη ἀληθῶς e
ἡ τοιαύτη γίγνεται ἑκάστοτε ὄντως τοῖς κεκτημένοις συμφορά.

ΠΡΩ. Ἀληθέστατα.

ΣΩ. Νῦν δὴ καταπέφευγεν ἡμῖν ἡ τοῦ ἀγαθοῦ δύναμις εἰς τὴν τοῦ καλοῦ φύσιν· μετριότης γὰρ καὶ συμμετρία κάλλος δήπου καὶ ἀρετὴ πανταχοῦ συμβαίνει γίγνεσθαι.

ΠΡΩ. Πάνυ μὲν οὖν.

ΣΩ. Καὶ μὴν ἀλήθειάν γε ἔφαμεν αὐτοῖς ἐν τῇ κράσει μεμεῖχθαι.

ΠΡΩ. Πάνυ γε.

ΣΩ. Οὐκοῦν εἰ μὴ μιᾷ δυνάμεθα ἰδέᾳ τὸ ἀγαθὸν θηρεῦ- 65 a
σαι, σύντρισι λαβόντες, κάλλει καὶ συμμετρίᾳ καὶ ἀληθείᾳ, λέγωμεν ὡς τοῦτο οἷον ἓν ὀρθότατ' ἂν αἰτιασαίμεθ' ἂν τῶν ἐν τῇ συμμείξει, καὶ διὰ τοῦτο ὡς ἀγαθὸν ὂν τοιαύτην αὐτὴν γεγονέναι.

ΠΡΩ. Ὀρθότατα μὲν οὖν.

wenn wir dies gesehen haben, können wir hernach erwägen, ob dies in dem ganzen mehr als der Lust oder als der Vernunft anhängend und eigentümlich sich findet.

PROTARCHOS: Richtig; denn das muß uns am nützlichsten d
sein für unsere Entscheidung.

SOKRATES: Und das ist gewiß gar nicht schwer die Ursache zu sehen bei allen Mischungen, weshalb irgend eine entweder ganz vortrefflich wird oder gar nichts wert.

PROTARCHOS: Wie meinst du das?

SOKRATES: Das weiß ja wohl jeder Mensch.

PROTARCHOS: Was aber doch?

SOKRATES: Daß was immer für eine Mischung kein Maß und an der Natur des abgemessenen kein Teil hat, notwendig das gemischte sowohl als auch zuerst sich selbst verdirbt.
Denn eine solche kann man ja gar nicht eine ordentliche e
Mischung nennen, sondern sie ist jedesmal in Wahrheit nur ein unordentlich zusammengewehtes Wehe für Alle denen sie zukommt.

PROTARCHOS: Ganz wahr.

SOKRATES: Jetzt also entflieht uns wieder das Wesen des Guten in die Natur des Schönen. Denn Abgemessenheit und Verhältnismäßigkeit wird uns doch überall offenbar Schönheit und Tugend.

PROTARCHOS: Allerdings.

SOKRATES: Und Wahrheit, sagten wir doch auch, wäre in der Mischung mit beigemengt.

PROTARCHOS: Freilich.

SOKRATES: Wenn wir also nicht in Einer Form das Gute 65a
auffangen können, so wollen wir es in diesen dreien zusammenfassen, Schönheit und Verhältnismäßigkeit und Wahrheit, und wollen sagen, daß diese als eines mit Recht als Ursach angesehen werden können dessen was in der Mischung ist, und daß um dieses als des Guten willen sie auch eine solche geworden ist.

PROTARCHOS: Vollkommen richtig.

ΣΩ. Ἤδη τοίνυν, ὦ Πρώταρχε, ἱκανὸς ἡμῖν γένοιτ' ἂν
ὁστισοῦν κριτὴς ἡδονῆς τε πέρι καὶ φρονήσεως, ὁπότερον
αὐτοῖν τοῦ ἀρίστου συγγενέστερόν τε καὶ τιμιώτερον ἐν b
ἀνθρώποις τέ ἐστι καὶ θεοῖς.

ΠΡΩ. Δῆλον μέν, ὅμως δ' οὖν τῷ λόγῳ ἐπεξελθεῖν βέλτιον.

ΣΩ. Καθ' ἓν ἕκαστον τοίνυν τῶν τριῶν πρὸς τὴν ἡδονὴν καὶ τὸν νοῦν κρίνωμεν· δεῖ γὰρ ἰδεῖν ποτέρῳ ⟨ὡς⟩ μᾶλλον συγγενὲς ἕκαστον αὐτῶν ἀπονεμοῦμεν.

ΠΡΩ. Κάλλους καὶ ἀληθείας καὶ μετριότητος πέρι λέγεις;

ΣΩ. Ναί. Πρῶτον δέ γε ἀληθείας λαβοῦ, ὦ Πρώταρχε·
καὶ λαβόμενος βλέψας εἰς τρία, νοῦν καὶ ἀλήθειαν καὶ c
ἡδονήν, πολὺν ἐπισχὼν χρόνον ἀπόκριναι σαυτῷ πότερον
ἡδονὴ συγγενέστερον ἢ νοῦς ἀληθείᾳ.

ΠΡΩ. Τί δὲ χρόνου δεῖ; πολὺ γὰρ οἶμαι διαφέρετον.
Ἡδονὴ μὲν γὰρ ἁπάντων ἀλαζονίστατον, ὡς δὲ λόγος, καὶ
ἐν ταῖς ἡδοναῖς ταῖς περὶ τἀφροδίσια, αἳ δὴ μέγισται
δοκοῦσιν εἶναι, καὶ τὸ ἐπιορκεῖν συγγνώμην εἴληφε παρὰ
θεῶν, ὡς καθάπερ παίδων τῶν ἡδονῶν νοῦν οὐδὲ τὸν ὀλί-
γιστον κεκτημένων· νοῦς δὲ ἤτοι ταὐτὸν καὶ ἀλήθειά ἐστιν d
ἢ πάντων ὁμοιότατόν τε καὶ ἀληθέστατον.

ΣΩ. Οὐκοῦν τὸ μετὰ τοῦτο τὴν μετριότητα ὡσαύτως σκέψαι, πότερον ἡδονὴ φρονήσεως ἢ φρόνησις ἡδονῆς πλείω κέκτηται;

ΠΡΩ. Εὔσκεπτόν γε καὶ ταύτην σκέψιν προβέβληκας· οἶμαι γὰρ ἡδονῆς μὲν καὶ περιχαρείας οὐδὲν τῶν ὄντων πεφυκὸς ἀμετρώτερον εὑρεῖν ἄν τινα, νοῦ δὲ καὶ ἐπιστήμης ἐμμετρώτερον οὐδ' ἂν ἕν ποτε.

ΣΩ. Καλῶς εἴρηκας. Ὅμως δ' ἔτι λέγε τὸ τρίτον. Νοῦς e
ἡμῖν κάλλους μετείληφε πλεῖον ἢ τὸ τῆς ἡδονῆς γένος,

4.3. Nachweis, daß die Vernunft dem Guten verwandter ist als die Lust. Die Hierarchie der Güter – mit dem fünften Platz für die Lust

SOKRATES: Und nun, o Protarchos, kann uns ja wohl jeder ein hinreichender Richter sein über Lust und Einsicht, welche von ihnen beiden dem besten verwandter und also b
das vorzüglichere ist bei Menschen und Göttern.

PROTARCHOS: Gewiß freilich; doch ist es besser auch dies in der Rede ordentlich auszuführen.

SOKRATES: So laß uns denn einzeln jedes von den dreien in Absicht auf Lust und Vernunft beurteilen. Denn wir müssen sehen, welcher von beiden wir jedes von diesen als verwandt beilegen sollen.

PROTARCHOS: Du meinst Schönheit, Wahrheit, und Verhältnismäßigkeit?

SOKRATES: Ja. Zuerst also nimm die Wahrheit, sieh dann auf diese drei Vernunft und Wahrheit und Lust, und lasse dir c
Zeit genug, und antworte dann dir selbst, ob die Lust oder die Vernunft verwandter ist mit der Wahrheit.

PROTARCHOS: Was bedarf es dazu für Zeit? denn der Unterschied ist, denke ich, sehr groß. Denn die Lust ist das unzuverlässigste unter allen Dingen, so daß, wie die Rede geht, in den Lüsten des Geschlechtstriebes, welche für die größten gehalten werden, sogar der Meineid die Verzeihung der Götter erhält, weil nämlich wie Kinder die Lüste auch nicht die mindeste Vernunft haben. Die Vernunft aber ist d
entweder ganz dasselbe wie die Wahrheit, oder ihr doch unter allen am ähnlichsten und das wahrste.

SOKRATES: Nächstdem nun betrachte eben so auch die Verhältnismäßigkeit, ob die Lust mehr als die Einsicht, oder die Einsicht mehr als die Lust davon hat?

PROTARCHOS: Auch das ist eine sehr leichte Untersuchung die du mir vorgelegt hast. Denn ich glaube etwas seiner Natur nach maßloseres als Lust und Ergötzung wird wohl nicht leicht jemand finden können, und so auch wohl nichts abgemeßneres als Vernunft und Erkenntnis.

SOKRATES: Sehr wohl gesprochen. Doch aber sage uns e
auch noch das dritte. Hat die Vernunft mehr Anteil an der

ὥστε εἶναι καλλίω νοῦν ἡδονῆς, ἢ τοὐναντίον;

ΠΡΩ. Ἀλλ' οὖν φρόνησιν μὲν καὶ νοῦν, ὦ Σώκρατες, οὐδεὶς πώποτε οὔθ' ὕπαρ οὔτ' ὄναρ αἰσχρὸν οὔτε εἶδεν οὔτε ἐπενόησεν οὐδαμῇ οὐδαμῶς οὔτε γιγνόμενον οὔτε ὄντα οὔτε ἐσόμενον.

ΣΩ. Ὀρθῶς.

ΠΡΩ. Ἡδονὰς δέ γέ που, καὶ ταῦτα σχεδὸν τὰς μεγίστας, ὅταν ἴδωμεν ἡδόμενον ὁντινοῦν, ἢ τὸ γελοῖον ἐπ' αὐταῖς ἢ τὸ πάντων αἴσχιστον ἑπόμενον δρῶντες αὐτοί τε 66 a
αἰσχυνόμεθα καὶ ἀφανίζοντες κρύπτομεν ὅτι μάλιστα, νυκτὶ πάντα τὰ τοιαῦτα διδόντες, ὡς φῶς οὐ δέον ὁρᾶν αὐτά.

ΣΩ. Πάντῃ δὴ φήσεις, ὦ Πρώταρχε, ὑπό τε ἀγγέλων πέμπων καὶ παροῦσι φράζων, ὡς ἡδονὴ κτῆμα οὐκ ἔστι πρῶτον οὐδ' αὖ δεύτερον, ἀλλὰ πρῶτον μέν πῃ περὶ μέτρον καὶ τὸ μέτριον καὶ καίριον καὶ πάντα ὁπόσα τοιαῦτα χρὴ νομίζειν τινὰ ἥδιον ᾑρῆσθαι.

ΠΡΩ. Φαίνεται γοῦν ἐκ τῶν νῦν λεγομένων.

ΣΩ. Δεύτερον μὴν περὶ τὸ σύμμετρον καὶ καλὸν καὶ b
τὸ τέλεον καὶ ἱκανὸν καὶ πάνθ' ὁπόσα τῆς γενεᾶς αὖ ταύτης ἐστίν.

ΠΡΩ. Ἔοικε γοῦν.

ΣΩ. Τὸ τοίνυν τρίτον, ὡς ἡ ἐμὴ μαντεία, νοῦν καὶ φρόνησιν τιθεὶς οὐκ ἂν μέγα τι τῆς ἀληθείας παρεξέλθοις.

ΠΡΩ. Ἴσως.

ΣΩ. Ἆρ' οὖν οὐ τεκμαρτά, ἃ τῆς ψυχῆς αὐτῆς ἔθεμεν, ἐπιστήμας τε καὶ τέχνας καὶ δόξας ὀρθὰς λεχθείσας, ταῦτ' εἶναι τὰ πρὸς τοῖς τρισὶ τέταρτα, εἴπερ τοῦ ἀγαθοῦ γέ ἐστι c
μᾶλλον ἢ τῆς ἡδονῆς συγγενῆ;

ΠΡΩ. Τάχ' ἄν.

ΣΩ. Πέμπτας τοίνυν, ἃς ἡδονὰς ἔθεμεν ἀλύπους ὁρισά-

Schönheit als die Lust, so daß die Vernunft schöner ist als die Lust, oder umgekehrt?

PROTARCHOS: Aber Vernunft und Einsicht, o Sokrates, hat doch wohl niemand jemals weder wachend noch schlafend häßlich gesehen, oder irgendwie vorgestellt, daß sie so würde oder wäre oder sein würde.

SOKRATES: Richtig.

PROTARCHOS: Allerdings aber, wenn wir jemand in Lüsten begriffen sehn und zwar in den größten am meisten, und
wir das lächerliche davon oder das allerschändlichste was da- 66a
bei herauskommt zu sehen bekommen: so schämen wir uns selbst, und suchen es aus dem Gesicht zu bringen und zu verbergen soviel als möglich, indem wir dergleichen alles der Nacht überlassen, als dürfe es das Licht nicht sehn.

SOKRATES: Also du wirst auf alle Weise sagen, o Protarchos, magst du es nun durch Boten bestellen müssen oder es Anwesenden erklären können, daß die Lust nicht das erste Besitztum ist, auch nicht das zweite; sondern das erste ist das Maß und das abgemessene und zeitige, und wem ähnlichen man sonst noch zuschreiben muß, daß es die ewige Natur erwählt habe.

PROTARCHOS: Das ist allerdings einleuchtend aus dem eben gesagten.

SOKRATES: Das zweite aber ist das gleichmäßige und b
schöne und vollendete und hinlängliche, und alles was wiederum zu diesem Geschlecht gehört.

PROTARCHOS: So scheint es allerdings.

SOKRATES: Und wenn du als das dritte nach meiner Ahndung Vernunft und Einsicht setztest, würdest du wohl nicht weit von der Wahrheit vorbeikommen.

PROTARCHOS: Wahrscheinlich.

SOKRATES: Wird nun nicht das vierte sein, was wir in der Seele selbst gesetzt haben als Erkenntnisse und Künste und
richtige Vorstellungen, werden die nicht nächst den dreien c
das vierte sein müssen, wenn sie doch dem Guten näher verwandt sind als die Lüste?

PROTARCHOS: Vielleicht wohl.

SOKRATES: Das fünfte also sind die Lüste, welche wir als

μενοι, καθαρὰς ἐπονομάσαντες τῆς ψυχῆς αὐτῆς, ἐπιστή-
μαις, τὰς δὲ αἰσθήσεσιν ἑπομένας;

ΠΡΩ. Ἴσως.

ΣΩ. « Ἕκτῃ δ' ἐν γενεᾷ », φησὶν Ὀρφεύς, « καταπαύ-
σατε κόσμον ἀοιδῆς· » ἀτὰρ κινδυνεύει καὶ ὁ ἡμέτερος
λόγος ἐν ἕκτῃ καταπεπαυμένος εἶναι κρίσει. Τὸ δὴ μετὰ
ταῦθ' ἡμῖν οὐδὲν λοιπὸν πλὴν ὥσπερ κεφαλὴν ἀποδοῦναι d
τοῖς εἰρημένοις.

ΠΡΩ. Οὐκοῦν χρή.

ΣΩ. Ἴθι δή, τὸ τρίτον τῷ σωτῆρι τὸν αὐτὸν διαμαρτυρά-
μενοι λόγον ἐπεξέλθωμεν.

ΠΡΩ. Ποῖον δή;

ΣΩ. Φίληβος τἀγαθὸν ἐτίθετο ἡμῖν ἡδονὴν εἶναι πᾶσαν
καὶ παντελῆ.

ΠΡΩ. Τὸ τρίτον, ὦ Σώκρατες, ὡς ἔοικας, ἔλεγες ἀρτίως
τὸν ἐξ ἀρχῆς ἐπαναλαβεῖν δεῖν λόγον.

ΣΩ. Ναί, τὸ δέ γε μετὰ τοῦτο ἀκούωμεν. Ἐγὼ γὰρ δὴ e
κατιδὼν ἅπερ νυνδὴ διελήλυθα, καὶ δυσχεράνας τὸν Φιλή-
βου λόγον οὐ μόνον ἀλλὰ καὶ ἄλλων πολλάκις μυρίων, εἶπον
ὡς ἡδονῆς γε νοῦς εἴη μακρῷ βέλτιόν τε καὶ ἄμεινον τῷ
τῶν ἀνθρώπων βίῳ.

ΠΡΩ. Ἦν ταῦτα.

ΣΩ. Ὑποπτεύων δέ γε καὶ ἄλλα εἶναι πολλὰ εἶπον ὡς εἰ
φανείη τι τούτοιν ἀμφοῖν βέλτιον, ὑπὲρ τῶν δευτερείων νῷ
πρὸς ἡδονὴν συνδιαμαχοίμην, ἡδονὴ δὲ καὶ δευτερείων
στερήσοιτο.

ΠΡΩ. Εἶπες γὰρ οὖν. 67 a

ΣΩ. Καὶ μετὰ ταῦτά γε πάντων ἱκανώτατα τούτοιν οὐδέ-
τερον ἱκανὸν ἐφάνη.

ΠΡΩ. Ἀληθέστατα.

ΣΩ. Οὐκοῦν παντάπασιν ἐν τούτῳ τῷ λόγῳ καὶ νοῦς
ἀπήλλακτο καὶ ἡδονὴ μή τοι τἀγαθόν γε αὐτὸ μηδ' ἕτερον

schmerzlos bestimmt haben, und reine Lüste der Seele allein genannt, welche den Wahrnehmungen folgen.

PROTARCHOS: Vielleicht.

SOKRATES: Aber im sechsten Geschlecht, sagt Orpheus, laßt ruhen den Kreis des Gesanges. Gleichermaßen nun scheint auch unsere Rede bei dem sechsten Punkt von ihrem Gericht zu ruhen, und es ist uns sonach nichts weiter übrig d
als nur dem Gesagten die Krone aufzusetzen.

PROTARCHOS: Das müssen wir also.

5. Schlußzusammenfassung

SOKRATES: Wohlan denn, das dritte Mal dem Retter, laßt uns dieselbe Rede durchgehn und bezeugen.

PROTARCHOS: Welche doch?

SOKRATES: Philebos behauptete das Gute sei uns die Lust, die ganze und vollständige.

PROTARCHOS: Zum dritten Male, scheint es meintest du diesmal, Sokrates, sollten wir unsere anfängliche Rede wieder aufnehmen.

SOKRATES: Ja, und so laß uns das weitere hören. Ich nun e
sah schon das was ich jetzt durchgegangen bin, und aufsässig gegen des Philebos nicht nur sondern vieler tausend Anderer öftere Rede, sagte ich daß die Vernunft weit besser sei und trefflicher als die Lust für des Menschen Leben.

PROTARCHOS: So war es.

SOKRATES: Und ahndend daß es noch vieles andere gebe, sagte ich, daß wenn uns das sich zeigte, was besser wäre als beides, wollte ich doch um den zweiten Preis für die Vernunft gegen die Lust mitkämpfen, und die Lust sollte des zweiten Preises verlustig gehen.

PROTARCHOS: Das sagtest du allerdings. 67a

SOKRATES: Und nachher ja zeigte sich uns von diesen beiden keines als allgemein auf die zulänglichste Weise zulänglich.

PROTARCHOS: Ganz richtig.

SOKRATES: Also wurde in dieser Rede gänzlich sowohl die Vernunft abgewiesen als die Lust, daß keines von ihnen beiden das Gute selbst sein könne, da sie der Selbstständig-

αὐτοῖν εἶναι, στερομένοιν αὐταρκείας καὶ τῆς τοῦ ἱκανοῦ καὶ τελέου δυνάμεως;

ΠΡΩ. Ὀρθότατα.

ΣΩ. Φανέντος δέ γε ἄλλου τρίτου κρείττονος τούτοιν ἑκατέρου, μυρίῳ γ' αὖ νοῦς ἡδονῆς οἰκειότερον καὶ προσφυέστερον πέφανται νῦν τῇ τοῦ νικῶντος ἰδέᾳ.

ΠΡΩ. Πῶς γὰρ οὔ;

ΣΩ. Οὐκοῦν πέμπτον κατὰ τὴν κρίσιν, ἣν νῦν ὁ λόγος ἀπεφήνατο, γίγνοιτ' ἂν ἡ τῆς ἡδονῆς δύναμις.

ΠΡΩ. Ἔοικεν.

ΣΩ. Πρῶτον δέ γε οὐδ' ἂν οἱ πάντες βόες τε καὶ ἵπποι καὶ τἆλλα σύμπαντα θηρία φῶσι τῷ τὸ χαίρειν διώκειν· οἷς πιστεύοντες, ὥσπερ μάντεις ὄρνισιν, οἱ πολλοὶ κρίνουσι τὰς ἡδονὰς εἰς τὸ ζῆν ἡμῖν εὖ κρατίστας εἶναι, καὶ τοὺς θηρίων ἔρωτας οἴονται κυρίους εἶναι μάρτυρας μᾶλλον ἢ τοὺς τῶν ἐν μούσῃ φιλοσόφῳ μεμαντευμένων ἑκάστοτε λόγων. b

ΠΡΩ. Ἀληθέστατα, ὦ Σώκρατες, εἰρῆσθαί σοι νῦν ἤδη φαμὲν ἅπαντες.

ΣΩ. Οὐκοῦν καὶ ἀφίετέ με;

ΠΡΩ. Σμικρὸν ἔτι λοιπόν, ὦ Σώκρατες· οὐ γὰρ δήπου σύ γε ἀπερεῖς πρότερος ἡμῶν, ὑπομνήσω δέ σε τὰ λειπόμενα.

keit ermangelten, und der Kraft des hinreichenden und vollkommenen.

PROTARCHOS: Vollkommen richtig.

SOKRATES: Nachdem sich nun aber ein drittes trefflicheres als jegliches von diesen gezeigt hatte, so zeigte sich nun doch wiederum die Vernunft tausendmal mehr als die Lust dem Wesen dieses siegenden verwandt und anhänglich.

PROTARCHOS: Wie sollte sie nicht!

SOKRATES: Also das fünfte nach der Entscheidung welche unsere Rede kund gemacht hat wäre dann die Lust.

PROTARCHOS: So zeigte es sich.

SOKRATES: Das erste aber doch auch nicht wenn alle b
Ochsen und Pferde und die andern Tiere insgesamt es behaupteten dadurch daß sie dem Vergnügen nachgehn; welchen eben wie die Wahrsager den Vögeln vertrauend die Meisten das Urteil fällen, die Lust sei uns das vorzüglichste im Leben, und die Neigungen der Tiere für gültigere Zeugen halten, als die Neigungen derer welche mit philosophischer Muse jedesmal weissagen.

PROTARCHOS: Nun sagen wir gewiß Alle, o Sokrates, daß du es vollkommen richtig erklärt habest.

SOKRATES: Und laßt mich also auch los.

PROTARCHOS: Ein weniges nur ist noch übrig, o Sokrates; und du wirst doch nicht eher wollen ermüden als wir. Ich will dich aber an dieses rückständige schon erinnern.

Τίμαιος
Timaios

GLIEDERUNG

1. Einleitung (17a1)
1.1. Anknüpfung an ein Gespräch vom Vortage (17a1)
1.2. Die Rede des Sokrates über den besten Staat (17c1)
1.2.1. Rekapitulation der Rede (17c1)
1.2.2. Sokrates' Wunsch, den von ihm entworfenen Staat sich auch in Bewegung und Kampf bewähren zu sehen (19b3)
1.3. Die Gegenleistung des Kritias: sein Bericht von den Heldentaten Ur-Athens (20c4)
1.3.1. Die Kunde von alten Taten Athens; Solons ägyptische Quellen (20d8)
1.3.2. Skizze von Solons Erzählung über Ur-Athen, Atlantis und deren Auseinandersetzung (23d4)
1.3.3. Affinität Ur-Athens mit dem entworfenen Idealstaat; in einem ausführlichen Bericht von jener Frühzeit soll er mit Athen identifiziert werden (25d7)
1.4. Warum trotzdem zuerst Timaios über die Entstehung der Welt sprechen soll (27a2)
2. Die Rede des Timaios über die Entstehung der Welt (27c1)
2.1. Vorbemerkungen (27c1)
2.1.1. Götteranruf (27c1)
2.1.2. Unterscheidung von Seiendem und Werdendem. Die Welt als nach dem Vorbild des Seienden geschaffenes Abbild (27d5)
2.1.3. Unterscheidung wahrer und wahrscheinlicher Reden. Die Rede über die Entstehung der Welt kann nur wahrscheinlich sein (29a8)
2.2. Das durch die Vernunft Geschaffene (29d6)
2.2.1. Die Güte Gottes als Grund für die Erschaffung der Welt und das Vollkommene als Vorbild dabei (29d6)
2.2.2. Leib und Seele der Welt (31b5)
2.2.2.1. Der Körper der Welt: In welcher Weise er aus den vier Elementen geschaffen ist; warum er die Gestalt einer Kugel besitzt und sich gleichmäßig im Kreis bewegt (31b5)

GLIEDERUNG

2.2.2.2. Die Erschaffung der Seele der Welt nach bestimmten Zahlenverhältnissen; die beiden Kreise und Umläufe der Seele und die Planetenbahnen (34b10)

2.2.2.3. Die Verknüpfung der Weltseele mit dem Weltkörper und die Erkenntnistätigkeit der Seele (36d8)

2.2.3. Die Zeit und die Planeten (37c6)

2.2.3.1. Die Zeit als bewegliches Abbild der Ewigkeit. Zur Verwendung der sprachlichen Zeitformen (37c6)

2.2.3.2. Die Planeten als Werkzeuge der Zeit: ihre sieben Bahnen und relativen Geschwindigkeiten; Tag und Nacht, Monat und Jahr, das vollkommene Jahr (38b6)

2.2.4. Die Götter (39e3)

2.2.4.1. Die vier Arten von Lebewesen. Die Erschaffung des göttlichen Geschlechtes bzw. der sichtbaren Götter: der Fixsterne und der Erde (39e3)

2.2.4.2. Die übrigen Götter und ihre landläufige Genealogie (40d6)

2.2.4.3. Der Auftrag des Weltschöpfers an alle Götter, den sterblichen Teil der drei noch fehlenden Arten von Lebewesen zu schaffen; was dabei zu befolgen ist (41a3)

2.2.5. Der Mensch (41d4)

2.2.5.1. Die Mischung der Seelen und ihre Verteilung auf die Sterne. Die Schicksalsgesetze für sie und ihre Übergabe an die jungen Götter (41d4)

2.2.5.2. Die Einkörperung der Seele durch die Götter und die dadurch bedingte Verwirrung der Umläufe der Seele. Eine geeignete geistige Ausbildung stellt hier die Ordnung wieder her (42e5)

2.2.5.3. Erschaffung des Kopfes, des Rumpfes und der Glieder. Die Augen und der Vorgang des Sehens; sein größter Vorzug: durch Beobachtung der Gestirnumläufe ermöglicht es Erkenntnis, Philosophie und die Ordnung der eigenen Seelenumläufe. Analoges gilt für das Gehör (44d3)

2.3. Das durch blinde Notwendigkeit Hervorgebrachte (47e3)

Τίμαιος

ΣΩΚΡΑΤΗΣ ΤΙΜΑΙΟΣ ΕΡΜΟΚΡΑΤΗΣ ΚΡΙΤΙΑΣ

ΣΩΚΡΑΤΗΣ. Εἷς, δύο, τρεῖς· ὁ δὲ δὴ τέταρτος ἡμῖν, 17
ὦ φίλε Τίμαιε, ποῦ τῶν χθὲς μὲν δαιτυμόνων, τὰ νῦν δὲ ἑστιατόρων;

ΤΙΜΑΙΟΣ. Ἀσθένειά τις αὐτῷ συνέπεσεν, ὦ Σώκρατες· οὐ γὰρ ἂν ἑκὼν τῆσδε ἀπελείπετο τῆς συνουσίας.

ΣΩ. Οὐκοῦν σὸν τῶνδέ τε ἔργον καὶ τὸ ὑπὲρ τοῦ ἀπόντος ἀναπληροῦν μέρος;

ΤΙ. Πάνυ μὲν οὖν, καὶ κατὰ δύναμίν γε οὐδὲν ἐλλεί- b
ψομεν· οὐδὲ γὰρ ἂν εἴη δίκαιον, χθὲς ὑπὸ σοῦ ξενισθέντας οἷς ἦν πρέπον ξενίοις, μὴ οὐ προθύμως σὲ τοὺς λοιποὺς ἡμῶν ἀνταφεστιᾶν.

ΣΩ. Ἆρ᾽ οὖν μέμνησθε ὅσα ὑμῖν καὶ περὶ ὧν ἐπέταξα εἰπεῖν;

ΤΙ. Τὰ μὲν μεμνήμεθα, ὅσα δὲ μή, σὺ παρὼν ὑπομνήσεις· μᾶλλον δέ, εἰ μή τί σοι χαλεπόν, ἐξ ἀρχῆς διὰ βραχέων πάλιν ἐπάνελθε αὐτά, ἵνα βεβαιωθῇ μᾶλλον παρ᾽ ἡμῖν.

ΣΩ. Ταῦτ᾽ ἔσται. Χθές που τῶν ὑπ᾽ ἐμοῦ ῥηθέντων c
λόγων περὶ πολιτείας ἦν τὸ κεφάλαιον οἵα τε καὶ ἐξ οἵων ἀνδρῶν ἀρίστη κατεφαίνετ᾽ ἄν μοι γενέσθαι.

ΤΙ. Καὶ μάλα γε ἡμῖν, ὦ Σώκρατες, ῥηθεῖσα πᾶσιν κατὰ νοῦν.

Timaios oder Von der Natur

SOKRATES TIMAIOS HERMOKRATES KRITIAS

1. Einleitung

1.1. Anknüpfung an ein Gespräch vom Vortage

SOKRATES: Eins, Zwei, Drei – wo aber bleibt uns denn 17a
der Vierte, mein lieber Timaios, von denen, welche gestern bewirtet wurden, jetzt aber (selber) bewirten sollen?

TIMAIOS: Es hat ihn (gewiß) irgend eine Unpäßlichkeit befallen, lieber Sokrates, denn aus freien Stücken würde er wohl nicht aus dieser Gesellschaft wegbleiben.

SOKRATES: Demnach dürfte es denn deine Aufgabe und die der Übrigen hier sein, auch die Stelle des Abwesenden auszufüllen?

TIMAIOS: Gewiß, und wir werden es in Nichts daran b
fehlen lassen, so weit es in unseren Kräften steht. Denn nachdem wir gestern von dir mit Allem, was sich geziemt, gastfreundlich bewirtet worden sind, wäre es nicht recht, wenn wir Anderen dich nicht bereitwillig wiederbewirten wollten.

SOKRATES: Nun denn, erinnert ihr euch noch, wie viel und worüber ich euch zu sprechen aufgab?

TIMAIOS: Zum Teil erinnern wir uns dessen noch; was uns aber entfallen ist, an das uns wieder zu erinnern bist du ja da. Oder lieber, wenn es dir nicht lästig ist, wiederhole es uns von Anfang an in der Kürze noch einmal, damit es sich besser in uns befestige.

1.2. Die Rede des Sokrates über den besten Staat

1.2.1. Rekapitulation der Rede

SOKRATES: Das soll geschehen. Der Hauptinhalt meiner c
gestrigen Erörterungen über den Staat war ungefähr dieser, wie und aus was für Männern sich derselbe nach meiner Meinung am Besten gestalten würde.

TIMAIOS: Ja, und zwar ganz nach unser Aller Sinne stelltest du ihn dar.

ΣΩ. Ἆρ᾽ οὖν οὐ τὸ τῶν γεωργῶν ὅσαι τε ἄλλαι τέχναι πρῶτον ἐν αὐτῇ χωρὶς διειλόμεθα ἀπὸ τοῦ γένους τοῦ τῶν προπολεμησόντων;

ΤΙ. Ναί.

ΣΩ. Καὶ κατὰ φύσιν διδόντες τὸ καθ᾽ αὑτὸν ἑκάστῳ πρόσφορον ἓν μόνον ἐπιτήδευμα, μίαν ἑκάστῳ τέχνην, d
τούτους οὓς πρὸ πάντων ἔδει πολεμεῖν, εἴπομεν ὡς ἄρ᾽ αὐτοὺς δέοι φύλακας εἶναι μόνον τῆς πόλεως, εἴτε τις ἔξωθεν ἢ καὶ τῶν ἔνδοθεν ἴοι κακουργήσων, δικάζοντας μὲν πρᾴως τοῖς ἀρχομένοις ὑπ᾽ αὐτῶν καὶ φύσει φίλοις 18
οὖσιν, χαλεποὺς δὲ ἐν ταῖς μάχαις τοῖς ἐντυγχάνουσιν τῶν ἐχθρῶν γιγνομένους.

ΤΙ. Παντάπασι μὲν οὖν.

ΣΩ. Φύσιν γάρ οἶμαί τινα τῶν φυλάκων τῆς ψυχῆς ἐλέγομεν ἅμα μὲν θυμοειδῆ, ἅμα δὲ φιλόσοφον δεῖν εἶναι διαφερόντως, ἵνα πρὸς ἑκατέρους δύναιντο ὀρθῶς πρᾷοι καὶ χαλεποὶ γίγνεσθαι.

ΤΙ Ναί.

ΣΩ. Τί δὲ τροφήν; ἆρ᾽ οὐ γυμναστικῇ καὶ μουσικῇ μαθήμασίν τε ὅσα προσήκει τούτοις, ἐν ἅπασι τεθρᾶφθαι;

ΤΙ. Πάνυ μὲν οὖν.

ΣΩ. Τοὺς δέ γε οὕτω τραφέντας ἐλέχθη που μήτε b
χρυσὸν μήτε ἄργυρον μήτε ἄλλο ποτὲ μηδὲν κτῆμα ἑαυτῶν ἴδιον νομίζειν δεῖν, ἀλλ᾽ ὡς ἐπικούρους μισθὸν λαμβάνοντας τῆς φυλακῆς παρὰ τῶν σῳζομένων ὑπ᾽ αὐτῶν, ὅσος σώφροσιν μέτριος, ἀναλίσκειν τε δὴ κοινῇ καὶ συνδιαιτωμένους μετὰ ἀλλήλων ζῆν, ἐπιμέλειαν ἔχοντας ἀρετῆς διὰ παντός, τῶν ἄλλων ἐπιτηδευμάτων ἄγοντας σχολήν.

ΤΙ. Ἐλέχθη καὶ ταῦτα ταύτῃ.

SOKRATES: Schieden wir nun nicht zuerst in ihm den Beruf der Landbauer und alle andern Gewerbe von der Klasse derer, denen die Kriegführung für Alle obliegen sollte?

TIMAIOS: Ja.

SOKRATES: Und indem wir je nach seiner Naturbe-
schaffenheit einem Jeden nur die eine, ihm allein angemes- d
sene Beschäftigung [und einem Jeden nach seiner Art sein
Gewerbe] zuerteilten, erklärten wir, daß diejenigen, welche
für alle (Andern) in den Krieg ziehen sollten, auch Nichts
weiter als Wächter des Staates sein dürften, wenn etwa Einer
von außen her oder auch Einer von den Einwohnenden kä-
me, um ihm zu schaden, und zwar so, daß sie (dabei) die von
ihnen Beherrschten als ihre natürlichen Freunde milde rich- 18a
ten, denen aber, welche ihnen in den Schlachten als Feinde
begegneten, hart zusetzen sollten.

TIMAIOS: Allerdings.

SOKRATES: Denn die Seelen der Wächter müßten – so denke ich, sagten wir – eine gewisse zugleich willenskräftige, zugleich aber auch ganz vorzüglich zur richtigen Erkenntnis hinstrebende Natur besitzen, damit sie gegen jeden von beiden Teilen mild oder hart zu sein vermöchten.

TIMAIOS: Ja wohl.

SOKRATES: Und dann was ihre Erziehung anlangte, sagten wir da nicht, daß sie im Turnen und in der Tonkunst und in allen für sie erforderlichen Zweigen des Wissens gebildet werden müßten?

TIMAIOS: Freilich.

SOKRATES: Und wenn sie dann so gebildet wären – so b
etwa fuhren wir fort – sollten sie weder Gold noch Silber
noch überhaupt irgend etwas Anderes jemals als ihr aus-
schließliches Eigentum ansehen dürfen, sondern als Beschüt-
zer von ihren Schützlingen für deren Bewachung einen Sold
von der Größe empfangen, wie sie zu einem mäßigen Leben
hinreicht, und sollten denselben dann gemeinsam mit einan-
der verzehren und (so) zusammenspeisend mit einander leben
und ihr Streben durchaus allein auf die Tugend richten, von
allen andern Geschäften aber befreit sein.

TIMAIOS: Auch das ward so festgesetzt.

ΣΩ. Καὶ μὲν δὴ καὶ περὶ γυναικῶν ἐπεμνήσθημεν, ὡς c τὰς φύσεις τοῖς ἀνδράσιν παραπλησίας εἴη συναρμοστέον, καὶ τὰ ἐπιτηδεύματα πάντα κοινὰ κατά τε πόλεμον καὶ κατὰ τὴν ἄλλην δίαιταν δοτέον πάσαις.

ΤΙ. Ταύτῃ καὶ ταῦτα ἐλέγετο.

ΣΩ. Τί δὲ δὴ τὸ περὶ τῆς παιδοποιίας; ἢ τοῦτο μὲν διὰ τὴν ἀήθειαν τῶν λεχθέντων εὐμνημόνευτον, ὅτι κοινὰ τὰ τῶν γάμων καὶ τὰ τῶν παίδων πᾶσιν ἁπάντων ἐτίθεμεν, μηχανωμένους ὅπως μηδείς ποτε τὸ γεγενημένον αὐτῶν ἰδίᾳ γνώσοιτο, νομιοῦσιν δὲ πάντες πάντας αὐτοὺς d ὁμογενεῖς, ἀδελφὰς μὲν καὶ ἀδελφοὺς ὅσοιπερ ἂν τῆς πρεπούσης ἐντὸς ἡλικίας γίγνωνται, τοὺς δ' ἔμπροσθεν καὶ ἄνωθεν γονέας τε καὶ γονέων προγόνους, τοὺς δ' εἰς τὸ κάτωθεν ἐκγόνους παῖδάς τε ἐκγόνων;

ΤΙ. Ναί, καὶ ταῦτα εὐμνημόνευτα ᾗ λέγεις.

ΣΩ. Ὅπως δὲ δὴ κατὰ δύναμιν εὐθὺς γίγνοιντο ὡς ἄριστοι τὰς φύσεις, ἆρ' οὐ μεμνήμεθα ὡς τοὺς ἄρχοντας ἔφαμεν καὶ τὰς ἀρχούσας δεῖν εἰς τὴν τῶν γάμων σύνερξιν λάθρᾳ μηχανᾶσθαι κλήροις τισὶν ὅπως οἱ κακοὶ χωρὶς οἵ e τ' ἀγαθοὶ ταῖς ὁμοίαις ἑκάτεροι συλλήξονται, καὶ μή τις αὐτοῖς ἔχθρα διὰ ταῦτα γίγνηται, τύχην ἡγουμένοις αἰτίαν τῆς συλλήξεως;

ΤΙ. Μεμνήμεθα.

ΣΩ. Καὶ μὴν ὅτι γε τὰ μὲν τῶν ἀγαθῶν θρεπτέον 19 ἔφαμεν εἶναι, τὰ δὲ τῶν κακῶν εἰς τὴν ἄλλην λάθρᾳ διαδοτέον πόλιν· ἐπαυξανομένων δὲ σκοποῦντας ἀεὶ τοὺς

SOKRATES: Und was dann ferner ihre Frauen anbetrifft, c
so gedachten wir doch auch dessen, daß man (nur) solche von ähnlicher Beschaffenheit ihnen zugesellen dürfe und daß man denselben in Bezug auf den Krieg so wie auf die übrige Lebensweise allen ganz die nämlichen Beschäftigungen zuerteilen müßte.

TIMAIOS: In dieser Weise ward auch dieses ausgemacht.

SOKRATES: Was stellten wir denn ferner hinsichtlich der Kinderzeugung fest? Doch das ist wohl schon wegen der Ungewöhnlichkeit dessen, was darüber angeordnet ward, leicht zu behalten, daß wir nämlich Alles, was Ehen und Kinder anlangt, Allen insgesamt gemeinschaftlich machten, indem wir Anstalten dafür treffen ließen, daß Keiner jemals seine Abkömmlinge vor denen der Andern heraus erkennen könnte, sondern Alle sie insgesamt als von gleicher Abkunft d
betrachten würden, nämlich als Schwestern und Brüder, so weit sie innerhalb des (hiezu) passenden Alters geboren wären, die aber (ein Menschenalter) vorher und noch weiter zurück Gebornen als Eltern und Großeltern, und (ebenso) die in absteigender Linie Gebornen als Kinder und Kindeskinder.

TIMAIOS: Ja, und es ist dies, wie du sagst, leicht zu behalten.

SOKRATES: Damit sie nun aber gleich mit so vortrefflicher Naturanlage als möglich geboren würden – erinnern wir uns nicht, daß wir (zu diesem Zwecke) festsetzten, es müßten die Vorsteher und Vorsteherinnen (des Staates) für die Schließung der Ehen vermittelst gewisser Lose die Einrich- e
tung treffen, daß die Guten und die Schlechten gesondert von einander beide mit Weibern von gleicher Beschaffenheit zusammenkämen und daß so deswegen keine Feindschaft unter ihnen entstände, indem sie vielmehr den Zufall als die Ursache der (jedesmaligen) Verbindung ansähen?

TIMAIOS: Wir erinnern uns dessen.

SOKRATES: Und doch wohl auch dessen, daß wir fest- 19a
stellten, daß die Kinder der Guten aufgezogen, die der Schlechten aber heimlich unter die übrigen Angehörigen des Staates verteilt werden müßten, und wie die Staatsvorsteher

ἀξίους πάλιν ἀνάγειν δεῖν, τοὺς δὲ παρὰ σφίσιν ἀναξίους εἰς τὴν τῶν ἐπανιόντων χώραν μεταλλάττειν;

ΤΙ. Οὕτως.

ΣΩ. Ἆρ' οὖν δὴ διεληλύθαμεν ἤδη καθάπερ χθές, ὡς ἐν κεφαλαίοις πάλιν ἐπανελθεῖν, ἢ ποθοῦμεν ἔτι τι τῶν ῥηθέντων, ὦ φίλε Τίμαιε, ὡς ἀπολειπόμενον;

ΤΙ. Οὐδαμῶς, ἀλλὰ αὐτὰ ταῦτ' ἦν τὰ λεχθέντα, ὦ b Σώκρατες.

ΣΩ. Ἀκούοιτ' ἂν ἤδη τὰ μετὰ ταῦτα περὶ τῆς πολιτείας ἣν διήλθομεν, οἷόν τι πρὸς αὐτὴν πεπονθὼς τυγχάνω. Προσέοικεν δὲ δή τινί μοι τοιῷδε τὸ πάθος, οἷον εἴ τις ζῷα καλά που θεασάμενος, εἴτε ὑπὸ γραφῆς εἰργασμένα εἴτε καὶ ζῶντα ἀληθινῶς ἡσυχίαν δὲ ἄγοντα, εἰς ἐπιθυμίαν ἀφίκοιτο θεάσασθαι κινούμενά τε αὐτὰ καί τι τῶν τοῖς σώμασιν δοκούντων προσήκειν κατὰ τὴν c ἀγωνίαν ἀθλοῦντα· ταὐτὸν καὶ ἐγὼ πέπονθα πρὸς τὴν πόλιν ἣν διήλθομεν. Ἡδέως γὰρ ἄν του λόγῳ διεξιόντος ἀκούσαιμ' ἂν ἄθλους οὓς πόλις ἀθλεῖ, τούτους αὐτὴν ἀγωνιζομένην πρὸς πόλεις ἄλλας, πρεπόντως εἴς γε πόλεμον ἀφικομένην καὶ ἐν τῷ πολεμεῖν τὰ προσήκοντα ἀποδιδοῦσαν τῇ παιδείᾳ καὶ τροφῇ κατά τε τὰς ἐν τοῖς ἔργοις πράξεις καὶ κατὰ τὰς ἐν τοῖς λόγοις διερμηνεύσεις πρὸς ἑκάστας τῶν πόλεων. Ταῦτ' οὖν, ὦ Κριτία καὶ Ἑρμόκρατες, ἐμαυτοῦ μὲν αὐτὸς κατέγνωκα μή ποτ' ἂν d δυνατὸς γενέσθαι τοὺς ἄνδρας καὶ τὴν πόλιν ἱκανῶς ἐγκωμιάσαι. Καὶ τὸ μὲν ἐμὸν οὐδὲν θαυμαστόν· ἀλλὰ τὴν αὐτὴν δόξαν εἴληφα καὶ περὶ τῶν πάλαι γεγονότων καὶ περὶ τῶν νῦν ὄντων ποιητῶν, οὔτι τὸ ποιητικὸν ἀτιμάζων

dann die Heranwachsenden zu beobachten und die Würdigen von ihnen wieder in ihren Geburtsstand zurückzuversetzen, die Unwürdigen innerhalb dieses letzteren selbst aber in den Platz dieser Wiederhinaufgerückten einzustellen hätten?

TIMAIOS: Freilich.

SOKRATES: Nun hätten wir denn wohl Alles eben so, wie gestern bereits wieder durchgegangen, so weit dies für eine Wiederholung in den Hauptzügen erforderlich, oder vermissen wir, mein lieber Timaios, noch irgend Etwas von dem Gesagten, was wir etwa übergangen hätten?

TIMAIOS: Nein, sondern gerade dies war der Inhalt des- b
selben.

1.2.2. Sokrates' Wunsch, den von ihm entworfenen Staat sich auch in Bewegung und Kampf bewähren zu sehen

SOKRATES: Hört nun ferner, wie es mir in Bezug auf diesen Staat, wie wir ihn entwickelt haben, geht. Ich habe nämlich ungefähr dieselbe Empfindung dabei, wie wenn Einer schöne Tiere sieht, sei es (bloß) gemalte, sei es auch wirklich lebende, die sich aber in Ruhe verhalten, und ihn dann das Verlangen ankommt, sie auch in Bewegung zu erblicken und Etwas von den Eigenschaften, welche belebten Körpern zukommen, im Kampfe erproben zu sehen. Eben so c
also geht es mir mit dem von uns entwickelten Staate. Denn gerne möchte ich Jemanden darstellen hören, wie er diejenigen Kämpfe, welche einem Staate zukommen, gegen andere Staaten bestehen würde, indem er auf eine würdige Weise zum Kriege geschritten wäre und nunmehr während desselben das der in ihm herrschenden Erziehung und Bildung Entsprechende sowohl in der Ausführung durch Taten, als in der Verhandlung in Worten dem jedesmaligen anderen Staate gegenüber leisten würde. Hierin nun, mein Kritias und Hermokrates, bin ich mir selber bewußt, daß ich d
niemals im Stande sein werde, den Staat und die Männer gebührend zu verherrlichen. Und was mich betrifft, so ist das kein Wunder, aber ich habe dieselbe Meinung auch von den vormaligen, so wie von den jetzt lebenden Dichtern gewonnen: nicht als ob ich damit das Geschlecht der Dichter her-

γένος, ἀλλὰ παντὶ δῆλον ὡς τὸ μιμητικὸν ἔθνος, οἷς ἂν ἐντραφῇ, ταῦτα μιμήσεται ῥᾷστα καὶ ἄριστα, τὸ δ' ἐκτὸς τῆς τροφῆς ἑκάστοις γιγνόμενον χαλεπὸν μὲν ἔργοις, e
ἔτι δὲ χαλεπώτερον λόγοις εὖ μιμεῖσθαι. Τὸ δὲ τῶν σοφιστῶν γένος αὖ πολλῶν μὲν λόγων καὶ καλῶν ἄλλων μάλ' ἔμπειρον ἥγημαι, φοβοῦμαι δὲ μή πως, ἅτε πλανητὸν ὂν κατὰ πόλεις οἰκήσεις τε ἰδίας οὐδαμῇ διῳκηκός, ἄστοχον ἅμα φιλοσόφων ἀνδρῶν ᾖ καὶ πολιτικῶν, ὅσ' ἂν οἷά τε ἐν πολέμῳ καὶ μάχαις πράττοντες ἔργῳ καὶ λόγῳ προσομιλοῦντες ἑκάστοις πράττοιεν καὶ λέγοιεν. Καταλέλειπται δὴ τὸ τῆς ὑμετέρας ἕξεως γένος, ἅμα ἀμφοτέρων φύσει καὶ τροφῇ μετέχον. Τίμαιός τε γὰρ ὅδε, 20
εὐνομωτάτης ὢν πόλεως τῆς ἐν Ἰταλίᾳ Λοκρίδος, οὐσίᾳ καὶ γένει οὐδενὸς ὕστερος ὢν τῶν ἐκεῖ, τὰς μεγίστας μὲν ἀρχάς τε καὶ τιμὰς τῶν ἐν τῇ πόλει μετακεχείρισται, φιλοσοφίας δ' αὖ κατ' ἐμὴν δόξαν ἐπ' ἄκρον ἁπάσης ἐλήλυθεν· Κριτίαν δέ που πάντες οἱ τῇδε ἴσμεν οὐδενὸς ἰδιώτην ὄντα ὧν λέγομεν. Τῆς δὲ Ἑρμοκράτους αὖ περὶ φύσεως καὶ τροφῆς, πρὸς ἅπαντα ταῦτ' εἶναι ἱκανὴν πολλῶν μαρτυρούντων πιστευτέον. Διὸ καὶ χθὲς ἐγὼ b
διανοούμενος, ὑμῶν δεομένων τὰ περὶ τῆς πολιτείας διελθεῖν, προθύμως ἐχαριζόμην, εἰδὼς ὅτι τὸν ἑξῆς λόγον οὐδένες ἂν ὑμῶν ἐθελόντων ἱκανώτερον ἀποδοῖεν — εἰς γὰρ πόλεμον πρέποντα καταστήσαντες τὴν πόλιν ἅπαντ' αὐτῇ τὰ προσήκοντα ἀποδοῖτ' ἂν μόνοι τῶν νῦν — εἰπὼν δὴ τἀπιταχθέντα ἀντεπέταξα ὑμῖν ἃ καὶ νῦν λέγω. Συνωμολογήσατ' οὖν κοινῇ σκεψάμενοι πρὸς ὑμᾶς αὐτοὺς

absetzen wollte, vielmehr ist es Jedem klar, daß Alles, was zu der Klasse der nachahmenden Künstler gehört, dasjenige am Leichtesten und Besten nachahmen wird, worin ein Jeder auferzogen ward, und daß es dagegen für einen jeden schwer ist, dasjenige, was außerhalb seines Bildungskreises liegt, in e
den Taten, noch schwerer aber in den Worten gut nachzuahmen. Das Geschlecht der Sophisten aber wiederum halte ich zwar für sehr erfahren in Reden und vielen anderen schönen Dingen, fürchte aber, weil es in den Staaten umherzieht und nirgends eigene Wohnsitze hat, daß es unfähig sei, das Richtige zu treffen, wenn es sich darum handelt, wie viel und welcherlei wissenschaftliche und zugleich staatskluge Männer in Kampf und Schlachten, so wie in der jedesmaligen Unterhandlung, in Tat und Wort zur Ausführung bringen dürften. So bleiben denn nur noch die Leute eures Schlages übrig welche Beides zugleich, und zwar durch Anlage und 20a
durch Bildung, sind. Denn Timaios hier ist aus dem italischen Lokris gebürtig, welches sich der vortrefflichsten Verfassung erfreut, steht keinem von seinen Landsleuten an Vermögen und Herkunft nach, und hat dabei einerseits die höchsten Ämter und Ehrenstellen im Staate bekleidet, andererseits in Allem, was nur wissenschaftliches Streben heißt, nach meinem Dafürhalten das Höchste erreicht. Von dem Kritias aber wissen wir Athener es ja alle, daß ihn Nichts von den Dingen, um welche es hier sich handelt, fremd ist, und eben so darf man es von der Naturanlage wie der Bildung des Hermokrates glauben, daß sie ihnen allen gewachsen sei, da dies von so vielen Seiten bezeugt wird. Dies erwog ich b
auch schon gestern, und als ihr mich daher batet, das Wesen des Staates zu erörtern, so ging ich gerne darauf ein, weil ich wußte, daß Niemand geschickter als ihr, wenn ihr wolltet, dazu sein würde, die Fortsetzung hiezu zu liefern; denn darzustellen, wie der Staat zu einem seiner würdigen Kriege schreiten und sodann in Allem auf die ihm zukommende Weise handeln würde, dürftet ihr allein von Allen, die jetzt leben, geeignet sein. Nachdem ich mich daher dessen entledigt, was ihr mir aufgetragen, trug ich euch denn hinwiederum das eben Erwähnte auf. Ihr nun setztet nach gemein-

εἰς νῦν ἀνταποδώσειν μοι τὰ τῶν λόγων ξένια, πάρειμί c
τε οὖν δὴ κεκοσμημένος ἐπ᾽ αὐτὰ καὶ πάντων ἑτοιμότατος
ὢν δέχεσθαι.

ΕΡΜΟΚΡΑΤΗΣ. Καὶ μὲν δή, καθάπερ εἶπεν Τίμαιος
ὅδε, ὦ Σώκρατες, οὔτε ἐλλείψομεν προθυμίας οὐδὲν οὔτε
ἔστιν οὐδεμία πρόφασις ἡμῖν τοῦ μὴ δρᾶν ταῦτα· ὥστε
καὶ χθές, εὐθὺς ἐνθένδε ἐπειδὴ παρὰ Κριτίαν πρὸς τὸν
ξενῶνα οὗ καὶ καταλύομεν ἀφικόμεθα, καὶ ἔτι πρότερον
καθ᾽ ὁδὸν αὐτὰ ταῦτ᾽ ἐσκοποῦμεν. Ὅδε οὖν ἡμῖν λόγον d
εἰσηγήσατο ἐκ παλαιᾶς ἀκοῆς· ὃν καὶ νῦν λέγε, ὦ Κριτία,
τῷδε, ἵνα συνδοκιμάσῃ πρὸς τὴν ἐπίταξιν εἴτ᾽ ἐπιτήδειος
εἴτε ἀνεπιτήδειός ἐστι.

ΚΡΙΤΙΑΣ. Ταῦτα χρὴ δρᾶν, εἰ καὶ τῷ τρίτῳ κοινωνῷ
Τιμαίῳ συνδοκεῖ.

ΤΙ. Δοκεῖ μήν.

ΚΡ. Ἄκουε δή, ὦ Σώκρατες, λόγου μάλα μὲν ἀτόπου,
παντάπασί γε μὴν ἀληθοῦς, ὡς ὁ τῶν ἑπτὰ σοφώτατος
Σόλων ποτ᾽ ἔφη. Ἦν μὲν οὖν οἰκεῖος καὶ σφόδρα φίλος e
ἡμῖν Δρωπίδου τοῦ προπάππου, καθάπερ λέγει πολλαχοῦ
καὶ αὐτὸς ἐν τῇ ποιήσει· πρὸς δὲ Κριτίαν τὸν ἡμέτερον
πάππον εἶπεν, ὡς ἀπεμνημόνευεν αὖ πρὸς ἡμᾶς ὁ γέρων,
ὅτι μεγάλα καὶ θαυμαστὰ τῆσδ᾽ εἴη παλαιὰ ἔργα τῆς
πόλεως ὑπὸ χρόνου καὶ φθορᾶς ἀνθρώπων ἠφανισμένα,
πάντων δὲ ἓν μέγιστον, οὗ νῦν ἐπιμνησθεῖσιν πρέπον ἂν 21
ἡμῖν εἴη σοί τε ἀποδοῦναι χάριν καὶ τὴν θεὸν ἅμα ἐν τῇ
πανηγύρει δικαίως τε καὶ ἀληθῶς οἷόνπερ ὑμνοῦντας
ἐγκωμιάζειν.

schaftlicher Beratung auf heute meine Gegenbewirtung c
durch Reden fest, und da bin ich denn nun, gerüstet und ganz gewärtig sie zu empfangen.

1.3. Die Gegenleistung des Kritias: sein Bericht von den Heldentaten Ur-Athens

HERMOKRATES: Und wir unsererseits, lieber Sokrates, wie es schon unser Timaios hier sagte, werden es gewiß an gutem Willen nicht fehlen lassen; auch haben wir so wenig einen Vorwand, uns dem zu entziehen, daß wir schon gestern, gleich als wir von hier in das Gastzimmer beim Kritias, wo wir wohnen, eingetreten waren, und noch vorher auf dem Wege dahin, eben den betreffenden Gegenstand mit
einander betrachtet haben. Da trug uns denn nun unser Wirt d
eine Geschichte aus alter Überlieferung vor, und – dieselbe, lieber Kritias, könntest du nun auch dem Sokrates mitteilen, auf daß auch er mit uns prüfe, ob sie zur Erfüllung des uns Aufgetragenen etwas Geeignetes enthält oder nicht.

KRITIAS: Das mag geschehen, wenn es auch den Timaios, als unsern dritten Gesprächsgenossen, also gut dünkt.

TIMAIOS: Ich bin damit einverstanden.

1.3.1. Die Kunde von alten Taten Athens; Solons ägyptische Quellen

KRITIAS: So höre denn, Sokrates, eine gar seltsame, aber durchaus wahre Geschichte, wie sie einst Solon, der Weiseste
unter den Sieben, erzählt hat. Er war nämlich, wie bekannt, e
ein Verwandter und vertrauter Freund meines Urgroßvaters Dropides, wie er auch selber wiederholt in seinen Gedichten sagt; meinem Großvater Kritias aber erzählte er bei irgend einer Gelegenheit, wie es dieser als Greis wiederum mir mitteilte, daß es viele vor Alters von unserem Staat vollbrachte bewunderungswürdige Taten gäbe, welche durch die Länge der Zeit und den Untergang der Menschen in Vergessenheit
geraten wären; von allen aber sei eine die größte; (und diese 21a
ist es) deren Andenken mir jetzt zu erneuern geziemt, um sowohl dir meinen Dank abzutragen, als auch zugleich die Göttin an ihrem (gegenwärtigen) Feste auf eine echte und gebührende Weise wie durch einen Lobgesang zu verherrlichen.

ΣΩ. Εὖ λέγεις. Ἀλλὰ δὴ ποῖον ἔργον τοῦτο Κριτίας οὐ
λεγόμενον μέν, ὡς δὲ πραχθὲν ὄντως ὑπὸ τῆσδε τῆς
πόλεως ἀρχαῖον διηγεῖτο κατὰ τὴν Σόλωνος ἀκοήν ;

ΚΡ. Ἐγὼ φράσω, παλαιὸν ἀκηκοὼς λόγον οὐ νέου
ἀνδρός. Ἦν μὲν γὰρ δὴ τότε Κριτίας, ὥς ἔφη, σχεδὸν
ἐγγὺς ἤδη τῶν ἐνενήκοντα ἐτῶν, ἐγὼ δέ πῃ μάλιστα b
δεκέτης· ἡ δὲ Κουρεῶτις ἡμῖν οὖσα ἐτύγχανεν Ἀπα-
τουρίων. Τὸ δὴ τῆς ἑορτῆς σύνηθες ἑκάστοτε καὶ τότε
συνέβη τοῖς παισίν· ἆθλα γὰρ ἡμῖν οἱ πατέρες ἔθεσαν
ῥαψῳδίας. Πολλῶν μὲν οὖν δὴ καὶ πολλὰ ἐλέχθη ποιητῶν
ποιήματα, ἅτε δὲ νέα κατ᾽ ἐκεῖνον τὸν χρόνον ὄντα τὰ
Σόλωνος πολλοὶ τῶν παίδων ᾔσαμεν. Εἶπεν οὖν τις τῶν
φρατέρων, εἴτε δὴ δοκοῦν αὐτῷ τότε εἴτε καὶ χάριν τινὰ
τῷ Κριτίᾳ φέρων, δοκεῖν οἱ τά τε ἄλλα σοφώτατον
γεγονέναι Σόλωνα καὶ κατὰ τὴν ποίησιν αὖ τῶν ποιητῶν c
πάντων ἐλευθεριώτατον. Ὁ δὴ γέρων — σφόδρα γὰρ οὖν
μέμνημαι — μάλα τε ἥσθη καὶ διαμειδιάσας εἶπεν· « Εἴ
γε, ὦ Ἀμύνανδρε, μὴ παρέργῳ τῇ ποιήσει κατεχρήσατο,
ἀλλ᾽ ἐσπουδάκει καθάπερ ἄλλοι, τόν τε λόγον ὃν ἀπ᾽
Αἰγύπτου δεῦρο ἠνέγκατο ἀπετέλεσεν, καὶ εἰ μὴ διὰ τὰς
στάσεις ὑπὸ κακῶν τε ἄλλων ὅσα ηὗρεν ἐνθάδε ἥκων
ἠναγκάσθη καταμελῆσαι, κατά γε ἐμὴν δόξαν οὔτε d
Ἡσίοδος οὔτε Ὅμηρος οὔτε ἄλλος οὐδεὶς ποιητὴς εὐδοκι-
μώτερος ἐγένετο ἄν ποτε αὐτοῦ. » « Τίς δ᾽ ἦν ὁ λόγος », ἦ
δ᾽ ὅς, « ὦ Κριτία » ; « Ἡ περὶ μεγίστης », ἔφη, « καὶ
ὀνομαστοτάτης πασῶν δικαιότατ᾽ ἂν πράξεως οὔσης, ἣν
ἥδε ἡ πόλις ἔπραξε μέν, διὰ δὲ χρόνον καὶ φθορὰν τῶν
ἐργασαμένων οὐ διήρκεσε δεῦρο ὁ λόγος. » « Λέγε ἐξ

SOKRATES: Wohl gesprochen. Aber was für eine Tat ist
denn das, die Kritias, obgleich sie der Überlieferung unbe-
kannt ist, dir dennoch als eine in Wahrheit vor Alters von
dieser Stadt vollbrachte nach dem Berichte des Solon mitteil-
te?

KRITIAS: So will ich denn diese alte Geschichte erzählen,
die ich von einem nicht (mehr) jungen Manne vernommen.
Es war nämlich damals Kritias, wie er sagte, schon beinahe b
neunzig Jahre, ich aber so ungefähr zehn alt. Nun war ge-
rade der Knabentag der Apaturien, und was sonst jedesmal
an diesem Feste gebräuchlich ist, geschah auch diesmal mit
den Kindern: Preise setzten uns nämlich die Väter für den
besten Vortrag von Gedichten aus. So wurden denn viele
Gedichte von vielen anderen Dichtern hergesagt, namentlich
aber trugen viele von uns Kindern (manche) von denen des
Solon vor, weil diese zu jener Zeit noch etwas Neues waren.
Da äußerte nun einer von den Genossen unserer Phratrie, sei
es, daß dies damals wirklich seine Ansicht war, sei es, um
dem Kritias etwas Angenehmes zu sagen, es scheine ihm
Solon sowohl in allen anderen Stücken der Weiseste als auch c
in Bezug auf die Dichtkunst unter allen Dichtern der edelste
zu sein. Der Greis nun – denn ich erinnere mich dessen noch
sehr wohl – ward sehr erfreut und erwiderte lächelnd: we-
nigstens, Amynandros, wenn er die Dichtkunst nicht bloß als
Nebensache betrieben, sondern, wie Andere seinen ganzen
Fleiß auf dieselbe verwandt und die Erzählung, welche er aus
Ägypten mit hieher brachte, vollendet und nicht wegen der
Unruhen und durch alle anderen Schäden, welche er hier bei
seiner Rückkehr vorfand, sich gezwungen gesehen hätte sie d
liegen zu lassen, dann wäre, wenigstens nach meinem Dafür-
halten, weder Homeros noch Hesiodos noch irgend ein an-
derer Dichter je berühmter geworden als er.

Aber was für eine Geschichte war denn dies? fragte jener.

Traun von der größten und mit vollem Rechte ruhmwür-
digsten Tat von allen, welche diese Stadt vollbracht, von
welcher aber wegen der Länge der Zeit und des Unterganges
derer, die sie vollbracht haben, die Überlieferung sich nicht
bis auf uns erhalten hat.

ἀρχῆς », ἦ δ' ὅς, « τί τε καὶ πῶς καὶ παρὰ τίνων ὡς ἀληθῆ διακηκοὼς ἔλεγεν ὁ Σόλων. »

« Ἔστιν τις κατ' Αἴγυπτον », ἦ δ' ὅς, « ἐν τῷ Δέλτα, e
περὶ ὃν κατὰ κορυφὴν σχίζεται τὸ τοῦ Νείλου ῥεῦμα Σαϊτικὸς ἐπικαλούμενος νομός, τούτου δὲ τοῦ νομοῦ μεγίστη πόλις Σάις — ὅθεν δὴ καὶ Ἄμασις ἦν ὁ βασιλεύς — οἷς τῆς πόλεως θεὸς ἀρχηγός τίς ἐστιν, Αἰγυπτιστὶ μὲν τοὔνομα Νηίθ, Ἑλληνιστὶ δέ, ὡς ὁ ἐκείνων λόγος, Ἀθηνᾶ· μάλα δὲ φιλαθήναιοι καί τινα τρόπον οἰκεῖοι τῶνδ' εἶναί φασιν. Οἷ δὴ Σόλων ἔφη πορευθεὶς σφόδρα τε γενέσθαι παρ' αὐτοῖς ἔντιμος, καὶ δὴ καὶ τὰ παλαιὰ 22
ἀνερωτῶν ποτε τοὺς μάλιστα περὶ ταῦτα τῶν ἱερέων ἐμπείρους, σχεδὸν οὔτε αὑτὸν οὔτε ἄλλον Ἕλληνα οὐδένα οὐδὲν ὡς ἔπος εἰπεῖν εἰδότα περὶ τῶν τοιούτων ἀνευρεῖν. Καί ποτε προαγαγεῖν βουληθεὶς αὐτοὺς περὶ τῶν ἀρχαίων εἰς λόγους, τῶν τῇδε πόλει τὰ ἀρχαιότατα λέγειν ἐπιχειρεῖν, περὶ Φορωνέως τε τοῦ πρώτου λεχθέντος καὶ Νιόβης, καὶ μετὰ τὸν κατακλυσμὸν αὖ περὶ Δευκαλίωνος καὶ Πύρρας ὡς διεγένοντο μυθολογεῖν, καὶ τοὺς ἐξ b
αὐτῶν γενεαλογεῖν, καὶ τὰ τῶν ἐτῶν ὅσα ἦν οἷς ἔλεγεν πειρᾶσθαι διαμνημονεύων τοὺς χρόνους ἀριθμεῖν· καί τινα εἰπεῖν τῶν ἱερέων εὖ μάλα παλαιόν· « Ὦ Σόλων, Σόλων, Ἕλληνες ἀεὶ παῖδές ἐστε, γέρων δὲ Ἕλλην οὐκ ἔστιν. » Ἀκούσας οὖν, « Πῶς τί τοῦτο λέγεις » ; φάναι. « Νέοι ἐστέ », εἰπεῖν, « τὰς ψυχὰς πάντες· οὐδεμίαν γὰρ ἐν αὐταῖς ἔχετε δι' ἀρχαίαν ἀκοὴν παλαιὰν δόξαν οὐδὲ μάθημα χρόνῳ πολιὸν οὐδέν. Τὸ δὲ τούτων αἴτιον τόδε. Πολλαὶ καὶ κατὰ πολλὰ φθοραὶ γεγόνασιν ἀνθρώπων c
καὶ ἔσονται, πυρὶ μὲν καὶ ὕδατι μέγισται, μυρίοις δὲ

So erzähle mir denn vom Anfange an, versetzte der Andere, was und wie und von wem Solon hierüber Beglaubigtes gehört und es darnach berichtet hat.

Es gibt in Ägypten, versetzte Kritias, in dem Delta, um e dessen Spitze herum der Nilstrom sich spaltet, einen Gau, welcher der saïtische heißt, und die größte Stadt dieses Gau's ist Saïs, von wo ja auch der König Amasis gebürtig war. Die Einwohner nun halten für die Gründerin ihrer Stadt eine Gottheit, deren Name auf ägyptisch Neith, auf griechisch aber, wie sie angeben, Athene ist; sie behaupten daher große Freunde der Athener und gewissermaßen mit ihnen stammverwandt zu sein. Als daher Solon dorthin kam, so wurde er, wie er erzählte, von ihnen mit Ehren überhäuft, und da er 22a Erkundigungen über die Vorzeit bei denjenigen Priestern einzog, welche hierin vorzugsweise erfahren waren, so war er nahe daran zu finden, daß weder er selbst noch irgend ein anderer Grieche, fast möchte man sagen, auch nur irgend Etwas von diesen Dingen wisse. Und einst habe er, um sie zu einer Mitteilung über die Urzeit zu veranlassen, begonnen, ihnen die ältesten Geschichten Griechenlands zu erzählen, ihnen vom Phoroneus, welcher für den ersten (Menschen) gilt, und von der Niobe, und wie nach der Flut Deukalion und Pyrra übrig blieben, zu berichten und das Geschlechts- b register ihrer Abkömmlinge aufzuzählen und habe versucht, mit Anführung der Jahre, welche auf jedes Einzelne kamen, wovon er sprach, die Zeiten zu bestimmen. Da aber habe einer der Priester, ein sehr bejahrter Mann, ausgerufen: o Solon, Solon, ihr Hellenen bleibt doch immer Kinder, und einen alten Hellenen gibt es nicht!

Als nun Solon dies vernommen, habe er gefragt: wie so? wie meinst du das?

Ihr seid alle jung an Geiste, erwiderte der Priester, denn ihr tragt in ihm keine Anschauung, welche aus alter Überlieferung stammt, und keine mit der Zeit ergraute Kunde. Der Grund hievon aber ist folgender. Es haben schon viele und c vielerlei Vertilgungen der Menschen Statt gefunden und werden auch fernerhin noch Statt finden, die umfänglichsten durch Feuer und Wasser, andere, geringere aber durch un-

ἄλλοις ἕτεραι βραχύτεραι. Τὸ γὰρ οὖν καὶ παρ᾿ ὑμῖν λεγόμενον, ὥς ποτε Φαέθων Ἡλίου παῖς τὸ τοῦ πατρὸς ἅρμα ζεύξας διὰ τὸ μὴ δυνατὸς εἶναι κατὰ τὴν τοῦ πατρὸς ὁδὸν ἐλαύνειν τά τ᾿ ἐπὶ γῆς συνέκαυσεν καὶ αὐτὸς κεραυνωθεὶς διεφθάρη, τοῦτο μύθου μὲν σχῆμα ἔχον λέγεται, τὸ δὲ ἀληθές ἐστι τῶν περὶ γῆν κατ᾿ οὐρανὸν ἰόντων d
παράλλαξις καὶ διὰ μακρῶν χρόνων γιγνομένη, τῶν ἐπὶ γῆς πυρὶ πολλῷ φθορά. Τότε οὖν ὅσοι κατ᾿ ὄρη καὶ ἐν ὑψηλοῖς τόποις καὶ ἐν ξηροῖς οἰκοῦσιν μᾶλλον διόλλυνται τῶν ποταμοῖς καὶ θαλάττῃ προσοικούντων· ἡμῖν δὲ ὁ Νεῖλος εἴς τε τἆλλα σωτὴρ καὶ τότε ἐκ ταύτης τῆς ἀπορίας σῴζει λυόμενος. Ὅταν δ᾿ αὖ θεοὶ τὴν γῆν ὕδασιν καθαίροντες κατακλύζωσιν, οἱ μὲν ἐν τοῖς ὄρεσιν διασῴζονται βουκόλοι νομεῖς τε, οἱ δ᾿ ἐν ταῖς παρ᾿ ὑμῖν πόλεσιν εἰς τὴν θάλατταν ὑπὸ τῶν ποταμῶν φέρονται· κατὰ δὲ τήνδε χώραν οὔτε τότε e
οὔτε ἄλλοτε ἄνωθεν ἐπὶ τὰς ἀρούρας ὕδωρ ἐπιρρεῖ, τὸ δ᾿ ἐναντίον κάτωθεν πᾶν ἐπανιέναι πέφυκεν. Ὅθεν καὶ δι᾿ ἃς αἰτίας τἀνθάδε σῳζόμενα λέγεται παλαιότατα· τὸ δὲ ἀληθές, ἐν πᾶσιν τοῖς τόποις ὅπου μὴ χειμὼν ἐξαίσιος ἢ καῦμα ἀπείργει, πλέον, τοτὲ δὲ ἔλαττον ἀεὶ γένος ἐστὶν 23
ἀνθρώπων. Ὅσα δὲ ἢ παρ᾿ ὑμῖν ἢ τῇδε ἢ καὶ κατ᾿ ἄλλον τόπον ὧν ἀκοῇ ἴσμεν, εἴ πού τι καλὸν ἢ μέγα γέγονεν ἢ καί τινα διαφορὰν ἄλλην ἔχον, πάντα γεγραμμένα ἐκ παλαιοῦ τῇδ᾿ ἐστὶν ἐν τοῖς ἱεροῖς καὶ σεσωσμένα· τὰ δὲ παρ᾿ ὑμῖν καὶ τοῖς ἄλλοις ἄρτι κατεσκευασμένα ἑκάστοτε τυγχάνει γράμμασι καὶ ἅπασιν ὁπόσων πόλεις δέονται, καὶ πάλιν δι᾿ εἰωθότων ἐτῶν ὥσπερ νόσημα ἥκει φερόμενον αὐτοῖς ῥεῦμα οὐράνιον καὶ τοὺς ἀγραμμάτους τε καὶ ἀμούσους ἔλιπεν ὑμῶν, ὥστε πάλιν ἐξ ἀρχῆς οἷον νέοι b

zählige andere Ursachen. Denn was auch bei euch erzählt
wird, daß einst Phaethon, der Sohn des Helios, den Wagen
seines Vaters bestieg und, weil er es nicht verstand auf dem
Wege seines Vaters zu fahren, Alles auf der Erde verbrannte
und selber vom Blitze erschlagen ward, das klingt zwar wie
eine Fabel, doch ist das Wahre daran die veränderte Bewe- d
gung der die Erde umkreisenden Himmelskörper und die
Vernichtung von Allem, was auf der Erde befindlich ist,
durch vieles Feuer, welche nach dem Verlauf (gewisser) gro-
ßer Zeiträume eintritt. Von derselben werden dann die, wel-
che auf Gebirgen und in hochgelegenen und wasserlosen
Gegenden wohnen, stärker betroffen als die Anwohner der
Flüsse und des Meeres, und so rettet auch uns der Nil, wie
aus allen anderen Nöten, so auch alsdann, indem er uns auch
aus dieser befreit. Wenn aber wiederum die Götter die Erde,
um sie zu reinigen, mit Wasser überschwemmen, dann blei-
ben die, so auf den Bergen wohnen, Rinder- und Schafhirten,
erhalten, die aber, welche bei euch in den Städten leben,
werden von den Flüssen ins Meer geschwemmt, dagegen in e
unserem Lande strömt weder dann noch sonst das Wasser
vom Himmel herab auf die Fluren, sondern es ist so einge-
richtet, daß alles von unten her über sie aufsteigt. Daher und
aus diesen Gründen bleibt Alles bei uns erhalten und gilt
deshalb für das Älteste. In Wahrheit jedoch gibt es in allen
Gegenden, wo nicht übermäßige Kälte oder Hitze es wehrt,
stets ein bald mehr, bald minder zahlreiches Menschenge- 23a
schlecht. Nur aber liegt bei uns Alles, was bei euch oder in
der Heimat oder in anderen Gegenden vorgeht, von denen
wir durch Hörensagen wissen, so fern es irgendwie etwas
Treffliches oder Großes ist oder irgend eine andere Be-
deutsamkeit hat, insgesamt von Alters her in den Tempeln
aufgezeichnet und bleibt also erhalten. Ihr dagegen und die
übrigen Staaten seid hinsichtlich der Schrift und alles An-
deren, was zum staatlichen Leben gehört, immer eben erst
eingerichtet, wenn schon wiederum nach dem Ablauf der
gewöhnlichen Frist wie eine Krankheit die Regenflut des
Himmels über euch hereinbricht und nur die der Schrift Un-
kundigen und Ungebildeten bei euch übrig läßt, so daß ihr b

γίγνεσθε, οὐδὲν εἰδότες οὔτε τῶν τῇδε οὔτε τῶν παρ' ὑμῖν, ὅσα ἦν ἐν τοῖς παλαιοῖς χρόνοις. Τὰ γοῦν νυνδὴ γενεαλογηθέντα, ὦ Σόλων, περὶ τῶν παρ' ὑμῖν ἃ διῆλθες, παίδων βραχύ τι διαφέρει μύθων, οἳ πρῶτον μὲν ἕνα γῆς κατακλυσμὸν μέμνησθε, πολλῶν ἔμπροσθεν γεγονότων, ἔτι δὲ τὸ κάλλιστον καὶ ἄριστον γένος ἐπ' ἀνθρώπους ἐν τῇ χώρᾳ παρ' ὑμῖν οὐκ ἴστε γεγονός, ἐξ ὧν σύ τε καὶ πᾶσα ἡ πόλις ἔστιν τὰ νῦν ὑμῶν, περιλειφθέντος ποτὲ σπέρματος c
βραχέος, ἀλλ' ὑμᾶς λέληθεν διὰ τὸ τοὺς περιγενομένους ἐπὶ πολλὰς γενεὰς γράμμασιν τελευτᾶν ἀφώνους. Ἦν γὰρ δή ποτε, ὦ Σόλων, ὑπὲρ τὴν μεγίστην φθορὰν ὕδασιν, ἡ νῦν Ἀθηναίων οὖσα πόλις ἀρίστη πρός τε τὸν πόλεμον καὶ κατὰ πάντα εὐνομωτάτη διαφερόντως· ᾗ κάλλιστα ἔργα καὶ πολιτεῖαι γενέσθαι λέγονται κάλλισται πασῶν ὁπόσων ὑπὸ τὸν οὐρανὸν ἡμεῖς ἀκοὴν παρεδεξάμεθα.» Ἀκούσας οὖν ὁ d
Σόλων ἔφη θαυμάσαι καὶ πᾶσαν προθυμίαν σχεῖν δεόμενος τῶν ἱερέων πάντα δι' ἀκριβείας οἱ τὰ περὶ τῶν πάλαι πολιτῶν ἑξῆς διελθεῖν. Τὸν οὖν ἱερέα φάναι· «Φθόνος οὐδείς, ὦ Σόλων, ἀλλὰ σοῦ τε ἕνεκα ἐρῶ καὶ τῆς πόλεως ὑμῶν, μάλιστα δὲ τῆς θεοῦ χάριν, ἣ τήν τε ὑμετέραν καὶ τήνδε ἔλαχεν καὶ ἔθρεψεν καὶ ἐπαίδευσεν, προτέραν μὲν τὴν παρ' ὑμῖν ἔτεσιν χιλίοις, ἐκ Γῆς τε καὶ Ἡφαίστου τὸ σπέρμα e
παραλαβοῦσα ὑμῶν, τήνδε δὲ ὑστέραν. Τῆς δὲ ἐνθάδε διακοσμήσεως παρ' ἡμῖν ἐν τοῖς ἱεροῖς γράμμασιν ὀκτακισχιλίων ἐτῶν ἀριθμὸς γέγραπται. Περὶ δὴ τῶν ἐνακισχίλια γεγονότων ἔτη πολιτῶν σοι δηλώσω διὰ βραχέων

immer von Neuem gleichsam wieder jung werdet und der
Vorgänge bei uns und bei euch unkundig bleibt, so viel ihrer
in alten Zeiten sich ereigneten. Wenigstens eure jetzigen Ge-
schlechtsverzeichnisse, wie du sie (eben) durchgingst, unter-
scheiden sich nur wenig von Kindermärchen. Denn erstens
erinnert ihr euch nur Einer Überschwemmung der Erde,
während doch so viele schon vorhergegangen sind, sodann
aber wißt ihr nicht, daß das trefflichste und edelste Ge-
schlecht unter den Menschen in eurem Lande gelebt hat, von
denen du und alle Bürger eures jetzigen Staates herstammt, c
indem einst ein geringer Stamm von ihnen übrig blieb;
sondern alles dies blieb euch verborgen, weil die Übrig-
gebliebenen viele Geschlechter hindurch ohne die Spra-
che der Schrift ihr ganzes Leben hinbrachten. Denn es
war einst, mein Solon, vor der größten Zerstörung durch
Wasser *der* Staat, welcher jetzt der athenische heißt, der beste
im Kriege und mit der in allen Stücken ausgezeichnetsten
Verfassung ausgerüstet, wie denn die herrlichsten Taten
und öffentlichen Einrichtungen von allen unter der Sonne,
deren Ruf wir vernommen haben, ihm zugeschrieben wer- d
den.

Als nun Solon dies hörte, da habe er, wie er erzählte, sein
Erstaunen bezeugt und angelegentlichst die Priester gebeten,
ihm die ganze Geschichte der alten Bürger seines Staates in
genauer Reihenfolge wiederzugeben.

1.3.2. Skizze von Solons Erzählung über Ur-Athen, Atlantis und deren Auseinandersetzung

Der Priester aber habe erwidert: ich will dir Nichts vor-
enthalten, mein Solon, sondern dir Alles mitteilen, sowohl
dir als eurem Staate, vor Allem aber der Göttin zu Liebe,
welche euren so wie unseren Staat gleichmäßig zum Ei-
gentume erhielt und beide erzog und bildete, und zwar den
euren tausend Jahre früher aus dem Samen, den sie dazu von e
der (Erdgöttin) Ge und dem Hephästos empfangen hatte,
und später eben so den unsrigen. Die Zahl der Jahre aber,
seitdem die Einrichtung des letzteren besteht, ist in unseren
heiligen Büchern auf achttausend angegeben. Von euren Mit-

νόμους, καὶ τῶν ἔργων αὐτοῖς ὃ κάλλιστον ἐπράχθη· τὸ δ' ἀκριβὲς περὶ πάντων ἐφεξῆς εἰς αὖθις κατὰ σχολὴν αὐτὰ 24
τὰ γράμματα λαβόντες διέξιμεν. Τοὺς μὲν οὖν νόμους σκόπει πρὸς τοὺς τῇδε. Πολλὰ γὰρ παραδείγματα τῶν τότε παρ' ὑμῖν ὄντων ἐνθάδε νῦν ἀνευρήσεις, πρῶτον μὲν τὸ τῶν ἱερέων γένος ἀπὸ τῶν ἄλλων χωρὶς ἀφωρισμένον, μετὰ δὲ τοῦτο τὸ τῶν δημιουργῶν, ὅτι καθ' αὑτὸ ἕκαστον ἄλλῳ δὲ οὐκ ἐπιμειγνύμενον δημιουργεῖ, τό τε τῶν νομέων καὶ τὸ τῶν θηρευτῶν τό τε τῶν γεωργῶν. Καὶ δὴ καὶ τὸ b
μάχιμον γένος ᾔσθησαί που τῇδε ἀπὸ πάντων τῶν γενῶν κεχωρισμένον, οἷς οὐδὲν ἄλλο πλὴν τὰ περὶ τὸν πόλεμον ὑπὸ τοῦ νόμου προσετάχθη μέλειν· ἔτι δὲ ἡ τῆς ὁπλίσεως αὐτῶν σχέσις ἀσπίδων καὶ δοράτων, οἷς ἡμεῖς πρῶτοι τῶν περὶ τὴν Ἀσίαν ὡπλίσμεθα, τῆς θεοῦ καθάπερ ἐν ἐκείνοις τοῖς τόποις παρ' ὑμῖν πρώτοις ἐνδειξαμένης. Τὸ δ' αὖ περὶ τῆς φρονήσεως, ὁρᾷς που τὸν νόμον τῇδε ὅσην ἐπιμέλειαν ἐποιήσατο εὐθὺς κατ' ἀρχὰς περί τε τὸν κόσμον, ἅπαντα μέχρι μαντικῆς καὶ ἰατρικῆς πρὸς ὑγίειαν c
ἐκ τούτων θείων ὄντων εἰς τὰ ἀνθρώπινα ἀνευρών, ὅσα τε ἄλλα τούτοις ἕπεται μαθήματα πάντα κτησάμενος. Ταύτην οὖν δὴ τότε σύμπασαν τὴν διακόσμησιν καὶ σύνταξιν ἡ θεὸς προτέρους ὑμᾶς διακοσμήσασα κατῴκισεν, ἐκλεξαμένη τὸν τόπον ἐν ᾧ γεγένησθε, τὴν εὐκρασίαν τῶν ὡρῶν ἐν αὐτῷ κατιδοῦσα, ὅτι φρονιμωτάτους ἄνδρας οἴσοι· ἅτε οὖν φιλοπόλεμός τε καὶ φιλόσοφος ἡ θεὸς οὖσα τὸν προσφε- d
ρεστάτους αὐτῇ μέλλοντα οἴσειν τόπον ἄνδρας, τοῦτον ἐκλεξαμένη πρῶτον κατῴκισεν. Ὠκεῖτε δὴ οὖν νόμοις τε τοιούτοις χρώμενοι καὶ ἔτι μᾶλλον εὐνομούμενοι πάσῃ τε παρὰ πάντας ἀνθρώπους ὑπερβεβληκότες ἀρετῇ, καθάπερ εἰκὸς γεννήματα καὶ παιδεύματα θεῶν ὄντας. Πολλὰ μὲν οὖν ὑμῶν καὶ μεγάλα ἔργα τῆς πόλεως τῇδε γεγραμμένα θαυμάζεται, πάντων μὴν ἓν ὑπερέχει μεγέθει καὶ ἀρετῇ· e

bürgern, die vor neuntausend Jahren entstanden, will ich dir
also jetzt im Kurzen berichten, welches ihre Staatsverfassung
und welches die herrlichste Tat war, die sie vollbrachten; das
Genauere über dies Alles aber wollen wir ein ander Mal mit 24a
Muße nach der Reihe durchgehen, indem wir die Bücher
selber zur Hand nehmen. Von ihrer Verfassung nun mache
dir eine Vorstellung nach der hiesigen. Denn du wirst viele
Proben von dem, was damals bei euch galt, in dem, was bei
uns noch jetzt gilt, wiederfinden, zuerst eine Kaste der Prie-
ster, welche von allen andern gesondert ist, sodann die der
Gewerbetreibenden, von denen wieder jede Klasse für sich
arbeitet, und nicht mit den anderen zusammen, samt den
Hirten, Jägern und Ackerleuten; endlich wirst du auch wohl b
bemerkt haben, daß die Kriegerkaste hier zu Lande von allen
Anderen gesondert und daß ihr nichts Anderes, außer der
Sorge für das Kriegswesen, vom Gesetze auferlegt ist. Ihre
Bewaffnung ferner besteht aus Spieß und Schild, mit denen
wir zuerst unter den Völkern Asiens uns ausrüsteten, indem
die Göttin es uns, ebenso wie in euren Gegenden euch
zuerst, gelehrt hatte. Was sodann die Geistesbildung anlagt,
so siehst du doch wohl, eine wie große Sorge das Gesetz bei
uns gleich in seinen Grundlagen auf sie verwandt hat, indem c
es aus allen auf die Naturordnung bezüglichen Wissenschaf-
ten bis zu der Wahrsagekunst und der Heilkunst zur Siche-
rung der Gesundheit hin, welche alle göttlicher Natur sind,
dasjenige, was zum Gebrauche der Menschen sich eignet,
heraussuchte und sich dergestalt alle diese Wissenschaften
und alle andern, welche mit ihnen zusammenhängen, aneig-
nete. Nach dieser ganzen Anordnung und Einrichtung grün-
dete nun die Göttin zuerst euren Staat, indem sie den Ort
eurer Geburt mit Rücksicht darauf erwählte, daß die dort
herrschende glückliche Mischung der Jahreszeiten am Besten
dazu geeignet sei, verständige Männer zu erzeugen. Weil also
die Göttin zugleich den Krieg und die Weisheit liebt, so d
wählte sie den Ort aus, welcher am Meisten sich dazu eig-
nete, Männer, wie sie ihr am Ähnlichsten sind, hervorzubrin-
gen, und gab diesem zuerst seine Bewohner. So wohntet ihr
denn also dort im Besitze einer solchen Verfassung und noch

λέγει γὰρ τὰ γεγραμμένα ὅσην ἡ πόλις ὑμῶν ἔπαυσέν ποτε δύναμιν ὕβρει πορευομένην ἅμα ἐπὶ πᾶσαν Εὐρώπην καὶ Ἀσίαν, ἔξωθεν ὁρμηθεῖσαν ἐκ τοῦ Ἀτλαντικοῦ πελάγους. Τότε γὰρ πορεύσιμον ἦν τὸ ἐκεῖ πέλαγος· νῆσον γὰρ πρὸ τοῦ στόματος εἶχεν ὃ καλεῖτε, ὥς φατε, ὑμεῖς Ἡρακλέους στήλας, ἡ δὲ νῆσος ἅμα Λιβύης ἦν καὶ Ἀσίας μείζων, ἐξ ἧς ἐπιβατὸν ἐπὶ τὰς ἄλλας νήσους τοῖς τότε ἐγίγνετο πορευομένοις, ἐκ δὲ τῶν νήσων ἐπὶ
τὴν καταντικρὺ πᾶσαν ἤπειρον τὴν περὶ τὸν ἀληθινὸν 25 a
ἐκεῖνον πόντον. Τάδε μὲν γάρ, ὅσα ἐντὸς τοῦ στόματος οὗ λέγομεν, φαίνεται λιμὴν στενόν τινα ἔχων εἴσπλουν· ἐκεῖνο δὲ πέλαγος ὄντως ἥ τε περιέχουσα αὐτὸ γῆ παντελῶς ἀληθῶς ὀρθότατ᾽ ἂν λέγοιτο ἤπειρος. Ἐν δὲ δὴ τῇ Ἀτλαντίδι νήσῳ ταύτῃ μεγάλη συνέστη καὶ θαυμαστὴ δύναμις βασιλέων, κρατοῦσα μὲν ἁπάσης τῆς νήσου, πολλῶν δὲ ἄλλων νήσων καὶ μερῶν τῆς ἠπείρου· πρὸς
δὲ τούτοις ἔτι τῶν ἐντὸς τῇδε Λιβύης μὲν ἦρχον μέχρι b
πρὸς Αἴγυπτον, τῆς δὲ Εὐρώπης μέχρι Τυρρηνίας. Αὕτη δὴ πᾶσα συναθροισθεῖσα εἰς ἓν ἡ δύναμις τόν τε παρ᾽ ὑμῖν καὶ τὸν παρ᾽ ἡμῖν καὶ τὸν ἐντὸς τοῦ στόματος πάντα τόπον μιᾷ ποτὲ ἐπεχείρησεν ὁρμῇ δουλοῦσθαι. Τότε οὖν ὑμῶν, ὦ Σόλων, τῆς πόλεως ἡ δύναμις εἰς ἅπαντας ἀνθρώπους διαφανὴς ἀρετῇ τε καὶ ῥώμῃ ἐγένετο· πάντων γὰρ προστᾶσα εὐψυχίᾳ καὶ τέχναις ὅσαι κατὰ πόλεμον, τὰ
μὲν τῶν Ἑλλήνων ἡγουμένη, τὰ δ᾽ αὐτὴ μονωθεῖσα ἐξ c
ἀνάγκης τῶν ἄλλων ἀποστάντων, ἐπὶ τοὺς ἐσχάτους ἀφικομένη κινδύνους, κρατήσασα μὲν τῶν ἐπιόντων τρόπαιον ἔστησεν, τοὺς δὲ μήπω δεδουλωμένους διεκώλυσεν δουλωθῆναι, τοὺς δ᾽ ἄλλους, ὅσοι κατοικοῦμεν ἐντὸς ὅρων

viel anderer trefflicher Einrichtungen und übertraft alle an- e
deren Menschen in jeglicher Tugend und Tüchtigkeit, wie es
auch von Sprößlingen und Zöglingen der Götter nicht an-
ders zu erwarten stand. Viele andere große Taten eures Staa-
tes nun lesen wir in unseren Schriften mit Bewunderung,
von allen jedoch ragt *eine* durch ihre Größe und Kühnheit
hervor. Unsere Bücher erzählen nämlich, eine wie gewaltige
Kriegsmacht einst euer Staat gebrochen hat, als sie über-
mütig gegen ganz Europa und Asien zugleich vom atlanti-
schen Meere heranzog. Damals nämlich war das Meer dort
fahrbar, denn vor der Mündung, welche ihr in eurer Sprache
die Säulen des Herakles heißt, hatte es eine Insel, welche
größer war als Asien und Libyen zusammen, und von ihr
konnte man damals nach den übrigen Inseln hinübersetzen
und von den Inseln auf das ganze gegenüberliegende Fest- 25a
land, welches jenes recht eigentlich so zu nennende Meer
umschließt. Denn alles Das, was sich innerhalb der eben ge-
nannten Mündung befindet, erscheint wie eine (bloße) Bucht
mit einem engen Eingange, jenes Meer aber kann in Wahr-
heit also und das es umgebende Land mit vollem Fug und
Recht Festland heißen. Auf dieser Insel Atlantis nun bestand
eine große und bewundernswürdige Königsherrschaft, wel-
che nicht bloß die ganze Insel, sondern auch viele andere
Inseln und Teile des Festlands unter ihrer Gewalt hatte. Au-
ßerdem beherrschte sie noch von den hier innerhalb liegen-
den Ländern Libyen bis nach Ägypten und Europa bis nach b
Tyrrenien hin. Indem sich nun diese ganze Macht zu einer
Heeresmasse vereinigte, unternahm sie es, unser und euer
Land und überhaupt das ganze innerhalb der Mündung lie-
gende Gebiet mit Einem Zuge zu unterjochen. Da wurde
nun, mein Solon, die Macht eures Staates in ihrer (vollen)
Trefflichkeit und Stärke vor allen Menschen offenbar. Denn
vor allen Andern an Mut und Kriegskünsten hervorragend, c
führte derselbe zuerst die Hellenen, dann aber ward er durch
den Abfall der Anderen gezwungen, sich auf sich allein zu
verlassen, und als er so in die äußerste Gefahr gekommen, da
überwand er die Andringenden und stellte Siegeszeichen auf
und verhinderte so die Unterjochung der noch nicht Unter-

Ἡρακλείων, ἀφθόνως ἅπαντας ἠλευθέρωσεν. Ὑστέρῳ δὲ
χρόνῳ σεισμῶν ἐξαισίων καὶ κατακλυσμῶν γενομένων, μιᾶς
ἡμέρας καὶ νυκτὸς χαλεπῆς ἐπελθούσης, τό τε παρ᾽ ὑμῖν d
μάχιμον πᾶν ἁθρόον ἔδυ κατὰ γῆς, ἥ τε Ἀτλαντὶς νῆσος
ὡσαύτως κατὰ τῆς θαλάττης δῦσα ἠφανίσθη· διὸ καὶ νῦν
ἄπορον καὶ ἀδιερεύνητον γέγονεν τοὐκεῖ πέλαγος, πηλοῦ
κάρτα βραχέος ἐμποδὼν ὄντος, ὃν ἡ νῆσος ἱζομένη
παρέσχετο. »

Τὰ μὲν δὴ ῥηθέντα, ὦ Σώκρατες, ὑπὸ τοῦ παλαιοῦ
Κριτίου κατ᾽ ἀκοὴν τὴν Σόλωνος, ὡς συντόμως εἰπεῖν, e
ἀκήκοας· λέγοντος δὲ δὴ χθὲς σοῦ περὶ πολιτείας τε καὶ
τῶν ἀνδρῶν οὓς ἔλεγες, ἐθαύμαζον ἀναμιμνῃσκόμενος
αὐτὰ ἃ νῦν λέγω, κατανοῶν ὡς δαιμονίως ἔκ τινος τύχης
οὐκ ἀπὸ σκοποῦ συνηνέχθης τὰ πολλὰ οἷς Σόλων εἶπεν.
Οὐ μὴν ἐβουλήθην παραχρῆμα εἰπεῖν· διὰ χρόνου γὰρ οὐχ 26
ἱκανῶς ἐμεμνήμην. Ἐνενόησα οὖν ὅτι χρεὼν εἴη με πρὸς
ἐμαυτὸν πρῶτον ἱκανῶς πάντα ἀναλαβόντα λέγειν οὕτως.
Ὅθεν ταχὺ συνωμολόγησά σοι τὰ ἐπιταχθέντα χθές,
ἡγούμενος, ὅπερ ἐν ἅπασι τοῖς τοιοῖσδε μέγιστον ἔργον,
λόγον τινὰ πρέποντα τοῖς βουλήμασιν ὑποθέσθαι, τούτου
μετρίως ἡμᾶς εὐπορήσειν. Οὕτω δή, καθάπερ ὅδ᾽ εἶπεν,
χθές τε εὐθὺς ἐνθένδε ἀπιὼν πρὸς τούσδε ἀνέφερον αὐτὰ b
ἀναμιμνῃσκόμενος, ἀπελθών τε σχεδόν τι πάντα ἐπισκοπῶν
τῆς νυκτὸς ἀνέλαβον. Ὡς δή τοι, τὸ λεγόμενον, τὰ παίδων

jochten und gab den Andern von uns, die wir innerhalb der herakleischen Grenzen wohnen, mit edlem Sinne die Freiheit zurück. Späterhin aber entstanden gewaltige Erdbeben und Überschwemmungen, und da versank während eines schlimmen Tages und einer schlimmen Nacht das ganze streitbare d
Geschlecht bei euch scharenweise unter die Erde, und ebenso verschwand die Insel Atlantis, indem sie im Meere unterging. Deshalb ist auch die dortige See jetzt unfahrbar und undurchforschbar, weil der sehr hoch aufgehäufte Schlamm im Wege ist, welchen die Insel durch ihr Untersinken hervorbrachte.

1.3.3. Affinität Ur-Athens mit dem entworfenen Idealstaat; in einem ausführlichen Bericht von jener Frühzeit soll er mit Athen identifiziert werden

Da hast du nun, lieber Sokrates, was mir vom alten Kritias e
auf Solons Bericht hin erzählt wurde, so im Kurzen vernommen. Und so fiel mir denn auch, als du gestern über den Staat und seine Bürger, wie du sie schildertest, sprachst, (sogleich) eben Das, was ich jetzt mitgeteilt habe, dabei ein, und mit Erstaunen bemerkte ich, wie wunderbar du durch ein Spiel des Zufalls so überaus nahe in den meisten Stücken mit dem zusammentrafst, was Solon erzählt hatte. Doch wollte ich es nicht sogleich sagen, denn nach so langer Zeit 26a
hatte ich es nicht mehr gehörig im Gedächtnisse, (und) ich merkte daher, daß es nötig wäre, bei mir selber zuvor gehörig Alles wieder zu überdenken und dann erst darüber zu sprechen. Darum war ich auch so rasch mit den Aufgaben, welche du gestern stelltest, einverstanden, indem ich glauben durfte, ich werde um das, was in allen solchen Fällen die meisten Schwierigkeiten macht, nämlich einen den Erwartungen (der Zuhörer) entsprechenden Stoff zu Grunde zu legen, eben nicht in Verlegenheit sein. Deshalb nun rief ich es mir denn auch ins Gedächtnis zurück, indem ich es gestern gleich, wie auch Hermokrates schon bemerkt hat, als ich von hier fortging, unseren beiden Fremden mitteilte, und b
eben so sann ich, nachdem ich sie verlassen hatte, während der Nacht darüber nach und habe mir dadurch so ziemlich

μαθήματα θαυμαστὸν ἔχει τι μνημεῖον. Ἐγὼ γὰρ ἃ μὲν χθὲς ἤκουσα, οὐκ ἂν οἶδ᾽ εἰ δυναίμην ἅπαντα ἐν μνήμῃ πάλιν λαβεῖν· ταῦτα δὲ ἃ πάμπολυν χρόνον διακήκοα, παντάπασι θαυμάσαιμ᾽ ἂν εἴ τί με αὐτῶν διαπέφευγεν. Ἦν μὲν οὖν μετὰ πολλῆς ἡδονῆς καὶ παιδιᾶς τότε ἀκουόμενα, c καὶ τοῦ πρεσβύτου προθύμως με διδάσκοντος, ἅτ᾽ ἐμοῦ πολλάκις ἐπανερωτῶντος, ὥστε οἷον ἐγκαύματα ἀνεκπλύτου γραφῆς ἔμμονά μοι γέγονεν· καὶ δὴ καὶ τοῖσδε εὐθὺς ἔλεγον ἕωθεν αὐτὰ ταῦτα, ἵνα εὐποροῖεν λόγων μετ᾽ ἐμοῦ. Νῦν οὖν, οὗπερ ἕνεκα πάντα ταῦτα εἴρηται, λέγειν εἰμὶ ἕτοιμος, ὦ Σώκρατες, μὴ μόνον ἐν κεφαλαίοις ἀλλ᾽ ὥσπερ ἤκουσα καθ᾽ ἕκαστον· τοὺς δὲ πολίτας καὶ τὴν πόλιν ἣν χθὲς ἡμῖν ὡς ἐν μύθῳ διῄεισθα σύ, νῦν μετενεγκόντες ἐπὶ τἀληθὲς δεῦρο θήσομεν ὡς ἐκείνην τήνδε οὖσαν, καὶ τοὺς d πολίτας οὓς διενοοῦ φήσομεν ἐκείνους τοὺς ἀληθινοὺς εἶναι προγόνους ἡμῶν, οὓς ἔλεγεν ὁ ἱερεύς. Πάντως ἁρμόσουσι καὶ οὐκ ἀπᾳσόμεθα λέγοντες αὐτοὺς εἶναι τοὺς ἐν τῷ τότε ὄντας χρόνῳ. Κοινῇ δὲ διαλαμβάνοντες ἅπαντες πειρασόμεθα τὸ πρέπον εἰς δύναμιν οἷς ἐπέταξας ἀποδοῦναι. Σκοπεῖν οὖν δὴ χρή, ὦ Σώκρατες, εἰ κατὰ νοῦν ὁ λόγος ἡμῖν οὗτος, ἤ τινα ἔτ᾽ ἄλλον ἀντ᾽ αὐτοῦ e ζητητέον.

ΣΩ. Καὶ τίν᾽ ἄν, ὦ Κριτία, μᾶλλον ἀντὶ τούτου μεταλάβοιμεν, ὃς τῇ τε παρούσῃ τῆς θεοῦ θυσίᾳ διὰ τὴν οἰκειότητ᾽ ἂν πρέποι μάλιστα, τό τε μὴ πλασθέντα μῦθον

Alles wieder zur vollen Erinnerung gebracht. Und in der Tat, es ist wahr, was das Sprichwort sagt: was man als Knabe lernt, das merkt sich wunderbar. Ich meinerseits wenigstens weiß es nicht, ob ich, was ich gestern hörte, mir so Alles im Gedächtnis wieder vergegenwärtigen könnte, von dem eben Erzählten aber, was ich vor so langer Zeit gehört habe, sollte es gar sehr mich Wunder nehmen, wenn mir irgend Etwas davon entschwunden wäre. Ich hatte aber auch (schon) damals, als ich es hörte, nach Kinderart viele Freude daran, c
weshalb ich denn den Alten, der auch stets bereit war mir Rede zu stehen, wiederholt immer von Neuem darnach fragte, so daß es wie mit unauslöschlichen Zügen sich mir eingebrannt hat. Daher teilte ich denn auch den Gastfreunden gleich heute Morgen früh eben dies mit, damit es auch ihnen gleich mir nicht an Stoffe zu Reden gebräche. Jetzt also, um auf das zurückzukommen, weswegen dies Alles bemerkt worden ist, bin ich bereit, lieber Sokrates, nicht bloß im Ganzen und Großen, sondern auch in den einzelnen Zügen Alles, wie ich es gehört habe, vorzutragen, und die Bürger und den Staat, welche du gestern uns gleichsam nur wie in einer Dichtung geschildert hast, werde ich jetzt in die Wirklichkeit, und zwar hieher (nach Athen), versetzen, indem ich d
annehme, daß jener Staat der unsrige gewesen ist, und werde behaupten, daß die Bürger, wie du sie dir dachtest, jene unsere leibhaftigen Voreltern gewesen sind, von welchen der Priester sprach. Sie werden ganz dazu stimmen, und wir werden durchaus das Richtige treffen, wenn wir sagen, daß sie die seien, welche in der damaligen Zeit lebten. Wir werden uns jedoch in die Aufgabe, welche du uns gestellt hast, teilen und so alle (mit vereinten Kräften) dieselbe nach Vermögen gebührend zu lösen versuchen, und es ist eben deshalb (vorher) zuzusehen, lieber Sokrates, ob dieser Stoff nach unserem Sinne ist, oder ob wir noch erst einen anderen an seiner Stelle e
zu suchen haben.

SOKRATES: Und welchen anderen, mein Kritias, sollten wir wohl lieber an seiner Stelle nehmen, welcher zu dem gegenwärtigen Opferfest der Göttin wegen der nahen Beziehung zu ihr so gut paßte? Und dazu ist auch wohl

ἀλλ᾽ ἀληθινὸν λόγον εἶναι πάμμεγά που. Πῶς γὰρ καὶ πόθεν ἄλλους ἀνευρήσομεν ἀφέμενοι τούτων; οὐκ ἔστιν, ἀλλ᾽ ἀγαθῇ τύχῃ χρὴ λέγειν μὲν ὑμᾶς, ἐμὲ δὲ ἀντὶ τῶν χθὲς λόγων νῦν ἡσυχίαν ἄγοντα ἀντακούειν. 27

ΚΡ. Σκόπει δὴ τὴν τῶν ξενίων σοι διάθεσιν, ὦ Σώκρατες, ᾗ διέθεμεν. Ἔδοξεν γὰρ ἡμῖν Τίμαιον μέν, ἅτε ὄντα ἀστρονομικώτατον ἡμῶν καὶ περὶ φύσεως τοῦ παντὸς εἰδέναι μάλιστα ἔργον πεποιημένον, πρῶτον λέγειν ἀρχόμενον ἀπὸ τῆς τοῦ κόσμου γενέσεως, τελευτᾶν δὲ εἰς ἀνθρώπων φύσιν· ἐμὲ δὲ μετὰ τοῦτον, ὡς παρὰ μὲν τούτου δεδεγμένον ἀνθρώπους τῷ λόγῳ γεγονότας, παρὰ σοῦ δὲ πεπαιδευμένους διαφερόντως αὐτῶν τινας, κατὰ δὲ τὸν b
Σόλωνος λόγον τε καὶ νόμον εἰσαγαγόντα αὐτοὺς ὡς εἰς δικαστὰς ἡμᾶς ποιῆσαι πολίτας τῆς πόλεως τῆσδε ὡς ὄντας τοὺς τότε Ἀθηναίους, οὓς ἐμήνυσεν ἀφανεῖς ὄντας ἡ τῶν ἱερῶν γραμμάτων φήμη, τὰ λοιπὰ δὲ ὡς περὶ πολιτῶν καὶ Ἀθηναίων ὄντων ἤδη ποιεῖσθαι τοὺς λόγους.

ΣΩ. Τελέως τε καὶ λαμπρῶς ἔοικα ἀνταπολήψεσθαι τὴν τῶν λόγων ἑστίασιν. Σὸν οὖν ἔργον λέγειν ἄν, ὦ Τίμαιε, τὸ μετὰ τοῦτο, ὡς ἔοικεν, εἴη καλέσαντα κατὰ νόμον θεούς.

noch *das* an ihm ein großer Vorzug, daß er kein bloß erdichtetes Märchen, sondern eine wahre Geschichte enthält. Denn wie und woher sollten wir denn andere Stoffe nehmen, wenn wir diesen verschmähen wollten? Wir würden vergebens suchen; vielmehr – und ich wünsche euch guten Erfolg dazu – müßt ihr jetzt reden, ich aber zum Entgelt dafür, daß ich gestern gesprochen habe, nunmehr in Ruhe zu- 27a
hören.

1.4. Warum trotzdem zuerst Timaios über die Entstehung der Welt sprechen soll

KRITIAS: So betrachte denn, lieber Sokrates, wie wir die Anordnung der Gastgeschenke für dich getroffen haben. Wir haben nämlich beschlossen, daß Timaios, weil er sich unter uns am meisten auf die Sternkunde versteht, und es sich am meisten zur Aufgabe gemacht hat, über die Natur des Alls zur Erkenntnis zu gelangen, zuerst reden solle, und zwar so, daß er mit der Entstehung der Welt beginnt und mit der Erzeugung der Menschen aufhört, ich aber nach ihm, nachdem ich von ihm die Menschen als entstandene, gemäß seiner Darstellung, von dir aber einen Teil derselben als ganz vorzüglich gebildet in Empfang genommen und diese Letzteren b
(zur Beurteilung) nach der Erzählung und dem Gesetze des Solon gleichsam vor unseren Richterstuhl geführt habe, dieselben, indem ich davon ausgehe, daß dies die damaligen Athener sind, welche die Überlieferung der heiligen Bücher aus ihrer Verborgenheit an's Licht gezogen hat, zu Bürgern unseres Staates machen und das Weitere über sie sodann als über Bürger und Athener vortragen solle.

SOKRATES: Recht vollständig und glänzend scheint ja meine Gegenbewirtung durch (eure) Reden ausfallen zu sollen. Deine Aufgabe, wie ich denke, Timaios, wäre es denn also hiernach, jetzt zunächst zu sprechen, nachdem du zuvor, wie der Brauch es fordert, die Götter angerufen hast.

ΤΙ. Ἀλλ᾽, ὦ Σώκρατες, τοῦτό γε δὴ πάντες ὅσοι καὶ c
κατὰ βραχὺ σωφροσύνης μετέχουσιν, ἐπὶ παντὸς ὁρμῇ καὶ
σμικροῦ καὶ μεγάλου πράγματος θεὸν ἀεί που καλοῦσιν·
ἡμᾶς δὲ τοὺς περὶ τοῦ παντὸς λόγους ποιεῖσθαί πῃ μέλ-
λοντας, ᾗ γέγονεν ἢ καὶ ἀγενές ἐστιν, εἰ μὴ παντάπασι
παραλλάττομεν, ἀνάγκη θεούς τε καὶ θεὰς ἐπικαλουμένους
εὔχεσθαι πάντα κατὰ νοῦν ἐκείνοις μὲν μάλιστα, ἑπο-
μένως δὲ ἡμῖν εἰπεῖν. Καὶ τὰ μὲν περὶ θεῶν ταύτῃ παρα- d
κεκλήσθω· τὸ δ᾽ ἡμέτερον παρακλητέον, ᾗ ῥᾷστ᾽ ἂν ὑμεῖς
μὲν μάθοιτε, ἐγὼ δὲ ᾗ διανοοῦμαι μάλιστ᾽ ἂν περὶ τῶν
προκειμένων ἐνδειξαίμην.

Ἔστιν οὖν δὴ κατ᾽ ἐμὴν δόξαν πρῶτον διαιρετέον τάδε·
τί τὸ ὂν ἀεί, γένεσιν δὲ οὐκ ἔχον, καὶ τί τὸ γιγνόμενον μὲν
ἀεί, ὂν δὲ οὐδέποτε; τὸ μὲν δὴ νοήσει μετὰ λόγου περι- 28
ληπτόν, ἀεὶ κατὰ ταὐτὰ ὄν, τὸ δ᾽ αὖ δόξῃ μετ᾽ αἰσθήσεως
ἀλόγου δοξαστόν, γιγνόμενον καὶ ἀπολλύμενον, ὄντως δὲ
οὐδέποτε ὄν. Πᾶν δὲ αὖ τὸ γιγνόμενον ὑπ᾽ αἰτίου τινὸς
ἐξ ἀνάγκης γίγνεσθαι· παντὶ γὰρ ἀδύνατον χωρὶς αἰτίου
γένεσιν σχεῖν. Ὅτου μὲν οὖν ἂν ὁ δημιουργὸς πρὸς τὸ
κατὰ ταὐτὰ ἔχον βλέπων ἀεί, τοιούτῳ τινὶ προσχρώμενος

2. Die Rede des Timaios über die Entstehung der Welt
2.1. Vorbemerkungen
2.1.1. Götteranruf

TIMAIOS: Traun, lieber Sokrates, tun doch das wohl alle, c
die auch nur ein wenig Überlegung besitzen: rufen doch sie
Alle wohl beim Beginne eines jeden Unternehmens, mag es
nun geringfügig oder bedeutend sein, stets einen Gott an.
Und wir, die wir gar über das All zu sprechen im Begriffe
sind, nämlich in wie fern es entstanden ist oder aber unent-
standen von Ewigkeit war, müßten ja ganz und gar den Ver-
stand verloren haben, wenn wir nicht die Götter und Göt-
tinnen anrufen und von ihnen erflehen wollten (daß es uns
gelingen möge), das Ganze vor Allem nach ihrem Sinne,
sodann aber auch in Übereinstimmung mit uns selber dar- d
zulegen. Und so mögen denn die Götter eben hierum ange-
rufen sein, an uns selbst aber haben wir den Anruf und die
Anfrage zu stellen, auf welche Weise ihr eurerseits am leich-
testen ein Verständnis der Sache gewinnen, ich für mein Teil
aber den vorliegenden Gegenstand am deutlichsten so, wie
ich über ihn denke, zum Ausdrucke bringen möge.

2.1.2. Unterscheidung von Seiendem und Werdendem. Die Welt als nach dem Vorbild des Seienden geschaffenes Abbild

Man muß nun nach meiner Meinung zuerst Folgendes un-
terscheiden und festellen: wie haben wir uns das immer
Seiende, welches kein Werden zuläßt, und wie das immer
Werdende zu denken, welches niemals zum Sein gelangt? 28a
Nun, das eine als dem Denken vermöge des vernünftigen
Bewußtseins erfaßbar, eben weil als ein Solches, welches im-
mer dasselbe bleibt, das Andere dagegen als der (bloßen)
Vorstellung vermöge der bewußtlosen Sinneswahrnehmung
zugänglich, eben weil als ein Solches, welches dem Entstehen
und Vergehen ausgesetzt und nie wahrhaft seiend ist. Alles
Werdende muß ferner durch irgend eine Ursache werden,
denn es ist unmöglich, daß Etwas ohne irgend eine Ursache
entstehe. So weit nun der Urheber dabei (stets) auf Dasjenige
hinblickt, welches (immer) dasselbe bleibt, und sich einer
Wesenheit aus diesem Gebiete als seines Urbildes bedient,

παραδείγματι, τὴν ἰδέαν καὶ δύναμιν αὐτοῦ ἀπεργάζηται, καλὸν ἐξ ἀνάγκης οὕτως ἀποτελεῖσθαι πᾶν· οὗ δ' ἂν εἰς b
τὸ γεγονός, γεννητῷ παραδείγματι προσχρώμενος, οὐ καλόν. Ὁ δὴ πᾶς οὐρανὸς — ἢ κόσμος ἢ καὶ ἄλλο ὅτι ποτὲ ὀνομαζόμενος μάλιστ' ἂν δέχοιτο, τοῦθ' ἡμῖν ὠνομάσθω — σκεπτέον δ' οὖν περὶ αὐτοῦ πρῶτον, ὅπερ ὑπόκειται περὶ παντὸς ἐν ἀρχῇ δεῖν σκοπεῖν, πότερον ἦν ἀεί, γενέσεως ἀρχὴν ἔχων οὐδεμίαν, ἢ γέγονεν, ἀπ' ἀρχῆς τινος ἀρξάμενος. Γέγονεν· ὁρατὸς γὰρ ἁπτός τέ ἐστιν καὶ σῶμα ἔχων, πάντα δὲ τὰ τοιαῦτα αἰσθητά,
τὰ δ' αἰσθητά, δόξῃ περιληπτὰ μετ' αἰσθήσεως, γιγνόμενα c
καὶ γεννητὰ ἐφάνη. Τῷ δ' αὖ γενομένῳ φαμὲν ὑπ' αἰτίου τινὸς ἀνάγκην εἶναι γενέσθαι. Τὸν μὲν οὖν ποιητὴν καὶ πατέρα τοῦδε τοῦ παντὸς εὑρεῖν τε ἔργον καὶ εὑρόντα εἰς πάντας ἀδύνατον λέγειν· τόδε δ' οὖν πάλιν ἐπισκεπτέον περὶ αὐτοῦ, πρὸς πότερον τῶν παραδειγμάτων ὁ τεκταινό-
μενος αὐτὸν ἀπηργάζετο, πότερον πρὸς τὸ κατὰ ταὐτὰ 29
καὶ ὡσαύτως ἔχον ἢ πρὸς τὸ γεγονός. Εἰ μὲν δὴ καλός ἐστιν ὅδε ὁ κόσμος ὅ τε δημιουργὸς ἀγαθός, δῆλον ὡς πρὸς τὸ ἀίδιον ἔβλεπεν· εἰ δὲ ὃ μηδ' εἰπεῖν τινι θέμις, πρὸς γεγονός. Παντὶ δὴ σαφὲς ὅτι πρὸς τὸ ἀίδιον· ὁ μὲν γὰρ κάλλιστος τῶν γεγονότων, ὁ δ' ἄριστος τῶν αἰτίων. Οὕτω δὴ γεγενημένος πρὸς τὸ λόγῳ καὶ φρονήσει περιληπτὸν καὶ κατὰ ταὐτὰ ἔχον δεδημιούργηται· τούτων δὲ

um darnach die Gestalt eines Dinges und den Inbegriff seiner
Kräfte hervorzubringen, wird es notwendigerweise sodann b
in allen Stücken vortrefflich geraten; soweit er aber auf das Gewordene hinblickt und sich eines Urbildes bedient, welches selber dem Entstandenen angehört, in so weit nicht vortrefflich. Von dem ganzen Weltgebäude nun oder Weltall – oder, wenn ihm irgend ein anderer Name am meisten genehm ist, so sei ihm dieser von uns beigelegt – ist eben hiernach zunächst zu untersuchen, was überhaupt bei jedem Gegenstand der Untersuchung als Ausgangspunkt zu Grunde gelegt werden muß, ob es immer war und nicht erst, in das Werden eintretend, einen Anfang genommen hat, oder ob es entstanden und von einem Anfange ausgegangen ist. Es ist entstanden, denn es ist sichtbar und fühlbar und hat einen Körper; alles so Beschaffene aber ist sinnlich wahr-
nehmbar, und das sinnlich Wahrnehmbare, welches der Vor- c
stellung mit Hülfe der Sinne zugänglich ist, erschien uns als das Werdende und Entstandene. Das Werdende, sagten wir dann ferner, müsse notwendig durch irgend eine Ursache werden. Den Schöpfer und Vater dieses Alles nun (freilich) ist es schwierig zu finden, und wenn man ihn gefunden hat, unmöglich, sich für Alle verständlich über ihn auszusprechen; doch muß man in Betreff seiner wiederum dies untersuchen, nach welchem von beiderlei Urbildern er als Bau-
meister die Welt gebildet hat, ob nach Demjenigen, welches 29a
stets dasselbe und unverändert bleibt, oder aber nach dem Entstandenen.

Wenn nun aber doch diese Welt schön und vortrefflich und der Meister gut und vollkommen ist, so ist es offenbar, daß er nach dem Ewigen schaute, wenn dagegen der Fall eintritt, welchen auch nicht einmal auszusprechen erlaubt ist, dann nach dem Entstandenen. Eben hiernach ist es nun schon Jedermann klar, daß er nach dem Ewigen blickte, denn die Welt ist das Schönste von allem Entstandenen und der Meister ist der beste und vollkommenste von allen Urhebern. So ist denn jene als eine solche ins Leben gerufen worden, die nach dem Urbilde dessen entanden, was der Vernunft und Erkenntnis erfaßbar ist und beständig dasselbe bleibt.

ὑπαρχόντων αὖ πᾶσα ἀνάγκη τόνδε τὸν κόσμον εἰκόνα b
τινὸς εἶναι. Μέγιστον δὴ παντὸς ἄρξασθαι κατὰ φύσιν ἀρχήν. Ὧδε οὖν περί τε εἰκόνος καὶ περὶ τοῦ παραδείγματος αὐτῆς διοριστέον, ὡς ἄρα τοὺς λόγους, ὧνπέρ εἰσιν ἐξηγηταί, τούτων αὐτῶν καὶ συγγενεῖς ὄντας· τοῦ μὲν οὖν μονίμου καὶ βεβαίου καὶ μετὰ νοῦ καταφανοῦς μονίμους καὶ ἀμεταπτώτους — καθ' ὅσον οἷόν τε καὶ ἀνελέγκτοις προσήκει λόγοις εἶναι καὶ ἀνικήτοις, τούτου δεῖ μηδὲν ἐλλείπειν — τοὺς δὲ τοῦ πρὸς μὲν ἐκεῖνο ἀπεικασθέντος, ὄντος δὲ εἰκόνος εἰκότας ἀνὰ λόγον τε c
ἐκείνων ὄντας· ὅτιπερ πρὸς γένεσιν οὐσία, τοῦτο πρὸς πίστιν ἀλήθεια. Ἐὰν οὖν, ὦ Σώκρατες, πολλὰ πολλῶν πέρι, θεῶν καὶ τῆς τοῦ παντὸς γενέσεως, μὴ δυνατοὶ γιγνώμεθα πάντῃ πάντως αὐτοὺς ἑαυτοῖς ὁμολογουμένους λόγους καὶ ἀπηκριβωμένους ἀποδοῦναι, μὴ θαυμάσῃς· ἀλλ' ἐὰν ἄρα μηδενὸς ἧττον παρεχώμεθα εἰκότας, ἀγαπᾶν χρή, μεμνημένους ὡς ὁ λέγων ἐγὼ ὑμεῖς τε οἱ κριταὶ φύσιν ἀνθρωπίνην ἔχομεν, ὥστε περὶ τούτων τὸν εἰκότα μῦθον d
ἀποδεχομένους πρέπει τούτου μηδὲν ἔτι πέρα ζητεῖν.

ΣΩ. Ἄριστα, ὦ Τίμαιε, παντάπασί τε ὡς κελεύεις ἀποδεκτέον· τὸ μὲν οὖν προοίμιον θαυμασίως ἀπεδεξάμεθά σου, τὸν δὲ δὴ νόμον ἡμῖν ἐφεξῆς πέραινε.

2.1.3. Unterscheidung wahrer und wahrscheinlicher Reden. Die Rede über die Entstehung der Welt kann nur wahrscheinlich sein

Schreiten wir nun auf diesen Grundlagen zur Betrachtung b dieser unserer Welt, so ist sie eben hiernach ganz notwendigerweise ein (bloßes) Abbild von etwas (Ewigem). Nun ist es aber bei einer jeden Frage von der höchsten Wichtigkeit, (gerade) ihren Ausgangspunkt sachgemäß zu behandeln, und so muß man denn auch zwischen der Art, wie man von dem Abbilde und der, wie man von seinem Urbilde zu handeln hat, (sofort) feste Grenzen ziehen, indem man erwägt, daß die Darstellungsweise mit den Gegenständen, welche sie zum Verständnisse bringen soll, auch selber verwandt ist, und daß daher die Darlegung des Bleibenden und Beständigen und im Lichte der Vernunft Erkennbaren selber das Gepräge des Bleibenden und Unumstößlichen an sich trägt, – und so weit es überhaupt wissenschaftlichen Erörterungen zukommt, unwiderleglich und unerschütterlich zu sein, darf man es hieran in Nichts fehlen lassen, – die des nach Jenem Gebildeten dagegen, so wie dieses selber nur ein c Abbild ist, diesem ihrem Gegenstande entsprechend das des bloß Wahrscheinlichen, denn wie zum Werden das Sein, so verhält sich zum Glauben die Wahrheit. Wenn ich daher, mein Sokrates, trotzdem daß (schon) Viele Vieles über die Götter und die Entstehung des All erörtert haben, nicht vermögen sollte, eine nach allen Seiten und in allen Stücken mit sich selber übereinstimmende und eben so der Sache genau entsprechende Darstellung zu geben, so wundere dich nicht, sondern wenn ich nur eine solche liefere, die um Nichts minder als die irgend eines Anderen wahrscheinlich ist, so müßt ihr schon zufrieden sein und bedenken, daß wir Alle, ich, der Darsteller, und ihr, die Beurteiler, von nur menschlicher Natur sind, so daß es sich bei diesen Gegenständen für uns d ziemt, uns damit zu begnügen, wenn die Dichtung nur die Wahrscheinlichkeit für sich hat, und wir Nichts darüber hinaus verlangen dürfen.

SOKRATES: Sehr richtig bemerkt, lieber Timaios, und durchaus annehmbar gefordert. Und dein Vorspiel haben wir nun mit Bewunderung entgegengenommen; so führe uns denn auch das Lied selber nach seiner Ordnung zu Ende.

ΤΙ. Λέγωμεν δὴ δι' ἥντινα αἰτίαν γένεσιν καὶ τὸ πᾶν
τόδε ὁ συνιστὰς συνέστησεν. Ἀγαθὸς ἦν, ἀγαθῷ δὲ οὐδεὶς e
περὶ οὐδενὸς οὐδέποτε ἐγγίγνεται φθόνος· τούτου δ' ἐκτὸς
ὢν πάντα ὅτι μάλιστα ἐβουλήθη γενέσθαι παραπλήσια
ἑαυτῷ. Ταύτην δὴ γενέσεως καὶ κόσμου μάλιστ' ἄν τις
ἀρχὴν κυριωτάτην παρ' ἀνδρῶν φρονίμων ἀποδεχόμενος
ὀρθότατα ἀποδέχοιτ' ἄν. Βουληθεὶς γὰρ ὁ θεὸς ἀγαθὰ μὲν 30
πάντα, φλαῦρον δὲ μηδὲν εἶναι κατὰ δύναμιν, οὕτω δὴ πᾶν
ὅσον ἦν ὁρατὸν παραλαβὼν οὐχ ἡσυχίαν ἄγον ἀλλὰ
κινούμενον πλημμελῶς καὶ ἀτάκτως, εἰς τάξιν αὐτὸ
ἤγαγεν ἐκ τῆς ἀταξίας, ἡγησάμενος ἐκεῖνο τούτου πάντως
ἄμεινον. Θέμις δ' οὔτ' ἦν οὔτ' ἔστιν τῷ ἀρίστῳ δρᾶν ἄλλο
πλὴν τὸ κάλλιστον· λογισάμενος οὖν ηὕρισκεν ἐκ τῶν κατὰ b
φύσιν ὁρατῶν οὐδὲν ἀνόητον τοῦ νοῦν ἔχοντος ὅλον ὅλου
κάλλιον ἔσεσθαί ποτε ἔργον, νοῦν δ' αὖ χωρὶς ψυχῆς
ἀδύνατον παραγενέσθαι τῳ. Διὰ δὴ τὸν λογισμὸν τόνδε
νοῦν μὲν ἐν ψυχῇ, ψυχὴν δ' ἐν σώματι συνιστὰς τὸ πᾶν
συνετεκταίνετο, ὅπως ὅτι κάλλιστον εἴη κατὰ φύσιν
ἄριστόν τε ἔργον ἀπειργασμένος. Οὕτως οὖν δὴ κατὰ
λόγον τὸν εἰκότα δεῖ λέγειν τόνδε τὸν κόσμον ζῷον ἔμψυ-
χον ἔννουν τε τῇ ἀληθείᾳ διὰ τὴν τοῦ θεοῦ γενέσθαι πρό- c
νοιαν.

Τούτου δ' ὑπάρχοντος αὖ τὰ τούτοις ἐφεξῆς ἡμῖν
λεκτέον, τίνι τῶν ζῴων αὐτὸν εἰς ὁμοιότητα ὁ συνιστὰς
συνέστησεν. Τῶν μὲν οὖν ἐν μέρους εἴδει πεφυκότων
μηδενὶ καταξιώσωμεν — ἀτελεῖ γὰρ ἐοικὸς οὐδέν ποτ' ἂν

2.2. Das durch die Vernunft Geschaffene

2.2.1. Die Güte Gottes als Grund für die Erschaffung der Welt und das Vollkommene als Vorbild dabei

TIMAIOS: So wollen wir denn sagen, welcher Grund den,
der dieses All, das Reich des Werdens, zusammenfügte, zu e
dieser seiner Wirksamkeit bewogen hat. Er war gut, und in
einem Guten entsteht niemals Neid, worauf sich derselbe
auch immer beziehen könnte, und, weil frei von diesem,
wollte er denn auch, daß Alles ihm selbst so ähnlich als mög-
lich werde. Diesen Ausgangspunkt des Werdens und der
Welt dürfte man daher wohl mit dem größten Recht einsich-
tigen Männern als den eigentlichsten zugestehen. Da nämlich 30a
Gott wollte, daß, so weit es möglich, Alles gut und Nichts
schlecht sei, aber Alles, was sichtbar war, nicht in Ruhe,
sondern in regelloser und ungeordneter Bewegung vorfand,
so führte er es denn aus der Unordnung in die Ordnung
hinüber, weil er der Ansicht war, daß dieser Zustand
schlechthin besser als jener sei. Es war aber und ist Recht,
daß der Beste nichts Anderes, als das Schönste vollbringe, b
und da fand er nun, indem er es bei sich erwog, daß unter
den ihrer Natur nach sichtbaren Dingen kein vernunftloses
Werk jemals schöner sein werde als ein vernunftbegabtes,
wenn man beide als Ganze einander gegenüberstellt, daß
aber wiederum Vernunft ohne Seele unmöglich irgend einem
Gegenstande zu Teil werden könne. In dieser Erwägung
bildete er die Vernunft in eine Seele und die Seele in einen
Körper ein, und fügte so aus ihnen den Bau des Weltalls
zusammen, um so naturgemäß das möglichst schönste und
beste Werk vollendet zu sehen. Und so darf man es denn mit
Wahrscheinlichkeit aussprechen, daß diese Welt als ein wirk-
lich beseeltes und vernünftiges Wesen durch Gottes Vorse- c
hung entstanden ist.

Nachdem dies festgestellt ist, müssen wir wiederum das hieran zunächst sich Anschließende besprechen, welches lebendige Wesen sich denn der Meister bei ihr zum Vorbilde genommen hat, um sie ihm ähnlich zu bilden. Von Allem nun, was zur Gattung der Teile gehört, werden wir sie mit Nichts in Vergleich bringen wollen, denn was dem Unvoll-

γένοιτο καλόν — οὗ δ᾽ ἔστιν τἆλλα ζῷα καθ᾽ ἓν καὶ κατὰ
γένη μόρια, τούτῳ πάντων ὁμοιότατον αὐτὸν εἶναι τιθῶμεν.
Τὰ γὰρ δὴ νοητὰ ζῷα πάντα ἐκεῖνο ἐν ἑαυτῷ περιλαβὸν
ἔχει, καθάπερ ὅδε ὁ κόσμος ἡμᾶς ὅσα τε ἄλλα θρέμματα d
συνέστηκεν ὁρατά. Τῷ γὰρ τῶν νοουμένων καλλίστῳ καὶ
κατὰ πάντα τελέῳ μάλιστα αὐτὸν ὁ θεὸς ὁμοιῶσαι
βουληθεὶς ζῷον ἓν ὁρατόν, πάνθ᾽ ὅσα αὐτοῦ κατὰ φύσιν
συγγενῆ ζῷα ἐντὸς ἔχον ἑαυτοῦ, συνέστησε. Πότερον 31
οὖν ὀρθῶς ἕνα οὐρανὸν προσειρήκαμεν, ἢ πολλοὺς καὶ
ἀπείρους λέγειν ἦν ὀρθότερον; ἕνα, εἴπερ κατὰ τὸ παρά-
δειγμα δεδημιουργημένος ἔσται. Τὸ γὰρ περιέχον πάντα
ὁπόσα νοητὰ ζῷα μεθ᾽ ἑτέρου δεύτερον οὐκ ἄν ποτ᾽ εἴη·
πάλιν γὰρ ἂν ἕτερον εἶναι τὸ περὶ ἐκείνω δέοι ζῷον, οὗ
μέρος ἂν εἴτην ἐκείνω, καὶ οὐκ ἂν ἔτι ἐκείνοιν ἀλλ᾽
ἐκείνῳ τῷ περιέχοντι τόδ᾽ ἂν ἀφωμοιωμένον λέγοιτο
ὀρθότερον. Ἵνα οὖν τόδε κατὰ τὴν μόνωσιν ὅμοιον ᾖ τῷ b
παντελεῖ ζῴῳ, διὰ ταῦτα οὔτε δύο οὔτ᾽ ἀπείρους ἐποίησεν
ὁ ποιῶν κόσμους, ἀλλ᾽ εἷς ὅδε μονογενὴς οὐρανὸς γεγονὼς
ἔστιν καὶ ἔτ᾽ ἔσται.

Σωματοειδὲς δὲ δὴ καὶ ὁρατὸν ἁπτόν τε δεῖ τὸ γενό-
μενον εἶναι, χωρισθὲν δὲ πυρὸς οὐδὲν ἄν ποτε ὁρατὸν
γένοιτο, οὐδὲ ἁπτὸν ἄνευ τινὸς στερεοῦ, στερεὸν δὲ οὐκ
ἄνευ γῆς· ὅθεν ἐκ πυρὸς καὶ γῆς τὸ τοῦ παντὸς ἀρχόμενος

kommenen gleicht, kann nicht schön sein; wohl aber werden
wir sie Demjenigen, wovon die übrigen lebendigen Wesen
als Einzelne, sowie nach ihren Gattungen bloße Teile sind,
als am allerähnlichsten setzen. Denn alle die lebendigen We-
sen, welche allein dem Gedanken zugänglich sind, faßt Jenes
ebenso in sich zusammen, wie diese Welt uns und alle übrigen d
Geschöpfe, welche sichtbar gebildet sind. Denn da Gott sie
dem schönsten und in allen Stücken vollkommenen unter
allen Gegenständen der Gedankenwelt am ähnlichsten ma-
chen sollte, so fügte er sie zu einem einzigen sichtbaren le-
bendigen Wesen zusammen, welches alle ihrer Natur nach
mit ihm verwandten belebten Wesen in sich enthielt. Spre- 31a
chen wir also mit Recht nur von *einer* Welt, oder wäre es
richtiger von vielen, ja von einer unbegrenzten Zahl zu re-
den? Nur von *einer* kann die Rede sein, wenn anders sie wirk-
lich nach ihrem Urbilde ins Werk gesetzt sein soll. Denn
jenes, alle nur immer der Gedankenwelt angehörigen beleb-
ten Gebilde umfassende Wesen kann unmöglich ein zweites
neben einem anderen sein; denn dann müßte es wiederum
noch ein anderes, jene beiden umfassendes Wesen geben,
dessen Teile dann also jene beiden wären, und es würde dann
die Welt nicht mehr ein jenen beiden, sondern vielmehr ein
diesem sie umfassenden Nachgebildetes richtiger genannt
werden. Damit sie also als (gleichfalls) einzig in ihrer Art b
dem vollkommenen lebendigen Wesen ähnlich wäre, darum
bildete der Schöpfer weder zwei, noch auch unzählige Wel-
ten, sondern, wie dies Weltgebäude als ein einzig gebornes
entstanden ist, so besteht es auch und wird auch fernerhin
also bestehen.

2.2.2. Leib und Seele der Welt

2.2.2.1. Der Körper der Welt: In welcher Weise er aus den vier Elementen geschaffen ist; warum er die Gestalt einer Kugel besitzt und sich gleichmäßig im Kreis bewegt

Körperlich, sichtbar und fühlbar muß nun aber das Gewordene sein. Ohne das Feuer aber kann schwerlich je Etwas sichtbar werden, noch fühlbar ohne etwas Festes und fest wiederum nicht ohne Erde; daher bildete Gott den Körper

συνιστάναι σῶμα ὁ θεὸς ἐποίει. Δύο δὲ μόνω καλῶς
συνίστασθαι τρίτου χωρὶς οὐ δυνατόν· δεσμὸν γὰρ ἐν μέσῳ c
δεῖ τινα ἀμφοῖν συναγωγὸν γίγνεσθαι. Δεσμῶν δὲ
κάλλιστος ὃς ἂν αὑτὸν καὶ τὰ συνδούμενα ὅτι μάλιστα ἓν
ποιῇ, τοῦτο δὲ πέφυκεν ἀναλογία κάλλιστα ἀποτελεῖν.
Ὁπόταν γὰρ ἀριθμῶν τριῶν εἴτε ὄγκων εἴτε δυνάμεων
ὡντινωνοῦν ᾖ τὸ μέσον, ὅτιπερ τὸ πρῶτον πρὸς αὐτό, 32
τοῦτο αὐτὸ πρὸς τὸ ἔσχατον, καὶ πάλιν αὖθις, ὅτι τὸ
ἔσχατον πρὸς τὸ μέσον, τὸ μέσον πρὸς τὸ πρῶτον, τότε τὸ
μέσον μὲν πρῶτον καὶ ἔσχατον γιγνόμενον, τὸ δ᾽ ἔσχατον
καὶ τὸ πρῶτον αὖ μέσα ἀμφότερα, πάνθ᾽ οὕτως ἐξ
ἀνάγκης τὰ αὐτὰ εἶναι συμβήσεται, τὰ αὐτὰ δὲ γενόμενα
ἀλλήλοις ἓν πάντα ἔσται. Εἰ μὲν οὖν ἐπίπεδον μέν, βάθος
δὲ μηδὲν ἔχον ἔδει γίγνεσθαι τὸ τοῦ παντὸς σῶμα, μία
μεσότης ἂν ἐξήρκει τά τε μεθ᾽ αὑτῆς συνδεῖν καὶ ἑαυτήν, b
νῦν δὲ στερεοειδῆ γὰρ αὐτὸν προσῆκεν εἶναι, τὰ δὲ στερεὰ
μία μὲν οὐδέποτε, δύο δὲ ἀεὶ μεσότητες συναρμόττουσιν·
οὕτω δὴ πυρός τε καὶ γῆς ὕδωρ ἀέρα τε ὁ θεὸς ἐν μέσῳ
θείς, καὶ πρὸς ἄλληλα καθ᾽ ὅσον ἦν δυνατὸν ἀνὰ τὸν
αὐτὸν λόγον ἀπεργασάμενος, ὅτιπερ πῦρ πρὸς ἀέρα, τοῦτο
ἀέρα πρὸς ὕδωρ, καὶ ὅτι ἀὴρ πρὸς ὕδωρ, ὕδωρ πρὸς γῆν,
συνέδησεν καὶ συνεστήσατο οὐρανὸν ὁρατὸν καὶ ἁπτόν.
Καὶ διὰ ταῦτα ἔκ τε δὴ τούτων τοιούτων καὶ τὸν ἀριθμὸν
τεττάρων τὸ τοῦ κόσμου σῶμα ἐγεννήθη δι᾽ ἀναλογίας c
ὁμολογῆσαν, φιλίαν τε ἔσχεν ἐκ τούτων, ὥστε εἰς ταὐτὸν
αὑτῷ συνελθὸν ἄλυτον ὑπὸ του ἄλλου πλὴν ὑπὸ τοῦ
συνδήσαντος γενέσθαι.

Τῶν δὲ δὴ τεττάρων ἓν ὅλον ἕκαστον εἴληφεν ἡ τοῦ

des All, als er ihn zusammenzusetzen begann, zunächst aus
Feuer und Erde. Zwei Dinge allein aber ohne ein drittes
wohl zusammenzufügen ist unmöglich, denn nur ein vermit- c
telndes Band kann zwischen Beiden die Vereinigung bilden.
Von allen Bändern ist aber dasjenige das schönste, welches
zugleich sich selbst und die durch dasselbe verbundenen Ge-
genstände möglichst zu Einem macht. Dies aber auf das
Schönste zu bewirken, ist die Proportion da. Denn wenn von
drei Zahlen oder Massen oder Kräften von irgend einer Art 32a
die mittlere sich eben so zu letzten verhält, wie die erste zu
ihr selber, und ebenso wiederum zu der ersten wie die letzte
zu ihr selber, dann wird sich ergeben, daß, wenn die mittlere
an die erste und letzte, die erste und letzte dagegen an die
beiden mittleren Stellen gesetzt werden, das Ergebnis not-
wendig ganz dasselbe bleibt; bleibt dies aber dasselbe, so sind
sie alle damit wahrhaft unter einander Eins geworden. Wenn
nun der Leib des Alls eine bloße Fläche ohne alle Höhe hätte
werden sollen, dann würde Ein Mittelglied genügt haben, b
das Andere (unter sich) und sich selber (mit ihm) zusammen-
zubinden; nun aber kam es ihm zu, ein Körper zu sein, und
alle Körper werden nie durch Ein, sondern stets durch zwei
Mittelglieder zusammengehalten, und so stellte denn Gott
zwischen Feuer und Erde das Wasser und die Luft in die
Mitte, indem er sie so viel als möglich unter einander in
dasselbe Verhältnis brachte, so daß sich das Feuer eben so
zur Luft wie die Luft zum Wasser, und wie die Luft zum
Wasser so das Wasser zur Erde sich verhalten sollte, und
verband und fügte auf diese Weise das Weltall zusammen, so
daß es sichtbar und fühlbar wurde. Und so wurde denn zu
diesem Zwecke und aus diesen (und) also beschaffenen und
ihrer Zahl nach auf vier sich belaufenden Wesenheiten der c
Körper der Welt geschaffen, so daß er vermittelst der Pro-
portion innerlich zusammenstimmte, und besaß dadurch eine
solche Anhänglichkeit (seiner Teile unter einander), daß er
sich mit sich selber in Eins zusammenzog und unauflöslich
für jeden Anderen ward, als für den Urheber der Verbin-
dung.

Von diesen vieren nun hat das Weltgebäude ein jedes ganz

κόσμου σύστασις. Ἐκ γὰρ πυρὸς παντὸς ὕδατός τε καὶ
ἀέρος καὶ γῆς συνέστησεν αὐτὸν ὁ συνιστάς, μέρος οὐδὲν
οὐδενὸς οὐδὲ δύναμιν ἔξωθεν ὑπολιπών, τάδε διανοηθείς,
πρῶτον μὲν ἵνα ὅλον ὅτι μάλιστα ζῷον τέλεον ἐκ τελέων d
τῶν μερῶν εἴη, πρὸς δὲ τούτοις ἕν, ἅτε οὐχ ὑπολελειμμέ- 33
νων ἐξ ὧν ἄλλο τοιοῦτον γένοιτ᾽ ἄν, ἔτι δὲ ἵν᾽ ἀγήρων καὶ
ἄνοσον ᾖ, κατανοῶν ὡς συστάτῳ σώματι θερμὰ καὶ ψυχρὰ
καὶ πάνθ᾽ ὅσα δυνάμεις ἰσχυρὰς ἔχει περιιστάμενα ἔξωθεν
καὶ προσπίπτοντα ἀκαίρως λύει καὶ νόσους γῆράς τε
ἐπάγοντα φθίνειν ποιεῖ. Διὰ δὴ τὴν αἰτίαν καὶ τὸν
λογισμὸν τόνδε ἕνα ὅλον ὅλων ἐξ ἁπάντων τέλεον καὶ
ἀγήρων καὶ ἄνοσον αὐτὸν ἐτεκτήνατο. Σχῆμα δὲ ἔδωκεν b
αὐτῷ τὸ πρέπον καὶ τὸ συγγενές. Τῷ δὲ τὰ πάντα ἐν
αὑτῷ ζῷα περιέχειν μέλλοντι ζῴῳ πρέπον ἂν εἴη σχῆμα
τὸ περιειληφὸς ἐν αὑτῷ πάντα ὁπόσα σχήματα· διὸ
καὶ σφαιροειδές, ἐκ μέσου πάντῃ πρὸς τὰς τελευτὰς ἴσον
ἀπέχον, κυκλοτερὲς αὐτὸ ἐτορνεύσατο, πάντων τελεώτατον
ὁμοιότατόν τε αὐτὸ ἑαυτῷ σχημάτων, νομίσας μυρίῳ
κάλλιον ὅμοιον ἀνομοίου. Λεῖον δὲ δὴ κύκλῳ πᾶν ἔξωθεν
αὐτὸ ἀπηκριβοῦτο πολλῶν χάριν. Ὀμμάτων τε γὰρ c
ἐπεδεῖτο οὐδέν, ὁρατὸν γὰρ οὐδὲν ὑπελείπετο ἔξωθεν, οὐδ᾽
ἀκοῆς, οὐδὲ γὰρ ἀκουστόν· πνεῦμά τε οὐκ ἦν περιεστὸς
δεόμενον ἀναπνοῆς, οὐδ᾽ αὖ τινος ἐπιδεὲς ἦν ὀργάνου
σχεῖν ᾧ τὴν μὲν εἰς ἑαυτὸ τροφὴν δέξοιτο, τὴν δὲ
πρότερον ἐξικμασμένην ἀποπέμψοι πάλιν. Ἀπῄει τε γὰρ

erhalten. Denn aus allem Feuer und Wasser und aus aller Luft und Erde fügte es der Bildner zusammen und ließ von keinem derselben irgend einen Teil oder eine Kraft außerhalb zurück, indem er dies dabei bezweckte, zunächst, daß es d
als organisches Wesen zu einem möglichst vollkommenen Ganzen durch sein Bestehen aus möglichst vollkommenen 33a
Teilen werde, sodann, daß es ein einziges sei, sofern nichts übrig geblieben, woraus ein Anderes von derselben Art entstehen könnte; ferner auch dem Alter und der Krankheit nicht ausgesetzt, indem er erwog, daß, wenn einen zusammengesetzten Körper Hitze und Kälte und Alles, was sonst starke Wirkungen ausübt, von außen her umgeben und zur Unzeit mit ihm zusammentreffen, sie ihn in Auflösung versetzen und ihm durch Herbeiführung von Krankheit und Alter seinen allmähligen Untergang bereiten. Aus diesem Grunde und in dieser Erwägung erbaute er denn diese Welt als ein einziges Ganzes, welches selbst wieder aus lauter Ganzen besteht und eben deshalb frei ist von Alter und Krank- b
heit. Sodann gab er derselben auch eine Gestalt, wie sie ihr angemessen und ihrer Natur verwandt ist. Demjenigen lebendigen Wesen, welches alles andere Lebendige in sich fassen soll, dürfte nun wohl auch eine Gestalt angemessen sein, welche alle anderen Gestalten in sich faßt. Deshalb drehte er sie denn auch kugelförmig, so daß sie von der Mitte aus überall gleich weit von ihren Endpunkten entfernt war, nach Maßgabe der Kreisform, welches von allen Gestalten die vollkommenste und am meisten sich selber gleiche ist, indem er das Gleiche für tausendmal schöner als das Ungleiche hielt, auswendig aber machte er sie ringsherum auf das Genaueste vollständig glatt, und zwar aus vielerlei Gründen. c
Bedurfte sie doch der Augen nicht, denn es war nichts Sichtbares, noch auch der Ohren, denn es war nichts Hörbares außerhalb ihrer zurückgelassen; ebenso bestand keine Luft, welche sie noch umgeben und der Einatmung bedurft hätte; auch war sie keines Werkzeuges benötigt, um vermittelst desselben Nahrung zu sich zu nehmen und die früher zu sich genommene, nachdem sie den eigentlichen Nahrungssaft von ihr ausgesogen, wieder von sich zu geben, denn Nichts

οὐδὲν οὐδὲ προσῄειν αὐτῷ ποθεν — οὐδὲ γὰρ ἦν — αὐτὸ
γὰρ ἑαυτῷ τροφὴν τὴν ἑαυτοῦ φθίσιν παρέχον καὶ πάντα
ἐν ἑαυτῷ καὶ ὑφ᾽ ἑαυτοῦ πάσχον καὶ δρῶν ἐκ τέχνης d
γέγονεν· ἡγήσατο γὰρ αὐτὸ ὁ συνθεὶς αὔταρκες ὂν ἄμεινον
ἔσεσθαι μᾶλλον ἢ προσδεὲς ἄλλων. Χειρῶν δέ, αἷς οὔτε
λαβεῖν οὔτε αὖ τινα ἀμύνασθαι χρεία τις ἦν, μάτην οὐκ
ᾤετο δεῖν αὐτῷ προσάπτειν, οὐδὲ ποδῶν οὐδὲ ὅλως τῆς
περὶ τὴν βάσιν ὑπηρεσίας. Κίνησιν γὰρ ἀπένειμεν αὐτῷ 34
τὴν τοῦ σώματος οἰκείαν, τῶν ἑπτὰ τὴν περὶ νοῦν καὶ
φρόνησιν μάλιστα οὖσαν· διὸ δὴ κατὰ ταὐτὰ ἐν τῷ αὐτῷ
καὶ ἐν ἑαυτῷ περιαγαγὼν αὐτὸ ἐποίησε κύκλῳ κινεῖσθαι
στρεφόμενον, τὰς δὲ ἓξ ἁπάσας κινήσεις ἀφεῖλεν καὶ
ἀπλανὲς ἀπηργάσατο ἐκείνων. Ἐπὶ δὲ τὴν περίοδον
ταύτην ἅτ᾽ οὐδὲν ποδῶν δέον ἀσκελὲς καὶ ἄπουν αὐτὸ
ἐγέννησεν.

Οὗτος δὴ πᾶς ὄντος ἀεὶ λογισμὸς θεοῦ περὶ τὸν ποτὲ
ἐσόμενον θεὸν λογισθείς, λεῖον καὶ ὁμαλὸν πανταχῇ τε ἐκ b
μέσου ἴσον καὶ ὅλον καὶ τέλεον ἐκ τελέων σωμάτων σῶμα
ἐποίησεν· ψυχὴν δὲ εἰς τὸ μέσον αὐτοῦ θεὶς διὰ παντός τε
ἔτεινεν καὶ ἔτι ἔξωθεν τὸ σῶμα αὐτῇ περιεκάλυψεν, καὶ
κύκλῳ δὴ κύκλον στρεφόμενον οὐρανὸν ἕνα μόνον ἔρημον
κατέστησεν, δι᾽ ἀρετὴν δὲ αὐτὸν αὐτῷ δυνάμενον συγγί-
γνεσθαι καὶ οὐδενὸς ἑτέρου προσδεόμενον, γνώριμον δὲ καὶ
φίλον ἱκανῶς αὐτὸν αὐτῷ. Διὰ πάντα δὴ ταῦτα εὐδαίμονα
θεὸν αὐτὸν ἐγεννήσατο.

sonderte sich von ihr aus und Nichts trat irgendwoher zu ihr hinzu, denn es gab Nichts (außer ihr); vielmehr ist sie kunstvoll dergestalt gebildet, daß ihre Aussonderungen ihr auch zugleich wieder zur Nahrung dienen, und daß sie Alles innerhalb ihrer selbst erleidet und Alles durch sich selber tut; d
denn es hielt Der, welcher sie zusammenfügte, sie für vollkommener und besser, wenn sie sich selbst genügte, als wenn sie eines Anderen bedürfte. Hände aber, die ihr weder um irgend Etwas anzugreifen, noch auch abzuwehren, erforderlich waren, glaubte er nutzloser Weise ihr nicht anfügen zu dürfen, und eben so wenig Füße, sowie überhaupt die zum Gehen dienenden Glieder. Denn er teilte ihr eine Bewegung 34a
zu, welche einem Körper von der Gestalt des ihrigen eigentümlich und von allen sieben Bewegungen diejenige ist, die am meisten der der Vernunft und Erkenntnis nahe kommt. Nämlich gleichmäßig in demselben (Raume) und in sich selber führte er sie herum und ließ sie so sich umschwingend im Kreise bewegen, alle sechs andern Bewegungen aber nahm er ihr ab und machte sie von deren Irrwandel frei, und da sie zu jenem Umlauf (um sich selbst) der Beine nicht bedurfte, so erschuf er sie ohne Schenkel und Füße.

Diese ganze Erwägung nun also desjenigen Gottes, welcher von Ewigkeit ist, wie derselbe sie über denjenigen Gott b
anstellte, welcher erst ins Dasein eintreten sollte, bewirkte, daß der Körper der Welt glatt und eben und überall gleich weit vom Mittelpunkte abstehend und in sich geschlossen und vollständig aus Körpern, die schon selber vollständig waren, gebildet wurde. Die Seele aber pflanzte er in die Mitte desselben ein und spannte sie nicht bloß durch das ganze Weltall aus, sondern umkleidete den Weltkörper auch noch von außen mit ihr. Und so richtete er denn das Weltganze her als einen im Kreise sich drehenden Umkreis, welcher, einzig und einsam, durch seine Vortrefflichkeit mit sich selber des Umgangs zu pflegen vermag und keines Anderen dazu bedarf, sondern hinlänglich bekannt und befreundet ist allein mit sich selber, und durch alle diese Veranstaltungen schuf er es zu einem seligen Gotte.

Τὴν δὲ δὴ ψυχὴν οὐχ ὡς νῦν ὑστέραν ἐπιχειροῦμεν
λέγειν, οὕτως ἐμηχανήσατο καὶ ὁ θεὸς νεωτέραν — οὐ γὰρ c
ἂν ἄρχεσθαι πρεσβύτερον ὑπὸ νεωτέρου συνέρξας εἴασεν
— ἀλλά πως ἡμεῖς πολὺ μετέχοντες τοῦ προστυχόντος
τε καὶ εἰκῇ ταύτῃ πῃ καὶ λέγομεν, ὁ δὲ καὶ γενέσει καὶ
ἀρετῇ προτέραν καὶ πρεσβυτέραν ψυχὴν σώματος ὡς
δεσπότιν καὶ ἄρξουσαν ἀρξομένου συνεστήσατο ἐκ τῶνδέ
τε καὶ τοιῷδε τρόπῳ. Τῆς ἀμερίστου καὶ ἀεὶ κατὰ ταὐτὰ 35
ἐχούσης οὐσίας καὶ τῆς αὖ περὶ τὰ σώματα γιγνομένης
μεριστῆς τρίτον ἐξ ἀμφοῖν ἐν μέσῳ συνεκεράσατο οὐσίας
εἶδος, τῆς τε ταὐτοῦ φύσεως [αὖ πέρι] καὶ τῆς τοῦ ἑτέρου,
καὶ κατὰ ταὐτὰ συνέστησεν ἐν μέσῳ τοῦ τε ἀμεροῦς
αὐτῶν καὶ τοῦ κατὰ τὰ σώματα μεριστοῦ· καὶ τρία λαβὼν
αὐτὰ ὄντα συνεκεράσατο εἰς μίαν πάντα ἰδέαν, τὴν θατέρου
φύσιν δύσμεικτον οὖσαν εἰς ταὐτὸν συναρμόττων βίᾳ.
Μειγνὺς δὲ μετὰ τῆς οὐσίας καὶ ἐκ τριῶν ποιησάμενος ἕν, b
πάλιν ὅλον τοῦτο μοίρας ὅσας προσῆκεν διένειμεν, ἑκάστην
δὲ ἔκ τε ταὐτοῦ καὶ θατέρου καὶ τῆς οὐσίας μεμειγμένην.
Ἤρχετο δὲ διαιρεῖν ὧδε. Μίαν ἀφεῖλεν τὸ πρῶτον ἀπὸ
παντὸς μοῖραν, μετὰ δὲ ταύτην ἀφῄρει διπλασίαν ταύτης,
τὴν δ' αὖ τρίτην ἡμιολίαν μὲν τῆς δευτέρας, τριπλασίαν
δὲ τῆς πρώτης, τετάρτην δὲ τῆς δευτέρας διπλῆν,
πέμπτην δὲ τριπλῆν τῆς τρίτης, τὴν δ' ἕκτην τῆς πρώτης c
ὀκταπλασίαν, ἑβδόμην δ' ἑπτακαιεικοσιπλασίαν τῆς πρώτης·
μετὰ δὲ ταῦτα συνεπληροῦτο τά τε διπλάσια καὶ τριπλάσια 36
διαστήματα, μοίρας ἔτι ἐκεῖθεν ἀποτέμνων καὶ τιθεὶς εἰς

2.2.2.2. Die Erschaffung der Seele der Welt nach bestimmten Zahlenverhältnissen; die beiden Kreise und Umläufe der Seele und die Planetenbahnen

Die Seele hat nun aber nicht etwa, wie wir jetzt später von ihr zu reden beginnen, so auch Gott erst nach dem Körper c
gebildet; denn nicht würde er bei der Zusammenfügung beider zugelassen haben, daß das Ältere von dem Jüngeren beherrscht werde; sondern wir, wie wir vielfach vom Zufall und Ohngefähr abhängig sind, reden nur gerade eben auf dem entsprechende Weise, er dagegen fügte die Seele so, daß sie ihrer Entstehung so wie ihrer Vortrefflichkeit nach dem Körper voranging und ihm gegenüber die dem höheren Alter zustehende Würde empfing, als seine künftige Herrin und Gebieterin aus folgenden Bestandteilen und auf folgende 35a
Weise zusammen. Aus beiden, nämlich aus der unteilbaren und immer sich gleich bleibenden Wesenheit und sodann derjenigen, welche an den Körpern teilbar wird, mischte er (sie als) eine dritte Art von Wesenheit zusammen, welche die Mitte hielt zwischen der Natur des Selbigen und der des Anderen, und stellte sie (alle drei) demgemäß in Einer Reihe (vor sich) hin, so daß unter ihnen jene die Mitte einnahm zwischen dem Unteilbaren und dem an den Körpern haftenden Geteilten. Darauf nahm er alle drei und mischte sie zu einer einzigen Gestaltung zusammen, indem er die der Mischung widerstrebende Natur des Anderen gewaltsam mit dem Selbigen verträglich machte. Und nachdem er so beide b
mit der (Seelen-) Substanz gemischt und so aus Dreien Eins gemacht hatte, teilte er wiederum dieses Ganze in so viel Teile als es sich gehörte, so aber, daß ein jeder aus dem Selbigen, dem Anderen und der (Seelen-) Substanz zusammengesetzt war. Er begann aber diese Teilung folgendermaßen. Zuerst nahm er einen Teil von dem Ganzen weg, darauf das Doppelte desselben, zum Dritten sodann das Anderthalbfache des zweiten Teils, zum Vierten das Doppelte des zweiten, zum Fünften das Dreifache des dritten, zum c
Sechsten das Achtfache des ersten und zum Siebten das Siebenundzwanzigfache des ersten. Hierauf füllte er sowohl die 36a
zweifachen als dreifachen Zwischenräume aus, indem er noch

τὸ μεταξὺ τούτων, ὥστε ἐν ἑκάστῳ διαστήματι δύο εἶναι μεσότητας, τὴν μὲν ταὐτῷ μέρει τῶν ἄκρων αὐτῶν ὑπερέχουσαν καὶ ὑπερεχομένην, τὴν δὲ ἴσῳ μὲν κατ' ἀριθμὸν ὑπερέχουσαν, ἴσῳ δὲ ὑπερεχομένην. Ἡμιολίων δὲ διαστάσεων καὶ ἐπιτρίτων καὶ ἐπογδόων γενομένων ἐκ τούτων τῶν δεσμῶν ἐν ταῖς πρόσθεν διαστάσεσιν, τῷ τοῦ ἐπογδόου διαστήματι τὰ ἐπίτριτα πάντα συνεπληροῦτο, b λείπων αὐτῶν ἑκάστου μόριον, τῆς τοῦ μορίου ταύτης διαστάσεως λειφθείσης ἀριθμοῦ πρὸς ἀριθμὸν ἐχούσης τοὺς ὅρους ἓξ καὶ πεντήκοντα καὶ διακοσίων πρὸς τρία καὶ τετταράκοντα καὶ διακόσια. Καὶ δὴ καὶ τὸ μειχθέν, ἐξ οὗ ταῦτα κατέτεμνεν, οὕτως ἤδη κατανηλώκει. Ταύτην οὖν τὴν σύστασιν πᾶσαν διπλῆν κατὰ μῆκος σχίσας, μέσην πρὸς μέσην ἑκατέραν ἀλλήλαις οἷον χεῖ προσβαλὼν κατέκαμψεν εἰς ἓν κύκλῳ, συνάψας αὑταῖς τε c καὶ ἀλλήλαις ἐν τῷ καταντικρὺ τῆς προσβολῆς, καὶ τῇ κατὰ ταὐτὰ ἐν ταὐτῷ περιαγομένῃ κινήσει πέριξ αὐτὰς ἔλαβεν, καὶ τὸν μὲν ἔξω, τὸν δ' ἐντὸς ἐποιεῖτο τῶν κύκλων. Τὴν μὲν οὖν ἔξω φορὰν ἐπεφήμισεν εἶναι τῆς ταὐτοῦ φύσεως, τὴν δ' ἐντὸς τῆς θατέρου. Τὴν μὲν δὴ ταὐτοῦ κατὰ πλευρὰν ἐπὶ δεξιὰ περιήγαγεν, τὴν δὲ θατέρου κατὰ διάμετρον ἐπ' ἀριστερά, κράτος δ' ἔδωκεν τῇ ταὐτοῦ καὶ ὁμοίου περιφορᾷ· μίαν γὰρ αὐτὴν ἄσχιστον d εἴασεν, τὴν δ' ἐντὸς σχίσας ἑξαχῇ ἑπτὰ κύκλους ἀνίσους κατὰ τὴν τοῦ διπλασίου καὶ τριπλασίου διάστασιν ἑκάστην, οὐσῶν ἑκατέρων τριῶν, κατὰ τἀναντία μὲν ἀλλήλοις προσέταξεν ἰέναι τοὺς κύκλους, τάχει δὲ τρεῖς μὲν ὁμοίως, τοὺς δὲ τέτταρας ἀλλήλοις καὶ τοῖς τρισὶν ἀνομοίως, ἐν λόγῳ δὲ φερομένους.

weitere Teile vom Ganzen abschnitt und sie in die Mitte von
ihnen hineinsetzte, so daß in jedem Zwischenraume zwei
Mittelglieder waren, von denen das eine um den gleichen
Bruchteil der äußeren Glieder das eine der letzteren übertraf
und von andern übertroffen wurde, das andere aber um eine
gleiche Zahl. Da nun aber Zwischenräume von $1\frac{1}{2}$, $1\frac{1}{3}$ und $1\frac{1}{8}$
durch diese Verbindungsglieder innerhalb der früheren Zwi-
schenräume entstanden waren, so füllte er mit dem Zwi- b
schenraume von $1\frac{1}{8}$ alle Zwischenräume von $1\frac{1}{3}$ aus und ließ
so von einem jeden der letzteren noch Einen Teil übrig, so
daß der Zwischenraum dieses Teiles, in Zahlen ausgedrückt,
dem Verhältnisse der Glieder 243 zu 256 entsprach. Und
damit hatte er denn auch die Mischung, von welcher er alle
diese Teile hinwegnahm, ganz und gar verbraucht. Dies gan-
ze so zusammengefügte Gebilde aber spaltete er (hierauf) der
Länge nach in zwei Teile, verband dieselben kreuzweise in
ihrer Mitte, so daß sie die Gestalt eines Chi (X) bildeten, und
bog dann jeden von beiden in einen Kreis zusammen, so daß c
er also jeden mit sich selbst und beide mit einander in dem
Punkte, welcher ihrer Durchschneidung gegenüberlag,
verknüpfte, umschloß beide mit der auf dieselbe Weise und
in demselben Raume herumgeführten Bewegung, und mach-
te den einen dieser Kreise zum äußeren und den andern zum
inneren. Den Umlauf sodann, der im äußeren und den, der
im inneren Kreise vor sich ging, benannte er nach den bei-
den Wesenheiten, von welchen sie herrührten, jenen den des
Selbigen und diesen den des Anderen, und führte den er-
steren in der Richtung der Seite nach Rechts herum, den
letzteren aber in der Richtung der Diagonale nach Links.
Das Übergewicht aber verlieh er dem des Selbigen und d
Gleichartigen, denn er beließ ihn in ungeteilter Einheit; den
inneren aber spaltete er sechsfach und teilte ihn so in sieben
ungleiche Kreise, je nach den Zwischenräumen des Zweifa-
chen und Dreifachen, und setzte fest, daß zwar einander ent-
gegengesetzt die Kreise sich bewegen sollten, drei aber an
Geschwindigkeit gleich, vier hingegen unter sich und von
dreien verschieden, jedoch so, daß sie sich nach einem be-
stimmten Verhältnisse bewegten.

Ἐπεὶ δὲ κατὰ νοῦν τῷ συνιστάντι πᾶσα ἡ τῆς ψυχῆς
σύστασις ἐγεγένητο, μετὰ τοῦτο πᾶν τὸ σωματοειδὲς ἐντὸς
αὐτῆς ἐτεκταίνετο καὶ μέσον μέσῃ συναγαγὼν προσ- e
ήρμοττεν· ἡ δ' ἐκ μέσου πρὸς τὸν ἔσχατον οὐρανὸν
πάντῃ διαπλεκεῖσα κύκλῳ τε αὐτὸν ἔξωθεν περικαλύψασα,
αὐτὴ ἐν αὑτῇ στρεφομένη, θείαν ἀρχὴν ἤρξατο ἀπαύστου
καὶ ἔμφρονος βίου πρὸς τὸν σύμπαντα χρόνον. Καὶ τὸ μὲν
δὴ σῶμα ὁρατὸν οὐρανοῦ γέγονεν, αὐτὴ δὲ ἀόρατος μέν,
λογισμοῦ δὲ μετέχουσα καὶ ἁρμονίας ψυχή, τῶν νοητῶν 37
ἀεί τε ὄντων ὑπὸ τοῦ ἀρίστου ἀρίστη γενομένη τῶν
γεννηθέντων. Ἅτε οὖν ἐκ τῆς ταὐτοῦ καὶ τῆς θατέρου
φύσεως ἔκ τε οὐσίας τριῶν τούτων συγκραθεῖσα μοιρῶν,
καὶ ἀνὰ λόγον μερισθεῖσα καὶ συνδεθεῖσα, αὐτή τε
ἀνακυκλουμένη πρὸς αὑτήν, ὅταν οὐσίαν σκεδαστὴν ἔχοντός
τινος ἐφάπτηται καὶ ὅταν ἀμέριστον, λέγει κινουμένη διὰ
πάσης ἑαυτῆς ὅτῳ τ' ἂν τι ταὐτὸν ᾖ καὶ ὅτου ἂν ἕτερον,
πρὸς ὅτι τε μάλιστα καὶ ὅπῃ καὶ ὅπως καὶ ὁπότε συμβαίνει b
κατὰ τὰ γιγνόμενά τε πρὸς ἕκαστον ἕκαστα εἶναι καὶ
πάσχειν καὶ πρὸς τὰ κατὰ ταὐτὰ ἔχοντα ἀεί. Λόγος δὲ
ὁ κατὰ ταὐτὸν ἀληθὴς γιγνόμενος περί τε θάτερον ὂν καὶ
περὶ τὸ ταὐτόν, ἐν τῷ κινουμένῳ ὑφ' αὑτοῦ φερόμενος
ἄνευ φθόγγου καὶ ἠχῆς, ὅταν μὲν περὶ τὸ αἰσθητὸν
γίγνηται καὶ ὁ τοῦ θατέρου κύκλος ὀρθὸς ὢν εἰς πᾶσαν
αὐτοῦ τὴν ψυχὴν διαγγείλῃ, δόξαι καὶ πίστεις γίγνονται
βέβαιοι καὶ ἀληθεῖς, ὅταν δὲ αὖ περὶ τὸ λογιστικὸν ᾖ c

2.2.2.3. Die Verknüpfung der Weltseele mit dem Weltkörper und die Erkenntnistätigkeit der Seele

Nachdem nun nach dem Sinne des Meisters die ganze Zu-
sammenfügung der Seele erfolgt war, bildete er hierauf Alles,
was körperlich ist, innerhalb derselben und fügte es so zu- e
sammen, daß es dieselbe mitten durchdrang. Sie selbst aber,
die sie nicht bloß das ganze Weltgebäude überall von der
Mitte bis zum Umkreise durchflocht, sondern es auch von
außen her rings herum einschloß und die sie rein in sich
selber ihren Kreislauf vollbrachte, nahm (in dieser Weise)
den göttlichen Anfang eines unvergänglichen und vernunft-
begabten Lebens für alle Zeiten. Und der Körper der Welt
ward, wie gesagt, sichtbar, sie selbst aber zwar unsichtbar,
aber, was sie eben erst zur Seele macht, der Vernunft und 37a
Harmonie der (reinen) Gedankenwelt und des ewig Seienden
teilhaftig und so durch den edelsten Schöpfer das Edelste
von allem Geschaffenen. Da sie nämlich aus der Natur des
Selbigen und des Anderen und der (Seelen-) Substanz, also
aus ihrer drei Teilen, zusammengemischt und nach (festen)
Verhältnissen geteilt und verbunden ist, und in ihrem Kreis-
laufe in sich selber (stets) zu sich selber zurückkehrt, so wird
sie, wenn sie mit irgend Etwas in Berührung tritt, mag nun
dasselbe ein teilbares Wesen haben oder ein unteilbares,
durch ihr ganzes Selbst hindurch bewegt und gibt eben hie-
durch kund, womit nur immer irgend Etwas Dasselbige oder
wovon es verschieden ist, und in was für Beziehung vor- b
nehmlich und auf welche Art und Weise und, wann für das-
selbe der Fall eintritt, was immer und im Verhältnis zu wem
immer sowohl von dem Werdenden als auch von dem immer
sich Gleichbleibenden zu sein, so wie zu erleiden. Wird nun
aber diese Kundgebung, welche das durch sich selber Be-
wegte ohne Laut und Schall in sich trägt, auf gleiche Weise
wahr, mag sie nun auf das Andere oder auf das Selbige sich
beziehen, so entstehen, wenn sie auf das sinnlich Wahrnehm-
bare gerichtet ist und der Kreislauf des Anderen im richtigen
Gange die Kunde der Sache durch die ganze Seele verbreitet
hat, sichere und richtige Vorstellungen und Meinungen; c
wenn sie aber auf das Vernünftige sich erstreckt und der

καὶ ὁ τοῦ ταὐτοῦ κύκλος εὔτροχος ὢν αὐτὰ μηνύσῃ, νοῦς
ἐπιστήμη τε ἐξ ἀνάγκης ἀποτελεῖται· τούτω δὲ ἐν ᾧ τῶν
ὄντων ἐγγίγνεσθον, ἄν ποτέ τις αὐτὸ ἄλλο πλὴν ψυχὴν
εἴπῃ, πᾶν μᾶλλον ἢ τἀληθὲς ἐρεῖ.

Ὡς δὲ κινηθὲν αὐτὸ καὶ ζῶν ἐνόησεν τῶν ἀιδίων θεῶν
γεγονὸς ἄγαλμα ὁ γεννήσας πατήρ, ἠγάσθη τε καὶ
εὐφρανθεὶς ἔτι δὴ μᾶλλον ὅμοιον πρὸς τὸ παράδειγμα
ἐπενόησεν ἀπεργάσασθαι. Καθάπερ οὖν αὐτὸ τυγχάνει d
ζῷον ἀίδιον ὄν, καὶ τόδε τὸ πᾶν οὕτως εἰς δύναμιν
ἐπεχείρησε τοιοῦτον ἀποτελεῖν. Ἡ μὲν οὖν τοῦ ζῴου
φύσις ἐτύγχανεν οὖσα αἰώνιος, καὶ τοῦτο μὲν δὴ τῷ
γεννητῷ παντελῶς προσάπτειν οὐκ ἦν δυνατόν· εἰκὼ
δ᾽ ἐπενόει κινητόν τινα αἰῶνος ποιῆσαι, καὶ διακοσμῶν
ἅμα οὐρανὸν ποιεῖ μένοντος αἰῶνος ἐν ἑνὶ κατ᾽ ἀριθμὸν
ἰοῦσαν αἰώνιον εἰκόνα, τοῦτον ὃν δὴ χρόνον ὠνομάκαμεν.
Ἡμέρας γὰρ καὶ νύκτας καὶ μῆνας καὶ ἐνιαυτούς, οὐκ e
ὄντας πρὶν οὐρανὸν γενέσθαι, τότε ἅμα ἐκείνῳ συνιστα-
μένῳ τὴν γένεσιν αὐτῶν μηχανᾶται· ταῦτα δὲ πάντα
μέρη χρόνου, καὶ τό τ᾽ ἦν τό τ᾽ ἔσται χρόνου γεγονότα
εἴδη, ἃ δὴ φέροντες λανθάνομεν ἐπὶ τὴν ἀίδιον οὐσίαν οὐκ
ὀρθῶς. Λέγομεν γὰρ δὴ ὡς ἦν ἔστιν τε καὶ ἔσται, τῇ δὲ τὸ
ἔστιν μόνον κατὰ τὸν ἀληθῆ λόγον προσήκει, τὸ δὲ ἦν τό τ᾽
ἔσται περὶ τὴν ἐν χρόνῳ γένεσιν ἰοῦσαν πρέπει λέγεσθαι 38
— κινήσεις γάρ ἐστον, τὸ δὲ ἀεὶ κατὰ ταὐτὰ ἔχον
ἀκινήτως οὔτε πρεσβύτερον οὔτε νεώτερον προσήκει

Kreislauf des Selbigen, indem er wohl von Statten gegangen, ihr solche Kunde gebracht hat, dann kommt notwendig vernünftige Einsicht und Wissenschaft zu Stande. Wenn aber Einer von Allem, was da ist, Dasjenige, in welchem diese so wie jene entstehen, anders als Seele nennen wollte, so würde er Alles eher als die Wahrheit sagen.

2.2.3. Die Zeit und die Planeten

2.2.3.1. Die Zeit als bewegliches Abbild der Ewigkeit. Zur Verwendung der sprachlichen Zeitformen

Als nun aber der Vater, welcher das All erzeugt hatte, es
ansah, wie es bewegt und belebt und ein Bild der ewigen
Götter geworden war, da empfand er Wohlgefallen daran,
und in dieser seiner Freude beschloß er denn es noch mehr
seinem Urbilde ähnlich zu machen. Gleichwie nun dieses sel- d
ber ein unvergängliches Lebendiges ist, ebenso unternahm er
es daher, auch dieses All nach Möglichkeit zu einem eben
solchen zu machen. Nun war aber die Natur des höchsten
Lebendigen eine ewige, und diese auf das Entstandene voll-
ständig zu übertragen war eben nicht möglich; aber ein be-
wegtes Bild der Ewigkeit beschließt er zu machen, und bil-
det, um zugleich dadurch dem Weltgebäude seine innere
Einrichtung zu geben, von der in der Einheit beharrenden
Ewigkeit ein nach der Vielheit der Zahl sich fortbewegendes
dauerndes Abbild, nämlich eben das, was wir Zeit genannt
haben. Nämlich Tage, Nächte, Monate und Jahre, welche es e
vor der Entstehung des Weltalls nicht gab, läßt er jetzt bei
der Zusammenfügung desselben zugleich mit ins Entstehen
treten. Dies Alles aber sind Teile der Zeit und das War und
Wirdsein sind Formen der entstandenen Zeit, obwohl wir
mit Unrecht, ohne dies zu bedenken, dieselben dem ewigen
Sein beilegen. Denn wir sagen ja von ihm: „es war, ist und
wird sein," während ihm doch nach der wahren Redeweise
allein das „Es ist" zukommt, wogegen man die Ausdrücke
„es war" und „es wird sein" lediglich von dem in der Zeit 38a
fortschreitenden Werden gebrauchen darf. Denn Beides be-
zeichnet Bewegungen, Demjenigen aber, welches sich unbe-
weglich stets auf die gleiche Weise verhält, kommt es nicht

γίγνεσθαι διὰ χρόνου οὐδὲ γενέσθαι ποτὲ οὐδὲ γεγονέναι
νῦν οὐδ᾽ εἰς αὖθις ἔσεσθαι, τὸ παράπαν τε οὐδὲν ὅσα
γένεσις τοῖς ἐν αἰσθήσει φερομένοις προσῆψεν, ἀλλὰ
χρόνου ταῦτα αἰῶνα μιμουμένου καὶ κατ᾽ ἀριθμὸν κυκλου-
μένου γέγονεν εἴδη — καὶ πρὸς τούτοις ἔτι τὰ τοιάδε,
τό τε γεγονὸς εἶναι γεγονὸς καὶ τὸ γιγνόμενον εἶναι b
γιγνόμενον, ἔτι τε τὸ γενησόμενον εἶναι γενησόμενον καὶ
τὸ μὴ ὂν μὴ ὂν εἶναι, ὧν οὐδὲν ἀκριβὲς λέγομεν. Περὶ μὲν
οὖν τούτων τάχ᾽ ἂν οὐκ εἴη καιρὸς πρέπων ἐν τῷ παρόντι
διακριβολογεῖσθαι.

Χρόνος δ᾽ οὖν μετ᾽ οὐρανοῦ γέγονεν, ἵνα ἅμα γεννηθέντες
ἅμα καὶ λυθῶσιν, ἄν ποτε λύσις τις αὐτῶν γίγνηται, καὶ
κατὰ τὸ παράδειγμα τῆς διαιωνίας φύσεως, ἵν᾽ ὡς
ὁμοιότατος αὐτῷ κατὰ δύναμιν ᾖ· τὸ μὲν γὰρ δὴ παρά- c
δειγμα πάντα αἰῶνά ἐστιν ὄν, ὁ δ᾽ αὖ διὰ τέλους τὸν
ἅπαντα χρόνον γεγονώς τε καὶ ὢν καὶ ἐσόμενος. Ἐξ οὖν
λόγου καὶ διανοίας θεοῦ τοιαύτης πρὸς χρόνου γένεσιν, ἵνα
γεννηθῇ χρόνος, ἥλιος καὶ σελήνη καὶ πέντε ἄλλα ἄστρα,
ἐπίκλην ἔχοντα πλανητά, εἰς διορισμὸν καὶ φυλακὴν
ἀριθμῶν χρόνου γέγονεν· σώματα δὲ αὐτῶν ἑκάστων
ποιήσας ὁ θεὸς ἔθηκεν εἰς τὰς περιφορὰς ἃς ἡ θατέρου
περίοδος ᾔειν, ἑπτὰ οὔσας ὄντα ἑπτά, σελήνην μὲν εἰς
τὸν περὶ γῆν πρῶτον, ἥλιον δὲ εἰς τὸν δεύτερον ὑπὲρ γῆς, d
ἑωσφόρον δὲ καὶ τὸν ἱερὸν Ἑρμοῦ λεγόμενον εἰς τὸν
τάχει μὲν ἰσόδρομον ἡλίῳ κύκλον ἰόντας, τὴν δὲ ἐναντίαν
εἰληχότας αὐτῷ δύναμιν· ὅθεν καταλαμβάνουσίν τε καὶ

zu, weder älter noch jünger zu werden im Verlaufe der Zeit,
noch es ehemals oder jetzt geworden zu sein oder es in Zu-
kunft werden zu sollen: kurz, es kommt ihm überhaupt
nichts von alle dem zu, was das Werden mit den im Gebiet
der Sinnenwelt sich bewegenden Dingen verknüpft hat, son-
dern es sind dies (Alles) die Formen der die Ewigkeit nach-
ahmenden und nach den Zahlenverhältnissen im Kreise sich
fortbewegenden Zeit geworden. Und eben so steht es mit
Ausdrücken folgender Art: das Entstandene *sei* ein Entste- b
hendes und das Entstehenwerdende *sei* ein Nichtseiendes,
welches Alles keine genauen Bezeichnungen sind. Doch
dürfte gegenwärtig vielleicht nicht der schickliche Zeitpunkt
dazu sein, hierüber Bestimmungen zu treffen, wie es, genau
genommen, heißen müßte.

2.2.3.2. Die Planeten als Werkzeuge der Zeit: ihre sieben Bahnen und relativen Geschwindigkeiten; Tag und Nacht, Monat und Jahr, das vollkommene Jahr

So entstand denn also die Zeit zugleich mit der Welt, da-
mit beide, zugleich ins Leben gerufen, auch zugleich wieder
aufgelöst würden, wenn ja einmal ihre Auflösung eintreten
sollte, und nach dem Urbilde der schlechthin ewigen Natur,
damit die Welt ihr so ähnlich als möglich werde. Denn das c
Urbild ist ein durch alle Ewigkeit Seiendes, sie aber immer-
fort durch alle Zeit geworden, seiend und sein werdend. Zu-
folge solcher Betrachtung und Überlegung Gottes in Bezug
auf die Zeit entstanden, damit dieselbe hervorgebracht wer-
de, Sonne, Mond und die fünf anderen Sterne, welche den
Namen der Wandelsterne tragen, zur Unterscheidung und
Bewahrung der Zeitmaße. Und nachdem Gott den Körper
eines jeden von ihnen gebildet hatte, setzte er sie ihrer sieben
in die sieben Kreise hinein, welche der Umlauf des Anderen
beschrieb, den Mond in den welcher zunächst um die Erde d
kreiste, die Sonne in den zweiten oberhalb ihrer, den Mor-
genstern aber und den, welcher dem Merkur heilig ist und
nach ihm genannt wird, in die (zwei nächsten), dem der Son-
ne an Geschwindigkeit gleichen Kreise, versah sie jedoch mit
einer der Sonne entgegenstrebenden Kraft der Bewegung,

καταλαμβάνονται καὶ κατὰ ταὐτὰ ὑπ' ἀλλήλων ἥλιός τε
καὶ ὁ τοῦ Ἑρμοῦ καὶ ἑωσφόρος. Τὰ δ' ἄλλα οἷ δὴ καὶ
δι' ἃς αἰτίας ἱδρύσατο, εἴ τις ἐπεξίοι πάσας, ὁ λόγος
πάρεργος ὢν πλέον ἂν ἔργον ὧν ἕνεκα λέγεται παράσχοι. e
Ταῦτα μὲν οὖν ἴσως τάχ' ἂν κατὰ σχολὴν ὕστερον τῆς
ἀξίας τύχοι διηγήσεως· ἐπειδὴ δὲ οὖν εἰς τὴν ἑαυτῷ πρέ-
πουσαν ἕκαστον ἀφίκετο φορὰν τῶν ὅσα ἔδει συναπερ-
γάζεσθαι χρόνον, δεσμοῖς τε ἐμψύχοις σώματα δεθέντα
ζῷα ἐγεννήθη τό τε προσταχθὲν ἔμαθεν, κατὰ δὴ τὴν
θατέρου φορὰν πλαγίαν οὖσαν, διὰ τῆς ταὐτοῦ φορᾶς 39
ἰούσης τε καὶ κρατουμένης, τὸ μὲν μείζονα αὐτῶν, τὸ δ'
ἐλάττω κύκλον ἰόν, θᾶττον μὲν τὰ τὸν ἐλάττω, τὰ δὲ τὸν
μείζω βραδύτερον περιῄειν. Τῇ δὴ ταὐτοῦ φορᾷ τὰ
τάχιστα περιιόντα ὑπὸ τῶν βραδύτερον ἰόντων ἐφαίνετο
καταλαμβάνοντα καταλαμβάνεσθαι· πάντας γὰρ τοὺς
κύκλους αὐτῶν στρέφουσα ἕλικα διὰ τὸ διχῇ κατὰ τὰ
ἐναντία ἅμα προϊέναι τὸ βραδύτατα ἀπιὸν ἀφ' αὑτῆς b
οὔσης ταχίστης ἐγγύτατα ἀπέφαινεν. Ἵνα δ' εἴη μέτρον
ἐναργές τι πρὸς ἄλληλα βραδυτῆτι καὶ τάχει καὶ τὰ περὶ
τὰς ὀκτὼ φορὰς πορεύοιτο, φῶς ὁ θεὸς ἀνῆψεν ἐν τῇ
πρὸς γῆν δευτέρᾳ τῶν περιόδων, ὃ δὴ νῦν κεκλήκαμεν
ἥλιον, ἵνα ὅτι μάλιστα εἰς ἅπαντα φαίνοι τὸν οὐρανὸν
μετάσχοι τε ἀριθμοῦ τὰ ζῷα ὅσοις ἦν προσῆκον, μαθόντα
παρὰ τῆς ταὐτοῦ καὶ ὁμοίου περιφορᾶς. Νὺξ μὲν οὖν c

weshalb denn die Sonne und der Merkur und Morgenstern
auf gleiche Weise einander einholen und von einander einge-
holt werden. Was aber die übrigen anlangt, so würde, wenn
man von allen angeben sollte, wohin und aus welchen Grün-
den er sie dahin versetzte, diese Auseinandersetzung, die e
doch nur eine beiläufige wäre, umständlicher sein als die Er-
örterung selber, welche uns hierauf geführt hat. Vielleicht
wird denn auch dieser Gegenstand späterhin bei größerer
Muße eine Darlegung finden, wie er sie verdient. Nachdem
nun also alle die Sterne, welche zur Erzeugung der Zeit mit-
wirken sollten, in den einem jeden zukommenden Um-
schwung gebracht und durch beseelte Bänder, die ihre Kör-
per zusammenhielten, zu lebendigen Wesen erhoben und des
ihnen Aufgetragenen inne geworden waren, so gingen sie in
dem Umschwunge des Anderen, welcher schräg ist, indem er 39a
den Umschwung des Selbigen durchschneidet und von ihm
beherrscht wird, herum, indem sie teils eine größere, teils
eine kleinere Kreisbahn umschrieben, und zwar die, welche
eine kleinere beschrieben, schneller und die, welche eine grö-
ßere, langsamer. Und durch den Umschwung des Selbigen
schienen nun dabei die, welche am schnellsten herumgingen,
von den langsamer sich bewegenden eingeholt zu werden,
während doch vielmehr diese die ersteren einholten; denn da
die Umkreisung des Selbigen alle Kreisbahnen dieser Gestir-
ne sich schraubenförmig zu drehen zwang, insofern diese
Bahnen (durch ihre Einwirkung) zwiefach in entgegengesetz-
ter Richtung fortrücken, so bewirkte sie den Schein, als ob b
die sich am langsamsten von ihr, die sie das Schnellste ist,
entfernenden (ihrer Geschwindigkeit) am nächsten kämen.
Damit aber ein deutliches Maß für das gegenseitige Verhält-
nis von Langsamkeit und Geschwindigkeit vorhanden wäre,
mit welcher die acht Umläufe sich bewegten, so zündete
Gott in den zweiten derselben von der Erde ab ein Licht an,
eben das, was wir jetzt Sonne nennen, auf daß es möglichst
durch das ganze Weltall schiene und die belebten Wesen, so
vielen immer dies zukam, des Zahlmaßes teilhaftig würden,
dessen sie durch die Umkreisung des Selbigen und
Gleichartigen inne geworden. Tag und Nacht entstanden auf c

ἡμέρα τε γέγονεν οὕτως καὶ διὰ ταῦτα, ἡ τῆς μιᾶς καὶ φρονιμωτάτης κυκλήσεως περίοδος· μεὶς δὲ ἐπειδὰν σελήνη περιελθοῦσα τὸν ἑαυτῆς κύκλον ἥλιον ἐπικαταλάβῃ, ἐνιαυτὸς δὲ ὁπόταν ἥλιος τὸν ἑαυτοῦ περιέλθῃ κύκλον. Τῶν δ᾽ ἄλλων τὰς περιόδους οὐκ ἐννενοηκότες ἄνθρωποι, πλὴν ὀλίγοι τῶν πολλῶν, οὔτε ὀνομάζουσιν οὔτε πρὸς ἄλληλα συμμετροῦνται σκοποῦντες ἀριθμοῖς, ὥστε ὡς ἔπος εἰπεῖν οὐκ ἴσασιν χρόνον ὄντα τὰς τούτων πλάνας, πλήθει μὲν d
ἀμηχάνῳ χρωμένας, πεποικιλμένας δὲ θαυμαστῶς· ἔστιν δ᾽ ὅμως οὐδὲν ἧττον κατανοῆσαι δυνατὸν ὡς ὅ γε τέλεος ἀριθμὸς χρόνου τὸν τέλεον ἐνιαυτὸν πληροῖ τότε, ὅταν ἁπασῶν τῶν ὀκτὼ περιόδων τὰ πρὸς ἄλληλα συμπερανθέντα τάχη σχῇ κεφαλὴν τῷ τοῦ ταὐτοῦ καὶ ὁμοίως ἰόντος ἀναμετρηθέντα κύκλῳ. Κατὰ ταῦτα δὴ καὶ τούτων ἕνεκα ἐγεννήθη τῶν ἄστρων ὅσα δι᾽ οὐρανοῦ πορευόμενα ἔσχεν τροπάς, ἵνα τόδε ὡς ὁμοιότατον ᾖ τῷ τελέῳ καὶ νοητῷ e
ζῴῳ πρὸς τὴν τῆς διαιωνίας μίμησιν φύσεως.

Καὶ τὰ μὲν ἄλλα ἤδη μέχρι χρόνου γενέσεως ἀπείργαστο εἰς ὁμοιότητα ᾧπερ ἀπεικάζετο, τὸ δὲ μήπω τὰ πάντα ζῷα ἐντὸς αὐτοῦ γεγενημένα περιειληφέναι, ταύτῃ ἔτι εἶχεν ἀνομοίως. Τοῦτο δὴ τὸ κατάλοιπον ἀπηργάζετο αὐτοῦ πρὸς τὴν τοῦ παραδείγματος ἀποτυπούμενος φύσιν. Ἧιπερ οὖν νοῦς ἐνούσας ἰδέας τῷ ὃ ἔστιν ζῷον, οἷαί τε ἔνεισι καὶ ὅσαι, καθορᾷ, τοιαύτας καὶ τοσαύτας διενοήθη

diese Weise und durch diese Veranstaltung als der Umlauf der einigen und vernünftigsten Kreisbewegung, der Monat aber, wenn der Mond seinen Kreislauf vollendet und die Sonne eingeholt hat, endlich das Jahr, so oft die Sonne ihre Bahn umschrieben hat. Die Umläufe der übrigen aber haben die Menschen bis auf wenige unter den vielen nicht beachtet und geben ihnen daher weder (besondere) Namen, noch messen sie dieselben gegen einander zufolge angestellter Beobachtungen nach Zahlen ab, so daß sie geradezu nicht einmal d
wissen, daß (auch) ihre Bahnen, deren Menge verwirrt und deren Mannigfaltigkeit wunderbar ist, eine Zeit bezeichnen. Es ist jedoch nichts desto weniger möglich zu beobachten, daß die vollständige Zeitenzahl auch das vollständige (große) Jahr voll macht, dann wann die gegenseitigen Geschwindigkeiten aller acht Umläufe zugleich beendigt zu ihrem Ausgangspunkte zurückkehren, sofern man sie nach dem Kreise des Selbigen und sich gleichartig Bewegenden mißt. Auf diese Weise also und zu diesem Zwecke wurden alle die Sterne hervorgebracht, welche den Weltenraum in gewundener Linie durchwandern, auf daß diese lebendige Welt dem e
vollkommenen und nur dem Gedanken erfaßbaren Lebendigen so ähnlich als möglich werde in Nachahmung seiner schlechthin ewigen Natur.

2.2.4. Die Götter

2.2.4.1. Die vier Arten von Lebewesen. Die Erschaffung des göttlichen Geschlechtes bzw. der sichtbaren Götter: der Fixsterne und der Erde

Und in allen übrigen Stücken bis zu der Entstehung der Zeit hin war sie nun bereits dem (Urbilde), welchem sie nachgebildet wurde, entsprechend vollendet; aber darin, daß sie noch nicht alle lebenden Wesen in sich faßte, so daß dieselben (schon) innerhalb ihrer entstanden waren, verhielt sie sich noch unähnlich gegen dasselbe. Und so vollendete der Bildner denn auch dies, was ihr noch mangelte, indem er es nach der Natur des Urbildes ausprägte. Wie viel nämlich und welcherlei Gestalten die Vernunft nur immer in dem wahrhaft seienden Lebendigen als ihm einwohnende erblickt, so

δεῖν καὶ τόδε σχεῖν. Εἰσὶν δὴ τέτταρες, μία μὲν οὐράνιον
θεῶν γένος, ἄλλη δὲ πτηνὸν καὶ ἀεροπόρον, τρίτη δὲ 40
ἔνυδρον εἶδος, πεζὸν δὲ καὶ χερσαῖον τέταρτον. Τοῦ μὲν
οὖν θείου τὴν πλείστην ἰδέαν ἐκ πυρὸς ἀπηργάζετο,
ὅπως ὅτι λαμπρότατον ἰδεῖν τε κάλλιστον εἴη, τῷ δὲ
παντὶ προσεικάζων εὔκυκλον ἐποίει, τίθησίν τε εἰς τὴν
τοῦ κρατίστου φρόνησιν ἐκείνῳ συνεπόμενον, νείμας περὶ
πάντα κύκλῳ τὸν οὐρανόν, κόσμον ἀληθινὸν αὐτῷ πεποι-
κιλμένον εἶναι καθ᾽ ὅλον. Κινήσεις δὲ δύο προσῆψεν
ἑκάστῳ, τὴν μὲν ἐν ταὐτῷ κατὰ ταὐτά, περὶ τῶν αὐτῶν
ἀεὶ τὰ αὐτὰ ἑαυτῷ διανοουμένῳ, τὴν δὲ εἰς τὸ πρόσθεν, b
ὑπὸ τῆς ταὐτοῦ καὶ ὁμοίου περιφορᾶς κρατουμένῳ· τὰς δὲ
πέντε κινήσεις ἀκίνητον καὶ ἑστός, ἵνα ὅτι μάλιστα αὐτῶν
ἕκαστον γένοιτο ὡς ἄριστον. Ἐξ ἧς δὴ τῆς αἰτίας γέγονεν
ὅσ᾽ ἀπλανῆ τῶν ἄστρων ζῷα θεῖα ὄντα καὶ ἀίδια καὶ
κατὰ ταὐτὰ ἐν ταὐτῷ στρεφόμενα ἀεὶ μένει· τὰ δὲ
τρεπόμενα καὶ πλάνην τοιαύτην ἴσχοντα, καθάπερ ἐν τοῖς
πρόσθεν ἐρρήθη, κατ᾽ ἐκεῖνα γέγονεν. Γῆν δὲ τροφὸν μὲν
ἡμετέραν, εἱλλομένην δὲ τὴν περὶ τὸν διὰ παντὸς πόλον
τεταμένον, φύλακα καὶ δημιουργὸν νυκτός τε καὶ ἡμέρας c
ἐμηχανήσατο, πρώτην καὶ πρεσβυτάτην θεῶν ὅσοι ἐντὸς
οὐρανοῦ γεγόνασιν. Χορείας δὲ τούτων αὐτῶν καὶ παρα-
βολὰς ἀλλήλων, καὶ [περὶ] τὰς τῶν κύκλων πρὸς ἑαυτοὺς
ἐπανακυκλήσεις καὶ προχωρήσεις, ἔν τε ταῖς συνάψεσιν
ὁποῖοι τῶν θεῶν κατ᾽ ἀλλήλους γιγνόμενοι καὶ ὅσοι
καταντικρύ, μεθ᾽ οὕστινάς τε ἐπίπροσθεν ἀλλήλοις ἡμῖν τε

viel und solcherlei, glaubte er, müsse auch dieses (geworde-
ne) empfangen. Es gibt aber deren vier: die eine das himm-
lische Geschlecht der Götter, die andere die geflügelte und 40a
die Lüfte durchschwebende, die dritte die im Wasser lebende
Gattung, und die vierte die welche sich auf ihren Füßen be-
wegt und auf dem Erdboden wohnt. Die Gestalt des Gött-
lichen nun bildete er größtenteils aus Feuer, damit es so glän-
zend und schön als möglich anzuschauen wäre, machte es in
Nachbildung des Weltganzen wohlgerundet und versetzte es
in das vernunftmäßige Denken des Mächtigsten als dessen
Begleiter, indem er es im Umkreise rings um das ganze Welt-
gebäude verteilte, auf daß es demselben ein wahrhafter
Schmuck und eine bunte Zierde nach dessen ganzem Umfan-
ge sei. Bewegungen aber heftete er ihrer zwei einem Jegli-
chen (aus diesem Kreise) an, die eine in demselben Raume
und in gleichmäßiger Weise als einem Solchen, welches über
dasselbe stets dasselbe bei sich selber denkt, die andere nach b
vorne als einem Solchen, welches von dem Umschwunge des
Selbigen und Gleichartigen beherrscht wird; hinsichtlich der
fünf (anderen) Bewegungen aber ließ er es unbewegt und
stillstehend, damit ein jedes dieser Wesen so vollkommen als
möglich würde. Aus dieser Ursache also sind alle die Sterne
geworden, welche wandellos als lebendige Wesen göttlich
und unsterblich und gleichmäßig in demselben Raume sich
drehend ewig verharren; diejenigen aber, welche ihre Stel-
lung verändern und somit dem Wandel unterworfen sind,
entstanden aus den Gründen, welche schon im Vorigen aus-
einandergesetzt sind. Die Erde aber, unsere Ernährerin, wel-
che um die durch das All gezogene Achse herumgeballt ist, c
bildete er zur Wächterin und Werkmeisterin von Tag und
Nacht als die erste und älteste von den Gottheiten, so viel
ihrer innerhalb des Weltgebäudes entstanden sind. Die Rei-
genbewegungen aber von diesen selber und ihre gegenseiti-
gen (Annäherungen und) Begegnungen, und was sich auf die
Rückkehr ihrer Bahnen in sich selber und ihr Vorrücken
bezieht, ferner welche von den Göttern bei den Vereinigun-
gen einander nahe und wie viele einander gegenübertreten,
und hinter welchen die einzelnen, indem sie einander ins

κατὰ χρόνους οὕστινας ἕκαστοι κατακαλύπτονται καὶ πάλιν ἀναφαινόμενοι φόβους καὶ σημεῖα τῶν μετὰ ταῦτα d γενησομένων τοῖς οὐ δυναμένοις λογίζεσθαι πέμπουσιν, τὸ λέγειν ἄνευ δι' ὄψεως τούτων αὖ τῶν μιμημάτων μάταιος ἂν εἴη πόνος· ἀλλὰ ταῦτά τε ἱκανῶς ἡμῖν ταύτῃ καὶ τὰ περὶ θεῶν ὁρατῶν καὶ γεννητῶν εἰρημένα φύσεως ἐχέτω τέλος.

Περὶ δὲ τῶν ἄλλων δαιμόνων εἰπεῖν καὶ γνῶναι τὴν γένεσιν μεῖζον ἢ καθ' ἡμᾶς, πειστέον δὲ τοῖς εἰρηκόσιν ἔμπροσθεν, ἐκγόνοις μὲν θεῶν οὖσιν, ὡς ἔφασαν, σαφῶς δέ που τούς γε αὑτῶν προγόνους εἰδόσιν· ἀδύνατον οὖν θεῶν παισὶν ἀπιστεῖν, καίπερ ἄνευ τε εἰκότων καὶ e ἀναγκαίων ἀποδείξεων λέγουσιν, ἀλλ' ὡς οἰκεῖα φασκόντων ἀπαγγέλλειν ἑπομένους τῷ νόμῳ πιστευτέον. Οὕτως οὖν κατ' ἐκείνους ἡμῖν ἡ γένεσις περὶ τούτων τῶν θεῶν ἐχέτω καὶ λεγέσθω. Γῆς τε καὶ Οὐρανοῦ παῖδες Ὠκεανός τε καὶ Τηθὺς ἐγενέσθην, τούτων δὲ Φόρκυς Κρόνος τε καὶ Ῥέα καὶ ὅσοι μετὰ τούτων, ἐκ δὲ Κρόνου καὶ Ῥέας Ζεὺς 41 Ἥρα τε καὶ πάντες ὅσους ἴσμεν ἀδελφοὺς λεγομένους αὐτῶν, ἔτι τε τούτων ἄλλους ἐκγόνους· ἐπεὶ δ' οὖν πάντες ὅσοι τε περιπολοῦσιν φανερῶς καὶ ὅσοι φαίνονται καθ' ὅσον ἂν ἐθέλωσιν θεοὶ γένεσιν ἔσχον, λέγει πρὸς αὐτοὺς ὁ τόδε τὸ πᾶν γεννήσας τάδε —

Licht treten, und zu welchen Zeiten sie sich für uns verber-
gen und, wenn sie dann wieder zum Vorschein kommen,
Furcht vor dem, was bevorsteht, und Vorzeichen desselben d
für Die, welche nicht zu rechnen verstehen, mit sich bringen
– dies darzustellen ohne Anschauung von Abbildungen, die
wieder von ihnen gemacht wären, würde eine vergebliche
Mühe sein, und so möge uns vielmehr das Gesagte in der
obigen Weise hinreichen und die Erörterung über die Natur
der sichtbaren und geschaffenen Götter hiemit ihr Ende ha-
ben.

2.2.4.2. *Die übrigen Götter und ihre landläufige Genealogie*

Über die sonstigen götterartigen Wesen aber zu sprechen
und ihre Entstehung zu erkennen, übersteigt unsere Kräfte,
und wir werden Denjenigen glauben müssen, welche ehedem
darüber gesprochen haben, da sie ja, wie sie sagten, Ab-
kömmlinge der Götter waren und doch wohl genau ihre
Vorfahren gekannt haben werden. Unmöglich also ist es, den
Sprößlingen der Götter den Glauben zu versagen, wenn sie e
auch ohne wahrscheinliche oder (gar) zwingende Beweis-
gründe sprechen, sondern als Solchen, welche Familienver-
hältnisse mitzuteilen behaupten, müssen wir ihnen, dem Her-
kommen folgend, Vertrauen schenken. Folgendermaßen
möge daher nach ihrem Bericht hinsichtlich dieser Götter
ihre Entstehung für uns sich verhalten und von uns ange-
geben werden. Der Ge und dem Uranos wurden Okeanos
und Tethys geboren, diesen aber wiederum Phorkys, Kronos
und Rhea und so Viele mit ihnen entstanden, vom Kronos 41a
und der Rhea aber entsprossen Zeus und Hera und Alle, so
viel wir ihrer wissen, welche als ihre Geschwister und von
diesen (allen) selbst noch wieder als Abkömmlinge bezeich-
net werden.

2.2.4.3. *Der Auftrag des Weltschöpfers an alle Götter, den sterblichen Teil der drei noch fehlenden Arten von Lebewesen zu schaffen; was dabei zu befolgen ist*

Als nun aber die Götter alle, sowohl die, welche sichtbar herumkreisen, als auch die, welche (nur) erscheinen, je nach-

« Θεοὶ θεῶν, ὧν ἐγὼ δημιουργὸς πατήρ τε ἔργων, δι' ἐμοῦ γενόμενα ἄλυτα ἐμοῦ γε μὴ ἐθέλοντος. Τὸ μὲν οὖν δὴ δεθὲν πᾶν λυτόν, τό γε μὴν καλῶς ἁρμοσθὲν καὶ ἔχον b
εὖ λύειν ἐθέλειν κακοῦ· δι' ἃ καὶ ἐπείπερ γεγένησθε, ἀθάνατοι μὲν οὐκ ἐστὲ οὐδ' ἄλυτοι τὸ πάμπαν, οὔτι μὲν δὴ λυθήσεσθέ γε οὐδὲ τεύξεσθε θανάτου μοίρας, τῆς ἐμῆς βουλήσεως μείζονος ἔτι δεσμοῦ καὶ κυριωτέρου λαχόντες ἐκείνων οἷς ὅτ' ἐγίγνεσθε συνεδεῖσθε. Νῦν οὖν ὃ λέγω πρὸς ὑμᾶς ἐνδεικνύμενος, μάθετε. Θνητὰ ἔτι γένη λοιπὰ τρία ἀγέννητα· τούτων δὲ μὴ γενομένων οὐρανὸς ἀτελὴς ἔσται· τὰ γὰρ ἅπαντ' ἐν αὑτῷ γένη ζῴων οὐχ ἕξει, δεῖ δέ, εἰ μέλλει τέλεος ἱκανῶς εἶναι. Δι' ἐμοῦ δὲ ταῦτα c
γενόμενα καὶ βίου μετασχόντα θεοῖς ἰσάζοιτ' ἄν· ἵνα οὖν θνητά τε ᾖ τό τε πᾶν τόδε ὄντως ἅπαν ᾖ, τρέπεσθε κατὰ φύσιν ὑμεῖς ἐπὶ τὴν τῶν ζῴων δημιουργίαν, μιμούμενοι τὴν ἐμὴν δύναμιν περὶ τὴν ὑμετέραν γένεσιν. Καὶ καθ' ὅσον μὲν αὐτῶν ἀθανάτοις ὁμώνυμον εἶναι προσήκει, θεῖον λεγόμενον ἡγεμονοῦν τε ἐν αὐτοῖς τῶν ἀεὶ δίκῃ καὶ ὑμῖν ἐθελόντων ἕπεσθαι, σπείρας καὶ ὑπαρξάμενος ἐγὼ παραδώσω· τὸ δὲ λοιπὸν ὑμεῖς, ἀθανάτῳ θνητὸν d
προσυφαίνοντες, ἀπεργάζεσθε ζῷα καὶ γεννᾶτε τροφήν τε διδόντες αὐξάνετε καὶ φθίνοντα πάλιν δέχεσθε. »

dem sie es selber wollen, ihre Entstehung hatten, da spricht zu ihnen der Erzeuger des Alls folgendermaßen: göttliche Göttersöhne, deren Bildner ich bin und Vater von Werken, welche, durch mich entstanden, unauflösbar sind, weil ich es so will. Denn alles, was zusammengebunden ist, läßt sich b zwar auch (wieder) auflösen, aber das, was schön zusammengefügt ist und sich wohl verhält, würde nur ein Frevler (wieder) auflösen wollen. Deshalb seid ihr denn auch, weil ihr entstanden seid, zwar nicht schlechterdings unsterblich und unauflösbar, aber nichts desto weniger sollt ihr nimmer aufgelöst noch des Todesgeschickes teilhaftig werden, weil ihr an meinem Willen ein noch stärkeres und mächtigeres Band als jene Bänder erlangt habt, mit denen ihr zusammengebunden wurdet, als ihr entstandet. So merket denn nun, was euch meine Rede verkündet. Es sind noch sterbliche Geschlechter, und zwar ihrer drei übrig, die noch unerzeugt sind; träten nun sie nicht ins Leben, so würde das Weltgebäude unvollständig sein, denn es würde dann nicht alle Geschlechter lebendiger Wesen in sich tragen, und das muß es, c wenn es schlechthin vollständig sein soll. Wenn sie aber durch mich entständen und mit Leben begabt würden, so würden sie den Göttern gleich werden. Damit sie also zu Sterblichen werden und dieses All ein wirkliches All sei, so kommt es euch naturgemäß zu, euch an die Hervorbringung der lebendigen Geschöpfe zu machen, indem ihr meine Tätigkeit, wie sie bei eurer Entstehung stattfand, nachahmt. Und so viel an ihnen dem Unsterblichen gleichnamig zu sein verdient, nämlich das göttlich zu Nennende und Leitende in ihnen, soweit sie stets dem Rechte und euch zu folgen geneigt sind, von Dem will ich die Samen und Keime (selber) bilden und euch dann übergeben; in ihren übrigen Teilen d aber sollt ihr, indem ihr mit (diesem) Unsterblichen Sterbliches verwebt, die lebendigen Geschöpfe vollenden und erzeugen und, indem ihr ihnen Nahrung gebt, sie wachsen lassen und, wenn sie dahingeschwunden sind, wieder (in euch) aufnehmen.

Ταῦτ' εἶπε, καὶ πάλιν ἐπὶ τὸν πρότερον κρατῆρα, ἐν ᾧ τὴν τοῦ παντὸς ψυχὴν κεραννὺς ἔμισγεν, τὰ τῶν πρόσθεν ὑπόλοιπα κατεχεῖτο μίσγων τρόπον μέν τινα τὸν αὐτόν, ἀκήρατα δὲ οὐκέτι κατὰ ταὐτὰ ὡσαύτως, ἀλλὰ δεύτερα καὶ τρίτα. Συστήσας δὲ τὸ πᾶν διεῖλεν ψυχὰς ἰσαρίθμους τοῖς ἄστροις, ἔνειμέν θ' ἑκάστην πρὸς ἕκαστον, καὶ ἐμβιβάσας e
ὡς ἐς ὄχημα τὴν τοῦ παντὸς φύσιν ἔδειξεν, νόμους τε τοὺς εἱμαρμένους εἶπεν αὐταῖς, ὅτι γένεσις πρώτη μὲν ἔσοιτο τεταγμένη μία πᾶσιν, ἵνα μήτις ἐλαττοῖτο ὑπ' αὐτοῦ, δέοι δὲ σπαρείσας αὐτὰς εἰς τὰ προσήκοντα ἑκάσταις ἕκαστα ὄργανα χρόνων φῦναι ζῴων τὸ θεοσεβέστατον, διπλῆς δὲ οὔσης τῆς ἀνθρωπίνης φύσεως, τὸ 42
κρεῖττον τοιοῦτον εἴη γένος ὃ καὶ ἔπειτα κεκλήσοιτο ἀνήρ. Ὁπότε δὴ σώμασιν ἐμφυτευθεῖεν ἐξ ἀνάγκης, καὶ τὸ μὲν προσίοι, τὸ δ' ἀπίοι τοῦ σώματος αὐτῶν, πρῶτον μὲν αἴσθησιν ἀναγκαῖον εἴη μίαν πᾶσιν ἐκ βιαίων παθημάτων σύμφυτον γίγνεσθαι, δεύτερον δὲ ἡδονῇ καὶ λύπῃ μεμειγμένον ἔρωτα, πρὸς δὲ τούτοις φόβον καὶ θυμὸν ὅσα τε ἑπόμενα αὐτοῖς καὶ ὁπόσα ἐναντίως πέφυκε b
διεστηκότα· ὧν εἰ μὲν κρατήσοιεν, δίκῃ βιώσοιντο, κρατηθέντες δὲ ἀδικίᾳ. Καὶ ὁ μὲν εὖ τὸν προσήκοντα χρόνον βιούς, πάλιν εἰς τὴν τοῦ συννόμου πορευθεὶς οἴκησιν ἄστρου, βίον εὐδαίμονα καὶ συνήθη ἕξοι, σφαλεὶς

2.2.5. Der Mensch

2.2.5.1. Die Mischung der Seelen und ihre Verteilung auf die Sterne. Die Schicksalsgesetze für sie und ihre Übergabe an die jungen Götter

So sprach er und goß wiederum in dasselbe Mischgefäß, in welchem er zuvor die Seele des All zusammengemischt hatte, die Überreste derselben Bestandteile hinein und vermischte sie zwar ungefähr auf die gleiche Weise, nahm sie aber nicht von derselben gleichmäßigen Reinheit, sondern vom zweiten und dritten Range. Und nachdem er (aus ihnen) ein Ganzes gebildet hatte, verteilte er dasselbe in Seelen von gleicher Zahl mit den Sternen und teilte je eine einem jeden zu, und e
nachdem er sie so (auf dieselben) wie auf ein Fahrzeug gesetzt hatte, zeigte er ihnen die Natur des All und verkündete ihnen die vom Schicksal verhängten Gesetze, daß nämlich die erste Geburt auf die gleiche Weise für sie alle bestimmt sein werde, auf daß keine von ihnen in Nachteil durch ihn gesetzt würde, und daß sie auf die einzelnen, einer jeden entsprechenden Werkzeuge der Zeit, verpflanzt, zu demjenigen aller lebendigen Geschöpfe werden sollten, welches am meisten die Götter verehre; und da die menschliche Natur 42a
eine zweispältige sei, so solle das edlere von beiden Geschlechtern mit einer solchen Beschaffenheit vorgebildet werden, wie sie, hernach mit dem Namen Mann verbunden sein sollte. Sobald sie nun aber der Notwendigkeit gemäß in Leiber eingepflanzt wären, und von ihrem Leibe ein Teil hinzu käme und ein anderer Teil abginge, so müsse notwendig zuerst die Wahrnehmung und Empfindung auf gleiche Weise in ihnen allen entstehen, als notwendig mit starken Erregungen und Eindrücken verwachsen; sodann als das Zweite die Liebe, welche aus Lust und Schmerz gemischt ist; hierauf Furcht, sowie Zorn und Eifer und Alles, was hiemit b
zusammenhängt, und wiederum Alles, was aus der Gegenwirkung hervorgeht. Wenn sie nun über diese (Erregungen) herrschten, so würden sie gerecht leben, wenn sie aber sich von ihnen beherrschen ließen, ungerecht. Und wer die ihm zugemessene Zeit hindurch wohl gelebt habe, der solle in die Behausung des ihm verwandten Gestirnes zurückkehren und ein selbiges und seiner Gewohnheit entsprechendes Leben

δὲ τούτων εἰς γυναικὸς φύσιν ἐν τῇ δευτέρᾳ γενέσει μετα- c
βαλοῖ· μὴ παυόμενός τε ἐν τούτοις ἔτι κακίας, τρόπον ὃν
κακύνοιτο, κατὰ τὴν ὁμοιότητα τῆς τοῦ τρόπου γενέσεως
εἴς τινα τοιαύτην ἀεὶ μεταβαλοῖ θήρειον φύσιν, ἀλλάττων
τε οὐ πρότερον πόνων λήξοι, πρὶν τῇ ταὐτοῦ καὶ ὁμοίου
περιόδῳ τῇ ἐν αὐτῷ συνεπισπώμενος τὸν πολὺν ὄχλον
καὶ ὕστερον προσφύντα ἐκ πυρὸς καὶ ὕδατος καὶ ἀέρος
καὶ γῆς, θορυβώδη καὶ ἄλογον ὄντα, λόγῳ κρατήσας εἰς τὸ d
τῆς πρώτης καὶ ἀρίστης ἀφίκοιτο εἶδος ἕξεως. Διαθεσμο-
θετήσας δὲ πάντα αὐτοῖς ταῦτα, ἵνα τῆς ἔπειτα εἴη
κακίας ἑκάστων ἀναίτιος, ἔσπειρεν τοὺς μὲν εἰς γῆν, τοὺς
δ' εἰς σελήνην, τοὺς δ' εἰς τἆλλα ὅσα ὄργανα χρόνου· τὸ
δὲ μετὰ τὸν σπόρον τοῖς νέοις παρέδωκεν θεοῖς σώματα
πλάττειν θνητά, τό τ' ἐπίλοιπον, ὅσον ἔτι ἦν ψυχῆς
ἀνθρωπίνης δέον προσγενέσθαι, τοῦτο καὶ πάνθ' ὅσα e
ἀκόλουθα ἐκείνοις ἀπεργασαμένους ἄρχειν, καὶ κατὰ
δύναμιν ὅτι κάλλιστα καὶ ἄριστα τὸ θνητὸν διακυβερνᾶν
ζῷον, ὅτι μὴ κακῶν αὐτὸ ἑαυτῷ γίγνοιτο αἴτιον.

Καὶ ὁ μὲν δὴ ἅπαντα ταῦτα διατάξας ἔμενεν ἐν τῷ ἑαυτοῦ κατὰ τρόπον ἤθει· μένοντος δὲ νοήσαντες οἱ παῖδες τὴν τοῦ πατρὸς πρόσταξιν ἐπείθοντο αὐτῇ, καὶ λαβόντες ἀθάνατον ἀρχὴν θνητοῦ ζῴου, μιμούμενοι τὸν σφέτερον δημιουργόν, πυρὸς καὶ γῆς ὕδατός τε καὶ ἀέρος ἀπὸ τοῦ
κόσμου δανειζόμενοι μόρια ὡς ἀποδοθησόμενα πάλιν, εἰς 43

führen; wer aber hierin gefehlt, der werde in eines Weibes
Natur bei seiner zweiten Geburt verwandelt werden; wenn er c
aber auch in diesem Zustande noch nicht seiner Schlech-
tigkeit Einhalt täte, so solle er der Art derselben entspre-
chend jedesmal in eine Tiergattung von ähnlicher Art, wie er
sie sich angebildet, übergehen und in steter Verwandlung
nicht eher ans Ziel seiner Leiden gelangen als bis er, dem
Umschwunge des Selbigen und Gleichartigen in sich fol-
gend, jener wirren und vernunftlosen Masse, welche sich spä-
ter aus Feuer, Wasser, Luft und Erde ihm angesetzt, durch d
die Vernunft Herr geworden und so in die Gestalt sei-
ner früheren und edelsten Beschaffenheit zurückgekehrt wä-
re.

Nachdem er ihnen nun alle diese Gesetze verkündet hatte,
um an der späteren Schlechtigkeit eines Jeden unschuldig zu
sein, verpflanzte er sie teils auf die Erde, teils auf den Mond,
teils auf die übrigen Werkzeuge der Zeit. Was aber nach
dieser Verpflanzung noch zu tun war, das überließ er den
jungen Göttern, nämlich ihnen sterbliche Leiber anzubilden
und das noch Rückständige, was zur (Entstehung einer)
menschlichen Seele noch hinzukommen mußte, dies und alles e
damit Zusammenhängende zu vollenden und dann die Herr-
schaft zu führen und nach Möglichkeit aufs Schönste und
Beste das sterbliche lebendige Wesen zu lenken, so weit es
nicht selber sich Übel zuziehen würde.

2.2.5.2. Die Einkörperung der Seele durch die Götter und die dadurch bedingte Verwirrung der Umläufe der Seele. Eine geeignete geistige Ausbildung stellt hier die Ordnung wieder her

Und nachdem er nun dies Alles angeordnet hatte, verharr-
te er seinerseits in dem seiner Art angemessenen Zustande,
seine Kinder aber inzwischen, nachdem sie die Anordnung
des Vaters vernommen, leisteten ihr Folge, und nachdem sie
den unsterblichen Keim zu dem sterblichen Lebendigen in
Empfang genommen hatten, so entlehnten sie in Nachah-
mung ihres Erzeugers Teile von Feuer, Erde, Wasser und
Luft von der Welt zu künftiger Wiedererstattung, verkitteten 43a
darauf diese entnommenen Teile in Eins, indem sie sie nicht

ταὐτὸν τὰ λαμβανόμενα συνεκόλλων, οὐ τοῖς ἀλύτοις οἷς
αὐτοὶ συνείχοντο δεσμοῖς, ἀλλὰ διὰ σμικρότητα ἀοράτοις
πυκνοῖς γόμφοις συντήκοντες, ἓν ἐξ ἁπάντων ἀπεργαζόμε-
νοι σῶμα ἕκαστον, τὰς τῆς ἀθανάτου ψυχῆς περιόδους ἐνέ-
δουν εἰς ἐπίρρυτον σῶμα καὶ ἀπόρρυτον. Αἱ δ' εἰς ποταμὸν
ἐνδεθεῖσαι πολὺν οὔτ' ἐκράτουν οὔτ' ἐκρατοῦντο, βίᾳ δὲ
ἐφέροντο καὶ ἔφερον, ὥστε τὸ μὲν ὅλον κινεῖσθαι ζῷον,
ἀτάκτως μὴν ὅπῃ τύχοι προϊέναι καὶ ἀλόγως, τὰς ἓξ ἁπά- b
σας κινήσεις ἔχον· εἴς τε γὰρ τὸ πρόσθε καὶ ὄπισθεν καὶ
πάλιν εἰς δεξιὰ καὶ ἀριστερὰ κάτω τε καὶ ἄνω καὶ πάντῃ
κατὰ τοὺς ἓξ τόπους πλανώμενα προῄειν. Πολλοῦ γὰρ ὄντος
τοῦ κατακλύζοντος καὶ ἀπορρέοντος κύματος ὃ τὴν τρο-
φὴν παρεῖχεν, ἔτι μείζω θόρυβον ἀπηργάζετο τὰ τῶν προσ-
πιπτόντων παθήματα ἑκάστοις, ὅτε πυρὶ προσκρούσειε τὸ c
σῶμά τινος ἔξωθεν ἀλλοτρίῳ περιτυχὸν ἢ καὶ στερεῷ γῆς
ὑγροῖς τε ὀλισθήμασιν ὑδάτων, εἴτε ζάλῃ πνευμάτων ὑπὸ
ἀέρος φερομένων καταληφθείη, καὶ ὑπὸ πάντων τούτων
διὰ τοῦ σώματος αἱ κινήσεις ἐπὶ τὴν ψυχὴν φερόμεναι
προσπίπτοιεν· αἳ δὴ καὶ ἔπειτα διὰ ταῦτα ἐκλήθησάν τε
καὶ νῦν ἔτι αἰσθήσεις συνάπασαι κέκληνται. Καὶ δὴ καὶ
τότε ἐν τῷ παρόντι πλείστην καὶ μεγίστην παρεχόμεναι
κίνησιν, μετὰ τοῦ ῥέοντος ἐνδελεχῶς ὀχετοῦ κινοῦσαι d
καὶ σφοδρῶς σείουσαι τὰς τῆς ψυχῆς περιόδους, τὴν μὲν
ταὐτοῦ παντάπασιν ἐπέδησαν ἐναντία αὐτῇ ῥέουσαι καὶ
ἐπέσχον ἄρχουσαν καὶ ἰοῦσαν, τὴν δ' αὖ θατέρου διέσεισαν,
ὥστε τὰς τοῦ διπλασίου καὶ τριπλασίου τρεῖς ἑκατέρας
ἀποστάσεις καὶ τὰς τῶν ἡμιολίων καὶ ἐπιτρίτων καὶ
ἐπογδόων μεσότητας καὶ συνδέσεις, ἐπειδὴ παντελῶς λυταὶ
οὐκ ἦσαν πλὴν ὑπὸ τοῦ συνδήσαντος, πάσας μὲν στρέψαι

mit den unauflöslichen Bändern, durch welche sie selber zusammengehalten wurden, sondern mit einer Menge von Stiften, welche ihrer Kleinheit wegen unsichtbar waren, zusammenhefteten, bildeten so aus der Gesamtmasse jeden einzelnen Körper, und banden endlich die Umschwünge der unsterblichen Seele in (diesen) ab- und zuströmenden Leib hinein. Diese nun, in einen (so) gewaltigen Strom eingeschlossen, beherrschten (denselben) weder, noch wurden sie (vom ihm) beherrscht, sondern gewaltsam wurden sie fortgezogen und zogen sie fort, so daß das ganze lebendige Gebilde bewegt ward, und demnach ohne Ordnung fortrückte, wohin b
der Zufall es führte, und ohne Vernunft, weil es alle sechs Bewegungen hatte; denn nach Vorn und Hinten und eben so nach Rechts und Links, und nach Oben und Unten, kurz überall nach den sechs Richtungen rücke es in der Irre fort. Denn so heftig auch schon die zuströmende und abfließende Woge war, welche ihm seine Nahrung brachte, so ward doch eine noch heftigere Erschütterung durch die Eindrücke von dem bewirkt, was einem jeden widerfuhr, wenn sein Körper c
mit einem fremden Feuer von außen zusammenstieß oder mit festen Erdteilen oder der dahingleitenden Feuchtigkeit des Wassers, oder wenn er von einem Wirbel der durch die Luft erregten Winde ergriffen wurde, und dann durch dies Alles Bewegungen erregt und durch den Körper hindurch fortgeführt wurden, bis sie die Seele fanden; und sie wurden denn auch nachher eben hiernach genannt und heißen auch noch jetzt insgesamt Empfindungen. Sie waren es also, welche schon damals für den Augenblick die meiste und stärkste Bewegung hervorbrachten; und indem sie vermöge des unaufhörlich strömenden Flusses die Umläufe der Seele in Be- d
wegung setzten und heftig erschütterten, so hemmten sie sowohl den des Selbigen gänzlich durch ihr Entgegenströmen und hielten seine Herrschaft und seinen Fortgang auf, als sie auch andererseits den des Anderen so erschütterten, daß sie die Zwischenräume des Zweifachen und Dreifachen, welche ihrer je drei von beider Art waren, und die Mittel- und Bindeglieder des Anderthalb-, Vierdrittel- und Neunachtelfachen, da sie ganz aufzulösen nur dem möglich war, welcher

στροφάς, πάσας δὲ κλάσεις καὶ διαφθορὰς τῶν κύκλων e
ἐμποιεῖν, ὁσαχῇπερ ἦν δυνατόν, ὥστε μετ᾽ ἀλλήλων μόγις συνεχομένας φέρεσθαι μέν, ἀλόγως δὲ φέρεσθαι, τοτὲ μὲν ἀντίας, ἄλλοτε δὲ πλαγίας, τοτὲ δὲ ὑπτίας· οἷον ὅταν τις ὕπτιος ἐρείσας τὴν κεφαλὴν μὲν ἐπὶ γῆς, τοὺς δὲ πόδας ἄνω προσβαλὼν ἔχῃ πρός τινι, τότε ἐν τούτῳ τῷ πάθει τοῦ τε πάσχοντος καὶ τῶν ὁρώντων τά τε δεξιὰ ἀριστερὰ καὶ τὰ ἀριστερὰ δεξιὰ ἑκατέροις τὰ ἑκατέρων φαντάζεται. Ταὐτὸν δὴ τοῦτο καὶ τοιαῦτα ἕτερα αἱ περιφοραὶ πάσχουσαι
σφοδρῶς, ὅταν τέ τῳ τῶν ἔξωθεν τοῦ ταὐτοῦ γένους ἢ 44
τοῦ θατέρου περιτύχωσιν, τότε ταὐτόν τῳ καὶ θάτερόν του τἀναντία τῶν ἀληθῶν προσαγορεύουσαι ψευδεῖς καὶ ἀνόητοι γεγόνασιν, οὐδεμία τε ἐν αὐταῖς τότε περίοδος ἄρχουσα οὐδ᾽ ἡγεμών ἐστιν· αἷς δ᾽ ἂν ἔξωθεν αἰσθήσεις τινὲς φερόμεναι καὶ προσπεσοῦσαι συνεπισπάσωνται καὶ τὸ τῆς ψυχῆς ἅπαν κύτος, τόθ᾽ αὗται κρατούμεναι κρατεῖν δοκοῦσι. Καὶ διὰ δὴ ταῦτα πάντα τὰ παθήματα νῦν κατ᾽
ἀρχάς τε ἄνους ψυχὴ γίγνεται τὸ πρῶτον, ὅταν εἰς σῶμα b
ἐνδεθῇ θνητόν. Ὅταν δὲ τὸ τῆς αὔξης καὶ τροφῆς ἔλαττον ἐπίῃ ῥεῦμα, πάλιν δὲ αἱ περίοδοι λαμβανόμεναι γαλήνης τὴν ἑαυτῶν ὁδὸν ἴωσι καὶ καθιστῶνται μᾶλλον ἐπιόντος τοῦ χρόνου, τότε ἤδη πρὸς τὸ κατὰ φύσιν ἰόντων σχῆμα ἑκάστων τῶν κύκλων αἱ περιφοραὶ κατευθυνόμεναι, τό τε θάτερον καὶ τὸ ταὐτὸν προσαγορεύουσαι κατ᾽ ὀρθόν, ἔμφρονα τὸν ἔχοντα αὐτὰς γιγνόμενον ἀποτελοῦσιν. Ἂν

sie zusammengeknüpft hatte, auf alle Weise verkehrten und e
alle möglichen Durchbrechungen und Störungen in die Kreise hineinbrachten, so viel es ihrer nur geben konnte; so daß sie kaum noch mit einander zusammenhingen und sich zwar noch fortbewegten, aber vernunft- und regelwidrig, bald in entgegengesetzter Richtung, bald zur Seite und bald kopfüber; gleichwie dann, wenn ein Mensch umgekehrt mit dem Haupte auf die Erde sich stützt, die Füße aber nach oben gewandt hat und an irgend Etwas festhält, in diesem (entgegengesetzten) Zustande dessen, welcher sich in einer solchen Lage befindet und derer, die ihn ansehen, beiden Teilen gegenseitig das, was dem einen rechts, dem andern links und was dem einen links, dem andern rechts erscheint. Wenn daher die Umläufe von eben demselben und von anderen
ähnlichen Vorgängen in heftigem Maße betroffen werden, so 44a
bezeichnen sie, wenn sie mit etwas von dem außerhalb Befindlichen, sei es von der Art des Selbigen oder von der des Anderen, in Berührung kommen, sodann das, was das Selbige mit irgend Etwas und das, was ein Anderes ist, als irgend Etwas, auf eine der Wahrheit entgegengesetzte Weise und sind somit trügerisch und unverständig geworden, und keiner von ihnen ist dann der herrschende und leitende, sondern diejenigen, welchen dann von außen her irgend welche Wahrnehmungen und Empfindungen zustoßen und zu Teil werden, dergestalt, daß dieselben auch die Seele in ihrem ganzen Umkreis mit sich fortreißen, diese scheinen dann zu herrschen, obwohl sie (vielmehr) beherrscht werden. In Folge aller dieser Erschütterungen wird denn auch die Seele
jetzt anfänglich bewußtlos, sobald sie in einen sterblichen b
Körper hineinverflochten ist. Sobald aber der Strom des Wachstums und der Nahrung (nur noch) in geringerem Maße herzufließt, dann bekommen die Umläufe wieder Ruhe, schlagen wieder ihren eigenen Weg ein und befestigen sich auf demselben immer mehr im Verlaufe der Zeit. Und dann erst machen die Umschwünge, indem sie sich nach dem naturgemäßen Gange der einzelnen Kreise richten und so das Andere und das Selbige mit dem rechten Namen benennen, ihren Besitzer vernunftbeseelt. Kommt nun dann auch noch

μὲν οὖν δὴ καὶ συνεπιλαμβάνηταί τις ὀρθὴ τροφὴ παι-
δεύσεως, ὁλόκληρος ὑγιής τε παντελῶς, τὴν μεγίστην c
ἀποφυγὼν νόσον, γίγνεται· καταμελήσας δέ, χωλὴν τοῦ
βίου διαπορευθεὶς ζωήν, ἀτελὴς καὶ ἀνόητος εἰς Ἅιδου
πάλιν ἔρχεται. Ταῦτα μὲν οὖν ὕστερά ποτε γίγνεται· περὶ
δὲ τῶν νῦν προτεθέντων δεῖ διελθεῖν ἀκριβέστερον, τὰ δὲ
πρὸ τούτων, περὶ σωμάτων κατὰ μέρη τῆς γενέσεως
καὶ περὶ ψυχῆς, δι᾽ ἅς τε αἰτίας καὶ προνοίας γέγονε θεῶν,
τοῦ μάλιστα εἰκότος ἀντεχομένοις, οὕτω καὶ κατὰ ταῦτα d
πορευομένοις διεξιτέον.

Τὰς μὲν δὴ θείας περιόδους δύο οὔσας, τὸ τοῦ παντὸς
σχῆμα ἀπομιμησάμενοι περιφερὲς ὄν, εἰς σφαιροειδὲς
σῶμα ἐνέδησαν, τοῦτο ὃ νῦν κεφαλὴν ἐπονομάζομεν, ὃ
θειότατόν τέ ἐστιν καὶ τῶν ἐν ἡμῖν πάντων δεσποτοῦν· ᾧ
καὶ πᾶν τὸ σῶμα παρέδοσαν ὑπηρεσίαν αὐτῷ συναθροί-
σαντες θεοί, κατανοήσαντες ὅτι πασῶν ὅσαι κινήσεις
ἔσοιντο μετέχοι. Ἵν᾽ οὖν μὴ κυλινδούμενον ἐπὶ γῆς ὕψη
τε καὶ βάθη παντοδαπὰ ἐχούσης ἀποροῖ τὰ μὲν ὑπερβαίνειν, e
ἔνθεν δὲ ἐκβαίνειν, ὄχημα αὐτῷ τοῦτο καὶ εὐπορίαν
ἔδοσαν· ὅθεν δὴ μῆκος τὸ σῶμα ἔσχεν, ἐκτατά τε κῶλα καὶ
καμπτὰ ἔφυσεν τέτταρα θεοῦ μηχανησαμένου πορείαν, οἷς
ἀντιλαμβανόμενον καὶ ἀπερειδόμενον διὰ πάντων τόπων
πορεύεσθαι δυνατὸν γέγονε, τὴν τοῦ θειοτάτου καὶ
ἱερωτάτου φέρον οἴκησιν ἐπάνωθεν ἡμῶν. Σκέλη μὲν οὖν 45

die rechte Nahrung durch geistige Ausbildung zur Hülfe, c
dann wird er ganz und gar untadelhaft und gesund und ist der größten Krankheit entflohen. Hat er dies aber vernachlässigt, so gelangt er, nachdem er hinkend die Lebensbahn zurückgelegt hat, unvollkommen und unverständig wieder in die Unterwelt. Dies nun geschieht einst in späterer Zeit; das jetzt Vorliegende aber muß genauer durchgegangen werden. Das also, was Jenem vorangeht, nämlich die Entstehung des Körpers und der Seele nach ihren einzelnen Teilen und aus welchen Ursachen und aus welcher Absicht der Götter sie entstanden sind, haben wir (jetzt) dergestalt zu erörtern, daß wir, wie wir uns überhaupt an das am meisten Wahrscheinliche halten, so auch hierin vorge- d
hen.

2.2.5.3. Erschaffung des Kopfes, des Rumpfes und der Glieder. Die Augen und der Vorgang des Sehens; sein größter Vorzug: durch Beobachtung der Gestirnumläufe ermöglicht es Erkenntnis, Philosophie und die Ordnung der eigenen Seelenumläufe. Analoges gilt für das Gehör

Die göttlichen Umläufe nämlich, zwei an der Zahl, schlossen die Götter, indem sie die Gestalt des All, welche ja rund ist, nachahmten, in einen kugelförmigen Körper, nämlich denjenigen ein, welchen wir jetzt Kopf nennen, welcher das göttlichste und Alles an uns beherrschende (Glied) ist. Daher übergaben sie ihm auch den ganzen Leib als eine für ihn zusammengebrachte Dienerschaft, weil sie bedachten, daß er aller Bewegungen, so viel deren entstehen konnten, teilhaftig sein würde; damit er also nicht auf der Erde, die da Höhen
und Tiefen von aller Art hat, herumrollend in Verlegenheit e
geriete, wie er jene übersteigen und aus diesen sich herausarbeiten sollte, so gaben sie ihm denselben zum Fahrzeuge zu leichtem Fortkommen. Demgemäß erhielt denn der Körper Länge und trieb, indem die Gottheit ihn zum Gehen einrichtete, vier ausstreckbare und biegsame Glieder, mit denen er sich teils anzuhalten, teils aufzustützen, und so aller Orten sich fortzubewegen im Stande ward, indem er den Wohnsitz
des Göttlichsten und Heiligsten in uns auf seinem Gipfel 45a

χεῖρές τε ταύτῃ καὶ διὰ ταῦτα προσέφυ πᾶσιν· τοῦ δ᾽ ὄπισθεν τὸ πρόσθεν τιμιώτερον καὶ ἀρχικώτερον νομίζοντες θεοὶ ταύτῃ τὸ πολὺ τῆς πορείας ἡμῖν ἔδοσαν. Ἔδει δὴ διωρισμένον ἔχειν καὶ ἀνόμοιον τοῦ σώματος τὸ πρόσθεν ἄνθρωπον. Διὸ πρῶτον μὲν περὶ τὸ τῆς κεφαλῆς κύτος, ὑποθέντες αὐτόσε τὸ πρόσωπον, ὄργανα ἐνέδησαν τούτῳ πάσῃ τῇ τῆς ψυχῆς προνοίᾳ, καὶ διέταξαν τὸ μετέχον b
ἡγεμονίας τοῦτ᾽ εἶναι, τὸ κατὰ φύσιν πρόσθεν· τῶν δὲ ὀργάνων πρῶτον μὲν φωσφόρα συνετεκτήναντο ὄμματα, τοιᾷδε ἐνδήσαντες αἰτίᾳ. Τοῦ πυρὸς ὅσον τὸ μὲν κάειν οὐκ ἔσχε, τὸ δὲ παρέχειν φῶς ἥμερον, οἰκεῖον ἑκάστης ἡμέρας σῶμα ἐμηχανήσαντο γίγνεσθαι. Τὸ γὰρ ἐντὸς ἡμῶν ἀδελφὸν ὂν τούτου πῦρ εἰλικρινὲς ἐποίησαν διὰ τῶν ὀμμάτων ῥεῖν, λεῖον καὶ πυκνὸν ὅλον μέν, μάλιστα δὲ τὸ μέσον συμπιλήσαντες τῶν ὀμμάτων, ὥστε τὸ μὲν ἄλλο c
ὅσον παχύτερον στέγειν πᾶν, τὸ τοιοῦτον δὲ μόνον αὐτὸ καθαρὸν διηθεῖν. Ὅταν οὖν μεθημερινὸν ᾖ φῶς περὶ τὸ τῆς ὄψεως ῥεῦμα, τότε ἐκπῖπτον ὅμοιον πρὸς ὅμοιον, συμπαγὲς γενόμενον, ἓν σῶμα οἰκειωθὲν συνέστη κατὰ τὴν τῶν ὀμμάτων εὐθυωρίαν, ὅπῃπερ ἂν ἀντερείδῃ τὸ προσπῖπτον ἔνδοθεν πρὸς ὃ τῶν ἔξω συνέπεσεν. Ὁμοιοπαθὲς δὴ δι᾽ ὁμοιότητα πᾶν γενόμενον, ὅτου τε ἂν αὐτό ποτε ἐφάπτηται καὶ ὃ ἂν ἄλλο ἐκείνου, τούτων d
τὰς κινήσεις διαδιδὸν εἰς ἅπαν τὸ σῶμα μέχρι τῆς ψυχῆς αἴσθησιν παρέσχετο ταύτην ᾗ δὴ ὁρᾶν φαμεν. Ἀπελθόντος

trug. Beine und Hände also wuchsen auf diese Weise und zu diesem Zwecke allen (Körpern) an, und da die Götter die vordere Seite für edler und der Herrschaft würdiger hielten, so verliehen sie unserem Gange vorzugsweise die Richtung nach vorne, und eben deshalb mußte auch die vordere Seite des menschlichen Körpers in unterscheidender Weise und unähnlich (von der hinteren) gebildet werden. Daher fügten die Götter zunächst auf dieser Seite dem Umkreise des Hauptes das Antlitz an, versetzten in dieses die Werkzeuge für die b
gesamte Überlegungstätigkeit der Seele, und verordneten, daß dasselbe das natürliche Vorne bilden und die Oberleitung haben sollte. Von (diesen) Werkzeugen aber verfertigten sie zuerst die Leiter des Lichtes, die Augen, und befestigten sie aus folgender Ursache (im Gesichte). So viel nämlich vom Feuer nicht die Eigenschaft hat zu brennen, sondern das milde Licht zu verbreiten, welches jedem Tage eigentümlich ist, bildeten sie zu einem Körper. Nämlich das in uns befindliche hiemit verwandte reine Feuer ließen sie glatt und dicht aus den Augen ausströmen, indem sie das ganze Gewebe derselben, und zwar vorzugsweise den mittleren Teil von ihm, so fest zusammenzogen, daß es alles andere c
Feuer von dichterer Beschaffenheit zurückhält und nur das von jener Art rein hindurchläßt. Sobald daher das Tageslicht diese Ausströmung des Sehstrahles in sich aufnimmt, so strömt eben damit Gleichartiges zu Gleichartigem aus, und Beides verschmilzt durch diese seine Verwandtschaft in gerader Richtung vom Auge zu einem einzigen Körper, wo nur immer das von innen ausströmende Feuer an demjenigen, welches von den äußeren Gegenständen her mit ihm zusammentrifft, im Gegenstoße einen Halt findet. Und da nun dieser Lichtkörper eben wegen seiner durchweg gleichartigen Beschaffenheit auch in allen seinen Teilen die gleichen Eindrücke empfängt, so teilt er von allen Gegenständen, mit welchem derselben er nur immer in Berührung d
tritt und welcher andere mit ihm, ihre Bewegungen dergestalt dem ganzen Leibe mit, daß sie durch diesen bis zur Seele hindurchdringen, und erzeugt so die Empfindung, auf welche eben wir den Ausdruck „wir sehen“ anwenden. Sobald

δὲ εἰς νύκτα τοῦ συγγενοῦς πυρὸς ἀποτέτμηται· πρὸς γὰρ ἀνόμοιον ἐξιὸν ἀλλοιοῦταί τε αὐτὸ καὶ κατασβέννυται, συμφυὲς οὐκέτι τῷ πλησίον ἀέρι γιγνόμενον, ἅτε πῦρ οὐκ ἔχοντι. Παύεταί τε οὖν ὁρῶν, ἔτι τε ἐπαγωγὸν ὕπνου γίγνεται· σωτηρίαν γὰρ ἣν οἱ θεοὶ τῆς ὄψεως ἐμηχανήσαντο, τὴν τῶν βλεφάρων φύσιν, ὅταν ταῦτα συμμύσῃ, καθείργνυσι e
τὴν τοῦ πυρὸς ἐντὸς δύναμιν, ἡ δὲ διαχεῖ τε καὶ ὁμαλύνει τὰς ἐντὸς κινήσεις, ὁμαλυνθεισῶν δὲ ἡσυχία γίγνεται, γενομένης δὲ πολλῆς μὲν ἡσυχίας βραχυόνειρος ὕπνος ἐμπίπτει, καταλειφθεισῶν δέ τινων κινήσεων μειζόνων, οἷαι καὶ ἐν οἵοις ἂν τόποις λείπωνται, τοιαῦτα καὶ τοσαῦτα παρέσχοντο ἀφομοιωθέντα ἐντὸς ἔξω τε 46
ἐγερθεῖσιν ἀπομνημονευόμενα φαντάσματα. Τὸ δὲ περὶ τὴν τῶν κατόπτρων εἰδωλοποιίαν καὶ πάντα ὅσα ἐμφανῆ καὶ λεῖα, κατιδεῖν οὐδὲν ἔτι χαλεπόν. Ἐκ γὰρ τῆς ἐντὸς ἐκτός τε τοῦ πυρὸς ἑκατέρου κοινωνίας ἀλλήλοις, ἑνός τε αὖ περὶ τὴν λειότητα ἑκάστοτε γενομένου καὶ πολλαχῇ μεταρρυθμισθέντος, πάντα τὰ τοιαῦτα ἐξ ἀνάγκης b
ἐμφαίνεται, τοῦ περὶ τὸ πρόσωπον πυρὸς τῷ περὶ τὴν ὄψιν πυρὶ περὶ τὸ λεῖον καὶ λαμπρὸν συμπαγοῦς γιγνομένου. Δεξιὰ δὲ φαντάζεται τὰ ἀριστερά, ὅτι τοῖς ἐναντίοις μέρεσιν τῆς ὄψεως περὶ τἀναντία μέρη γίγνεται ἐπαφὴ παρὰ τὸ καθεστὸς ἔθος τῆς προσβολῆς· δεξιὰ δὲ τὰ δεξιὰ καὶ τὰ ἀριστερὰ ἀριστερὰ τοὐναντίον, ὅταν μεταπέσῃ

dagegen das (ihm) verwandte Feuer (des Tages) in Nacht
dahingegangen, so wird und bleibt der Sehstrahl (vom Auge)
abgeschnitten; denn da er nunmehr zu Unähnlichem heraus-
tritt, so verändert er auch sich selber und erlischt, indem er
nicht mehr mit der umgebenden Luft eine Verbindung
eingeht, weil dieselbe kein Feuer hat. Er hört daher auf, eine
Gesichtswahrnehmung hervorzubringen und führt überdies
auch den Schlaf herbei. Indem nämlich (nun) das, was die
Götter zum Schutze des Gesichtes ins Leben gerufen haben,
das Gebilde der Augenlider, indem (sage ich) diese sich e
schließen, so halten sie die Gewalt des Feuers inwendig zu-
rück, und dieses zerstreut und beschwichtigt sodann die Be-
wegungen im Inneren, so daß in Folge dessen Ruhe eintritt.
Ist nun diese Ruhe in einem hohen Grade vorhanden, so
entsteht ein nur wenig von Träumen getrübter Schlaf; sind
aber einige stärkere Bewegungen zurückgeblieben, so bewir-
ken diese, daß Traumerscheinungen, welche der eigenen Na- 46a
tur dieser Bewegungen, sowie, der der Orte, an denen sie
zurückgeblieben sind, an Art und Zahl entsprechen, sich im
Inneren bilden und sodann nach dem Erwachen der Erin-
nerung auch äußerlich entgegentreten. Eben so ist auch die
Erzeugung der Bilder in den Spiegeln und der Widerschein
in allen Körpern von glatter und glänzender Oberfläche
(hiernach) nicht mehr schwer zu erklären. Denn indem so-
dann gemäß der Verbindung, welche beiderlei Feuer nach
innen und nach außen zu (stets) mit einander eingehen, beide
auf der glatten Oberfläche jedesmal in *einen* Punkt zusam-
mentreffen und dadurch eine vielfältige Veränderung erlei-
den, so entstehen daraus notwendig alle hiebei vorkommen- b
den Erscheinungen, (zum Beipsiel) wenn das aus dem (eig-
nen) Antlitz ausströmende Feuer (in dieser Weise) mit dem
des Sehstrahls auf einer glatten und glänzenden Oberfläche
verschmilzt. Als Rechtes (nämlich) erscheint dabei das Linke,
weil die entgegengesetzten Teile des Sehstrahls dabei mit den
entgegengesetzten Teilen (von dem Lichtstrahl des gesehe-
nen Gegenstandes) in Berührung treten wider die sonst ge-
wohnte Art ihres Zusammentreffens. Oder es erscheint auch
im Gegenteil das Rechte (wirklich) als Rechtes und das Linke

συμπηγνύμενον ᾧ συμπήγνυται φῶς, τοῦτο δέ, ὅταν ἡ τῶν c
κατόπτρων λειότης, ἔνθεν καὶ ἔνθεν ὕψη λαβοῦσα, τὸ δεξιὸν εἰς τὸ ἀριστερὸν μέρος ἀπώσῃ τῆς ὄψεως καὶ θάτερον ἐπὶ θάτερον. Κατὰ δὲ τὸ μῆκος στραφὲν τοῦ προσώπου ταὐτὸν τοῦτο ὕπτιον ἐποίησεν πᾶν φαίνεσθαι, τὸ κάτω πρὸς τὸ ἄνω τῆς αὐγῆς τό τ᾽ ἄνω πρὸς τὸ κάτω πάλιν ἀπῶσαν.

Ταῦτ᾽ οὖν πάντα ἔστιν τῶν συναιτίων οἷς θεὸς ὑπηρετοῦσιν χρῆται τὴν τοῦ ἀρίστου κατὰ τὸ δυνατὸν ἰδέαν ἀποτελῶν· δοξάζεται δὲ ὑπὸ τῶν πλείστων οὐ συναίτια d
ἀλλὰ αἴτια εἶναι τῶν πάντων, ψύχοντα καὶ θερμαίνοντα πηγνύντα τε καὶ διαχέοντα καὶ ὅσα τοιαῦτα ἀπεργαζόμενα. Λόγον δὲ οὐδένα οὐδὲ νοῦν εἰς οὐδὲν δυνατὰ ἔχειν ἐστίν. Τῶν γὰρ ὄντων ᾧ νοῦν μόνῳ κτᾶσθαι προσήκει, λεκτέον ψυχήν — τοῦτο δὲ ἀόρατον, πῦρ δὲ καὶ ὕδωρ καὶ γῆ καὶ ἀὴρ σώματα πάντα ὁρατὰ γέγονεν — τὸν δὲ νοῦ καὶ ἐπιστήμης ἐραστὴν ἀνάγκη τὰς τῆς ἔμφρονος φύσεως αἰτίας πρώτας μεταδιώκειν, ὅσαι δὲ ὑπ᾽ ἄλλων μὲν κινου- e
μένων, ἕτερα δὲ ἐξ ἀνάγκης κινούντων γίγνονται, δευτέρας. Ποιητέον δὴ κατὰ ταῦτα καὶ ἡμῖν· λεκτέα μὲν ἀμφότερα τὰ τῶν αἰτιῶν γένη, χωρὶς δὲ ὅσαι μετὰ νοῦ καλῶν καὶ ἀγαθῶν δημιουργοὶ καὶ ὅσαι μονωθεῖσαι φρονήσεως τὸ τυχὸν ἄτακτον ἑκάστοτε ἐξεργάζονται. Τὰ μὲν οὖν τῶν ὀμμάτων συμμεταίτια πρὸς τὸ σχεῖν τὴν δύναμιν ἣν νῦν εἴληχεν εἰρήσθω· τὸ δὲ μέγιστον αὐτῶν εἰς ὠφελίαν ἔργον,

als Linkes, sobald nämlich das Licht von innen her bei der
Verschmelzung mit dem (anderen) mit welchem es ver-
schmilzt, nach der entgegengesetzten Seite hin fällt. Dies fin- c
det aber dann statt, wenn die glatte Oberfläche des Spiegels
von beiden Seiten her erhöht ist und so das Rechte nach der
linken Seite des Sehstrahls und das Linke nach der rechten
desselben hindrängt. Nach der Länge des Antlitzes aber ge-
kehrt läßt dieser nämliche Spiegel Alles kopfüber liegend
erscheinen, indem er wieder das unten Befindliche nach der
oberen und das oben Befindliche nach der unteren Seite des
(Seh-) Strahles hintreibt.

Dies Alles gehört unter die Hülfsursachen, welche Gott
als dienende Kräfte verwandte, um allen Dingen die Gestalt
der möglichsten Vollkommenheit aufzuprägen; nach der d
Vorstellung der Meisten sind sie freilich nicht bloße
Hülfsursachen, sondern die wirklichen Ursachen von Allem,
sie, die da Kälte und Wärme hervorbringen, fest und flüssig
machen, und überhaupt Alles, was dem ähnliche Zustände
bewirkt; allein mit Überlegung und Vernunft auf irgend Et-
was hinzuarbeiten sind sie unvermögend. Denn von allen
Dingen ist als das einzige, welchem es zukommt, Vernunft
zu besitzen, allein die Seele zu bezeichnen, diese aber ist et-
was Unsichtbares, während Feuer, Wasser, Erde und Luft
insgesamt ihrer Entstehung gemäß sichtbare Körper sind.
Wer also ein Freund der Vernunft und Erkenntnis ist, der
muß notwendig in einem denkenden Wesen die letzte Ursa-
che suchen, alle Ursachen aber, welche in Dingen liegen, die e
von anderen in Bewegung gesetzt werden und (wiederum)
andere mit Notwendigkeit in Bewegung setzen, erst in zwei-
ter Linie als Ursachen verfolgen. Demgemäß haben denn
auch wir zu verfahren, und wir müssen daher zwar beide
Gattungen von Ursachen erörtern, jedoch gesondert von ein-
ander alle die, welche mit Vernunft des Schönen und Guten
Werkmeisterinnen sind, und andererseits alle die, welche,
von Einsicht entblößt, ohne Regel und Ordnung hervorru-
fen, was der Zufall jedesmal mit sich bringt. Und so mag
denn hinsichtlich der Hülfsursachen, welche bei den Augen
mitwirken, um ihnen das Vermögen, welches sie jetzt besit-

δι' ὃ θεὸς αὔθ' ἡμῖν δεδώρηται, μετὰ τοῦτο ῥητέον. Ὄψις 47
δὴ κατὰ τὸν ἐμὸν λόγον αἰτία τῆς μεγίστης ὠφελίας
γέγονεν ἡμῖν, ὅτι τῶν νῦν λόγων περὶ τοῦ παντὸς λεγο-
μένων οὐδεὶς ἄν ποτε ἐρρήθη μήτε ἄστρα μήτε ἥλιον
μήτε οὐρανὸν ἰδόντων. Νῦν δ' ἡμέρα τε καὶ νὺξ ὀφθεῖσαι
μῆνές τε καὶ ἐνιαυτῶν περίοδοι καὶ ἰσημερίαι καὶ τροπαὶ
μεμηχάνηνται μὲν ἀριθμόν, χρόνου δὲ ἔννοιαν περί τε τῆς
τοῦ παντὸς φύσεως ζήτησιν ἔδοσαν· ἐξ ὧν ἐπορισάμεθα
φιλοσοφίας γένος, οὗ μεῖζον ἀγαθὸν οὔτ' ἦλθεν οὔτε ἥξει b
ποτὲ τῷ θνητῷ γένει δωρηθὲν ἐκ θεῶν. Λέγω δὴ τοῦτο
ὀμμάτων μέγιστον ἀγαθόν· τἆλλα δὲ ὅσα ἐλάττω τί ἂν
ὑμνοῖμεν, ὧν ὁ μὴ φιλόσοφος τυφλωθεὶς ὀδυρόμενος ἂν
θρηνοῖ μάτην ; ἀλλὰ τούτου λεγέσθω παρ' ἡμῶν αὕτη ἐπὶ
ταῦτα αἰτία, θεὸν ἡμῖν ἀνευρεῖν δωρήσασθαί τε ὄψιν, ἵνα
τὰς ἐν οὐρανῷ τοῦ νοῦ κατιδόντες περιόδους χρησαίμεθα
ἐπὶ τὰς περιφορὰς τὰς τῆς παρ' ἡμῖν διανοήσεως,
συγγενεῖς ἐκείναις οὔσας, ἀταράκτοις τεταραγμένας, c
ἐκμαθόντες δὲ καὶ λογισμῶν κατὰ φύσιν ὀρθότητος
μετασχόντες, μιμούμενοι τὰς τοῦ θεοῦ πάντως ἀπλανεῖς
οὔσας, τὰς ἐν ἡμῖν πεπλανημένας καταστησαίμεθα.
Φωνῆς τε δὴ καὶ ἀκοῆς πέρι πάλιν ὁ αὐτὸς λόγος, ἐπὶ
ταὐτὰ τῶν αὐτῶν ἕνεκα παρὰ θεῶν δεδωρῆσθαι. Λόγος τε
γὰρ ἐπ' αὐτὰ ταῦτα τέτακται, τὴν μεγίστην συμβαλλόμενος
εἰς αὐτὰ μοῖραν, ὅσον τ' αὖ μουσικῆς φωνῇ χρήσιμον πρὸς

zen, zu verschaffen, das Bisherige genügen; der Hauptzweck dagegen, zu welchem sie uns nützen und zu welchem eben sie uns von Gott geschenkt sind, steht nunmehr zu erörtern. 47a
Die Sehkraft nun ist nach meiner Ansicht die Urheberin des gößten Nutzens für uns geworden, weil von unsern gegenwärtigen Erörterungen über das All wohl keine einzige wäre gegeben worden, wenn wir weder Sterne noch Sonne noch Weltgebäude sähen. Nun aber nehmen wir (durch ihre Vermittlung) Tag und Nacht und auch die Monate und die Jahresumläufe wahr, und haben so durch dies Alles die Zahl sowie den Begriff der Zeit empfangen und sind zur Untersuchung über die Natur des All angeregt worden, und dadurch (erst) sind wir zur Philosophie vorgedrungen, welche b
das größte Gut ist, was dem sterblichen Geschlechte als eine Gabe der Götter zu Teil ward und jemals zu Teil werden wird. So führe ich denn nur dies, als das größte unter den Gütern an, welche von den Augen herstammen; denn wozu brauchten wir noch alle übrigen, die von geringerer Art sind, herzuleiern, die ja Jedermann kennt und deren Verlust durch Erblindung doch nur der Nichtphilosoph mit eitler Klage beweint! Vielmehr müssen wir jenen obersten Zweck nach dem Obigen dergestalt als die wahre Ursache hinstellen, daß Gott die Sehkraft für uns erfunden und uns verliehen hat, damit wir die Umläufe der Vernunft im Weltgebäude betrachten und sie auf die Kreisbewegungen unseres eigenen Nachdenkens anwenden könnten, welche jenen verwandt c
sind, so weit es das Durchschütterte mit dem Unerschütterlichen sein kann, und damit wir nach ihrer genauen Durchforschung und nachdem uns die Berechnung ihres richtigen Ganges, wie er ihrem Wesen entspricht, gelungen, in Nachahmung der von allem Irrsal freien (Umkreisungen) des Gottes die in uns selber ordneten. Und so gilt denn auch ferner in Betreff der Stimme und des Gehöres wiederum das nämliche Verhältnis, und sie sind uns aus dem nämlichen Grunde (und) zu dem nämlichen Zwecke von den Göttern geschenkt worden. Denn sowohl die Sprache ist zu diesem gleichen Zwecke bestimmt und trägt den größten Teil dazu bei, wie auch die musikalische Anwendung der Stimme uns verliehen

ἀκοὴν ἕνεκα ἁρμονίας ἐστὶ δοθέν. Ἡ δὲ ἁρμονία, συγγενεῖς d ἔχουσα φορὰς ταῖς ἐν ἡμῖν τῆς ψυχῆς περιόδοις, τῷ μετὰ νοῦ προσχρωμένῳ Μούσαις οὐκ ἐφ᾽ ἡδονὴν ἄλογον καθάπερ νῦν εἶναι δοκεῖ χρήσιμος, ἀλλ᾽ ἐπὶ τὴν γεγονυῖαν ἐν ἡμῖν ἀνάρμοστον ψυχῆς περίοδον εἰς κατακόσμησιν καὶ συμφωνίαν ἑαυτῇ σύμμαχος ὑπὸ Μουσῶν δέδοται· καὶ ῥυθμὸς αὖ διὰ τὴν ἄμετρον ἐν ἡμῖν καὶ χαρίτων ἐπιδεᾶ γιγνομένην ἐν τοῖς πλείστοις ἕξιν ἐπίκουρος ἐπὶ ταὐτὰ e ὑπὸ τῶν αὐτῶν ἐδόθη.

Τὰ μὲν οὖν παρεληλυθότα τῶν εἰρημένων πλὴν βραχέων ἐπιδέδεικται τὰ διὰ νοῦ δεδημιουργημένα· δεῖ δὲ καὶ τὰ δι᾽ ἀνάγκης γιγνόμενα τῷ λόγῳ παραθέσθαι. Μεμειγμένη γὰρ οὖν ἡ τοῦδε τοῦ κόσμου γένεσις ἐξ ἀνάγκης τε καὶ νοῦ 48 συστάσεως ἐγεννήθη· νοῦ δὲ ἀνάγκης ἄρχοντος τῷ πείθειν αὐτὴν τῶν γιγνομένων τὰ πλεῖστα ἐπὶ τὸ βέλτιστον ἄγειν, ταύτῃ κατὰ ταῦτά τε δι᾽ ἀνάγκης ἡττωμένης ὑπὸ πειθοῦς ἔμφρονος οὕτω κατ᾽ ἀρχὰς συνίστατο τόδε τὸ πᾶν. Εἴ τις οὖν ᾗ γέγονεν κατὰ ταῦτα ὄντως ἐρεῖ, μεικτέον καὶ τὸ τῆς πλανωμένης εἶδος αἰτίας, ᾗ φέρειν πέφυκεν· ὧδε οὖν πάλιν ἀναχωρητέον, καὶ λαβοῦσιν αὐτῶν τούτων προσή- b κουσαν ἑτέραν ἀρχὴν αὖθις αὖ, καθάπερ περὶ τῶν τότε, νῦν οὕτω περὶ τούτων πάλιν ἀρκτέον ἀπ᾽ ἀρχῆς. Τὴν δὴ πρὸ

ist, um neben dem Gehöre die Harmonie uns zugänglich zu d
machen. Die Harmonie aber, welche mit den Umkreisungen der Seele in uns verwandte Umläufe hat, erscheint dem, welcher vernunftgemäß des Umgangs mit den Musen pflegt, nicht als zu einem bloßen vernunftlosen Vergnügen, wie (man sie) jetzt (ansieht) bestimmt, sondern sie ist uns von den Musen als Helferin verliehen, um den in Zwiespalt geratenen Umlauf der Seele in uns zur Ordnung und Übereinstimmung mit sich selber zurückzuführen, eben so wie auch der Takt wegen der Unregelmäßigkeit in uns und des der
inneren Anmut entbehrenden Wesens der Meisten uns als e
Unterstützung zu eben demselben Zwecke von eben Demselben gegeben ist.

2.3. Das durch blinde Notwendigkeit Hervorgebrachte

2.3.1. Übergang zu einem neuen Anfang: Vernunft und Notwendigkeit; das Problem der umherschweifenden Ursachen; was läßt sich über die Entstehung der Elemente sagen? Anruf des Gottes

In dem bisher Durchgegangenen sind denn nun, Weniges nur noch ausgenommen, die Wirkungen der Vernunft dargelegt worden, wir müssen nun aber auch das, was durch die (blinde) Notwendigkeit entsteht, in unserer Erörterung nie-
derlegen. Denn die Entstehung dieser Welt war ja eben eine 48a
gemischte, indem sie aus einem Zusammentreten der Vernunft und der Notwendigkeit hervorging, jedoch herrschte dabei die Vernunft über die Notwendigkeit, dadurch daß sie dieselbe überredete, das Meiste von dem, was da entstand, zum Besten zu führen, und so kam demgemäß und auf diesem Wege durch die von vernünftiger Überredung besiegte Notwendigkeit im Anfange dieses All so, wie es ist, zu Stande. Wenn also Jemand die Entstehung desselben darstellen will, wie sie wirklich vor sich gegangen ist, so muß er auch seiner Darstellung beifügen, wie weit auch die ziel- und zwecklos umherschweifende Ursache ihrer Natur nach wirklich mit dazu beigetragen hat. Hieher müssen wir also wie-
derum zurückgehen und, nachdem wir für eben diese Dinge b
einen anderen, passenderen Anfang aufgesucht haben, über die vorliegenden Gegenstände wiederum ebenso, wie vorhin

τῆς οὐρανοῦ γενέσεως πυρὸς ὕδατός τε καὶ ἀέρος καὶ γῆς φύσιν θεατέον αὐτὴν καὶ τὰ πρὸ τούτου πάθη· νῦν γὰρ οὐδείς πω γένεσιν αὐτῶν μεμήνυκεν, ἀλλ' ὡς εἰδόσιν πῦρ ὅτι ποτέ ἐστιν καὶ ἕκαστον αὐτῶν λέγομεν ἀρχὰς αὐτὰ τιθέμενοι στοιχεῖα τοῦ παντός, προσῆκον αὐτοῖς οὐδ' ὡς ἐν συλλαβῆς εἴδεσιν μόνον εἰκότως ὑπὸ τοῦ καὶ βραχὺ c
φρονοῦντος ἀπεικασθῆναι. Νῦν δὲ οὖν τό γε παρ' ἡμῶν ὧδε ἐχέτω· τὴν μὲν περὶ ἁπάντων εἴτε ἀρχὴν εἴτε ἀρχὰς εἴτε ὅπῃ δοκεῖ τούτων πέρι τὸ νῦν οὐ ῥητέον, δι' ἄλλο μὲν οὐδέν, διὰ δὲ τὸ χαλεπὸν εἶναι κατὰ τὸν παρόντα τρόπον τῆς διεξόδου δηλῶσαι τὰ δοκοῦντα, μήτ' οὖν ὑμεῖς οἴεσθε δεῖν ἐμὲ λέγειν, οὔτ' αὐτὸς αὖ πείθειν ἐμαυτὸν εἴην ἂν δυνατὸς ὡς ὀρθῶς ἐγχειροῖμ' ἂν τοσοῦτον ἐπιβαλλόμενος ἔργον· τὸ δὲ κατ' ἀρχὰς ῥηθὲν διαφυλάττων, τὴν τῶν d
εἰκότων λόγων δύναμιν, πειράσομαι μηδενὸς ἧττον εἰκότα, μᾶλλον δέ, ὡς ἔμπροσθεν ἀπ' ἀρχῆς περὶ ἑκάστων καὶ συμπάντων λέγειν. Θεὸν δὴ καὶ νῦν ἐπ' ἀρχῇ τῶν λεγομένων σωτῆρα ἐξ ἀτόπου καὶ ἀήθους διηγήσεως πρὸς τὸ τῶν εἰκότων δόγμα διασῴζειν ἡμᾶς ἐπικαλεσάμενοι πάλιν ἀρχώμεθα λέγειν. e

über die voraufgehenden, (von da aus) noch einmal von vorne anfangen; wir müssen nämlich betrachten, welches vor der Entstehung der Welt die Natur des Feuers, des Wassers, der Luft und der Erde an sich war und in welchem Zustande sie sich damals befanden. Denn bis jetzt hat noch Niemand ihre Entstehungsweise erörtert, sondern gerade als ob wir wüßten, was denn eigentlich das Feuer und überhaupt ein Jedes von ihnen ist, pflegen wir sie als Urstoffe hinzustellen und die Elemente des Weltalls zu nennen, während es ihnen doch nicht einmal zukommt, wenn man auch nur ein wenig c
darüber nachdenkt, auch nur in der Weise, wie die Sylben (im Worte), sei es selbst mit bloßer Wahrscheinlichkeit Urbestandteilen gleichgesetzt zu werden. Was wir nun aber unsererseits dabei zu leisten haben, ist folgendermaßen festzustellen. Der (eigentliche) Urgrund aller Dinge oder aber die Urgründe – oder wie es sich damit verhalten mag – werden (als solche) nicht der Gegenstand unserer gegenwärtigen Darstellung sein, und zwar aus keiner andern Ursache, als weil es zu schwer ist, nach dem ihr zu Grunde gelegten Verfahren meine Ansicht hierüber kund zu tun. Und so möget weder ihr begehren, daß ich hierüber sprechen soll, noch würde ich selbst mich zu überreden vermögen, daß ich ein Recht hätte, ein so schwieriges Unternehmen anzugreifen. d
Indem ich vielmehr das festhalte, was ich gleich im Anfang hervorgehoben habe, die möglichste Wahrscheinlichkeit meiner Erörterungen, werde ich versuchen, auf eine hieran hinter Nichts zurückstehende, sondern vielmehr Alles übertreffende Weise von Anfang an über das Einzelne und das Gesamte zu reden. Gott also wollen wir auch jetzt bei (diesem neuen) Beginne unserer Auseinandersetzung anrufen, daß er uns glücklich durch diese fremdartige und ungewöhnliche Darstellungsweise hindurchführen und uns zur wahrscheinlichen Ansicht verhelfen wolle, und dann (wirklich) e
von Neuem beginnen.

Ἡ δ' οὖν αὖθις ἀρχὴ περὶ τοῦ παντὸς ἔστω μειζόνως
τῆς πρόσθεν διῃρημένη· τότε μὲν γὰρ δύο εἴδη διειλόμεθα,
νῦν δὲ τρίτον ἄλλο γένος ἡμῖν δηλωτέον. Τὰ μὲν γὰρ δύο
ἱκανὰ ἦν ἐπὶ τοῖς ἔμπροσθεν λεχθεῖσιν, ἓν μὲν ὡς παρα-
δείγματος εἶδος ὑποτεθέν, νοητὸν καὶ ἀεὶ κατὰ ταῦτὰ ὄν,
μίμημα δὲ παραδείγματος δεύτερον, γένεσιν ἔχον καὶ 49
ὁρατόν. Τρίτον δὲ τότε μὲν οὐ διειλόμεθα, νομίσαντες τὰ
δύο ἕξειν ἱκανῶς· νῦν δὲ ὁ λόγος ἔοικεν εἰσαναγκάζειν
χαλεπὸν καὶ ἀμυδρὸν εἶδος ἐπιχειρεῖν λόγοις ἐμφανίσαι.
Τίν' οὖν ἔχον δύναμιν κατὰ φύσιν αὐτὸ ὑποληπτέον ;
τοιάνδε μάλιστα· πάσης εἶναι γενέσεως ὑποδοχὴν αὐτὴν
οἷον τιθήνην. Εἴρηται μὲν οὖν τἀληθές, δεῖ δὲ ἐναρ-
γέστερον εἰπεῖν περὶ αὐτοῦ, χαλεπὸν δὲ ἄλλως τε καὶ
διότι προαπορηθῆναι περὶ πυρὸς καὶ τῶν μετὰ πυρὸς b
ἀναγκαῖον τούτου χάριν· τούτων γὰρ εἰπεῖν ἕκαστον
ὁποῖον ὄντως ὕδωρ χρὴ λέγειν μᾶλλον ἢ πῦρ, καὶ ὁποῖον
ὁτιοῦν μᾶλλον ἢ καὶ ἅπαντα καθ' ἕκαστόν τε, οὕτως ὥστε
τινὶ πιστῷ καὶ βεβαίῳ χρήσασθαι λόγῳ, χαλεπόν. Πῶς οὖν
δὴ τοῦτ' αὐτὸ καὶ πῇ καὶ τί περὶ αὐτῶν εἰκότως διαπο-
ρηθέντες ἂν λέγοιμεν ; πρῶτον μέν, ὃ δὴ νῦν ὕδωρ ὠνομά-
καμεν, πηγνύμενον ὡς δοκοῦμεν λίθους καὶ γῆν γιγνόμενον
ὁρῶμεν, τηκόμενον δὲ καὶ διακρινόμενον αὖ ταὐτὸν τοῦτο c
πνεῦμα καὶ ἀέρα, συγκαυθέντα δὲ ἀέρα πῦρ, ἀνάπαλιν

2.3.2. Die Aufnehmerin und Amme des Werdens als dritte Gattung
2.3.2.1. Genauere Bestimmung dieser stets gleichen Prä-Masse ohne eigene Form. Die vier Grundstoffe im Verhältnis dazu. Unterscheidung von Vorbild, Abbild und Raum, in dem abgebildet wird

Dieser neue Anfang (unserer Erörterung) über das All erfordert nun eine weitere Unterscheidung als der frühere. Damals nämlich unterschieden wir zwei Gattungen, jetzt aber haben wir noch eine neue dritte aufzuweisen. Jene zwei nämlich reichten für unsere damalige Betrachtungsweise hin, die eine gleichsam als das Urbild zu Grunde gelegt, nur dem Denken erfaßbar und stets auf gleiche Weise seiend, die andere die Nachahmung des Urbildes, dem Entstehen un- 49a
terworfen und sichtbar; eine dritte aber unterschieden wir damals noch nicht, sondern meinten, daß jene beiden hinreichen würden. Nun aber scheint der Verlauf unserer Erörterung uns zu nötigen, daß wir eine schwierige und dunkle Gattung durch unsere Darstellung klar zu machen suchen. Welche Bedeutung also hat man als die ihr wesentliche ihr beizulegen? Die vor allen, daß sie die Aufnehmerin und gleichsam Amme alles Werdens ist. Allein ist dies auch richtig, so bedarf es doch noch einer genaueren Erklärung von ihr; aber eine solche ist schwierig, zumal weil zu diesem b
Zwecke notwendigerweise zuvor die Zweifel hinsichtlich des Feuers und der mit ihm auf Einer Linie stehenden Stoffe erörtert werden müssen. Nämlich von einem jeden derselben zu bestimmen, welchen von ihnen man in der Tat vielmehr Wasser und nicht Feuer zu nennen hat, oder überhaupt, welchem beliebigen anderen man gerade einen bestimmten von jenen Namen und nicht vielmehr den aller anderen oder eines einzelnen von ihnen zu geben hat, und zwar so, daß man sich dabei einer zuverlässigen und sichern Bezeichnung bediene, ist schwierig. Doch wie meinen wir denn wohl eben dies und in wie fern können wir darüber mit Fug und worüber denn eigentlich dabei im Zweifel sein? Nun zuvörderst, was wir eben noch Wasser genannt haben, das sehen wir, wie wir glauben, wenn es sich verdichtet, zu Steinen und Erde werden, wenn es dagegen sich verflüchtigt und auflöst, wieder- c
um zu Hauch und Luft, die Luft aber, wenn sie sich entzün-

δὲ συγκριθὲν καὶ κατασβεσθὲν εἰς ἰδέαν τε ἄπιον αὖθις
ἀέρος πῦρ, καὶ πάλιν ἀέρα συνιόντα καὶ πυκνούμενον
νέφος καὶ ὁμίχλην, ἐκ δὲ τούτων ἔτι μᾶλλον συμπιλουμένων
ῥέον ὕδωρ, ἐξ ὕδατος δὲ γῆν καὶ λίθους αὖθις, κύκλον τε
οὕτω διαδιδόντα εἰς ἄλληλα, ὡς φαίνεται, τὴν γένεσιν.
Οὕτω δὴ τούτων οὐδέποτε τῶν αὐτῶν ἑκάστων φανταζο- d
μένων, ποῖον αὐτῶν ὡς ὂν ὁτιοῦν τοῦτο καὶ οὐκ ἄλλο
παγίως διισχυριζόμενος οὐκ αἰσχυνεῖταί τις ἑαυτόν ; οὐκ
ἔστιν, ἀλλ' ἀσφαλέστατα μακρῷ περὶ τούτων τιθεμένους
ὧδε λέγειν· ἀεὶ ὃ καθορῶμεν ἄλλοτε ἄλλῃ γιγνόμενον, ὡς
πῦρ, μὴ τοῦτο ἀλλὰ τὸ τοιοῦτον ἑκάστοτε προσαγορεύειν
πῦρ, μηδὲ ὕδωρ τοῦτο ἀλλὰ τὸ τοιοῦτον ἀεί, μηδὲ ἄλλο
ποτὲ μηδὲν ὥς τινα ἔχον βεβαιότητα, ὅσα δεικνύντες τῷ
ῥήματι τῷ τόδε καὶ τοῦτο προσχρώμενοι δηλοῦν ἡγούμεθά e
τι· φεύγει γὰρ οὐχ ὑπομένον τὴν τοῦ τόδε καὶ τοῦτο καὶ
τὴν τοῦ δὲν καὶ πᾶσαν ὅση μόνιμα ὡς ὄντα αὐτὰ
ἐνδείκνυται φάσις. Ἀλλὰ ταῦτα μὲν ἕκαστα μὴ λέγειν, τὸ
δὲ τοιοῦτον ἀεὶ περιφερόμενον ὅμοιον ἑκάστου πέρι καὶ
συμπάντων οὕτω καλεῖν, καὶ δὴ καὶ πῦρ τὸ διὰ παντὸς
τοιοῦτον, καὶ ἅπαν ὅσονπερ ἂν ἔχῃ γένεσιν· ἐν ᾧ δὲ
ἐγγιγνόμενα ἀεὶ ἕκαστα αὐτῶν φαντάζεται καὶ πάλιν
ἐκεῖθεν ἀπόλλυται, μόνον ἐκεῖνο αὖ προσαγορεύειν τῷ τε 50

det, zu Feuer, und das Feuer umgekehrt, wenn es konzentriert wird und erlischt, sehen wir wieder in die Gestalt von Luft übergehen, und die Luft wiederum, wenn sie sich zusammenzieht und verdichtet, in Wolke und Nebel, und daraus sehen wir denn, wenn sie noch mehr zusammengepreßt werden, flüssiges Wasser und aus dem Wasser aufs Neue Erde und Steine hervorgehen, so daß alle diese Stoffe, wie es scheint, einen Kreislauf des Werdens aus einander beschreiben. Wenn sie nun aber so niemals bestimmt als dieselbigen d
erscheinen, von welchem unter ihnen könnte man da mit Sicherheit behaupten, daß er eben nur dieser und nicht gerade so gut auch ein anderer ist, ohne sich vor sich selber zu schämen! Nein, dem ist nicht so, sondern bei Weitem am Sichersten werden wir Folgendes über sie festsetzen. Von Allem, was wir bald so und bald anders werden sehen, wie zum Beispiel das Feuer, werden wir niemals sagen: dies ist Feuer, sondern stets nur: in dieser Beschaffenheit ist dies Feuer, und nicht dies ist Wasser, sondern in dieser Beschaffenheit ist dies Wasser, und überhaupt keins von diesen Dingen so bezeichnen, als ob es irgend eine bleibende Beschaffenheit hätte, welche wir ja eben dadurch anzeigen wollen, wenn wir auf Etwas hinweisen und uns dabei des Aus- e
druckes „dies (ist)“ und „das (ist)“ bedienen. Denn es flieht die Ausdrücke „dies (ist)“ und „das (ist)“ und „diesem (Gegenstande kommt etwas zu)“ und überhaupt alle, mit denen wir es als etwas Bleibendes bezeichnen, und hält ihnen nicht Stand, und daher darf man von keinem einzigen von diesen Gegenständen sagen: „dies ist das und das,“ wohl aber darf man auf jedes einzelne und auf alle insgesamt die Bezeichnung anwenden: „in dieser Beschaffenheit sind sie das und das,“ weil sie nämlich einen stetigen Kreislauf von Beschaffenheiten durchmachen, und darf demnach mit einer dieser Beschaffenheiten durchweg zum Beispiel den Namen des Feuers verbinden und muß es überhaupt bei allen Dingen so machen, welche dem Werden unterworfen sind. Worin aber alles Werdende, indem es ihm eingeprägt ist, zur Erscheinung kommt und worein es, aus derselben entschwindend, wiederum zurückgeht, davon allein darf man in 50a

τοῦτο καὶ τῷ τόδε προσχρωμένους ὀνόματι, τὸ δὲ ὁποιονοῦν τι, θερμὸν ἢ λευκὸν ἢ καὶ ὁτιοῦν τῶν ἐναντίων, καὶ πάνθ' ὅσα ἐκ τούτων, μηδὲν ἐκεῖνο αὖ τούτων καλεῖν. Ἔτι δὲ σαφέστερον αὐτοῦ πέρι προθυμητέον αὖθις εἰπεῖν. Εἰ γὰρ πάντα τις σχήματα πλάσας ἐκ χρυσοῦ μηδὲν μεταπλάττων παύοιτο ἕκαστα εἰς ἅπαντα, δεικνύντος δή τινος b
αὐτῶν ἓν καὶ ἐρομένου τί ποτ' ἐστί, μακρῷ πρὸς ἀλήθειαν ἀσφαλέστατον εἰπεῖν ὅτι χρυσός, τὸ δὲ τρίγωνον ὅσα τε ἄλλα σχήματα ἐνεγίγνετο, μηδέποτε λέγειν ταῦτα ὡς ὄντα, ἅ γε μεταξὺ τιθεμένου μεταπίπτει, ἀλλ' ἐὰν ἄρα καὶ τὸ τοιοῦτον μετ' ἀσφαλείας ἐθέλῃ δέχεσθαί τινος, ἀγαπᾶν. Ὁ αὐτὸς δὴ λόγος καὶ περὶ τῆς τὰ πάντα δεχομένης σώματα φύσεως. Ταὐτὸν αὐτὴν ἀεὶ προσρητέον· ἐκ γὰρ τῆς ἑαυτῆς τὸ παράπαν οὐκ ἐξίσταται δυνάμεως — δέχεταί τε γὰρ ἀεὶ τὰ πάντα, καὶ μορφὴν οὐδεμίαν ποτὲ οὐδενὶ τῶν εἰσιόντων ὁμοίαν εἴληφεν οὐδαμῇ οὐδαμῶς· c
ἐκμαγεῖον γὰρ φύσει παντὶ κεῖται, κινούμενόν τε καὶ διασχηματιζόμενον ὑπὸ τῶν εἰσιόντων, φαίνεται δὲ δι' ἐκεῖνα ἄλλοτε ἀλλοῖον — τὰ δὲ εἰσιόντα καὶ ἐξιόντα τῶν ὄντων ἀεὶ μιμήματα, τυπωθέντα ἀπ' αὐτῶν τρόπον τινὰ δύσφραστον καὶ θαυμαστόν, ὃν εἰς αὖθις μέτιμεν. Ἐν δ' οὖν τῷ παρόντι χρὴ γένη διανοηθῆναι τριττά, τὸ μὲν γιγνόμενον, τὸ δ' ἐν ᾧ γίγνεται, τὸ δ' ὅθεν ἀφομοιούμενον d
φύεται τὸ γιγνόμενον. Καὶ δὴ καὶ προσεικάσαι πρέπει τὸ μὲν δεχόμενον μητρί, τὸ δ' ὅθεν πατρί, τὴν δὲ μεταξὺ τούτων φύσιν ἐκγόνῳ, νοῆσαί τε ὡς οὐκ ἂν ἄλλως,

seiner Aussage die Wendungen „dies ist“ und „das ist“ ge-
brauchen, wogegen wiederum Alles, was (schon) irgend eine
Beschaffenheit hat, Wärme oder Weiße oder auch das Ge-
genteil, und alle andern hiemit zusammenhängenden Eigen-
schaften, keine dieser Bezeichnungen zuläßt. Doch ich will
mich bestreben dies noch deutlicher zu machen. Gesetzt es
hätte Jemand sämtliche (mathematische) Figuren aus Gold
gebildet und führe dann unaufhörlich fort jede derselben in
alle anderen umzubilden, und es zeigte dann Jemand auf eine b
derselben hin und fragte: „was ist das?“, so würde bei Wei-
tem die sicherste und richtigste Antwort sein „es ist Geld,“
dagegen dürfte man nicht sagen: „dies ist ein Dreieck oder
irgend eine andere von den Figuren, welche in das Gold
hineingebildet und in ihm entstanden sind,“ weil sie ja, eben
erst gesetzt, auch schon sogleich wieder verändert werden,
sondern müßte schon zufrieden sein, wenn der fragliche Ge-
genstand auch nur einen von einer dieser Figuren hergenom-
menen Ausdruck der Beschaffenheit mit einiger Sicherheit
aufnimmt. Das Gleiche gilt nun auch von derjenigen Wesen-
heit, welche alle denkbaren Gestalten an sich zuläßt. Sie muß
immer als Einunddasselbe bezeichnet werden, denn sie tritt
durchaus niemals aus ihrer Beschaffenheit heraus. Nämlich
sie nimmt Alles auf und nimmt doch nie und in keiner Weise
irgend eine Gestalt an, die irgend einer von Demjenigen ähn- c
lich wäre, was in sie eingeht, sondern wie eine bildsame Mas-
se liegt sie für ein Jedes zum Abdrucke bereit und läßt sich
durch Alles, was in sie eintritt, in Bewegung setzen und in
Gestalten kleiden, und dadurch erscheint sie denn bald in
dieser und bald in jener Form. Was aber in sie eintritt und
aus ihr heraustritt, sind stets Abbilder des Seienden, welche
nach demselben abgeprägt sind auf eine schwer zu beschrei-
bende und wunderbare Weise, welche wir späterhin weiter
verfolgen wollen. Für jetzt also haben wir drei Gattungen in
Betracht zu ziehen, das Werdende, das, worin es wird, und d
das, dessen nachgebildetes Erzeugnis es ist, und dürfen denn
auch die aufnehmende Gattung passend mit der Mutter, und
die erzeugende mit dem Vater, die zwischen beiden stehende
aber mit dem Kinde vergleichen, müssen endlich auch be-

ἐκτυπώματος ἔσεσθαι μέλλοντος ἰδεῖν ποικίλου πάσας
ποικιλίας, τοῦτ᾽ αὐτὸ ἐν ᾧ ἐκτυπούμενον ἐνίσταται γένοιτ᾽
ἂν παρεσκευασμένον εὖ, πλὴν ἄμορφον ὂν ἐκείνων ἁπασῶν
τῶν ἰδεῶν ὅσας μέλλοι δέχεσθαί ποθεν. Ὅμοιον γὰρ ὂν e
τῶν ἐπεισιόντων τινὶ τὰ τῆς ἐναντίας τά τε τῆς τὸ
παράπαν ἄλλης φύσεως ὁπότ᾽ ἔλθοι δεχόμενον κακῶς ἂν
ἀφομοιοῖ, τὴν αὑτοῦ παρεμφαῖνον ὄψιν. Διὸ καὶ πάντων
ἐκτὸς εἰδῶν εἶναι χρεὼν τὸ τὰ πάντα ἐκδεξόμενον ἐν
αὑτῷ γένη, καθάπερ περὶ τὰ ἀλείμματα ὁπόσα εὐώδη
τέχνῃ μηχανῶνται πρῶτον τοῦτ᾽ αὐτὸ ὑπάρχον, ποιοῦσιν
ὅτι μάλιστα ἀώδη τὰ δεξόμενα ὑγρὰ τὰς ὀσμάς· ὅσοι τε ἔν
τισιν τῶν μαλακῶν σχήματα ἀπομάττειν ἐπιχειροῦσι, τὸ
παράπαν σχῆμα οὐδὲν ἔνδηλον ὑπάρχειν ἐῶσι, προομαλύ-
ναντες δὲ ὅτι λειότατον ἀπεργάζονται. Ταὐτὸν οὖν καὶ τῷ 51
τὰ τῶν πάντων ἀεί τε ὄντων κατὰ πᾶν ἑαυτοῦ πολλάκις
ἀφομοιώματα καλῶς μέλλοντι δέχεσθαι πάντων ἐκτὸς
αὐτῷ προσήκει πεφυκέναι τῶν εἰδῶν. Διὸ δὴ τὴν τοῦ
γεγονότος ὁρατοῦ καὶ πάντως αἰσθητοῦ μητέρα καὶ
ὑποδοχὴν μήτε γῆν μήτε ἀέρα μήτε πῦρ μήτε ὕδωρ
λέγωμεν, μήτε ὅσα ἐκ τούτων μήτε ἐξ ὧν ταῦτα γέγονεν·
ἀλλ᾽ ἀνόρατον εἶδός τι καὶ ἄμορφον, πανδεχές, μεταλαμ-
βάνον δὲ ἀπορώτατά πῃ τοῦ νοητοῦ καὶ δυσαλωτότατον b
αὐτὸ λέγοντες οὐ ψευσόμεθα. Καθ' ὅσον δ᾽ ἐκ τῶν
προειρημένων δυνατὸν ἐφικνεῖσθαι τῆς φύσεως αὐτοῦ,
τῇδ᾽ ἄν τις ὀρθότατα λέγοι· πῦρ μὲν ἑκάστοτε αὐτοῦ τὸ
πεπυρωμένον μέρος φαίνεσθαι, τὸ δὲ ὑγρανθὲν ὕδωρ, γῆν

denken, daß, wenn ein Gepräge alle nur überhaupt möglichen Mannigfaltigkeiten zeigen soll, die Masse selbst, in welcher es abgedrückt werden soll, nicht wohl auf andere Weise hiezu vorbereitet sein kann, als wenn sie selber keine von allen jenen Gestalten an sich trägt, welche sie irgend woher e
aufnehmen soll. Denn wenn sie irgend einem von den Gegenständen ähnlich wäre, welche in sie hineintreten, so dürfte sie beim Herantreten und der Aufnahme von Gegenständen, welche von entgegengesetzter oder ganz verschiedenartiger Natur sind, dieselben (nur) unvollkommnen in sich abbilden, indem sie ihr eigenes Bild daneben zeigte. Daher muß denn das, was alle Gattungen in sich aufnehmen soll, selber ohne alle Gestalt sein, gleichwie man, um wohlriechende Salben zu gewinnen, vor allen Dingen stets eben den zu Grunde gelegten Stoff mit den Mitteln der Kunst bearbeitet, indem man die Feuchtigkeiten, welche die Wohlgerüche aufnehmen sollen, selber möglichst geruchlos macht, und gleichwie Alle, welche in irgend einem weichen Stoffe Formen abdrücken wollen, durchaus keine bestimmte Form in demselben bestehen lassen, sondern ihm zuvor durch Ebnen die möglichste Glätte geben. In gleicher Weise also 51a
kommt es auch dem zu, welches die Abbilder von Allem, was da von Ewigkeit ist, in allen seinen Teilen wiederholt und in vollendeter Gestalt in sich aufnehmen soll, selber seiner Natur nach aller Gestalten zu entbehren. Deshalb dürfen wir aber als die Mutter und Pflegerin dessen, was sichtbar und überhaupt wahrnehmbar geworden ist, weder die Erde, noch die Luft, noch das Feuer, noch das Wasser bezeichnen, noch auch das, was aus ihnen, noch endlich das, woraus sie selber entstanden sind; vielmehr wenn wir sie als eine unsichtbare und gestaltlose, allaufnehmende Gattung betrachten, welche ganz seltsamerweise mit zu denjenigen Gegen- b
ständen gehört, die nur dem Denken zugänglich sind, und (daher) schwer zu begreifen ist, so werden wir nicht irren; so weit es aber nach dem früher Erörterten möglich ist in ihre Natur einzudringen, so wird man wohl am richtigsten diese Bestimmung treffen, daß als Feuer jedesmal der entzündete Teil derselben erscheine und als Wasser der feucht ge-

τε καὶ ἀέρα καθ᾽ ὅσον ἂν μιμήματα τούτων δέχηται. Λόγῳ
δὲ δὴ μᾶλλον τὸ τοιόνδε διοριζομένους περὶ αὐτῶν
διασκεπτέον· ἆρα ἔστιν τι πῦρ αὐτὸ ἐφ᾽ ἑαυτοῦ καὶ πάντα
περὶ ὧν ἀεὶ λέγομεν οὕτως αὐτὰ καθ᾽ αὐτὰ ὄντα ἕκαστα, ἢ c
ταῦτα ἅπερ καὶ βλέπομεν, ὅσα τε ἄλλα διὰ τοῦ σώματος
αἰσθανόμεθα, μόνα ἔστιν τοιαύτην ἔχοντα ἀλήθειαν, ἄλλα
δὲ οὐκ ἔστι παρὰ ταῦτα οὐδαμῇ οὐδαμῶς, ἀλλὰ μάτην
ἑκάστοτε εἶναί τί φαμεν εἶδος ἑκάστου νοητόν, τὸ δ᾽ οὐδὲν
ἄρ᾽ ἦν πλὴν λόγος; οὔτε οὖν δὴ τὸ παρὸν ἄκριτον καὶ
ἀδίκαστον ἀφέντα ἄξιον φάναι διισχυριζόμενον ἔχειν
οὕτως, οὔτ᾽ ἐπὶ λόγου μήκει πάρεργον ἄλλο μῆκος
ἐπεμβλητέον· εἰ δέ τις ὅρος ὁρισθεὶς μέγας διὰ βραχέων d
φανείη, τοῦτο μάλιστα ἐγκαιριώτατον γένοιτ᾽ ἄν. Ὧδε οὖν
τήν γ᾽ ἐμὴν αὐτὸς τίθεμαι ψῆφον. Εἰ μὲν νοῦς καὶ δόξα
ἀληθής ἐστον δύο γένη, παντάπασιν εἶναι καθ᾽ αὑτὰ
ταῦτα, ἀναίσθητα ὑφ᾽ ἡμῶν εἴδη, νοούμενα μόνον· εἰ δ᾽,
ὥς τισιν φαίνεται, δόξα ἀληθὴς νοῦ διαφέρει τὸ μηδέν,
πάνθ᾽ ὁπόσ᾽ αὖ διὰ τοῦ σώματος αἰσθανόμεθα θετέον
βεβαιότατα. Δύο ⟨δὲ⟩ δὴ λεκτέον ἐκείνω, διότι χωρὶς e
γεγόνατον ἀνομοίως τε ἔχετον. Τὸ μὲν γὰρ αὐτῶν διὰ
διδαχῆς, τὸ δ᾽ ὑπὸ πειθοῦς ἡμῖν ἐγγίγνεται· καὶ τὸ μὲν
ἀεὶ μετ᾽ ἀληθοῦς λόγου, τὸ δὲ ἄλογον· καὶ τὸ μὲν ἀκίνητον
πειθοῖ, τὸ δὲ μεταπειστόν· καὶ τοῦ μὲν πάντα ἄνδρα

wordene, und eben so daß sie als Erde und Luft in so weit erscheint, als sie Abbilder von ihnen in sich aufnimmt. In genauerer Fassung aber haben wir dabei Folgendes hinsichtlich dieser vier Stoffe zu fragen, ob es ein Feuer an und für sich gibt und überhaupt alles Andere, von denen wir ein
jedes so als an und für sich seiend zu bezeichnen pflegen, c
oder aber ob nur das, was wir sehen und was wir Alles sonst mit den Sinnen des Körpers wahrnehmen, bereits die Wahrheit, die wir in ihnen suchen, und einzig und allein Wahrheit hat und es außerdem schlechthin nichts Anderes gibt, so daß es nur ein eitler Wahn von uns wäre, wenn wir jedesmal von einem jeden Dinge eine nur dem Denken erfaßbare Idee als das Seiende annehmen, und dieselbe nichts als ein (leerer) Name wäre. Diesen gegenwärtigen Punkt nun ist es nicht geziemend unentschieden und unerforscht zu lassen, indem man sich mit der (bloßen) Versicherung begnügt, es verhalte sich (damit) so (oder so); andererseits aber dürfen wir eben so wenig unsere langwierige Erörterung durch eine (eben so)
langwierige Zwischenuntersuchung noch weiter ausdehnen; d
wenn sich daher eine wirkliche und inhaltschwere Begriffsbestimmung, in wenig Worten ausgedrückt, uns zeigen wollte, so dürfte uns dies wohl das Allergelegenste sein. Folgendermaßen gebe ich demnach meine Stimme ab: wenn Vernunft und richtige Vorstellung zwei verschiedene Arten sind, dann muß es schlechterdings jene für sich bestehenden Wesenheiten geben, die von uns nicht wahrgenommen, sondern nur erkannt werden; wenn dagegen, wie es Manchen scheint, die richtige Vorstellung sich gar nicht von der Vernunft unterscheidet, dann muß vielmehr Alles, was wir durch die Sinne des Körpers wahrnehmen, für das Sicherste
gelten. Als zwei (verschiedene Arten) aber müssen sie be- e
zeichnet werden, denn sie sind gesondert von einander entstanden und verhalten sich unähnlich zu einander. Denn die eine von ihnen entsteht durch Belehrung, die andere aber durch Überredung in uns, und die eine ist immer mit richtiger Überlegung verbunden, die andere aber ohne Überlegung, und die eine ist nicht veränderlich durch Überredung, die andere aber läßt sich durch sie verändern, und der einen,

μετέχειν φατέον, νοῦ δὲ θεούς, ἀνθρώπων δὲ γένος βραχύ
τι. Τούτων δὲ οὕτως ἐχόντων ὁμολογητέον ἓν μὲν εἶναι τὸ 52
κατὰ ταὐτὰ εἶδος ἔχον, ἀγέννητον καὶ ἀνώλεθρον, οὔτε εἰς
ἑαυτὸ εἰσδεχόμενον ἄλλο ἄλλοθεν οὔτε αὐτὸ εἰς ἄλλο ποι
ἰόν, ἀόρατον δὲ καὶ ἄλλως ἀναίσθητον, τοῦτο ὃ δὴ νόησις
εἴληχεν ἐπισκοπεῖν· τὸ δὲ ὁμώνυμον ὅμοιόν τε ἐκείνῳ
δεύτερον, αἰσθητόν, γεννητόν, πεφορημένον ἀεί, γιγνό-
μενόν τε ἔν τινι τόπῳ καὶ πάλιν ἐκεῖθεν ἀπολλύμενον,
δόξῃ μετ᾽ αἰσθήσεως περιληπτόν· τρίτον δὲ αὖ γένος ὂν τὸ
τῆς χώρας ἀεί, φθορὰν οὐ προσδεχόμενον, ἕδραν δὲ b
παρέχον ὅσα ἔχει γένεσιν πᾶσιν, αὐτὸ δὲ μετ᾽ ἀναισθησίας
ἁπτὸν λογισμῷ τινι νόθῳ, μόγις πιστόν, πρὸς ὃ δὴ καὶ
ὀνειροπολοῦμεν βλέποντες καί φαμεν ἀναγκαῖον εἶναί που
τὸ ὂν ἅπαν ἔν τινι τόπῳ καὶ κατέχον χώραν τινά, τὸ δὲ
μήτ᾽ ἐν γῇ μήτε που κατ᾽ οὐρανὸν οὐδὲν εἶναι. Ταῦτα δὴ
πάντα καὶ τούτων ἄλλα ἀδελφὰ καὶ περὶ τὴν ἄυπνον καὶ
ἀληθῶς φύσιν ὑπάρχουσαν ὑπὸ ταύτης τῆς ὀνειρώξεως οὐ
δυνατοὶ γιγνόμεθα ἐγερθέντες διοριζόμενοι τἀληθὲς λέγειν, c
ὡς εἰκόνι μέν, ἐπείπερ οὐδ᾽ αὐτὸ τοῦτο ἐφ᾽ ᾧ γέγονεν
ἑαυτῆς ἐστιν, ἑτέρου δέ τινος ἀεὶ φέρεται φάντασμα, διὰ
ταῦτα ἐν ἑτέρῳ προσήκει τινὶ γίγνεσθαι, οὐσίας ἁμωσγέπως
ἀντεχομένην, ἢ μηδὲν τὸ παράπαν αὐτὴν εἶναι, τῷ δὲ
ὄντως ὄντι βοηθὸς ὁ δι᾽ ἀκριβείας ἀληθὴς λόγος, ὡς ἕως
ἄν τι τὸ μὲν ἄλλο ᾖ, τὸ δὲ ἄλλο, οὐδέτερον ἐν οὐδετέρῳ
ποτὲ γενόμενον ἓν ἅμα ταὐτὸν καὶ δύο γενήσεσθον. d

darf man behaupten, ist Jedermann teilhaftig, der (reinen) Vernunft aber nur die Götter und von den Menschen ein geringer Teil. Verhält es sich aber hiemit also, so muß zuge- 52a
standen werden, das Eine sei die stets auf dieselbe Weise sich verhaltende Art, unerzeugt und unvergänglich, weder in sich ein Anderes von anderswo her aufnehmend, noch selber in irgend ein Anderes eingehend, unsichtbar und auch sonst mittelst der Sinne nicht wahrnehmbar, die, deren Betrachtung dem vernünftigen Denken zu Teil geworden ist; die zweite aber, jener gleichnamig und ähnlich, sinnlich wahrnehmbar, erzeugt in steter Bewegung, entstehend an einem Orte und wieder von da verschwindend, der Vorstellung mit Hülfe der Sinnenwahrnehmung erfaßbar; ein drittes aber wiederum immer die Gattung des Raumes, dem Untergange nicht unterworfen, welche Allem, was ein Werden hat, eine b
Stätte gewährt, selbst aber, den Sinnen unzugänglich, auch vom Geiste nur, so zu sagen, durch einen Bastardschluß erfaßt und kaum zuverlässig bestimmt wird, die, welche wir auch im Auge haben, wenn wir träumen, es müsse doch notwendig das, was ist, an einem Orte sein und einen Raum einnehmen, was aber weder auf der Erde noch sonst im Weltall sich befinde, sei überhaupt gar nicht vorhanden. Alle diese Träumereien von solcher und von dem verwandter Art ziehen denn eben auch die wahrhaft seiende Natur in ihren Kreis hinein, welche doch (ihrerseits) nimmer schläft (und träumt), und so vermögen wir denn in Folge dessen, auch c
wenn wir erwachen, (noch) nicht die nötigen Unterschiede zu machen und die Wahrheit zu ergreifen, daß nämlich dem Bilde zwar, da es auch nicht einmal seinen Zweck, um dessen willen es entstanden ist, in sich selber hat, sondern immer nur als Erscheinung eines Anderen umläuft, aus eben diesem Grunde zukommt, in einem Anderen zu werden, damit es doch irgendwie mit dem Sein verknüpft ist, oder aber gar nicht vorhanden zu sein, (daß) dagegen dem wahrhaft Seienden der ausgemacht richtige Satz zu Hülfe kommt, daß, so lange zwei Gegenstände von einander verschieden sind, unmöglich der eine von beiden in dem anderen entstehen und d
so dasselbe zugleich Eins und Zwei werden kann.

Οὗτος μὲν οὖν δὴ παρὰ τῆς ἐμῆς ψήφου λογισθεὶς ἐν κεφαλαίῳ δεδόσθω λόγος, ὄν τε καὶ χώραν καὶ γένεσιν εἶναι, τρία τριχῇ, καὶ πρὶν οὐρανὸν γενέσθαι· τὴν δὲ δὴ γενέσεως τιθήνην ὑγραινομένην καὶ πυρουμένην καὶ τὰς γῆς τε καὶ ἀέρος μορφὰς δεχομένην, καὶ ὅσα ἄλλα τούτοις πάθη συνέπεται πάσχουσαν, παντοδαπὴν μὲν ἰδεῖν φαί- e
νεσθαι, διὰ δὲ τὸ μήθ' ὁμοίων δυνάμεων μήτε ἰσορρόπων ἐμπίμπλασθαι κατ' οὐδὲν αὐτῆς ἰσορροπεῖν, ἀλλ' ἀνωμάλως πάντῃ ταλαντουμένην σείεσθαι μὲν ὑπ' ἐκείνων αὐτήν, κινουμένην δ' αὖ πάλιν ἐκεῖνα σείειν· τὰ δὲ κινούμενα ἄλλα ἄλλοσε ἀεὶ φέρεσθαι διακρινόμενα, ὥσπερ τὰ ὑπὸ τῶν πλοκάνων τε καὶ ὀργάνων τῶν περὶ τὴν τοῦ σίτου κάθαρσιν σειόμενα καὶ ἀναλικνώμενα τὰ μὲν πυκνὰ καὶ βαρέα ἄλλῃ, 53
τὰ δὲ μανὰ καὶ κοῦφα εἰς ἑτέραν ἵζει φερόμενα ἕδραν· τότε οὕτω τὰ τέτταρα γένη σειόμενα ὑπὸ τῆς δεξαμενῆς, κινουμένης αὐτῆς οἷον ὀργάνου σεισμὸν παρέχοντος, τὰ μὲν ἀνομοιότατα πλεῖστον αὐτὰ ἀφ' αὑτῶν ὁρίζειν, τὰ δὲ ὁμοιότατα μάλιστα εἰς ταὐτὸν συνωθεῖν, διὸ δὴ καὶ χώραν ταῦτα ἄλλα ἄλλην ἴσχειν, πρὶν καὶ τὸ πᾶν ἐξ αὐτῶν διακοσμηθὲν γενέσθαι. Καὶ τὸ μὲν δὴ πρὸ τούτου πάντα ταῦτ' ἔχειν ἀλόγως καὶ ἀμέτρως· ὅτε δ' ἐπεχειρεῖτο κοσμεῖσθαι τὸ πᾶν, πῦρ πρῶτον καὶ ὕδωρ καὶ γῆν καὶ ἀέρα, b

2.3.2.2. Der Zustand des Raumes und der Grundstoffe vor der Entstehung des Weltalls, von Gott mit Hilfe von Form und Zahl zum Guten verändert

So gebe ich denn in der vorliegenden Weise meine Stimme zu der wohlbegründeten Erklärung ab, welche im Wesentlichen darauf hinausläuft, daß das Sein, der Raum und das Werden drei gesonderte Gattungen bilden, die schon bestanden, ehe denn noch die Welt ward, und fernerhin daß die Amme des Werdens in so fern sie sowohl feucht als auch entzündet wird, und eben so auch die Gestalt von Luft und von Erde annimmt und nicht minder allen sonstigen hiemit zusammenhängenden Beschaffenheiten sich fügt, dem An- e
blicke alle möglichen Erscheinungen darbietet und, weil die sie erfüllenden Kräfte weder (einander) ähnlich, noch (mit einander) im Gleichgewichte sind, auch selber in keinem ihrer Teile sich im Gleichgewicht befindet, sondern, unregelmäßig nach allen Seiten hin schwankend, bald von jenen in Erschütterung versetzt werde, bald ihrerseits wiederum durch ihre Bewegung jene in Erschütterung versetze. Jene werden dann für ihr Teil durch die Bewegung, in welche sie dadurch geraten, von einander gesondert, indem ein jedes von ihnen immer anderswohin getrieben wird als das andere, gleichwie, wenn man Getreide in Sieben und vermittelst der übrigen zur Reinigung desselben dienenden Werkzeuge durchschüttelt und ausworfelt, Alles was fest und schwer, 53a
und wiederum Alles was locker und leicht ist, an verschiedenen Stellen zu liegen kommt. Eben so wurden damals die vier Gattungen von der Aufnehmerin durchgeschüttelt, indem diese wie ein Werkzeug, welches Erschütterung hervorbringt, in Bewegung gesetzt wurde, und sonderten dadurch das Unähnlichste am meisten von einander ab, und drängten dagegen das Ähnlichste am meisten auf dieselbe Stelle zusammen, weswegen sie denn auch bereits je einen verschiedenen Raum einnahmen, bevor noch das All aus ihnen zusammengefügt und dadurch in die Entstehung getreten war. Doch ermangelten sie damals noch aller Ordnung und alles Maßes; so bald dagegen Hand an die Bildung des Weltalls b
gelegt wurde, so verlieh Gott zuerst dem Feuer, dem Wasser,

ἴχνη μὲν ἔχοντα αὑτῶν ἄττα, παντάπασί γε μὴν διακείμενα ὥσπερ εἰκὸς ἔχειν ἅπαν ὅταν ἀπῇ τινος θεός, οὕτω δὴ τότε πεφυκότα ταῦτα πρῶτον διεσχηματίσατο εἴδεσί τε καὶ ἀριθμοῖς. Τὸ δὲ ᾗ δυνατὸν ὡς κάλλιστα ἄριστά τε ἐξ οὐχ οὕτως ἐχόντων τὸν θεὸν αὐτὰ συνιστάναι, παρὰ πάντα ἡμῖν ὡς ἀεὶ τοῦτο λεγόμενον ὑπαρχέτω· νῦν δ᾽ οὖν τὴν διάταξιν αὐτῶν ἐπιχειρητέον ἑκάστων καὶ γένεσιν ἀήθει c
λόγῳ πρὸς ὑμᾶς δηλοῦν, ἀλλὰ γὰρ ἐπεὶ μετέχετε τῶν κατὰ παίδευσιν ὁδῶν δι᾽ ὧν ἐνδείκνυσθαι τὰ λεγόμενα ἀνάγκη, συνέψεσθε.

Πρῶτον μὲν δὴ πῦρ καὶ γῆ καὶ ὕδωρ καὶ ἀὴρ ὅτι σώματά ἐστι, δῆλόν που καὶ παντί· τὸ δὲ τοῦ σώματος εἶδος πᾶν καὶ βάθος ἔχει. Τὸ δὲ βάθος αὖ πᾶσα ἀνάγκη τὴν ἐπίπεδον περιειληφέναι φύσιν· ἡ δὲ ὀρθὴ τῆς ἐπιπέδου βάσεως ἐκ τριγώνων συνέστηκεν. Τὰ δὲ τρίγωνα πάντα ἐκ δυοῖν ἄρχεται τριγώνοιν, μίαν μὲν ὀρθὴν ἔχοντος ἑκατέρου d
γωνίαν, τὰς δὲ ὀξείας· ὧν τὸ μὲν ἕτερον ἑκατέρωθεν ἔχει μέρος γωνίας ὀρθῆς πλευραῖς ἴσαις διῃρημένης, τὸ δ᾽ ἕτερον ἀνίσοις ἄνισα μέρη νενεμημένης. Ταύτην δὴ πυρὸς ἀρχὴν καὶ τῶν ἄλλων σωμάτων ὑποτιθέμεθα κατὰ τὸν μετ᾽ ἀνάγκης εἰκότα λόγον πορευόμενοι· τὰς δ᾽ ἔτι τούτων ἀρχὰς ἄνωθεν θεὸς οἶδεν καὶ ἀνδρῶν ὃς ἂν ἐκείνῳ φίλος ᾖ. Δεῖ δὴ λέγειν ποῖα κάλλιστα σώματα γένοιτ᾽ ἂν τέτταρα, e
ἀνόμοια μὲν ἑαυτοῖς, δυνατὰ δὲ ἐξ ἀλλήλων αὐτῶν ἄττα

der Luft und der Erde, die bisher zwar wohl schon gewisse Spuren von ihrer eigentlichen Beschaffenheit an sich trugen, aber sich doch (mit ihnen) in einem Zustande befanden, wie er eben bei keinem Gegenstande anders sein kann, so lange Gott von ihm fern ist, ihre bestimmten Formen nach Zahl und Gestalt. Daß er sie nun dabei aufs Schönste und Beste zusammenfügte, nachdem sie sich vorher nicht so verhalten hatten, das wollen wir hier, wie immer, vor allen Dingen als die Grundlage hinstellen, sodann aber muß ich ihre nähere Anordnung in einer ungewöhnlichen Weise euch zu be- c
schreiben unternehmen; da indessen auch ihr, auf denselben Pfaden der Bildung wandelt, auf welchen sich diese Erörterung zu bewegen hat, so werdet ihr (derselben schon) folgen.

2.3.3. Die vier Grundstoffe

2.3.3.1. Die Konstruktion der vier schönsten Körper aus Elementardreiecken. Die fünfte Art der Konstruktion führt zum Weltall

Daß nun zunächst Feuer, Wasser, Luft und Erde Körper sind, ist wohl Jedermann klar. Zu einem jeden Körper gehört nun auch Höhe. Höhe aber setzt ganz notwendig wieder Oberfläche voraus. Jede geradlinige Grundfläche ferner besteht aus Dreiecken. Alle Dreiecke aber gehen auf zwei zurück, von denen jedes einen rechten und zwei spitze Winkel d
hat: das eine, in welchem zwei Seiten gleich sind und die beiden spitzen Winkel Hälften von zwei durch diese beiden Seiten (gleich), das andere, in welchem diese beiden Winkel (ungleiche) Teile von zwei durch ungleiche Seiten ungleich geteilten rechten Winkeln sind. In diesen beiden Dreiecken haben wir daher den Ursprung des Feuers und aller andern Körper zu suchen, wenn wir jener Wahrscheinlichkeit folgen wollen, welche im Gebiete der (blinden) Notwendigkeit erreichbar ist; die noch ursprünglicheren Urbestandteile aber kennt (nur) Gott und von den Menschen etwa der, den er lieb hat. Und nun ziemt es sich hiernach zu zeigen, welche Beschaffenheiten es sind, die gerade vier Körper zu den e
schönsten erheben und zwar so, daß dieselben zwar unter einander unähnlich, jedoch mit der Fähigkeit ausgerüstet

διαλυόμενα γίγνεσθαι· τούτου γὰρ τυχόντες ἔχομεν τὴν
ἀλήθειαν γενέσεως πέρι γῆς τε καὶ πυρὸς τῶν τε ἀνὰ
λόγον ἐν μέσῳ. Τόδε γὰρ οὐδενὶ συγχωρησόμεθα, καλλίω
τούτων ὁρώμενα σώματα εἶναί που καθ' ἓν γένος ἕκαστον
ὄν. Τοῦτ' οὖν προθυμητέον, τὰ διαφέροντα κάλλει σωμάτων
τέτταρα γένη συναρμόσασθαι καὶ φάναι τὴν τούτων ἡμᾶς
φύσιν ἱκανῶς εἰληφέναι. Τοῖν δὴ δυοῖν τριγώνοιν τὸ μὲν 54
ἰσοσκελὲς μίαν εἴληχεν φύσιν· τὸ δὲ πρόμηκες ἀπερ-
άντους· προαιρετέον οὖν αὖ τῶν ἀπείρων τὸ κάλλιστον, εἰ
μέλλομεν ἄρξεσθαι κατὰ τρόπον. Ἂν οὖν τις ἔχῃ κάλλιον
ἐκλεξάμενος εἰπεῖν εἰς τὴν τούτων σύστασιν, ἐκεῖνος οὐκ
ἐχθρὸς ὢν ἀλλὰ φίλος κρατεῖ· τιθέμεθα δ' οὖν τῶν πολλῶν
τριγώνων κάλλιστον ἕν, ὑπερβάντες τἆλλα, ἐξ οὗ τὸ
ἰσόπλευρον τρίγωνον ἐκ τρίτου συνέστηκεν. Διότι δέ, λόγος b
πλείων· ἀλλὰ τῷ τοῦτο ἐλέγξαντι καὶ ἀνευρόντι δὴ οὕτως
ἔχον κεῖται φίλια τὰ ἆθλα. Προῃρήσθω δὴ δύο τρίγωνα ἐξ
ὧν τό τε τοῦ πυρὸς καὶ τὰ τῶν ἄλλων σώματα μεμηχάνηται,
τὸ μὲν ἰσοσκελές, τὸ δὲ τριπλῆν κατὰ δύναμιν ἔχον τῆς
ἐλάττονος τὴν μείζω πλευρὰν ἀεί. Τὸ δὴ πρόσθεν ἀσαφῶς
ῥηθὲν νῦν μᾶλλον διοριστέον. Τὰ γὰρ τέτταρα γένη δι'
ἀλλήλων εἰς ἄλληλα ἐφαίνετο πάντα γένεσιν ἔχειν, οὐκ
ὀρθῶς φανταζόμενα· γίγνεται μὲν γὰρ ἐκ τῶν τριγώνων c
ὧν προῃρήμεθα γένη τέτταρα, τρία μὲν ἐξ ἑνὸς τοῦ τὰς
πλευρὰς ἀνίσους ἔχοντος, τὸ δὲ τέταρτον ἓν μόνον ἐκ τοῦ

sind, aus einander zu entstehen, für den Fall, daß einige von
ihnen sich aufgelöst hätten. Denn haben wir dies erreicht, so
sind wir auch im Besitze der Wahrheit über die Entstehung
der Erde und des Feuers und der anderen beiden Körper,
welche zwischen jenen die mittlere Proportionale bilden, und
dann brauchen wir es Niemandem zuzugeben, daß schönere
Körper als diese (vier) zu erblicken seien, jeder in seiner Art.
Das also ist jetzt unsere Aufgabe, die wohlgeordnete Zusam-
menfügung dieser vier an Schönheit alle anderen überragen-
den Arten von Körpern zu verfolgen und so zu zeigen, daß
wir die Natur derselben hinlänglich begriffen haben. Unter 54a
diesen beiden Dreiecken nun läßt das gleichschenklige nur
Eine Art, das ungleichseitige aber deren unzählige zu. Von
diesen unzähligen müssen wir nun aber wieder die schönste
auslesen, wenn wir den richtigen Weg einschlagen wollen.
Weiß daher Jemand eine schönere auszuwählen und anzu-
geben, um sie zu der Zusammensetzung dieser Körper zu
verwenden, so trägt derselbe über uns nicht als Feind, son-
dern als Freund den Sieg davon; wir aber nehmen von diesen
vielen Dreiecken eins als das schönste an, mit Übergehung
der anderen, nämlich dasjenige, aus deren zwei ein gleichsei-
tiges Dreieck als drittes entsteht. Warum wir aber so urtei- b
len, das auseinanderzulegen würde uns zu weit führen, aber
wir setzen alle Gaben unserer Freundschaft zum Preise dar-
auf, wenn uns Jemand zu widerlegen und ausfindig zu ma-
chen im Stande ist, daß es sich nicht also verhalte. Zwei
Dreiecke also wollen wir auserlesen haben, aus denen die
Körper des Feuers und der (drei) andern (sogenannten Ele-
mente) gebildet sind, eins das gleichschenklige, und das an-
dere dasjenige in welchem das Quadrat der größeren Kathete
das Dreifache von dem der kleineren beträgt. Was aber vor-
her ungenau angegeben worden, ist jetzt näher zu beschrän-
ken. Alle jene vier Gattungen von Körpern nämlich, so
schien es uns vorhin, entständen aus einander und durch den
Übergang in einander, aber mit Unrecht. Denn es entstehen c
aus den beiden von uns ausgesonderten Dreiecken jene vier
Gattungen so, daß aus dem einen, nämlich dem ungleichsei-
tigen, deren drei hervorgehen, und dagegen die vierte Gat-

ἰσοσκελοῦς τριγώνου συναρμοσθέν. Οὔκουν δυνατὰ πάντα εἰς ἄλληλα διαλυόμενα ἐκ πολλῶν σμικρῶν ὀλίγα μεγάλα καὶ τοὐναντίον γίγνεσθαι, τὰ δὲ τρία οἷόν τε· ἐκ γὰρ ἑνὸς ἅπαντα πεφυκότα λυθέντων τε τῶν μειζόνων πολλὰ σμικρὰ ἐκ τῶν αὐτῶν συστήσεται, δεχόμενα τὰ προσήκοντα ἑαυτοῖς σχήματα, καὶ σμικρὰ ὅταν αὖ πολλὰ κατὰ τὰ d
τρίγωνα διασπαρῇ, γενόμενος εἷς ἀριθμὸς ἑνὸς ὄγκου μέγα ἀποτελέσειεν ἂν ἄλλο εἶδος ἕν. Ταῦτα μὲν οὖν λελέχθω περὶ τῆς εἰς ἄλληλα γενέσεως· οἷον δὲ ἕκαστον αὐτῶν γέγονεν εἶδος καὶ ἐξ ὅσων συμπεσόντων ἀριθμῶν, λέγειν ἂν ἑπόμενον εἴη. Ἄρξει δὴ τό τε πρῶτον εἶδος καὶ σμικρότατον συνιστάμενον, στοιχεῖον δ᾽ αὐτοῦ τὸ τὴν ὑποτείνουσαν τῆς ἐλάττονος πλευρᾶς διπλασίαν ἔχον μήκει· σύνδυο δὲ τοιούτων κατὰ διάμετρον συντιθεμένων καὶ τρὶς τούτου γενομένου, τὰς διαμέτρους καὶ τὰς e
βραχείας πλευρὰς εἰς ταὐτὸν ὡς κέντρον ἐρεισάντων, ἓν ἰσόπλευρον τρίγωνον ἐξ ἓξ τὸν ἀριθμὸν ὄντων γέγονεν. Τρίγωνα δὲ ἰσόπλευρα συνιστάμενα τέτταρα κατὰ σύντρεις ἐπιπέδους γωνίας μίαν στερεὰν γωνίαν ποιεῖ, τῆς ἀμβλυ- 55
τάτης τῶν ἐπιπέδων γωνιῶν ἐφεξῆς γεγονυῖαν· τοιούτων δὲ ἀποτελεσθεισῶν τεττάρων πρῶτον εἶδος στερεόν, ὅλου περιφεροῦς διανεμητικὸν εἰς ἴσα μέρη καὶ ὅμοια, συνίσταται. Δεύτερον δὲ ἐκ μὲν τῶν αὐτῶν τριγώνων, κατὰ δὲ ἰσόπλευρα τρίγωνα ὀκτὼ συστάντων, μίαν ἀπεργα-

tung die einzige ist, welche aus lauter gleichschenkligen Dreiecken zusammengesetzt ist, und daher können nicht alle vier in einander aufgelöst und durch die Vereinigung vieler kleiner Massen in wenige große oder auf dem umgekehrten Wege aus einander gebildet werden, sondern nur jene drei; denn da diese alle aus denselben Bestandteilen hervorgehen, so lassen sich nach Auflösung der größeren Massen viele kleinere aus eben deren Bestandteilen so zusammensetzen, daß sie eine andere von den Gestalten, deren sie fähig sind, annehmen; und eben so läßt sich, wenn viele kleine in d
Dreiecke zerlegt sind, durch die Wiedervereinigung von der Gesamtzahl der letzteren in eine einzige Masse ein einziger großer Körper von anderer Art erzeugen. So viel nun über ihr gegenseitiges Entstehen aus einander; die Beschaffenheit aber, welche jede Art vermöge ihrer Entstehungsweise an sich trägt, und die Zahlen, deren Zusammentreffen zu diesem Zwecke erforderlich war, dies anzugeben möchte unsere nächste Aufgabe sein. Und da machen wir denn den Anfang mit derjenigen Gattung, deren Zusammensetzung die einfachste und deren einzelne Körperchen daher auch die kleinsten sind. Grundbestandteil derselben ist (wie gesagt) das Dreieck, dessen Hypotenuse die doppelte Länge der kleineren Kathete hat. Wenn nun zwei solche Dreiecke zu einem Viereck zusammengesetzt werden, so daß ihre Hypotenuse zu dessen Diagonale wird, und sich dies noch zweimal dergestalt wiederholt, daß alle Diagonalen und kleineren Ka- e
theten in einen einzigen Punkt zusammenstoßen, so entsteht aus ihrer sechs solchen Dreiecken ein einziges gleichseitiges, dessen Mitte eben jener Punkt bildet. Werden aber vier gleichseitige Dreiecke nach je drei Flächenwinkeln verbunden, so bilden sie einen körperlichen Winkel, welcher (der 55a
aufsteigenden Größe nach) zunächst auf den stumpfsten der Flächenwinkel folgt, und sind deren vier zu Stande gebracht, so tritt damit die erste Gattung eines körperlichen Gefüges ins Leben, das da geeignet ist, ein kugelförmiges Ganzes in gleiche und ähnliche Teile zu zerlegen. Die zweite aber entsteht zwar aus denselben Dreiecken, aber so, daß sie in acht gleichseitige zusammengetreten sind und aus vier Flächen-

σαμένων στερεὰν γωνίαν ἐκ τεττάρων ἐπιπέδων· καὶ γενομένων ἓξ τοιούτων τὸ δεύτερον αὖ σῶμα οὕτως ἔσχεν τέλος. Τὸ δὲ τρίτον ἐκ δὶς ἑξήκοντα τῶν στοιχείων συμπαγέντων, στερεῶν δὲ γωνιῶν δώδεκα, ὑπὸ πέντε ἐπιπέδων b
τριγώνων ἰσοπλεύρων περιεχομένης ἑκάστης, εἴκοσι βάσεις ἔχον ἰσοπλεύρους τριγώνους γέγονεν. Καὶ τὸ μὲν ἕτερον ἀπήλλακτο τῶν στοιχείων ταῦτα γεννῆσαν, τὸ δὲ ἰσοσκελὲς τρίγωνον ἐγέννα τὴν τοῦ τετάρτου φύσιν, κατὰ τέτταρα συνιστάμενον, εἰς τὸ κέντρον τὰς ὀρθὰς γωνίας συνάγον, ἓν ἰσόπλευρον τετράγωνον ἀπεργασάμενον· ἓξ δὲ τοιαῦτα συμπαγέντα γωνίας ὀκτὼ στερεὰς ἀπετέλεσεν, c
κατὰ τρεῖς ἐπιπέδους ὀρθὰς συναρμοσθείσης ἑκάστης· τὸ δὲ σχῆμα τοῦ συστάντος σώματος γέγονεν κυβικόν, ἓξ ἐπιπέδους τετραγώνους ἰσοπλεύρους βάσεις ἔχον. Ἔτι δὲ οὔσης συστάσεως μιᾶς πέμπτης, ἐπὶ τὸ πᾶν ὁ θεὸς αὐτῇ κατεχρήσατο ἐκεῖνο διαζωγραφῶν.

Ἃ δή τις εἰ πάντα λογιζόμενος ἐμμελῶς ἀποροῖ πότερον ἀπείρους χρὴ κόσμους εἶναι λέγειν ἢ πέρας ἔχοντας, τὸ μὲν ἀπείρους ἡγήσαιτ᾽ ἂν ὄντως ἀπείρου τινὸς εἶναι d
δόγμα ὧν ἔμπειρον χρεὼν εἶναι, πότερον δὲ ἕνα ἢ πέντε αὐτοὺς ἀληθείᾳ πεφυκότας λέγειν ποτὲ προσήκει, μᾶλλον ἂν ταύτῃ στὰς εἰκότως διαπορήσαι. Τὸ μὲν οὖν δὴ παρ᾽ ἡμῶν ἕνα αὐτὸν κατὰ τὸν εἰκότα λόγον πεφυκότα μηνύει θεός, ἄλλος δὲ εἰς ἄλλα πῃ βλέψας ἕτερα δοξάσει. Καὶ τοῦτον

winkeln einen körperlichen bilden, und nachdem deren sechs zu Stande gekommen waren, hatte auch dieser zweite Körper in dieser Weise seine Vollendung erreicht. Der dritte aber ging aus der Zusammenfügung von zweimal sechzig solcher Elementardreiecke und zwölf körperlichen Winkeln b
hervor, deren jeder von fünf Flächenwinkeln der gleichseitigen Dreiecke eingeschlossen wird, so daß das Ganze zwanzig gleichseitige dreieckige Grundflächen enthält. Und der eine von den beiden Urbestandteilen hatte mit diesen aus ihm hervorgegangenen Bildungen seine Aufgabe erfüllt; das gleichschenklige Dreieck aber rief den vierten Körper ins Dasein, indem es zu vieren zusammentretend und die Spitzen der rechten Winkel dabei in einem Mittelpunkte vereinigend, zunächst ein gleichseitiges Viereck hervorbrachte; sechs solche aber, zusammengesetzt, erzeugten sodann acht körperliche c
Winkel, indem deren jeder aus drei rechtwinkligen Flächenwinkeln zusammengefügt ward. Die Gestalt dieses (ganzen, so) zusammengesetzten Körpers aber ward die des Kubus, und es enthält derselbe sechs viereckige gleichseitige Grundflächen. Da es aber noch eine fünfte Art der Zusammensetzung (von entsprechender Eigenschaft) gibt, so bediente sich Gott derselben (vielmehr) für das Weltganze, als er diesem seinen Bilderschmuck gab.

2.3.3.2. Es gibt nur eine Welt. Zuordnung der vier ersten Körper zu den vier Grundstoffen

Wenn man nun dies Alles sorgsam bei sich erwägt, um darnach die Frage zu entscheiden, ob man eine unbeschränkte oder eine beschränkte Zahl von Welten anzunehmen habe, so wird man zwar Denjenigen, welcher dieselbe für unbe- d
schränkt ansieht, für in Wahrheit beschränkt in solchen Dingen erklären, deren Kunde doch durchaus für den Menschen erforderlich ist; ob man aber wirklich ihrer nur Eine oder aber fünf als entstanden zu setzen habe, darüber dürfte man von diesem Standpunkte aus mit Fug und Recht eher im Zweifel sein. Unsere Auffassungsweise nun geht der Wahrscheinlichkeit gemäß dahin, daß ihrer nur Eine geworden sei, Andere aber mögen nach irgend welchen anderen Gesichts-

μὲν μεθετέον, τὰ δὲ γεγονότα νῦν τῷ λόγῳ γένη διανεί-
μωμεν εἰς πῦρ καὶ γῆν καὶ ὕδωρ καὶ ἀέρα. Γῇ μὲν δὴ τὸ
κυβικὸν εἶδος δῶμεν· ἀκινητοτάτη γὰρ τῶν τεττάρων γενῶν e
γῆ καὶ τῶν σωμάτων πλαστικωτάτη, μάλιστα δὲ ἀνάγκη
γεγονέναι τοιοῦτον τὸ τὰς βάσεις ἀσφαλεστάτας ἔχον·
βάσις δὲ ἥ τε τῶν κατ᾽ ἀρχὰς τριγώνων ὑποτεθέντων
ἀσφαλεστέρα κατὰ φύσιν ἡ τῶν ἴσων πλευρῶν τῆς τῶν
ἀνίσων, τό τε ἐξ ἑκατέρου συντεθὲν ἐπίπεδον ἰσόπλευρον
ἰσοπλεύρου τετράγωνον τριγώνου κατά τε μέρη καὶ καθ᾽
ὅλον στασιμωτέρως ἐξ ἀνάγκης βέβηκεν. Διὸ γῇ μὲν τοῦτο 56
ἀπονέμοντες τὸν εἰκότα λόγον διασῴζομεν, ὕδατι δ᾽ αὖ
τῶν λοιπῶν τὸ δυσκινητότατον εἶδος, τὸ δ᾽ εὐκινητότατον
πυρί, τὸ δὲ μέσον ἀέρι· καὶ τὸ μὲν σμικρότατον σῶμα πυρί,
τὸ δ᾽ αὖ μέγιστον ὕδατι, τὸ δὲ μέσον ἀέρι· καὶ τὸ μὲν
ὀξύτατον αὖ πυρί, τὸ δὲ δεύτερον ἀέρι, τὸ δὲ τρίτον ὕδατι.
Ταῦτ᾽ οὖν δὴ πάντα, τὸ μὲν ἔχον ὀλιγίστας βάσεις εὐκινη-
τότατον ἀνάγκη πεφυκέναι, τμητικώτατόν τε καὶ ὀξύτατον
ὂν πάντῃ πάντων, ἔτι τε ἐλαφρότατον, ἐξ ὀλιγίστων b
συνεστὸς τῶν αὐτῶν μερῶν· τὸ δὲ δεύτερον δευτέρως τὰ
αὐτὰ ταῦτ᾽ ἔχειν, τρίτως δὲ τὸ τρίτον. Ἔστω δὴ κατὰ τὸν
ὀρθὸν λόγον καὶ κατὰ τὸν εἰκότα τὸ μὲν τῆς πυραμίδος
στερεὸν γεγονὸς εἶδος πυρὸς στοιχεῖον καὶ σπέρμα· τὸ δὲ
δεύτερον κατὰ γένεσιν εἴπωμεν ἀέρος, τὸ δὲ τρίτον
ὕδατος. Πάντα οὖν δὴ ταῦτα δεῖ διανοεῖσθαι σμικρὰ
οὕτως, ὡς καθ᾽ ἓν ἕκαστον μὲν τοῦ γένους ἑκάστου διὰ c

punkten anders darüber urteilen. Lassen wir sie also und
verteilen vielmehr die (vier) Gestaltungen, deren Entstehung
unsere Darstellung beschrieben hat, unter (die vier so-
genannten Elemente) Feuer, Erde, Wasser und Luft. Der
Erde nun haben wir die Gestalt des Kubus zuzuteilen, denn e
unter allen vier ist sie am unbeweglichsten und der bildsam-
ste aller Körper; am meisten aber kommt eine solche Be-
schaffenheit notwendig Demjenigen zu, welches die festesten
und sichersten Grundlagen hat, und als Grundlage ist eben
so wohl von den beiden vorhin angenommenen Dreiecken
naturgemäß dasjenige, welches zwei gleiche Seiten hat, si-
cherer als das ganz ungleichseitige, als auch die aus jedem
von beiden zusammengesetzte gleichseitige viereckige Fläche
eben so den Teilen wie dem Ganzen nach notwendig fester
dasteht als die gleichseitige dreieckige. Indem wir daher diese 56a
Gestalt der Erde zuteilen, halten wir die Wahrscheinlichkeit
fest; dem Wasser ferner geben wir von den noch übrigen die
am schwersten, dem Feuer dagegen die am leichtesten be-
wegliche, und der Luft die mittlere, und den kleinsten jener
Elementarkörper dem Feuer, den größten hingegen dem
Wasser, und (wieder) den mittleren der Luft, und endlich
den spitzigsten dem Feuer, den, welcher in Bezug hierauf die
zweite Stelle einnimmt, der Luft und den, welcher die dritte,
dem Wasser. Von ihnen allen aber muß der, welcher die
wenigsten Grundflächen hat, auch der eindringlichste und
spitzigste in jedem Betracht und überdies, weil er aus den b
wenigsten Teilen derselben Art besteht, der leichteste und
aus beiden Gründen der beweglichste sein, der aber, welcher
ihm in der erstern Eigenschaft am nächsten steht, auch die
letztern in geringerem und der dritte in noch geringerem
Grade besitzen. Und so setzen wir denn aller Wahrschein-
lichkeit nach mit Recht unter den Körpern, die sich uns ge-
bildet haben, denjenigen, welcher die Gestalt der Pyramide
hat, als Urbestandteil und Samen des Feuers, und den, wel-
cher sich uns als der zweite ergab, haben wir als den der
Luft, und den dritten als den des Wassers anzusehen. Alle
diese Körper muß man sich aber in dieser ihrer Eigenschaft
so klein denken, daß jeder einzelne von jeder Gattung wegen c

σμικρότητα οὐδὲν δρώμενον ὑφ᾽ ἡμῶν, συναθροισθέντων δὲ πολλῶν τοὺς ὄγκους αὐτῶν δρᾶσθαι· καὶ δὴ καὶ τὸ τῶν ἀναλογιῶν περί τε τὰ πλήθη καὶ τὰς κινήσεις καὶ τὰς ἄλλας δυνάμεις πανταχῇ τὸν θεόν, ὅπῃπερ ἡ τῆς ἀνάγκης ἑκοῦσα πεισθεῖσά τε φύσις ὑπεῖκεν, ταύτῃ πάντῃ δι᾽ ἀκριβείας ἀποτελεσθεισῶν ὑπ᾽ αὐτοῦ συνηρμόσθαι ταῦτα ἀνὰ λόγον.

᾽Εκ δὴ πάντων, ὧνπερ τὰ γένη προειρήκαμεν ὧδ᾽ ἂν κατὰ τὸ εἰκὸς μάλιστ᾽ ἂν ἔχοι. Γῆ μὲν συντυγχάνουσα πυρὶ d
διαλυθεῖσά τε ὑπὸ τῆς ὀξύτητος αὐτοῦ φέροιτ᾽ ἄν, εἴτ᾽ ἐν αὐτῷ πυρὶ λυθεῖσα εἴτ᾽ ἐν ἀέρος εἴτ᾽ ἐν ὕδατος ὄγκῳ τύχοι, μέχριπερ ἂν αὐτῆς πῃ συντυχόντα τὰ μέρη, πάλιν συναρμοσθέντα αὐτὰ αὐτοῖς, γῆ γένοιτο — οὐ γὰρ εἰς ἄλλο γε εἶδος ἔλθοι ποτ᾽ ἄν — ὕδωρ δὲ ὑπὸ πυρὸς μερισθέν, εἴτε καὶ ὑπ᾽ ἀέρος, ἐγχωρεῖ γίγνεσθαι συστάντα ἓν μὲν πυρὸς σῶμα, δύο δὲ ἀέρος· τὰ δὲ ἀέρος τμήματα ἐξ e
ἑνὸς μέρους διαλυθέντος δύ᾽ ἂν γενοίσθην σώματα πυρός. Καὶ πάλιν, ὅταν ἀέρι πῦρ ὕδασίν τε ἤ τινι γῇ περιλαμβανόμενον ἐν πολλοῖς ὀλίγον, κινούμενον ἐν φερομένοις, μαχόμενον καὶ νικηθὲν καταθραυσθῇ, δύο πυρὸς σώματα εἰς ἓν συνίστασθον εἶδος ἀέρος· καὶ κρατηθέντος ἀέρος κερματισθέντος τε ἐκ δυοῖν ὅλοιν καὶ ἡμίσεος ὕδατος εἶδος ἓν ὅλον ἔσται συμπαγές. Ὧδε γὰρ δὴ λογισώμεθα αὐτὰ πάλιν, ὡς ὅταν ἐν πυρὶ λαμβανόμενον τῶν ἄλλων ὑπ᾽

seiner Kleinheit von uns nicht wahrgenommen werden kann und daß vielmehr, wenn viele von ihnen zusammengehäuft sind, (nur) die Massen derselben von uns erblickt werden; und ferner auch haben wir anzunehmen, was die Verhältnisse ihrer Mengen, Bewegungen und sonstigen Kraftäußerungen (zu einander) anlangt, daß Gott, indem die Notwendigkeit freiwillig und durch seine Überredung bewogen ihm darin nachgab, diese Körperchen in allen Stücken mit der größten Genauigkeit zu ihrer ganzen Vollständigkeit ausbildete und so diese ihre Verhältnisse ganz in Proportion mit einander setzte.

2.3.3.3. *Wie die vier Elemente sich auflösen und ineinander übergehen können*

Nach Allem nun, was wir vorher über diese Substanzen bemerkt haben, dürfte es sich der Wahrscheinlichkeit gemäß d damit ungefähr folgendermaßen verhalten. Erde, beim Zusammentreffen mit Feuer von der Spitzigkeit desselben aufgelöst, mag nun diese Auflösung im Feuer selbst oder in einer Luft- oder Wassermasse Statt gefunden haben, wird so lange (darin) umgetrieben, bis ihre Teile irgendwie wiederum zusammentreffen und sich mit einander verbinden und so wieder zu Erde werden, denn sie kann niemals in eine andere Gattung übergehen. Wasser aber, von Feuer oder auch von Luft zerteilt, gestattet, daß beim Wiederzusammentreffen der Teile Ein Körper von Feuer und zwei von Luft entstehen; e die Bruchteile endlich von einem aufgelösten Stück Luft können sich wieder zu zwei Körpern von Feuer zusammensetzen. Und umgekehrt, wenn Feuer von Luft und Wasser oder auch einem Stück Erde eingeschlossen ist, und zwar eine geringe Masse von einer großen und, von der Gewalt ihrer Bewegung fortgerissen, im Kampfe erliegt und zernichtet wird, dann treten zwei Feuerkörperchen in einen Luftkörper zusammen; und wenn die Luft erdrückt und in ihre Teile aufgelöst ist, dann wird sich aus zwei ganzen und einem halben (von ihnen) ein einziger ganzer Teil Wasser zusammenfügen. Wir haben dabei nämlich wieder dies in Betracht zu ziehen, daß, wenn irgend eine von den anderen

αὐτοῦ τι γένος τῇ τῶν γωνιῶν καὶ κατὰ τὰς πλευρὰς 57 ὀξύτητι τέμνηται, συστὰν μὲν εἰς τὴν ἐκείνου φύσιν πέπαυται τεμνόμενον — τὸ γὰρ ὅμοιον καὶ ταὐτὸν αὑτῷ γένος ἕκαστον οὔτε τινὰ μεταβολὴν ἐμποιῆσαι δυνατὸν οὔτε τι παθεῖν ὑπὸ τοῦ κατὰ ταὐτὰ ὁμοίως τε ἔχοντος — ἕως δ' ἂν εἴς ἄλλο τι γιγνόμενον ἧττον ὂν κρείττονι μάχηται, λυόμενον οὐ παύεται. Τά τε αὖ σμικρότερα ὅταν ἐν τοῖς μείζοσιν πολλοῖς περιλαμβανόμενα ὀλίγα διαθραυόμενα κατασβεννύηται, συνίστασθαι μὲν ἐθέλοντα b εἰς τὴν τοῦ κρατοῦντος ἰδέαν πέπαυται κατασβεννύμενα γίγνεταί τε ἐκ πυρὸς ἀήρ, ἐξ ἀέρος ὕδωρ· ἐὰν δ' εἰς ταὐτὰ ἴῃ καὶ τῶν ἄλλων τι συνιὸν γενῶν μάχηται, λυόμενα οὐ παύεται, πρὶν ἢ παντάπασιν ὠθούμενα καὶ διαλυθέντα ἐκφύγῃ πρὸς τὸ συγγενές, ἢ νικηθέντα, ἓν ἐκ πολλῶν ὅμοιον τῷ κρατήσαντι γενόμενον, αὐτοῦ σύνοικον μείνῃ. Καὶ δὴ καὶ κατὰ ταῦτα τὰ παθήματα διαμείβεται τὰς c χώρας ἅπαντα· διέστηκεν μὲν γὰρ τοῦ γένους ἑκάστου τὰ πλήθη κατὰ τόπον ἴδιον διὰ τὴν τῆς δεχομένης κίνησιν, τὰ δὲ ἀνομοιούμενα ἑκάστοτε ἑαυτοῖς, ἄλλοις δὲ ὁμοιούμενα, φέρεται διὰ τὸν σεισμὸν πρὸς τὸν ἐκείνων οἷς ἂν ὁμοιωθῇ τόπον.

Ὅσα μὲν οὖν ἄκρατα καὶ πρῶτα σώματα διὰ τοιούτων αἰτιῶν γέγονεν· τὸ δ' ἐν τοῖς εἴδεσιν αὐτῶν ἕτερα ἐμπεφυκέναι γένη τὴν ἑκατέρου τῶν στοιχείων αἰτιατέον σύστασιν, μὴ μόνον ἓν ἑκατέραν μέγεθος ἔχον τὸ τρίγωνον φυτεῦσαι d

Gattungen vom Feuer ergriffen und durch die Schärfe seiner 57a
Ecken und Kanten zerschnitten wird, diese Zerteilung aufhört, sobald die Urbestandteile so wieder zusammentreten, daß sie die Natur des Feuers annehmen; denn nichts Gleiches und Ähnliches kann eine Veränderung in dem Gleichen und Ähnlichen hervorbringen noch von ihm erleiden, so lange es aber an irgend ein Anderes gerät, und zwar so daß dieses das stärkere ist, und mit ihm in Kampf tritt, hört es nicht auf zersetzt zu werden. Wenn dagegen umgekehrt die kleineren (von jenen vier Elementarkörpern) von einer überwiegenden Masse der größeren eingeschlossen und in Folge dessen zer- b
setzt und zerstört werden, so nimmt dieser Vorgang damit sein Ende, daß sie (allmählich) dem nicht widerstreben können, in die Gestalt des siegenden Körpers wieder zusammenzutreten, und so wird aus Feuer Luft, aus Luft Wasser. Sind endlich beiderlei Körpermassen einander so ziemlich gewachsen und geraten so mit einander in Kampf, so findet der Auflösungsprozeß nicht eher sein Ziel als bis entweder die eine, von der anderen gänzlich ausgestoßen und in ihre einzelnen Körperchen zersetzt, zu der Gattung, welcher sie angehört, sich zurückflüchtet, oder aber doch endlich ganz überwältigt und in ihre letzten Grundbestandteile aufgelöst, aus denselben sich wieder zu einer einzigen gemeinsamen Masse mit ihrer Siegerin zusammensetzt und so mit ihr verbunden bleibt. Und in Folge dieser Vorgänge verändern c
denn auch alle diese Gattungen (stets) ihren Ort, denn die Massen einer jeden empfangen ihren eigenen Raum, gesondert von denen aller anderen, durch die Bewegung der Aufnehmerin, und so wird denn auch jedesmal die von ihnen, welche ihre eigene frühere Beschaffenheit aufgibt und die einer andern Gattung annimmt, durch die Erschütterung an den Ort dieser letzteren hingetrieben.

Solches sind denn die Ursprünge, aus denen die einfachsten Grundkörper hervorgegangen sind; daß sich aber in diesen (vier) Gattungen besondere Arten gebildet haben, davon hat man die Art der Zusammensetzung von beiderlei Urbestandteilen als Ursache anzusehen, indem nämlich aus d
derselben in beiden Fällen von vorne herein nicht bloß

κατ᾽ ἀρχάς, ἀλλ᾽ ἐλάττω τε καὶ μείζω, τὸν ἀριθμὸν δὲ ἔχοντα τοσοῦτον ὅσαπερ ἂν ᾖ τἀν τοῖς εἴδεσι γένη. Διὸ δὴ συμμειγνύμενα αὐτά τε πρὸς αὑτὰ καὶ πρὸς ἄλληλα τὴν ποικιλίαν ἐστὶν ἄπειρα· ἧς δὴ δεῖ θεωροὺς γίγνεσθαι τοὺς μέλλοντας περὶ φύσεως εἰκότι λόγῳ χρήσεσθαι.

Κινήσεως οὖν στάσεώς τε πέρι, τίνα τρόπον καὶ μεθ᾽ ὧντινων γίγνεσθον, εἰ μή τις διομολογήσεται, πόλλ᾽ ἂν εἴη ἐμποδὼν τῷ κατόπισθεν λογισμῷ. Τὰ μὲν οὖν ἤδη περὶ e
αὐτῶν εἴρηται, πρὸς δ᾽ ἐκείνοις ἔτι τάδε, ἐν μὲν ὁμαλότητι μηδέποτε ἐθέλειν κίνησιν ἐνεῖναι. Τὸ γὰρ κινησόμενον ἄνευ τοῦ κινήσοντος ἢ τὸ κινῆσον ἄνευ τοῦ κινησομένου χαλεπόν, μᾶλλον δὲ ἀδύνατον, εἶναι· κίνησις δὲ οὐκ ἔστιν τούτων ἀπόντων, ταῦτα δὲ ὁμαλὰ εἶναί ποτε ἀδύνατον. Οὕτω δὴ στάσιν μὲν ἐν ὁμαλότητι, κίνησιν δὲ εἰς ἀνωμαλότητα ἀεὶ τιθῶμεν· αἰτία δὲ ἀνισότης αὖ τῆς ἀνωμάλου 58
φύσεως. Ἀνισότητος δὲ γένεσιν μὲν διεληλύθαμεν· πῶς δέ ποτε οὐ κατὰ γένη διαχωρισθέντα ἕκαστα πέπαυται τῆς δι᾽ ἀλλήλων κινήσεως καὶ φορᾶς, οὐκ εἴπομεν. Ὧδε οὖν πάλιν ἐροῦμεν. Ἡ τοῦ παντὸς περίοδος, ἐπειδὴ συμπεριέλαβεν τὰ γένη, κυκλοτερὴς οὖσα καὶ πρὸς αὑτὴν πεφυκυῖα βούλεσθαι συνιέναι, σφίγγει πάντα καὶ κενὴν b
χώραν οὐδεμίαν ἐᾷ λείπεσθαι. Διὸ δὴ πῦρ μὲν εἰς ἅπαντα διελήλυθε μάλιστα, ἀὴρ δὲ δεύτερον, ὡς λεπτότητι δεύτερον ἔφυ, καὶ τἆλλα ταύτῃ· τὰ γὰρ ἐκ μεγίστων μερῶν γεγονότα

Dreiecke von derselben Größe, sondern teils kleinere und teils größere, und zwar von so viel verschiedenen Größen hervorgingen, als es in jeder Gattung Arten gibt. Und so haben denn auch diese letzteren noch ferner durch ihre (weitere) Mischung mit einander und mit denen der anderen Gattungen eine unzählige Mannigfaltigkeit (von Körpern) hervorgebracht, welche selbstverständlich von denen in Betracht gezogen werden muß, die von der Natur eine wahrscheinliche Darstellung geben wollen.

2.3.3.4. Warum die Körper in ständiger Bewegung sind

Zuvor jedoch müssen wir uns darüber verständigen, auf welche Weise und wodurch Bewegung und Ruhe erfolgen, wenn nicht unserer ferneren Betrachtung gar Vieles störend e
in den Weg treten soll. Einiges ist darüber freilich schon bemerkt worden, aber es bleibt noch hinzuzufügen, daß Einfachheit und Einerleiheit keine Bewegung zuläßt. Denn ein zu Bewegendes kann es schwerlich oder vielmehr unmöglich ohne ein zu bewegen Fähiges, und das Letztere nicht ohne das Erstere, und ohne beide wieder gar keine Bewegung geben, und daß diese beiden einander jemals gleich wären, ist undenkbar. Demgemäß führen wir denn stets Ruhe auf die Gleichförmigkeit, Bewegung aber auf die Mannigfaltigkeit zurück. Ursache der Mannigfaltigkeit ist aber die Ungleich- 58a
heit. Den Ursprung der Ungleichheit nun haben wir bereits durchgegangen, dagegen wie es geschieht, daß die einzelnen Körper trotz ihrer Sonderung je nach den (vier) Gattungen dennoch von der Bewegung und dem Hindurchdringen durch einander nicht ablassen, das haben wir noch nicht gesagt. Und so treffen wir nunmehr hierüber folgende Bestimmung. Da der Umlauf des Alls (alle) diese Gattungen (in ihrer Gesamtmasse) in sich faßt, so drängt er, eben weil er kreisförmig ist und seiner Natur nach mit sich selber zusammenzugehen strebt, sie alle dergestalt in sich zusammen, daß b
er keinen leeren Raum übrig läßt. Deshalb ist denn auch das Feuer am meisten in Alles hineingedrungen, zum Zweiten aber die Luft, weil sie an Dünnheit den zweiten Rang einnimmt, und so folgen die beiden übrigen nach demselben

μεγίστην κενότητα ἐν τῇ συστάσει παραλέλοιπεν, τὰ δὲ σμικρότατα ἐλαχίστην. Ἡ δὴ τῆς πιλήσεως σύνοδος τὰ σμικρὰ εἰς τὰ τῶν μεγάλων διάκενα συνωθεῖ. Σμικρῶν οὖν παρὰ μεγάλα τιθεμένων καὶ τῶν ἐλαττόνων τὰ μείζονα διακρινόντων, τῶν δὲ μειζόνων ἐκεῖνα συγκρινόντων, πάντ᾽ ἄνω κάτω μεταφέρεται πρὸς τοὺς ἑαυτῶν τόπους· μεταβάλλον γὰρ τὸ μέγεθος ἕκαστον καὶ τὴν τόπων μεταβάλλει c στάσιν. Οὕτω δὴ διὰ ταῦτά τε ἡ τῆς ἀνωμαλότητος διασῳζομένη γένεσις ἀεὶ τὴν ἀεὶ κίνησιν τούτων οὖσαν ἐσομένην τε ἐνδελεχῶς παρέχεται.

Μετὰ δὴ ταῦτα δεῖ νοεῖν ὅτι πυρός τε γένη πολλὰ γέγονεν οἷον φλὸξ τό τε ἀπὸ τῆς φλογὸς ἀπιόν, ὃ κάει μὲν οὔ, φῶς δὲ τοῖς ὄμμασιν παρέχει, τό τε φλογὸς ἀποσβεσθείσης ἐν τοῖς διαπύροις καταλειπόμενον αὐτοῦ· κατὰ ταὐτὰ δὲ ἀέρος, τὸ μὲν εὐαγέστατον ἐπίκλην αἰθὴρ d καλούμενος, ὁ δὲ θολερώτατος ὁμίχλη τε καὶ σκότος, ἕτερά τε ἀνώνυμα εἴδη, γεγονότα διὰ τὴν τῶν τριγώνων ἀνισότητα. Τὰ δὲ ὕδατος διχῇ μὲν πρῶτον, τὸ μὲν ὑγρόν, τὸ δὲ χυτὸν γένος αὐτοῦ. Τὸ μὲν οὖν ὑγρὸν διὰ τὸ μετέχον εἶναι τῶν γενῶν τῶν ὕδατος ὅσα σμικρά, ἀνίσων ὄντων, κινητικὸν αὐτό τε καθ᾽ αὑτὸ καὶ ὑπ᾽ ἄλλου διὰ

Verhältnis. Denn die aus den größten Teilen entstandenen Gattungen haben auch die größte Leere bei dem Zusammentreten derselben übrig gelassen, die kleinsten dagegen die geringste, und in Folge jenes Zusammendrängens werden nun die kleineren Körper in diese leeren Zwischenräume zwischen den größeren hineingetrieben. Indem aber so beide neben einander treten, so daß die kleineren die größeren auseinander- und die größeren dagegen die kleineren zusammenhalten, werden alle auf und ab getrieben an die ihnen zukommenden Orte; denn mit Veränderung der Größe c
wechselt ein jedes auch seine örtliche Lage. So demnach und aus diesen Gründen bewirkt die stets fortdauernde Erzeugung der Ungleichheit unaufhörlich die immerwährende Bewegung, in welcher sich diese (Körper) befinden und stets befinden werden.

2.3.4. Die unterschiedlichen Arten der Grundstoffe, bedingt durch unterschiedliche Dreiecksformen

Nunmehr aber muß gesagt werden, daß (zunächst) vom Feuer mancherlei Arten sich gebildet haben, so die Flamme und das von ihr Ausgehende, was nicht brennt, wohl aber Licht den Augen darbietet, und das, was nach dem Erlöschen der Flamme in den durchglühten Körpern an Feuerstoff (als Wärme) zurückbleibt. Eben so gibt es viele Arten d
der Luft, die reinste, welche mit dem Namen Äther, und die trübste, welche Nebel und Gewölk benannt wird, und noch andere, welche keinen besonderen Namen führen, alle entstanden durch die ungleiche Größe der Dreiecke.

2.3.4.1. Verschiedene Arten des Wassers: flüssiges und schmelzbares Wasser. Über den Wechsel der Aggregatzustände. Schmelzbare und erstarrte Wassersorten; die Säfte

Von Wasser (und Feuchtigkeiten) aber gibt es zunächst eine zwiefache Art, die leichtflüssige und die schwerflüssige. Die erstere nun ist, weil sie alle diejenigen Arten von Feuchtigkeit unter sich faßt, deren Teile von geringerer und dabei ungleicher Größe sind, leicht beweglich, sowohl an und für sich selbst als auch durch andere Körper, eben wegen dieser

τὴν ἀνωμαλότητα καὶ τὴν σχήματος ἰδέαν γέγονεν· τὸ
δὲ ἐκ μεγάλων καὶ ὁμαλῶν στασιμώτερον μὲν ἐκείνου καὶ e
βαρὺ πεπηγὸς ὑπὸ ὁμαλότητός ἐστιν, ὑπὸ δὲ πυρὸς
εἰσιόντος καὶ διαλύοντος αὐτὸ τὴν ὁμαλότητα ἀποβάλλει,
ταύτην δὲ ἀπολέσαν μετίσχει μᾶλλον κινήσεως, γενόμενον
δὲ εὐκίνητον, ὑπὸ τοῦ πλησίον ἀέρος ὠθούμενον καὶ
κατατεινόμενον ἐπὶ γῆν, τήκεσθαι μὲν τὴν τῶν ὄγκων
καθαίρεσιν, ῥοὴν δὲ τὴν κατάτασιν ἐπὶ γῆν ἐπωνυμίαν
ἑκατέρου τοῦ πάθους ἔλαβεν. Πάλιν δ᾽ ἐκπίπτοντος 59
αὐτόθεν τοῦ πυρός, ἅτε οὐκ εἰς κενὸν ἐξιόντος, ὠθού-
μενος ὁ πλησίον ἀὴρ εὐκίνητον ὄντα ἔτι τὸν ὑγρὸν ὄγκον
εἰς τὰς τοῦ πυρὸς ἕδρας συνωθῶν αὐτὸν αὑτῷ συμμείγνυσιν·
ὁ δὲ συνωθούμενος ἀπολαμβάνων τε τὴν ὁμαλότητα πάλιν,
ἅτε τοῦ τῆς ἀνωμαλότητος δημιουργοῦ πυρὸς ἀπιόντος, εἰς
ταὐτὸν αὑτῷ καθίσταται. Καὶ τὴν μὲν τοῦ πυρὸς ἀπαλλαγὴν
ψῦξιν, τὴν δὲ σύνοδον ἀπελθόντος ἐκείνου πεπηγὸς εἶναι
γένος προσερρήθη. Τούτων δὴ πάντων ὅσα χυτὰ προσείπομεν
ὕδατα, τὸ μὲν ἐκ λεπτοτάτων καὶ ὁμαλωτάτων πυκνότατον b
γιγνόμενον, μονοειδὲς γένος, στίλβοντι καὶ ξανθῷ χρώματι
κοινωθέν, τιμαλφέστατον κτῆμα χρυσὸς ἠθημένος διὰ πέ-
τρας ἐπάγη· χρυσοῦ δὲ ὄζος, διὰ πυκνότητα σκληρότατον
ὂν καὶ μελανθέν, ἀδάμας ἐκλήθη. Τὸ δ᾽ ἐγγὺς μὲν χρυσοῦ
τῶν μερῶν, εἴδη δὲ πλείονα ἑνὸς ἔχον, πυκνότητι δέ, τῇ
μὲν χρυσοῦ πυκνότερον ὄν, καὶ γῆς μόριον ὀλίγον καὶ λεπ-
τὸν μετασχόν, ὥστε σκληρότερον εἶναι, τῷ δὲ μεγάλα ἐντὸς c

Mannigfaltigkeit (der Zusammensetzung) und der (daraus
hervorgehenden) Eigentümlichkeit der Gestalt. Die letzere
dagegen, aus großen und gleichen Teilen bestehend, ist un- e
beweglicher als jene, schwer und starr in Folge dieser Gleich-
förmigkeit, wird aber, wenn sie durch eindringendes Feuer
aufgelöst und in Folge dessen derselben beraubt wird, mehr
der Bewegung fähig, und wenn dies in hohem Grade der Fall
geworden ist, so läßt sie sich von der umgebenden Luft fort-
treiben und breitet sich so über die Erde aus, und man sagt
dann: sie schmilzt oder wird geschmolzen, um dadurch die
Auflösung ihrer Massen, und: sie ist flüssig, um dadurch ihre
Ausbreitung über die Erde zu bezeichnen und so durch diese
beiden Ausdrücke die doppelte mit ihr vorgegangene Verän-
derung kund zu geben. Verläßt das Feuer aber einen solchen 59a
Körper wieder, so drückt es, weil es eben nicht in einen
leeren Raum fortgeht, auf die umgebende Luft, so daß diese
in Folge dessen wieder auf die noch sehr bewegliche feuchte
Masse drückt und so dieselbe in sich selber zusammendrängt,
so daß (nunmehr) von ihr selbst die Zwischenräume ausge-
füllt werden, in denen (zuvor) das Feuer seinen Sitz hatte,
und die (so) zusammengedrängte Masse erlangt dadurch ihre
Gleichmäßigkeit wieder, da der Urheber der Ungleichmäßig-
keit, das Feuer, sich entfernt hat, und kehrt so ganz in seinen
früheren Zustand zurück. Und diese Entfernung des Feuers
nennt man Abkühlung, die Verdichtung aber, welche ihre
Folge ist, ein Starrwerden der Masse. Von allen diesen Kör-
pern nun, welche wir schwerflüssig genannt haben, ist der b
aus den feinsten und gleichmäßigsten Teilen entstehende,
dichteste, in seiner Art einzige, von glänzend gelber Farbe,
das köstlichste Besitztum, das Gold, erstarrt, indem es sich
durch Stein hindurchseihete. Ein Sprößling des Goldes aber,
wegen seiner Dichtigkeit sehr hart und geschwärzt, wurde
Adamas genannt. Als eine zweite Art glänzender starr ge-
wordener Flüssigkeit, welche aus beinahe eben so kleinen
Teilen besteht, aber deren mehr als eine Art enthält, an Dich-
tigkeit selbst noch das Gold übertrifft und einen Beisatz von
einem geringen Teilchen Erde hat, so daß es demzufolge
härter, aber wegen der großen Zwischenräume, die es in sich c

αὐτοῦ διαλείμματα ἔχειν κουφότερον, τῶν λαμπρῶν πηκτῶν
τε ἓν γένος ὑδάτων χαλκὸς συσταθεὶς γέγονεν· τὸ δ᾽ ἐκ γῆς
αὐτῷ μειχθέν, ὅταν παλαιουμένω διαχωρίζησθον πάλιν ἀπ᾽
ἀλλήλων, ἐκφανὲς καθ᾽ αὑτὸ γιγνόμενον ἰὸς λέγεται.
Τἆλλα δὲ τῶν τοιούτων οὐδὲν ποικίλον ἔτι διαλογίσασθαι
τὴν τῶν εἰκότων μύθων μεταδιώκοντα ἰδέαν· ἣν ὅταν τις
ἀναπαύσεως ἕνεκα τοὺς περὶ τῶν ὄντων ἀεὶ καταθέμενος
λόγους, τοὺς γενέσεως πέρι διαθεώμενος εἰκότας ἀμετα- d
μέλητον ἡδονὴν κτᾶται, μέτριον ἂν ἐν τῷ βίῳ παιδιὰν
καὶ φρόνιμον ποιοῖτο. Ταύτῃ δὴ καὶ τὰ νῦν ἐφέντες τὸ
μετὰ τοῦτο τῶν αὐτῶν πέρι τὰ ἑξῆς εἰκότα δίιμεν τῇδε.
Τὸ πυρὶ μεμειγμένον ὕδωρ, ὅσον λεπτὸν ὑγρόν τε διὰ τὴν
κίνησιν καὶ τὴν ὁδὸν ἣν κυλινδούμενον ἐπὶ γῆς ὑγρὸν
λέγεται, μαλακόν τε αὖ τῷ τὰς βάσεις ἧττον ἑδραίους
οὔσας ἢ τὰς γῆς ὑπείκειν, τοῦτο ὅταν πυρὸς ἀποχωρισθὲν
ἀέρος τε μονωθῇ, γέγονεν μὲν ὁμαλώτερον, συνέωσται δὲ e
ὑπὸ τῶν ἐξιόντων εἰς αὐτό, παγέν τε οὕτως τὸ μὲν ὑπὲρ
γῆς μάλιστα παθὸν ταῦτα χάλαζα, τὸ δ᾽ ἐπὶ γῆς
κρύσταλλος, τὸ δὲ ἧττον, ἡμιπαγές τε ὂν ἔτι, τὸ μὲν
ὑπὲρ γῆς αὖ χιών, τὸ δ᾽ ἐπὶ γῆς συμπαγὲν ἐκ δρόσου
γενόμενον πάχνη λέγεται. Τὰ δὲ δὴ πλεῖστα ὑδάτων εἴδη
μεμειγμένα ἀλλήλοις — σύμπαν μὲν τὸ γένος, διὰ τῶν ἐκ
γῆς φυτῶν ἠθημένα, χυμοὶ λεγόμενοι — διὰ δὲ τὰς μείξεις 60
ἀνομοιότητα ἕκαστοι σχόντες τὰ μὲν ἄλλα πολλὰ ἀνώνυμα
γένη παρέσχοντο, τέτταρα δὲ ὅσα ἔμπυρα εἴδη, διαφανῆ
μάλιστα γενόμενα, εἴληφεν ὀνόματα αὐτῶν, τὸ μὲν τῆς

hat, leichter ist, bildete sich ferner das Erz. Was ihm aber von Erde beigemischt ist, daß scheidet sich von ihm, wenn beide alt geworden sind, und tritt für sich heraus und heißt dann Rost. Was sonst noch zu dieser Art gehört, das, der wahrscheinlichen Darstellung folgend, aufzuzählen, ist weiter keine Kunst, und wenn man einmal zum Zwecke der Erholung die Untersuchungen über das ewig Seiende zur Seite legt und auf die über das Werden, welche nur Wahr- d
scheinlichkeit gewähren, sein Augenmerk richtet und sich so einen Genuß, dem keine Reue folgt, bereitet, so hat man damit für sein Leben eine unterhaltende Beschäftigung gewonnen, wie sie angemessen und verständig ist. Ihr wollen wir daher auch jetzt uns hingeben und über den vorliegenden Gegenstand auch noch das Fernere der Reihe nach nach Maßgabe der Wahrscheinlichkeit in folgender Weise durchgehen. Alles mit Feuer vermischte Wasser, welches dünn und leichtflüssig ist, wird wegen dieser seiner Bewegung und seines Laufes, in welchem es über die Erde dahinrollt, (eben mit diesem letzteren Namen) als leichtflüssig bezeichnet, ferner ist es auch weich, weil seine Grundflächen minder fest als die der Erde und daher nachgiebig sind. Sobald nun dies, von Feuer und Luft geschieden, für sich allein besteht, dann wird e
es gleichmäßiger und wird von jenen (beiden) von ihm ausgeschiedenen Substanzen in sich selber zusammengedrängt; und so erstarrt, wird das, was über der Erde am meisten diese Veränderung erleidet, Hagel, das auf ihr aber Eis, von dem weniger und erst halb Erstarrten dagegen das über der Erde Schnee, das auf ihr starr Gewordene, aus Tau Entstandene aber Reif genannt. Die meisten Arten von Feuchtigkeit aber unter einander gemischt und so zu einer Gesamtart verbunden, sind die durch die aus der Erde her- 60a
vorwachsenden Pflanzen hindurchgeseiheten Säfte, und da ein jeder derselben durch die (Mannigfaltigkeit dieser) Mischungen eine andere Beschaffenheit erhielt, so bildeten sie eine große Zahl von besonderen Arten, größtenteils ohne besondere Namen, diejenigen vier derselben aber, welche Feuer enthalten und daher ganz besonders glänzend sind haben deren folgende erhalten. Die eine, welche die Seele zu-

ψυχῆς μετὰ τοῦ σώματος θερμαντικόν, οἶνος, τὸ δὲ λεῖον καὶ διακριτικὸν ὄψεως διὰ ταῦτά τε ἰδεῖν λαμπρὸν καὶ στίλβον λιπαρόν τε φανταζόμενον ἐλαιηρὸν εἶδος, πίττα καὶ κίκι καὶ ἔλαιον αὐτὸ ὅσα τ' ἄλλα τῆς αὐτῆς δυνάμεως· ὅσον δὲ διαχυτικὸν μέχρι φύσεως τῶν περὶ τὸ στόμα b
συνόδων, ταύτῃ τῇ δυνάμει γλυκύτητα παρεχόμενον, μέλι τὸ κατὰ πάντων μάλιστα πρόσρημα ἔσχεν, τὸ δὲ τῆς σαρκὸς διαλυτικὸν τῷ κάειν, ἀφρῶδες γένος, ἐκ πάντων ἀφορισθὲν τῶν χυμῶν, ὀπὸς ἐπωνομάσθη.

Γῆς δὲ εἴδη, τὸ μὲν ἠθημένον διὰ ὕδατος τοιῷδε τρόπῳ γίγνεται σῶμα λίθινον. Τὸ συμμιγὲς ὕδωρ ὅταν ἐν τῇ συμμείξει κοπῇ, μετέβαλεν εἰς ἀέρος ἰδέαν· γενόμενος δὲ ἀὴρ εἰς τὸν ἑαυτοῦ τόπον ἀναθεῖ. Κενὸν δ' ὑπερεῖχεν c
αὐτῶν οὐδέν· τὸν οὖν πλησίον ἔωσεν ἀέρα. Ὁ δὲ ἅτε ὢν βαρύς, ὠσθεὶς καὶ περιχυθεὶς τῷ τῆς γῆς ὄγκῳ, σφόδρα ἔθλιψεν συνέωσέν τε αὐτὸν εἰς τὰς ἕδρας ὅθεν ἀνῄει ὁ νέος ἀήρ· συνωσθεῖσα δὲ ὑπὸ ἀέρος ἀλύτως ὕδατι γῆ συνίσταται πέτρα, καλλίων μὲν ἡ τῶν ἴσων καὶ ὁμαλῶν διαφανὴς μερῶν, αἰσχίων δὲ ἡ ἐναντία. Τὸ δὲ ὑπὸ πυρὸς τάχους τὸ νοτερὸν πᾶν ἐξαρπασθὲν καὶ κραυρότερον d
ἐκείνου συστάν, ᾧ γένει κέραμον ἐπωνομάκαμεν, τοῦτο γέγονεν· ἔστιν δὲ ὅτε νοτίδος ὑπολειφθείσης χυτὴ γῆ γενομένη διὰ πυρὸς ὅταν ψυχθῇ, γίγνεται τὸ μέλαν

gleich mit dem Körper durchwärmt, ist der Wein, die an-
dere, welche glatt ist und den Sehstrahl ausdehnt, und dem-
gemäß auch glänzend, blank und schimmernd anzuschauen
ist, die ölige Art, Harz, Rizinus- und das Olivenöl selber und
was sonst noch die gleiche Beschaffenheit hat. Von derjeni-
gen sodann, welche ihre auslösende Kraft auf die für den b
Gaumen zubereiteten Mischungen erstreckt, und dadurch
demselben einen süßen und angenehmen Geschmack berei-
tet, empfing die Hauptart den Namen Honig. Endlich die-
jenige Art, welche (dagegen) das Fleisch (selber) auflöst und,
wenn es in Brand gerät, schaumartig ist, ward zum Unter-
schiede von allen anderen Säften Opium (?) genannt.

2.3.4.2. Verschiedene Arten von Erde. Aus Erde und Wasser gemischte Körper

Was aber die Arten der Erde anlangt, so bildet der eine
Teil derselben, nämlich der, welcher durch Wasser hindurch-
geseihet wird, sich auf folgende Weise zu einem steinernen
Körper. Das beigemischte Wasser geht, wenn es innerhalb
dieser Mischung zersetzt wird, in die Gestalt der Luft über,
und die so entstandene Luft steigt auf zu der ihr angehörigen c
Region. Es umgibt sie aber nichts Leeres, und sie drückt
daher auf die benachbarte Luft. Diese nun, wegen ihrer
Schwere, wird dadurch auf die Erdmasse getrieben und um
sie herum gegossen, drückt mithin dieselbe in hohem Grade
und drängt sie die leeren Räume wieder auszufüllen, welche
dadurch entstanden sind, daß die neugebildete Luft sie ver-
lassen hat. Erde aber, von Luft so zusammengedrängt, daß
sie durch Wasser nicht auflösbar ist, wird dadurch zur Stein-
masse, und zwar ist die schönere die durchsichtige, welche
aus gleichen und ähnlichen Teilen besteht, die häßlichere
aber die von entgegengesetzter Beschaffenheit. Aus dem an-
deren Teile aber, welcher durch die Gewalt des Feuers seiner
feuchten Bestandteile beraubt wird, entsteht, wenn dies voll- d
ständig geschieht und er so noch trockener in seiner Zusam-
mensetzung wird als der Stein, die Gattung, welche wir mit
dem Namen Ton belegt haben; doch kommt es auch vor,
daß die Erde, ohne alle ihre Feuchtigkeit zu verlieren, von

χρῶμα ἔχον λίθος. Τὼ δ' αὖ κατὰ ταὐτὰ μὲν ταῦτα ἐκ συμμείξεως ὕδατος ἀπομονουμένω πολλοῦ, λεπτοτέρων δὲ ἐκ γῆς μερῶν ἁλμυρώ τε ὄντε, ἡμιπαγῆ γενομένω καὶ λυτὼ πάλιν ὑφ' ὕδατος, τὸ μὲν ἐλαίου καὶ γῆς καθαρτικὸν γένος λίτρον, τὸ δ' εὐάρμοστον ἐν ταῖς κοινωνίαις ταῖς περὶ τὴν τοῦ στόματος αἴσθησιν ἁλῶν κατὰ νόμου θεοφιλὲς e
σῶμα ἐγένετο. Τὰ δὲ κοινὰ ἐξ ἀμφοῖν ὕδατι μὲν οὐ λυτά, πυρὶ δέ, διὰ τὸ τοιόνδε οὕτω συμπήγνυται. Γῆς ὄγκους πῦρ μὲν ἀήρ τε οὐ τήκει· τῆς γὰρ συστάσεως τῶν διακένων αὐτῆς σμικρομερέστερα πεφυκότα, διὰ πολλῆς εὐρυχωρίας ἰόντα, οὐ βιαζόμενα, ἄλυτον αὐτὴν ἐάσαντα ἄτηκτον παρέσχεν· τὰ δὲ ὕδατος ἐπειδὴ μείζω πέφυκεν μέρη, βίαιον ποιούμενα τὴν διέξοδον, λύοντα αὐτὴν τήκει. Γῆν μὲν γὰρ ἀσύστατον ὑπὸ βίας οὕτως ὕδωρ μόνον λύει, συνεστηκυῖαν δὲ πλὴν πυρὸς οὐδέν· 61
εἴσοδος γὰρ οὐδενὶ πλὴν πυρὶ λέλειπται. Τὴν δὲ ὕδατος αὖ σύνοδον τὴν μὲν βιαιοτάτην πῦρ μόνον, τὴν δὲ ἀσθενεστέραν ἀμφότερα, πῦρ τε καὶ ἀήρ, διαχεῖτον, ὁ μὲν κατὰ τὰ διάκενα, τὸ δὲ καὶ κατὰ τὰ τρίγωνα· βίᾳ δὲ ἀέρα συστάντα οὐδὲν λύει πλὴν κατὰ τὸ στοιχεῖον, ἀβίαστον δὲ κατατήκει μόνον πῦρ. Τὰ δὴ τῶν συμμείκτων ἐκ γῆς τε καὶ ὕδατος σωμάτων, μέχριπερ ἂν ὕδωρ αὐτοῦ τὰ τῆς γῆς διάκενα καὶ βίᾳ συμπεπιλημένα κατέχῃ τὰ μὲν ὕδατος b
ἐπιόντα ἔξωθεν εἴσοδον οὐκ ἔχοντα μέρη περιρρέοντα

Feuer zerschmolzen wird, und dann bildet sich, so bald sie sich wieder abgekühlt hat, eine steinartige Masse von schwarzer Farbe, und wenn sie auf dieselbe Weise eines großen Teiles von dem ihr beigemischten Wasser entledigt wird, aber die Erdteile feiner und von salzig bitterem Geschmacke sind, so entsteht aus ihr, so bald sie halb starr und von neuem durch Wasser auflösbar geworden ist, einmal das Natron, wohlgeeignet zur Reinigung von Öl- und Staubflecken, und sodann das Salz, fast allen Verbindungen unentbehrlich, welche erfunden sind, um dem Geschackssinne zu e
schmeicheln, und nach dem Ausspruche des Gesetzes ein von der Gottheit geliebter Körper. Was dagegen die aus Erde und Wasser gebildeten Körper anbetrifft, welche nicht durch Wasser, sondern nur durch Feuer ausgelöst werden können, so erhalten sie diese ihre Festigkeit auf folgende Weise. Feuer und Luft bringen die Massen der Erde nicht zum Schmelzen, denn da ihre Teile kleiner sind als die leeren Zwischenräume in der Zusammensetzung der Erde, so gelangen sie durch diese vielen und weiten Gänge ohne allen Kampf hindurch, und so lassen sie die Erde unaufgelöst und ungeschmolzen, die Teile des Wassers dagegen bahnen sich, weil sie größer sind, mit Gewalt einen Durchgang und bringen sie durch Auflösung zum Schmelzen. Wenn also die Erde nicht gewaltsam zusammengedrängt ist, so löst auf diese Weise nur 61a
das Wasser, ist sie es aber, so Nichts als das Feuer sie auf, denn so bleibt einzig dem letzteren der Zugang übrig. Aber auch von den Verbindungen des Wassers ist die gewaltsam verdichtete allein durch Feuer, die minder dichte aber durch Beides, Feuer und Luft, zersetzbar, durch diese in den leeren Zwischenräumen, durch jenes aber auch in den Dreiecken. Gewaltsam zusammengdrängte Luft aber kann gar nicht mehr anders als in ihre Urbestandteile aufgelöst, nicht zusammengedrängte allein durch Feuer geschmolzen werden. Demgemäß finden denn bei den aus Erde und Wasser gemischten Körpern, so lange das Wasser in ihnen nach jener gewaltsamen Zusammenpressung die leeren Zwischenräume b
der Erde inne hat, die von außen andringenden Wasserteile keinen Eingang und fließen daher vielmehr um die ganze

τὸν ὅλον ὄγκον ἄτηκτον εἴασεν, τὰ δὲ πυρὸς εἰς τὰ τῶν ὑδάτων διάκενα εἰσιόντα, ὅπερ ὕδωρ γῆν, τοῦτο πῦρ ἀέρα ἀπεργαζόμενα, τηχθέντι τῷ κοινῷ σώματι ῥεῖν μόνα αἴτια συμβέβηκεν· τυγχάνει δὲ ταῦτα ὄντα, τὰ μὲν ἔλαττον ἔχοντα ὕδατος ἢ γῆς, τό τε περὶ τὴν ὕαλον γένος ἅπαν ὅσα τε λίθων χυτὰ εἴδη καλεῖται, τὰ δὲ πλέον ὕδατος c
αὖ, πάντα ὅσα κηροειδῆ καὶ θυμιατικὰ σώματα συμπήγνυται.

Καὶ τὰ μὲν δὴ σχήμασι κοινωνίαις τε καὶ μεταλλαγαῖς εἰς ἄλληλα πεποικιλμένα εἴδη σχεδὸν ἐπιδέδεικται· τὰ δὲ παθήματα αὐτῶν δι᾽ ἃς αἰτίας γέγονεν πειρατέον ἐμφανίζειν. Πρῶτον μὲν οὖν ὑπάρχειν αἴσθησιν δεῖ τοῖς λεγομένοις ἀεί, σαρκὸς δὲ καὶ τῶν περὶ σάρκα γένεσιν, ψυχῆς τε ὅσον θνητόν, οὔπω διεληλύθαμεν· τυγχάνει δὲ οὔτε ταῦτα χωρὶς τῶν περὶ τὰ παθήματα ὅσα αἰσθητικὰ d
οὔτ᾽ ἐκεῖνα ἄνευ τούτων δυνατὰ ἱκανῶς λεχθῆναι, τὸ δὲ ἅμα σχεδὸν οὐ δυνατόν. Ὑποθετέον δὴ πρότερον θάτερα, τὰ δ᾽ ὑποτεθέντα ἐπάνιμεν αὖθις. Ἵνα οὖν ἑξῆς τὰ παθήματα λέγηται τοῖς γένεσιν, ἔστω πρότερα ἡμῖν τὰ περὶ σῶμα καὶ ψυχὴν ὄντα. Πρῶτον μὲν οὖν ᾗ πῦρ

Masse herum und lassen sie ungeschmolzen; die Feuerteile hingegen dringen in die leeren Zwischenräume des Wassers ein und haben so, weil das Feuer auf die Luft eben dieselbe Einwirkung ausübt wie das Wasser auf die Erde, allein die Fähigkeit, einen solchen gemischten Körper zu schmelzen und in einen flüssigen Zustand zu vesetzen. Es sind das aber teils solche, die weniger Wasser als Erde enthalten, so die ganze zum Glase gehörige Gattung und die sogenannten c
brennbaren Steinarten, teils solche, die mehr Wasser enthalten, nämlich alle wachsartigen und Wohlgerüche verbreitenden Körper.

2.3.5. *Die Sinneseindrücke*

Und damit dürften denn die Gestaltungen, Verbindungen und Umwandlungen in einander, in welche die (vier) Gattungen eingehen, und die Mannigfaltigkeit ihrer daraus entspringenden Arten so ziemlich dargelegt sein, und wir müssen nunmehr zu entwickeln versuchen, aus welchen Ursachen die Eindrücke, welche sie auf uns ausüben, hervorgehen. Vor allen Dingen nun steht fest, daß alle in Rede stehenden Körper die Fähigkeit haben wahrgenommen und empfunden zu werden; sodann aber haben wir noch nicht dargelegt, wie das Fleisch und Alles, was zum Fleische gehört, und wie der sterbliche Teil der Seele entstanden ist; denn es kann dies weder gesondert von den Sinnesein- d
drücken, soweit sie wirklich empfunden werden, noch diese ohne jenes befriedigend behandelt werden, und doch ist Beides zugleich zu behandeln (auch) beinahe unmöglich. Wir müssen daher zunächst das Eine von Beiden (als wäre es schon abgetan) voraussetzen, und nachher auf dies Vorausgesetzte wieder zurückkommen; und damit nun die Darstellung der Eindrücke sich unmittelbar an die der (vier) Gattungen anschließe (von denen sie ausgehen), so wählen wir hierzu das Körper und Seele Anlangende.

θερμὸν λέγομεν ἴδωμεν ὧδε σκοποῦντες, τὴν διάκρισιν
καὶ τομὴν αὐτοῦ περὶ τὸ σῶμα ἡμῶν γιγνομένην
ἐννοηθέντες. Ὅτι μὲν γὰρ ὀξύ τι τὸ πάθος, πάντες e
σχεδὸν αἰσθανόμεθα· τὴν δὲ λεπτότητα τῶν πλευρῶν καὶ
γωνιῶν ὀξύτητα τῶν τε μορίων σμικρότητα καὶ τῆς φορᾶς
τὸ τάχος, οἷς πᾶσι σφοδρὸν ὂν καὶ τομὸν ὀξέως τὸ
προστυχὸν ἀεὶ τέμνει, λογιστέον ἀναμιμνῃσκομένοις τὴν 62
τοῦ σχήματος αὐτοῦ γένεσιν, ὅτι μάλιστα ἐκείνη καὶ οὐκ
ἄλλη φύσις διακρίνουσα ἡμῶν κατὰ σμικρά τε τὰ σώματα
κερματίζουσα τοῦτο ὃ νῦν θερμὸν λέγομεν εἰκότως τὸ
πάθημα καὶ τοὔνομα παρέσχεν. Τὸ δ' ἐναντίον τούτων
κατάδηλον μέν, ὅμως δὲ μηδὲν ἐπιδεὲς ἔστω λόγου. Τὰ
γὰρ δὴ τῶν περὶ τὸ σῶμα ὑγρῶν μεγαλομερέστερα εἰσιόντα,
τὰ σμικρότερα ἐξωθοῦντα, εἰς τὰς ἐκείνων οὐ δυνάμενα
ἕδρας ἐνδῦναι, συνωθοῦντα ἡμῶν τὸ νοτερόν, ἐξ ἀνωμάλου b
κεκινημένου τε ἀκίνητον δι' ὁμαλότητα καὶ τὴν σύνωσιν
ἀπεργαζόμενα πήγνυσιν· τὸ δὲ παρὰ φύσιν συναγόμενον
μάχεται κατὰ φύσιν αὐτὸ ἑαυτὸ εἰς τοὐναντίον ἀπωθοῦν.
Τῇ δὴ μάχῃ καὶ τῷ σεισμῷ τούτῳ τρόμος καὶ ῥῖγος ἐτέθη,
ψυχρόν τε τὸ πάθος ἅπαν τοῦτο καὶ τὸ δρῶν αὐτὸ ἔσχεν
ὄνομα. Σκληρὸν δέ, ὅσοις ἂν ἡμῶν ἡ σὰρξ ὑπείκῃ,
μαλακὸν δέ, ὅσα ἂν τῇ σαρκί· πρὸς ἄλληλά τε οὕτως.
Ὑπείκει δὲ ὅσον ἐπὶ σμικροῦ βαίνει· τὸ δὲ ἐκ τετραγώνων

2.3.5.1. Erklärung der Eindrücke warm und kalt, hart und weich, schwer und leicht, oben und unten, glatt und rauh

Nehmen wir also zuerst in Betracht, in wie fern wir das Feuer warm nennen, und zwar in der Weise, daß wir die Zersetzung und Zerschneidung, welche durch dasselbe in unserem Körper vor sich geht, in Erwägung ziehen. Denn e
daß dieser Eindruck ein scharfer ist, empfinden wir wohl Alle. Wir müssen aber in Anbetracht der feinen Kanten, der spitzigen Ecken, der kleinen Teile und der schnellen Bewegung, zufolge alles dessen es mit Unwiderstehlichkeit und zersetzender Schärfe stets Alles, was ihm in den Weg kommt, 62a
zerschneidet, und eingedenk der Enstehung seiner Gestalt urteilen, daß vor Allem diese und keine andere Wesenheit eben dadurch, daß sie unsern Körper auflöst und in kleine Teile zerstückelt, aller Wahrscheinlichkeit nach diesen Eindruck, welchen wir jetzt mit dem Worte „warm" bezeichnen, so wie dies seine Bezeichnung hervorgebracht hat.

Das Gegenteil hiervon ist zwar klar, gleichwohl aber soll es einer Erläuterung nicht entbehren. Wenn nämlich die aus größeren Teilen bestehenden von den Feuchtigkeiten, welche unseren Körper umgeben, (in denselben) eintreten und die kleiner geteilten hinauszutreiben suchen, so drängen sie, da sie in die Sitze derselben nicht einzudringen vermögen, diese in uns befindlichen flüssigen Teile zusammen und be- b
wirken so, daß sie aus ihrer (bisherigen) Ungleichmäßigkeit und Beweglichkeit durch den auf sie ausgeübten Druck in eine gleichförmige Masse zusammengehen und dadurch unbeweglich werden und erstarren. Das widernatürlich Zusammengetriebene aber kämpft naturgemäß dagegen an, indem es sich seinerseits wieder auf seinen Gegner drängt. Diesem Kampfe nun und dieser Erschütterung wurde der Name Zittern und Frost beigelegt, und dieser ganze Eindruck und das ihn Verursachende empfing den der Kälte und des Kalten.

Hart ferner wurde Alles genannt, welchem unser Fleisch, weich dagegen Alles, was unserem Fleische nachgibt und (somit hart und weich auch Alles) was sich eben so auch gegen einander verhält. Nachgibt aber Alles, was auf kleiner Grundfläche steht, wogegen die Gattung, welche aus vier-

ὂν βάσεων, ἅτε βεβηκὸς σφόδρα, ἀντιτυπώτατον εἶδος, c
ὅτι τε ἂν εἰς πυκνότητα συνιὸν πλείστην ἀντίτονον ᾖ
μάλιστα. Βαρὺ δὲ καὶ κοῦφον μετὰ τῆς τοῦ κάτω φύσεως
ἄνω τε λεγομένης ἐξεταζόμενον ἂν δηλωθείη σαφέστατα.
Φύσει γὰρ δή τινας τόπους δύο εἶναι διειληφότας διχῇ τὸ
πᾶν ἐναντίους, τὸν μὲν κάτω, πρὸς ὃ φέρεται πάνθ' ὅσα
τινὰ ὄγκον σώματος ἔχει, τὸν δὲ ἄνω, πρὸς ὃν ἀκουσίως
ἔρχεται πᾶν, οὐκ ὀρθὸν οὐδαμῇ νομίζειν· τοῦ γὰρ παντὸς
οὐρανοῦ σφαιροειδοῦς ὄντος, ὅσα μὲν ἀφεστῶτα ἴσον τοῦ d
μέσου γέγονεν ἔσχατα, ὁμοίως αὐτὰ χρὴ ἔσχατα πεφυ-
κέναι, τὸ δὲ μέσον τὰ αὐτὰ μέτρα τῶν ἐσχάτων ἀφεστηκὸς
ἐν τῷ καταντικρὺ νομίζειν δεῖ πάντων εἶναι. Τοῦ δὴ
κόσμου ταύτῃ πεφυκότος, τί τῶν εἰρημένων ἄνω τις ἢ
κάτω τιθέμενος οὐκ ἐν δίκῃ δόξει τὸ μηδὲν προσῆκον
ὄνομα λέγειν; ὁ μὲν γὰρ μέσος ἐν αὐτῷ τόπος οὔτε κάτω
πεφυκὼς οὔτε ἄνω λέγεσθαι δίκαιος, ἀλλ' αὐτὸ ἐν μέσῳ·
ὁ δὲ πέριξ οὔτε δὴ μέσος οὔτ' ἔχων διάφορον αὑτοῦ μέρος
ἕτερον θατέρου μᾶλλον πρὸς τὸ μέσον ἤ τι τῶν καταν-
τικρύ. Τοῦ δὲ ὁμοίως πάντῃ πεφυκότος ποῖά τις ἐπιφέρων
ὀνόματα αὐτῷ ἐναντία καὶ πῇ καλῶς ἂν ἡγοῖτο λέγειν;
εἰ γάρ τι καὶ στερεὸν εἴη κατὰ μέσον τοῦ παντὸς ἰσο- 63
παλές, εἰς οὐδὲν ἄν ποτε τῶν ἐσχάτων ἐνεχθείη διὰ
τὴν πάντῃ ὁμοιότητα αὐτῶν· ἀλλ' εἰ καὶ περὶ αὐτὸ
πορεύοιτό τις ἐν κύκλῳ, πολλάκις ἂν στὰς ἀντίπους ταὐτὸν

eckigen Grundflächen besteht, weil sie eine starke Unterlage c
hat, am meisten Widerstand leistet, und eben so Alles, was
zur größten Dichtigkeit verbunden ist, auch die größte Kraft
zum Widerstreben besitzt.

Schwer und leicht sodann wird sich am deutlichsten er-
klären lassen, wenn man es im Zusammenhange mit dem,
was oben und unten heißt, untersucht. Es ist nämlich ganz
falsch, wenn man glaubt, daß es von Natur zwei entgegen-
gesetzte Orte gebe, welche das All in zwei Teile zerlegten,
der eine unten, nach welchem Alles, was eine Körpermasse
hat, hingetrieben werde, und der andere oben, nach welchem
sich Alles (nur) gewaltsam hinbewegen lasse. Denn da das
ganze Weltgebäude kugelgestaltig ist, so muß Alles, was in d
gleichem Abstande von der Mitte die äußersten Punkte bil-
det, dieselben seiner Natur nach (auch überall ganz) in der
gleichen Weise bilden, und man muß vielmehr die Mitte, da
sie nach eben denselben Maßen von diesen äußersten Punk-
ten absteht, als ihnen allen gegenüberstehend betrachten.
Und da nun die Welt so beschaffen ist, welches von dem
(beiden) eben Genannten dürfte man wohl nach oben oder
nach unten versetzen, ohne sich dabei den gerechten Vor-
wurf einer unpassenden Bezeichnung zuzuziehen? Denn den
mittleren Ort in ihr ist man weder als unten noch als oben,
sondern eben nur als in der Mitte befindlich zu bezeichnen
berechtigt, der im Umkreis liegende aber ist weder (selbst)
ein mittlerer, noch auch hat er irgend einen von einem an-
deren abweichenden Teil in sich, der mehr nach der Mitte zu
läge als irgend einer von seinen auf der entgegengesetzten
Seite befindlichen Punkten. Was sich aber (so) auf allen Sei-
ten gleichmäßig verhält, wie dürfte da Jemand sich berech-
tigt glauben, dem entgegengesetzte Benennungen, von wel-
cher Art sie auch sein mögen, beizulegen? Denn auch wenn
es einen festen Körper gibt, welcher in der Mitte des Alls im 63a
Gleichgewicht schwebt, so wird dieser doch eben niemals
nach einem der äußersten Punkte (mehr als nach irgend ei-
nem andern) hingetrieben werden wegen des durchweg
gleichmäßigen Verhaltens von ihnen allen, und auch wenn
Jemand im Kreise sich um denselben herumbewegte, so wür-

αὐτοῦ κάτω καὶ ἄνω προσείποι. Τὸ μὲν γὰρ ὅλον, καθάπερ εἴρηται νυνδή, σφαιροειδὲς ὄν, τόπον τινὰ κάτω, τὸν δὲ ἄνω λέγειν ἔχειν οὐκ ἔμφρονος· ὅθεν δὲ ὠνομάσθη ταῦτα καὶ ἐν οἷς ὄντα εἰθίσμεθα δι᾽ ἐκεῖνα καὶ τὸν οὐρανὸν ὅλον οὕτω διαιρούμενοι λέγειν, ταῦτα διομολογητέον ὑποθεμένοις τάδε ἡμῖν. Εἴ τις ἐν τῷ τοῦ παντὸς τόπῳ καθ᾽ ὃν ἡ b
τοῦ πυρὸς εἴληχε μάλιστα φύσις, οὗ καὶ πλεῖστον ἂν ἠθροισμένον εἴη πρὸς ὃ φέρεται, ἐπεμβὰς ἐπ᾽ ἐκεῖνο καὶ δύναμιν εἰς τοῦτο ἔχων, μέρη τοῦ πυρὸς ἀφαιρῶν ἱσταίη τιθεὶς εἰς πλάστιγγας, αἴρων τὸν ζυγὸν καὶ τὸ πῦρ ἕλκων εἰς ἀνόμοιον ἀέρα βιαζόμενος δῆλον ὡς τοὔλαττόν που τοῦ μείζονος ῥᾷον βιᾶται· ῥώμῃ γὰρ μιᾷ δυοῖν ἅμα c
μετεωριζομένοιν τὸ μὲν ἔλαττον μᾶλλον, τὸ δὲ πλέον ἧττον ἀνάγκη που κατατεινόμενον συνέπεσθαι τῇ βίᾳ καὶ τὸ μὲν πολὺ βαρὺ καὶ κάτω φερόμενον κληθῆναι, τὸ δὲ σμικρὸν ἐλαφρὸν καὶ ἄνω. Ταὐτὸν δὴ τοῦτο δεῖ φωρᾶσαι δρῶντας ἡμᾶς περὶ τόνδε τὸν τόπον. Ἐπὶ γὰρ γῆς βεβῶτες γεώδη γένη διιστάμενοι, καὶ γῆν ἐνίοτε αὐτήν, ἕλκομεν εἰς ἀνόμοιον ἀέρα βίᾳ καὶ παρὰ φύσιν, ἀμφότερα τοῦ συγγενοῦς ἀντεχόμενα, τὸ δὲ σμικρότερον ῥᾷον τοῦ μείζονος d
βιαζομένοις εἰς τὸ ἀνόμοιον πρότερον συνέπεται· κοῦφον οὖν αὐτὸ προσειρήκαμεν, καὶ τὸν τόπον εἰς ὃν βιαζόμεθα, ἄνω, τὸ δ᾽ ἐναντίον τούτοις πάθος βαρὺ καὶ κάτω. Ταῦτ᾽

de er oft, wenn er an entgegengesetzten Punkten desselben stehen bliebe, denselbigen Teil diese Körpers unten und (dann wieder) oben nennen. Kurz, wie eben bereits gesagt, von dem Ganzen, das kugelförmig ist, zu behaupten, daß es einen unteren und einen oberen Teil habe, ziemt keinem Verständigen. Woher es aber kommt, daß wir von einem Oben und Unten sprechen, und worin dieser Gegensatz (wirklich) seine Stelle hat, so daß wir nach ihm auch das ganze Weltgebäude einzuteilen und zu bezeichnen gewohnt sind, darüber müssen wir uns jetzt, indem wir folgende Voraussetzung dabei zu Grunde legen, verständigen. Wenn Jemand in b
dem Raume des Alls, in welchem vor Allem das Feuer seinen natürlichen Ort hat, und wo (daher) auch am meisten dasjenige aufgehäuft ist, nach welchem es hingetrieben wird, auf das Feuer hinauftrāte und die nötige Kraft zu diesem seinem Vorhaben empfinge, und nun so Teile des Feuers wegnähme und sie auf Waagschalen legte, (wie) um sie zu wägen, so wird ja offenbar, indem er die Waage in die Höhe hebt und so das Feuer mit Gewalt in die ihr unähnliche Luft hinaufzieht, die kleinere Masse leichter als die größere sich ihm c
(dabei) fügen; denn von zwei durch Eine Kraftäußerung zugleich in die Höhe gehobenen Gegenständen erfährt doch wohl notwendig der kleinere dadurch eine stärkere, der größere eine geringere Anspannung, und jener wird daher mehr, dieser aber weniger der Gewalt nachgeben, und der letztere schwer und nach unten sinkend, der erstere aber leicht und nach oben steigend genannt werden. Beobachten wir nun nur, daß wir eben dasselbe auch in diesem unserem Wohnorte tun. Denn oben auf der Erde stehend, bringen wir vielfach erdartige Gegenstände, indem wir sie von einander sondern, und zuweilen auch Erde selbst, mit Gewalt und wider ihre Natur in die ihr unähnliche Luft hinein, indem beides vielmehr an der verwandten Substanz festhält, und die d
kleinere Masse, leichter als die größere, gibt dabei eher unserer Gewalt nach, die sie zu dem ihr Unähnlichen hinzieht. Diese nennen wir daher leicht, und den Ort, an welchem wir sie zwangen, oben, mit dem entgegengesetzten Eindruck aber verbinden wir die Namen schwer und unten. Diese Ein-

οὖν δὴ διαφόρως ἔχειν αὐτὰ πρὸς αὐτὰ ἀνάγκη διὰ τὸ τὰ πλήθη τῶν γενῶν τόπον ἐναντίον ἄλλα ἄλλοις κατέχειν — τὸ γὰρ ἐν ἑτέρῳ κοῦφον ὂν τόπῳ τῷ κατὰ τὸν ἐναντίον τόπον ἐλαφρῷ καὶ τῷ βαρεῖ τὸ βαρὺ τῷ τε κάτω τὸ κάτω e
καὶ τὸ ἄνω τῷ ἄνω πάντ᾽ ἐναντία καὶ πλάγια καὶ πάντως διάφορα πρὸς ἄλληλα ἀνευρεθήσεται γιγνόμενα καὶ ὄντα — τόδε γε μὴν ἕν τι διανοητέον περὶ πάντων αὐτῶν, ὡς ἡ μὲν πρὸς τὸ συγγενὲς ὁδὸς ἑκάστοις οὖσα βαρὺ μὲν τὸ φερόμενον ποιεῖ, τὸν δὲ τόπον εἰς ὃν τὸ τοιοῦτον φέρεται, κάτω, τὰ δὲ τούτοις ἔχοντα ὡς ἑτέρως θάτερα. Περὶ δὴ τούτων αὖ τῶν παθημάτων ταῦτα αἴτια εἰρήσθω. Λείου δ᾽ αὖ καὶ τραχέος παθήματος αἰτίαν πᾶς που κατιδὼν καὶ ἑτέρῳ δυνατὸς ἂν εἴη λέγειν· σκληρότης γὰρ ἀνωμαλότητι μειχθεῖσα, τὸ δ᾽ ὁμαλότης πυκνότητι παρέχεται. 64

Μέγιστον δὲ καὶ λοιπὸν τῶν κοινῶν περὶ ὅλον τὸ σῶμα παθημάτων τὸ τῶν ἡδέων καὶ τῶν ἀλγεινῶν αἴτιον ἐν οἷς διεληλύθαμεν, καὶ ὅσα διὰ τῶν τοῦ σώματος μορίων αἰσθήσεις κεκτημένα καὶ λύπας ἐν αὐτοῖς ἡδονάς θ᾽ ἅμα ἑπομένας ἔχει. Ὧδ᾽ οὖν κατὰ παντὸς αἰσθητοῦ καὶ ἀναισθήτου παθήματος τὰς αἰτίας λαμβάνωμεν, ἀναμιμνῃσκόμενοι τὸ τῆς εὐκινήτου τε καὶ δυσκινήτου φύσεως ὅτι διειλόμεθα ἐν b
τοῖς πρόσθεν· ταύτῃ γὰρ δὴ μεταδιωκτέον πάντα ὅσα

drücke und Zustände verhalten sich nun aber notwendig in sich selber entgegengesetzt, weil die Hauptmassen der vier Elemente einander entgegengesetzte (natürliche) Orte haben; was daher an dem einen Orte leicht ist, wird man dem Leichten am entgegengesetzten Orte, und eben so das Schwere e
dem Schweren und das Unten dem Unten und das Oben dem Oben alles teils (geradezu) entgegengesetzt, teils schräg gegeneinander stehend und so in allen Stücken von einander abweichend finden, sei es, daß es schon in dieser wechselseitigen Lage ist, oder erst in dieselbe gerät. Doch ist wenigstens dieses Eine in Bezug auf alles Jenes zu bemerken, daß die Richtung nach dem Verwandten zu, welche einem jeglichen Körper innewohnt, das dorthin Getriebene schwer und den Ort, nach welchem dasselbe hingetrieben wird, zum Unten macht und das entgegengesetzte Verhalten auch die entgegengesetzte Wirkung hervorbringt. Und so mag denn hiemit die Ursache auch dieser Eindrücke angegeben sein.

Worin dann ferner der Eindruck des Glatten und Rauhen seinen Grund hat, dürfte wohl Jedermann zu erkennen und einem Andern mitzuteilen im Stande sein: Härte mit Ungleichmäßgikeit verbunden bringt diesen, Gleichmäßigkeit 64a
mit Dichtigkeit jenen hervor.

2.3.5.2. Lust- und Schmerzgefühle. Empfindbare und nicht empfindbare Eindrücke

Wir haben aber (jetzt) von dem noch übrigen, und (gerade) dem bedeutendsten unter den gemeinsamen Eindrücken des ganzen Körpers, nämlich davon, wann mit den bisher erörterten Empfindungen sich die des Angenehmen und Unangenehmen verbindet, die Ursache anzugeben und über alles Dasjenige zu sprechen, was (und darüber, woher es) in den Teilen des Körpers Empfindbarkeit erlangt und in ihnen Schmerz und Lust zum Gefolge hat. Und wir wollen demgemäß so die Ursachen von jedem empfindbaren und nicht empfindbaren Eindrucke zu erfassen suchen, indem wir uns die Art, wie wir im Vorigen das Bewegliche und das Träge unterschieden, ins Gedächtnis zurückrufen; denn auf diesem b
Wege muß Alles, was wir zu finden beabsichtigen, aufge-

ἐπινοοῦμεν ἑλεῖν. Τὸ μὲν γὰρ κατὰ φύσιν εὐκίνητον, ὅταν
καὶ βραχὺ πάθος εἰς αὐτὸ ἐμπίπτῃ, διαδίδωσιν κύκλῳ
μόρια ἕτερα ἑτέροις ταὐτὸν ἀπεργαζόμενα, μέχριπερ ἂν
ἐπὶ τὸ φρόνιμον ἐλθόντα ἐξαγγείλῃ τοῦ ποιήσαντος τὴν
δύναμιν· τὸ δ᾽ ἐναντίον ἑδραῖον ὂν κατ᾽ οὐδένα τε κύκλον
ἰὸν πάσχει μόνον, ἄλλο δὲ οὐ κινεῖ τῶν πλησίον, ὥστε οὐ c
διαδιδόντων μορίων μορίοις ἄλλων ἄλλοις τὸ πρῶτον πάθος
ἐν αὐτοῖς ἀκίνητον εἰς τὸ πᾶν ζῷον γενόμενον ἀναίσθητον
παρέσχεν τὸ παθόν. Ταῦτα δὲ περί τε ὀστᾶ καὶ τὰς
τρίχας ἐστὶν καὶ ὅσ᾽ ἄλλα γήϊνα τὸ πλεῖστον ἔχομεν ἐν
ἡμῖν μόρια· τὰ δὲ ἔμπροσθεν περὶ τὰ τῆς ὄψεως καὶ
ἀκοῆς μάλιστα, διὰ τὸ πυρὸς ἀέρος τε ἐν αὐτοῖς δύναμιν
ἐνεῖναι μεγίστην. Τὸ δὴ τῆς ἡδονῆς καὶ λύπης ὧδε δεῖ
διανοεῖσθαι· τὸ μὲν παρὰ φύσιν καὶ βίαιον γιγνόμενον
ἁθρόον παρ᾽ ἡμῖν πάθος ἀλγεινόν, τὸ δ᾽ εἰς φύσιν ἀπιὸν d
πάλιν ἁθρόον ἡδύ, τὸ δὲ ἠρέμα καὶ κατὰ σμικρὸν
ἀναίσθητον, τὸ δ᾽ ἐναντίον τούτοις ἐναντίως. Τὸ δὲ μετ᾽
εὐπετείας γιγνόμενον ἅπαν αἰσθητὸν μὲν ὅτι μάλιστα,
λύπης δὲ καὶ ἡδονῆς οὐ μετέχον, οἷον τὰ περὶ τὴν ὄψιν
αὐτὴν παθήματα, ἣ δὴ σῶμα ἐν τοῖς πρόσθεν ἐρρήθη καθ᾽
ἡμέραν συμφυὲς ἡμῶν γίγνεσθαι. Ταύτῃ γὰρ τομαὶ μὲν καὶ
καύσεις καὶ ὅσα ἄλλα πάσχει λύπας οὐκ ἐμποιοῦσιν, οὐδὲ
ἡδονὰς πάλιν ἐπὶ ταὐτὸν ἀπιούσης εἶδος, μέγισται δὲ e
αἰσθήσεις καὶ σαφέσταται καθ᾽ ὅτι τ᾽ ἂν πάθῃ καὶ ὅσων ἂν

sucht werden. Das seiner Natur nach Leichtbewegliche nämlich trägt, wenn es auch nur einen geringen Anstoß empfangen hat, denselben ringsum von dem einen seiner Teile (immer wieder) zum andern mit gleicher Wirkung über, bis die letztere zum vernünftigen Teile vorgedrungen ist und so diesem die Einwirkung des Gegenstandes, welcher den Anstoß hervorgebracht hat, zum Bewußtsein bringt; das Entgegengesetzte aber, welches sich träge verhält und nicht im Kreise bewegt, empfängt bloß einen Anstoß ohne Anderes, Benach- c
bartes (in Folge dessen) zu bewegen, so daß jener erste Eindruck, da ihn die Teile nicht auf einander übertragen, sich nicht in ihnen durch das ganze lebendige Wesen hindurchbewegt und so dasselbe unempfindlich läßt gegen diesen Anstoß, den es erfahren hat. Dies gilt nun von den Knochen, Haaren, und von allen anderen zumeist erdigen Teilen, welche wir an uns tragen, das Erstere dagegen vorzugsweise vom Gesicht und Gehör, weil in ihnen Feuer und Luft am meisten ihren Wirkungskreis haben. Lust und Schmerz nun aber sind dabei folgendermaßen zu erklären. Ein wider unsere Natur und in gewaltsamer Weise auf uns ausgeübter starker und plötzlich entstehender Eindruck ist schmerzlich, d
und derjenige, welcher, ebenfalls stark und plötzlich, unser naturgemäßes Befinden wiederherstellt, ist angenehm, derjenige aber, welcher nur allmählich vor sich geht und mit nur geringer Kraft ausgeübt wird, gelangt überhaupt nicht zur Empfindung. Alle Eindrücke ferner, welche mit Leichtigkeit ihren Fortgang nehmen, berühren zwar aufs Allerstärkste die Empfindung, an Schmerz und Lust aber sind sie ohne Anteil, wie namentlich die, welche der Sehstrahl selbst erfährt, von welchem wir im Vorhergehenden bemerkt haben, daß er ein bei Tage sich innig mit uns verbindender Körper sei. Denn ihm bereiten Schneiden und Brennen und alle anderen Eindrücke, welche er erleidet, keinen Schmerz, noch auch die e
Rückkehr in den voraufgehenden Zustand Lust, und doch treten bei ihm gerade die stärksten und deutlichsten Empfindungen und Wahrnehmungen ein, sowohl von den Eindrücken, welche er selber empfängt, als auch von denen, welche er seinerseits auf alle Gegenstände, mit denen er ir-

αὐτή πῃ προσβαλοῦσα ἐφάπτηται· βία γὰρ τὸ πάμπαν οὐκ
ἔνι τῇ διακρίσει τε αὐτῆς καὶ συγκρίσει. Τὰ δ' ἐκ μειζόνων
μερῶν σώματα μόγις εἴκοντα τῷ δρῶντι, διαδιδόντα δὲ
εἰς ὅλον τὰς κινήσεις, ἡδονὰς ἴσχει καὶ λύπας, ἀλλο-
τριούμενα μὲν λύπας, καθιστάμενα δὲ εἰς τὸ αὐτὸ πάλιν 65
ἡδονάς. Ὅσα δὲ κατὰ σμικρὸν τὰς ἀποχωρήσεις ἑαυτῶν
καὶ κενώσεις εἴληφεν, τὰς δὲ πληρώσεις ἀθρόας καὶ κατὰ
μεγάλα, κενώσεως μὲν ἀναίσθητα, πληρώσεως δὲ αἰσθητικὰ
γιγνόμενα, λύπας μὲν οὐ παρέχει τῷ θνητῷ τῆς ψυχῆς,
μεγίστας δὲ ἡδονάς· ἔστιν δὲ ἔνδηλα περὶ τὰς εὐωδίας.
Ὅσα δὲ ἀπαλλοτριοῦται μὲν ἀθρόα, κατὰ σμικρὰ δὲ
μόγις τε εἰς ταὐτὸν πάλιν ἑαυτοῖς καθίσταται, τοὐναντίον b
τοῖς ἔμπροσθεν πάντα ἀποδίδωσιν· ταῦτα δ' αὖ περὶ
τὰς καύσεις καὶ τομὰς τοῦ σώματος γιγνόμενά ἐστιν
κατάδηλα.

Καὶ τὰ μὲν δὴ κοινὰ τοῦ σώματος παντὸς παθήματα,
τῶν τ' ἐπωνυμιῶν ὅσαι τοῖς δρῶσιν αὐτὰ γεγόνασι, σχεδὸν
εἴρηται· τὰ δ' ἐν ἰδίοις μέρεσιν ἡμῶν γιγνόμενα, τά τε
πάθη καὶ τὰς αἰτίας αὖ τῶν δρώντων, πειρατέον εἰπεῖν, ἄν
πῃ δυνώμεθα. Πρῶτον οὖν ὅσα τῶν χυμῶν πέρι λέγοντες c
ἐν τοῖς πρόσθεν ἀπελίπομεν, ἴδια ὄντα παθήματα περὶ
τὴν γλῶτταν, ἐμφανιστέον ᾗ δυνατόν. Φαίνεται δὲ καὶ
ταῦτα, ὥσπερ οὖν καὶ τὰ πολλά, διὰ συγκρίσεών τέ τινων
καὶ διακρίσεων γίγνεσθαι, πρὸς δὲ αὐταῖς κεχρῆσθαι
μᾶλλόν τι τῶν ἄλλων τραχύτησί τε καὶ λειότησιν. Ὅσα

gendwie in Berührung tritt, hervorbringt; denn weder bei seiner Ausdehnung noch bei seiner Zusammenziehung findet irgend welche Gewalt Statt. Aber die aus größeren Teilen (als das Feuer) bestehenden Körper, welche der Einwirkung nur schwer nachgeben und doch die Bewegungen durch das Ganze fortpflanzen, bringen Lust und Schmerz mit sich: Schmerz, wenn sie ihrem ursprünglichen Zustand entfremdet, Lust, wenn sie wieder in denselben zurückgebracht wer- 65a
den. Die (Körper) ferner, deren Aussonderungen und Entleerungen allmählich, und deren Anfüllungen dagegen auf einmal und in Massen vor sich gehen, sind unempfindlich gegen die ersteren und empfindlich gegen die letzteren und bereiten dem sterblichen Teile der Seele keinen Schmerz, wohl aber die größte Lust, und es zeigt sich dies bei den Wohlgerüchen. Alle diejenigen dagegen, welche schnell und massenweise ihrem ursprünglichen Zustand entfremdet werden und sich nur allmählich und mit Mühe wieder in denselben zurückversetzen lassen, bringen die gerade entgegen- b
gesetzten Erscheinungen zu Wege, und dies wiederum wird dabei ersichtlich, wenn der Körper gebrannt und geschnitten wird.

2.3.5.3. Die Entstehung der Geschmacksempfindungen herb und bitter, salzig und scharf, sauer und süß

Und nun sind die dem ganzen Körper gemeinsamen Eindrücke und die Benennungen, welche (darnach) allen Gegenständen, durch welche sie bewirkt werden, erteilt worden sind, so ziemlich dargelegt worden, und wir müssen daher nun, so weit wir es vermögen, auch hinsichtlich der Vorkommnisse an besonderen Teilen von uns sowohl die Eindrücke (selbst) als auch wiederum die Ursachen, weshalb bestimmte Gegenstände sie bewirken, zu beleuchten versuchen. c
Zuerst also müssen wir alle die zuvor, als wir von den Säften sprachen, von uns übergangenen besonderen Eindrücke der Zunge nach Kräften klar machen. Offenbar nun entstehen auch diese, wie ja auch die meisten anderen, durch gewisse Zusammenziehungen und Ausdehnungen, außerdem aber hängen sie dabei mehr als die anderen von Rauhheit und

μὲν γὰρ εἰσιόντα περὶ τὰ φλέβια, οἷόνπερ δοκίμια τῆς
γλώττης τεταμένα ἐπὶ τὴν καρδίαν, εἰς τὰ νοτερὰ τῆς d
σαρκὸς καὶ ἁπαλὰ ἐμπίπτοντα γήϊνα μέρη κατατηκόμενα
συνάγει τὰ φλέβια καὶ ἀποξηραίνει, τραχύτερα μὲν ὄντα
στρυφνά, ἧττον δὲ τραχύνοντα αὐστηρὰ φαίνεται· τὰ δὲ
τούτων τε ῥυπτικὰ καὶ πᾶν τὸ περὶ τὴν γλῶτταν ἀποπλύνοντα, πέρα μὲν τοῦ μετρίου τοῦτο δρῶντα καὶ προσεπιλαμβανόμενα ὥστε ἀποτήκειν αὐτῆς τῆς φύσεως, οἷον ἡ
τῶν λίτρων δύναμις, πικρὰ πάνθ' οὕτως ὠνόμασται, τὰ δὲ e
ὑποδεέστερα τῆς λιτρώδους ἕξεως ἐπὶ τὸ μέτριόν τε τῇ ῥύψει χρώμενα ἁλυκὰ ἄνευ πικρότητος τραχείας καὶ φίλα μᾶλλον ἡμῖν φαντάζεται. Τὰ δὲ τῇ τοῦ στόματος θερμότητι κοινωνήσαντα καὶ λεαινόμενα ὑπ' αὐτοῦ, συνεκπυρούμενα καὶ πάλιν αὐτὰ ἀντικάοντα τὸ διαθερμῆναν, φερόμενά τε ὑπὸ κουφότητος ἄνω πρὸς τὰς τῆς κεφαλῆς
αἰσθήσεις, τέμνοντά τε πάνθ' ὁπόσοις ἂν προσπίπτῃ, 66
διὰ ταύτας τὰς δυνάμεις δριμέα πάντα τὰ τοιαῦτα ἐλέχθη. Τὸ δὲ αὖ τῶν προλελεπτυσμένων μὲν ὑπὸ σηπεδόνος, εἰς δὲ τὰς στενὰς φλέβας ἐνδυομένων, καὶ τοῖς ἐνοῦσιν αὐτόθι μέρεσιν γεώδεσιν καὶ ὅσα ἀέρος συμμετρίαν ἔχοντα, ὥστε κινήσαντα περὶ ἄλληλα ποιεῖν κυκᾶσθαι, κυκώμενα δὲ περιπίπτειν τε καὶ εἰς ἕτερα ἐνδυόμενα ἕτερα κοῖλα ἀπεργάζεσθαι περιτεινόμενα τοῖς εἰσιοῦσιν — ἃ δὴ νοτίδος
περὶ ἀέρα κοίλης περιταθείσης, τοτὲ μὲν γεώδους, τοτὲ δὲ b
καὶ καθαρᾶς, νοτερὰ ἀγγεῖα ἀέρος, ὕδατα κοῖλα περιφερῆ τε γενέσθαι, καὶ τὰ μὲν τῆς καθαρᾶς διαφανεῖς περιστῆναι

Glätte ab. Alles nämlich aus erdigen Teilen Bestehende, was
in der Umgebung der, gleichsam wie Fühlfäden der Zunge
nach dem Herzen ausgespannten Äderchen, auf die feuchten d
und zarten Teile des Fleisches gerät und so nach der (da-
durch vor sich gegangenen) Zerschmelzung seiner eigenen
Bestandteile jene Äderchen zusammenzieht und austrocknet,
gibt, je nachdem die ersteren mehr oder weniger rauh sind,
einen mehr oder minder herben Geschmack. Dasjenige aber,
welches auch diese abreibt und überhaupt alles der Zunge
Anklebende wegwäscht, wird, wenn es dies in übermäßigem
Grade tut und sie selber mit angreift, so daß es ihr einen Teil
ihrer Masse wegfrißt, wie dies die Eigenschaft der Lau-
gensalze ist, Alles insgesamt bitter genannt; wenn es aber e
diese laugenartige Beschaffenheit nicht erreicht und die ab-
reibende Kraft nur in gemäßigtem Grade äußert, so erscheint
es uns salzig, ohne rauhe Bitterkeit und mehr unserer Natur
verwandt. Dasjenige ferner, welches die Wärme des Mundes
in sich aufnimmt und von ihr erweicht wird und dabei, nach-
dem es (so) warm geworden ist, seinerseits wiederum Das-
jenige erhitzt, von welchem es diese Wärme empfangen hat,
und durch seine Leichtigkeit auch zu den Organen des Kop-
fes aufsteigt und Alles zersetzt, worauf es trifft, solches Alles 66a
wird um dieser seine Wirkungen willen scharf genannt.
Wenn aber diese nämlichen Substanzen zuvor durch Fäulnis
verdünnt sind und so in die engen Adern eindringen und mit
den in ihnen befindlichen Erd- und Luftteilen, so weit auch
die letzteren im richtigen Verhältnis zu der Masse der erste-
ren vorhanden sind, in Verbindung treten, so bewirken sie
durch diese ihre Bewegung, daß Alles in einen Wirbel um
einander gerät, in Folge dessen aber auch sich in einander
verwickelt und in fremde Bestandteile eindringend dieselben
aushöhlt, indem sie sich um die eindringenden herum aus-
dehnen – wodurch sie denn, indem sie demgemäß aus hohler
Feuchtigkeit, teils erdiger und teils auch reiner, bestehen, b
welche um Luft herum ausgedehnt ist, zu feuchten Luftbe-
hältern oder, mit andern Worten, zu hohlen und runden
Wassertropfen werden, und zwar so, daß die aus reiner
Feuchtigkeit eine durchsichtige Umgebung bilden, welche

κληθείσας ὄνομα πομφόλυγας, τὰ δὲ τῆς γεώδους ὁμοῦ
κινουμένης τε καὶ αἰρομένης ζέσιν τε καὶ ζύμωσιν ἐπίκλην
λεχθῆναι — τὸ δὲ τούτων αἴτιον τῶν παθημάτων ὀξὺ
προσρηθῆναι. Σύμπασιν δὲ τοῖς περὶ ταῦτα εἰρημένοις
πάθος ἐναντίον ἀπ' ἐναντίας ἐστὶ προφάσεως· ὁπόταν c
ἡ τῶν εἰσιόντων σύστασις ἐν ὑγροῖς, οἰκεία τῇ τῆς
γλώττης ἕξει πεφυκυῖα, λεαίνῃ μὲν ἐπαλείφουσα τὰ
τραχυνθέντα, τὰ δὲ παρὰ φύσιν συνεστῶτα ἢ κεχυμένα τὰ
μὲν συνάγῃ, τὰ δὲ χαλᾷ, καὶ πάνθ' ὅτι μάλιστα ἱδρύῃ
κατὰ φύσιν, ἡδὺ καὶ προσφιλὲς παντὶ πᾶν τὸ τοιοῦτον
ἴαμα τῶν βιαίων παθημάτων γιγνόμενον κέκληται γλυκύ.

Καὶ τὰ μὲν ταύτῃ ταῦτα· περὶ δὲ τὴν τῶν μυκτήρων d
δύναμιν, εἴδη μὲν οὐκ ἔνι. Τὸ γὰρ τῶν ὀσμῶν πᾶν ἡμιγενές,
εἴδει δὲ οὐδενὶ συμβέβηκεν συμμετρία πρὸς τό τινα σχεῖν
ὀσμήν· ἀλλ' ἡμῶν αἱ περὶ ταῦτα φλέβες πρὸς μὲν τὰ γῆς
ὕδατός τε γένη στενότεραι συνέστησαν, πρὸς δὲ τὰ πυρὸς
ἀέρος τε εὐρύτεραι, διὸ τούτων οὐδεὶς οὐδενὸς ὀσμῆς
πώποτε ᾔσθετό τινος, ἀλλὰ ἢ βρεχομένων ἢ σηπομένων ἢ
τηκομένων ἢ θυμιωμένων γίγνονταί τινων. Μεταβάλλοντος
γὰρ ὕδατος εἰς ἀέρα ἀέρος τε εἰς ὕδωρ ἐν τῷ μεταξὺ e
τούτων γεγόνασιν, εἰσίν τε ὀσμαὶ σύμπασαι καπνὸς ἢ
ὁμίχλη, τούτων δὲ τὸ μὲν ἐξ ἀέρος εἰς ὕδωρ ἰὸν ὁμίχλη,
τὸ δὲ ἐξ ὕδατος εἰς ἀέρα καπνός· ὅθεν λεπτότεραι μὲν

den Namen Blasen führt, während man von denen aus erdi-
ger, welche (eben deshalb) sich zugleich in (steter) aufstei-
gender Bewegung befindet, sagt, daß sie sieden und in der
Gärung begriffen sind – und die Ursache dieser Eindrücke
ist das, was wir mit dem Namen des Sauren belegen. Der
allen bisher auf diesem Gebiete genannten entgegengesetzte
Eindruck aber geht auch von einer ganz entgegengesetzten c
Veranlassung aus: so oft (nämlich) die (in den Mund) einge-
hende Masse in den Feuchtigkeiten (desselben) eine mit der
der Zunge verwandte Beschaffenheit annimmt und (in Folge
dessen) sowohl die rauh gewordenen Teile durch einen
Überzug abglättet, als auch die widernatürlich zusammen-
gezogenen auflockert und die widernatürlich ausgedehnten
wieder zusammenzieht und (so) Alles möglichst in seinen
naturgemäßen Zustand zurückversetzt, wird alles Derartige,
welches (in dieser Weise) sich zu einem Jedermann angeneh-
men und erwünschten Heilmittel gegen gewaltsame Ein-
drücke gestaltet, als süß bezeichnet.

2.3.5.4. Geruch und Gehör: Angenehme und unangenehme Geruchsempfindungen. Die unterschiedlichen Töne

Und das hieher Gehörige wäre nun dies. Was aber die d
Tätigkeiten der Geruchswerkzeuge anbetrifft, so gibt es von
ihnen keine Arten. Denn alle Gerüche sind etwas Zwitter-
haftes und keinem von den sogenannten Elementen ist ein
inneres Verhältnis zu irgend einem Geruche zu Teil gewor-
den, sondern unsere zur Geruchsbildung bestimmten Adern
sind für die (verschiedenen) Arten der Erde und des Wassers
zu eng, für die des Feuers und der Luft aber zu weit gebildet.
Daher hat an ihnen (allen) Niemand jemals einen Geruch
wahrgenommen, sondern es entsteht ein solcher immer nur
dann, wenn Etwas feucht wird oder verfault oder schmilzt
oder in Rauch aufgeht. Nämlich in dem Zwischenzustande
beim Übergang des Wassers in Luft und der Luft in Wasser e
werden sie hervorgebracht; denn alle Gerüche lassen sich auf
Rauch und auf Nebel zurückführen, Nebel aber bezeichnet
den Übergang aus Luft in Wasser, Rauch dagegen den aus
Wasser in Luft, und demzufolge ist Alles, was Geruch an

ὕδατος, παχύτεραι δὲ ὀσμαὶ σύμπασαι γεγόνασιν ἀέρος. Δηλοῦνται δὲ ὁπόταν τινὸς ἀντιφραχθέντος περὶ τὴν ἀναπνοὴν ἄγῃ τις βίᾳ τὸ πνεῦμα εἰς αὑτόν· τότε γὰρ ὀσμὴ μὲν οὐδεμία συνδιηθεῖται, τὸ δὲ πνεῦμα τῶν ὀσμῶν ἐρημωθὲν αὐτὸ μόνον ἕπεται. Δύ᾽ οὖν ταῦτα ἀνώνυμα τὰ 67
τούτων ποικίλματα γέγονεν, οὐκ ἐκ πολλῶν οὐδὲ ἁπλῶν εἰδῶν ὄντα, ἀλλὰ διχῇ τό θ᾽ ἡδὺ καὶ τὸ λυπηρὸν αὐτόθι μόνω διαφανῆ λέγεσθον, τὸ μὲν τραχῦνόν τε καὶ βιαζόμενον τὸ κύτος ἅπαν, ὅσον ἡμῶν μεταξὺ κορυφῆς τοῦ τε ὀμφαλοῦ κεῖται, τὸ δὲ ταὐτὸν τοῦτο καταπραῦνον καὶ πάλιν ᾗ πέφυκεν ἀγαπητῶς ἀποδιδόν.

Τρίτον δὲ αἰσθητικὸν ἐν ἡμῖν μέρος ἐπισκοποῦσιν τὸ περὶ τὴν ἀκοήν, δι᾽ ἃς αἰτίας τὰ περὶ αὐτὸ συμβαίνει b
παθήματα, λεκτέον. Ὅλως μὲν οὖν φωνὴν θῶμεν τὴν δι᾽ ὤτων ὑπ᾽ ἀέρος ἐγκεφάλου τε καὶ αἵματος μέχρι ψυχῆς πληγὴν διαδιδομένην, τὴν δὲ ὑπ᾽ αὐτῆς κίνησιν, ἀπὸ τῆς κεφαλῆς μὲν ἀρχομένην, τελευτῶσαν δὲ περὶ τὴν τοῦ ἥπατος ἕδραν, ἀκοήν· ὅση δ᾽ αὐτῆς ταχεῖα, ὀξεῖαν, ὅση δὲ βραδυτέρα, βαρυτέραν· τὴν δὲ ὁμοίαν ὁμαλήν τε καὶ λείαν, τὴν δὲ ἐναντίαν τραχεῖαν· μεγάλην δὲ τὴν πολλήν, c
ὅση δὲ ἐναντία, σμικράν. Τὰ δὲ περὶ συμφωνίας αὐτῶν ἐν τοῖς ὕστερον λεχθησομένοις ἀνάγκη ῥηθῆναι.

Τέταρτον δὴ λοιπὸν ἔτι γένος ἡμῖν αἰσθητικόν, ὃ διελέσθαι δεῖ συχνὰ ἐν ἑαυτῷ ποικίλματα κεκτημένον, ἃ σύμπαντα μὲν χρόας ἐκαλέσαμεν, φλόγα τῶν σωμάτων ἑκάστων ἀπορρέουσαν, ὄψει σύμμετρα μόρια ἔχουσαν πρὸς

sich trägt, feiner als Wasser, aber dicker als Luft. Das wird offenbar, sobald Jemand nach Verstopfung der Atmungswerkzeuge mit Gewalt Atem holt; denn dann wird kein Geruch mit durchgelassen, sondern der Atem, frei von allen Gerüchen, folgt allein. Deswegen also haben die Verschie- 67a
denheiten derselben keine besonderen Namen, da sie nicht aus vielen und einfachen Arten hervorgehen, sondern man macht hier nur den zweigliedrigen Unterschied des Angenehmen und des Unangenehmen, weil dieser allein deutlich an ihnen hervortritt. Unangenehm nämlich sind diejenigen Gerüche, welche auf die ganze Höhlung, die in unserem Körper zwischen Scheitel und Nabel liegt, einen rauhen und gewaltsamen Eindruck machen, angenehm diejenigen, welche auf eben dieselbe beruhigend wirken und sie auf eine erwünschte Weise wieder in ihren natürlichen Zustand zurückführen.

Als dritten mit Empfindung begabten Teil in uns müssen wir das Gehör in Betracht ziehen und angeben, aus welchen b
Ursachen die Eindrücke desselben hervorgehen. Im Allgemeinen nun stellen wir fest, daß Ton die von der Luft ausgehende Erschütterung, welche sich von den Ohren durch das Gehirn und das Blut bis zur Seele fortsetzt, und daß die von ihr erregte Bewegung, welche vom Kopfe beginnt und um den Sitz der Leber herum endigt, Gehör sei. So weit diese nun schnell vor sich geht, erzeugt sie einen hohen, so weit langsamer, einen tieferen Ton, die gleichmäßige einen gleichförmigen und glatten (oder sanften), die entgegengesetzte einen rauhen, die heftige einen starken, jede entgegengesetzte c
aber einen schwachen. Über die Harmonie derselben aber ist in den später nachfolgenden Erörterungen zu reden.

2.3.5.5. Die Farbwahrnehmungen und die verschiedenen Farbmischungen

Noch ist uns eine vierte Art der Empfindung durchzugehen übrig, welche zahlreiche Verschiedenheiten enthält, die wir insgesamt Farben genannt haben und welche aus der Flamme bestehen, die von den einzelnen Körpern ausstrahlt und deren verschiedene Teile in einem entsprechenden Ver-

αἴσθησιν· ὄψεως δ᾽ ἐν τοῖς πρόσθεν αὐτὸ περὶ τῶν αἰτίων
τῆς γενέσεως ἐρρήθη. Τῇδ᾽ οὖν τῶν χρωμάτων πέρι d
μάλιστα εἰκὸς πρέποι τ᾽ ἂν ἐπιεικεῖ λόγῳ διεξελθεῖν· τὰ
φερόμενα ἀπὸ τῶν ἄλλων μόρια ἐμπίπτοντά τε εἰς τὴν
ὄψιν τὰ μὲν ἐλάττω, τὰ δὲ μείζω, τὰ δ᾽ ἴσα τοῖς αὐτῆς
τῆς ὄψεως μέρεσιν εἶναι· τὰ μὲν οὖν ἴσα ἀναίσθητα, ἃ δὴ
καὶ διαφανῆ λέγομεν, τὰ δὲ μείζω καὶ ἐλάττω, τὰ μὲν
συγκρίνοντα, τὰ δὲ διακρίνοντα αὐτήν, τοῖς περὶ τὴν
σάρκα θερμοῖς καὶ ψυχροῖς καὶ τοῖς περὶ τὴν γλῶτταν
στρυφνοῖς, καὶ ὅσα θερμαντικὰ ὄντα δριμέα ἐκαλέσαμεν, e
ἀδελφὰ εἶναι, τά τε λευκὰ καὶ τὰ μέλανα, ἐκείνων
παθήματα γεγονότα ἐν ἄλλῳ γένει τὰ αὐτά, φανταζόμενα
δὲ ἄλλα διὰ ταύτας τὰς αἰτίας. Οὕτως οὖν αὐτὰ
προσρητέον· τὸ μὲν διακριτικὸν τῆς ὄψεως λευκόν, τὸ δ᾽
ἐναντίον αὐτοῦ μέλαν, τὴν δὲ ὀξυτέραν φορὰν καὶ γένους
πυρὸς ἑτέρου προσπίπτουσαν καὶ διακρίνουσαν τὴν ὄψιν
μέχρι τῶν ὀμμάτων, αὐτάς τε τῶν ὀφθαλμῶν τὰς διεξόδους
βίᾳ διωθοῦσαν καὶ τήκουσαν, πῦρ μὲν ἀθρόον καὶ ὕδωρ, 68
ὃ δάκρυον καλοῦμεν, ἐκεῖθεν ἐκχέουσαν, αὐτὴν δὲ οὖσαν
πῦρ ἐξ ἐναντίας ἀπαντῶσαν, καὶ τοῦ μὲν ἐκπηδῶντος
πυρὸς οἷον ἀπ᾽ ἀστραπῆς, τοῦ δ᾽ εἰσιόντος καὶ περὶ τὸ
νοτερὸν κατασβεννυμένου, παντοδαπῶν ἐν τῇ κυκήσει
ταύτῃ γιγνομένων χρωμάτων, μαρμαρυγὰς μὲν τὸ πάθος
προσείπομεν, τὸ δὲ τοῦτο ἀπεργαζόμενον λαμπρόν τε καὶ
στίλβον ἐπωνομάσαμεν. Τὸ δὲ τούτων αὖ μεταξὺ πυρὸς b
γένος, πρὸς μὲν τὸ τῶν ὀμμάτων ὑγρὸν ἀφικνούμενον καὶ
κεραννύμενον αὐτῷ, στίλβον δὲ οὔ· τῇ δὲ διὰ τῆς νοτίδος

hältnisse zu dem Gesicht stehen und daher von ihm wahrgenommen werden. Vom Gesichte nun sind die Ursachen seiner Entstehung (bereits) im Vorhergehenden kurz ange- d
geben worden, hinsichtlich der Farben aber dürfte dies die wahrscheinlichste und einem Vernünftigen am meisten geziemende Erklärung sein, daß die von anderen Körpern ausgehenden und in das Gesicht fallenden Teilchen teils kleiner, teils größer, teils endlich eben so groß als die Teile des Sehstrahls sind. Die zuletztgenannten nun werden nicht wahrgenommen, weshalb wir sie auch durchsichtig nennen; die größeren und kleineren aber, von denen jene ihn zusammenziehen, diese ihn erweitern, sind für ihn beinahe dasselbe, was warme und kalte Substanzen für das Fleisch und was für die Zunge alle herben und erhitzenden Speisen und Ge- e
tränke, welche letzteren wir scharf genannt haben, sind, so daß das Weiße und Schwarze dieselben Eindrücke, wie die von jenen Substanzen hervorgebrachten, aber in einem anderen Gebiete, sind und (nur) aus diesem letzteren Grunde uns auch andere Eindrücke zu sein scheinen. Daher muß man sie auch hiernach bestimmen: was den Sehstrahl ausdehnt ist weiß, das Gegenteil davon schwarz. Wenn aber das Feuer eines anderen Körpers mit einer heftigeren Bewegung auf den Sehstrahl trifft und ihn bis zu den Augen selbst hin ausdehnt, so daß es die Durchgänge der Augen selbst gewaltsam auftreibt und zerschmelzt und so bewirkt, daß jene 68a
Verbindung von Feuer und Wasser aus ihnen herausfließt, welche wir Tränen nennen, und welche nichts Anderes ist als die Gestalt, in welcher eben hiedurch das von entgegengesetzter Richtung jenem anderen entgegenkommende Feuer auftritt, so entstehen, indem die eine dieser Feuersubstanzen blitzartig herausspringt und die andere hineindringt und in den Feuchtigkeiten (des Auges) erlischt, in dieser Vermischung von ihnen mannigfaltige Farben, und wir nennen dann diesen Eindruck Schimmern und Dasjenige, was ihn bewirkt, glänzend und strahlend. Wenn aber das Feuer in- b
nerhalb dieser Verbindung zwar in die Feuchtigkeit der Augen eindringt und sich mit ihr vermischt, aber dabei nicht glänzt, sondern vermöge der Hindurchmischung des Feuer-

αὐγῇ τοῦ πυρὸς μειγνυμένου χρῶμα ἔναιμον παρασχομένῃ, τοὔνομα ἐρυθρὸν λέγομεν. Λαμπρόν τε ἐρυθρῷ λευκῷ τε μειγνύμενον ξανθὸν γέγονεν· τὸ δὲ ὅσον μέτρον ὅσοις, οὐδ' εἴ τις εἰδείη, νοῦν ἔχει τὸ λέγειν, ὧν μήτε τινὰ ἀνάγκην μήτε τὸν εἰκότα λόγον καὶ μετρίως ἄν τις εἰπεῖν εἴη δυνατός. Ἐρυθρὸν δὲ δὴ μέλανι λευκῷ τε κραθὲν ἁλουργόν· c
ὄρφνινον δέ, ὅταν τούτοις μεμειγμένοις καυθεῖσίν τε μᾶλλον συγκραθῇ μέλαν. Πυρρὸν δὲ ξανθοῦ τε καὶ φαιοῦ κράσει γίγνεται, φαιὸν δὲ λευκοῦ τε καὶ μέλανος, τὸ δὲ ὠχρὸν λευκοῦ ξανθῷ μειγνυμένου. Λαμπρῷ δὲ λευκὸν συνελθὸν καὶ εἰς μέλαν κατακορὲς ἐμπεσὸν κυανοῦν χρῶμα ἀποτελεῖται, κυανοῦ δὲ λευκῷ κεραννυμένου γλαυκόν, πυρροῦ δὲ μέλανι πράσιον. Τὰ δὲ ἄλλα ἀπὸ τούτων σχεδὸν δῆλα αἷς ἂν ἀφομοιούμενα μείξεσιν διασῴζοι τὸν εἰκότα d
μῦθον. Εἰ δέ τις τούτων ἔργῳ σκοπούμενος βάσανον λαμβάνοι, τὸ τῆς ἀνθρωπίνης καὶ θείας φύσεως ἠγνοηκὼς ἂν εἴη διάφορον, ὅτι θεὸς μὲν τὰ πολλὰ εἰς ἓν συγκεραννύναι καὶ πάλιν ἐξ ἑνὸς εἰς πολλὰ διαλύειν ἱκανῶς ἐπιστάμενος ἅμα καὶ δυνατός, ἀνθρώπων δὲ οὐδεὶς οὐδέτερα τούτων ἱκανὸς οὔτε ἔστι νῦν οὔτε εἰς αὖθίς ποτε ἔσται.

Ταῦτα δὴ πάντα τότε ταύτῃ πεφυκότα ἐξ ἀνάγκης ὁ e
τοῦ καλλίστου τε καὶ ἀρίστου δημιουργὸς ἐν τοῖς γιγνομένοις παρελάμβανεν, ἡνίκα τὸν αὐτάρκη τε καὶ τὸν τελεώτατον θεὸν ἐγέννα, χρώμενος μὲν ταῖς περὶ ταῦτα αἰτίαις ὑπηρετούσαις, τὸ δὲ εὖ τεκταινόμενος ἐν πᾶσιν τοῖς γιγνομένοις αὐτός. Διὸ δὴ χρὴ δύ' αἰτίας εἴδη

glanzes durch die Feuchtigkeit eine Blutfarbe annimmt, so
gebrauchen wir hievon den Namen rot. Glänzendes, mit Rot
und Weiß gemischt, gibt Gelb; wie viel aber das Maß für
jedes Einzelne (in dieser Mischung) betrage, das zu sagen
hätte, auch wenn man es wüßte, keinen Sinn, da man hievon
weder die Notwendigkeit, noch die Wahrscheinlichkeit auch
nur annähernd anzugeben im Stande sein würde. Rot ferner, c
mit Schwarz und Weiß verbunden, wird meerpurpurn, dun-
kelpurpurn aber, wenn diese Mischung gebrannt und zu ihr
noch mehr Schwarz hinzugetan wird. Das Braun entsteht aus
der Mischung von Gelb und Grau, das Grau aus der von
Weiß und Schwarz, das Blaßgelb aus der von Weiß mit Gelb.
Wenn ferner Weiß zu Glänzend hinzukommt und dann auf
gesättigtes Schwarz fällt, so wird die blaue Farbe hervorge-
bracht, und wenn Blau mit Weiß verbunden wird, die hell-
blaue, wird aber Schwarz mit Braun vermischt, die lauch-
grüne. Und hieraus ist denn auch schon hinlänglich klar, wie
man, an der Wahrscheinlichkeit festhaltend, aus ähnlichen d
Mischungen auch die anderen Farben entstehen lassen muß.
Aber wenn Jemand dies auf dem Wege des praktischen Ver-
suches erproben wollte, so würde er damit den Unterschied
der menschlichen und göttlichen Natur verkannt haben, so-
fern Gott zwar wohl das Viele in Eins zu verbinden und das
Eine wieder in Vieles aufzulösen hinlängliche Einsicht und
zugleich Macht besitzt, von den Menschen aber keiner weder
das Eine noch das Andere ins Werk zu setzen weder jetzt im
Stande ist noch auch hinfort jemals dazu im Stande sein
wird.

2.3.6. Zusammenfassung: die Notwendigkeit als dienende Ursache, zu unterscheiden von der göttlichen Ursache

Alles dies nun fand damals in dieser von der Notwendig- e
keit ausgegangenen Beschaffenheit der Werkmeister des
Schönsten und Besten in dem Werdenden vor, als er den sich
selbst genügenden und vollendetsten Gott erzeugte, indem
er dabei zwar die hierin liegenden Ursachen zu Hülfe nahm,
aber doch so, daß die Vollendung, zu welcher alles Werden-
de gedieh, dabei ganz sein eigenes Werk war. Deshalb muß

διορίζεσθαι, τὸ μὲν ἀναγκαῖον, τὸ δὲ θεῖον, καὶ τὸ μὲν
θεῖον ἐν ἅπασιν ζητεῖν κτήσεως ἕνεκα εὐδαίμονος βίου, 69
καθ᾽ ὅσον ἡμῶν ἡ φύσις ἐνδέχεται, τὸ δὲ ἀναγκαῖον ἐκείνων
χάριν, λογιζόμενον ὡς ἄνευ τούτων οὐ δυνατὰ αὐτὰ ἐκεῖνα
ἐφ᾽ οἷς σπουδάζομεν μόνα κατανοεῖν οὐδ᾽ αὖ λαβεῖν οὐδ᾽
ἄλλως πως μετασχεῖν.

Ὅτ᾽ οὖν δὴ τὰ νῦν οἷα τέκτοσιν ἡμῖν ὕλη παράκειται
τὰ τῶν αἰτίων γένη διυλισμένα, ἐξ ὧν τὸν ἐπίλοιπον λόγον
δεῖ συνυφανθῆναι, πάλιν ἐπ᾽ ἀρχὴν ἐπανέλθωμεν διὰ
βραχέων, ταχύ τε εἰς ταὐτὸν πορευθῶμεν ὅθεν δεῦρο
ἀφικόμεθα, καὶ τελευτὴν ἤδη κεφαλήν τε τῷ μύθῳ b
πειρώμεθα ἁρμόττουσαν ἐπιθεῖναι τοῖς πρόσθεν. Ὥσπερ
γὰρ οὖν καὶ κατ᾽ ἀρχὰς ἐλέχθη, ταῦτα ἀτάκτως ἔχοντα ὁ
θεὸς ἐν ἑκάστῳ τε αὐτῷ πρὸς αὑτὸ καὶ πρὸς ἄλληλα
συμμετρίας ἐνεποίησεν, ὅσας τε καὶ ὅπῃ δυνατὸν ἦν
ἀνάλογα καὶ σύμμετρα εἶναι. Τότε γὰρ οὔτε τούτων, ὅσον
μὴ τύχῃ, τι μετεῖχεν, οὔτε τὸ παράπαν ὀνομάσαι τῶν νῦν
ὀνομαζομένων ἀξιόλογον ἦν οὐδέν, οἷον πῦρ καὶ ὕδωρ καὶ
εἴ τι τῶν ἄλλων· ἀλλὰ πάντα ταῦτα πρῶτον διεκόσμησεν,
ἔπειτ᾽ ἐκ τούτων πᾶν τόδε συνεστήσατο, ζῷον ἓν ζῷα c
ἔχον τὰ πάντα ἐν ἑαυτῷ θνητὰ ἀθάνατά τε. Καὶ τῶν μὲν
θείων αὐτὸς γίγνεται δημιουργός, τῶν δὲ θνητῶν τὴν

man denn auch zwei Arten von Ursachen unterscheiden, die notwendige und die göttliche, und zwar die göttliche in allen Dingen aufsuchen zum Erwerbe eines glückseligen Lebens, 69a so weit denselben unsere Natur verstattet, aber in Rücksicht auf jene auch die notwendige, indem man bedenkt, daß es ohne sie nicht möglich ist, jenen eigentlichen Gegenstand unseres Strebens rein für sich zu erkennen oder zu erfassen oder sonst irgendwie seiner teilhaftig zu werden.

2.4. Das von Vernunft und Notwendigkeit zusammen Bewirkte

2.4.1. Die sterbliche Art der Seele, ihre Teile und ihre Ansiedlung im Körper

2.4.1.1. Einführung und Untergliederung dieser Seelenart. Der für Mut und Mannheit zuständige Seelenteil sitzt in der Brust. Herz und Lunge

Und da uns nun also jetzt, gleich wie Baumeistern, die Arten der Ursachen gleichsam als Material zugerichtet vorliegen, aus welchem der noch übrige Teil unserer Erörterung zusammengefügt werden muß, so wollen wir in der Kürze noch einmal zum Anfange zurückkehren und uns in der Geschwindigkeit (noch einmal) zu demselben Punkte begeben, von welchem wir hieher gelangt sind, und dann versuchen, b unserer Dichtung einen dem Vorhergehenden entsprechenden Schluß hinzuzufügen. Wie also schon im Anfange gesagt wurde, nachdem Gott alle diese Dinge in einem ungeordneten Zustande vorgefunden, pflanzte er ihnen Ebenmaß in sich und unter einander ein, so weit und in solcher Weise, als es ihnen eben möglich war, in Verhältnismäßigkeit und Ebenmaß zu stehen. Denn damals hatte an demselben Nichts, es sei denn durch Zufall, irgend einen Anteil, noch verdiente überhaupt irgend Etwas, so wie jetzt, einen bestimmten Namen zu führen, wie Feuer und Wasser und was es sonst noch gibt, sondern alles Dieses ordnete er zuerst gehörig und sodann setzte er hieraus dieses All zusammen als c ein einziges belebtes Wesen, welches die Gesamtheit aller (besonderen) lebendigen Wesen, der sterblichen wie der unsterblichen, in sich schließt. Und zwar wurde er vom Göttlichen (in ihnen) selber der Bildner, die Entstehung des

γένεσιν τοῖς ἑαυτοῦ γεννήμασιν δημιουργεῖν προσέταξεν.
Οἱ δὲ μιμούμενοι, παραλαβόντες ἀρχὴν ψυχῆς ἀθάνατον
τὸ μετὰ τοῦτο θνητὸν σῶμα αὐτῇ περιετόρνευσαν ὄχημά
τε πᾶν τὸ σῶμα ἔδοσαν ἄλλο τε εἶδος ἐν αὐτῷ ψυχῆς
προσῳκοδόμουν τὸ θνητόν, δεινὰ καὶ ἀναγκαῖα ἐν ἑαυτῷ
παθήματα ἔχον, πρῶτον μὲν ἡδονήν, μέγιστον κακοῦ d
δέλεαρ, ἔπειτα λύπας, ἀγαθῶν φυγάς, ἔτι δ' αὖ θάρρος
καὶ φόβον, ἄφρονε συμβούλω, θυμὸν δὲ δυσπαραμύθητον,
ἐλπίδα δ' εὐπαράγωγον· αἰσθήσει δὲ ἀλόγῳ καὶ ἐπιχειρητῇ
παντὸς ἔρωτι συγκερασάμενοι ταῦτα, ἀναγκαίως τὸ θνητὸν
γένος συνέθεσαν. Καὶ διὰ ταῦτα δὴ σεβόμενοι μιαίνειν τὸ
θεῖον, ὅτι μὴ πᾶσα ἦν ἀνάγκη, χωρὶς ἐκείνου κατοικίζουσιν
εἰς ἄλλην τοῦ σώματος οἴκησιν τὸ θνητόν, ἰσθμὸν καὶ e
ὅρον διοικοδομήσαντες τῆς τε κεφαλῆς καὶ τοῦ στήθους,
αὐχένα μεταξὺ τιθέντες, ἵν' εἴη χωρίς. Ἐν δὴ τοῖς
στήθεσιν καὶ τῷ καλουμένῳ θώρακι τὸ τῆς ψυχῆς θνητὸν
γένος ἐνέδουν. Καὶ ἐπειδὴ τὸ μὲν ἄμεινον αὐτῆς, τὸ δὲ
χεῖρον ἐπεφύκει, διοικοδομοῦσι τοῦ θώρακος αὖ τὸ κύτος,
διορίζοντες οἷον γυναικῶν, τὴν δὲ ἀνδρῶν χωρὶς οἴκησιν, 70
τὰς φρένας διάφραγμα εἰς τὸ μέσον αὐτῶν τιθέντες. Τὸ
μετέχον οὖν τῆς ψυχῆς ἀνδρείας καὶ θυμοῦ, φιλόνικον ὄν,
κατῴκισαν ἐγγυτέρω τῆς κεφαλῆς μεταξὺ τῶν φρενῶν τε
καὶ αὐχένος, ἵνα τοῦ λόγου κατήκοον ὂν κοινῇ μετ'
ἐκείνου βίᾳ τὸ τῶν ἐπιθυμιῶν κατέχοι γένος, ὁπότ' ἐκ
τῆς ἀκροπόλεως τῷ τ' ἐπιτάγματι καὶ λόγῳ μηδαμῇ
πείθεσθαι ἑκὸν ἐθέλοι· τὴν δὲ δὴ καρδίαν ἅμμα τῶν φλεβῶν b
καὶ πηγὴν τοῦ περιφερομένου κατὰ πάντα τὰ μέλη
σφοδρῶς αἵματος εἰς τὴν δορυφορικὴν οἴκησιν κατέστησαν,
ἵνα, ὅτε ζέσειεν τὸ τοῦ θυμοῦ μένος, τοῦ λογου παραγγεί-
λαντος ὥς τις ἄδικος περὶ αὐτὰ γίγνεται πρᾶξις ἔξωθεν

Sterblichen aber trug er seinen eigenen Erzeugten zu be-
werkstelligen auf. Diese nun, in Nachahmung seiner, um-
wölbten die überkommene unsterbliche Grundlage der Seele
rings herum mit einem sterblichen Körper, gaben ihr den
ganzen Leib gleichsam zum Fahrzeug und legten in ihm
noch eine andere Art von Seele, die sterbliche, an, welche
gefährliche und der blinden Notwendigkeit folgende, Ein-
drücke aufnimmt, zunächst die Lust, die stärkste Lockspeise d
des Bösen, dann den Schmerz, den Verscheucher des Guten,
fernerhin Mut und Furcht, zwei törichte Ratgeber, schwer zu
besänftigenden Zorn und leicht verlockende Hoffnung, end-
lich verbanden sie mit ihr vernunftlose Empfindung und
Wahrnehmung und allunternehmende Liebe, der Not-
wendigkeit gemäß, und so setzten sie das Geschlecht der
Sterblichen zusammen. Demgemäß ferner aus Scheu, das
Göttliche (in der Seele) zu beflecken, weisen sie dem Sterb-
lichen (in ihr), getrennt von demselben, einen anderen Teil e
des Körpers zum Wohnsitze an, und schoben zwischen bei-
de, um sie gesondert von einander zu erhalten, den Hals als
Grenzscheide und schmalen Verbindungssteg zwischen Kopf
und Brust ein. In die Brust nämlich und den sogenannten
Brustkasten schlossen sie die sterbliche Seele ein; weil aber
der eine Teil von ihr von besserer, der andere von schlech-
terer Art war, so trennen sie wiederum die Brusthöhle, um
gleichsam wie in einem Hause die Wohnung der Männer von 70a
der der Frauen abzusondern, indem sie das Zwerchfell als
eine Scheidewand zwischeneinspannten. Dem streitliebenden
Teil der Seele also, welcher Teil hat an Tapferkeit und Zorn,
wiesen sie näher nach dem Kopfe zu, zwischen Zwerchfell
und Hals, seinen Wohnsitz an, damit er, der Vernunft ge-
horchend, in Gemeinschaft mit ihr die Begierden im Zügel
hielte, wenn sie dem von der Königsburg ausgehenden Be-
fehle und Spruche gutwillig durchaus nicht folgen wollen.
Das Herz aber, die Verknüpfung der Adern und Quelle des b
durch alle Glieder mit Heftigkeit umgetriebenen Blutes, ver-
setzten sie gleichsam in die Trabantenwohnung, damit (so-
fort) die Gewalt des Zornes aufwallen könne bei der ihm von
der Vernunft erteilten Nachricht, daß in irgend einem Gliede

ἤ καί τις ἀπὸ τῶν ἔνδοθεν ἐπιθυμιῶν, ὀξέως διὰ πάντων τῶν στενωπῶν πᾶν ὅσον αἰσθητικὸν ἐν τῷ σώματι, τῶν τε παρακελεύσεων καὶ ἀπειλῶν αἰσθανόμενον, γίγνοιτο ἐπήκοον καὶ ἕποιτο πάντῃ, καὶ τὸ βέλτιστον οὕτως ἐν αὐτοῖς πᾶσιν ἡγεμονεῖν ἐῷ. Τῇ δὲ δὴ πηδήσει τῆς καρδίας c
ἐν τῇ τῶν δεινῶν προσδοκίᾳ καὶ τῇ τοῦ θυμοῦ ἐγέρσει, προγιγνώσκοντες ὅτι διὰ πυρὸς ἡ τοιαύτη πᾶσα ἔμελλεν οἴδησις γίγνεσθαι τῶν θυμουμένων, ἐπικουρίαν αὐτῇ μηχανώμενοι τὴν τοῦ πλεύμονος ἰδέαν ἐνεφύτευσαν, πρῶτον μὲν μαλακὴν καὶ ἄναιμον, εἶτα σήραγγας ἐντὸς ἔχουσαν οἷον σπόγγου κατατετρημένας, ἵνα τό τε πνεῦμα καὶ τὸ πῶμα δεχομένη, ψύχουσα, ἀναπνοὴν καὶ ῥᾳστώνην d
ἐν τῷ καύματι παρέχοι· διὸ δὴ τῆς ἀρτηρίας ὀχετοὺς ἐπὶ τὸν πλεύμονα ἔτεμον, καὶ περὶ τὴν καρδίαν αὐτὸν περιέστησαν οἷον μάλαγμα, ἵν᾽ ὁ θυμὸς ἡνίκα ἐν αὐτῇ ἀκμάζοι, πηδῶσα εἰς ὑπεῖκον καὶ ἀναψυχομένη, πονοῦσα ἧττον, μᾶλλον τῷ λόγῳ μετὰ θυμοῦ δύναιτο ὑπηρετεῖν.

Τὸ δὲ δὴ σίτων τε καὶ ποτῶν ἐπιθυμητικὸν τῆς ψυχῆς καὶ ὅσων ἔνδειαν διὰ τὴν τοῦ σώματος ἴσχει φύσιν, τοῦτο εἰς τὸ μεταξὺ τῶν τε φρενῶν καὶ τοῦ πρὸς τὸν ὀμφαλὸν e
ὅρου κατῴκισαν, οἷον φάτνην ἐν ἅπαντι τούτῳ τῷ τόπῳ τῇ τοῦ σώματος τροφῇ τεκτηνάμενοι· καὶ κατέδησαν δὴ τὸ τοιοῦτον ἐνταῦθα ὡς θρέμμα ἄγριον, τρέφειν δὲ συνημμένον ἀναγκαῖον, εἴπερ τι μέλλοι ποτὲ θνητὸν ἔσεσθαι γένος. Ἵν᾽ οὖν ἀεὶ νεμόμενον πρὸς φάτνῃ καὶ ὅτι πορρωτάτω τοῦ βουλευομένου κατοικοῦν, θόρυβον καὶ βοὴν ὡς ἐλαχίστην

etwas Unrechtes vorkomme, sei es von außen oder auch von innen her durch die drinnen wohnenden Begierden, und (von ihm aus) schleunig Alles, was im Körper mit Empfindung begabt ist, durch alle jene schmalen Verbindungswege die Ermahnungen und Drohungen (der Gebieterin) vernehme und ihnen nach allen Seiten Folge leiste und das Beste (in
uns) also durchweg in sich herrschen lasse. Da sie nun aber c
voraussahen, daß alle solche Aufwallungen der zornesfähigen Teile, wie das Pochen des Herzens bei der Erwartung des Schrecklichen und der Aufregung des Zornes, vermittelst des Feuers vor sich gehen müßten, so pflanzten sie, um (für das Üble an solchen Zuständen) eine Abhülfe zu gewähren, das Gebilde der Lunge (in die Brust) hinein, welche fürs Erste weich und blutlos und fürs Zweite durchlöchert ist,
wie ein Schwamm, damit sie Atem und Trank aufnehme und d
abkühle und so (dem Herzen) Erquickung und Erleichterung bei der Hitze verschaffe. Deshalb also führten sie Kanäle der Luftröhre nach der Lunge und legten die letztere um das Herz herum wie ein weiches Kissen, damit jenes, wenn der Zorn in ihm aufloderte, an etwas Nachgiebiges anschlüge und eine Abkühlung fände und so mit geringerer Anstrengung mehr der Vernunft mit seinem Zorne dienen könne.

2.4.1.2. Der für die natürlichen Begierden zuständige Seelenteil hat seinen Sitz im Bauch. Beschaffenheit und Bedeutung der Leber und der Milz

Den Teil der Seele nun aber, welcher nach Speise und Trank begehrt und nach Allem, was ihm die Natur des Lei-
bes zum Bedürfnisse macht, verlegten sie in den Raum zwi- e
schen dem Zwerchfell und der Nabelgegend, nachdem sie gleichsam eine Krippe in dieser ganzen Räumlichkeit für die Nahrung des Körpers angefertigt hatten, und banden denn jenes Wesen hier an, wie ein wildes Tier, das aber wegen der Verbindung, in welcher es mit dem Ganzen steht, notwendig ernährt werden mußte, wenn einmal ein Geschlecht sterblicher Wesen entstehen sollte. Damit es also immer an der Krippe weiden könne und so entfernt als möglich von dem beratenden Teile der Seele wohne und demzufolge möglichst

παρέχον, τὸ κράτιστον καθ' ἡσυχίαν περὶ τοῦ πᾶσι κοινῇ 71
καὶ ἰδίᾳ συμφέροντος ἐῷ βουλεύεσθαι, διὰ ταῦτα ἐνταῦθ' ἔδοσαν αὐτῷ τὴν τάξιν. Εἰδότες δὲ αὐτὸ ὡς λόγου μὲν οὔτε συνήσειν ἔμελλεν, εἴ τέ πῃ καὶ μεταλαμβάνοι τινὸς αὐτῶν αἰσθήσεως, οὐκ ἔμφυτον αὐτῷ τὸ μέλειν τινῶν ἔσοιτο λόγων, ὑπὸ δὲ εἰδώλων καὶ φαντασμάτων νυκτός τε καὶ μεθ' ἡμέραν μάλιστα ψυχαγωγήσοιτο, τούτῳ δὴ θεὸς ἐπιβουλεύσας αὐτῷ τὴν ἥπατος ἰδέαν συνέστησε καὶ
ἔθηκεν εἰς τὴν ἐκείνου κατοίκησιν, πυκνὸν καὶ λεῖον καὶ b
λαμπρὸν καὶ γλυκὺ καὶ πικρότητα ἔχον μηχανησάμενος, ἵνα ἐν αὐτῷ τῶν διανοημάτων ἡ ἐκ τοῦ νοῦ φερομένη δύναμις, οἷον ἐν κατόπτρῳ δεχομένῳ τύπους καὶ κατιδεῖν εἴδωλα παρέχοντι, φοβοῖ μὲν αὐτό, ὁπότε μέρει τῆς πικρότητος χρωμένη συγγενεῖ, χαλεπὴ προσενεχθεῖσα ἀπειλῇ, κατὰ πᾶν ὑπομειγνῦσα ὀξέως τὸ ἧπαρ, χολώδη χρώματα ἐμφαίνοι, συνάγουσά τε πᾶν ῥυσὸν καὶ τραχὺ
ποιοῖ, λοβὸν δὲ καὶ δοχὰς πύλας τε τὰ μὲν ἐξ ὀρθοῦ κατα- c
κάμπτουσα καὶ συσπῶσα, τὰ δὲ ἐμφράττουσα συγκλείουσά τε, λύπας καὶ ἄσας παρέχοι, καὶ ὅτ' αὖ τἀναντία φαντάσματα ἀποζωγραφοῖ πρᾳότητός τις ἐκ διανοίας ἐπίπνοια, τῆς μὲν πικρότητος ἡσυχίαν παρέχουσα τῷ μήτε κινεῖν μήτε προσάπτεσθαι τῆς ἐναντίας ἑαυτῇ φύσεως ἐθέλειν, γλυκύτητι δὲ τῇ κατ' ἐκεῖνο συμφύτῳ πρὸς αὐτὸ χρωμένη
καὶ πάντα ὀρθὰ καὶ λεῖα αὐτοῦ καὶ ἐλεύθερα ἀπευθύνουσα, d
ἵλεών τε καὶ εὐήμερον ποιοῖ τὴν περὶ τὸ ἧπαρ ψυχῆς μοῖραν κατῳκισμένην, ἔν τε τῇ νυκτὶ διαγωγὴν ἔχουσαν μετρίαν, μαντείᾳ χρωμένην καθ' ὕπνον, ἐπειδὴ λόγου

wenig Lärm und Geschrei erhebe, vielmehr jenen edelsten 71a Teil in Ruhe über das gemeinsame Wohl des Ganzen mit sich zu Rate gehen lasse, aus diesem Grunde wiesen sie ihm hier seine Stelle an. Weil sie aber wußten, daß es die Vernunft nicht verstehen würde und daß, wenn es ja einmal von irgend welchen vernünftigen Vorstellungen eine Art von Empfindung bekäme, es doch nicht in seiner Art liegen würde auf sie zu achten, sondern daß es von Schatten- und Trugbildern bei Tage und bei Nacht fortwährend verlockt werden würde, so setzte Gott, indem er eben hierauf sein Absehen richtete, das Gebilde der Leber zusammen und fügte sie in b die Behausung jenes (Wesens) ein, und zwar bildete er sie dicht, glatt, glänzend, süß und (zugleich) mit Bitterkeit versehen, damit in ihr wie in einem Spiegel, welcher Abdrücke (der Gegenstände) aufnimmt und so (deren) Bilder dem Auge wiedergibt, die Macht der aus der Vernunft kommenden Gedanken sich abspiegle und so teils jenes Seelenwesen schrecke, so oft sie sich strenge und drohend naht, indem sie sich des derselben beigegebenen bitteren Teiles bedient, um denselben mit Heftigkeit durch die ganze Leber zu verbreiten, und so gallichte Farben (in ihr) zum Vorschein bringt und sie in allen ihren Teilen zusammendrängt und dadurch runzlig und rauh macht, teils dadurch, daß sie den Lappen c derselben aus seiner geraden Lage umbiegt und zusammenzieht und ihre Gefässe und ihre Pforte verstopft und verschließt, ihm (auch wirkliches) Leiden und Unbehagen verursache, und damit (ferner auch umgekehrt), wenn vielmehr ein milder Anhauch des Gedankens Bilder der entgegengesetzten Art (in ihr) abspiegelt, derselbe ihm vor der Bitterkeit Ruhe verschaffe, indem er diese seiner eignen Natur entgegengesetzte Substanz weder aufregen noch (auch nur) berühren mag, und vielmehr der Süßigkeit, welche der Leber eingepflanzt ist, sich bediene, um so auf letztere zu wirken, daß alle Teile derselben ihre gerade (und regelmäßige) Lage, d ihre Glätte und Freiheit erhalten, und so jenem um sie herum wohnenden Teile der Seele Heiterkeit und Wohlbefinden und bei Nacht einen angemessenen Zeitvertreib, das Weissagen im Schlafe, verleihe, da er nun einmal an Vernunft und

καὶ φρονήσεως οὐ μετεῖχε. Μεμνημένοι γὰρ τῆς τοῦ
πατρὸς ἐπιστολῆς οἱ συστήσαντες ἡμᾶς, ὅτε τὸ θνητὸν
ἐπέστελλεν γένος ὡς ἄριστον εἰς δύναμιν ποιεῖν, οὕτω δὴ
κατορθοῦντες καὶ τὸ φαῦλον ἡμῶν, ἵνα ἀληθείας πῃ
προσάπτοιτο, κατέστησαν ἐν τούτῳ τὸ μαντεῖον. Ἱκανὸν e
δὲ σημεῖον ὡς μαντικὴν ἀφροσύνῃ θεὸς ἀνθρωπίνῃ δέδωκεν·
οὐδεὶς γὰρ ἔννους ἐφάπτεται μαντικῆς ἐνθέου καὶ ἀληθοῦς,
ἀλλ᾽ ἢ καθ᾽ ὕπνον τὴν τῆς φρονήσεως πεδηθεὶς δύναμιν ἢ
διὰ νόσον, ἢ διά τινα ἐνθουσιασμὸν παραλλάξας. Ἀλλὰ
συννοῆσαι μὲν ἔμφρονος τά τε ῥηθέντα ἀναμνησθέντα
ὄναρ ἢ ὕπαρ ὑπὸ τῆς μαντικῆς τε καὶ ἐνθουσιαστικῆς
φύσεως, καὶ ὅσα ἂν φαντάσματα ὀφθῇ, πάντα λογισμῷ
διελέσθαι ὅπῃ τι σημαίνει καὶ ὅτῳ μέλλοντος ἢ παρελθόντος 72
ἢ παρόντος κακοῦ ἢ ἀγαθοῦ· τοῦ δὲ μανέντος ἔτι τε ἐν
τούτῳ μένοντος οὐκ ἔργον τὰ φανέντα καὶ φωνηθέντα ὑφ᾽
ἑαυτοῦ κρίνειν, ἀλλ᾽ εὖ καὶ πάλαι λέγεται τὸ πράττειν καὶ
γνῶναι τά τε αὑτοῦ καὶ ἑαυτὸν σώφρονι μόνῳ προσήκειν.
Ὅθεν δὴ καὶ τὸ τῶν προφητῶν γένος ἐπὶ ταῖς ἐνθέοις
μαντείαις κριτὰς ἐπικαθιστάναι νόμος· οὓς μάντεις αὐτοὺς b
ὀνομάζουσίν τινες, τὸ πᾶν ἠγνοηκότες ὅτι τῆς δι᾽
αἰνιγμῶν οὗτοι φήμης καὶ φαντάσεως ὑποκριταί, καὶ οὔτι
μάντεις, προφῆται δὲ μαντευομένων δικαιότατα ὀνο-
μάζοιντ᾽ ἄν.

Einsicht keinen Teil erhielt. Denn eingedenk jenes ihnen von
ihrem Vater gewordenen Auftrags, dem Menschengeschlech-
te nach Kräften die möglichste Vollendung zu geben, streb-
ten unsere Bildner demgemäß auch das Niedrige in uns zu
heben und gründeten daher, um es doch wenigstens in ge-
wisser Weise mit der Wahrheit in Berührung treten zu lassen, e
in ihm den Sitz der Weissagung. Einen hinlänglichen Beweis
aber dafür, daß Gott die Seherkunst wirklich mit dem be-
wußtlosen Teile der Menschenseele verknüpft hat, bietet der
Umstand dar, daß Keiner, der seines Bewußtseins mächtig,
eines gottbegeisterten und wahren Seherspruchs fähig ist,
sondern man zu dieser Befähigung nur entweder im Schlafe,
wo also die Denkkraft gebunden ist, oder dann gelangt,
wenn man durch Krankheit oder eine Art von Verzückung
die Besinnung verloren hat, und daß sodann im Gegensatze
dazu diese im Traum oder Wachen von der Seherkraft und
verzückten Begeisterung eingegebnen Aussprüche aufzufas-
sen, indem man sie sich in die Erinnerung zurückruft, und
alle die (in jenem Zustande) wahrgenommenen Bilder durch
verständiges Nachdenken zu zergliedern, um darnach zu ent- 72a
scheiden, in wie weit und für wen sie etwas zukünftiges,
vergangenes oder gegenwärtiges Gutes oder Schlimmes be-
deuten, vielmehr die Sache eines seiner Besinnung Mächtigen
und dagegen die des in jenen wahnsinnartigen Zustand Ge-
ratenen und noch in ihm Befindlichen es nicht ist, die Er-
scheinungen, welche er gehabt, und die Worte, welche er
gesprochen hat, zu deuten, sondern von alter Zeit her und
mit Recht behauptet wird, daß nur im besonnenen Zustande
der Mensch der Beurteiler seiner selbst und seiner Handlun-
gen und der wirkliche Urheber der letzteren ist. Daher ist es
denn auch Brauch, die sogenannten Propheten (in den Ora-
kelstätten) als Deuter den gottbegeisterten Sehern beizuord- b
nen, welche zwar von Manchen selbst Seher genannt werden,
aber nur von Solchen, die ganz und gar nicht wissen, daß sie
nur Ausleger der rätselhaften Aussprüche und Erscheinun-
gen und keineswegs Wahrsager, mit vollem Rechte aber Pro-
pheten, d.h. Dolmetscher der Weissagenden, zu heißen ver-
dienen. Die Leber hat also aus diesem Grunde eine solche

Ἡ μὲν οὖν φύσις ἥπατος διὰ ταῦτα τοιαύτη τε καὶ ἐν τόπῳ ᾧ λέγομεν πέφυκε, χάριν μαντικῆς· καὶ ἔτι μὲν δὴ ζῶντος ἑκάστου τὸ τοιοῦτον σημεῖα ἐναργέστερα ἔχει, στερηθὲν δὲ τοῦ ζῆν γέγονε τυφλὸν καὶ τὰ μαντεῖα ἀμυδρότερα ἔσχεν τοῦ τι σαφὲς σημαίνειν. Ἡ δ᾽ αὖ τοῦ c γείτονος αὐτῷ σύστασις καὶ ἕδρα σπλάγχνου γέγονεν ἐξ ἀριστερᾶς χάριν ἐκείνου, τοῦ παρέχειν αὐτὸ λαμπρὸν ἀεὶ καὶ καθαρόν, οἷον κατόπτρῳ παρεσκευασμένον καὶ ἕτοιμον ἀεὶ παρακείμενον ἐκμαγεῖον. Διὸ δὴ καὶ ὅταν τινὲς ἀκαθαρσίαι γίγνωνται διὰ νόσους σώματος περὶ τὸ ἧπαρ, πάντα ἡ σπληνὸς καθαίρουσα αὐτὰ δέχεται μανότης, ἅτε κοίλου καὶ ἀναίμου ὑφανθέντος· ὅθεν πληρούμενος τῶν d ἀποκαθαιρομένων μέγας καὶ ὕπουλος αὐξάνεται, καὶ πάλιν, ὅταν καθαρθῇ τὸ σῶμα, ταπεινούμενος εἰς ταὐτὸν συνίζει.

Τὰ μὲν οὖν περὶ ψυχῆς, ὅσον θνητὸν ἔχει καὶ ὅσον θεῖον, καὶ ὅπῃ καὶ μεθ᾽ ὧν καὶ δι᾽ ἃ χωρὶς ᾠκίσθη, τὸ μὲν ἀληθὲς ὡς εἴρηται, θεοῦ συμφήσαντος τότ᾽ ἂν οὕτως μόνως διισχυριζοίμεθα· τὸ γε μὴν εἰκὸς ἡμῖν εἰρῆσθαι, καὶ νῦν καὶ ἔτι μᾶλλον ἀνασκοποῦσι διακινδυνευτέον τὸ φάναι καὶ πεφάσθω. Τὸ δ᾽ ἑξῆς δὴ τούτοισιν κατὰ ταὐτὰ μετα- e

Beschaffenheit und den angegebenen Ort empfangen, nämlich zum Zwecke der Weissagung. Und zwar gibt sie dieser ihrer Einrichtung gemäß nur in dem noch lebenden Körper deutlichere Anzeichen, des Lebens beraubt dagegen wird sie blind und gibt dunklere Weissagungen, als daß sie irgend c
etwas Deutliches durch sie anzeigen könnte. Das Eingeweide aber, welches sich zu ihrer Linken befindet, ist um ihretwillen zusammengefügt und dorthin versetzt, um sie nämlich stets blank und rein zu erhalten, gleichsam wie ein für einen Spiegel verfertigtes und immer neben ihm bereit liegendes Wischtuch. Daher wischt denn auch, sobald Unreinigkeiten in Folge von Krankheiten sich in der Leber erzeugen, die lockere Milz, als ein hohles und blutloses Gewebe, sie alle hinweg und nimmt sie auf, so daß sie in Fol- d
ge ihrer Anfüllung mit diesen hinweggenommenen Unreinigkeiten übermäßig sich ausdehnt und anschwillt und (erst), wenn der Körper gereinigt ist, sich wieder verkleinert und zu ihrem früheren Umfange zusammenschrumpft.

2.4.1.3. Der übrige Körper: untere Leibeshöhle und Gedärme; das Mark; Gehirn, Knochenmark, Knochen, Schädel, Wirbelsäule, Sehnen und Fleisch; der Kopf und seine Befestigung am Rumpf; der Mund mit Zähnen und Lippen; Haut, Haare, Finger- und Zehennägel

Das die Seele Betreffende nun, nämlich wie viel Sterbliches und wie viel Göttliches sie enthält und ferner wie und in welchen Organen und warum beide Teile gesondert von einander ihre Wohnsitze erhielten, der Wahrheit gemäß angegeben zu haben, das dürften wir wohl nur dann, wenn Gott (selbst) uns seine Zustimmung dazu gäbe, versichern; daß jedoch wenigstens das Wahrscheinliche hierüber von uns vorgebracht worden, das dürfen wir sowohl (schon) jetzt, als auch bei noch näherer Betrachtung zu behaupten wagen und wollen es hiermit behauptet haben. Es ist daher jetzt e
das zunächst hieran sich Anschließende weiter zu verfolgen, dies ist aber die Frage, wie der noch übrige Teil des Körpers entstanden ist. Ihm nun dürfte es vor Allem zukom-

διωκτέον· ἣν δὲ τὸ τοῦ σώματος ἐπίλοιπον ᾗ γέγονεν. Ἐκ δὴ λογισμοῦ τοιοῦδε συνίστασθαι μάλιστ' ἂν αὐτὸ πάντων πρέποι. Τὴν ἐσομένην ἐν ἡμῖν ποτῶν καὶ ἐδεστῶν ἀκολασίαν ᾔδεσαν οἱ συντιθέντες ἡμῶν τὸ γένος, καὶ ὅτι τοῦ μετρίου καὶ ἀναγκαίου διὰ μαργότητα πολλῷ χρησοίμεθα πλέονι· ἵν' οὖν μὴ φθορὰ διὰ νόσους ὀξεῖα γίγνοιτο καὶ
ἀτελὲς τὸ γένος εὐθὺς τὸ θνητὸν τελευτῷ, ταῦτα προορώ- 73
μενοι τῇ τοῦ περιγενησομένου πώματος ἐδέσματός τε ἕξει τὴν ὀνομαζομένην κάτω κοιλίαν ὑποδοχὴν ἔθεσαν, εἵλιξάν τε πέριξ τὴν τῶν ἐντέρων γένεσιν, ὅπως μὴ ταχὺ διεκπερῶσα ἡ τροφὴ ταχὺ πάλιν τροφῆς ἑτέρας δεῖσθαι τὸ σῶμα ἀναγκάζοι, καὶ παρέχουσα ἀπληστίαν, διὰ γαστριμαργίαν ἀφιλόσοφον καὶ ἄμουσον πᾶν ἀποτελοῖ τὸ γένος, ἀνυπήκοον τοῦ θειοτάτου τῶν παρ' ἡμῖν.

Τὸ δὲ ὀστῶν καὶ σαρκῶν καὶ τῆς τοιαύτης φύσεως πέρι b
πάσης ὧδε ἔσχεν. Τούτοις σύμπασιν ἀρχὴ μὲν ἡ τοῦ μυελοῦ γένεσις· οἱ γὰρ τοῦ βίου δεσμοί, τῆς ψυχῆς τῷ σώματι συνδουμένης, ἐν τούτῳ διαδούμενοι κατερρίζουν τὸ θνητὸν γένος· αὐτὸς δὲ ὁ μυελὸς γέγονεν ἐξ ἄλλων. Τῶν γὰρ τριγώνων ὅσα πρῶτα ἀστραβῆ καὶ λεῖα ὄντα πῦρ τε καὶ ὕδωρ καὶ ἀέρα καὶ γῆν δι' ἀκριβείας μάλιστα ἦν παρασχεῖν δυνατά, ταῦτα ὁ θεὸς ἀπὸ τῶν ἑαυτῶν ἕκαστα
γενῶν χωρὶς ἀποκρίνων, μειγνὺς δὲ ἀλλήλοις σύμμετρα, c
πανσπερμίαν παντὶ θνητῷ γένει μηχανώμενος, τὸν μυελὸν ἐξ αὐτῶν ἀπηργάσατο, καὶ μετὰ ταῦτα δὴ φυτεύων ἐν αὐτῷ κατέδει τὰ τῶν ψυχῶν γένη, σχημάτων τε ὅσα ἔμελλεν αὖ σχήσειν οἷά τε καθ' ἕκαστα εἴδη, τὸν μυελὸν αὐτὸν τοσαῦτα καὶ τοιαῦτα διῃρεῖτο σχήματα εὐθὺς ἐν τῇ διανομῇ τῇ κατ' ἀρχάς. Καὶ τὴν μὲν τὸ θεῖον σπέρμα οἷον

men, folgender Überlegung gemäß zusammengesetzt zu sein.

Die Bildner unseres Geschlechts erkannten nämlich die Unmäßigkeit im Essen und Trinken voraus, welche bei uns herrschen würde, so daß wir aus Schlemmerei viel mehr als hinlänglich und notwendig wäre zu uns nehmen würden. Damit also nicht ein schneller Untergang des menschlichen Geschlechts eintrete und dasselbe hinstürbe, noch ehe es 73a
vollendet, bildeten sie, um dem vorzusehen, als einen Behälter zur Aufnahme der überschüssigen Speisen und Getränke die sogenannte untere Bauchhöhle und legten in ihr die Windungen der Gedärme im Kreise herum, damit nicht ein schnelles Hindurchgehen der Nahrung (durch diese Höhlung) dem Körper schnell wieder das Bedürfnis nach neuer Nahrung aufnötigte und so durch Erzeugung unersättlicher Freßgier das ganze Geschlecht der Liebe zur Wissenschaft und Kunst entfremde und taub mache gegen die Stimme des Göttlichsten in uns.

Mit den Knochen aber und dem Fleisch und Allem, was b
dahin gehört, ging es folgendermaßen zu. Dies Alles hat in der Entstehung des Markes auch seinen Ursprung. Denn die Bänder des Lebens, welche die Seele mit dem Körper vereinigen, sind in ihm zusammengeknüpft und geben so gleichsam dem menschlichen Geschlechte seine Wurzel, das Mark selbst aber ist aus anderen Bestandteilen hervorgegangen. So viele nämlich von den Elementardreiecken völlig regelmäßig und glatt und so am meisten dazu geeignet waren Feuer, Wasser, Luft und Erde genau darzustellen, diese sonderte Gott einzeln von ihren Gattungen für sich aus, mischte sie c
nach richtigem Verhältnis mit einander und bildete aus ihnen das Mark, um in demselben die Gesamtmasse des Samens für das ganze Geschlecht der sterblichen Wesen zu bereiten, pflanzte dem Mark dann die (drei) Seelengeschlechter ein und befestigte sie, und in so viel und solcherlei Gestalten, als es nach seinen besonderen Arten empfangen sollte, gliederte er dasselbe gleich bei dieser anfänglichen Verteilung. Und zwar denjenigen Teil desselben, welcher wie ein Saatfeld den göttlichen Samen in sich tragen sollte, bildete er von allen

ἄρουραν μέλλουσαν ἕξειν ἐν αὐτῇ περιφερῆ πανταχῇ
πλάσας ἐπωνόμασεν τοῦ μυελοῦ ταύτην τὴν μοῖραν ἐγκέ-
φαλον, ὡς ἀποτελεσθέντος ἑκάστου ζῴου τὸ περὶ τοῦτ' d
ἀγγεῖον κεφαλὴν γενησόμενον· ὃ δ' αὖ τὸ λοιπὸν καὶ θνητὸν
τῆς ψυχῆς ἔμελλε καθέξειν, ἅμα στρογγύλα καὶ προμήκη
διῃρεῖτο σχήματα, μυελὸν δὲ πάντα ἐπεφήμισεν, καὶ
καθάπερ ἐξ ἀγκυρῶν βαλλόμενος ἐκ τούτων πάσης ψυχῆς
δεσμοὺς περὶ τοῦτο σύμπαν ἤδη τὸ σῶμα ἡμῶν ἀπηργάζετο,
στέγασμα μὲν αὐτῷ πρῶτον συμπηγνὺς περὶ ὅλον ὀστέινον.
Τὸ δὲ ὀστοῦν συνίστησιν ὧδε. Γῆν διαττήσας καθαρὰν e
καὶ λείαν ἐφύρασε καὶ ἔδευσεν μυελῷ, καὶ μετὰ τοῦτο εἰς
πῦρ αὐτὸ ἐντίθησιν, μετ' ἐκεῖνο δὲ εἰς ὕδωρ βάπτει, πάλιν
δὲ εἰς πῦρ, αὖθίς τε εἰς ὕδωρ· μεταφέρων δ' οὕτω
πολλάκις εἰς ἑκάτερον ὑπ' ἀμφοῖν ἄτηκτον ἀπηργάσατο.
Καταχρώμενος δὴ τούτῳ περὶ μὲν τὸν ἐγκέφαλον αὐτοῦ
σφαῖραν περιετόρνευσεν ὀστεΐνην, ταύτῃ δὲ στενὴν διέξο-
δον κατελείπετο· καὶ περὶ τὸν διαυχένιον ἅμα καὶ νωτιαῖον 74
μυελὸν ἐξ αὐτοῦ σφονδύλους πλάσας ὑπέτεινεν οἷον στρό-
φιγγας, ἀρξάμενος ἀπὸ τῆς κεφαλῆς, διὰ παντὸς τοῦ
κύτους. Καὶ τὸ πᾶν δὴ σπέρμα διασῴζων οὕτως λιθοειδεῖ
περιβόλῳ συνέφραξεν, ἐμποιῶν ἄρθρα, τῇ θατέρου προσχρώ-
μενος ἐν αὐτοῖς ὡς μέσῃ ἐνισταμένῃ δυνάμει, κινήσεως
καὶ κάμψεως ἕνεκα. Τὴν δ' αὖ τῆς ὀστεΐνης φύσεως ἕξιν
ἡγησάμενος τοῦ δέοντος κραυροτέραν εἶναι καὶ ἀκαμπτο- b
τέραν, διάπυρόν τ' αὖ γιγνομένην καὶ πάλιν ψυχομένην
σφακελίσασαν ταχὺ διαφθερεῖν τὸ σπέρμα ἐντὸς αὐτῆς,
διὰ ταῦτα οὕτω τὸ τῶν νεύρων καὶ τὸ τῆς σαρκὸς γένος
ἐμηχανᾶτο, ἵνα τῷ μὲν πάντα τὰ μέλη συνδήσας ἐπιτεινο-
μένῳ καὶ ἀνιεμένῳ περὶ τοὺς στρόφιγγας καμπτόμενον τὸ
σῶμα καὶ ἐκτεινόμενον παρέχοι, τὴν δὲ σάρκα προβολὴν

Seiten rund und nannte ihn Gehirn oder Kopfmark, weil d
nach Vollendung jedes lebendigen Wesens das ihn einschlie-
ßende Gefäß der Kopf sein sollte. Den Teil dagegen, welcher
die übrigen sterblichen Bestandteile der Seele in sich enthal-
ten sollte, gliederte er in eine zugleich runde und länglichte
Gestalt und benannte dies Alles Mark (im engeren Sinne),
und nachdem er hieran, wie an einen Anker die Bänder der
ganzen Seele befestigt hatte, bildete er nun um dieses Mark
herum unseren ganzen Körper, indem er zuerst für dasselbe
eine es umkleidende knöcherne Decke zusammenfügte. Den e
Knochen aber bildet er folgendermaßen. Er siebte Erde
durch, so daß sie rein und glatt wurde, und feuchtete sie
dann mit hinzugemischtem Mark an, brachte sie hierauf ins
Feuer und tauchte sie sodann in Wasser ein und abermals in
Feuer und wieder in Wasser, bis er sie endlich durch oft-
maliges Hinübertragen aus dem einen in das andere un-
schmelzbar für beide gemacht hatte. Dieser Masse nun be-
diente er sich (sodann), um aus ihr rings um das Gehirn
herum eine knöcherne Kugel zu drehen, doch ließ er in ihr
einen schmalen Ausgang. Und zur Umgebung des Nacken- 74a
wie des Rückenmarkes bildete er Wirbel aus jener Masse, die
er wie Türangeln vom Kopfe an durch den ganzen Ober-
körper unter einander ausspannte. Und so umschloß er den
ganzen Samen zu seinem Schutze mit einer steinartigen Um-
hegung und brachte Gelenke in derselben an, um ihr Bewe-
gungs- und Biegungsfähigkeit mitzuteilen, indem er sich hie-
zu der Einfügung einer Substanz bediente, welche vorzugs-
weise den Charakter des „Anderen“ an sich trug. Weil er
aber glaubte, daß die Knochen doch von allzu harter und b
unbiegsamer Beschaffenheit seien und überdies durch den in
ihnen vorgehenden Wechsel von Erhitzung und Abkühlung
(leicht) brandig werden und so bald den in ihnen befindli-
chen Samen verderben würden, so bereitete er demgemäß die
Sehnen und das Fleisch; jene, um durch sie alle Glieder mit
einander zu verbinden und dem Körper Biegsamkeit um die
Angeln und Ausdehnbarkeit vermöge ihres Anspannens und
Nachlassens zu geben, das Fleisch aber sollte sowohl als ein
Abwehrungsmittel gegen die Hitze wie als ein Schutz gegen

μὲν καυμάτων, πρόβλημα δὲ χειμώνων, ἔτι δὲ πτωμάτων
οἷον τὰ πιλητὰ ἔσεσθαι κτήματα, σώμασιν μαλακῶς καὶ c
πρᾴως ὑπείκουσαν, θερμὴν δὲ νοτίδα ἐντὸς ἑαυτῆς
ἔχουσαν θέρους μὲν ἀνιδίουσαν καὶ νοτιζομένην ἔξωθεν
ψῦχος κατὰ πᾶν τὸ σῶμα παρέξειν οἰκεῖον, διὰ χειμῶνος
δὲ πάλιν αὖ τούτῳ τῷ πυρὶ τὸν προσφερόμενον ἔξωθεν καὶ
περιιστάμενον πάγον ἀμυνεῖσθαι μετρίως. Ταῦτα ἡμῶν
διανοηθεὶς ὁ κηροπλάστης, ὕδατι μὲν καὶ πυρὶ καὶ γῇ
συμμείξας καὶ συναρμόσας, ἐξ ὀξέος καὶ ἁλμυροῦ συνθεὶς
ζύμωμα ὑπομείξας αὐτοῖς, σάρκα ἔγχυμον καὶ μαλακὴν d
συνέστησεν· τὴν δὲ τῶν νεύρων φύσιν ἐξ ὀστοῦ καὶ σαρκὸς
ἀζύμου κράσεως μίαν ἐξ ἀμφοῖν μέσην δυνάμει συνεκε-
ράσατο, ξανθῷ χρώματι προσχρώμενος. Ὅθεν συντονωτέ-
ραν μὲν καὶ γλισχροτέραν σαρκῶν, μαλακωτέραν δὲ ὀστῶν
ὑγροτέραν τε ἐκτήσατο δύναμιν νεῦρα· οἷς συμπεριλαβὼν ὁ
θεὸς ὀστᾶ καὶ μυελόν, δήσας πρὸς ἄλληλα νεύροις, μετὰ
ταῦτα σαρξὶν πάντα αὐτὰ κατεσκίασεν ἄνωθεν. Ὅσα μὲν e
οὖν ἐμψυχότατα τῶν ὀστῶν ἦν, ὀλιγίσταις συνέφραττε
σαρξίν, ἃ δ᾽ ἀψυχότατα ἐντός, πλείσταις καὶ πυκνοτάταις,
καὶ δὴ κατὰ τὰς συμβολὰς τῶν ὀστῶν, ὅπῃ μήτινα ἀνάγκην
ὁ λόγος ἀπέφαινεν δεῖν αὐτὰς εἶναι, βραχεῖαν σάρκα
ἔφυσεν, ἵνα μήτε ἐμποδὼν ταῖς καμπαῖσιν οὖσαι δύσφορα
τὰ σώματα ἀπεργάζοιντο, ἅτε δυσκίνητα γιγνόμενα, μήτ᾽
αὖ πολλαὶ καὶ πυκναὶ σφόδρα τε ἐν ἀλλήλαις ἐμπεπι-
λημέναι, διὰ στερεότητα ἀναισθησίαν ἐμποιοῦσαι, δυσμνη-
μονευτότερα καὶ κωφότερα τὰ περὶ τὴν διάνοιαν ποιοῖεν.
Διὸ δὴ τό τε τῶν μηρῶν καὶ κνημῶν καὶ τὸ περὶ τὴν τῶν
ἰσχίων φύσιν τά τε περὶ τὰ τῶν βραχιόνων ὀστᾶ καὶ τὰ τῶν 75

die Kälte dienen, überdies auch beim Fallen ähnliche Dienste leisten, wie aus Filz verfertigte Gegenstände, indem es weich c und schmiegsam dem (Drucke der) Körper nachgäbe, und sollte vermöge der warmen Feuchtigkeit, die es in sich enthalte, im Sommer durch Schweiß und Nässe auf seiner Oberfläche dem ganzen Leibe eine angemessene Kühlung verschaffen, im Winter aber wiederum durch seine (innere) Wärme den von außen andringenden und den Körper umlagernden Frost hinlänglichermaßen abhalten. In dieser Erwägung gab unser Bildner demselben dadurch, daß er es durch eine Zutat von einem aus sauren und salzigen Substanzen verbundenen Gärungsstoffe zu einer angemessenen Mischung von Wasser, Feuer und Erde zusammensetzte, seine saftige d und weiche Beschaffenheit. Die Sehnen aber mischte er aus Knochen und ungesäuertem Fleische zusammen, so daß sie durch diese Vereinigung aus beiden eine mittlere Beschaffenheit annahmen, und gab ihnen eine gelbe Farbe. In Folge dessen wurden die Sehnen straffer und zäher als Fleisch, aber weicher und feuchter als Knochen.

Mit Beiden (Fleisch und Sehnen), umfaßte nun Gott Knochen und Mark in der Weise, daß er zunächst die Knochen unter einander mittelst der Sehnen verband und sodann dies (Alles) mit Fleisch überdeckte. Und zwar umkleidete er dabei e alle diejenigen Knochen, welche am meisten von der Beseelung in sich trugen, mit dem wenigsten, die aber, deren Inneres am seelenlosesten war, mit dem weichsten und dichtesten Fleisch. Und eben so ließ er auch an den Gelenken der Knochen, wo nicht die Überlegung eine Notwendigkeit dazu aufwies, wenig Fleisch wachsen, damit es weder den Biegungen hinderlich wäre und so die Körper schwerbeweglich und damit unbehülflich mache, noch auch (wie dies hätte geschehen müssen), wenn es allzu massenweise aufgehäuft und an einander gedrängt worden wäre, durch seine Festigkeit die Empfindung hemme und dadurch auch die Schärfe des Gedächtnisses und der Denkkraft abstumpfe. Daher sind denn sowohl die Schenkel und Schienbeine und die Hüftengegend, so wie die Knochen der Ober- und Unterarme und 75a alle sonstigen Teile an uns, die keine Gelenke haben, als auch

πήχεων, καὶ ὅσα ἄλλα ἡμῶν ἄναρθρα, ὅσα τε ἐντὸς ὀστᾶ δι᾽ ὀλιγότητα ψυχῆς ἐν μυελῷ κενά ἐστιν φρονήσεως, ταῦτα πάντα συμπεπλήρωται σαρξίν· ὅσα δὲ ἔμφρονα, ἧττον — εἰ μή πού τινα αὐτὴν καθ᾽ αὑτὴν αἰσθήσεων ἕνεκα σάρκα οὕτω συνέστησεν, οἷον τὸ τῆς γλώττης εἶδος — τὰ δὲ πλεῖστα ἐκείνως· ἡ γὰρ ἐξ ἀνάγκης γιγνομένη καὶ συντρεφομένη φύσις οὐδαμῇ προσδέχεται πυκνὸν ὀστοῦν καὶ b
σάρκα πολλὴν ἅμα τε αὐτοῖς ὀξυήκοον αἴσθησιν. Μάλιστα γὰρ ἂν αὐτὰ πάντων ἔσχεν ἡ περὶ τὴν κεφαλὴν σύστασις, εἴπερ ἅμα συμπίπτειν ἠθελησάτην, καὶ τὸ τῶν ἀνθρώπων γένος σαρκώδη ἔχον ἐφ᾽ ἑαυτῷ καὶ νευρώδη κρατεράν τε κεφαλὴν βίον ἂν διπλοῦν καὶ πολλαπλοῦν καὶ ὑγιεινότερον καὶ ἀλυπότερον τοῦ νῦν κατεκτήσατο. Νῦν δὲ τοῖς περὶ τὴν ἡμετέραν γένεσιν δημιουργοῖς, ἀναλογιζομένοις πότερον πολυχρονιώτερον χεῖρον ἢ βραχυχρονιώτερον βέλτιον c
ἀπεργάσαιντο γένος, συνέδοξεν τοῦ πλείονος βίου, φαυλοτέρου δέ, τὸν ἐλάττονα ἀμείνονα ὄντα παντὶ πάντως αἱρετέον· ὅθεν δὴ μανῷ μὲν ὀστῷ, σαρξὶν δὲ καὶ νεύροις κεφαλήν, ἅτε οὐδὲ καμπὰς ἔχουσαν, οὐ συνεστέγασαν. Κατὰ πάντα οὖν ταῦτα εὐαισθητοτέρα μὲν καὶ φρονιμωτέρα, πολὺ δὲ ἀσθενεστέρα παντὸς ἀνδρὸς προσετέθη κεφαλὴ σώματι. Τὰ δὲ νεῦρα διὰ ταῦτα καὶ οὕτως ὁ θεὸς d
ἐπ᾽ ἐσχάτην τὴν κεφαλὴν περιστήσας κύκλῳ περὶ τὸν τράχηλον ἐκόλλησεν ὁμοιότητι, καὶ τὰς σιαγόνας ἄκρας αὐτοῖς συνέδησεν ὑπὸ τὴν φύσιν τοῦ προσώπου· τὰ δ᾽ ἄλλα εἰς ἅπαντα τὰ μέλη διέσπειρε, συνάπτων ἄρθρον ἄρθρῳ. Τὴν δὲ δὴ τοῦ στόματος ἡμῶν δύναμιν ὀδοῦσιν καὶ γλώττῃ καὶ χείλεσιν ἕνεκα τῶν ἀναγκαίων καὶ τῶν ἀρίστων διεκόσμησαν οἱ διακοσμοῦντες ᾗ νῦν διατέτακται, τὴν μὲν

alle diejenigen Knochen, welche in ihrem Marke nur wenig Seele haben und deshalb leer an Einsicht sind, insgesamt reichlich mit Fleisch bedeckt, alle, in denen die Einsicht ihren Sitz hat, dagegen weniger, es sei denn, daß Gott einmal eine Fleischmasse ganz für sich allein so zusammensetzte, daß sie der Empfindung dienen konnte, wie namentlich die Zunge. Meistens aber gilt die obige Regel, denn eine nach den Gesetzen der (blinden) Notwendigkeit entstehende und fortbestehende Wesenheit kann nun einmal nicht zugleich dicke b Knochen und vieles Fleisch und doch dabei Feinheit der Empfindungen besitzen. Denn hätte sich Beides mit einander verbinden lassen, so würde diese Verbindung am Allermeisten dem Kopfe bei seiner Einrichtung zu Teil geworden sein, da, wenn das Menschengeschlecht einen fleischigen, sehnigen und starken Kopf auf seinem Rumpfe trüge, ihm sicher ein doppelt und vielmals so langes, gesünderes und schmerzenfreieres Leben zu eigen geworden wäre. Nun aber kamen die Werkmeister unserer Entstehung bei ihrer Überlegung, ob sie ein längerlebendes schlechteres oder ein kür- c zerlebendes besseres Geschlecht schaffen sollten, einstimmig zu der Ansicht, daß einem längeren, aber schlechteren ein kürzeres, aber besseres Leben für ein jedes Wesen in jedem Falle vorzuziehen sei, und demzufolge bedeckten sie denn den Kopf wohl mit einem dünnen Knochen, nicht aber mit Fleisch und Sehnen, so wie er denn ja auch keine Biegungen hatte. Und so wurde diesem allen gemäß der Kopf als ein zwar reicher mit Empfindung und Vernunft begabter, aber auch weit schwächerer (Teil) dem Leibe eines jeden Menschen aufgesetzt. Die Sehnen aber heftete Gott aus den obi- d gen Gründen und in der obigen Weise teils ganz gleichmäßig am Ende des Kopfes rings um den Hals herum an und verband durch sie die Enden der Kinnladen unterhalb des Antlitzes, teils verteilte er sie (entsprechend) durch alle Gliedmaßen zur gegenseitigen Verknüpfung der Gelenke. Unsern Mund aber versahen die Urheber unserer Ausstattung mit seiner gegenwärtigen Einrichtung von Zähnen, Zunge und Lippen, so wie sie die (gemeinsame) Rücksicht auf das von der (bloßen) Notwendigkeit Gebotene und auf das Beste an

εἴσοδον τῶν ἀναγκαίων μηχανώμενοι χάριν, τὴν δ' ἔξοδον e
τῶν ἀρίστων· ἀναγκαῖον μὲν γὰρ πᾶν ὅσον εἰσέρχεται
τροφὴν διδὸν τῷ σώματι, τὸ δὲ λόγων νᾶμα ἔξω ῥέον
καὶ ὑπηρετοῦν φρονήσει κάλλιστον καὶ ἄριστον πάντων
ναμάτων. Τὴν δ' αὖ κεφαλὴν οὔτε μόνον ὀστεΐνην ψιλὴν
δυνατὸν ἐᾶν ἦν διὰ τὴν ἐν ταῖς ὥραις ἐφ' ἑκάτερον
ὑπερβολήν, οὔτ' αὖ συσκιασθεῖσαν κωφὴν καὶ ἀναίσθητον
διὰ τὸν τῶν σαρκῶν ὄχλον περιιδεῖν γιγνομένην· τῆς δὴ
σαρκοειδοῦς φύσεως οὐ καταξηραινομένης λέμμα μεῖζον 76
περιγιγνόμενον ἐχωρίζετο, δέρμα τὸ νῦν λεγόμενον. Τοῦτο
δὲ διὰ τὴν περὶ τὸν ἐγκέφαλον νοτίδα συνιὸν αὐτὸ πρὸς
αὑτὸ καὶ βλαστάνον κύκλῳ περιημφιέννυεν τὴν κεφαλήν· ἡ
δὲ νοτὶς ὑπὸ τὰς ῥαφὰς ἀνιοῦσα ἦρδε καὶ συνέκλεισεν αὐτὸ
ἐπὶ τὴν κορυφήν, οἷον ἅμμα συναγαγοῦσα, τὸ δὲ τῶν
ῥαφῶν παντοδαπὸν εἶδος γέγονε διὰ τὴν τῶν περιόδων
δύναμιν καὶ τῆς τροφῆς, μᾶλλον μὲν ἀλλήλοις μαχομένων
τούτων πλείους, ἧττον δὲ ἐλάττους. Τοῦτο δὴ πᾶν τὸ b
δέρμα κύκλῳ κατεκέντει πυρὶ τὸ θεῖον, τρηθέντος δὲ καὶ
τῆς ἰκμάδος ἔξω δι' αὐτοῦ φερομένης τὸ μὲν ὑγρὸν καὶ
θερμὸν ὅσον εἰλικρινὲς ἀπῄειν, τὸ δὲ μεικτὸν ἐξ ὧν καὶ τὸ
δέρμα ἦν, αἰρόμενον μὲν ὑπὸ τῆς φορᾶς ἔξω μακρὸν
ἐτείνετο, λεπτότητα ἴσην ἔχον τῷ κατακεντήματι, διὰ δὲ
βραδυτῆτα ἀπωθούμενον ὑπὸ τοῦ περιεστῶτος ἔξωθεν
πνεύματος πάλιν ἐντὸς ὑπὸ τὸ δέρμα εἱλλόμενον κατερρι- c
ζοῦτο· καὶ κατὰ ταῦτα δὴ τὰ πάθη τὸ τριχῶν γένος ἐν τῷ

die Hand gab, indem sie bei diesem ihrem Werke den Ein- e
gang der ersteren, den Ausgang aber der letzteren Ursache
zuwiesen, denn der (bloßen) Notwendigkeit gehört (die Ein-
richtung für) alles Dasjenige an, was in den Mund eingeht,
um dem Körper Nahrung zu geben, der Fluß der Rede aber,
welcher vom Munde ausgeht und dem Gedanken dient, ist
der schönste und beste von allen Flüssen. Ferner nun den
Kopf war es weder möglich bloß aus nacktem Knochen be-
stehen zu lassen, wegen des Übermaßes (in der Witterung),
welches die Jahrszeiten nach entgegengesetzter Seite hin mit
sich bringen, noch auch mit anzusehen, wenn er durch eine
ganz dichte Bedeckung stumpf und unempfindlich würde in
Folge der Masse des Fleisches. Es war nun von der Fleisch- 76a
substanz da, wo sie austrocknete, eine beträchtliche Rinde,
die sich von ihr aussonderte, zurückgeblieben, das, was man
jetzt Haut nennt, und mit dieser (Rinde), die durch die
Feuchtigkeit aus der Umgebung des Gehirnes Zusammenhalt
und Wachstum erhielt, umkleidete Gott rings herum den
Kopf, und indem nun jene Feuchtigkeit durch die Kopfnähte
aufstieg, schloß sie durch fortwährendes Benetzen dieselbe
über den Scheitel gleichsam wie in einen Knoten zusammen.
Jene mancherlei Nähte aber sind entstanden durch das Ge-
geneinanderwirken der Seelenumläufe und der aufgenom-
menen Nahrungsmittel, und zwar in größerer Zahl, wenn
dieser Kampf ein stärkerer, in geringerer, wenn er ein schwä- b
cherer ist. Diese ganze Haut nun ward von der Gottheit
(hierauf) rings herum mit Feuer durchstochen, worauf denn
von der nunmehr aus diesen (vielen kleinen) Stichwunden an
ihre Oberfläche hervortreibenden warmen Feuchtigkeit alle
unvermischten Teile sich entfernten, alle diejenigen dagegen,
welche aus denselben Bestandteilen, wie die Haut, zusam-
mengesetzt waren, zwar von dem Triebe nach außen in die
Höhe gehoben wurden und sich so in einer gleichen Fein-
heit, wie der Durchstich, in die Länge ausdehnten, aber we-
gen der Langsamkeit (dieser ihrer Bewegung) von der äu-
ßeren Luft zurückgestoßen und wieder nach dem Inneren
der Haut zu hinabgedrängt wurden, bis sie in ihr festwur- c
zelten. Und zufolge dieser Vorgänge sind die Haare auf der

δέρματι πέφυκεν, συγγενὲς μὲν ἱμαντῶδες ὂν αὐτοῦ, σκληρότερον δὲ καὶ πυκνότερον τῇ πιλήσει τῆς ψύξεως, ἣν ἀποχωριζομένη δέρματος ἑκάστη θρὶξ ψυχθεῖσα συνεπιλήθη. Τούτῳ δὴ λασίαν ἡμῶν ἀπηργάσατο τὴν κεφαλὴν ὁ ποιῶν, χρώμενος μὲν αἰτίοις τοῖς εἰρημένοις, διανοούμενος δὲ ἀντὶ σαρκὸς αὐτὸ δεῖν εἶναι στέγασμα τῆς περὶ τὸν ἐγκέφαλον ἕνεκα ἀσφαλείας κοῦφον καὶ θέρους d χειμῶνός τε ἱκανὸν σκιὰν καὶ σκέπην παρέχειν, εὐαισθησίας δὲ οὐδὲν διακώλυμα ἐμποδὼν γενησόμενον. Τὸ δ' ἐν τῇ περὶ τοὺς δακτύλους καταπλοκῇ τοῦ νεύρου καὶ τοῦ δέρματος ὀστοῦ τε, συμμειχθὲν ἐκ τριῶν, ἀποξηρανθὲν ἓν κοινὸν συμπάντων σκληρὸν γέγονεν δέρμα, τοῖς μὲν συναιτίοις τούτοις δημιουργηθέν, τῇ δὲ αἰτιωτάτῃ διανοίᾳ τῶν ἔπειτα ἐσομένων ἕνεκα εἰργασμένον. Ὡς γάρ ποτε ἐξ ἀνδρῶν γυναῖκες καὶ τἆλλα θηρία γενήσοιντο, ἠπίσταντο οἱ e συνιστάντες ἡμᾶς, καὶ δὴ καὶ τῆς τῶν ὀνύχων χρείας ὅτι πολλὰ τῶν θρεμμάτων καὶ ἐπὶ πολλὰ δεήσοιτο ᾔδεσαν, ὅθεν ἐν ἀνθρώποις εὐθὺς γιγνομένοις ὑπετυπώσαντο τὴν τῶν ὀνύχων γένεσιν. Τούτῳ δὴ τῷ λόγῳ καὶ ταῖς προφάσεσιν ταύταις δέρμα τρίχας ὄνυχάς τε ἐπ' ἄκροις τοῖς κώλοις ἔφυσαν·

Ἐπειδὴ δὲ πάντ' ἦν τὰ τοῦ θνητοῦ ζῴου συμπεφυκότα μέρη καὶ μέλη, τὴν δὲ ζωὴν ἐν πυρὶ καὶ πνεύματι συνέ- 77
βαινεν ἐξ ἀνάγκης ἔχειν αὐτῷ, καὶ διὰ ταῦτα ὑπὸ τούτων τηκόμενον κενούμενόν τ' ἔφθινεν, βοήθειαν αὐτῷ θεοὶ μηχανῶνται. Τῆς γὰρ ἀνθρωπίνης συγγενῆ φύσεως φύσιν

Haut erwachsen, riemenartig und in so fern von verwandter
Beschaffenheit mit der Haut selber, aber härter und von
dichteren Teilen vermöge des Druckes der Kälte, welchen
jedes Haar in Folge des mit seiner Entfernung von der Haut
notwendig eintretenden Verlustes seiner Wärme erfuhr. So
hat denn mit ihnen unser Schöpfer unserem Kopfe seine rau-
he Bekleidung gegeben mit Anwendung der beschriebenen
Ursachen und in der Erwägung, daß sie an der Stelle des
Fleisches ihm zur Sicherung des Gehirnes eine leichte Be- d
deckung liefern sollten, welche im Sommer wie im Winter
ihm Schatten und Schutz zu gewähren geeignet sein und
dabei doch der Leichtigkeit seines Empfindens kein Hinder-
nis in den Weg legen würde. Bei der Verflechtung aber von
Sehnen, Haut und Knochen, aus welcher die Finger entstan-
den, trocknete gleichfalls ein Teil dieser dreiteiligen Mi-
schung aus, und es bildete sich so eine allen Dreien ge-
meinsam angehörige harte Haut, die zwar vermöge dieser
mitwirkenden Ursachen zubereitet, aber doch (in Wahrheit)
durch die eigentlich so zu nennende Ursache in Rücksicht
auf die späteren Entwicklungen hervorgerufen ward. Denn
daß einst aus Männern Weiber und selbst Tiere werden soll- e
ten, das wußten unsere Bildner wohl, und eben so erkannten
sie auch, daß viele von den Tieren der Nägel, und zwar zu
vielen Dingen, bedürfen würden und daher bildeten sie diese
den Menschen gleich bei ihrer Entstehung an. Aus solchem
Grunde und zu solchen Zwecken ließen sie Haut, Haare und
Nägel (teils auf der Oberfläche des Körpers, teils) an den
Enden der Glieder wachsen.

2.4.2. Die Pflanzen – erschaffen zur Ernährung des Menschen – haben als beseelte Lebewesen ohne Selbstbewegung doch Anteil an der Seelenart im Bauch

Da nun so alle Teile und Gliedmaßen des sterblichen be-
lebten Wesens zusammengewachsen waren, die Notwendig- 77a
keit aber es mit sich brachte, daß an Feuer und Luft sein
Lebensprozeß gebunden war, und es deshalb in zerstörender
Weise von jenem zerschmolzen und von dieser ausgesogen
wurde, so bereiteten die Götter ihm hiegegen eine Abhülfe,

ἄλλαις ἰδέαις καὶ αἰσθήσεσιν κεραννύντες, ὥσθ' ἕτερον ζῷον εἶναι, φυτεύουσιν· ἃ δὴ νῦν ἥμερα δένδρα καὶ φυτὰ καὶ σπέρματα παιδευθέντα ὑπὸ γεωργίας τιθασῶς πρὸς ἡμᾶς ἔσχεν, πρὶν δὲ ἦν μόνα τὰ τῶν ἀγρίων γένη, πρεσβύ- b
τερα τῶν ἡμέρων ὄντα. Πᾶν γὰρ οὖν ὅτιπερ ἂν μετάσχῃ τοῦ ζῆν, ζῷον μὲν ἂν ἐν δίκῃ λέγοιτο ὀρθότατα· μετέχει γε μὴν τοῦτο ὃ νῦν λέγομεν τοῦ τρίτου ψυχῆς εἴδους, ὃ μεταξὺ φρενῶν ὀμφαλοῦ τε ἱδρῦσθαι λόγος, ᾧ δόξης μὲν λογισμοῦ τε καὶ νοῦ μέτεστιν τὸ μηδέν, αἰσθήσεως δὲ ἡδείας καὶ ἀλγεινῆς μετὰ ἐπιθυμιῶν. Πάσχον γὰρ διατελεῖ πάντα, στραφέντι δ' αὐτῷ ἐν ἑαυτῷ περὶ ἑαυτό, τὴν μὲν ἔξωθεν ἀπωσαμένῳ κίνησιν, τῇ δ' οἰκείᾳ χρησαμένῳ, τῶν αὐτοῦ τι λογί- c
σασθαι κατιδόντι φύσει οὐ παραδέδωκεν ἡ γένεσις. Διὸ δὴ ζῇ μὲν ἔστιν τε οὐχ ἕτερον ζῴου, μόνιμον δὲ καὶ κατερριζωμένον πέπηγεν διὰ τὸ τῆς ὑφ' ἑαυτοῦ κινήσεως ἐστερῆσθαι.

Ταῦτα δὴ τὰ γένη πάντα φυτεύσαντες οἱ κρείττους τοῖς ἥττοσιν ἡμῖν τροφήν, τὸ σῶμα αὐτὸ ἡμῶν διωχέτευσαν τέμνοντες οἷον ἐν κήποις ὀχετούς, ἵνα ὥσπερ ἐκ νάματος ἐπιόντος ἄρδοιτο. Καὶ πρῶτον μὲν ὀχετοὺς κρυφαίους ὑπὸ τὴν σύμφυσιν τοῦ δέρματος καὶ τῆς σαρκὸς δύο φλέβας d
ἔτεμον νωτιαίας, δίδυμον ὡς τὸ σῶμα ἐτύγχανεν δεξιοῖς τε

indem sie eine der menschlichen verwandte Natur, die sie aber mit einer anderen Gestalt und anderen Empfindungen ausrüsteten, so daß sie zu einer anderen Art von sterblichen belebten Wesen ward, erzeugten. Es sind dies nämlich die Bäume und Pflanzen mit ihren Samen und Früchten, welche jetzt durch die Pflege des Landbaus veredelt und gleichsam gezähmt und an uns gewöhnt sind, während es vormals nur die wilden Gattungen gab, die ja älter sind als die veredelten. b
Alles nämlich, was nur irgend am Leben Teil hat, wird auch mit vollem Rechte ein lebendiges Wesen genannt werden; es hat ja aber alles eben Erwähnte wenigstens an jener dritten Art von Seele Teil, welche nach unserer Erörterung zwischen Zwerchfell und Nabel ihren Sitz hat, und zwar nichts von Vorstellung, Überlegung und Vernunft, wohl aber Empfindung des Angenehmen und Unangenehmen nebst Begierden in sich trägt. Denn Alles, was Pflanze heißt, ist fortwährend allen äußeren Einwirkungen ausgesetzt, dagegen einen inneren Kreisumlauf zu vollziehen, indem es die von außen kommende Bewegung zurückstieße und der ihr c
eigentümlichen folgte, und so Etwas von ihren eigenen Zuständen durch Nachdenken über die Natur derselben sich zum Bewußtsein zu bringen, das hat ihre Entstehungsweise ihr nicht verliehen. Daher nun lebt es zwar und ist nicht anders, als ein beseeltes Wesen zu nennen, aber es haftet eingewurzelt an derselben Stelle fest, weil es der eignen Bewegung beraubt ist.

2.4.3. Die Versorgungseinrichtungen des Organismus

2.4.3.1. Die beiden Rückenadern als Hauptversorgungskanäle und das Bewässerungssystem des Körpers. Die „Fischreuse“ und die Atmung

Nachdem nun die Mächtigeren für uns Schwächere alle diese Pflanzenarten zur Nahrung geschaffen hatten, durchzogen sie unseren Körper selbst, ähnlich wie man in Gärten tut, mit Kanälen, um ihn gleichsam mit zufließendem Wasser zu berieseln. Und zwar führten sie zunächst verborgene Kanäle unter die Vereinigung der Haut und des Fleisches, näm- d
lich die Rückenadern, zwei an der Zahl, weil auch der Kör-

καὶ ἀριστεροῖς ὄν· ταύτας δὲ καθῆκαν παρὰ τὴν ῥάχιν, καὶ
τὸν γόνιμον μεταξὺ λαβόντες μυελόν, ἵνα οὗτός τε ὅτι
μάλιστα θάλλοι, καὶ ἐπὶ τἆλλα εὔρους ἐντεῦθεν ἅτε ἐπὶ
κάταντες ἡ ἐπίχυσις γιγνομένη παρέχοι τὴν ὑδρείαν
ὁμαλήν. Μετὰ δὲ ταῦτα σχίσαντες περὶ τὴν κεφαλὴν τὰς
φλέβας καὶ δι' ἀλλήλων ἐναντίας πλέξαντες διεῖσαν, τὰς e
μὲν ἐκ τῶν δεξιῶν ἐπὶ τἀριστερὰ τοῦ σώματος, τὰς δ' ἐκ
τῶν ἀριστερῶν ἐπὶ τὰ δεξιὰ κλίναντες, ὅπως δεσμὸς ἅμα
τῇ κεφαλῇ πρὸς τὸ σῶμα εἴη μετὰ τοῦ δέρματος, ἐπειδὴ
νεύροις οὐκ ἦν κύκλῳ κατὰ κορυφὴν περιειλημμένη, καὶ δὴ
καὶ τὸ τῶν αἰσθήσεων πάθος ἵν' ἀφ' ἑκατέρων τῶν μερῶν
εἰς ἅπαν τὸ σῶμα εἴη διάδηλον. Τὸ δ' ἐντεῦθεν ἤδη τὴν
ὑδραγωγίαν παρεσκεύασαν τρόπῳ τινὶ τοιῷδε, ὃν κατοψό- 78
μεθα ῥᾷον προδιομολογησάμενοι τὸ τοιόνδε, ὅτι πάντα ὅσα
ἐξ ἐλαττόνων συνίσταται στέγει τὰ μείζω, τὰ δὲ ἐκ
μειζόνων τὰ σμικρότερα οὐ δύναται, πῦρ δὲ πάντων γενῶν
σμικρομερέστατον, ὅθεν δι' ὕδατος καὶ γῆς ἀέρος τε καὶ
ὅσα ἐκ τούτων συνίσταται διαχωρεῖ καὶ στέγειν οὐδὲν αὐτὸ
δύναται. Ταὐτὸν δὴ καὶ περὶ τῆς παρ' ἡμῖν κοιλίας δια-
νοητέον, ὅτι σιτία μὲν καὶ ποτὰ ὅταν εἰς αὐτὴν ἐμπέσῃ,
στέγει, πνεῦμα δὲ καὶ πῦρ σμικρομερέστερα ὄντα τῆς b
αὐτῆς συστάσεως οὐ δύναται. Τούτοις οὖν κατεχρήσατο ὁ
θεὸς εἰς τὴν ἐκ τῆς κοιλίας ἐπὶ τὰς φλέβας ὑδρείαν,
πλέγμα ἐξ ἀέρος καὶ πυρὸς οἷον οἱ κύρτοι συνυφηνάμενος,
διπλᾶ κατὰ τὴν εἴσοδον ἐγκύρτια ἔχον, ὧν θάτερον αὖ
πάλιν διέπλεξεν δίκρουν· καὶ ἀπὸ τῶν ἐγκυρτίων δὴ
διετείνατο οἷον σχοίνους κύκλῳ διὰ παντὸς πρὸς τὰ
ἔσχατα τοῦ πλέγματος. Τὰ μὲν οὖν ἔνδον ἐκ πυρὸς c
συνεστήσατο τοῦ πλοκάνου ἅπαντα, τὰ δ' ἐγκύρτια καὶ τὸ

per sich in zwei Seiten, die rechte und die linke, teilt. Beide aber leiteten sie am Rückgrat hinunter, so daß sie das lebenbedingende Mark in ihre Mitte nahmen, damit so sowohl dieses am besten gedeihe, als auch der Zufluß zu den übrigen Körperteilen, da diese niedriger liegen, ungehemmt von Statten gehe und so der (ganzen) Bewässerung Gleichmäßigkeit verleihe. Hierauf ließen sie um den Kopf herum die Adern sich verteilen und in (vielfachen) Verflechtungen nach ent- e
gegengesetzten Richtungen sich ausbreiten, so daß sie teils von der Rechten zur Linken des Körpers, teils von der Linken zur Rechten sich wandten, damit außer der Haut noch Ein Band zwischen Kopf und Rumpf vorhanden sei, in sofern jener nicht rings herum am Scheitel mit Sehnen eingefaßt war, und sodann auch damit die Sinneneindrücke von beiden Seiten her durch den ganzen Körper fortgepflanzt würden. Von da aber schritten sie zur Einrichtung der Wasserleitung in einer Weise, die wir leichter begreifen werden, 78a
wenn wir zuvor dahin übereingekommen sind, daß Alles, was aus kleineren Teilen besteht, das Größerteilige nicht hindurchlasse, dieses aber jenes zurückzuhalten nicht im Stande sei, und daß darnach das Feuer, weil es unter allen sogenannten Elementen die kleinsten Bestandteile hat, durch Wasser, Erde, Luft und Alles, was aus ihnen zusammengesetzt ist, hindurchgeht und Nichts es zurückzuhalten vermag. Eben so ist daher auch von unserer Bauchhöhle anzunehmen, daß sie zwar Speisen und Getränke, wenn diese in sie eingehen, aufzuhalten vermag, Feuer und Luft aber nicht, weil deren Be- b
standteile kleiner als ihre eigenen sind. Dieser beiden bediente sich daher Gott zur Bewässerung der Adern aus der Bauchhöhle, indem er aus Feuer und Luft ein Geflecht von der Gestalt einer Fischreuse zusammenwebte, in dessen Höhlung (wieder) zwei Zwischengeflechte hineinliefen, von denen er das eine wiederum so flocht, daß es zwei Hälse bekam. Und von diesen Binnengeflechten spannte er gleichsam Seile rings herum durch das ganze Netz bis an die Außenwände desselben aus. Das Innere desselben nun bildete er ganz aus c
Feuer, die Binnen- und das Außengeflechte aber aus Luft. Dann nahm er es und umzog damit das von ihm gebildete

κύτος ἀεροειδῆ, καὶ λαβὼν αὐτὸ περιέστησεν τῷ πλασθέντι
ζῴῳ τρόπον τοιόνδε. Τὸ μὲν τῶν ἐγκυρτίων εἰς τὸ στόμα
μεθῆκεν· διπλοῦ δὲ ὄντος αὐτοῦ, κατὰ μὲν τὰς ἀρτηρίας
εἰς τὸν πλεύμονα καθῆκεν θάτερον, τὸ δ' εἰς τὴν κοιλίαν
παρὰ τὰς ἀρτηρίας· τὸ δ' ἕτερον σχίσας τὸ μέρος ἑκάτερον
κατὰ τοὺς ὀχετοὺς τῆς ῥινὸς ἀφῆκεν κοινόν, ὥσθ' ὅτε μὴ
κατὰ στόμα ἴοι θάτερον, ἐκ τούτου πάντα καὶ τὰ ἐκείνου
ῥεύματα ἀναπληροῦσθαι. Τὸ δὲ ἄλλο κύτος τοῦ κύρτου d
περὶ τὸ σῶμα ὅσον κοῖλον ἡμῶν περιέφυσεν, καὶ πᾶν δὴ
τοῦτο τοτὲ μὲν εἰς τὰ ἐγκύρτια συρρεῖν μαλακῶς, ἅτε
ἀέρα ὄντα, ἐποίησεν, τοτὲ δὲ ἀναρρεῖν μὲν τὰ ἐγκύρτια, τὸ
δὲ πλέγμα, ὡς ὄντος τοῦ σώματος μανοῦ, δύεσθαι εἴσω δι'
αὐτοῦ καὶ πάλιν ἔξω, τὰς δὲ ἐντὸς τοῦ πυρὸς ἀκτῖνας
διαδεδεμένας ἀκολουθεῖν ἐφ' ἑκάτερα ἰόντος τοῦ ἀέρος,
καὶ τοῦτο, ἕωσπερ ἂν τὸ θνητὸν συνεστήκῃ ζῷον, μὴ e
διαπαύεσθαι γιγνόμενον· τούτῳ δὲ δὴ τῷ γένει τὸν τὰς
ἐπωνυμίας θέμενον ἀναπνοὴν καὶ ἐκπνοὴν λέγομεν θέσθαι
τοὔνομα. Πᾶν δὲ δὴ τό τ' ἔργον καὶ τὸ πάθος τοῦθ' ἡμῶν
τῷ σώματι γέγονεν ἀρδομένῳ καὶ ἀναψυχομένῳ τρέφεσθαι
καὶ ζῆν· ὁπόταν γὰρ εἴσω καὶ ἔξω τῆς ἀναπνοῆς ἰούσης τὸ
πῦρ ἐντὸς συνημμένον ἕπηται, διαιωρούμενον δὲ ἀεὶ διὰ
τῆς κοιλίας εἰσελθὸν τὰ σιτία καὶ ποτὰ λάβῃ, τήκει δή, 79
καὶ κατὰ σμικρὰ διαιροῦν, διὰ τῶν ἐξόδων ᾗπερ πορεύεται
διάγον, οἷον ἐκ κρήνης ἐπ' ὀχετοὺς ἐπὶ τὰς φλέβας ἀντλοῦν
αὐτά, ῥεῖν ὥσπερ αὐλῶνος διὰ τοῦ σώματος τὰ τῶν φλεβῶν
ποιεῖ ῥεύματα.

lebendige Wesen in folgender Weise. Die Gesamtheit der Binnengeflechte ließ er in den Mund hinein, und da ihrer zwei waren, so führte er das eine durch die Luftröhre in die Lunge, das andere aber längs der Luftröhre in die Bauchhöhle hinab. Hierauf (erst) teilte er das erstere, und zwar so, daß er den gemeinsamen Stamm in zwei Ästen in die Kanäle der Nase einmünden ließ, so daß, wenn jener andere Ausgang in den Mund hinein (einmal) verstopft wäre, die auf ihn angewiesenen Strömungen durch diese letzteren mit versorgt d
werden könnten. Die (gesamte) übrige Höhlung der Reuse ließ er dagegen um den ganzen hohlen Teil unseres Körpers herumwachsen und veranstaltete so, daß bald dies Ganze sanft in die Binnengeflechte, die ja aus Luft bestanden, zusammenfloß, bald wieder sie ihrerseits zurückflossen, und daß das Außengeflecht bei der lockeren Beschaffenheit des Körpers durch denselben hinein- und wieder heraustrat und die in das Innere eingewobenen Feuerstrahlen dabei dem Zuge dieser Luft nach beiden Seiten hin folgten, und dies (Alles), so lange das sterbliche Wesen fortbestand, zu ge- e
schehen nicht aufhörte. Wer nun dieser ganzen Einrichtung ihren Namen beigelegt, der hat sie nach unserer Behauptung mit dem des Ein- und Ausatmens bezeichnet. Dieses ganze Tun und Leiden ist nun aber unserem Körper zu Teil geworden, damit er durchfeuchtet und abgekühlt werde und so sich ernähren und leben könne. Denn indem das dem Netze eingewobene Feuer dem ein- und ausströmenden Atemzuge folgt, wird es in einer beständigen Schwingung durch die Bauchhöhle erhalten, und indem es dann beim Eindringen in dieselbe die Speisen und Getränke ergreift, schmelzt es die- 79a
selben, zerlegt sie in kleine Teile, führt sie durch die Ausgänge, durch welche sein Weg geht, hindurch und leitet sie wie aus einer Quelle in die Kanäle der Adern fort, so daß deren Strömungen den Körper wie ein schluchtenreiches Gebirge durchfluten.

Πάλιν δὲ τὸ τῆς ἀναπνοῆς ἴδωμεν πάθος, αἷς χρώμενον αἰτίαις τοιοῦτον γέγονεν οἷόνπερ τὰ νῦν ἐστιν. Ὧδ' οὖν. Ἐπειδὴ κενὸν οὐδέν ἐστιν εἰς ὃ τῶν φερομένων δύναιτ' ἂν b εἰσελθεῖν τι, τὸ δὲ πνεῦμα φέρεται παρ' ἡμῶν ἔξω, τὸ μετὰ τοῦτο ἤδη παντὶ δῆλον ὡς οὐκ εἰς κενόν, ἀλλὰ τὸ πλησίον ἐκ τῆς ἕδρας ὠθεῖ· τὸ δ' ὠθούμενον ἐξελαύνει τὸ πλησίον ἀεί, καὶ κατὰ ταύτην τὴν ἀνάγκην πᾶν περιελαυνόμενον εἰς τὴν ἕδραν ὅθεν ἐξῆλθεν τὸ πνεῦμα, εἰσιὸν ἐκεῖσε καὶ ἀναπληροῦν αὐτὴν συνέπεται τῷ πνεύματι, καὶ τοῦτο ἅμα πᾶν οἷον τροχοῦ περιαγομένου γίγνεται διὰ c τὸ κενὸν μηδὲν εἶναι. Διὸ δὴ τὸ τῶν στηθῶν καὶ τὸ τοῦ πλεύμονος ἔξω μεθιὲν τὸ πνεῦμα πάλιν ὑπὸ τοῦ περὶ τὸ σῶμα ἀέρος, εἴσω διὰ μανῶν τῶν σαρκῶν δυομένου καὶ περιελαυνομένου, γίγνεται πλῆρες· αὖθις δὲ ἀποτρεπόμενος ὁ ἀὴρ καὶ διὰ τοῦ σώματος ἔξω ἰὼν εἴσω τὴν ἀναπνοὴν περιωθεῖ κατὰ τὴν τοῦ στόματος καὶ τὴν τῶν μυκτήρων δίοδον. Τὴν δ' αἰτίαν τῆς ἀρχῆς αὐτῶν θετέον τήνδε. Πᾶν d ζῷον αὑτοῦ τἀντὸς περὶ τὸ αἷμα καὶ τὰς φλέβας θερμότατα ἔχει, οἷον ἐν ἑαυτῷ πηγήν τινα ἐνοῦσαν πυρός· ὃ δὴ καὶ προσῃκάζομεν τῷ τοῦ κύρτου πλέγματι, κατὰ μέσον διατεταμένον ἐκ πυρὸς πεπλέχθαι πᾶν, τὰ δὲ ἄλλα ὅσα ἔξωθεν, ἀέρος. Τὸ θερμὸν δὴ κατὰ φύσιν εἰς τὴν αὑτοῦ χώραν ἔξω πρὸς τὸ συγγενὲς ὁμολογητέον ἰέναι· δυοῖν δὲ τοῖν διεξόδοιν οὔσαιν, τῆς μὲν κατὰ τὸ σῶμα ἔξω, τῆς δὲ αὖ κατὰ τὸ στόμα καὶ τὰς ῥῖνας, ὅταν μὲν ἐπὶ θάτερα ὁρμήσῃ, e θάτερα περιωθεῖ, τὸ δὲ περιωσθὲν εἰς τὸ πῦρ ἐμπῖπτον

2.4.3.2. Erklärung des Atemvorgangs

Doch betrachten wir noch einmal den Hergang des Atemholens (und sehen zu), durch welche Ursachen er zu seiner gegenwärtigen Einrichtung gediehen ist. Damit steht es nun so. Da es nichts Leeres gibt, in welches etwas von dem in b
Bewegung Befindlichen hineintreten könnte, der Atem aber von uns nach außen bewegt wird, so ist demgemäß bereits Jedermann klar, daß er dabei nicht in einen leeren Raum eingeht, sondern das Nächste aus seiner Stelle verdrängt, und dies seinerseits treibt immer wieder das Nächste weg; und so wird vermöge dessen Alles notwendig nach der Stelle zu getrieben, von wo der Atem ausging, dringt in dieselbe ein, füllt sie aus und folgt dem Atem, und dies geschieht alles gleichmäßig wie wenn sich ein Rad umdreht, weil es nichts c
Leeres gibt. Deswegen werden denn Brust und Lunge, wenn sie den Atem von sich geben, wieder von der den Körper umgebenden Luft, indem dieselbe in diesem Kreislaufe durch das Fleisch bei dessen lockerer Beschaffenheit eindringt, angefüllt; sobald dann aber diese Luft vermöge der Rücckehr jenes Kreislaufes in sich selbst durch den Körper wieder nach außen abzieht, so treibt sie dadurch den Atem in die Eingänge des Mundes und der Nase hinein. Als die Ursache des Beginns jener Kreisbewegung aber ist Folgendes anzu- d
sehen. Jeder lebendige Körper hat seine größte innere Wärme im Blute und in den Adern, die gleichsam eine in ihm befindliche Feuerquelle sind, weshalb wir denn auch bei unserer zu Grunde gelgten Vergleichung mit dem Geflechte einer Fischreuse angaben, daß Alles, was in dem inneren Raume derselben ausgespannt, aus Feuer zusammengeflochten sei, während alle äußeren Hüllen an ihr aus Luft beständen. Nun strebt ja aber zugestandenermaßen alles Warme naturgemäß nach seinem eigentümlichen Orte zu dem ihm Verwandten hinaus, und da der Wege dahin nur zwei sind, der eine durch die Oberfläche des Körpers, der andere aber durch Mund und Nase, so setzt es, sobald es nach der einen e
Seite hindrängt, die nach der andern zu befindliche umgebende Luft in Umlauf, und indem dieselbe so in den Körper hineingedrängt wird, nimmt sie die Wärme desselben an,

θερμαίνεται, τὸ δ' ἐξιὸν ψύχεται. Μεταβαλλούσης δὲ τῆς θερμότητος καὶ τῶν κατὰ τὴν ἑτέραν ἔξοδον θερμοτέρων γιγνομένων πάλιν ἐκείνῃ ῥέπον αὖ τὸ θερμότερον μᾶλλον, πρὸς τὴν αὑτοῦ φύσιν φερόμενον, περιωθεῖ τὸ κατὰ θάτερα· τὸ δὲ τὰ αὐτὰ πάσχον καὶ τὰ αὐτὰ ἀνταποδιδὸν ἀεί, κύκλον οὕτω σαλευόμενον ἔνθα καὶ ἔνθα ἀπειργασμένον ὑπ' ἀμφοτέρων τὴν ἀναπνοὴν καὶ ἐκπνοὴν γίγνεσθαι παρέχεται.

Καὶ δὴ καὶ τὰ τῶν περὶ τὰς ἰατρικὰς σικύας παθημάτων
αἴτια καὶ τὰ τῆς καταπόσεως τά τε τῶν ῥιπτουμένων, ὅσα 80
ἀφεθέντα μετέωρα καὶ ὅσα ἐπὶ γῆς φέρεται, ταύτῃ
διωκτέον, καὶ ὅσοι φθόγγοι ταχεῖς τε καὶ βραδεῖς ὀξεῖς τε
καὶ βαρεῖς φαίνονται, τοτὲ μὲν ἀνάρμοστοι φερόμενοι δι'
ἀνομοιότητα τῆς ἐν ἡμῖν ὑπ' αὐτῶν κινήσεως, τοτὲ δὲ
σύμφωνοι δι' ὁμοιότητα. Τὰς γὰρ τῶν προτέρων καὶ
θαττόνων οἱ βραδύτεροι κινήσεις ἀποπαυομένας ἤδη τε εἰς
ὅμοιον ἐληλυθυίας αἷς ὕστερον αὐτοὶ προσφερόμενοι b
κινοῦσιν ἐκείνας, καταλαμβάνουσιν, καταλαμβάνοντες δὲ
οὐκ ἄλλην ἐπεμβάλλοντες ἀνετάραξαν κίνησιν, ἀλλ' ἀρχὴν
βραδυτέρας φορᾶς κατὰ τὴν τῆς θάττονος, ἀποληγούσης
δέ, ὁμοιότητα προσάψαντες, μίαν ἐξ ὀξείας καὶ βαρείας
συνεκεράσαντο πάθην· ὅθεν ἡδονὴν μὲν τοῖς ἄφροσιν,
εὐφροσύνην δὲ τοῖς ἔμφροσιν διὰ τὴν τῆς θείας ἁρμονίας
μίμησιν ἐν θνηταῖς γενομένην φοραῖς παρέσχον. Καὶ δὴ
καὶ τὰ τῶν ὑδάτων πάντα ῥεύματα, ἔτι δὲ τὰ τῶν κεραυνῶν c

während die hinaustretende Luft sich abkühlt. Da aber so die Wärme ihren Platz verändert und vielmehr die nach dem anderen Ausgange zu (im Körper) befindliche Luft wärmer wird, so richtet sie ihren Lauf vielmehr wieder dorthin, indem sie (nach außen) dem, welchem sie angehört, zustrebt, und drängt so die (umgebende) Luft wieder nach der ersteren Seite hin. Und indem nun dergestalt die Luft fortwährend dieselbe Einwirkung empfängt und zurückgibt, läßt sie so durch Beides (durch jenes ihr Tun und dieses ihr Leiden) den hin- und herwogenden Kreislauf des Ein- und Ausatmens entstehen.

2.4.3.3. Andere Vorgänge, die wie das Atmen mit Hilfe der Bewegungslehre zu verstehen sind

Und auf diesem Wege sind denn auch die Ursachen von den bei Anwendung der Schröpfköpfe eintretenden Zuständen, so wie die des Verschluckens der Speisen und die von 80a
Dem, was mit geworfenen Körpern vorgeht, sowohl wenn sie in die Höhe, als auch wenn sie über die Erde hingeschleudert werden, zu verfolgen, desgleichen die der Schnelligkeit und Langsamkeit und (somit) Höhe und Tiefe, welche in den Tönen hervortritt und davon, daß dieselben bald im Mißklange, bald im Einklange sich bewegen, je nachdem sie einander unähnliche oder ähnliche Bewegungen in uns hervorrufen. Nämlich die Bewegungen der schnelleren und zuerst zu uns gelangenden Töne haben bereits nachgelassen und sind denen der langsameren ähnlich geworden, ehe diese b
bei ihrem späteren Anlangen sie einholen, und wenn diese dann die Bewegungen jener fortsetzen, ohne sie durch das Hinzubringen eines neuen und abweichenden Anstoßes aufzustören und zu verwirren, sondern vielmehr den Anfang einer langsameren Bewegung an das ähnliche Ende der anfänglich rascheren anknüpfen, so bringen sie dadurch einen einzigen, aus Hohem und Tiefem gemischten Eindruck zu Stande, wodurch sie den Unverständigen Lust, den Verständigen aber eine reine Freude über diese Abspiegelung der göttlichen Harmonie in den vergänglichen Bewegungen bereiten. Sodann auch alles Fließen des Wassers, sowie das Nie- c

πτώματα καὶ θαυμαζόμενα ἠλέκτρων περὶ τῆς ἕλξεως καὶ
τῶν Ἡρακλείων λίθων, πάντων τούτων ὁλκὴ μὲν οὐκ ἔστιν
οὐδενί ποτε, τὸ δὲ κενὸν εἶναι μηδὲν περιωθεῖν τε αὑτὰ
ταῦτα εἰς ἄλληλα, τό τε διακρινόμενα καὶ συγκρινόμενα
πρὸς τὴν αὑτῶν διαμειβόμενα ἕδραν ἕκαστα ἰέναι πάντα,
τούτοις τοῖς παθήμασιν πρὸς ἄλληλα συμπλεχθεῖσιν τεθαυ-
ματουργημένα τῷ κατὰ τρόπον ζητοῦντι φανήσεται.

Καὶ δὴ καὶ τὸ τῆς ἀναπνοῆς, ὅθεν ὁ λόγος ὥρμησεν, d
κατὰ ταῦτα καὶ διὰ τούτων γέγονεν, ὥσπερ ἐν τοῖς
πρόσθεν εἴρηται, τέμνοντος μὲν τὰ σιτία τοῦ πυρός,
αἰωρουμένου δὲ ἐντὸς τῷ πνεύματι συνεπομένου, τὰς
φλέβας τε ἐκ τῆς κοιλίας τῇ συναιωρήσει πληροῦντος τῷ
τὰ τετμημένα αὐτόθεν ἐπαντλεῖν· καὶ διὰ ταῦτα δὴ καθ'
ὅλον τὸ σῶμα πᾶσιν τοῖς ζῴοις τὰ τῆς τροφῆς νάματα
οὕτως ἐπίρρυτα γέγονεν. Νεότμητα δὲ καὶ ἀπὸ συγγενῶν
ὄντα, τὰ μὲν καρπῶν, τὰ δὲ χλόης, ἃ θεὸς ἐπ' αὐτὸ τοῦθ' e
ἡμῖν ἐφύτευσεν, εἶναι τροφήν, παντοδαπὰ μὲν χρώματα
ἴσχει διὰ τὴν σύμμειξιν, ἡ δ' ἐρυθρὰ πλείστη περὶ αὐτὰ
χρόα διαθεῖ, τῆς τοῦ πυρὸς τομῆς τε καὶ ἐξομόρξεως ἐν
ὑγρῷ δεδημιουργουμένη φύσις. Ὅθεν τοῦ κατὰ τὸ σῶμα
ῥέοντος τὸ χρῶμα ἔσχεν οἷαν ὄψιν διεληλύθαμεν ὃ καλοῦμεν
αἷμα, νομὴν σαρκῶν καὶ σύμπαντος τοῦ σώματος, ὅθεν
ὑδρευόμενα ἕκαστα πληροῖ τὴν τοῦ κενουμένου βάσιν· ὁ δὲ 81
τρόπος τῆς πληρώσεως ἀποχωρήσεώς τε γίγνεται καθάπερ

derfahren der Blitze und die vielbewunderte (vermeintliche) Anziehungskraft des Bernsteins und Magnets (ist eben so zu erklären): bei keiner von allen diesen Erscheinungen findet jemals wirkliche Anziehung Statt, sondern darin, daß es nichts Leeres gibt und alle Körper (daher) durch den auf einander geübten Druck einander in Kreislauf versetzten, und andererseits darin, daß es allen zukommt, mit Aufgabe des Ortes, in welchen sie durch Trennung oder Verbindung gebracht sind, nach demjenigen hinzustreben, welcher einem jeden eigentümlich ist, – in der Verflechtung dieser beiden Umstände wird der, welcher dem richtigen Verfahren bei seiner Nachforschung folgt, die Ursache dieser wunderbaren Erscheinungen finden.

2.4.3.4. Das Blut. Wachstum, Alter und natürlicher Tod

Um also zum Atemholen, von welchem diese Abschwei- d
fung ausging, zurückzukehren, so ist es gleichfalls, wie schon vorhin bemerkt, auf dieselbe Weise und aus eben diesen Ursachen entstanden, indem das Feuer die Speisen zersetzt, dem Zuge der Luft im Innern des Körpers folgt und vermöge dieser seiner Begleitung jenes Zuges die Adern aus der Bauchhöhle durch Hineinschöpfung der dort von ihm zersetzten Speiseteile anfüllt. Und wo werden denn bei allen sterblichen belebten Wesen durch den ganzen Leib hin die Ströme der Nahrung reichlich bewässert. Da aber diese Nahrungssäfte aus frischzersetzten und von verwandten Geschöpfen, teils Früchten, teils Kräutern, die Gott eben zu e
diesem Zwecke pflanzte, um uns zur Nahrung zu dienen, herrührenden Teilen bestehen, so haben sie allerlei Farben an sich in Folge dieser Mischung, aber am meisten scheint die rote durch, die ja aus der Zersetzung und dem Abdrucke des Feuers im Feuchten bereitet ward. Aus diesen Gründen also hat die Farbe der den Körper durchströmenden Flüssigkeiten das (eben) beschriebene Aussehen erhalten. Und wir nennen dieselben Blut, welches die Weide des Fleisches und des gesamten Körpers und die Quelle ist, aus welcher alle Glieder 81a
desselben die Ausfüllung der durch die abgehenden Bestandteile gelassenen Lücken schöpfen. Die Art dieser Anfüllung

ἐν τῷ παντὶ παντὸς ἡ φορὰ γέγονεν, ἣν τὸ συγγενὲς πᾶν φέρεται πρὸς ἑαυτό. Τὰ μὲν γὰρ δὴ περιεστῶτα ἐκτὸς ἡμᾶς τήκει τε ἀεὶ καὶ διανέμει πρὸς ἕκαστον εἶδος τὸ ὁμόφυλον ἀποπέμποντα, τὰ δὲ ἔναιμα αὖ, κερματισθέντα ἐντὸς παρ' ἡμῖν καὶ περιειλημμένα ὥσπερ ὑπ' οὐρανοῦ συνεστῶτος ἑκάστου τοῦ ζῴου, τὴν τοῦ παντὸς ἀναγκά- b ζεται μιμεῖσθαι φοράν· πρὸς τὸ συγγενὲς οὖν φερόμενον ἕκαστον τῶν ἐντὸς μερισθέντων τὸ κενωθὲν τότε πάλιν ἀνεπλήρωσεν. Ὅταν μὲν δὴ πλέον τοῦ ἐπιρρέοντος ἀπίῃ, φθίνει πᾶν, ὅταν δὲ ἔλαττον, αὐξάνεται. Νέα μὲν οὖν σύστασις τοῦ παντὸς ζῴου, καινὰ τὰ τρίγωνα οἷον ἐκ δρυόχων ἔτι ἔχουσα τῶν γενῶν, ἰσχυρὰν μὲν τὴν σύγκλεισιν αὐτῶν πρὸς ἄλληλα κέκτηται, συμπέπηγεν δὲ ὁ πᾶς ὄγκος αὐτῆς ἁπαλός, ἅτ' ἐκ μυελοῦ μὲν νεωστὶ γεγονυίας, c τεθραμμένης δὲ ἐν γάλακτι· τὰ δὴ περιλαμβανόμενα ἐν αὑτῇ τρίγωνα ἔξωθεν ἐπεισελθόντα, ἐξ ὧν ἂν ᾖ τά τε σιτία καὶ ποτά, τῶν ἑαυτῆς τριγώνων παλαιότερα ὄντα καὶ ἀσθενέστερα καινοῖς ἐπικρατεῖ τέμνουσα, καὶ μέγα ἀπεργάζεται τὸ ζῷον τρέφουσα ἐκ πολλῶν ὁμοίων. Ὅταν δ' ἡ ῥίζα τῶν τριγώνων χαλᾷ διὰ τὸ πολλοὺς ἀγῶνας ἐν πολλῷ χρόνῳ πρὸς πολλὰ ἠγωνίσθαι, τὰ μὲν τῆς τροφῆς d εἰσιόντα οὐκέτι δύναται τέμνειν εἰς ὁμοιότητα ἑαυτοῖς, αὐτὰ δὲ ὑπὸ τῶν ἔξωθεν ἐπεισιόντων εὐπετῶς διαιρεῖται· φθίνει δὴ πᾶν ζῷον ἐν τούτῳ κρατούμενον, γῆράς τε ὀνομάζεται τὸ πάθος. Τέλος δέ, ἐπειδὰν τῶν περὶ τὸν μυελὸν τριγώνων οἱ συναρμοσθέντες μηκέτι ἀντέχωσιν δεσμοὶ τῷ πόνῳ διιστάμενοι, μεθιᾶσιν τοὺς τῆς ψυχῆς αὖ δεσμούς, ἡ δὲ λυθεῖσα κατὰ φύσιν μεθ' ἡδονῆς ἐξέπτατο· πᾶν γὰρ τὸ μὲν παρὰ φύσιν ἀλγεινόν, τὸ δ' ᾗ πέφυκεν e

und Ausleerung aber ist ganz dieselbe wie die Bewegung von Allem im Weltall, zufolge deren alles Verwandte zu einander hingetrieben wird. Denn einerseits löst das uns Umgebende unseren Körper fortwährend auf und verteilt die abgelösten Teile unter die sogenannten Elemente, denen ein jeder angehört, andererseits sind die Bestandteile des Blutes, weil sie in uns verteilt und von dem Bau des einzelnen lebendigen Wesens so eingeschlossen sind, daß dieses für sie eine Welt bil- b
det, gezwungen die Bewegung des Weltalls nachzuahmen, und indem so diese durch den Körper zerstreuten Stoffe immer nach dem einem jeden Verwandten hingetrieben werden, füllen sie die auf die obige Weise entstandenen Lücken wieder aus. Wenn nun der Abgang dabei größer als der Zufluß ist, so schwindet Alles, wenn aber geringer, so wächst es. Ist nun der Bau des ganzen lebenden Wesens noch neu und aus frischen Elementardreiecken wie von Grunde aus herausgearbeitet, so ist die Verbindung derselben mit einander fest, seine ganze Masse dagegen von weichem Bestande, c
weil sie erst kürzlich aus Mark erwachsen und mit Milch genährt worden ist. Daher bewältigt sie denn die von außen hereintretenden und von ihr in sich aufgenommenen Dreiecke, aus welchen die Speisen und Getränke bestehen, indem sie sie mit ihren eignen neuen Dreiecken zerschneidet, da jene älter und schwächer sind als diese, und bewirkt so, daß der Körper groß wächst durch die Ernährung mit vielem ihm Ähnlichen. Sobald aber die Schärfe dieser Dreiecke abstumpft, in Folge der vielen Kämpfe, die sie viele Zeit hindurch gegen Vieles zu bestehen hatten, so vermögen sie d
die eingehenden Speiseteile nicht mehr in sich aufzulösen, sondern werden vielmehr mit Leichtigkeit selber von dem, was von außen her eindringt, aufgelöst. Dann schwindet unter dieser Bewältigung der ganze belebte Körper hin, und dieser Zustand ist es, den wir Alter nennen. Und wenn dann endlich die um die Dreiecke des Markes geknüpften Bänder, durch die (lange) Arbeit aufgelöst, nicht mehr widerhalten, so lassen sie eben damit auch die Bande der Seele los, diese aber, indem sie so der Natur gemäß ihrer Freiheit zurückgegeben wird, entfliegt mit Lust. Denn Alles, e

γιγνόμενον ἡδύ. Καὶ θάνατος δὴ κατὰ ταὐτὰ ὁ μὲν κατὰ νόσους καὶ ὑπὸ τραυμάτων γιγνόμενος ἀλγεινὸς καὶ βίαιος, ὁ δὲ μετὰ γήρως ἰὼν ἐπὶ τέλος κατὰ φύσιν ἀπονώτατος τῶν θανάτων καὶ μᾶλλον μεθ' ἡδονῆς γιγνόμενος ἢ λύπης.

Τὸ δὲ τῶν νόσων ὅθεν συνίσταται, δῆλόν που καὶ παντί.
Τεττάρων γὰρ ὄντων γενῶν ἐξ ὧν συμπέπηγεν τὸ σῶμα, 82
γῆς πυρὸς ὕδατός τε καὶ ἀέρος, τούτων ἡ παρὰ φύσιν πλεονεξία καὶ ἔνδεια καὶ τῆς χώρας μετάστασις ἐξ οἰκείας ἐπ' ἀλλοτρίαν γιγνομένη, πυρός τε αὖ καὶ τῶν ἑτέρων ἐπειδὴ γένη πλείονα ἑνὸς ὄντα τυγχάνει, τὸ μὴ προσῆκον ἕκαστον ἑαυτῷ προσλαμβάνειν, καὶ πάνθ' ὅσα τοιαῦτα, στάσεις καὶ νόσους παρέχει· παρὰ φύσιν γὰρ ἑκάστου γιγνομένου καὶ μεθισταμένου θερμαίνεται μὲν ὅσα ἂν πρότερον ψύχηται, ξηρὰ δὲ ὄντα εἰς ὕστερον γίγνεται νοτερά, b
καὶ κοῦφα δὴ καὶ βαρέα, καὶ πάσας πάντῃ μεταβολὰς δέχεται. Μόνως γὰρ δή, φαμέν, ταὐτὸν ταὐτῷ κατὰ ταὐτὸν καὶ ὡσαύτως καὶ ἀνὰ λόγον προσγιγνόμενον καὶ ἀπογιγνόμενον ἐάσει ταὐτὸν ὂν αὑτῷ σῶν καὶ ὑγιὲς μένειν· ὃ δ' ἂν πλημμελήσῃ τι τούτων ἐκτὸς ἀπιὸν ἢ προσιόν, ἀλλοιότητας παμποικίλας καὶ νόσους φθοράς τε ἀπείρους παρέξεται.

Δευτέρων δὴ συστάσεων αὖ κατὰ φύσιν συνεστηκυιῶν,

was wider die Natur geschieht, verursacht Schmerz, was aber der Natur eines Jeden entsprechend, das bereitet ihm Freude, und so ist denn auch der Tod durch Krankheiten und Wunden ein schmerzlicher und gewaltsamer, der aber, welcher mit dem Alter zum natürlichen Ende führt, ist der leichteste von allen und eher mit Lust verbunden als mit Schmerz.

2.4.4. Die Krankheiten

2.4.4.1. Die Körperkrankheiten a) aufgrund von Überfluß oder Mangel an Elementarkörpern, b) bei zusammengesetzten Substanzen (Mark, Knochen, Fleisch, Sehnen, Blut) aufgrund einer verkehrten Reihenfolge der Zusammensetzung; die Bedeutung des Blutes und anderer Körperflüssigkeiten dabei

Woraus nun aber die Krankheiten entstehen, ist wohl Jedermann klar. Da nämlich der Körper aus vier Elementen, 82a
Erde, Feuer, Wasser und Luft, zusammengesetzt ist, so haben das widernatürliche Zuviel oder Zuwenig derselben und die widernatürliche Vertauschung des ihnen zukommenden Ortes mit einem fremden, so wie die Aufnahme unangemessener Bestandteile durch das Feuer und die übrigen (im Körper vorhandenen Elemente), da es ja mehr als eine Art derselben gibt, und alle ähnlichen Vorkommenheiten Störungen und Krankheiten zur Folge. Denn wenn irgend eine von ihnen naturwidrig entsteht oder ihren Ort wechselt, so wird erhitzt was vorher kühl, und feucht was vorher trocken, und b
schwer was leicht war, kurz Alles erleidet nach allen Seiten alle möglichen Veränderungen. Nur dann aber, behaupten wir, wenn das Gleiche zu dem Gleichen gleichmäßig, auf dieselbe Weise und in richtigem Verhältnis hinzutritt und von ihm weggeht, wird ein Jedes, als sich selber gleichbleibend, sich unversehrt und gesund erhalten können, was aber beim Hinzukommen oder Abgehen gegen diese Regeln verstößt, wird die mannigfaltigsten Abweichungen und zahllose Krankheiten und Zerstörungen verursachen. Da aber aus jenen ursprünglichsten Zusammensetzungen auch wieder neue zweiten Ranges in uns gebildet sind, deren Teile auch ihr naturgemäßes Verhältnis zu einander haben, so bietet sich

δευτέρα κατανόησις νοσημάτων τῷ βουλομένῳ γίγνεται c
συννοῆσαι. Μυελοῦ γὰρ ἐξ ἐκείνων ὀστοῦ τε καὶ σαρκὸς
καὶ νεύρου συμπαγέντος, ἔτι τε αἵματος ἄλλον μὲν τρόπον,
ἐκ δὲ τῶν αὐτῶν γεγονότος, τῶν μὲν ἄλλων τὰ πλεῖστα
ᾗπερ τὰ πρόσθεν, τὰ δὲ μέγιστα τῶν νοσημάτων τῇδε
χαλεπὰ συμπέπτωκεν· ὅταν ἀνάπαλιν ἡ γένεσις τούτων
πορεύηται, τότε ταῦτα διαφθείρεται. Κατὰ φύσιν γὰρ
σάρκες μὲν καὶ νεῦρα ἐξ αἵματος γίγνεται, νεῦρον μὲν ἐξ
ἰνῶν διὰ τὴν συγγένειαν, σάρκες δὲ ἀπὸ τοῦ παγέντος ὃ d
πήγνυται χωριζόμενον ἰνῶν· τὸ δὲ ἀπὸ τῶν νεύρων καὶ
σαρκῶν ἀπιὸν αὖ γλίσχρον καὶ λιπαρὸν ἅμα μὲν τὴν σάρκα
κολλᾷ πρὸς τὴν τῶν ὀστῶν φύσιν αὐτό τε τὸ περὶ τὸν
μυελὸν ὀστοῦν τρέφον αὔξει, τὸ δ' αὖ διὰ τὴν πυκνότητα
τῶν ὀστῶν διηθούμενον καθαρώτατον γένος τῶν τριγώνων
λειότατόν τε καὶ λιπαρώτατον, λειβόμενον ἀπὸ τῶν ὀστῶν
καὶ στάζον, ἄρδει τὸν μυελόν. Καὶ κατὰ ταῦτα μὲν γιγνο- e
μένων ἑκάστων ὑγίεια συμβαίνει τὰ πολλά· νόσοι δέ, ὅταν
ἐναντίως. Ὅταν γὰρ τηκομένη σὰρξ ἀνάπαλιν εἰς τὰς
φλέβας τὴν τηκεδόνα ἐξιῇ, τότε μετὰ πνεύματος αἷμα
πολύ τε καὶ παντοδαπὸν ἐν ταῖς φλεψὶ χρώμασι καὶ
πικρότησι ποικιλλόμενον, ἔτι δὲ ὀξείαις καὶ ἁλμυραῖς
δυνάμεσι, χολὰς καὶ ἰχῶρας καὶ φλέγματα παντοῖα ἴσχει·
παλιναίρετα γὰρ πάντα γεγονότα καὶ διεφθαρμένα τό τε
αἷμα αὐτὸ πρῶτον διόλλυσι, καὶ αὐτὰ οὐδεμίαν τροφὴν ἔτι 83
τῷ σώματι παρέχοντα φέρεται πάντῃ διὰ τῶν φλεβῶν,
τάξιν τῶν κατὰ φύσιν οὐκέτ' ἔχοντα περιόδων, ἐχθρὰ μὲν
αὐτὰ αὑτοῖς διὰ τὸ μηδεμίαν ἀπόλαυσιν ἑαυτῶν ἔχειν, τῷ
συνεστῶτι δὲ τοῦ σώματος καὶ μένοντι κατὰ χώραν πολέμια,
διολλύντα καὶ τήκοντα. Ὅσον μὲν οὖν ἂν παλαιότατον ὂν

daraus, wenn man nur nachdenken will, noch eine andere c
Möglichkeit von Krankheiten der Beobachtung dar. Da
nämlich Mark, Knochen, Fleisch, Sehnen und, wenn gleich
in anderer Weise, auch das Blut aus mehreren der sogenann-
ten Elemente zusammengesetzt sind, so treten zwar bei ihnen
die meisten Krankheiten auf dem eben beschriebenen Wege
ein, die größten und schweren aber im folgenden Falle: wenn
ihre Entstehung auf umgekehrte Weise eintritt, so hat dies
ihre (völlige) Verderbnis zur Folge. Denn auf dem natürli-
chen Wege entstehen Fleisch und Sehnen aus dem Blute, und
zwar die Sehnen aus den Fasern desselben zufolge ihrer ver-
wandten Beschaffenheit, das Fleisch aber aus dem übrigen d
Teile, welcher nach Aussonderung der Fasern aus ihm ge-
rinnt. Das Zähe und Fette sodann, was wieder aus dem Flei-
sche sich ausscheidet, verbindet teils das Fleisch mit den
Knochen und gibt zugleich selbst den das Mark umgebenden
Knochen Nahrung und Wachstum, teils seiht sich die reinste,
glatteste und fettigste Art der Dreiecke sogar durch die Här-
te des Knochens hindurch und bewässert so, von ihm abflie-
ßend und herabtröpfelnd, das Mark. Wenn nun so dies Alles e
in dieser Weise entsteht, so findet in der Regel Gesundheit
Statt, Krankheiten aber, wenn in der entgegengesetzten.
Wenn nämlich aufgelöstes Fleisch umgekehrt diese seine
flüssige Masse in die Adern ergießt, dann bildet sich mit dem
Atem eine Unmasse von allerlei Blut in den Adern, welches
die mannigfaltigsten Farben und Geschmäcke, nämlich Bit-
terkeiten aller Art, dazu auch Säuren und Salze darbietet und
mancherlei Galle, Lymphe und Schleim mit sich führt. Denn
weil Alles auf dem verkehrten Wege entstanden und dadurch
verdorben ist, so zerstört es zunächst das Blut selbst und
treibt sich sodann an dessen Stelle, ohne dem Körper irgend 83a
eine Nahrung zu gewähren, überall in den Adern umher,
ohne ein ferneres Innehalten der durch die Natur festgestell-
ten Ordnung des Blutumlaufs, feindselig sowohl gegen sich
selbst, weil es keinen wechselseitigen Nutzen von sich ge-
nießt, wie auch gegen die festen und beharrlichen Teile des
Körpers, die es zerstört und auflöst. Gehört nun jenes aufge-
löste Fleisch zu dem ältesten, welches eben deshalb schwer

τῆς σαρκὸς τακῇ, δύσπεπτον γιγνόμενον μελαίνει μὲν ὑπὸ παλαιᾶς συγκαύσεως, διὰ δὲ τὸ πάντῃ διαβεβρῶσθαι πικρὸν ὂν παντὶ χαλεπὸν προσπίπτει τοῦ σώματος ὅσον b ἂν μήπω διεφθαρμένον ᾖ, καὶ τοτὲ μὲν ἀντὶ τῆς πικρότητος ὀξύτητα ἔσχεν τὸ μέλαν χρῶμα, ἀπολεπτυνθέντος μᾶλλον τοῦ πικροῦ, τοτὲ δὲ ἡ πικρότης αὖ βαφεῖσα αἵματι χρῶμα ἔσχεν ἐρυθρώτερον, τοῦ δὲ μέλανος τούτῳ συγκεραννυμένου χλοῶδες· ἔτι δὲ συμμείγνυται ξανθὸν χρῶμα μετὰ τῆς πικρότητος, ὅταν νέα συντακῇ σὰρξ ὑπὸ τοῦ περὶ τὴν φλόγα πυρός. Καὶ τὸ μὲν κοινὸν ὄνομα πᾶσιν τούτοις ἤ τινες ἰατρῶν που χολὴν ἐπωνόμασαν, ἢ καί τις c ὢν δυνατὸς εἰς πολλὰ μὲν καὶ ἀνόμοια βλέπειν, ὁρᾶν δὲ ἐν αὐτοῖς ἓν γένος ἐνὸν ἄξιον ἐπωνυμίας πᾶσιν· τὰ δ' ἄλλα ὅσα χολῆς εἴδη λέγεται, κατὰ τὴν χρόαν ἔσχεν λόγον αὐτῶν ἕκαστον ἴδιον. Ἰχὼρ δέ, ὁ μὲν αἵματος ὀρὸς πρᾷος, ὁ δὲ μελαίνης χολῆς ὀξείας τε ἄγριος, ὅταν συμμειγνύηται διὰ θερμότητα ἁλμυρᾷ δυνάμει· καλεῖται δὲ ὀξὺ φλέγμα τὸ τοιοῦτον. Τὸ δ' αὖ μετ' ἀέρος τηκόμενον ἐκ νέας καὶ ἁπαλῆς σαρκός, τούτου δὲ ἀνεμωθέντος καὶ συμπεριληφθέντος d ὑπὸ ὑγρότητος, καὶ πομφολύγων συστασῶν ἐκ τοῦ πάθους τούτου καθ' ἑκάστην μὲν ἀοράτων διὰ σμικρότητα, συναπασῶν δὲ τὸν ὄγκον παρεχομένων ὁρατόν, χρῶμα ἐχουσῶν διὰ τὴν τοῦ ἀφροῦ γένεσιν ἰδεῖν λευκόν, ταύτην πᾶσαν τηκεδόνα ἁπαλῆς σαρκὸς μετὰ πνεύματος συμπλακεῖσαν λευκὸν εἶναι φλέγμα φαμέν. Φλέγματος δὲ αὖ νέου συνισταμένου ὀρὸς ἱδρὼς καὶ δάκρυον, ὅσα τε ἄλλα τοιαῦτα e σώματα τὸ καθ' ἡμέραν χεῖται καθαιρόμενα· καὶ ταῦτα μὲν δὴ πάντα νόσων ὄργανα γέγονεν, ὅταν αἷμα μὴ ἐκ τῶν

zu erweichen ist, so wird es schwarz in Folge des langen Brandes, (welchem es demnach zu diesem Zwecke ausgesetzt war), und bitter, weil es (in Folge dessen) auch durch und durch von ihm zerfressen ist, und greift dadurch auf eine b
zerstörende Weise alle noch unverdorbenen Körperteile an. Zuweilen enthält auch diese Schwärze anstatt der Bitterkeit Säure, wenn nämlich die bittern Teile stärker verdünnt sind, oder aber jene bittere Substanz nimmt dadurch, daß sie wieder mit Blut getränkt wird, eine rötliche und durch die Vermischung derselben mit dem Schwarz eine grasgrüne Farbe an. Ferner verbindet sich aber auch die gelbe Farbe mit jener Bitterkeit, nämlich wenn junges Fleisch von dem Brande der Entzündung zersetzt wird. Der gemeinsame Name für alle diese Bildungen ist der der Galle, welcher ihnen beigelegt c
worden ist, sei es von gewissen Ärzten oder auch von anderen Leuten, welche dazu befähigt sind, beim Anblick vieler und unähnlicher Dinge (doch) eine Gattungsallgemeinheit in ihnen wahrzunehmen, nach welcher sie alle zu heißen verdienen; die besonderen Arten derselben aber führen nach der Farbe auch ihre besonderen Namen. Was sodann die Lymphe anlangt, so ist die des wirklichen Blutes eine milde Flüssigkeit, die der schwarzen und sauren Galle dagegen scharf, sobald sie sich in Folge der Wärme mit einer salzigen Substanz verbindet, und dies ist es, was man sauren Schleim nennt. Diejenige aber, welche sich aus der Auflösung jungen und zarten Fleisches in Verbindung mit Luft bildet, indem dasselbe (von der letzteren) aufgebläht und von Feuchtigkeit d
eingeschlossen ist und in Folge dieses Zustandes sich Blasen erzeugt haben, deren jede einzeln wegen ihrer Kleinheit unsichtbar ist, deren Gesamtheit aber eine sichtbare Masse darstellt und in Folge dieser Schaumbildung eine weiße Farbe darbietet, – diese ganze Auflösung zarten Fleisches, mit Luft verbunden, nennen wir weißen Schleim. Vom Schleime aber wiederum, wie er zuerst sich bildet, sind die wässrigen Teile Schweiß und Tränen und alle sonstigen Flüssigkeiten, wel- e
che der Körper täglich zu seiner Reinigung von sich aussondert. Alle diese Bildungen nun, die da entstehen, wenn das Blut nicht naturgemäß aus Speisen und Getränken sich er-

σιτίων καὶ ποτῶν πληθύσῃ κατὰ φύσιν, ἀλλ᾿ ἐξ ἐναντίων τὸν ὄγκον παρὰ τοὺς τῆς φύσεως λαμβάνῃ νόμους. Διακρινομένης μὲν οὖν ὑπὸ νόσων τῆς σαρκὸς ἑκάστης, μενόντων δὲ τῶν πυθμένων αὐταῖς ἡμίσεια τῆς συμφορᾶς ἡ δύναμις — ἀνάληψιν γὰρ ἔτι μετ᾿ εὐπετείας ἴσχει — τὸ δὲ δὴ σάρκας ὀστοῖς συνδοῦν ὁπότ᾿ ἂν νοσήσῃ, καὶ 84
μηκέτι αὐτὸ ἐξ ἐκείνων † ἅμα καὶ νεύρων ἀποχωριζόμενον ὀστῷ μὲν τροφή, σαρκὶ δὲ πρὸς ὀστοῦν γίγνηται δεσμός, ἀλλ᾿ ἐκ λιπαροῦ καὶ λείου καὶ γλίσχρου τραχὺ καὶ ἁλμυρὸν αὐχμῆσαν ὑπὸ κακῆς διαίτης γένηται, τότε ταῦτα πάσχον πᾶν τὸ τοιοῦτον καταψήχεται μὲν αὐτὸ πάλιν ὑπὸ τὰς σάρκας καὶ τὰ νεῦρα, ἀφιστάμενον ἀπὸ τῶν ὀστῶν, αἱ δ᾿ ἐκ τῶν ῥιζῶν συνεκπίπτουσαι τά τε νεῦρα γυμνὰ κατα- b
λείπουσι καὶ μεστὰ ἅλμης· αὐταὶ δὲ πάλιν εἰς τὴν αἵματος φορὰν ἐμπεσοῦσαι τὰ πρόσθεν ῥηθέντα νοσήματα πλείω ποιοῦσιν. Χαλεπῶν δὲ τούτων περὶ τὰ σώματα παθημάτων γιγνομένων μείζω ἔτι γίγνεται τὰ πρὸ τούτων, ὅταν ὀστοῦν διὰ πυκνότητα σαρκὸς ἀναπνοὴν μὴ λαμβάνον ἱκανήν, ὑπ᾿ εὐρῶτος θερμαινόμενον, σφακελίσαν μήτε τὴν τροφὴν καταδέχηται πάλιν τε αὐτὸ εἰς ἐκείνην ἐναντίως ἴῃ c
ψηχόμενον, ἡ δ᾿ εἰς σάρκας, σὰρξ δὲ εἰς αἷμα ἐμπίπτουσα τραχύτερα πάντα τῶν πρόσθεν τὰ νοσήματα ἀπεργάζηται· τὸ δ᾿ ἔσχατον πάντων, ὅταν ἡ τοῦ μυελοῦ φύσις ἀπ᾿ ἐνδείας ἤ τινος ὑπερβολῆς νοσήσῃ, τὰ μέγιστα καὶ κυριώτατα πρὸς θάνατον τῶν νοσημάτων ἀποτελεῖ, πάσης ἀνάπαλιν τῆς τοῦ σώματος φύσεως ἐξ ἀνάγκης ῥυείσης.

gänzt, sondern aus verkehrten Quellen wider die Gesetze der Natur seine Masse entnimmt, sind die eigentlichen Hebel der Krankheiten. So lange nun dabei das Fleisch nur im Einzelnen von Krankheiten aufgelöst wird, die Grundlagen desselben dagegen (unerschüttert) bleiben, so lange hat das Übel (auch erst) seine halbe Macht; denn noch gestattet es mit Leichtigkeit Wiederherstellung; sobald aber das Band zwi- 84a
schen Fleisch und Knochen erkrankt und jene aus Fleisch [-fasern] und Sehnen sich aussondernde Haut nicht mehr dem Knochen Nahrung und dem Fleische Zusammenhalt mit dem Knochen gibt, sondern statt seiner bisherigen fetten, glatten und zähen Beschaffenheit durch schlechte Nahrung ausgetrocknet und dadurch rauh und salzig geworden ist, so wird es in Folge dieses Zustandes zerrieben und vielmehr so seinerseits wieder unter das Fleisch und die Sehnen gemischt und von den Knochen abgelöst, und das Fleisch, so von seinen Wurzeln abgetrennt, läßt die Sehnen entblößt b
und mit salzigem Stoffe angefüllt, und indem es dann selbst in den Strom des Blutes zurückfließt, vermehrt es die Zahl der vorhin erwähnten Krankheiten. Sind nun schon dies schlimme Veränderungen, die den Körper betreffen, so sind doch die ihnen vorausliegenden noch schlimmer, nämlich wenn der Knochen wegen allzu dicker Fleischmasse keinen gehörigen Zuzug der Luft empfängt und so von Fäulnis erhitzt und brandig wird und so, anstatt seinen Nahrungsstoff in sich aufzunehmen, zerbröckelt und umgekehrt in ihn ein- c
dringt, und dieser dann ins Fleisch, das Fleisch aber ins Blut geht und so (dieser verkehrte Umlauf) alle vorher benannten Krankheiten noch bösartiger macht. Sobald aber, was von Allem das Ärgste ist, das Mark selbst an Überfüllung oder Mangel von irgend welcher Art erkrankt, so bringt dies die größten und recht eigentlich tödlichen Krankheiten zu Wege, indem dann der ganze körperliche Umlauf notwendig rückwärts geht.

Τρίτον δ' αὖ νοσημάτων εἶδος τριχῇ δεῖ διανοεῖσθαι
γιγνόμενον, τὸ μὲν ὑπὸ πνεύματος, τὸ δὲ φλέγματος, τὸ δὲ d
χολῆς. Ὅταν μὲν γὰρ ὁ τῶν πνευμάτων τῷ σώματι ταμίας
πλεύμων μὴ καθαρὰς παρέχῃ τὰς διεξόδους ὑπὸ ῥευμάτων
φραχθείς, ἔνθα μὲν οὐκ ἰόν, ἔνθα δὲ πλεῖον ἢ τὸ προσῆκον
πνεῦμα εἰσιὸν τὰ μὲν οὐ τυγχάνοντα ἀναψυχῆς σήπει, τὰ
δὲ τῶν φλεβῶν διαβιαζόμενον καὶ συνεπιστρέφον αὐτὰ
τῆκόν τε τὸ σῶμα εἰς τὸ μέσον αὐτοῦ διάφραγμά τ' ἴσχον
ἐναπολαμβάνεται, καὶ μυρία δὴ νοσήματα ἐκ τούτων e
ἀλγεινὰ μετὰ πλήθους ἱδρῶτος πολλάκις ἀπείργασται.
Πολλάκις δ' ἐν τῷ σώματι διακριθείσης σαρκὸς πνεῦμα
ἐγγενόμενον καὶ ἀδυνατοῦν ἔξω πορευθῆναι τὰς αὐτὰς
τοῖς ἐπεισεληλυθόσιν ὠδῖνας παρέσχεν, μεγίστας δέ, ὅταν
περὶ τὰ νεῦρα καὶ τὰ ταύτῃ φλέβια περιστὰν καὶ ἀνοιδῆσαν
τούς τε ἐπιτόνους καὶ τὰ συνεχῆ νεῦρα οὕτως εἰς τὸ
ἐξόπισθεν κατατείνῃ τούτοις· ἃ δὴ καὶ ἀπ' αὐτοῦ τῆς
συντονίας τοῦ παθήματος τὰ νοσήματα τέτανοί τε καὶ
ὀπισθότονοι προσερρήθησαν. Ὧν καὶ τὸ φάρμακον χαλε-
πόν· πυρετοὶ γὰρ οὖν δὴ τὰ τοιαῦτα ἐπιγιγνόμενοι μάλιστα 85
λύουσιν. Τὸ δὲ λευκὸν φλέγμα διὰ τὸ τῶν πομφολύγων
πνεῦμα χαλεπὸν ἀποληφθέν, ἔξω δὲ τοῦ σώματος ἀναπνοὰς
ἴσχον ἠπιώτερον μέν, καταποικίλλει δὲ τὸ σῶμα λεύκας
ἀλφούς τε καὶ τὰ τούτων συγγενῆ νοσήματα ἀποτίκτον.
Μετὰ χολῆς δὲ μελαίνης κερασθὲν ἐπὶ τὰς περιόδους τε
τὰς ἐν τῇ κεφαλῇ θειοτάτας οὔσας ἐπισκεδαννύμενον
καὶ συνταράττον αὐτάς, καθ' ὕπνον μὲν ἰὸν πραΰτερον,
ἐγρηγορόσιν δὲ ἐπιτιθέμενον δυσαπαλλακτότερον· νόσημα b
δὲ ἱερᾶς ὂν φύσεως ἐνδικώτατα ἱερὸν λέγεται. Φλέγμα

2.4.4.2. Die durch Luft, Schleim oder Galle entstehenden Krankheiten des Körpers und das Fieber

Eine dritte Art von Krankheiten wiederum muß man sich
auf eine dreifache Weise entstehend denken, aus Luft, aus d
Schleim und aus Galle. Sobald nämlich die Ausgeberin der
Luft im Körper, die Lunge, durch zufließende Säfte verstopft, ihr nicht reine Durchgänge darbietet, so verursacht die Luft, indem sie hier gar nicht, dort im Übermaße eindringt, einerseits in jenen Teilen, denen so keine Abkühlung zu Teil wird, Fäulnis, andererseits aber wird sie, nachdem sie mit Gewalt die Adern durchrissen und dieselben vielfach verbogen und den Körper zersetzt hat, endlich, wenn sie nach der Mitte desselben hinströmt, von dem hier ausge-
spannten Zwerchfell zurückgehalten, und das hat denn tau- e
send schmerzhafte, mit vielem Schweiße verbundene Krankheiten zur Folge. Oft erzeugt sich auch im Körper durch Zersetzung des Fleisches Luft und kann nicht heraus, und diese erregt dann dieselben Schmerzen, wie jene eingedrungene, die größten aber dann, wenn sie die Sehnen und deren Äderchen umlagert und die Gelenke samt den mit ihnen zusammenhängenden Sehnen anschwellt, weshalb denn auch von diesem Zustande der Verkrümpfung und des Auseinanderziehens die betreffenden Krankheiten Zuckungen und Krämpfe genannt worden sind. Gegen sie ist denn auch das
Heilmittel ein schlimmes, denn Fieber sind es bekanntlich, 85a
die durch ihr Hinzutreten dergleichen beseitigen. Der weiße Schleim sodann bringt (ähnlich) durch die in seinen Blasen enthaltene Luft Störungen zu Wege, wenn ihm der Ausgang (aus dem Körper) versperrt ist; kann er sich dagegen nach außen Luft machen, so ist er gutartiger, doch macht er dann wenigstens die Haut fleckig, indem er Aussatz, Flechten und ähnliche Krankheiten erzeugt. Wenn er aber, mit schwarzer Galle vermischt, sich über die Umläufe, die im Kopfe vorgehen und die göttlichsten sind, verbreitet und sie stört, so ist
sein Nahen im Schlafe minder schädlich, dagegen im wachen b
Zustande sein Überfall schwerer zu vertreiben; diese Krankheit aber führt mit Recht den Namen der heiligen, weil sie das heiligste aller Organe betrifft. Saurer und salziger

δ᾽ ὀξὺ καὶ ἁλμυρὸν πηγὴ πάντων νοσημάτων ὅσα γίγνεται καταρροϊκά· διὰ δὲ τοὺς τόπους εἰς οὓς ῥεῖ παντοδαποὺς ὄντας παντοῖα ὀνόματα εἴληφεν. Ὅσα δὲ φλεγμαίνειν λέγεται τοῦ σώματος, ἀπὸ τοῦ κάεσθαί τε καὶ φλέγεσθαι, διὰ χολὴν γέγονε πάντα. Λαμβάνουσα μὲν οὖν ἀναπνοὴν ἔξω παντοῖα ἀναπέμπει φύματα ζέουσα, καθειργνυμένη δ᾽ c
ἐντὸς πυρίκαυτα νοσήματα πολλὰ ἐμποιεῖ, μέγιστον δέ, ὅταν αἵματι καθαρῷ συγκερασθεῖσα τὸ τῶν ἰνῶν γένος ἐκ τῆς ἑαυτῶν διαφορῇ τάξεως, αἳ διεσπάρησαν μὲν εἰς αἷμα, ἵνα συμμέτρως λεπτότητος ἴσχοι καὶ πάχους καὶ μήτε διὰ θερμότητα ὡς ὑγρὸν ἐκ μανοῦ τοῦ σώματος ἐκρέοι, μήτ᾽ αὖ πυκνότερον δυσκίνητον ὂν μόλις ἀναστρέφοιτο d
ἐν ταῖς φλεψίν. Καιρὸν δὴ τούτων ἶνες τῇ τῆς φύσεως γενέσει φυλάττουσιν· ἃς ὅταν τις καὶ τεθνεῶτος αἵματος ἐν ψύξει τε ὄντος πρὸς ἀλλήλας συναγάγῃ, διαχεῖται πᾶν τὸ λοιπὸν αἷμα, ἐαθεῖσαι δὲ ταχὺ μετὰ τοῦ περιεστῶτος αὐτὸ ψύχους συμπηγνύασιν. Ταύτην δὴ τὴν δύναμιν ἐχουσῶν ἰνῶν ἐν αἵματι χολὴ φύσει παλαιὸν αἷμα γεγονυῖα καὶ πάλιν ἐκ τῶν σαρκῶν εἰς τοῦτο τετηκυῖα, θερμὴ καὶ ὑγρὰ κατ᾽ ὀλίγον τὸ πρῶτον ἐμπίπτουσα πήγνυται διὰ τὴν τῶν ἰνῶν δύναμιν, πηγνυμένη δὲ καὶ βίᾳ κατασβεννυμένη e
χειμῶνα καὶ τρόμον ἐντὸς παρέχει. Πλείων δ᾽ ἐπιρρέουσα, τῇ παρ᾽ αὐτῆς θερμότητι κρατήσασα τὰς ἶνας εἰς ἀταξίαν ζέσασα διέσεισεν· καὶ ἐὰν μὲν ἱκανὴ διὰ τέλους κρατῆσαι γένηται, πρὸς τὸ τοῦ μυελοῦ διαπεράσασα γένος κάουσα ἔλυσεν τὰ τῆς ψυχῆς αὐτόθεν οἷον νεὼς πείσματα μεθῆκέν

Schleim dagegen ist die Quelle aller sogenannten Flüsse, die
aber nach der Mannigfaltigkeit der Orte, in welche er sich
ergießt, auch ihre mannigfaltigen besonderen Namen emp-
fangen haben. Alles aber, was man Entzündung am Körper
nennt, rührt insgesamt von der brennenden und ätzenden
Kraft der Galle her. Macht sie sich dabei nach außen hin
Luft, so treibt sie aufbrausend mancherlei Geschwüre her- c
vor; wird sie aber im Innern eingeschlossen, so erzeugt sie
viele hitzige Krankheiten, und zwar die größte dann, wenn
sie sich mit dem reinen Blute vermischt und die Fasern aus
ihrer Ordnung bringt, welche durch das Blut verteilt wur-
den, damit es das richtige Verhältnis in Ansehung von
Dünnheit und Dickheit erhalte und weder in Folge zu großer
ihm durch die Wärme mitgeteilter Flüssigkeit aus dem Kör-
per bei dessen lockerer Beschaffenheit herausfließe, noch
auch wegen allzu großer Dickheit schwerbeweglich werde d
und nur mit Mühe in den Adern seinen Umlauf halten kön-
ne. Dies richtige Maß nun erhalten die Fasern gemäß ihrer
Entstehungsweise aufrecht, die daher selbst in bereits abge-
storbenem und erkaltetem Blute, wenn man sie zusammen-
bringt, den ganzen übrigen Teil desselben wieder in einen
flüssigen Zustand versetzen, wenn man sie dagegen gewäh-
ren läßt, in Verbindung mit der umgebenden Kühle bald das
Ganze gerinnen machen. Üben nun die Fasern eine solche
Wirksamkeit aus, so gerinnt (notwendig) unter diesem ihrem
Einfluß die warme und feuchte Galle, die ja ihrer Natur nach
ehemaliges Blut gewesen und sodann durch die Wieder-
auflösung des Fleisches in dasselbe entstanden ist, bei ihrem
demgemäß und zwar anfänglich nur in geringer Masse er-
folgenden Zurücktreten in dasselbe und wird gewaltsam ih- e
rer Wärme beraubt, dadurch aber bringt sie ein innerliches
Frieren und Zittern hervor. Strömt sie aber sodann in grö-
ßerer Menge zu, so gewinnt die von ihr ausgehende Wärme
die Oberhand, und sie bringt siedend die Fasern in Erschüt-
terung und Verwirrung, und wenn sie fortwährend dieselben
zu bemeistern vermag, so dringt sie allmählich bis zum Mar-
ke vor, zerstört mit ihrem Feuer die Ankertaue, mit welchen
hier die Seele festgebunden ist und versetzt so dieselbe in

τε ἐλευθέραν, ὅταν δ' ἐλάττων ᾖ τό τε σῶμα ἀντίσχῃ τηκόμενον, αὐτὴ κρατηθεῖσα ἢ κατὰ πᾶν τὸ σῶμα ἐξέπεσεν, ἢ διὰ τῶν φλεβῶν εἰς τὴν κάτω συνωσθεῖσα ἢ τὴν ἄνω κοιλίαν, οἷον φυγὰς ἐκ πόλεως στασιασάσης ἐκ τοῦ σώματος ἐκπίπτουσα, διαρροίας καὶ δυσεντερίας καὶ τὰ 86
τοιαῦτα νοσήματα πάντα παρέσχετο. Τὸ μὲν οὖν ἐκ πυρὸς ὑπερβολῆς μάλιστα νοσῆσαν σῶμα συνεχῆ καύματα καὶ πυρετοὺς ἀπεργάζεται, τὸ δ' ἐξ ἀέρος ἀμφημερινούς, τριταίους δ' ὕδατος διὰ τὸ νωθέστερον ἀέρος καὶ πυρὸς αὐτὸ εἶναι· τὸ δὲ γῆς, τετάρτως ὂν νωθέστατον τούτων, ἐν τετραπλασίαις περιόδοις χρόνου καθαιρόμενον, τεταρταίους πυρετοὺς ποιῆσαν ἀπαλλάττεται μόλις.

Καὶ τὰ μὲν περὶ τὸ σῶμα νοσήματα ταύτῃ συμβαίνει b
γιγνόμενα, τὰ δὲ περὶ ψυχὴν διὰ σώματος ἕξιν τῇδε. Νόσον μὲν δὴ ψυχῆς ἄνοιαν συγχωρητέον, δύο δ' ἀνοίας γένη, τὸ μὲν μανίαν, τὸ δὲ ἀμαθίαν. Πᾶν οὖν ὅτι πάσχων τις πάθος ὁπότερον αὐτῶν ἴσχει, νόσον προσρητέον, ἡδονὰς δὲ καὶ λύπας ὑπερβαλλούσας τῶν νόσων μεγίστας θετέον τῇ ψυχῇ· περιχαρὴς γὰρ ἄνθρωπος ὢν ἢ καὶ τἀναντία ὑπὸ λύπης πάσχων, σπεύδων τὸ μὲν ἑλεῖν c
ἀκαίρως, τὸ δὲ φυγεῖν, οὔθ' ὁρᾶν οὔτε ἀκούειν ὀρθὸν οὐδὲν δύναται, λυττᾷ δὲ καὶ λογισμοῦ μετασχεῖν ἥκιστα τότε δὴ δυνατός. Τὸ δὲ σπέρμα ὅτῳ πολὺ καὶ ῥυῶδες περὶ τὸν μυελὸν γίγνεται καὶ καθαπερεὶ δένδρον πολυκαρπότερον τοῦ συμμέτρου πεφυκὸς ᾖ, πολλὰς μὲν καθ' ἕκαστον

Freiheit. Ist sie dagegen in geringerer Menge vorhanden, so daß der Körper der Auflösung Widerstand leisten kann und sie selbst überwältigt wird, so sucht sie sich entweder durch den ganzen Körper einen Ausweg oder sie wird aus den Adern in die untere oder obere Bauchhöhle gedrängt und entweicht dann aus dem Körper wie ein Verbannter aus einer im Bürgerkriege begriffenen Stadt, indem sie Durchfälle, 86a
Ruhr und alle derartigen Krankheiten hervorbringt.

Ist der Körper hauptsächlich in Folge des Übermaßes von Feuer erkrankt, so erleidet er ununterbrochene Fieberhitze, wenn aber an dem von Luft, so eintägige, und dreitägige, wenn von Wasser, weil dieses träger als Feuer und Luft ist; das Element der Erde endlich, welches das trägste von allen vieren ist und erst in dem vierfachen Zeitumlaufe seine Reinigung erlangt, erzeugt die viertägigen Fieber, die sich schwer beseitigen lassen.

2.4.4.3. Krankheiten der Seele aufgrund von Vernunftlosigkeit; deren zwei Arten und die entsprechenden Krankheitsformen

So treten denn also die Krankheiten des Körpers ein, die b
Beschaffenheit desselben erzeugt aber auch deren in der Seele, und zwar in folgender Weise. Man kann nämlich nicht leugnen, daß Vernunftlosigkeit Krankheit der Seele ist, und daß es von ihr zwei Arten gibt, Wahnsinn und Unwissenheit. Folglich muß aber auch jedes Vorkommnis, welches den Menschen in einen von beiderlei Zuständen versetzt, als Krankheit bezeichnet werden, und zwar sind übermäßige Lust und übermäßiger Schmerz als die größten dieser Seelenkrankheiten anzusehen. Denn ein Mensch, welcher übermäßig froh oder aber im Gegenteil in den äußersten Zustand des Schmerzes versetzt ist, sucht immer zur Unzeit das eine c
zu erjagen und dem Anderen zu entfliehen und vermag weder etwas Richtiges zu sehen noch zu hören, sondern rast und ist in diesem Zustande nicht im Mindesten einer vernünftigen Überlegung fähig. Wenn sich nun ein reichlicher und üppig hervorquellender Same in seinem Marke bildet, gleichwie wenn ein Baum überreiche Früchte bringt, so empfängt ein Solcher viele und jedesmal große Schmerzen und

ὠδῖνας, πολλὰς δ᾽ ἡδονὰς κτώμενος ἐν ταῖς ἐπιθυμίαις καὶ
τοῖς περὶ τὰ τοιαῦτα τόκοις, ἐμμανὴς τὸ πλεῖστον γιγνό-
μενος τοῦ βίου διὰ τὰς μεγίστας ἡδονὰς καὶ λύπας,
νοσοῦσαν καὶ ἄφρονα ἴσχων ὑπὸ τοῦ σώματος τὴν ψυχήν, d
οὐχ ὡς νοσῶν ἀλλ᾽ ὡς ἑκὼν κακὸς δοξάζεται· τὸ δὲ ἀληθὲς
ἡ περὶ τὰ ἀφροδίσια ἀκολασία κατὰ τὸ πολὺ μέρος διὰ
τὴν ἑνὸς γένους ἕξιν ὑπὸ μανότητος ὀστῶν ἐν σώματι
ῥυώδη καὶ ὑγραίνουσαν νόσος ψυχῆς γέγονεν. Καὶ σχεδὸν
δὴ πάντα ὁπόσα ἡδονῶν ἀκράτεια καὶ ὄνειδος ὡς ἑκόντων
λέγεται τῶν κακῶν, οὐκ ὀρθῶς ὀνειδίζεται· κακὸς μὲν γὰρ
ἑκὼν οὐδείς, διὰ δὲ πονηρὰν ἕξιν τινὰ τοῦ σώματος καὶ e
ἀπαίδευτον τροφὴν ὁ κακὸς γίγνεται κακός, παντὶ δὲ
ταῦτα ἐχθρὰ καὶ ἄκοντι προσγίγνεται. Καὶ πάλιν δὴ τὸ
περὶ τὰς λύπας ἡ ψυχὴ κατὰ ταὐτὰ διὰ σῶμα πολλὴν ἴσχει
κακίαν. Ὅτου γὰρ ἂν ἢ τῶν ὀξέων καὶ τῶν ἁλυκῶν φλε-
γμάτων καὶ ὅσοι πικροὶ καὶ χολώδεις χυμοὶ κατὰ τὸ σῶμα
πλανηθέντες ἔξω μὲν μὴ λάβωσιν ἀναπνοήν, ἐντὸς δὲ
εἱλλόμενοι τὴν ἀφ᾽ αὑτῶν ἀτμίδα τῇ τῆς ψυχῆς φορᾷ 87
συμμείξαντες ἀνακερασθῶσι, παντοδαπὰ νοσήματα ψυχῆς
ἐμποιοῦσι μᾶλλον καὶ ἧττον καὶ ἐλάττω καὶ πλείω, πρός τε
τοὺς τρεῖς τόπους ἐνεχθέντα τῆς ψυχῆς, πρὸς ὃν ἂν
ἕκαστ᾽ αὐτῶν προσπίπτῃ, ποικίλλει μὲν εἴδη δυσκολίας καὶ
δυσθυμίας παντοδαπά, ποικίλλει δὲ θρασύτητός τε καὶ
δειλίας, ἔτι δὲ λήθης ἅμα καὶ δυσμαθίας. Πρὸς δὲ τούτοις,
ὅταν οὕτως κακῶς παγέντων πολιτεῖαι κακαὶ καὶ λόγοι b
κατὰ πόλεις ἰδίᾳ τε καὶ δημοσίᾳ λεχθῶσιν, ἔτι δὲ μαθήματα
μηδαμῇ τούτων ἰατικὰ ἐκ νέων μανθάνηται, ταύτῃ κακοὶ

Genüsse aus seinen hiemit zusammenhängenden Begierden
und deren Folgen, und indem er so, da diese Art von Won-
nen und Wehen die stärkste von allen ist, den größten Teil
seines Lebens in einem Wahnsinne zubringt und seine Seele d
durch seinen Körper krank und unvernünftig geworden ist,
wird er (noch dazu) [ungünstig] nicht als ein Kranker, son-
dern als ein freiwillig Schlechter beurteilt. In Wahrheit aber
ist die Zügellosigkeit im Liebesgenusse meistens durch den
übermäßigen Zufluß jener besonderen Art von Feuchtigkeit
und die übermäßige Benetzung des Körpers mit derselben,
welche eine Folge von (allzu) lockerer Beschaffenheit der
Knochen sind, (entstanden und) zu einer Krankheit der Seele
geworden. Und so wird fast Alles, was man Unenthaltsam-
keit in den Genüssen nennt, in so weit denen, die sie ausüben,
mit Unrecht als Schlechtigkeit vorgeworfen, als man dabei
urteilt, daß sie freiwillig diese Schlechtigkeit an sich tragen.
Denn Niemand ist freiwillig böse, sondern wer es ist, der ist e
es durch fehlerhafte Beschaffenheit seines Körpers und durch
falsche Erziehung geworden; einem Jeden aber ist dies ver-
haßt und es wird ihm, (wie gesagt) wider seinen Willen zu
Teil. Ferner können daher auch die Schmerzen des Körpers
eben so in der Seele allerlei Übel erzeugen. Denn wo nur
immer die Säfte der sauren und salzigen Schleime und alle
bitteren und gallichten Säfte in ihrem Umherirren
durch den Körper sich nicht nach außen hin Luft ma-
chen können, sondern, im Innern zusammengedrängt, ihren 87a
Dunst der Bewegung der Seele beimengen, da erzeugen sie
auch allerlei Seelenkrankheiten, stärkere oder schwächere,
zahlreichere oder wenigere. Und zwar je nach den drei Sitzen
der Seele rufen sie da, wohin sie jedesmal dringen, verschie-
denerlei Arten bald von Trübsinn und Mißmut, bald von
Verwegenheit und Feigheit, bald endlich von Vergeßlichkeit
und zugleich Ungelehrigkeit hervor. Wenn dann zu solchen
Mißbildungen noch fehlerhafte Staatseinrichtungen und b
schlechte Reden hinzukommen, die in den Staaten bei öffent-
lichen und nicht öffentlichen Gelegenheiten geführt und ge-
halten werden, und die Pflege der Wissenschaften, welche
hiegegen ein Heilmittel gewährt, von Jugend auf nicht in

πάντες οἱ κακοὶ διὰ δύο ἀκουσιώτατα γιγνόμεθα· ὧν αἰτιατέον μὲν τοὺς φυτεύοντας ἀεὶ τῶν φυτευομένων μᾶλλον καὶ τοὺς τρέφοντας τῶν τρεφομένων, προθυμητέον μήν, ὅπῃ τις δύναται, καὶ διὰ τροφῆς καὶ δι' ἐπιτηδευμάτων μαθημάτων τε φυγεῖν μὲν κακίαν, τοὐναντίον δὲ ἑλεῖν. Ταῦτα μὲν οὖν δὴ τρόπος ἄλλος λόγων.

Τὸ δὲ τούτων ἀντίστροφον αὖ, τὸ περὶ τὰς τῶν σωμάτων c
καὶ διανοήσεων θεραπείας αἷς αἰτίαις σῴζεται, πάλιν εἰκὸς καὶ πρέπον ἀνταποδοῦναι· δικαιότερον γὰρ τῶν ἀγαθῶν πέρι μᾶλλον ἢ τῶν κακῶν ἴσχειν λόγον. Πᾶν δὴ τὸ ἀγαθὸν καλόν, τὸ δὲ καλὸν οὐκ ἄμετρον· καὶ ζῷον οὖν τὸ τοιοῦτον ἐσόμενον σύμμετρον θετέον. Συμμετριῶν δὲ τὰ μὲν σμικρὰ διαισθανόμενοι συλλογιζόμεθα, τὰ δὲ κυριώτατα καὶ μέγιστα ἀλογίστως ἔχομεν. Πρὸς γὰρ ὑγιείας καὶ d
νόσους ἀρετάς τε καὶ κακίας οὐδεμία συμμετρία καὶ ἀμετρία μείζων ἢ ψυχῆς αὐτῆς πρὸς σῶμα αὐτό· ὧν οὐδὲν σκοποῦμεν οὐδ' ἐννοοῦμεν, ὅτι ψυχὴν ἰσχυρὰν καὶ πάντῃ μεγάλην ἀσθενέστερον καὶ ἔλαττον εἶδος ὅταν σχῇ, καὶ ὅταν αὖ τοὐναντίον συμπαγῆτον τούτω, οὐ καλὸν ὅλον τὸ ζῷον — ἀσύμμετρον γὰρ ταῖς μεγίσταις συμμετρίαις — τὸ δὲ ἐναντίως ἔχον πάντων θεαμάτων τῷ δυναμένῳ καθορᾶν

Übung steht, dann werden wir Alle, die wir schlecht sind, ganz wider unseren Willen es aus zwei Gründen. Hievon muß man nun zwar immer die Schuld mehr den Erzeugern als den Erzeugten, und mehr den Erziehern als den Erzogenen beimessen, doch muß auch jeder für sein Teil, so viel er vermag, die Mittel benutzen, welche Erziehung, öffentliches Leben und wissenschaftliche Tätigkeit ihm darbieten, um so dem Laster zu entfliehen und dessen Gegenteil zu erjagen. Doch dies ist ein Gegenstand, der eine andere Art von Behandlung erfordert.

2.4.5. Die Mittel zur Pflege von Körper und Seele

2.4.5.1. Die Bedeutung der Harmonie von Körper und Seele. Zur Reinigung und Wiederherstellung des Körpers taugen vor allem Leibesübungen, in zweiter Linie Reisen. Gefahren bei Arzneimittelverwendung

Wohl aber gehört es hieher und ziemt sich, das Gegen- c
stück zu dem obigen zu entwickeln, nämlich auf welchem Wege eine Pflege des Körpers und der Geistestätigkeiten eintritt, die vielmehr zu deren Erhaltung dient. Denn es ist (sogar) billig, mehr über das Gute als über das Schlechte zu sprechen. Alles Gute nun ist schön, Schönheit aber gibt es nicht ohne (inneres) Maß; auch dem lebendigen Wesen also, welches die ersteren Eigenschaften an sich tragen soll, ist Ebenmaß zuzuschreiben. Von den Verhältnissen des Ebenmaßes nun pflegen wir die geringeren zwar wahrzunehmen und in Erwägung zu ziehen, die einflußreichsten und größten aber unbeachtet zu lassen. Denn von größerem Einfluß d
auf Gesundheit und Krankheit und auf Tugend und Laster ist kein Ebenmaß und kein Mißverhältnis, als das zwischen der Seele und dem Körper selbst. Hievon bemerken wir jedoch Nichts und bedenken nicht, daß wenn eine durchaus starke und große Seele von einem schwächeren und kleineren Fahrzeug getragen wird, und desgleichen wenn Seele und Körper nach dem umgekehrten Maßstabe zusammengefügt sind, das ganze lebendige Wesen nicht schön ist, denn es fehlt ihm gerade das höchste von allem Ebenmaß. Dasjenige dagegen, welches sich umgekehrt verhält, gewährt dem,

κάλλιστον καὶ ἐρασμιώτατον. Οἷον οὖν ὑπερσκελὲς ἢ καί e
τινα ἑτέραν ὑπέρεξιν ἄμετρον ἑαυτῷ τι σῶμα ὂν ἅμα μὲν
αἰσχρόν, ἅμα δ᾿ ἐν τῇ κοινωνίᾳ τῶν πόνων πολλοὺς μὲν
κόπους, πολλὰ δὲ σπάσματα καὶ διὰ τὴν παραφορότητα
πτώματα παρέχον μυρίων κακῶν αἴτιον ἑαυτῷ, ταὐτὸν δὴ
διανοητέον καὶ περὶ τοῦ συναμφοτέρου, ζῷον ὃ καλοῦμεν,
ὡς ὅταν τε ἐν αὐτῷ ψυχὴ κρείττων οὖσα σώματος
περιθύμως ἴσχῃ, διασείουσα πᾶν αὐτὸ ἔνδοθεν νόσων 88
ἐμπίμπλησι, καὶ ὅταν εἴς τινας μαθήσεις καὶ ζητήσεις
συντόνως ἴῃ, κατατήκει, διδαχάς τ᾿ αὖ καὶ μάχας ἐν
λόγοις ποιουμένη δημοσίᾳ καὶ ἰδίᾳ δι᾿ ἐρίδων καὶ φιλονικίας
γιγνομένων διάπυρον αὐτὸ ποιοῦσα σαλεύει, καὶ ῥεύματα
ἐπάγουσα, τῶν λεγομένων ἰατρῶν ἀπατῶσα τοὺς πλείστους,
τἀναίτια αἰτιᾶσθαι ποιεῖ· σῶμά τε ὅταν αὖ μέγα καὶ ὑπέρ-
ψυχον σμικρᾷ συμφυὲς ἀσθενεῖ τε διανοίᾳ γένηται, διττῶν
ἐπιθυμιῶν οὐσῶν φύσει κατ᾿ ἀνθρώπους, διὰ σῶμα μὲν b
τροφῆς, διὰ δὲ τὸ θειότατον τῶν ἐν ἡμῖν φρονήσεως, αἱ
τοῦ κρείττονος κινήσεις κρατοῦσαι καὶ τὸ μὲν σφέτερον
αὔξουσαι, τὸ δὲ τῆς ψυχῆς κωφὸν καὶ δυσμαθὲς ἀμνῆμόν
τε ποιοῦσαι, τὴν μεγίστην νόσον ἀμαθίαν ἐναπεργάζονται.
Μία δὴ σωτηρία πρὸς ἄμφω, μήτε ψυχὴν ἄνευ σώματος
κινεῖν μήτε σῶμα ἄνευ ψυχῆς, ἵνα ἀμυνομένω γίγνησθον
ἰσορρόπω καὶ ὑγιῆ. Τὸν δὴ μαθηματικὸν ἤ τινα ἄλλην c
σφόδρα μελέτην διανοίᾳ κατεργαζόμενον καὶ τὴν τοῦ
σώματος ἀποδοτέον κίνησιν, γυμναστικῇ προσομιλοῦντα,
τόν τε αὖ σῶμα ἐπιμελῶς πλάττοντα τὰς τῆς ψυχῆς ἀντα-

der das Auge dafür hat, den allerschönsten und lieblichsten Anblick. Gleichwie nun ein Körper, welcher unverhältnis- e
mäßig lange Beine hat oder durch irgend ein anderes Übermaß im Mißverhältnisse mit sich selbst steht, nicht bloß häßlich ist, sondern auch bei der gemeinsamen Tätigkeit aller seiner Glieder leicht ermattet und Krämpfe zu erleiden hat und wegen seiner Unbehülflichkeit leicht hinfällt, und so sich selber tausenderlei Schäden antut: eben so muß man auch hinsichtlich des aus Beiden, Seele und Leib, verbundenen Wesens, was wir ein lebendiges nennen, urteilen, daß nämlich sowohl wenn in ihm die Seele stärker als der Körper ist,
dieselbe, falls sie in heftigem Zorne ist, ihn ganz und gar 88a
erschüttere und von innen her mit Krankheiten erfülle, und ferner, falls sie mit Anstrengung sich dem Lernen und Forschen hingibt, ihn abzehre, und falls sie endlich vielmehr Belehrungen erteilt und sich in Redekämpfe vor dem Volke und in engeren Kreisen einläßt, bei denen es nicht ohne Erregung und Eifer von beiden Seiten abgeht, ihn durch und durch erhitze und dadurch in Auflösung versetzte und durch Herbeiführung von Flüssen die meisten der sogenannten Ärzte täusche und die Ursache da, wo sie nicht ist, finden lasse, als auch wenn umgekehrt ein großer und der Seele überlegener Körper mit einem geringen und schwachen Denkvermögen verwachsen ist, daß dann, da von Natur ein
zweifacher Trieb im Menschen vorhanden ist, seitens des b
Körpers nach Nahrung und seitens des Göttlichsten in uns nach Einsicht, die Regungen des stärkeren Teiles siegen und ihren Besitz erweitern, die Seele aber stumpf, ungelehrig und vergeßlich machen und so die größte aller Krankheiten, die Unwissenheit, zu Wege bringen. So ist denn dies das alleinige Heil für beide Teile, wenn man weder die Seele ohne den Körper noch den Körper ohne die Seele übt, damit beide so ihrer gegenseitig sich erwehren können und dadurch ins
Gleichgewicht kommen und gesund werden. Es muß also c
der, welcher die Wissenschaften oder sonst eine Geistesübung mit Anstrengung betreibt, zugleich auch dem Körper die nötige Bewegung gewähren, indem er dem Turnen obliegt, und wiederum wer den Körper sorgfältig bildet muß

ποδοτέον κινήσεις, μουσικῇ καὶ πάσῃ φιλοσοφίᾳ προσχρώ-
μενον, εἰ μέλλει δικαίως τις ἅμα μὲν καλός, ἅμα δὲ ἀγαθὸς
ὀρθῶς κεκλῆσθαι. Κατὰ δὲ ταὐτὰ ταῦτα καὶ τὰ μέρη
θεραπευτέον, τὸ τοῦ παντὸς ἀπομιμούμενον εἶδος. Τοῦ d
γὰρ σώματος ὑπὸ τῶν εἰσιόντων καομένου τε ἐντὸς καὶ
ψυχομένου, καὶ πάλιν ὑπὸ τῶν ἔξωθεν ξηραινομένου καὶ
ὑγραινομένου καὶ τὰ τούτοις ἀκόλουθα πάσχοντος ὑπ᾽
ἀμφοτέρων τῶν κινήσεων, ὅταν μέν τις ἡσυχίαν ἄγον τὸ
σῶμα παραδιδῷ ταῖς κινήσεσι, κρατηθὲν διώλετο, ἐὰν δὲ
ἥν τε τροφὸν καὶ τιθήνην τοῦ παντὸς προσείπομεν μιμῆταί
τις, καὶ τὸ σῶμα μάλιστα μὲν μηδέποτε ἡσυχίαν ἄγειν ἐᾷ,
κινῇ δὲ καὶ σεισμοὺς ἀεί τινας ἐμποιῶν αὐτῷ διὰ παντὸς
τὰς ἐντὸς καὶ ἐκτὸς ἀμύνηται κατὰ φύσιν κινήσεις, καὶ e
μετρίως σείων τά τε περὶ τὸ σῶμα πλανώμενα παθήματα
καὶ μέρη κατὰ συγγενείας εἰς τάξιν κατακοσμῇ πρὸς
ἄλληλα, κατὰ τὸν πρόσθεν λόγον ὃν περὶ τοῦ παντὸς
ἐλέγομεν, οὐκ ἐχθρὸν παρ᾽ ἐχθρὸν τιθέμενον ἐάσει πολέ-
μους ἐντίκτειν τῷ σώματι καὶ νόσους, ἀλλὰ φίλον παρὰ
φίλον τεθὲν ὑγίειαν ἀπεργαζόμενον παρέξει. Τῶν δ᾽ αὖ 89
κινήσεων ἡ ἐν ἑαυτῷ ὑφ᾽ αὑτοῦ ἀρίστη κίνησις — μάλιστα
γὰρ τῇ διανοητικῇ καὶ τῇ τοῦ παντὸς κινήσει συγγενής —
ἡ δὲ ὑπ᾽ ἄλλου χείρων· χειρίστη δὲ ἡ κειμένου τοῦ
σώματος καὶ ἄγοντος ἡσυχίαν δι᾽ ἑτέρων αὐτὸ κατὰ μέρη
κινοῦσα. Διὸ δὴ τῶν καθάρσεων καὶ συστάσεων τοῦ
σώματος ἡ μὲν διὰ τῶν γυμνασίων ἀρίστη, δευτέρα δὲ ἡ
διὰ τῶν αἰωρήσεων κατά τε τοὺς πλοῦς καὶ ὅπῃπερ ἂν

zugleich auf die Regsamkeit der Seele bedacht sein, indem er auch der Musik und jeglicher wissenschaftlichen Bildung sich hingibt, wenn er mit Recht ein harmonisch durchgebildeter und ein guter und tüchtiger Mann heißen will. Und in gleicher Weise muß man auch die einzelnen Teile behandeln, indem man sich dabei die Verhältnisse im Weltganzen d
zum Vorbilde nimmt. Denn da der Körper von dem, was in ihn eingeht, inwendig erhitzt und abgekühlt, und wiederum von dem, was sich außerhalb befindet, ausgetrocknet und angefeuchtet wird, und mit diesen beiden Erregungen auch alle anderen erleidet, welche wieder die Folge von ihnen sind, so wird er, wenn man ihn in untätiger Ruhe denselben überläßt, von ihnen überwältigt und geht zu Grunde; wenn man aber dem Beispiele der von uns so genannten Ernährerin und Amme des Alls folgt und den Körper am liebsten niemals in untätiger Ruhe beläßt, sondern in steter Bewegung erhält und durch gewisse angemessene Erschütterungen, die man in ihm seinem ganzen Umfange nach hervorruft, sich jener äußeren und inneren Erregungen auf eine e
naturgemäße Weise erwehrt und dadurch die durch den Körper umherirrenden Bestandteile und Eindrücke, dergestalt daß sich Verwandtes zu Verwandtem fügt, in die gehörige Ordnung unter einander bringt, so wird man nach unserer voraufgehenden Auseinandersetzung über die Natur des Alls es hiedurch verhindern, daß sich Feindliches zu Feindlichem geselle und dadurch im Körper Kämpfe und Krankheiten erzeuge, und vielmehr bewirken, daß Befreundetes sich mit dem Befreundeten verbinde und dadurch Gesundheit verlei- 89a
he. Von allen Bewegungen nun aber ist die (des Körpers) in sich selbst und durch sich selbst die beste, denn sie ist am meisten der Bewegung des Denkens und des All verwandt; minder gut ist die durch einen anderen Körper hervorgebrachte, und die schlechteste endlich die durch Andere nur in einzelnen Teilen des liegenden und ruhenden Körpers bewirkte. Daher ist die beste Art den Körper zu reinigen und in gute Verfassung zu setzen die gymnastische Übung, die nächstbeste das Schaukeln, welches eine Fahrt zu Schiffe oder irgend eine andere Weise den Menschen ohne Ermü-

ὀχήσεις ἄκοποι γίγνωνται· τρίτον δὲ εἶδος κινήσεως σφόδρα ποτὲ ἀναγκαζομένῳ χρήσιμον, ἄλλως δὲ οὐδαμῶς b τῷ νοῦν ἔχοντι προσδεκτέον, τὸ τῆς φαρμακευτικῆς καθάρσεως γιγνόμενον ἰατρικόν. Τὰ γὰρ νοσήματα, ὅσα μὴ μεγάλους ἔχει κινδύνους, οὐκ ἐρεθιστέον φαρμακείαις. Πᾶσα γὰρ σύστασις νόσων τρόπον τινὰ τῇ τῶν ζῴων φύσει προσέοικε. Καὶ γὰρ ἡ τούτων σύνοδος ἔχουσα τεταγμένους τοῦ βίου γίγνεται χρόνους τοῦ τε γένους σύμπαντος, καὶ καθ' αὑτὸ τὸ ζῷον εἱμαρμένον ἕκαστον ἔχον τὸν βίον φύεται, χωρὶς τῶν ἐξ ἀνάγκης παθημάτων· c τὰ γὰρ τρίγωνα εὐθὺς κατ' ἀρχὰς ἑκάστου δύναμιν ἔχοντα συνίσταται μέχρι τινὸς χρόνου δυνατὰ ἐξαρκεῖν, οὗ βίον οὐκ ἄν ποτέ τις εἰς τὸ πέραν ἔτι βιῴη. Τρόπος οὖν ὁ αὐτὸς καὶ τῆς περὶ τὰ νοσήματα συστάσεως· ἣν ὅταν τις παρὰ τὴν εἱμαρμένην τοῦ χρόνου φθείρῃ φαρμακείαις, ἅμα ἐκ σμικρῶν μεγάλα καὶ πολλὰ ἐξ ὀλίγων νοσήματα φιλεῖ γίγνεσθαι. Διὸ παιδαγωγεῖν δεῖ διαίταις πάντα τὰ τοιαῦτα, καθ' ὅσον ἂν ᾖ τῳ σχολή, ἀλλ' οὐ φαρμακεύοντα κακὸν d δύσκολον ἐρεθιστέον.

Καὶ περὶ μὲν τοῦ κοινοῦ ζῴου καὶ τοῦ κατὰ τὸ σῶμα αὐτοῦ μέρους, ᾗ τις ἂν καὶ διαπαιδαγωγῶν καὶ διαπαιδαγωγούμενος ὑφ' αὑτοῦ μάλιστ' ἂν κατὰ λόγον ζῴη, ταύτῃ λελέχθω· τὸ δὲ δὴ παιδαγωγῆσον αὐτὸ μᾶλλόν που καὶ πρότερον παρασκευαστέον εἰς δύναμιν ὅτι κάλλιστον καὶ ἄριστον εἰς τὴν παιδαγωγίαν εἶναι. Δι' ἀκριβείας μὲν οὖν περὶ τούτων διελθεῖν ἱκανὸν ἂν γένοιτο αὐτὸ καθ' αὑτὸ e μόνον ἔργον· τὸ δ' ἐν παρέργῳ κατὰ τὰ πρόσθεν ἑπόμενος

dung weiterzubefördern mit sich bringt, und die dritte Art
endlich ist zwar im Notfalle zuweilen sehr nützlich, sonst b
aber in den Augen eines Verständigen durchaus nicht zuläs-
sig, nämlich die Reinigung durch Arzneimittel. Denn wenn
die Krankheiten nicht mit großen Gefahren verbunden sind,
so darf man sie durch die Anwendung derselben nicht auf-
regen. Denn die Entstehung aller Krankheiten hat etwas
Ähnliches mit der lebendiger Wesen. Nämlich auch den letz-
teren ist gleich bei ihrer Bildung sowohl die Lebensdauer des
ganzen Geschlechtes als die der einzelnen Wesen, so weit c
nicht ein Zufall der blinden Notwendigkeit gewaltsam ein-
greift, vorherbestimmt, denn die Dreiecke treten gleich von
vorne herein in einem jeden mit der Fähigkeit zusammen, bis
zu einer bestimmten Zeit auszuhalten, über welche hinaus
kein Geschöpf sein Leben ausdehnen kann. Eben so ist es
nun auch mit den Krankheitsbildungen, und wenn man sie
daher durch Arzneigeben unterdrückt, statt ihnen ihre be-
stimmte Zeit zu lassen, so pflegen aus kleinen große, und
viele aus wenigen Krankheiten zu werden. Daher muß man
den Verlauf jener minder gefährlichen Übel durch Beobach-
tung einer strengeren Lebensweise, so weit die Berufsge-
schäfte Einem dazu Zeit lassen, (bei sich) regeln und nicht d
durch Arzneinehmen bösartig machen.

2.4.5.2. Die Pflege der Seele: Anzustreben ist möglichste Harmonie der Bewegungen der drei Seelenteile. Die Erkenntnis der Kreisläufe des Alls und die Angleichung der Seele an sie vermitteln das dem Menschen gesteckte Lebensziel

So viel denn über das lebende Wesen als Ganzes, so wie
auch über seinen körperlichen Teil in Betreff dessen, wie
man ihn lenken und von sich selber gelenkt werden müsse,
um möglichst der Vernunft gemäß zu leben; der Teil aber,
welcher eben der lenkende sein soll, muß wohl noch mehr
und früher dazu vorbereitet werden, möglichst geeignet und
tüchtig zur Erfüllung dieser seiner Aufgabe zu sein. Eine
genaue Ausführung dieses Gegenstandes nun würde freilich e
hinlänglichen Stoff zu einer besonderen Arbeit liefern; was
sich aber im Vorbeigehen darüber sagen läßt, wird sich nach

ἂν τις οὐκ ἄπο τρόπου τῇδε σκοπῶν ὧδε τῷ λόγῳ διαπε-
ράναιτ᾽ ἄν. Καθάπερ εἴπομεν πολλάκις, ὅτι τρία τριχῇ
ψυχῆς ἐν ἡμῖν εἴδη κατῴκισται, τυγχάνει δὲ ἕκαστον
κινήσεις ἔχον, οὕτω κατὰ ταὐτὰ καὶ νῦν ὡς διὰ βραχυτάτων
ῥητέον ὅτι τὸ μὲν αὐτῶν ἐν ἀργίᾳ διάγον καὶ τῶν ἑαυτοῦ
κινήσεων ἡσυχίαν ἄγον ἀσθενέστατον ἀνάγκη γίγνεσθαι, τὸ
δ᾽ ἐν γυμνασίοις ἐρρωμενέστατον· διὸ φυλακτέον ὅπως ἂν 90
ἔχωσιν τὰς κινήσεις πρὸς ἄλληλα συμμέτρους. Τὸ δὲ δὴ
περὶ τοῦ κυριωτάτου παρ᾽ ἡμῖν ψυχῆς εἴδους διανοεῖσθαι
δεῖ τῇδε, ὡς ἄρα αὐτὸ δαίμονα θεὸς ἑκάστῳ δέδωκεν, τοῦτο
ὃ δή φαμεν οἰκεῖν μὲν ἡμῶν ἐπ᾽ ἄκρῳ τῷ σώματι, πρὸς
δὲ τὴν ἐν οὐρανῷ συγγένειαν ἀπὸ γῆς ἡμᾶς αἴρειν ὡς
ὄντας φυτὸν οὐκ ἔγγειον ἀλλὰ οὐράνιον, ὀρθότατα λέγοντες·
ἐκεῖθεν γάρ, ὅθεν ἡ πρώτη τῆς ψυχῆς γένεσις ἔφυ, τὸ
θεῖον τὴν κεφαλὴν καὶ ῥίζαν ἡμῶν ἀνακρεμαννὺν ὀρθοῖ b
πᾶν τὸ σῶμα. Τῷ μὲν οὖν περὶ τὰς ἐπιθυμίας ἢ περὶ
φιλονικίας τετευτακότι καὶ ταῦτα διαπονοῦντι σφόδρα
πάντα τὰ δόγματα ἀνάγκη θνητὰ ἐγγεγονέναι, καὶ παντά-
πασιν καθ᾽ ὅσον μάλιστα δυνατὸν θνητῷ γίγνεσθαι, τούτου
μηδὲ σμικρὸν ἐλλείπειν, ἅτε τὸ τοιοῦτον ηὐξηκότι· τῷ δὲ
περὶ φιλομαθίαν καὶ περὶ τὰς ἀληθεῖς φρονήσεις ἐσπου-
δακότι καὶ ταῦτα μάλιστα τῶν αὐτοῦ γεγυμνασμένῳ
φρονεῖν μὲν ἀθάνατα καὶ θεῖα, ἄνπερ ἀληθείας ἐφάπτηται, c
πᾶσα ἀνάγκη που, καθ᾽ ὅσον δ᾽ αὖ μετασχεῖν ἀνθρωπίνῃ
φύσει ἀθανασίας ἐνδέχεται, τούτου μηδὲν μέρος ἀπο-
λείπειν, ἅτε δὲ ἀεὶ θεραπεύοντα τὸ θεῖον ἔχοντά τε αὐτὸν
εὖ κεκοσμημένον τὸν δαίμονα σύνοικον ἐν αὐτῷ, διαφερόντως
εὐδαίμονα εἶναι. Θεραπεία δὲ δὴ παντὶ παντὸς μία, τὰς

Anleitung des Vorhergehenden nicht unpassend in folgender Betrachtungsweise durchführen lassen. Wie wir schon wiederholt bemerkten, daß drei Seelenteile von dreifacher Art in uns ihren Wohnsitz erhalten haben und daß jeder von ihnen seine besonderen Bewegungen hat, eben so müssen wir nach Anleitung des Obigen denn auch jetzt in der Kürze hinzufügen, daß der von ihnen, der in Untätigkeit verharrt und die ihm eigentümlichen Bewegungen nicht durchmacht, notwendig der schwächste, der welcher in Übung bleibt, aber der stärkste wird. Deshalb ist sehr darauf zu sehen, daß sich alle 90a
drei hinsichtlich ihrer Bewegung im Ebenmaß zu einander verhalten. In Betreff der vollkommensten Art von Seele in uns muß man nun aber urteilen, daß Gott sie einem Jeden als einen Schutzgeist verliehen hat, ich meine nämlich jene, von der wir angaben, daß sie in dem obersten Teile unseres Körpers wohne und uns über die Erde zur Verwandtschaft mit den Gestirnen erhebe, als Geschöpfe, die nicht irdischen, sondern überirdischen Ursprungs sind, und wir hatten ein Recht dies zu behaupten. Denn dorthin, von wo der erste Ursprung der Seele ausging, richtete die Gottheit das Haupt und die Wurzel des Menschen und gab so unserem ganzen b
Körper seine aufrechte Stellung. Wer sich daher den Begierden oder dem Ehrgeize hingibt und unablässig (nur) diese beiden Kräfte übt, wird notwendig lauter sterbliche Meinungen in sich erzeugen und, so weit es ihm überhaupt nur möglich ist sterblich zu werden, es hieran in keinem Stücke fehlen lassen, weil er eben den sterblichen Teil in sich groß gezogen hat. Wer dagegen der Lernbegierde und (des Erwerbs) wahrhafter Kenntnisse sich beflissen und die Kraft des Wissens vor allen anderen Kräften seiner Seele geübt hat, c
der wird doch wohl eben so schlechterdings notwendig, wenn er überhaupt die Wahrheit erreichte, unsterbliche und göttliche Gedanken in sich tragen, und wiederum, so weit überhaupt die menschliche Natur der Unsterblichkeit fähig ist, in keinem Teile dahinter zurückbleiben und, weil er stets des Göttlichen wartet und den göttlichen Schutzgeist, der in ihm selber wohnt, zur schönsten Vollendung hat gedeihen lassen, vorzüglich glückselig sein. Nun gibt es aber für jedes

οἰκείας ἑκάστῳ τροφὰς καὶ κινήσεις ἀποδιδόναι. Τῷ δ᾽ ἐν
ἡμῖν θείῳ συγγενεῖς εἰσιν κινήσεις αἱ τοῦ παντὸς δια-
νοήσεις καὶ περιφοραί· ταύταις δὴ συνεπόμενον ἕκαστον d
δεῖ, τὰς περὶ τὴν γένεσιν ἐν τῇ κεφαλῇ διεφθαρμένας
ἡμῶν περιόδους ἐξορθοῦντα διὰ τὸ καταμανθάνειν τὰς τοῦ
παντὸς ἁρμονίας τε καὶ περιφοράς, τῷ κατανοουμένῳ τὸ
κατανοοῦν ἐξομοιῶσαι κατὰ τὴν ἀρχαίαν φύσιν, ὁμοιώσαντα
δὲ τέλος ἔχειν τοῦ προτεθέντος ἀνθρώποις ὑπὸ θεῶν
ἀρίστου βίου πρός τε τὸν παρόντα καὶ τὸν ἔπειτα χρόνον.

Καὶ δὴ καὶ τὰ νῦν ἡμῖν ἐξ ἀρχῆς παραγγελθέντα διεξελ- e
θεῖν περὶ τοῦ παντὸς μέχρι γενέσεως ἀνθρωπίνης σχεδὸν
ἔοικε τέλος ἔχειν. Τὰ γὰρ ἄλλα ζῷα ᾗ γέγονεν αὖ, διὰ
βραχέων ἐπιμνηστέον, ὃ μή τις ἀνάγκη μηκύνειν· οὕτω
γὰρ ἐμμετρότερός τις ἂν αὑτῷ δόξειεν περὶ τοὺς τούτων
λόγους εἶναι. Τῇδ᾽ οὖν τὸ τοιοῦτον ἔστω λεγόμενον. Τῶν
γενομένων ἀνδρῶν ὅσοι δειλοὶ καὶ τὸν βίον ἀδίκως διῆλθον,
κατὰ λόγον τὸν εἰκότα γυναῖκες μετεφύοντο ἐν τῇ δευτέρᾳ
γενέσει· καὶ κατ᾽ ἐκεῖνον δὴ τὸν χρόνον διὰ ταῦτα θεοὶ τὸν 91
τῆς συνουσίας ἔρωτα ἐτεκτήναντο, ζῷον τὸ μὲν ἐν ἡμῖν,
τὸ δ᾽ ἐν ταῖς γυναιξὶν συστήσαντες ἔμψυχον, τοιῷδε
τρόπῳ ποιήσαντες ἑκάτερον. Τὴν τοῦ ποτοῦ διέξοδον, ᾗ
διὰ τοῦ πλεύμονος τὸ πῶμα ὑπὸ τοὺς νεφροὺς εἰς τὴν
κύστιν ἐλθὸν καὶ τῷ πνεύματι θλιφθὲν συνεκπέμπει

Wesen nur Eine Art Pflege und Wartung, nämlich daß man die ihm zukommende Nahrung und Bewegung ihm zu Teil werden läßt, dem Göttlichen in uns aber verwandt sind die Gedankenbewegungen und Kreisläufe des Alls. Ihnen also d muß ein Jeder folgen und die Kreisbewegungen, die in unserem Haupte, aber gestört durch die Art unserer Entstehung, Statt finden, durch Erforschung der Harmonie und der Kreisläufe des Alls in Ordnung bringen, und so das Denkende zur Ähnlichkeit mit dem Gedachten seiner ursprünglichen Natur gemäß erheben, um so dasjenige Ziel des Lebens zu erreichen, welches den Menschen von den Göttern als das vollendetste vorgesteckt ist für die gegenwärtige und die folgende Zeit.

2.4.6. Die Entstehung der Frauen; Geschlechtstrieb und Geschlechtsorgane. Die übrigen Lebewesen. – Schlußbemerkung, daß das Ziel der Rede erreicht ist

Und nunmehr scheint denn auch die uns jetzt gesteckte e Aufgabe, das Weltall von seinen Anfängen aus bis zur Entstehung der Menschen zu verfolgen, so ziemlich ihr Ziel erreicht zu haben. Denn auf welche Weise auch die anderen lebenden Wesen entstanden sind, ist nur (noch) kurz zu erwähnen, es sei denn daß die Sache hie und da ein Mehreres fordert; denn so dürfte man wohl am Ersten glauben, das richtige Maß in der Auseinandersetzung solcher Gegenstände inne gehalten zu haben. Mag denn also in folgender Weise das hieher Gehörige besprochen sein. Nachdem (wie gesagt) Männer entstanden waren, wurden alle die unter ihnen, welche feige waren und ihr Leben in Ungerechtigkeit hinbrachten, wie die Wahrscheinlichkeit lehrt, bei ihrer zweiten Geburt in Weiber verwandelt. Und damit zugleich schufen die 91a Götter demgemäß auch den Trieb zur Begattung vermöge eines beseelten und lebendigen Gebildes, das sie in uns, und eines andern, das sie in den Weibern, und zwar jedes von beiden in folgender Art hervorbrachten. Den Durchweg des Getränkes verbanden sie (gerade) an der Stelle, wo er dasselbe, nachdem es von der Lunge unten durch die Nieren weg in die Harnblase gelangt ist, vermöge des durch die Luft

δεχομένη, συνέτρησαν εἰς τὸν ἐκ τῆς κεφαλῆς κατὰ τὸν
αὐχένα καὶ διὰ τῆς ῥάχεως μυελὸν συμπεπηγότα, ὃν δὴ b
σπέρμα ἐν τοῖς πρόσθεν λόγοις εἴπομεν· ὁ δέ, ἅτ' ἔμψυχος
ὢν καὶ λαβὼν ἀναπνοήν, τοῦθ' ᾗπερ ἀνέπνευσεν, τῆς
ἐκροῆς ζωτικὴν ἐπιθυμίαν ἐμποιήσας αὐτῷ, τοῦ γεννᾶν
ἔρωτα ἀπετέλεσεν. Διὸ δὴ τῶν μὲν ἀνδρῶν τὸ περὶ τὴν τῶν
αἰδοίων φύσιν ἀπειθές τε καὶ αὐτοκρατὲς γεγονός, οἷον
ζῷον ἀνυπήκοον τοῦ λόγου, πάντων δι' ἐπιθυμίας
οἰστρώδεις ἐπιχειρεῖ κρατεῖν· αἱ δ' ἐν ταῖς γυναιξὶν αὖ c
μῆτραί τε καὶ ὑστέραι λεγόμεναι διὰ τὰ αὐτὰ ταῦτα, ζῷον
ἐπιθυμητικὸν ἐνὸν τῆς παιδοποιίας, ὅταν ἄκαρπον παρὰ
τὴν ὥραν χρόνον πολὺν γίγνηται, χαλεπῶς ἀγανακτοῦν
φέρει, καὶ πλανώμενον πάντῃ κατὰ τὸ σῶμα, τὰς τοῦ
πνεύματος διεξόδους ἀποφράττον, ἀναπνεῖν οὐκ ἐῶν εἰς
ἀπορίας τὰς ἐσχάτας ἐμβάλλει καὶ νόσους παντοδαπὰς
ἄλλας παρέχει, μέχριπερ ἂν ἑκατέρων ἡ ἐπιθυμία καὶ ὁ
ἔρως συναγαγόντες, οἷον ἀπὸ δένδρων καρπὸν κατα- d
δρέψαντες, ὡς εἰς ἄρουραν τὴν μήτραν ἀόρατα ὑπὸ
σμικρότητος καὶ ἀδιάπλαστα ζῷα κατασπείραντες καὶ
πάλιν διακρίναντες μεγάλα ἐντὸς ἐκθρέψωνται καὶ μετὰ
τοῦτο εἰς φῶς ἀγαγόντες ζῴων ἀποτελέσωσι γένεσιν.
Γυναῖκες μὲν οὖν καὶ τὸ θῆλυ πᾶν οὕτω γέγονεν· τὸ δὲ
τῶν ὀρνέων φῦλον μετερρυθμίζετο, ἀντὶ τριχῶν πτερὰ
φύον, ἐκ τῶν ἀκάκων ἀνδρῶν, κούφων δέ, καὶ μετεωρο-
λογικῶν μέν, ἡγουμένων δὲ δι' ὄψεως τὰς περὶ τούτων
ἀποδείξεις βεβαιοτάτας εἶναι δι' εὐήθειαν. Τὸ δ' αὖ e
πεζὸν καὶ θηριῶδες γέγονεν ἐκ τῶν μηδὲν προσχρωμένων
φιλοσοφίᾳ μηδὲ ἀθρούντων τῆς περὶ τὸν οὐρανὸν φύσεως
πέρι μηδέν, διὰ τὸ μηκέτι ταῖς ἐν τῇ κεφαλῇ χρῆσθαι

auf die letztere ausgeübten Druckes aufnimmt und herausbefördert, durch eine Seitenöffnung mit der vom Kopfe aus durch Nacken und Rückgrat sich hindurchziehenden Masse b des Markes, welche wir in unsern voraufgehenden Erörterungen Samen nannten, und indem dieser ja beseelt ist und nunmehr (auf diese Weise) Luft bekam. So erregte er in jenem Teile, nach welchem hin er sich Luft machte, die Leben erweckende Begierde nach Ausströmung und rief so den Zeugungstrieb hervor. Daher sind denn auch bei den Männern die Schamteile etwas Unlenksames und Eigenmächtiges, wie ein Tier, welches nicht auf Vernunft hört, und trachten mit ihren rasenden Begierden Alles zu beherrschen, und ganz c aus denselben Gründen geht es bei den Weibern eben so mit der sogenannten Scheide und Gebärmutter: auch diese ist (wiederum bei ihnen) ein ihnen einwohnendes lebendiges Gebilde, welches die Begierde nach Kinderzeugung in sich trägt und daher, wenn es, zur Reife gelangt, lange Zeit ohne Frucht bleibt, in Aufregung und Ungeduld versetzt wird, überall hin durch den Körper seine Säfte umhertreibt, die Kanäle der Luft verstopft und somit das Atmen erschwert und die äußersten Beängstigungen und allerlei andere Krankheiten verursacht, bis denn die wechselseitige Liebe und Begierde beider Teile sie zusammenführt und gleichsam die d Frucht vom Baume pflückt, indem sodann in die Gebärmutter wie in ein Saatfeld Tierchen, die vor Kleinheit unsichtbar und noch unausgebildet sind, hineingestreut werden, sich hernach aber wieder von ihr ablösen, von innen heraus groß wachsen und endlich ans Licht hervortreten und so die Entstehung lebendiger Wesen sich vollendet. Auf die obige Weise sind also die Weiber und alles Weibliche entstanden. Die Vögel aber gingen durch Umgestaltung, indem sie statt der Haare Federn bekamen, aus den Männern hervor, die harmlos, aber leicht waren und sich zwar mit dem Überirdischen beschäftigten, aber aus Einfalt vermeinten, daß die Erklärung dieser Dinge durch das Gesicht die zuverlässigste sei; e die Landtiere aber aus denen, die gar keine Liebe zur Wissenschaft hatten und nie über die Natur des Weltalls Beobachtungen anstellten, weil sie nicht von den Umläufen in

περιόδοις, ἀλλὰ τοῖς περὶ τὰ στήθη τῆς ψυχῆς ἡγεμόσιν
ἕπεσθαι μέρεσιν. Ἐκ τούτων οὖν τῶν ἐπιτηδευμάτων τά τ᾽
ἐμπρόσθια κῶλα καὶ τὰς κεφαλὰς εἰς γῆν ἑλκόμενα ὑπὸ
συγγενείας ἤρεισαν, προμήκεις τε καὶ παντοίας ἔσχον τὰς
κορυφάς, ὅπῃ συνεθλίφθησαν ὑπὸ ἀργίας ἑκάστων αἱ περι- 92
φοραί· τετράπουν τε τὸ γένος αὐτῶν ἐκ ταύτης ἐφύετο καὶ
πολύπουν τῆς προφάσεως, θεοῦ βάσεις ὑποτιθέντος
πλείους τοῖς μᾶλλον ἄφροσιν, ὡς μᾶλλον ἐπὶ γῆν ἕλκοιντο.
Τοῖς δ᾽ ἀφρονεστάτοις αὐτῶν τούτων καὶ παντάπασιν
πρὸς γῆν πᾶν τὸ σῶμα κατατεινομένοις ὡς οὐδὲν ἔτι ποδῶν
χρείας οὔσης, ἄποδα αὐτὰ καὶ ἰλυσπώμενα ἐπὶ γῆς
ἐγέννησαν. Τὸ δὲ τέταρτον γένος ἔνυδρον γέγονεν ἐκ τῶν b
μάλιστα ἀνοητοτάτων καὶ ἀμαθεστάτων, οὓς οὐδ᾽ ἀναπνοῆς
καθαρᾶς ἔτι ἠξίωσαν οἱ μεταπλάττοντες, ὡς τὴν ψυχὴν
ὑπὸ πλημμελείας πάσης ἀκαθάρτως ἐχόντων, ἀλλ᾽ ἀντὶ
λεπτῆς καὶ καθαρᾶς ἀναπνοῆς ἀέρος εἰς ὕδατος θολερὰν
καὶ βαθεῖαν ἔωσαν ἀνάπνευσιν· ὅθεν ἰχθύων ἔθνος καὶ τὸ
τῶν ὀστρέων συναπάντων τε ὅσα ἔνυδρα γέγονεν, δίκην
ἀμαθίας ἐσχάτης ἐσχάτας οἰκήσεις εἰληχότων. Καὶ c
κατὰ ταῦτα δὴ πάντα τότε καὶ νῦν διαμείβεται τὰ ζῷα
εἰς ἄλληλα, νοῦ καὶ ἀνοίας ἀποβολῇ καὶ κτήσει μετα-
βαλλόμενα.

Καὶ δὴ καὶ τέλος περὶ τοῦ παντὸς νῦν ἤδη τὸν λόγον ἡμῖν φῶμεν ἔχειν· θνητὰ γὰρ καὶ ἀθάνατα ζῷα λαβὼν καὶ συμπληρωθεὶς ὅδε ὁ κόσμος οὕτω, ζῷον ὁρατὸν τὰ ὁρατὰ περιέχον, εἰκὼν τοῦ νοητοῦ θεὸς αἰσθητός, μέγιστος καὶ ἄριστος κάλλιστός τε καὶ τελεώτατος γέγονεν εἷς οὐρανὸς ὅδε μονογενὴς ὤν.

ihrem Haupte Gebrauch machten, sondern den in der Brust wohnenden Teilen der Seele als Führern folgten. Von dieser Beschäftigung wurden ihr Kopf und ihre Vorderglieder vermöge der Verwandtschaft zur Erde hingezogen, um sich auf diese zu stützen, und sie bekamen länglichte Scheitel von allerlei Formen, je nachdem die Umläufe derselben bei einem 92a
Jeden durch Untätigkeit zusammengedrückt wurden. Und nicht bloß vierfüßig, sondern (zum Teil) auch vielfüßig ward aus denselben Gründen ihr Geschlecht, indem Gott ihnen, je unverständiger sie waren, desto mehr Stützen unterschob, um sie noch mehr zur Erde herabzuziehen. Die Unverständigsten von ihnen aber, die vollständig ihren ganzen Körper zur Erde niederstreckten, wurden, weil der Füße ferner nicht bedürftig, fußlos und sich auf der Erde hinwindend erzeugt. Die vierte Gattung endlich, die der Wassertiere, entstand aus b
den Allerunvernünftigsten und Ungebildetsten, welche von den Urhebern der Umbildung nicht einmal mehr eines reinen Atems gewürdigt, weil ihre Seele mit jeglichem Fehler befleckt war, sondern, um statt der dünnen und reinen Luft eine trübe Flüssigkeit einzuatmen, in die Tiefe des Wassers hinabgestoßen wurden. Daher entstand das Geschlecht der Fische und der Muscheln und aller anderen Geschöpfe, welche im Wasser leben und, weil sie sich bis zur untersten Stufe des Unverstandes erniedrigt haben, auch in die untersten aller Wohnungen herabgesetzt worden sind. Und auf diese c
Weise werden denn noch jetzt, wie damals, alle bewußten Wesen in einander verwandelt, indem sie je nach dem Verluste und Gewinne von Vernunft und Unvernunft ihre Gestalt wechseln.

Und nunmehr möchten wir denn auch behaupten, daß unsere Erörterung über das All ihr Ziel erreicht habe; denn nachdem diese Welt in der obigen Weise mit sterblichen und unsterblichen belebten Wesen ausgerüstet und erfüllt worden, ist sie (so selbst) zu einem sichtbaren Wesen dieser Art geworden, welches alles Sichtbare umfaßt, zum Abbilde des Schöpfers und sinnlich wahrnehmbaren Gott und zur größten und besten, zur schönsten und vollendetsten (die es geben konnte) geworden, diese eine und eingeborne Welt.

Κριτίας
ἢ Ἀτλαντικός
Kritias
oder Von der Atlantis

GLIEDERUNG

1. Einleitung (106a1)

1.1. Timaios' Götteranruf; Bitte des Kritias um Nachsicht wegen der Schwierigkeit, menschliche Verhältnisse im allgemeinen und den zu behandelnden Gegenstand im besonderen glaubhaft darzustellen (106a1)

1.2. Gewährung der Bitte; die Stimmung der Zuhörer; Kritias' Anrufung der Götter und Mnemosynes (108a5)

2. Die Erzählung des Kritias (108e1)

2.1. Resümierende Angaben über die vorgeschichtliche Auseinandersetzung Athens mit Atlantis (108a1)

2.2. Das Athen der Vergangenheit (108e1)

2.2.1. Erlosung Attikas durch Athena und Hephaistos; Besiedlung und Einrichtung; warum es keine Ur-Athen-Tradition gibt (108e1)

2.2.2. Der abgesonderte Stand der Krieger (110c4)

2.2.3. Das attische Land: Seine Grenzen, seine Fruchtbarkeit, sein Wasserreichtum (110d5)

2.2.4. Attikas vorbildliche Landwirtschaft. Die Anlage der Stadt Athen: die Größe der Akropolis; ihre Besiedlung; die Wohnanlagen der Krieger auf der Burg; die Wasserversorgung; konstante Anzahl der Krieger (111e1)

2.2.5. Macht und Ansehen der Ur-Athener (112e2)

2.3. Die Verhältnisse in Atlantis (113a1)

2.3.1. Vorbemerkung zur Verwendung griechischer Eigennamen für Atlanter (113a1)

2.3.2. Atlantis – eine Domäne Poseidons; seine Geographie; Poseidons Verbindung mit Kleito; die Nachkommenschaft (113b7)

2.3.3. Macht und Reichtum der Insel; die natürlichen Ressourcen (114d1)

2.3.4. Die Anlage der Mutterstadt: Brücken, Kanaldurchstich zum Meer, Land-Meer-Ringe, Hafenanlagen, Bauten (115c4)

Κριτίας ἢ Ἀτλαντικός

ΤΙΜΑΙΟΣ ΚΡΙΤΙΑΣ ΣΩΚΡΑΤΗΣ
ΕΡΜΟΚΡΑΤΗΣ

ΤΙΜΑΙΟΣ. Ὡς ἄσμενος, ὦ Σώκρατες, οἷον ἐκ μακρᾶς 106 ἀναπεπαυμένος ὁδοῦ, νῦν οὕτως ἐκ τῆς τοῦ λόγου διαπορείας ἀγαπητῶς ἀπήλλαγμαι. Τῷ δὲ πρὶν μὲν πάλαι ποτ' ἔργῳ, νῦν δὲ λόγοις ἄρτι θεῷ γεγονότι προσεύχομαι, τῶν ῥηθέντων ὅσα μὲν ἐρρήθη μετρίως, σωτηρίαν ἡμῖν αὐτὸν b αὐτῶν διδόναι, παρὰ μέλος δὲ εἴ τι περὶ αὐτῶν ἄκοντες εἴπομεν, δίκην τὴν πρέπουσαν ἐπιτιθέναι. Δίκη δὲ ὀρθὴ τὸν πλημμελοῦντα ἐμμελῆ ποιεῖν· ἵν' οὖν τὸ λοιπὸν τοὺς περὶ θεῶν γενέσεως ὀρθῶς λέγωμεν λόγους, φάρμακον ἡμῖν αὐτὸν τελεώτατον καὶ ἄριστον φαρμάκων ἐπιστήμην εὐχόμεθα διδόναι, προσευξάμενοι δὲ παραδίδομεν κατὰ τὰς ὁμολογίας Κριτίᾳ τὸν ἑξῆς λόγον.

ΚΡΙΤΙΑΣ. Ἀλλ', ὦ Τίμαιε, δέχομαι μέν, ᾧ δὲ καὶ σὺ κατ' ἀρχὰς ἐχρήσω, συγγνώμην αἰτούμενος ὡς περὶ c μεγάλων μέλλων λέγειν, ταὐτὸν καὶ νῦν ἐγὼ τοῦτο παραιτοῦμαι, μείζονος δὲ αὐτοῦ τυχεῖν ἔτι μᾶλλον ἀξιῶ περὶ τῶν 107 μελλόντων ῥηθήσεσθαι. Καίτοι σχεδὸν μὲν οἶδα παραίτησιν εὖ μάλα φιλότιμον καὶ τοῦ δέοντος ἀγροικοτέραν μέλλων παραιτεῖσθαι, ῥητέον δὲ ὅμως. Ὡς μὲν γὰρ οὐκ εὖ τὰ παρὰ σοῦ λεχθέντα εἴρηται, τίς ἂν ἐπιχειρήσειεν ἔμφρων λέγειν; ὅτι δὲ τὰ ῥηθησόμενα πλείονος συγγνώμης δεῖται

Kritias oder Von der Atlantis

TIMAIOS KRITIAS SOKRATES HERMOKRATES

1. Einleitung

1.1. Timaios' Götteranruf; Bitte des Kritias um Nachsicht wegen der Schwierigkeit, menschliche Verhältnisse im allgemeinen und den zu behandelnden Gegenstand im besonderen glaubhaft darzustellen

TIMAIOS: Wie froh bin ich, mein Sokrates, daß ich nun, 106a
gleich als ob ich von einem langen Marsche ausruhte, den Weg meiner Erörterung glücklich zurückgelegt habe! Zu dem Gotte aber, der in der Tat schon lange vorher, in meiner Beschreibung aber soeben, entstanden ist, flehe ich, er möge von derselben alles das, was das Richtige trifft, uns zum Hei- b
le gedeihen lassen, wenn wir aber wider unsern Willen etwas Irriges über den betreffenden Gegenstand vorgebracht haben, uns dafür die gebührende Strafe auferlegen. Die rechte Strafe aber besteht darin, daß er aus Irrenden uns zu Kundigen mache. Damit wir also in Zukunft über die Entstehung der Götter die Wahrheit reden, so flehen wir ihn an, er möge uns als Heilmittel, und zwar als das vollkommenste und beste aller Heilmittel, die Erkenntnis verleihen, und nachdem wir also den Gott angerufen, überlassen wir unserer Übereinkunft gemäß dem Kritias die Fortsetzung.

KRITIAS: Wohl, mein Timaios, ich übernehme sie. Doch was auch du zu Anfange getan hast, daß du nämlich wegen c
der Schwierigkeit des zu behandelnden Gegenstandes dir Nachsicht erbatest, eben das erbitte auch ich mir (tun zu dürfen) und wünsche desselben in noch weit höherem Grade 107a
in Bezug auf meine folgende Auseinandersetzung teilhaftig zu werden. Ja, obgleich es mir nicht so ganz entgeht, daß ich damit eine sehr anmaßende und mehr als billig unziemliche Bitte tun werde, so muß ich sie dennoch aussprechen. Denn daß deine Darlegung nicht vortrefflich gewesen wäre, welcher Verständige dürfte das zu behaupten wagen! Um so mehr aber muß ich es irgendwie dartun, daß die Erfüllung

χαλεπώτερα ὄντα, τοῦτο πειρατέον πῃ διδάξαι. Περὶ θεῶν γάρ, ὦ Τίμαιε, λέγοντά τι πρὸς ἀνθρώπους δοκεῖν ἱκανῶς λέγειν ῥᾷον ἢ περὶ θνητῶν πρὸς ἡμᾶς. Ἡ γὰρ b ἀπειρία καὶ σφόδρα ἄγνοια τῶν ἀκουόντων περὶ ὧν ἂν οὕτως ἔχωσιν πολλὴν εὐπορίαν παρέχεσθον τῷ μέλλοντι λέγειν τι περὶ αὐτῶν· περὶ δὲ δὴ θεῶν ἴσμεν ὡς ἔχομεν. Ἵνα δὲ σαφέστερον ὃ λέγω δηλώσω, τῇδέ μοι συνεπίσπεσθε. Μίμησιν μὲν γὰρ δὴ καὶ ἀπεικασίαν τὰ παρὰ πάντων ἡμῶν ῥηθέντα χρεών που γενέσθαι· τὴν δὲ τῶν γραφέων εἰδωλοποιίαν περὶ τὰ θεῖά τε καὶ τὰ ἀνθρώπινα σώματα γιγνομένην ἴδωμεν ῥᾳστώνης τε πέρι καὶ χαλεπότητος c πρὸς τὸ τοῖς ὁρῶσιν δοκεῖν ἀποχρώντως μεμιμῆσθαι, καὶ κατοψόμεθα ὅτι γῆν μὲν καὶ ὄρη καὶ ποταμοὺς καὶ ὕλην οὐρανόν τε σύμπαντα καὶ τὰ περὶ αὐτὸν ὄντα καὶ ἰόντα πρῶτον μὲν ἀγαπῶμεν ἄν τίς τι καὶ βραχὺ πρὸς ὁμοιότητα αὐτῶν ἀπομιμεῖσθαι δυνατὸς ᾖ, πρὸς δὲ τούτοις, ἅτε οὐδὲν εἰδότες ἀκριβὲς περὶ τῶν τοιούτων, οὔτε ἐξετάζομεν οὔτε ἐλέγχομεν τὰ γεγραμμένα, σκιαγραφίᾳ δὲ d ἀσαφεῖ καὶ ἀπατηλῷ χρώμεθα περὶ αὐτά· τὰ δὲ ἡμέτερα ὁπόταν τις ἐπιχειρῇ σώματα ἀπεικάζειν, ὀξέως αἰσθανόμενοι τὸ παραλειπόμενον διὰ τὴν ἀεὶ σύνοικον κατανόησιν χαλεποὶ κριταὶ γιγνόμεθα τῷ μὴ πάσας πάντως τὰς ὁμοιότητας ἀποδιδόντι. Ταὐτὸν δὴ καὶ κατὰ τοὺς λόγους ἰδεῖν δεῖ γιγνόμενον, ὅτι τὰ μὲν οὐράνια καὶ θεῖα ἀγαπῶμεν καὶ σμικρῶς εἰκότα λεγόμενα, τὰ δὲ θνητὰ καὶ ἀνθρώπινα ἀκριβῶς ἐξετάζομεν. Ἐκ δὴ τοῦ παραχρῆμα νῦν λεγόμενα,

der von mir übernommenen Aufgabe größere Schwierigkei-
ten darbietet und daher auch größerer Nachsicht bedarf.
Nämlich, lieber Timaios, es ist leichter zu genügen, wenn
man über die Götter vor den Menschen, als wenn man über b
die Sterblichen vor uns spricht. Denn wenn man über Das-
jenige reden soll, worin die Zuhörer unerfahren, ja gänzlich
unwissend sind, so gewährt eben dieser ihr Zustand hiefür
eine große Erleichterung. Wie wir uns nun (in dieser Bezie-
hung) in Betreff der Götter verhalten, wißt ihr (selbst); damit
ich euch aber noch deutlicher machen kann, wie ich es mei-
ne, so bitte ich euch meiner Erörterung hierüber zu folgen.
Als eine Nachahmung und Abbildung muß man nämlich
doch wohl die einem Jeden von uns aufgetragene Ausein-
andersetzung bezeichnen. Betrachten wir nun aber einmal,
mit welcher Leichtigkeit oder Schwierigkeit die Maler bei
ihren Nachbildungen von Götter- und (andererseits) von
Menschenkörpern es erreichen, daß sie den Beschauern die- c
selben hinlänglich ähnlich dargestellt zu haben scheinen, und
wir werden sehen, daß, wenn Einer die Erde und (ihre) Ber-
ge, Flüsse und Wälder und das ganze Weltgebände mit Al-
lem, was sich innerhalb seines Umkreises befindet und be-
wegt, auch nur einigermaßen der Ähnlichkeit entsprechend
darzustellen im Stande ist, wir zunächst hiemit schon zufrie-
den sind, und daß wir überdies noch, da wir doch über jene
Dinge selbst keine genauen Kenntnisse haben, auch die
Zeichnungen nicht näher untersuchen und prüfen, vielmehr d
uns bei ihnen eine ungenaue und auf Täuschung berechnete
Perspektivmalerei gefallen lassen, daß dagegen, wenn Je-
mand unsere Körper abzumalen versucht, wir in Folge un-
serer natürlichen oft wiederholten Beobachtung derselben
genau darauf merken, ob irgend Etwas mangelt, und strenge
Richter sind, wenn wir nicht alle Ähnlichkeiten in allen
Stücken wiedergegeben sehen. Eben dasselbe wird sich daher
auch bei der mündlichen Darstellung wahrnehmen lassen,
daß wir nämlich hinsichtlich der himmlischen und göttlichen
Dinge mit einer auch nur annähernden Wahrscheinlichkeit
derselben zufrieden sind, hinsichtlich des Sterblichen und
Menschlichen aber eine genaue Prüfung mit ihr anstellen.

τὸ πρέπον ἂν μὴ δυνώμεθα πάντως ἀποδιδόναι, συγγι- e
γνώσκειν χρεών· οὐ γὰρ ὡς ῥᾴδια τὰ θνητὰ ἀλλ' ὡς χαλεπὰ
πρὸς δόξαν ὄντα ἀπεικάζειν δεῖ διανοεῖσθαι. Ταῦτα δὴ
βουλόμενος ὑμᾶς ὑπομνῆσαι, καὶ τὸ τῆς συγγνώμης οὐκ 108
ἔλαττον ἀλλὰ μεῖζον αἰτῶν περὶ τῶν μελλόντων ῥηθή-
σεσθαι, πάντα ταῦτα εἴρηκα, ὦ Σώκρατες. Εἰ δὴ δικαίως
αἰτεῖν φαίνομαι τὴν δωρεάν, ἑκόντες δίδοτε.

ΣΩ. Τί δ' οὐ μέλλομεν, ὦ Κριτία, διδόναι; καὶ πρός
γε ἔτι τρίτῳ δεδόσθω ταὐτὸν τοῦτο Ἑρμοκράτει παρ'
ἡμῶν. Δῆλον γὰρ ὡς ὀλίγον ὕστερον, ὅταν αὐτὸν δέῃ
λέγειν, παραιτήσεται καθάπερ ὑμεῖς· ἵν' οὖν ἑτέραν ἀρχὴν b
ἐκπορίζηται καὶ μὴ τὴν αὐτὴν ἀναγκασθῇ λέγειν, ὡς
ὑπαρχούσης αὐτῷ συγγνώμης εἰς τότε οὕτω λεγέτω. Προ-
λέγω γε μήν, ὦ φίλε Κριτία, σοὶ τὴν τοῦ θεάτρου διάνοιαν,
ὅτι θαυμαστῶς ὁ πρότερος ηὐδοκίμηκεν ἐν αὐτῷ ποιητής,
ὥστε τῆς συγγνώμης δεήσει τινός σοι παμπόλλης, εἰ
μέλλεις αὐτὰ δυνατὸς γενέσθαι παραλαβεῖν.

ΕΡΜΟΚΡΑΤΗΣ. Ταὐτὸν μήν, ὦ Σώκρατες, κἀμοὶ
παραγγέλλεις ὅπερ τῷδε. Ἀλλὰ γὰρ ἀθυμοῦντες ἄνδρες c
οὔπω τρόπαιον ἔστησαν, ὦ Κριτία· προϊέναι τε οὖν ἐπὶ
τὸν λόγον ἀνδρείως χρή, καὶ τὸν Παίωνά τε καὶ τὰς
Μούσας ἐπικαλούμενον τοὺς παλαιοὺς πολίτας ἀγαθοὺς
ὄντας ἀναφαίνειν τε καὶ ὑμνεῖν.

ΚΡ. Ὦ φίλε Ἑρμόκρατες, τῆς ὑστέρας τεταγμένος,
ἐπίπροσθεν ἔχων ἄλλον, ἔτι θαρρεῖς. Τοῦτο μὲν οὖν οἷόν

Deshalb müßt ihr rücksichtlich dessen, was ich nunmehr
ohne weitere Vorbereitung schildern werde, Nachsicht mit e
mir haben, wenn ich nicht ganz das Geziemende wiederzugeben im Stande sein werde; denn ihr müßt erwägen, daß es nicht leicht, sondern schwierig ist, menschliche Verhältnisse so abzuschildern, daß man der Erwartung entspricht. Um
euch nun hierauf aufmerksam zu machen und mir nicht we- 108a
niger, sondern mehr Nachsicht für das von mir zu Erörternde zu erbitten, habe ich dies Alles angeführt, mein Sokrates. Wenn ich euch also mit Recht diese Gabe zu erbitten scheine, so gewährt sie mir aus freiem Antriebe.

1.2. Gewährung der Bitte; die Stimmung der Zuhörer; Kritias' Anrufung der Götter und Mnemosynes

SOKRATES: Warum sollten wir sie dir nicht gewähren, mein Kritias! Und eben so mag das Gleiche auch (sofort) dem Hermokrates als dem Dritten von uns gewährt werden. Denn es läßt sich voraussehen, daß er gleich hernach, wenn
er sprechen soll, sich dieselbe Gunst, wie ihr, erbitten wird. b
Damit er also einen anderen Anfang ausfindig mache und nicht sich gezwungen sehe, eben denselben vorzubringen, so mag er reden wie Einer, der dieser Nachsicht bereits zuvor versichert ist. Ich eröffne dir jedoch, lieber Kritias, im Voraus die Ansicht deiner Zuhörerschaft, daß die Dichtung deines Vorgängers einen so außerordentlichen Ruhm bei ihr eingelegt hat, daß die Nachsicht dir (in der Tat) in vollem Maße nötig sein wird, damit du die Fortsetzung derselben zu übernehmen im Stande seiest.

HERMOKRATES: Damit kündigst du denn auch mir das
Gleiche an, mein Sokrates, wie dem Kritias. Indessen mut- c
lose Männer haben noch nie ein Siegeszeichen errichtet, lieber Kritias, und so ziemt es dir denn, mutig zur Sache zu schreiten und nach Anrufung des Päan und der Musen die Vortrefflichkeit der alten Staatsbürger darzutun und zu verherrlichen.

KRITIAS: Mein lieber Hermokrates, du bist noch guten Mutes, weil erst hinterher die Reihe an dich kommt und du noch einen Andern zum Vordermann hast. Wie es daher (in

ἐστιν, αὐτό σοι τάχα δηλώσει· παραμυθουμένῳ δ᾽ οὖν καὶ παραθαρρύνοντί σοι πειστέον, καὶ πρὸς οἷς θεοῖς εἶπες d τούς τε ἄλλους κλητέον καὶ δὴ καὶ τὰ μάλιστα Μνημοσύνην. Σχεδὸν γὰρ τὰ μέγιστα ἡμῖν τῶν λόγων ἐν ταύτῃ τῇ θεῷ πάντ᾽ ἐστίν· μνησθέντες γὰρ ἱκανῶς καὶ ἀπαγγείλαντες τά ποτε ῥηθέντα ὑπὸ τῶν ἱερέων καὶ δεῦρο ὑπὸ Σόλωνος κομισθέντα σχεδὸν οἶδ᾽ ὅτι τῷδε τῷ θεάτρῳ δόξομεν τὰ προσήκοντα μετρίως ἀποτετελεκέναι. Τοῦτ᾽ οὖν αὔτ᾽ ἤδη δραστέον, καὶ μελλητέον οὐδὲν ἔτι.

Πάντων δὴ πρῶτον μνησθῶμεν ὅτι τὸ κεφάλαιον ἦν e ἐνακισχίλια ἔτη, ἀφ᾽ οὗ γεγονὼς ἐμηνύθη πόλεμος τοῖς θ᾽ ὑπὲρ Ἡρακλείας στήλας ἔξω κατοικοῦσιν καὶ τοῖς ἐντὸς πᾶσιν· ὃν δεῖ νῦν διαπεραίνειν. Τῶν μὲν οὖν ἥδε ἡ πόλις ἄρξασα καὶ πάντα τὸν πόλεμον διαπολεμήσασα ἐλέγετο, τῶν δ᾽ οἱ τῆς Ἀτλαντίδος νήσου βασιλῆς, ἣν δὴ Λιβύης καὶ Ἀσίας μείζω νῆσον οὖσαν ἔφαμεν εἶναί ποτε, νῦν δὲ ὑπὸ σεισμῶν δῦσαν ἄπορον πηλὸν τοῖς ἐνθένδε ἐκπλέουσιν ἐπὶ τὸ πᾶν πέλαγος, ὥστε μηκέτι πορεύεσθαι, κωλυτὴν 109 παρασχεῖν. Τὰ μὲν δὴ πολλὰ ἔθνη βάρβαρα, καὶ ὅσα Ἑλλήνων ἦν γένη τότε, καθ᾽ ἕκαστα ἡ τοῦ λόγου διέξοδος οἷον ἀνειλλομένη τὸ προστυχὸν ἑκασταχοῦ δηλώσει· τὸ δὲ Ἀθηναίων τε τῶν τότε καὶ τῶν ἐναντίων, οἷς διεπολέμησαν, ἀνάγκη κατ᾽ ἀρχὰς διελθεῖν πρῶτα, τήν τε δύναμιν

Wahrheit) mit diesem deinem Mute bestellt ist, wird schon die Sache selber dich lehren; wie dem aber auch sein mag, so ziemt es sich doch deinem Zuspruch und deiner Ermunterung Folge zu leisten und neben den genannten Göttern d
auch alle anderen anzurufen, vor allen aber die Mnemosyne. Ruht doch der Haupterfolg meiner Rede ganz in der Macht dieser Göttin; denn wenn ich nur hinlänglich mich dessen zu erinnern und es hiernach zu berichten weiß, was einst von den Priestern dem Solon mitgeteilt und von ihm hieher mitgebracht wurde, so glaube ich zu wissen, daß ich meiner Zuhörerschaft hier meine Aufgabe so ziemlich werde gelöst zu haben scheinen. So mag es denn nun geschehen, und ich will nicht länger mehr zaudern.

2. *Die Erzählung des Kritias*

2.1. *Resümierende Angaben über die vorgeschichtliche Auseinandersetzung Athens mit Atlantis*

Vor Allem nun wollen wir uns zunächst das ins Gedächt- e
nis zurückrufen, daß es im Ganzen neuntausend Jahre her sind, seitdem, wie angegeben worden, der Krieg zwischen denen, welche jenseits der Säulen des Herakles und allen denen, welche innerhalb derselben wohnten, entstand, welchen ich jetzt vollständig zu erzählen habe. Nun wurde schon angeführt, daß an der Spitze der Letzteren unsere Stadt stand und den ganzen Krieg zu Ende führte, während über die Ersteren die Könige der Insel Atlantis herrschten, welche, wie ich bemerkt habe, einst größer war als Libyen und Asien (zusammen), jetzt aber durch Erderschütterungen untergegangen ist und dabei einen undurchdringlichen Schlamm zurückgelassen hat, welcher sich Denen, die in das jen- 109a
seitige Meer hinausschiffen wollen, als Hindernis ihres weiteren Vordringens entgegenstellt. Ein Bild nun der vielen (übrigen) ungriechischen Völker und sämtlicher Hellenenstämme, welche es damals gab, wird der Verfolg unserer Erzählung im Einzelnen, wie es gerade die Gelegenheit mit sich bringt, entrollen; die Verhältnisse der alten Athener und ihrer Gegner, mit denen sie Krieg führten, das heißt die Macht und die Staatseinrichtungen von Beiden, dagegen ist

ἑκατέρων καὶ τὰς πολιτείας. Αὐτῶν δὲ τούτων τὰ τῆδε ἔμπροσθεν προτιμητέον εἰπεῖν.

Θεοὶ γὰρ ἅπασαν γῆν ποτε κατὰ τοὺς τόπους διελάγ- b
χανον — οὐ κατ' ἔριν· οὐ γὰρ ἂν ὀρθὸν ἔχοι λόγον θεοὺς ἀγνοεῖν τὰ πρέποντα ἑκάστοις αὐτῶν, οὐδ' αὖ γιγνώσκοντας τὸ μᾶλλον ἄλλοις προσῆκον τοῦτο ἑτέρους αὑτοῖς δι' ἐρίδων ἐπιχειρεῖν κτᾶσθαι — δίκης δὴ κλήροις τὸ φίλον λαγχάνοντες κατῴκιζον τὰς χώρας, καὶ κατοικίσαντες, οἷον νομῆς ποίμνια, κτήματα καὶ θρέμματα ἑαυτῶν ἡμᾶς
ἔτρεφον, πλὴν οὐ σώμασι σώματα βιαζόμενοι, καθάπερ c
ποιμένες κτήνη πληγῇ νέμοντες, ἀλλ' ᾗ μάλιστα εὔστροφον ζῷον, ἐκ πρύμνης ἀπευθύνοντες, οἷον οἴακι πειθοῖ ψυχῆς ἐφαπτόμενοι κατὰ τὴν αὑτῶν διάνοιαν, οὕτως ἄγοντες τὸ θνητὸν πᾶν ἐκυβέρνων. Ἄλλοι μὲν οὖν κατ' ἄλλους τόπους κληρουχήσαντες θεῶν ἐκεῖνα ἐκόσμουν, Ἥφαιστος δὲ κοινὴν καὶ Ἀθηνᾶ φύσιν ἔχοντες, ἅμα μὲν ἀδελφὴν ἐκ ταὐτοῦ πατρός, ἅμα δὲ φιλοσοφίᾳ φιλοτεχνίᾳ τε ἐπὶ τὰ αὐτὰ ἐλθόντες, οὕτω μίαν ἄμφω λῆξιν τήνδε τὴν χώραν εἰλήχατον ὡς οἰκείαν καὶ πρόσφορον ἀρετῇ καὶ φρονήσει
πεφυκυῖαν, ἄνδρας δὲ ἀγαθοὺς ἐμποιήσαντες αὐτόχθονας d
ἐπὶ νοῦν ἔθεσαν τὴν τῆς πολιτείας τάξιν· ὧν τὰ μὲν ὀνόματα σέσωται, τὰ δὲ ἔργα διὰ τὰς τῶν παραλαμβανόντων φθορὰς καὶ τὰ μήκη τῶν χρόνων ἠφανίσθη. Τὸ

es nötig sogleich voraufzuschicken. Unter ihnen selber aber verdient die Schilderung der hiesigen Zustände den Vorrang.

2.2. Das Athen der Vergangenheit

2.2.1. Erlosung Attikas durch Athena und Hephaistos; Besiedlung und Einrichtung; warum es keine Ur-Athen-Tradition gibt

Die Götter nämlich verteilten einst die ganze Erde nach b
ihren einzelnen Gegenden unter sich, und zwar ohne Streit, denn es würde keinen vernünftigen Sinn haben anzunehmen, daß die Götter nicht gewußt haben sollten, was einem jeden von ihnen zukäme, oder aber, daß einige von ihnen das, was sie vielmehr als anderen zustehend erkannt, dennoch diesen abzustreiten und in ihren eigenen Besitz zu bringen versucht hätten. Durch rechtlich bestimmte Verteilung also erhielten sie was ihnen lieb war, und wählten hiernach ihre Wohnsitze, und nachdem dies geschehen war, so zogen sie uns als ihre Besitztümer und Pfleglinge auf wie die Hirten ihre Herden, nicht so jedoch, daß sie mit körperlicher Gewalt unsere Kör-
per lenkten, wie die Hirten ihr Vieh mit Schlägen, sondern c
sie führten und leiteten das ganze Menschengeschlecht, als das lenksamste aller lebendigen Wesen, gleichsam nur wie mit einem Steuerruder vom Schiffshinterteile aus, indem sie sich vermöge ihrer (höheren) Einsicht durch Überredung der Seelen bemächtigten. So nahmen denn nun, was andere Gegenden anlangt, andere Götter dieselben in Besitz und statteten sie aus, Hephästos aber und Athene hatten, so wie sie von Natur zusammengehören, teils als Geschwister von väterlicher Seite her, teils wegen ihrer gleichen Liebe zur Wissenschaft und Kunst, so auch beide unser Land zum gemeinsamen Eigentume empfangen, weil dasselbe von Natur eine ihnen verwandte und angemessene Tüchtigkeit und Ein-
sicht hervorzubringen geeignet war, und sie pflanzten daher d
wohlgeartete Männer als Eingeborene auf diesen Boden und legten darauf in ihren Geist die Anordnung der Staatsverfassung. Von diesen sind die Namen erhalten, ihre Taten aber wegen des Unterganges Derer, die sie von ihnen überkamen, und der Länge der Zeit in Vergessenheit geraten. Denn das

γὰρ περιλειπόμενον ἀεὶ γένος, ὥσπερ καὶ πρόσθεν ἐρρήθη,
κατελείπετο ὄρειον καὶ ἀγράμματον, τῶν ἐν τῇ χώρᾳ δυνα-
στῶν τὰ ὀνόματα ἀκηκοὸς μόνον καὶ βραχέα πρὸς αὐτοῖς
τῶν ἔργων. Τὰ μὲν οὖν ὀνόματα τοῖς ἐκγόνοις ἐτίθεντο
ἀγαπῶντες, τὰς δὲ ἀρετὰς καὶ τοὺς νόμους τῶν ἔμπροσθεν e
οὐκ εἰδότες, εἰ μὴ σκοτεινὰς περὶ ἑκάστων τινὰς ἀκοάς,
ἐν ἀπορίᾳ δὲ τῶν ἀναγκαίων ἐπὶ πολλὰς γενεὰς ὄντες
αὐτοὶ καὶ παῖδες, πρὸς οἷς ἠπόρουν τὸν νοῦν ἔχοντες, 110
τούτων πέρι καὶ τοὺς λόγους ποιούμενοι, τῶν ἐν τοῖς
πρόσθεν καὶ πάλαι ποτὲ γεγονότων ἠμέλουν. Μυθολογία
γὰρ ἀναζήτησίς τε τῶν παλαιῶν μετὰ σχολῆς ἅμ' ἐπὶ τὰς
πόλεις ἔρχεσθον, ὅταν ἴδητόν τισιν ἤδη τοῦ βίου τἀναγκαῖα
κατεσκευασμένα, πρὶν δὲ οὔ. Ταύτῃ δὴ τὰ τῶν παλαιῶν
ὀνόματα ἄνευ τῶν ἔργων διασέσωται. Λέγω δὲ αὐτὰ
τεκμαιρόμενος ὅτι Κέκροπός τε καὶ Ἐρεχθέως καὶ
Ἐριχθονίου καὶ Ἐρυσίχθονος τῶν τε ἄλλων τὰ πλεῖστα
ὅσαπερ καὶ Θησέως τῶν ἄνω περὶ τῶν ὀνομάτων ἑκάστων b
ἀπομνημονεύεται, τούτων ἐκείνους τὰ πολλὰ ἐπονομά-
ζοντας τοὺς ἱερέας Σόλων ἔφη τὸν τότε διηγεῖσθαι πόλε-
μον, καὶ τὰ τῶν γυναικῶν κατὰ τὰ αὐτά. Καὶ δὴ καὶ τὸ
τῆς θεοῦ σχῆμα καὶ ἄγαλμα, ὡς κοινὰ τότ' ἦν τὰ ἐπιτη-
δεύματα ταῖς τε γυναιξὶ καὶ τοῖς ἀνδράσι τὰ περὶ τὸν
πόλεμον, οὕτω κατ' ἐκεῖνον τὸν νόμον ὡπλισμένην τὴν
θεὸν ἀνάθημα εἶναι τοῖς τότε, ἔνδειγμα ὅτι πάνθ' ὅσα
σύννομα ζῷα θήλεα καὶ ὅσα ἄρρενα, τὴν προσήκουσαν c
ἀρετὴν ἑκάστῳ γένει πᾶν κοινῇ δυνατὸν ἐπιτηδεύειν
πέφυκεν.

jedesmal übrig bleibende Geschlecht pflegt, wie schon früher
bemerkt wurde, das auf den Bergen lebende und der Schrift
unkundige zu sein, welches bloß die Namen der Herrscher
im Lande gehört hat und dazu etwas Weniges von ihren
Taten. Sie mußten sich daher damit begnügen, ihren Nach-
kommen diese Namen zu überliefern; die Tugenden und die e
Staatseinrichtungen ihrer Vorfahren aber kannten sie nicht,
es sei denn einige dunkle Gerüchte über Einzelnes, und da
sie überdies zusamt ihren Abkömmlingen viele Geschlechter
hindurch an dem Notwendigen Mangel litten und daher viel- 110a
mehr auf die Ausfüllung dieses Mangels ihren Sinn richten
mußten, so sprachen sie auch vielmehr hierüber mit einander
und vernachlässigten das einst bei ihren Vorfahren und vor
Alters Geschehene. Denn die Erzählung alter Sagen und die
Erforschung der Vorzeit tritt erst mit der Muße in den Staa-
ten ein, wenn sie die Sorge um die Notdurft des Lebens bei
Manchen als eine schon überwundene vorfindet, und nicht
früher. Darum also sind uns die Namen der Alten ohne ihre
Taten erhalten geblieben. Dies aber nehme ich daraus ab,
weil Solon erzählte, die Priester hätten über den damaligen
Krieg dergestalt berichtet, daß sie jene alten Athener mei-
stens mit allen denjenigen Namen benannten, – nämlich mit
dem des Kekrops, Erechtheus, Erichthonios, Erysichthon b
und den meisten anderen – wie ein jeder auch wirklich von
den Vorgängern des Theseus im Umlauf ist, und eben so sei
es mit denen der Frauen gewesen. Und eben so ist auch die
Gestalt und das Bild der Göttin – denn wie damals die Ge-
schäfte des Krieges Frauen und Männern gemeinsam waren,
so sollen diesem Brauche entsprechend die damaligen Athene
die gewappnete Göttin als Tempelbild geweiht haben – ein
Beweis dafür, daß alle lebendigen Wesen, welche sich paar-
weise finden, weiblich und männlich, von Natur im Stande c
dazu sind, die beiden Geschlechtern zukommende Tüchtig-
keit auch beiderseits gemeinschaftlich in Ausübung zu brin-
gen.

Ὤικει δὲ δὴ τότ᾽ ἐν τῇδε τῇ χώρᾳ τὰ μὲν ἄλλα ἔθνη
τῶν πολιτῶν περὶ τὰς δημιουργίας ὄντα καὶ τὴν ἐκ τῆς
γῆς τροφήν, τὸ δὲ μάχιμον ὑπ᾽ ἀνδρῶν θείων κατ᾽ ἀρχὰς
ἀφορισθὲν ᾤκει χωρίς, πάντα εἰς τροφὴν καὶ παίδευσιν τὰ
προσήκοντα ἔχον, ἴδιον μὲν αὐτῶν οὐδεὶς οὐδὲν κεκτη-
μένος, ἅπαντα δὲ πάντων κοινὰ νομίζοντες αὑτῶν, πέρα d
δὲ ἱκανῆς τροφῆς οὐδὲν ἀξιοῦντες παρὰ τῶν ἄλλων
δέχεσθαι πολιτῶν, καὶ πάντα δὴ τὰ χθὲς λεχθέντα ἐπιτη-
δεύματα ἐπιτηδεύοντες, ὅσα περὶ τῶν ὑποτεθέντων
ἐρρήθη φυλάκων. Καὶ δὴ καὶ τὸ περὶ τῆς χώρας ἡμῶν
πιθανὸν καὶ ἀληθὲς ἐλέγετο, πρῶτον μὲν τοὺς ὅρους αὐτὴν
ἐν τῷ τότ᾽ ἔχειν ἀφωρισμένους πρὸς τὸν Ἰσθμὸν καὶ τὸ
κατὰ τὴν ἄλλην ἤπειρον μέχρι τοῦ Κιθαιρῶνος καὶ Πάρ-
νηθος τῶν ἄκρων, καταβαίνειν δὲ τοὺς ὅρους ἐν δεξιᾷ τὴν e
Ὠρωπίαν ἔχοντας, ἐν ἀριστερᾷ δὲ πρὸς θαλάττης ἀφορί-
ζοντας τὸν Ἀσωπόν· ἀρετῇ δὲ πᾶσαν γῆν ὑπὸ τῆς ἐνθάδε
ὑπερβάλλεσθαι, διὸ καὶ δυνατὴν εἶναι τότε τρέφειν τὴν
χώραν στρατόπεδον πολὺ τῶν περὶ γῆν ἀργὸν ἔργων. Μέγα
δὲ τεκμήριον ἀρετῆς· τὸ γὰρ νῦν αὐτῆς λείψανον ἐνάμιλλόν
ἐστι πρὸς ἥντινοῦν τῷ πάμφορον εὔκαρπόν τε εἶναι καὶ
τοῖς ζῴοις πᾶσιν εὔβοτον. Τότε δὲ πρὸς τῷ κάλλει καὶ 111
παμπλήθη ταῦτα ἔφερεν. Πῶς οὖν δὴ τοῦτο πιστόν, καὶ
κατὰ τί λείψανον τῆς τότε γῆς ὀρθῶς ἂν λέγοιτο; πᾶσα
ἀπὸ τῆς ἄλλης ἠπείρου μακρὰ προτείνουσα εἰς τὸ πέλαγος
οἷον ἄκρα κεῖται· τὸ δὴ τῆς θαλάττης ἀγγεῖον περὶ αὐτὴν

2.2.2. Der abgesonderte Stand der Krieger

Es wohnten nun damals in diesem Lande (mit einander) die übrigen Klassen der Bürger, welche sich mit den Gewerben und mit dem Gewinne von den Früchten der Erde beschäftigten; das Geschlecht der Krieger aber, welches durch gottbegeisterte Männer gleich im Anfang von ihnen ausgesondert war, wohnte getrennt von ihnen, ausgerüstet mit Allem, was zur Erziehung und Bildung erforderlich ist, und keiner von ihnen hatte ein ausschließliches Eigentum, sondern alle sahen das Aller als ihnen gemeinsam an, so wie sie d
denn auch über den erforderlichen Unterhalt hinaus irgend Etwas von den übrigen Bürgern anzunehmen verschmähten, und überhaupt alle diejenigen Bestrebungen (wirklich) verfolgten, welche gestern den (bloß) vorausgesetzten Wächtern zugeschrieben wurden.

2.2.3. Das attische Land: Seine Grenzen, seine Fruchtbarkeit, sein Wasserreichtum

Aber auch was sodann in Betreff unseres Landes erzählt wurde, ist glaubwürdig und wahr, zuerst, daß sich damals seine Grenzen bis an den Isthmos und gegen das übrige Festland bis zu den Höhen des Kitäron und Parnes ausgedehnt, e
und daß sich diese Grenzen dergestalt abwärts gezogen hätten, daß sie das Gebiet von Oropos zur Rechten hatten, zur Linken aber den Asopos vom Meere abgrenzten; sodann aber, daß an Fruchtbarkeit die ganze Erde von unserem Lande übertroffen wurde, weshalb denn dasselbe auch im Stande gewesen wäre, ein großes Heer von Einwohnern zu ernähren. Ein bedeutender Beweis aber für diese Güte des Bodens ist der Umstand, daß auch der gegenwärtige Überrest desselben in Ergiebigkeit an jeglicher Frucht und an Nahrung für jede Art (lebender) Wesen es noch mit allen anderen Ländern aufnimmt; damals aber gar trug er dies Alles in Schön- 111a
heit und reichlicher Fülle. Wie nun aber möchte dies (noch näher) als glaubwürdig erscheinen, nämlich in wie fern dies gegenwärtige Land mit Recht ein Überrest des damaligen heißen? Das Ganze, so wie es vom übrigen Festlande ab sich langhin in das Meer erstreckt, liegt da, wie ein Vorgebirge,

τυγχάνει πᾶν ἀγχιβαθὲς ὄν. Πολλῶν οὖν γεγονότων καὶ μεγάλων κατακλυσμῶν ἐν τοῖς ἐνακισχιλίοις ἔτεσι — τοσαῦτα γὰρ πρὸς τὸν νῦν ἀπ' ἐκείνου τοῦ χρόνου γέγονεν ἔτη — τὸ τῆς γῆς ἐν τούτοις τοῖς χρόνοις καὶ πάθεσιν b ἐκ τῶν ὑψηλῶν ἀπορρέον οὔτε χῶμα, ὡς ἐν ἄλλοις τόποις, προχοῖ λόγου ἄξιον ἀεί τε κύκλῳ περιρρέον εἰς βάθος ἀφανίζεται· λέλειπται δή, καθάπερ ἐν ταῖς σμικραῖς νήσοις, πρὸς τὰ τότε τὰ νῦν οἷον νοσήσαντος σώματος ὀστᾶ, περιερρυηκυίας τῆς γῆς ὅση πίειρα καὶ μαλακή, τοῦ λεπτοῦ σώματος τῆς χώρας μόνου λειφθέντος. Τότε δὲ ἀκέραιος οὖσα τά τε ὄρη γηλόφους ὑψηλοὺς εἶχε, καὶ c τὰ φελλέως νῦν ὀνομασθέντα πεδία πλήρη γῆς πιείρας ἐκέκτητο, καὶ πολλὴν ἐν τοῖς ὄρεσιν ὕλην εἶχεν, ἧς καὶ νῦν ἔτι φανερὰ τεκμήρια· τῶν γὰρ ὀρῶν ἔστιν ἃ νῦν μὲν ἔχει μελίτταις μόναις τροφήν, χρόνος δ' οὐ πάμπολυς ὅτε δένδρων αὐτόθεν εἰς οἰκοδομήσεις τὰς μεγίστας ἐρεψίμων τμηθέντων στεγάσματ' ἐστὶν ἔτι σᾶ. Πολλὰ δ' ἦν ἄλλ' ἥμερα ὑψηλὰ δένδρα, νομὴν δὲ βοσκήμασιν ἀμήχανον ἔφερεν. Καὶ δὴ καὶ τὸ κατ' ἐνιαυτὸν ὕδωρ ἐκαρποῦτ' ἐκ Διός, οὐχ ὡς νῦν ἀπολλῦσα ῥέον ἀπὸ ψιλῆς τῆς γῆς εἰς d θάλατταν, ἀλλὰ πολλὴν ἔχουσα καὶ εἰς αὐτὴν καταδεχομένη, τῇ κεραμίδι στεγούσῃ γῇ διαταμιευομένη, τὸ καταποθὲν ἐκ τῶν ὑψηλῶν ὕδωρ εἰς τὰ κοῖλα ἀφιεῖσα κατὰ πάντας τοὺς τόπους παρείχετο ἄφθονα κρηνῶν καὶ ποταμῶν νάματα, ὧν καὶ νῦν ἔτι ἐπὶ ταῖς πηγαῖς πρότερον οὔσαις ἱερὰ λελειμμένα ἐστὶν σημεῖα ὅτι περὶ αὐτῆς ἀληθῆ λέγεται τὰ νῦν.

denn das Meeresbecken, welches dasselbe umgibt, ist hart an
seinen Gestaden überall von großer Tiefe; und da nun viele
bedeutende Überschwemmungen während der neuntausend
Jahre Statt gefunden haben – denn so viele sind ja deren seit
jener Zeit bis auf die gegenwärtige verstrichen – so hat die b
Erde, welche während dieser Zeit und unter diesen Einwir-
kungen von den Höhen herabgeflossen ist, nicht, wie in an-
deren Gegenden, einen Damm, welcher der Rede wert wäre,
aufgeworfen, sondern ist jedesmal im Kreise herumgeflossen
und so in der Tiefe verschwunden. So sind denn, wie es auch
bei kleinen Inseln zu geschehen pflegt, im Vergleich zu dem
damaligen Lande in dem gegenwärtigen gleichsam wie von
einem durch Krankheit dahingeschwundenen Körper nur
noch die Knochen übrig geblieben, indem die Erde, so weit
sie fett und weich war, rings herum abgeflossen und nur das
magere Gerippe des Landes zurückgelassen ist. Damals aber,
als es noch unversehrt war, waren seine Berge hoch und mit c
Erde bedeckt, und eben so waren seine Ebenen, welche jetzt
als Steinboden bezeichnet werden, voll fetter Erde; auch trug
es vieles Gehölz auf den Bergen, von welchem es auch jetzt
noch deutliche Spuren gibt. Denn von den Bergen bieten
zwar einige jetzt nur noch den Bienen Nahrung dar, es ist
aber noch nicht gar lange Zeit her, als noch Dächer, welche
aus den Bäumen verfertigt waren, die man dort als Sparren-
holz für die größten Gebäude fällte, unversehrt dastanden.
Es gab aber auch noch viel andere hohe Bäume, und zwar
Fruchtbäume, und für die Herden brachte das Land unglaub-
lich reiche Weide hervor. Ferner genoß es einer jährlichen
Bewässerung vom Zeus, und verlor dieselbe auch nicht wie- d
der, wie jetzt, wo sie von dem dünnen Fruchtboden ins Meer
abfließt, sondern wie es damals denselben reichlich besaß, so
sog es auch den Regen in ihn ein und bewahrte denselben in
einer Umschließung von Tonerde auf, indem es das einge-
sogene Wasser von den Höhen in die Tiefen hinabfließen
ließ, und bereitete so an allen Orten reichhaltige Quellen und
Flüsse, von denen auch noch jetzt da, wo einst ihre Ur-
sprünge waren, heilige Merkzeichen für die Wahrheit meiner
gegenwärtigen Erzählung über unser Land geblieben sind.

Τὰ μὲν οὖν τῆς ἄλλης χώρας φύσει τε οὕτως εἶχε, e
καὶ διεκεκόσμητο ὡς εἰκὸς ὑπὸ γεωργῶν μὲν ἀληθινῶν καὶ πραττόντων αὐτὸ τοῦτο, φιλοκάλων δὲ καὶ εὐφυῶν, γῆν δὲ ἀρίστην καὶ ὕδωρ ἀφθονώτατον ἐχόντων καὶ ὑπὲρ τῆς γῆς ὥρας μετριώτατα κεκραμένας· τὸ δ᾽ ἄστυ κατῳκισμένον ὧδ᾽ ἦν ἐν τῷ τότε χρόνῳ. Πρῶτον μὲν τὸ τῆς ἀκροπόλεως εἶχε τότε οὐχ ὡς τὰ νῦν ἔχει. Νῦν μὲν γὰρ μία γενομένη 112
νὺξ ὑγρὰ διαφερόντως γῆς αὐτὴν ψιλὴν περιτήξασα πεποίηκε, σεισμῶν ἅμα καὶ πρὸ τῆς ἐπὶ Δευκαλίωνος φθορᾶς τρίτου πρότερον ὕδατος ἐξαισίου γενομένου· τὸ δὲ πρὶν ἐν ἑτέρῳ χρόνῳ μέγεθος μὲν ἦν πρὸς τὸν Ἠριδανὸν καὶ τὸν Ἰλισὸν ἀποβεβηκυῖα καὶ περιειληφυῖα ἐντὸς τὴν Πύκνα καὶ τὸν Λυκαβηττὸν ὅρον ἐκ τοῦ καταντικρὺ τῆς Πυκνὸς ἔχουσα, γεώδης δ᾽ ἦν πᾶσα καὶ πλὴν ὀλίγων ἐπίπεδος ἄνωθεν. Ὠκεῖτο δὲ τὰ μὲν ἔξωθεν, ὑπ᾽ αὐτὰ τὰ b
πλάγια αὐτῆς, ὑπὸ τῶν δημιουργῶν καὶ τῶν γεωργῶν ὅσοι πλησίον ἐγεώργουν· τὰ δ᾽ ἐπάνω τὸ μάχιμον αὐτὸ καθ᾽ αὑτὸ μόνον γένος περὶ τὸ τῆς Ἀθηνᾶς Ἡφαίστου τε ἱερὸν κατῳκήκειν, οἷον μιᾶς οἰκίας κῆπον ἑνὶ περιβόλῳ προσπεριβεβλημένοι. Τὰ γὰρ πρόσβορρα αὐτῆς ᾤκουν οἰκίας κοινὰς καὶ συσσίτια χειμερινὰ κατασκευασάμενοι, καὶ πάντα ὅσα πρέποντ᾽ ἦν τῇ κοινῇ πολιτείᾳ δι᾽ οἰκοδομήσεων ὑπάρχειν αὐτῶν καὶ τῶν ἱερῶν, ἄνευ χρυσοῦ καὶ c
ἀργύρου — τούτοις γὰρ οὐδὲν οὐδαμόσε προσεχρῶντο, ἀλλὰ τὸ μέσον ὑπερηφανίας καὶ ἀνελευθερίας μεταδιώκοντες

2.2.4. Attikas vorbildliche Landwirtschaft. Die Anlage der Stadt Athen: die Größe der Akropolis; ihre Besiedlung; die Wohnanlagen der Krieger auf der Burg; die Wasserversorgung; konstante Anzahl der Krieger

Also war nun das übrige Land von Natur beschaffen und e
ward auch in gehöriger Weise angebaut von Ackerleuten, die in Wahrheit diesen Namen verdienten und sich eben nur hiemit beschäftigten und dabei pflichteifrig und von tüchtigem Schlage waren, so wie ihnen denn auch der schönste Boden und Wasser in reicher Fülle und in der Luft die trefflichste Mischung der Jahreszeiten zu Teil geworden war. Die Stadt aber war in der damaligen Zeit auf folgende Weise angelegt. Die Burg zuvörderst befand sich damals in anderen Umgebungen als jetzt. Denn jetzt hat eine besonders reg- 112a
nerische Nacht die Erde rings herum aufgelockert und von ihr weggespült, indem zugleich Erdbeben und eine gewaltige Wasserflut, die dritte vor der Zerstörung zu Deukalions Zeit, entstanden waren. Sodann zog sich ihre Ausdehnung in früherer Zeit bis zum Eridanos und Ilissos hinab, faßte die Pnyx in sich und hatte der Pnyx gegenüber den Berg Lykabettos zur Grenze; auch war die ganze Höhe mit Erde bedeckt und mit wenigen Ausnahmen eben auf ihrer Oberfläche. Es wurde aber die Gegend außerhalb derselben, unmit- b
telbar unter ihren Abhängen, von den Handwerkern und denjenigen Landleuten, welche den nahe gelegenen Acker bebauten, bewohnt; die Höhe selbst aber war um das Heiligtum der Athene und des Hephästos herum von dem Geschlecht der Krieger gesondert für sich in Besitz genommen, indem sie dasselbe wie den Garten eines gemeinsamen Hauses mit einer einzigen Mauer umgeben hatten. Sie bewohnten nämlich den nördlichen Teil der Burg, wo sie mit gemeinschaftlichen Häusern und Speisesälen für den Winter und überhaupt mit Allem, was in ihrem Gemeinwesen zur Einrichtung von Gebäuden für sie selbst und die Priester er- c
forderlich war, ausgerüstet waren, jedoch nicht mit Gold und Silber, denn dessen bedienten sie sich niemals in irgend welcher Art; und wie sie vielmehr überhaupt zwischen Übermut und unfreiem Sinne die Mittelstraße verfolgten, so wa-

κοσμίας ᾠκοδομοῦντο οἰκήσεις, ἐν αἷς αὐτοί τε καὶ ἐκγόνων ἔκγονοι καταγηρῶντες ἄλλοις ὁμοίοις τὰς αὐτὰς ἀεὶ παρεδίδοσαν — τὰ δὲ πρὸς νότου, κήπους καὶ γυμνάσια συσσίτιά τε ἀνέντες οἷα θέρους, κατεχρῶντο ἐπὶ ταῦτα αὐτοῖς. Κρήνη δ' ἦν μία κατὰ τὸν τῆς νῦν ἀκροπόλεως τόπον, ἧς ἀποσβεσθείσης ὑπὸ τῶν σεισμῶν τὰ νῦν νάματα d
μικρὰ κύκλῳ καταλέλειπται, τοῖς δὲ τότε πᾶσιν παρεῖχεν ἄφθονον ῥεῦμα, εὐκρὰς οὖσα πρὸς χειμῶνά τε καὶ θέρος. Τούτῳ δὴ κατῴκουν τῷ σχήματι, τῶν μὲν αὑτῶν πολιτῶν φύλακες, τῶν δὲ ἄλλων Ἑλλήνων ἡγεμόνες ἑκόντων, πλῆθος δὲ διαφυλάττοντες ὅτι μάλιστα ταὐτὸν αὑτῶν εἶναι πρὸς τὸν ἀεὶ χρόνον ἀνδρῶν καὶ γυναικῶν, τὸ δυνατὸν πολεμεῖν ἤδη καὶ τὸ ἔτι, περὶ δύο μάλιστα ὄντας e
μυριάδας.

Οὗτοι μὲν οὖν δὴ τοιοῦτοί τε ὄντες αὐτοὶ καί τινα τοιοῦτον ἀεὶ τρόπον τήν τε αὑτῶν καὶ τὴν Ἑλλάδα δίκῃ διοικοῦντες, ἐπὶ πᾶσαν Εὐρώπην καὶ Ἀσίαν κατά τε σωμάτων κάλλη καὶ κατὰ τὴν τῶν ψυχῶν παντοίαν ἀρετὴν ἐλλόγιμοί τε ἦσαν καὶ ὀνομαστότατοι πάντων τῶν τότε· τὰ δὲ δὴ τῶν ἀντιπολεμησάντων αὐτοῖς οἷα ἦν ὥς τε ἀπ' ἀρχῆς ἐγένετο, μνήμης ἂν μὴ στερηθῶμεν, ὡς ἔτι παῖδες ὄντες ἠκούσαμεν εἰς τὸ μέσον αὐτὰ νῦν ἀποδώσομεν ὑμῖν τοῖς φίλοις εἶναι κοινά.

ren auch ihre Wohnungen von mäßig guter Einrichtung, in denen sie selbst und noch ihre Kindeskinder alt wurden, und wie das eine Geschlecht stets dem anderen ähnlich war, so übergab es ihm dieselben auch immer in dem gleichen Zustande. Was aber den südlichen Teil (der Burg) anlangt, so gebrauchten sie denselben zu dem gleichen Zwecke, wenn sie, wie dies im Sommer zu geschehen pflegte, ihre (besonders dazu eingerichteten) Gärten, Übungsplätze und Speisesäle verließen. Es gab ferner damals nur einen einzigen Born an dem Punkte, wo jetzt die Burg steht, nach dessen Versiegen in Folge von Erdbeben noch die kleinen Wässer- d
chen von ihm übrig geblieben sind, welche sich rings um sie herumziehen, er gewährte aber eine völlig zureichende Wassermenge für Alle, die damals lebten, und besaß im Winter wie im Sommer das richtige Wärmeverhältnis. In dieser Weise also wohnten sie dort, als Beschützer ihrer eignen Mitbürger, so wie frei gewählte Führer aller andern Hellenen, und wachten nach Möglichkeit dafür, daß die Zahl ihrer eigenen kriegstüchtigen Mitglieder – an Männern und Weibern – für ewige Zeiten dieselbe bleibe, welche auch damals e
bereits sich auf ungefähr zwanzigtausend belief.

2.2.5. Macht und Ansehen der Ur-Athener

Da sie nun also von solcher Beschaffenheit waren und etwa in der beschriebenen Weise ihren eigenen Staat, so wie ganz Griechenland, mit Gerechtigkeit lenkten, so waren sie in ganz Europa und Asien sowohl wegen ihrer Körperschönheit als auch ihrer mannigfachen geistigen Vorzüge angesehen, ja die namhaftesten unter allen damals lebenden Völkern. Doch nun will ich auch die Verhältnisse ans Licht stellen, wie sie bei ihren Gegnern bestanden und wie sie sich von Anfang an bei denselben entwickelten – wenn anders mich mein Gedächtnis nicht bei dem, was ich bereits als Knabe gehört habe, im Stiche läßt – um auch euch, meinen Freunden, die Kunde hiervon mitzuteilen.

Τὸ δ᾽ ἔτι βραχὺ πρὸ τοῦ λόγου δεῖ δηλῶσαι, μὴ πολλάκις 113
ἀκούοντες Ἑλληνικὰ βαρβάρων ἀνδρῶν ὀνόματα θαυ-
μάζητε· τὸ γὰρ αἴτιον αὐτῶν πεύσεσθε. Σόλων, ἅτ᾽ ἐπινοῶν
εἰς τὴν αὑτοῦ ποίησιν καταχρήσασθαι τῷ λόγῳ, διαπυνθα-
νόμενος τὴν τῶν ὀνομάτων δύναμιν, ηὗρεν τούς τε
Αἰγυπτίους τοὺς πρώτους ἐκείνους αὐτὰ γραψαμένους εἰς
τὴν αὑτῶν φωνὴν μετενηνοχότας, αὐτός τε αὖ πάλιν
ἑκάστου τὴν διάνοιαν ὀνόματος ἀναλαμβάνων εἰς τὴν
ἡμετέραν ἄγων φωνὴν ἀπεγράφετο· καὶ ταῦτά γε δὴ τὰ b
γράμματα παρὰ τῷ πάππῳ τ᾽ ἦν καὶ ἔτ᾽ ἐστὶν παρ᾽ ἐμοὶ
νῦν, διαμεμελέτηταί τε ὑπ᾽ ἐμοῦ παιδὸς ὄντος. Ἂν οὖν
ἀκούητε τοιαῦτα οἷα καὶ τῇδε ὀνόματα, μηδὲν ὑμῖν ἔστω
θαῦμα· τὸ γὰρ αἴτιον αὐτῶν ἔχετε. Μακροῦ δὲ δὴ λόγου
τοιάδε τις ἦν ἀρχὴ τότε.

Καθάπερ ἐν τοῖς πρόσθεν ἐλέχθη περὶ τῆς τῶν θεῶν
λήξεως, ὅτι κατενείμαντο γῆν πᾶσαν ἔνθα μὲν μείζους
λήξεις, ἔνθα δὲ καὶ ἐλάττους, ἱερὰ θυσίας τε αὑτοῖς κατα- c
σκευάζοντες, οὕτω δὴ καὶ τὴν νῆσον Ποσειδῶν τὴν
Ἀτλαντίδα λαχὼν ἐκγόνους αὑτοῦ κατῴκισεν ἔκ θνητῆς
γυναικὸς γεννήσας ἔν τινι τόπῳ τοιῷδε τῆς νήσου. Πρὸς
θαλάττης μέν, κατὰ δὲ μέσον πάσης πεδίον ἦν, ὃ δὴ
πάντων πεδίων κάλλιστον ἀρετῇ τε ἱκανὸν γενέσθαι λέγεται,
πρὸς τῷ πεδίῳ δὲ αὖ κατὰ μέσον σταδίους ὡς πεντήκοντα
ἀφεστὸς ἦν ὄρος βραχὺ πάντῃ. Τούτῳ δ᾽ ἦν ἔνοικος τῶν
ἐκεῖ κατὰ ἀρχὰς ἐκ γῆς ἀνδρῶν γεγονότων Εὐήνωρ μὲν d

2.3. *Die Verhältnisse in Atlantis*

2.3.1. *Vorbemerkung zur Verwendung griechischer Eigennamen für Atlanter*

Indessen muß ich meinem Berichte noch die Bemerkung 113a
unmittelbar voraufschicken, daß ihr euch nicht etwa wundern möget, wenn ihr ungriechischen Männern griechische Namen geben hört, denn ihr sollt den Grund davon erfahren. Da nämlich Solon ja diese Erzählung zu einem Gedichte zu verwenden bezweckte, so forschte er nach der Bedeutung der Namen, und da fand er nun, daß jene (alten) Ägypter, welche sie zuerst aufgezeichnet, sie in ihre eigene Sprache übersetzt hatten, und so nahm er seinerseits (gleichfalls) wieder den Sinn jedes Namens vor und schrieb ihn so nieder,
wie er, in unsere Sprache übertragen, lautete. Und diese Auf- b
zeichnungen befanden sich denn auch bei meinem Großvater, und ich besitze sie noch, und sie sind von mir in meinen Knabenjahren sorgfältig durchgelesen worden. Wenn ihr daher eben solche Namen hört, wie hier zu Lande, so laßt euch das nicht Wunder nehmen, denn ihr wißt jetzt die Ursache davon. Von der langen Erzählung lautete der Anfang nun damals ungefähr folgendermaßen.

2.3.2. *Atlantis – eine Domäne Poseidons; seine Geographie; Poseidons Verbindung mit Kleito; die Nachkommenschaft*

Wie (schon) im Obigen erzählt wurde, daß die Götter die ganze Erde unter sich teils in größere, teils in kleinere Teile
verteilt und sich selber ihre Heiligtümer und Opferstätten c
gegründet hätten, so fiel auch dem Poseidon die Insel Atlantis zu, und er verpflanzte seine Sprößlinge, die er mit einem sterblichen Weibe erzeugt hatte, auf einen Ort der Insel von ungefähr folgender Beschaffenheit. Ziemlich in der Mitte der ganzen Insel, jedoch so, daß sie an das Meer stieß, lag eine Ebene, welche von allen Ebenen die schönste und von ganz vorzüglicher Güte (des Bodens) gewesen sein soll. Am Rande dieser Ebene aber lag wiederum, und zwar etwa sechzig Stadien vom Meere entfernt, ein nach allen Seiten niedriger Berg. Auf demselben nun wohnte einer von den daselbst im
Anfange aus der Erde entsprossenen Männern, Namens Eue- d

ὄνομα, γυναικὶ δὲ συνοικῶν Λευκίππῃ· Κλειτὼ δὲ μονογενῆ
θυγατέρα ἐγεννησάσθην. Ἤδη δ᾽ εἰς ἀνδρὸς ὥραν ἡκούσης
τῆς κόρης ἥ τε μήτηρ τελευτᾷ καὶ ὁ πατήρ, αὐτῆς δὲ εἰς
ἐπιθυμίαν Ποσειδῶν ἐλθὼν συμμείγνυται, καὶ τὸν γήλοφον,
ἐν ᾧ κατῴκιστο, ποιῶν εὐερκῆ περιρρήγνυσιν κύκλῳ,
θαλάττης γῆς τε ἐναλλὰξ ἐλάττους μείζους τε περὶ
ἀλλήλους ποιῶν τροχούς, δύο μὲν γῆς, θαλάττης δὲ τρεῖς
οἷον τορνεύων ἐκ μέσης τῆς νήσου, πάντῃ ἴσον ἀφεστῶτας,
ὥστε ἄβατον ἀνθρώποις εἶναι· πλοῖα γὰρ καὶ τὸ πλεῖν e
οὔπω τότε ἦν. Αὐτὸς δὲ τήν τε ἐν μέσῳ νῆσον οἷα δὴ θεὸς
εὐμαρῶς διεκόσμησεν, ὕδατα μὲν διττὰ ὑπὸ γῆς ἄνω
πηγαῖα κομίσας, τὸ μὲν θερμόν, ψυχρὸν δὲ ἐκ κρήνης
ἀπορρέον ἕτερον, τροφὴν δὲ παντοίαν καὶ ἱκανὴν ἐκ τῆς
γῆς ἀναδιδούς. Παίδων δὲ ἀρρένων πέντε γενέσεις διδύ-
μους γεννησάμενος ἐθρέψατο, καὶ τὴν νῆσον τὴν Ἀτλαν-
τίδα πᾶσαν δέκα μέρη κατανείμας τῶν μὲν πρεσβυτάτων
τῷ προτέρῳ γενομένῳ τήν τε μητρῴαν οἴκησιν καὶ τὴν 114
κύκλῳ λῆξιν, πλείστην καὶ ἀρίστην οὖσαν, ἀπένειμε,
βασιλέα τε τῶν ἄλλων κατέστησε, τοὺς δὲ ἄλλους ἄρχοντας,
ἑκάστῳ δὲ ἀρχὴν πολλῶν ἀνθρώπων καὶ τόπον πολλῆς
χώρας ἔδωκεν. Ὀνόματα δὲ πᾶσιν ἔθετο, τῷ μὲν πρεσβυ-
τάτῳ καὶ βασιλεῖ τοῦτο οὗ δὴ καὶ πᾶσα ἡ νῆσος τό τε
πέλαγος ἔσχεν ἐπωνυμίαν, Ἀτλαντικὸν λεχθέν, ὅτι τοὔνομ᾽
ἦν τῷ πρώτῳ βασιλεύσαντι τότε Ἄτλας· τῷ δὲ διδύμῳ b
μετ᾽ ἐκεῖνόν τε γενομένῳ, λῆξιν δὲ ἄκρας τῆς νήσου πρὸς
Ἡρακλείων στηλῶν εἰληχότι ἐπὶ τὸ τῆς Γαδειρικῆς νῦν
χώρας κατ᾽ ἐκεῖνον τὸν τόπον ὀνομαζομένης, Ἑλληνιστὶ
μὲν Εὔμηλον, τὸ δ᾽ ἐπιχώριον Γάδειρον, ὅπερ τ᾽ ἦν

nor, zusamt seiner Gattin Leukippe, und sie hatten eine einzige Tochter, Kleito, erzeugt. Als nun dies Mädchen in das Alter der Mannbarkeit gekommen war, starben ihr Mutter und Vater, Poseidon aber ward von Liebe zu ihr ergriffen und verband sich mit ihr. Er trennte (deshalb) auch den Hügel, auf welchem sie wohnte, rings herum durch eine starke Umhegung ab, indem er mehrere kleinere und größere Ringe abwechselnd von Wasser und von Erde um einander fügte, und zwar ihrer zwei von Erde und drei von Wasser, und mitten aus der Insel gleichsam herauszirkelte, so daß ein jeder in allen seinen Teilen gleichmäßig von den anderen entfernt war; wodurch denn der Hügel für Menschen unzugäng- e
lich ward, denn Schiffe und Schiffahrt gab es damals noch nicht. Für seine Zwecke aber stattete er die in der Mitte liegende Insel, wie es ihm als einem Gotte nicht schwer ward, mit allem Nötigen aus, indem er zwei Wassersprudel, den einen warm und den andern kalt, dergestalt, daß sie aus einer gemeinsamen Quelle flossen, aus der Erde emporsteigen und mannigfache und reichliche Frucht aus ihr hervorgehen ließ. An männlicher Nachkommenschaft aber erzeugte er fünf Zwillingspaare und zog sie auf, zerlegte sodann die ganze Insel Atlantis in zehn Landgebiete und teilte von ihnen dem Erstgebornen des ältesten Paares den Wohnsitz seiner 114a
Mutter und das umliegende Gebiet, als das größte und beste, zu und bestellte ihn auch zum König über die anderen (Söhne); aber auch diese machte er zu Herrschern, indem er einem jeden die Herrschaft über viele Menschen und vieles Land verlieh. Auch legte er allen Namen bei, und zwar dem ältesten und Könige den, von welchem auch die ganze Insel und das Meer, welches ja das atlantische heißt, ihre Benennungen empfingen; nämlich Atlas ward dieser erste damals herrschende König geheißen. Dem nach ihm geborenen b
Zwillingsbruder ferner, welcher den äußersten Teil der Insel, von den Säulen des Herakles bis zu der Gegend welche jetzt die gadeirische heißt und von der damals so genannten diese Bezeichnung empfangen hat, als seinen Anteil erhielt, gab er in der Landessprache den Namen Gadeiros, welcher auf griechisch Eumelos lauten würde und auch jene Benennung

ἐπίκλην ταύτῃ ὄνομ᾽ ἄ⟨ν⟩ παράσχοι. Τοῖν δὲ δευτέροιν γενομένοιν τὸν μὲν Ἀμφήρη, τὸν δὲ Εὐαίμονα ἐκάλεσεν· τρίτοις δέ, Μνησέα μὲν τῷ προτέρῳ γενομένῳ, τῷ δὲ μετὰ τοῦτον Αὐτόχθονα· τῶν δὲ τετάρτων Ἐλάσιππον μὲν τὸν c
πρότερον, Μήστορα δὲ τὸν ὕστερον· ἐπὶ δὲ τοῖς πέμπτοις τῷ μὲν ἔμπροσθεν Ἀζάης ὄνομα ἐτέθη, τῷ δ᾽ ὑστέρῳ Διαπρέπης. Οὗτοι δὴ πάντες αὐτοί τε καὶ ἔκγονοι τούτων ἐπὶ γενεὰς πολλὰς ᾤκουν ἄρχοντες μὲν πολλῶν ἄλλων κατὰ τὸ πέλαγος νήσων, ἔτι δέ, ὥσπερ καὶ πρότερον ἐρρήθη, μέχρι τε Αἰγύπτου καὶ Τυρρηνίας, τῶν ἐντὸς δεῦρο ἐπάρχοντες. Ἄτλαντος δὴ πολὺ μὲν ἄλλο καὶ τίμιον d
γίγνεται γένος, βασιλεὺς δὲ ὁ πρεσβύτατος ἀεὶ τῷ πρεσβυτάτῳ τῶν ἐκγόνων παραδιδοὺς ἐπὶ γενεὰς πολλὰς τὴν βασιλείαν διέσῳζον, πλοῦτον μὲν κεκτημένοι πλήθει τοσοῦτον, ὅσος οὔτε πω πρόσθεν ἐν δυναστείαις τισὶν βασιλέων γέγονεν οὔτε ποτὲ ὕστερον γενέσθαι ῥᾴδιος, κατεσκευασμένα δὲ πάντ᾽ ἦν αὐτοῖς ὅσα ἐν πόλει καὶ ὅσα κατὰ τὴν ἄλλην χώραν ἦν ἔργον κατασκευάσασθαι. Πολλὰ μὲν γὰρ διὰ τὴν ἀρχὴν αὐτοῖς προσῄειν ἔξωθεν, πλεῖστα δὲ ἡ νῆσος αὐτὴ παρείχετο εἰς τὰς τοῦ βίου κατασκευάς, e
πρῶτον μὲν ὅσα ὑπὸ μεταλλείας ὀρυττόμενα στερεὰ καὶ ὅσα τηκτὰ γέγονε, καὶ τὸ νῦν ὀνομαζόμενον μόνον — τότε δὲ πλέον ὀνόματος ἦν τὸ γένος ἐκ γῆς ὀρυττόμενον ὀρειχάλκου κατὰ τόπους πολλοὺς τῆς νήσου, πλὴν χρυσοῦ τιμιώτατον ἐν τοῖς τότε ὄν — καὶ ὅσα ὕλη πρὸς τὰ τεκτόνων διαπονήματα παρέχεται, πάντα φέρουσα ἄφθονα, τά τε αὖ περὶ τὰ ζῷα ἱκανῶς ἥμερα καὶ ἄγρια τρέφουσα. Καὶ δὴ καὶ ἐλεφάντων ἦν ἐν αὐτῇ γένος πλεῖστον· νομὴ γὰρ τοῖς τε ἄλλοις ζῴοις, ὅσα καθ᾽ ἕλη καὶ λίμνας καὶ

des Landes hervorrufen sollte. Von dem zweiten Paare sodann nannte er den Einen Ampheres und den Andern Euämon, von dem dritten den Erstgebornen Mnaseas und den folgenden Autochthon, von dem vierten den Ersten Elasip- c pos und den Zweiten Mestor, von dem fünften endlich empfing der Frühergeborne den Namen Azaës und der Letztgeborne den Namen Diaprepes. Diese Alle nun samt ihren Abkömmlingen wohnten hier viele Geschlechter hindurch und beherrschten auch noch viele andere Inseln des Meeres, überdies aber, wie schon vorhin bemerkt wurde, auch noch die hier innerhalb Wohnenden bis nach Ägypten und Tyrrenien hin.

2.3.3. *Macht und Reichtum der Insel; die natürlichen Ressourcen*

Vom Atlas nun stammte ein zahlreiches Geschlecht, wel- d ches auch in seinen übrigen Gliedern hochgeehrt war, namentlich aber dadurch, daß der jedesmalige König die königliche Gewalt immer dem ältesten seiner Söhne überlieferte, viele Geschlechter hindurch sich den Besitz dieser Gewalt und damit eines Reichtums von solcher Fülle bewahrte, wie er wohl weder zuvor in irgend einem Königreiche bestanden hat, noch so leicht künftig wieder bestehen wird, und war mit Allem versehen, was in der Stadt und im übrigen Lande herbeizuschaffen nötig war. Denn Vieles ward diesen Königen von auswärtigen Ländern her in Folge ihrer Herrschaft (über dieselben) zugeführt, das Meiste aber bot die Insel selbst für die Bedürfnisse des Lebens dar, zunächst Alles, was e durch den Bergbau gediegen oder in schmelzbaren Erzen hervorgegraben wird, darunter auch die Gattung, welche jetzt nur noch ein Name ist, damals aber mehr als dies war, nämlich die des Goldkupfererzes, welches an vielen Stellen der Insel aus der Erde gefördert und unter den damals lebenden Menschen nächst dem Golde am höchsten geschätzt ward. Ferner brachte sie Alles, was der Wald zu den Arbeiten der Handwerker darbietet, in reichem Maße hervor und nährte reichlich wilde und zahme Tiere. Sogar die Gattung der Elephanten war auf ihr sehr zahlreich, denn nicht bloß für die übrigen Tiere insgesamt, welche in Sümpfen, Teichen

ποταμούς, ὅσα τ᾽ αὖ κατ᾽ ὄρη καὶ ὅσα ἐν τοῖς πεδίοις 115
νέμεται, σύμπασιν παρῆν ἅδην, καὶ τούτῳ κατὰ ταὐτὰ τῷ
ζῴῳ, μεγίστῳ πεφυκότι καὶ πολυβορωτάτῳ. Πρὸς δὲ
τούτοις, ὅσα εὐώδη τρέφει που γῆ τὰ νῦν, ῥιζῶν ἢ χλόης
ἢ ξύλων ἢ χυλῶν στακτῶν εἴτε ἀνθῶν ἢ καρπῶν, ἔφερέν
τε ταῦτα καὶ ἔτρεφεν εὖ· ἔτι δὲ τὸν ἥμερον καρπόν, τόν
τε ξηρόν, ὃς ἡμῖν τῆς τροφῆς ἕνεκά ἐστιν, καὶ ὅσοις χάριν
τοῦ σίτου προσχρώμεθα — καλοῦμεν δὲ αὐτοῦ τὰ μέρη
σύμπαντα ὄσπρια — καὶ τὸν ὅσος ξύλινος, πώματα καὶ b
βρώματα καὶ ἀλείμματα φέρων, παιδιᾶς τε ὃς ἕνεκα
ἡδονῆς τε γέγονε δυσθησαύριστος ἀκροδρύων καρπός, ὅσα
τε παραμύθια πλησμονῆς μεταδόρπια ἀγαπητὰ κάμνοντι
τίθεμεν, ἅπαντα ταῦτα ἡ τότε [ποτὲ] οὖσα ὑφ᾽ ἡλίῳ νῆσος
ἱερὰ καλά τε καὶ θαυμαστὰ καὶ πλήθεσιν ἄπειρ᾽ ἔφερεν.
Ταῦτα οὖν λαμβάνοντες πάντα παρὰ τῆς γῆς κατεσκευά-
ζοντο τά τε ἱερὰ καὶ τὰς βασιλικὰς οἰκήσεις καὶ τοὺς c
λιμένας καὶ τὰ νεώρια καὶ σύμπασαν τὴν ἄλλην χώραν,
τοιᾷδ᾽ ἐν τάξει διακοσμοῦντες.

Τοὺς τῆς θαλάττης τροχούς, οἳ περὶ τὴν ἀρχαίαν ἦσαν
μητρόπολιν, πρῶτον μὲν ἐγεφύρωσαν, ὁδὸν ἔξω καὶ ἐπὶ τὰ
βασίλεια ποιούμενοι. Τὰ δὲ βασίλεια ἐν ταύτῃ τῇ τοῦ θεοῦ
καὶ τῶν προγόνων κατοικήσει κατ᾽ ἀρχὰς ἐποιήσαντο
εὐθύς, ἕτερος δὲ παρ᾽ ἑτέρου δεχόμενος, κεκοσμημένα
κοσμῶν, ὑπερεβάλλετο εἰς δύναμιν ἀεὶ τὸν ἔμπροσθεν, ἕως d
εἰς ἔκπληξιν μεγέθεσιν κάλλεσίν τε ἔργων ἰδεῖν τὴν
οἴκησιν ἀπηργάσαντο. Διώρυχα μὲν γὰρ ἐκ τῆς θαλάττης
ἀρχόμενοι τρίπλεθρον τὸ πλάτος, ἑκατὸν δὲ ποδῶν βάθος,

und Flüssen, so wie die, welche auf den Bergen und welche 115a
in den Ebenen leben, war reichliches Futter vorhanden, sondern in gleichem Maße (auch selbst) für diese Tiergattung, welche die größte und gefräßigste von allen ist. Was überdem die Erde jetzt nur irgend an Wohlgerüchen nährt, sei es von Wurzeln oder Gras oder Hölzern oder hervorquellenden Säften oder Blumen oder Früchten, das Alles trug und hegte die Insel vielfältig; nicht minder die „milde Frucht" und die trockene, deren wir zur Nahrung bedürfen, und alle, deren wir uns sonst zur Speise bedienen und deren Arten wir mit
dem (gemeinsamen) Namen der Gemüse bezeichnen; ferner b
die, welche baumartig wächst und Trank und Speise und Salböl (zugleich) liefert; ferner die schwer aufzubewahrende Frucht der Obstbäume, welche uns zur Freude und zur Erheiterung geschaffen ist, und was wir zum Nachtisch aufzutragen pflegen als erwünschte (neue) Reizmittel des angefüllten Magens für die Übersättigten – dies Alles brachte die Insel, die damals durchweg den Einwirkungen der Sonne zugänglich war, in vortrefflicher und bewundernswerter Gestalt und in der reichsten Fülle hervor. Indem nun Atlas und seine Nachkommen dies Alles aus der Erde empfingen, grün-
deten sie Tempel, Königshäuser, Häfen und Schiffswerfte, c
und richteten auch das ganze übrige Land ein, wobei sie nach folgender Anordnung verfuhren.

2.3.4. Die Anlage der Mutterstadt: Brücken, Kanaldurchstich zum Meer, Land-Meer-Ringe, Hafenanlagen, Bauten

Zuerst schlugen sie Brücken über die Ringe von Wasser, welche ihre alte Mutterstadt umgaben, um sich so einen Weg von und zu der Königsburg zu schaffen. Dieselbe errichteten sie nämlich gleich im Anfange eben auf jenem Wohnsitze des Gottes und ihrer Vorfahren, und so empfing sie der Eine von dem Anderen, indem ein Jeder ihre Ausstattung erwei-
terte und nach Kräften seinen Vorgänger darin überbot, bis d
sie denn endlich diesen ihren Wohnsitz durch die Größe und Schönheit ihrer Werke zu einem staunenswerten Anblicke gemacht hatten: (Zuerst) nämlich gruben sie einen Kanal von drei Plethren Breite, hundert Fuß Tiefe und fünfzig Stadien

μῆκος δὲ πεντήκοντα σταδίων, ἐπὶ τὸν ἐξωτάτω τροχὸν συνέτρησαν, καὶ τὸν ἀνάπλουν ἐκ τῆς θαλάττης ταύτῃ πρὸς ἐκεῖνον ὡς εἰς λιμένα ἐποιήσαντο, διελόντες στόμα ναυσὶν ταῖς μεγίσταις ἱκανὸν εἰσπλεῖν. Καὶ δὴ καὶ τοὺς τῆς γῆς τροχούς, οἳ τοὺς τῆς θαλάττης διεῖργον, κατὰ τὰς γεφύρας διεῖλον ὅσον μιᾷ τριήρει διέκπλουν εἰς e
ἀλλήλους, καὶ κατεστέγασαν ἄνωθεν ὥστε τὸν ὑπόπλουν κάτωθεν εἶναι· τὰ γὰρ τῶν τῆς γῆς τροχῶν χείλη βάθος εἶχεν ἱκανὸν ὑπερέχον τῆς θαλάττης. Ἦν δὲ ὁ μὲν μέγιστος τῶν τροχῶν, εἰς ὃν ἡ θάλαττα συνετέτρητο, τριστάδιος τὸ πλάτος, ὁ δ' ἑξῆς τῆς γῆς ἴσος ἐκείνῳ· τοῖν δὲ δευτέροιν ὁ μὲν ὑγρὸς δυοῖν σταδίοιν πλάτος, ὁ δὲ ξηρὸς ἴσος αὖ πάλιν τῷ πρόσθεν ὑγρῷ· σταδίου δὲ ὁ περὶ αὐτὴν τὴν ἐν μέσῳ νῆσον περιθέων. Ἡ δὲ νῆσος, ἐν ᾗ τὰ 116
βασίλεια ἦν, πέντε σταδίων τὴν διάμετρον εἶχεν. Ταύτην δὴ κύκλῳ καὶ τοὺς τροχοὺς καὶ τὴν γέφυραν πλεθριαίαν τὸ πλάτος οὖσαν ἔνθεν καὶ ἔνθεν λιθίνῳ περιεβάλλοντο τείχει, πύργους καὶ πύλας ἐπὶ τῶν γεφυρῶν κατὰ τὰς τῆς θαλάττης διαβάσεις ἑκασταχόσε ἐπιστήσαντες· τὸν δὲ λίθον ἔτεμνον ὑπὸ τῆς νήσου κύκλῳ τῆς ἐν μέσῳ καὶ ὑπὸ τῶν τροχῶν ἔξωθεν καὶ ἐντός, τὸν μὲν λευκόν, τὸν δὲ μέλανα, τὸν δὲ ἐρυθρὸν ὄντα, τέμνοντες δὲ ἅμ' ἠργάζοντο b
νεωσοίκους κοίλους διπλοῦς ἐντός, κατηρεφεῖς αὐτῇ τῇ πέτρᾳ. Καὶ τῶν οἰκοδομημάτων τὰ μὲν ἁπλᾶ, τὰ δὲ μειγνύντες τοὺς λίθους ποικίλα ὕφαινον παιδιᾶς χάριν, ἡδονὴν αὐτοῖς σύμφυτον ἀπονέμοντες· καὶ τοῦ μὲν περὶ τὸν ἐξωτάτω τροχὸν τείχους χαλκῷ περιελάμβανον πάντα τὸν περίδρομον, οἷον ἀλοιφῇ προσχρώμενοι, τοῦ δ' ἐντὸς

Länge vom Meere aus bis zu dem äußersten Ringe hin, und machten so eine Einfahrt vor der See in denselben wie in einen Hafen möglich, indem sie die Einmündung in ihn weit genug zum Einlaufen für die größten Schiffe brachen. Sodann durchbrachen sie aber auch die Kreiswälle von Erde, welche die Wasserringe von einander trennten, unterhalb der e
Brücken in einer solchen Breite, daß für einen einzelnen Dreiruderer die Durchfahrt von dem einen durch den anderen möglich ward, und überbrückten dann wieder den Durchstich, so daß die Schiffahrt hier eine unterirdische war; die Ränder der Erdwälle hatten nämlich eine Höhe, welche hinlänglich über das Meer emporragte. Es war aber der weiteste von den Ringen, welche einst aus dem Meere gebildet waren, drei Stadien breit, und eben so der zunächst auf ihn folgende Wallring, von den beiden nächsten Ringen aber der aus Wasser bestehende zwei, und eben so war ihm wiederum der aus Erde aufgehäufte an Breite gleich, endlich der unmittelbar um die Insel herumlaufende ein Stadium, und die 116a
Insel selbst, auf welcher die Königsburg stand, hatte fünf Stadien im Durchmesser. Diese selbst nun umgaben sie rings herum, und eben so die Ringe und die Brücke, welche ein Plethron breit war, von beiden Seiten mit je einer steinernen Mauer, und errichteten bei den Brücken nach beiden Seiten hin Türme und Tore gegen die Durchfahrten vom Meere zu. Die Steine dazu aber, welche teils weiß, teils schwarz und teils rot waren, brachen sie unten an (den Abhängen) der in b
der Mitte gelegenen Insel rings herum, und eben so unten an den Wallrändern nach außen und nach innen zu, und dadurch, daß sie sie dort herausschlugen, erlangten sie zugleich innerhalb derselben auf beiden Seiten Höhlungen zu Schiffsarsenalen, welche den Felsen selber zur Decke hatten. Auch (andere) Gebäude errichteten sie (aus jenen Steinen), und zwar teils einfarbige, teils auch bunte, indem sie sie aus verschiedenfarbigen Steinen zum Genuß (für das Auge) zusammensetzten und denselben dadurch ihren (vollen) natürlichen Reiz gaben. Die Mauer endlich, welche um den äußeren Wall herumlief, faßten sie ihrem ganzen Umfange nach mit Erz ein, indem sie dasselbe gleichsam wie ein Salböl anwandten,

καττιτέρῳ περιέτηκον, τὸν δὲ περὶ αὐτὴν τὴν ἀκρόπολιν c
ὀρειχάλκῳ μαρμαρυγὰς ἔχοντι πυρώδεις.

Τὰ δὲ δὴ τῆς ἀκροπόλεως ἐντὸς βασίλεια κατεσκευασμένα ὧδ' ἦν. Ἐν μέσῳ μὲν ἱερὸν ἅγιον αὐτόθι τῆς τε Κλειτοῦς καὶ τοῦ Ποσειδῶνος ἄβατον ἀφεῖτο, περιβόλῳ χρυσῷ περιβεβλημένον, τοῦτ' ἐν ᾧ κατ' ἀρχὰς ἐφίτυσαν καὶ ἐγέννησαν τὸ τῶν δέκα βασιλειδῶν γένος· ἔνθα καὶ κατ' ἐνιαυτὸν ἐκ πασῶν τῶν δέκα λήξεων ὡραῖα αὐτόσε ἀπετέλουν ἱερὰ ἐκείνων ἑκάστῳ. Τοῦ δὲ Ποσειδῶνος αὐτοῦ νεὼς ἦν, σταδίου μὲν μῆκος, εὖρος δὲ τρισὶ πλέθροις, d
ὕψος δ' ἐπὶ τούτοις σύμμετρον ἰδεῖν, εἶδος δέ τι βαρβαρικὸν ἔχοντος. Πάντα δὲ ἔξωθεν περιήλειψαν τὸν νεὼν ἀργύρῳ, πλὴν τῶν ἀκρωτηρίων, τὰ δὲ ἀκρωτήρια χρυσῷ· τὰ δ' ἐντός, τὴν μὲν ὀροφὴν ἐλεφαντίνην ἰδεῖν πᾶσαν χρυσῷ καὶ ἀργύρῳ καὶ ὀρειχάλκῳ πεποικιλμένην, τὰ δὲ ἄλλα πάντα τῶν τοίχων τε καὶ κιόνων καὶ ἐδάφους ὀρειχάλκῳ περιέλαβον. Χρυσᾶ δὲ ἀγάλματα ἐνέστησαν, τὸν μὲν θεὸν ἐφ' ἅρματος ἑστῶτα ἓξ ὑποπτέρων ἵππων ἡνίοχον, αὐτόν τε ὑπὸ μεγέθους τῇ κορυφῇ τῆς ὀροφῆς ἐφαπτόμενον, e
Νηρῇδας δὲ ἐπὶ δελφίνων ἑκατὸν κύκλῳ — τοσαύτας γὰρ ἐνόμιζον αὐτὰς οἱ τότε εἶναι. — πολλὰ δ' ἐντὸς ἄλλα ἀγάλματα ἰδιωτῶν ἀναθήματα ἐνῆν. Περὶ δὲ τὸν νεὼν ἔξωθεν εἰκόνες ἁπάντων ἕστασαν ἐκ χρυσοῦ, τῶν γυναικῶν καὶ αὐτῶν ὅσοι τῶν δέκα ἐγεγόνεσαν βασιλέων, καὶ πολλὰ ἕτερα ἀναθήματα μεγάλα τῶν τε βασιλέων καὶ ἰδιωτῶν ἐξ αὐτῆς τε τῆς πόλεως καὶ τῶν ἔξωθεν ὅσων ἐπῆρχον. 117
Βωμός τε δὴ συνεπόμενος ἦν τὸ μέγεθος καὶ τὸ τῆς ἐργασίας ταύτῃ τῇ κατασκευῇ, καὶ τὰ βασίλεια κατὰ τὰ

die um den innern aber umschmolzen sie mit Zinn, endlich c
die Burg selbst mit Goldkupfererz, welches einen feuerähn-
lichen Glanz hatte.

2.3.5. Die Einrichtungen der königlichen Burg

Die königliche Wohnung innerhalb der Burg selbst aber
war folgendermaßen eingerichtet. Inmitten der letztern be-
fand sich ein der Kleito und dem Poseidon geweihter Tem-
pel, welcher nur von den Priestern betreten werden durfte
und mit einer goldenen Mauer umgeben war, derselbe, in
welchem sie einst das Geschlecht der zehn Fürsten erzeugt
und hervorgebracht hatten. Dahin schickte man auch jedes
Jahr aus allen zehn Landgebieten die Erstlinge als Opfer für
einen jeden von diesen. Ferner stand dort ein besonderer
Tempel des Poseidon, von einem Stadium Länge, drei Ple- d
thren an Breite und von einer Höhe, wie sie einen dem ent-
sprechenden Anblick gewährte, hatte aber ein etwas barba-
risches Ansehen. Den ganzen Tempel nun überzogen sie von
außen mit Silber, mit Ausnahme der Zinnen, die Zinnen aber
mit Gold. Was aber das Innere anbetrifft, so konnte man die
elfenbeinerne Decke ganz mit Gold [und Silber] und Gold-
kupfererz verziert sehen, alles Andere aber an Mauern, Säu-
len und Estrichen überkleideten sie mit Goldkupfererz. Auch
stellten sie goldene Bildsäulen darin auf, nämlich den Gott
selber, wie er, auf seinem Wagen stehend, sechs geflügelte
Rosse lenkt, und der seinerseits so groß gebildet war, daß er e
mit dem Haupte die Decke berührte, rings um ihn herum
aber die hundert Nereiden auf Delphinen; denn so viel,
glaubte man damals, daß ihrer seien; außerdem befanden sich
aber auch noch viele andere Bildwerke als Weihgeschenke
von Privatleuten im Tempel. Außerhalb aber standen rings
um denselben die Bildsäulen von Allen insgesamt, nämlich
von den zehn Königen selbst und ihren Weibern und Allen,
welche von ihnen entsprossen waren, und viele andere große
Weihgeschenke von den Königen wie von Privatleuten teils
aus der Stadt selbst, teils aus allen von ihnen beherrschten 117a
Gebieten außerhalb derselben. Auch der Altar entsprach an
Größe so wie an Arbeit dieser Ausstattung, und eben so war

αὐτὰ πρέποντα μὲν τῷ τῆς ἀρχῆς μεγέθει, πρέποντα δὲ τῷ περὶ τὰ ἱερὰ κόσμῳ. Ταῖς δὲ δὴ κρήναις, τῇ τοῦ ψυχροῦ καὶ τῇ τοῦ θερμοῦ νάματος, πλῆθος μὲν ἄφθονον ἐχούσαις, ἡδονῇ δὲ καὶ ἀρετῇ τῶν ὑδάτων πρὸς ἑκατέρου τὴν χρῆσιν θαυμαστοῦ πεφυκότος, ἐχρῶντο περιστήσαντες οἰκοδομήσεις καὶ δένδρων φυτεύσεις πρεπούσας ὕδασι, δεξαμενάς τε αὖ τὰς μὲν ὑπαιθρίους, τὰς δὲ χειμερινὰς b
τοῖς θερμοῖς λουτροῖς ὑποστέγους περιτιθέντες, χωρὶς μὲν βασιλικάς, χωρὶς δὲ ἰδιωτικάς, ἔτι δὲ γυναιξὶν ἄλλας καὶ ἑτέρας ἵπποις καὶ τοῖς ἄλλοις ὑποζυγίοις, τὸ πρόσφορον τῆς κοσμήσεως ἑκάστοις ἀπονέμοντες. Τὸ δὲ ἀπορρέον ἦγον ἐπὶ τὸ τοῦ Ποσειδῶνος ἄλσος, δένδρα παντοδαπὰ κάλλος ὕψος τε δαιμόνιον ὑπ᾽ ἀρετῆς γῆς ἔχοντα, καὶ ἐπὶ τοὺς ἔξω κύκλους δι᾽ ὀχετῶν κατὰ τὰς γεφύρας ἐπωχέτευον· οὗ δὴ πολλὰ μὲν ἱερὰ καὶ πολλῶν θεῶν, πολλοὶ c
δὲ κῆποι καὶ πολλὰ γυμνάσια ἐκεχειρούργητο, τὰ μὲν ἀνδρῶν, τὰ δὲ ἵππων χωρὶς ἐν ἑκατέρᾳ τῇ τῶν τροχῶν νήσῳ, τά τε ἄλλα καὶ κατὰ μέσην τὴν μείζω τῶν νήσων ἐξῃρημένος ἱππόδρομος ἦν αὐτοῖς, σταδίου τὸ πλάτος ἔχων, τὸ δὲ μῆκος περὶ τὸν κύκλον ὅλον ἀφεῖτο εἰς ἅμιλλαν τοῖς ἵπποις. Δορυφορικαὶ δὲ περὶ αὐτὸν ἔνθεν τε καὶ ἔνθεν οἰκήσεις ἦσαν τῷ πλήθει τῶν δορυφόρων· τοῖς δὲ d
πιστοτέροις ἐν τῷ μικροτέρῳ τροχῷ καὶ πρὸς τῆς ἀκροπόλεως μᾶλλον ὄντι διετέτακτο ἡ φρουρά, τοῖς δὲ πάντων διαφέρουσιν πρὸς πίστιν ἐντὸς τῆς ἀκροπόλεως περὶ τοὺς βασιλέας αὐτοὺς ἦσαν οἰκήσεις δεδομέναι. Τὰ δὲ νεώρια τριήρων μεστὰ ἦν καὶ σκευῶν ὅσα τριήρεσιν προσήκει, πάντα δὲ ἐξηρτυμένα ἱκανῶς. Καὶ τὰ μὲν δὴ περὶ τὴν τῶν

auch die königliche Wohnung eben so sehr der Größe der Herrschaft, wie andererseits dem auf die Heiligtümer verwandten Schmucke angemessen. Von den beiden Quellen aber, sowohl der von kaltem als der von warmem Wasser, welche dessen eine reiche Fülle enthielten und beide dasselbe an Wohlgeschmack und Güte zum Gebrauche in ganz bewundernswerter Vortrefflichkeit darboten, zogen sie Nutzen, indem sie Gebäude und Baumpflanzungen, wie sie zu den Wassern sich schickten, rings umher anlegten und ferner b
Wasserbehälter teils unter freiem Himmel, teils zu warmen Bädern für den Winter in bedeckten Räumen in der Umgebung einrichteten, und zwar deren besondere für die Könige und besondere für die Untertanen, ferner noch andere für die Weiber und wieder für die Pferde und die übrigen Zugtiere, und einem jeden von diesen allen die ihm angemessene Ausstattung gaben. Das abfließende Wasser aber leiteten sie in den Hain des Poseidon, welcher Bäume von mannigfacher Art und von ganz vorzüglicher Höhe und Schönheit in Folge der Güte des Bodens umfaßte, teils aber auch durch Kanäle über die Brücken weg in die äußeren Ringe hinein. In c
der Nähe dieser Wasserleitungen wurden denn auch Heiligtümer vieler Götter, ferner viele Gärten und Übungsplätze angelegt, und zwar besondere für die auf den menschlichen Körper beschränkten Übungen und besondere für die mit dem Wagengespann aus jeder von beiden aus den Wällen bestehenden Inseln, und überdies besaßen sie auch in der Mitte der größeren Insel eine ausgesuchte Rennbahn, welche ein Stadium breit und deren Länge im ganzen Umkreise zum Wettkampfe für die Rosse eingerichtet war. Um dieselbe herum lagen auf beiden Seiten die Wohnungen für die Mehrzahl d
der Trabanten. Die zuverlässigeren unter ihnen aber hatten ihre Wache auf dem kleineren und näher an der Burg gelegenen Wallring, den vor allen anderen an Zuverlässigkeit ausgezeichneten endlich waren ihre Wohnungen auf der Burg selber um den Königspalast herum gegeben. Die Schiffsarsenale aber waren voll von Dreiruderern und von Allem, was zu der Ausrüstung von Dreiruderern gehört, wovon Alles in reichem Maße in Bereitschaft gehalten wurde.

βασιλέων οἴκησιν οὕτω κατεσκεύαστο· διαβάντι δὲ τοὺς λιμένας ἔξω τρεῖς ὄντας ἀρξάμενον ἀπὸ τῆς θαλάττης ᾔειν ἐν κύκλῳ τεῖχος, πεντήκοντα σταδίους τοῦ μεγίστου e
τροχοῦ τε καὶ λιμένος ἀπέχον πανταχῇ, καὶ συνέκλειεν εἰς ταὐτὸν πρὸς τὸ τῆς διώρυχος στόμα τὸ πρὸς θαλάττης. Τοῦτο δὴ πᾶν συνῳκεῖτο μὲν ὑπὸ πολλῶν καὶ πυκνῶν οἰκήσεων, ὁ δὲ ἀνάπλους καὶ ὁ μέγιστος λιμὴν ἔγεμεν πλοίων καὶ ἐμπόρων ἀφικνουμένων πάντοθεν, φωνὴν καὶ θόρυβον παντοδαπὸν κτύπον τε μεθ᾽ ἡμέραν καὶ διὰ νυκτὸς ὑπὸ πλήθους παρεχομένων.

Τὸ μὲν οὖν ἄστυ καὶ τὸ περὶ τὴν ἀρχαίαν οἴκησιν σχεδὸν ὡς τότ᾽ ἐλέχθη νῦν διεμνημόνευται· τῆς δ᾽ ἄλλης χώρας ὡς ἡ φύσις εἶχεν καὶ τὸ τῆς διακοσμήσεως εἶδος, ἀπομνη- 118
μονεῦσαι πειρατέον. Πρῶτον μὲν οὖν ὁ τόπος ἅπας ἐλέγετο σφόδρα τε ὑψηλὸς καὶ ἀπότομος ἐκ θαλάττης, τὸ δὲ περὶ τὴν πόλιν πᾶν πεδίον, ἐκείνην μὲν περιέχον, αὐτὸ δὲ κύκλῳ περιεχόμενον ὄρεσιν μέχρι πρὸς τὴν θάλατταν καθειμένοις, λεῖον καὶ ὁμαλές, πρόμηκες δὲ πᾶν, ἐπὶ μὲν θάτερα τρισχιλίων σταδίων, κατὰ δὲ μέσον ἀπὸ θαλάττης ἄνω δισχιλίων. Ὁ δὲ τόπος οὗτος ὅλης τῆς νήσου πρὸς b
νότον ἐτέτραπτο, ἀπὸ τῶν ἄρκτων κατάβορρος. Τὰ δὲ περὶ αὐτὸν ὄρη τότε ὑμνεῖτο πλῆθος καὶ μέγεθος καὶ κάλλος παρὰ πάντα τὰ νῦν ὄντα γεγονέναι, πολλὰς μὲν κώμας καὶ πλουσίας περιοίκων ἐν ἑαυτοῖς ἔχοντα, ποταμοὺς δὲ καὶ λίμνας καὶ λειμῶνας τροφὴν τοῖς πᾶσιν ἡμέροις καὶ ἀγρίοις

2.3.6. Die übrige Stadt

Solches war nun also die Ausrüstung der königlichen Wohnung. Wenn man aber die drei außerhalb derselben befindlichen Häfen hinter sich hatte, so traf man auf eine Mauer, welche vom Meere begann und im Kreise herumlief, e
von dem größten Ringe und zugleich Hafen aber überall fünfzig Stadien entfernt war und an derselben Stelle bei der Mündung des Kanals in das Meer wieder abschloß. Dieses Ganze aber war mit vielen und dichtgedrängten Wohnungen umgeben, und die Ausfahrt so wie der größte Hafen wimmelten von Schiffen und Kaufleuten, welche aus allen Gegenden hieher kamen und bei Tage wie bei Nacht Geschrei, Getümmel und Getöse mannigfacher Art wegen ihrer Menge verursachten.

2.3.7. Die Beschaffenheit des übrigen Landes; die Ebene mit ihrem Kanalsystem

Über die Stadt und jenen einstigen Wohnsitz (der Könige) habe ich nun so ziemlich das, was mir damals erzählt wurde, mitgeteilt; nun muß ich aber auch noch versuchen, über die natürliche Beschaffenheit des übrigen Landes und die Art 118a
seiner Verwaltung zu berichten. Zunächst nun wurde mir das Land im Ganzen als sehr hochgelegen und steil aus dem Meere aufsteigend geschildert, die Gegend um die Stadt her dagegen durchweg als eine Ebene, welche dieselbe umschloß, ihrerseits aber wieder rings herum von Bergen eingeschlossen wurde, die sich bis zum Meere hinabzogen, und zwar als eine ganz glatte und gleichmäßige Fläche, die in ihrer Gesamtausdehnung eine längliche Gestalt hatte, indem dieselbe nach der Seite zu dreitausend Stadien, in der Mitte aber vom Meere aufwärts (nur) zweitausend betrug. Von der b
ganzen Insel nämlich lag dieser Teil nach der Südseite zu, indem er sich von Norden nach Süden erstreckte. Die Berge aber, welche ihn umgaben, wurden damals als solche gepriesen, welche an Menge, Größe und Schönheit alle jetzt vorhandenen übertrafen, indem sie viele Flecken mit einer reichen Zahl von Bewohnern, ferner Flüsse, Seen und Auen, welche allen möglichen zahmen und wilden Tieren hin-

ἱκανὴν θρέμμασιν, ὕλην δὲ καὶ πλήθει καὶ γένεσι ποικίλην
σύμπασίν τε τοῖς ἔργοις καὶ πρὸς ἕκαστα ἄφθονον. Ὧδε
οὖν τὸ πεδίον φύσει καὶ ὑπὸ βασιλέων πολλῶν ἐν πολλῷ c
χρόνῳ διεπεπόνητο. Τετράγωνον μὲν αὔθ' ὑπῆρχεν τὰ
πλεῖστ' ὀρθὸν καὶ πρόμηκες, ὅτι δὲ ἐνέλειπε, κατεύθυντο
τάφρου κύκλῳ περιορυχθείσης· τὸ δὲ βάθος καὶ πλάτος τό
τε μῆκος αὐτῆς ἄπιστον μὲν λεχθέν, ὡς χειροποίητον
ἔργον, πρὸς τοῖς ἄλλοις διαπονήμασι τοσοῦτον εἶναι,
ῥητέον δὲ ὅ γε ἠκούσαμεν· πλέθρου μὲν γὰρ βάθος ὀρώρυκτο,
τὸ δὲ πλάτος ἁπάντῃ σταδίου, περὶ δὲ πᾶν τὸ πεδίον d
ὀρυχθεῖσα συνέβαινεν εἶναι τὸ μῆκος σταδίων μυρίων. Τὰ
δ' ἐκ τῶν ὀρῶν καταβαίνοντα ὑποδεχομένη ῥεύματα καὶ περὶ
τὸ πεδίον κυκλωθεῖσα, πρὸς τὴν πόλιν ἔνθεν τε καὶ ἔνθεν
ἀφικομένη, ταύτῃ πρὸς θάλατταν μεθεῖτο ἐκρεῖν. Ἄνωθεν
δὲ ἀπ' αὐτῆς τὸ πλάτος μάλιστα ἑκατὸν ποδῶν διώρυχες
εὐθεῖαι τετμημέναι κατὰ τὸ πεδίον πάλιν εἰς τὴν τάφρον
τὴν πρὸς θαλάττης ἀφεῖντο, ἑτέρα δὲ ἀφ' ἑτέρας αὐτῶν
σταδίους ἑκατὸν ἀπεῖχεν· ᾗ δὴ τήν τε ἐκ τῶν ὀρῶν ὕλην e
κατῆγον εἰς τὸ ἄστυ καὶ τἆλλα δὲ ὡραῖα πλοίοις κατεκομί-
ζοντο, διάπλους ἐκ τῶν διωρύχων εἰς ἀλλήλας τε πλαγίας
καὶ πρὸς τὴν πόλιν τεμόντες. Καὶ δὶς δὴ τοῦ ἐνιαυτοῦ τὴν
γῆν ἐκαρποῦντο, χειμῶνος μὲν τοῖς ἐκ Διὸς ὕδασι
χρώμενοι, θέρους δὲ ὅσα γῆ φέρει τὰ ἐκ τῶν διωρύχων
ἐπάγοντες νάματα. Πλῆθος δέ, τῶν μὲν ἐν τῷ πεδίῳ

reichendes Futter darboten, so wie endlich Waldungen in
sich faßten, welche in bunter Menge und in der größten
Mannigfaltigkeit aller Gattungen einen reichhaltigen Stoff zu
den Arbeiten jeder Art, im Großen wie im Kleinen, lieferten.
Auf diese Weise war die Ebene von der Natur ausgestattet, c
und viele Könige hatten (nicht minder) an ihrer weiteren
Ausstattung gearbeitet. Zum größten Teile bildete sie näm-
lich (wirklich) bereits ein vollständiges Rechteck; wo es aber
noch an der vollen Regelmäßigkeit dieser Gestalt fehlte, war
ihr dieselbe dadurch gegeben worden, daß sie auf allen Seiten
einen Graben herumgezogen hatten. Was mir nun von des-
sen Tiefe, Breite und Länge erzählt ward, das könnte un-
glaublich erscheinen für ein von Menschenhänden gearbei-
tetes Werk; es könnte unglaublich erscheinen, daß sie zu ih-
ren vielen anderen Arbeiten auch noch diese von so gewal-
tiger Ausdehnung unternommen hätten; dennoch muß ich
darüber berichten, wie ich es gehört habe. Nämlich ein Ple-
thron tief ward er gegraben und überall ein Stadion breit, und d
als er nun die ganze Ebene herumgezogen war, da ergab sich
für ihn eine Länge von zehntausend Stadien. Er nahm auch
die von den Bergen herabfließenden Wasser auf, und da er
rings um die Ebene herumgeführt war und die Stadt auf
beiden Seiten berührte, so ließ er dieselben auf folgende Wei-
se ins Meer abfließen. Von seinem oberen Teile her wurden
nämlich von ihm ungefähr hundert Fuß breite Kanäle in ge-
rader Linie in die Ebene geleitet, welche wieder in den (gro-
ßen) vom Meere aus gezogenen Kanal einmündeten und von
einander hundert Stadien entfernt waren. Auf ihnen brachten e
sie denn auch das Holz von den Bergen in die Stadt, aber
auch alle anderen Landeserzeugnisse holten sie zu Wasser
heran, indem sie wieder Überfahrten aus den Kanälen in ein-
ander nach der Quere zu und eben so nach der Stadt hin
gruben. Auch ernteten sie in Folge dessen zweimal des Jah-
res ein, indem ihnen im Winter der Regen des Zeus dazu
verhalf, im Sommer aber die Bewässerung, welche das Land
(selber) in sich trug, dadurch, daß sie sie aus den Kanälen
herzuleiteten.

χρησίμων πρὸς πόλεμον ἀνδρῶν ἐτέτακτο τὸν κλῆρον
ἕκαστον παρέχειν ἄνδρα ἡγεμόνα, τὸ δὲ τοῦ κλήρου μέγεθος 119
εἰς δέκα δεκάκις ἦν στάδια, μυριάδες δὲ συμπάντων τῶν
κλήρων ἦσαν ἕξ· τῶν δ᾽ ἐκ τῶν ὀρῶν καὶ τῆς ἄλλης χώρας
ἀπέραντος μὲν ἀριθμὸς ἀνθρώπων ἐλέγετο, κατὰ δὲ τόπους
καὶ κώμας εἰς τούτους τοὺς κλήρους πρὸς τοὺς ἡγεμόνας
ἅπαντες διενενέμηντο. Τὸν οὖν ἡγεμόνα ἦν τεταγμένον εἰς
τὸν πόλεμον παρέχειν ἕκτον μὲν ἅρματος πολεμιστηρίου
μόριον εἰς μύρια ἅρματα, ἵππους δὲ δύο καὶ ἀναβάτας, ἔτι
δὲ συνωρίδα χωρὶς δίφρου καταβάτην τε μικράσπιδα καὶ b
τὸν ἀμφοῖν μετ᾽ ἐπιβάτην τοῖν ἵπποιν ἡνίοχον ἔχουσαν,
ὁπλίτας δὲ δύο καὶ τοξότας σφενδονήτας τε ἑκατέρους
δύο, γυμνῆτας δὲ λιθοβόλους καὶ ἀκοντιστὰς τρεῖς ἑκα-
τέρους, ναύτας δὲ τέτταρας εἰς πλήρωμα διακοσίων καὶ
χιλίων νεῶν. Τὰ μὲν οὖν πολεμιστήρια οὕτω διετέτακτο
τῆς βασιλικῆς πόλεως, τῶν δὲ ἐννέα ἄλλα ἄλλως, ἃ μακρὸς
ἂν χρόνος εἴη λέγειν.

Τὰ δὲ τῶν ἀρχῶν καὶ τιμῶν ὧδ᾽ εἶχεν ἐξ ἀρχῆς διακο- c
σμηθέντα. Τῶν δέκα βασιλέων εἷς ἕκαστος ἐν μὲν τῷ καθ᾽
αὑτὸν μέρει κατὰ τὴν αὑτοῦ πόλιν τῶν ἀνδρῶν καὶ τῶν
πλείστων νόμων ἦρχεν, κολάζων καὶ ἀποκτεινὺς ὅντιν᾽
ἐθελήσειεν· ἡ δὲ ἐν ἀλλήλοις ἀρχὴ καὶ κοινωνία κατὰ ἐπι-
στολὰς ἦν τὰς τοῦ Ποσειδῶνος, ὡς ὁ νόμος αὐτοῖς παρέ-
δωκεν καὶ γράμματα ὑπὸ τῶν πρώτων ἐν στήλῃ γεγραμμένα
ὀρειχαλκίνῃ, ἣ κατὰ μέσην τὴν νῆσον ἔκειτ᾽ ἐν ἱερῷ Ποσει- d

2.3.8. Organisation der Streitkräfte im Haupt-Königreich

Was aber die Zahl (der Bewohner) anbetrifft, so bestand
die Anordnung, daß in der Ebene (selbst) an kriegstüchtigen
Männern jedes Grundstück einen Anführer zu stellen hatte; 119a
die Größe eines jeden Grundstückes aber betrug gegen hun-
dert (Quadrat-) Stadien, und die Zahl von ihnen allen sech-
zigtausend; auf den Gebirgen dagegen und im übrigen Lande
zählte man eine unsägliche Menschenmasse, alle jedoch wa-
ren nach ihren Ortschaften und Flecken je einem dieser
Grundstücke und Führer zugeteilt. Die Führer nun aber hat-
ten die Verpflichtung zum Kriege ihrer sechs zusammen ei-
nen Kriegswagen zu stellen, so daß deren insgesamt zehn-
tausend wurden, ferner ein jeder zwei Rosse und Reiter, dazu
noch ein Zwiegespann ohne Sessel, welches mit einem Krie- b
ger bemannt war, der einen kleinen Schild trug und auch
herabsteigend zu Fuße kämpfte; außer diesem Wagenkämp-
fer aber mit einem Lenker für die beiden Rosse, ferner zwei
Schwerbewaffnete und an Bogen- und Schleuderschützen je
zwei, und eben so an Stein- und Speerwerfern ohne Rüstung
je drei; endlich vier Seeleute zur Bemannung von zwölfhun-
dert Schiffen. So war das Kriegswesen in dem königlichen
Staate angeordnet, in den andern neun Staaten aber auf ver-
schiedene Weise, deren Erörterung (zu) lange Zeit in An-
spruch nehmen würde.

2.3.9. Die zehn Könige und ihr Zusammenwirken; diesbezügliche Bräuche und Gesetze

Die Verhältnisse der obrigkeitlichen Gewalt und der c
Staatswürden aber waren vom Anbeginn her folgenderma-
ßen geordnet. Von den zehn Königen herrschte ein jeder in
dem ihm überkommenen Gebiete von seiner Stadt aus über
die Bewohner und stand über den meisten Gesetzen derge-
stalt, daß er strafte und hinrichten ließ wen immer es ihm gut
dünkte. Die Herrschaft über sie selbst aber ward gegenseitig
und gemeinschaftlich geführt nach den Anordnungen des
Poseidon, wie sie ein Gesetz ihnen überlieferte, welches von
ihren Vorfahren auf eine Säule von Goldkupfererz einge-
graben war, die in der Mitte der Insel, nämlich im Heiligtum d

δῶνος, οἳ δὴ δι᾽ ἐνιαυτοῦ πέμπτου, τοτὲ δὲ ἐναλλὰξ ἕκτου,
συνελέγοντο, τῷ τε ἀρτίῳ καὶ τῷ περιττῷ μέρος ἴσον ἀπο-
νέμοντες, συλλεγόμενοι δὲ περί τε τῶν κοινῶν ἐβουλεύοντο
καὶ ἐξήταζον εἴ τίς τι παραβαίνοι, καὶ ἐδίκαζον. Ὅτε δὲ
δικάζειν μέλλοιεν, πίστεις ἀλλήλοις τοιάσδε ἐδίδοσαν πρό-
τερον. Ἀφέτων ὄντων ταύρων ἐν τῷ τοῦ Ποσειδῶνος ἱερῷ,
μόνοι γιγνόμενοι δέκα ὄντες, ἐπευξάμενοι τῷ θεῷ τὸ κεχα-
ρισμένον αὐτῷ θῦμα ἑλεῖν, ἄνευ σιδήρου ξύλοις καὶ βρόχοις e
ἐθήρευον, ὃν δὲ ἕλοιεν τῶν ταύρων, πρὸς τὴν στήλην προσ-
αγαγόντες κατὰ κορυφὴν αὐτῆς ἔσφαττον κατὰ τῶν γραμ-
μάτων. Ἐν δὲ τῇ στήλῃ πρὸς τοῖς νόμοις ὅρκος ἦν μεγάλας
ἀρὰς ἐπευχόμενος τοῖς ἀπειθοῦσιν. Ὅτ᾽ οὖν κατὰ τοὺς
αὐτῶν νόμους θύσαντες καθαγίζοιεν πάντα τοῦ ταύρου τὰ 120
μέλη, κρατῆρα κεράσαντες ὑπὲρ ἑκάστου θρόμβον ἐνέ-
βαλλον αἵματος, τὸ δ᾽ ἄλλ᾽ εἰς τὸ πῦρ ἔφερον, περι-
καθήραντες τὴν στήλην· μετὰ δὲ τοῦτο χρυσαῖς φιάλαις
ἐκ τοῦ κρατῆρος ἀρυτόμενοι, κατὰ τοῦ πυρὸς σπένδοντες
ἐπώμνυσαν δικάσειν τε κατὰ τοὺς ἐν τῇ στήλῃ νόμους καὶ
κολάσειν εἴ τίς τι πρότερον παραβεβηκὼς εἴη, τό τε αὖ
μετὰ τοῦτο μηδὲν τῶν γραμμάτων ἑκόντες παραβήσεσθαι,
μηδὲ ἄρξειν μηδὲ ἄρχοντι πείσεσθαι πλὴν κατὰ τοὺς τοῦ b
πατρὸς ἐπιτάττοντι νόμους. Ταῦτα ἐπευξάμενος ἕκαστος
αὐτῶν αὐτῷ καὶ τῷ ἀφ᾽ αὑτοῦ γένει, πιὼν καὶ ἀναθεὶς τὴν
φιάλην εἰς τὸ ἱερὸν τοῦ θεοῦ, περὶ τὸ δεῖπνον καὶ τἀναγκαῖα
διατρίψας, ἐπειδὴ γίγνοιτο σκότος καὶ τὸ πῦρ ἐψυγμένον

des Poseidon, stand. Hieher kamen sie denn auch abwechselnd bald jedes fünfte und bald jedes sechste Jahr zusammen, um der geraden und der ungeraden Zahl ein gleiches Recht angedeihen zu lassen, und berieten sich auf diesen Zusammenkünften teils über die gemeinsamen Angelegenheiten, teils hielten sie Nachforschung darnach, ob Einer (von ihnen) irgend eine Übertretung begangen, und saßen darüber zu Gericht. Wenn sie aber zum Gerichte schritten, so gaben sie einander zuvor folgendes Unterpfand der Treue. Sie stellten unter den Stieren, die da frei im Heiligtume des Poseidon weideten, ganz allein ihrer zehn, nachdem sie zu dem Gotte gebetet, daß es ihnen gelingen möge, das Opfertier, welches ihm genehm sei, zu fangen, eine Jagd ohne Eisen bloß mit e
Knitteln und Stricken an, und denjenigen von den Stieren, welchen sie fingen, brachten sie oben auf die Säule hinauf und schlachteten ihn dort (unmittelbar) über jener Inschrift. Auf der Säule befand sich aber außer dem Gesetze noch eine Schwurformel, welche gewaltige Verwünschungen über Diejenigen aussprach, welche ihm nicht gehorchten. Wenn sie nun so nach ihren Bräuchen beim Opfer dem Gotte alle Glie- 120a
der des Stieres geweiht hatten, so richteten sie einen Mischkessel zu und warfen in denselben für jeden einen Tropfen geronnenen Blutes, alles Übrige aber warfen sie ins Feuer, nachdem sie die Säule rings herum gereinigt hatten. Hierauf schöpften sie mit goldenen Trinkschalen aus dem Mischbecher, und während sie dann aus denselben die Spenden ins Feuer gossen, schwuren sie dabei, nach den Gesetzen auf der Säule zu richten und es zu strafen, wenn Einer von ihnen zuvor einen Frevel begangen, und eben so wiederum in Zukunft keine von jenen Vorschriften absichtlich zu verletzen und weder (anders) zu herrschen, noch einem andern Herrscher zu gehorchen, als dem, welcher nach den Gesetzen des b
Vaters regierte. Nachdem ein Jeder von ihnen dies für sich selbst und für sein Geschlecht gelobt hatte, trank er und weihte sodann die Becher (als Geschenk) für das Heiligtum des Gottes, und sodann wandten sie sich zum Mahle, um auch den Anforderungen ihres Körpers Genüge zu tun. Sobald es aber dunkel ward, und das Opferfeuer verglomm,

τὸ περὶ τὰ θύματα εἴη, πάντες οὕτως ἐνδύντες ὅτι καλλίστην κυανῆν στολήν, ἐπὶ τὰ τῶν ὁρκωμοσίων καύματα χαμαὶ καθίζοντες, νύκτωρ, πᾶν τὸ περὶ τὸ ἱερὸν ἀποσβεν- c
νύντες πῦρ, ἐδικάζοντό τε καὶ ἐδίκαζον εἴ τίς τι παραβαίνειν αὐτῶν αἰτιῷτό τινα· δικάσαντες δέ, τὰ δικασθέντα, ἐπειδὴ φῶς γένοιτο, ἐν χρυσῷ πίνακι γράψαντες μετὰ τῶν στολῶν μνημεῖα ἀνετίθεσαν. Νόμοι δὲ πολλοὶ μὲν ἄλλοι περὶ τὰ γέρα τῶν βασιλέων ἑκάστων ἦσαν ἴδιοι, τὰ δὲ μέγιστα, μήτε ποτὲ ὅπλα ἐπ᾽ ἀλλήλους οἴσειν βοηθήσειν τε πάντας, ἄν πού τις αὐτῶν ἔν τινι πόλει τὸ βασιλικὸν καταλύειν ἐπιχειρῇ γένος, κοινῇ δέ, καθάπερ οἱ πρόσθεν, d
βουλευόμενοι τὰ δόξαντα περὶ πολέμου καὶ τῶν ἄλλων πράξεων, ἡγεμονίαν ἀποδιδόντες τῷ Ἀτλαντικῷ γένει. Θανάτου δὲ τὸν βασιλέα τῶν συγγενῶν μηδενὸς εἶναι κύριον, ὃν ἂν μὴ τῶν δέκα τοῖς ὑπὲρ ἥμισυ δοκῇ.

Ταύτην δὴ τοσαύτην καὶ τοιαύτην δύναμιν ἐν ἐκείνοις τότε οὖσαν τοῖς τόποις ὁ θεὸς ἐπὶ τούσδε αὖ τοὺς τόπους συντάξας ἐκόμισεν ἔκ τινος τοιᾶσδε, ὡς λόγος, προφάσεως. Ἐπὶ πολλὰς μὲν γενεάς, μέχριπερ ἡ τοῦ θεοῦ φύσις αὐτοῖς e
ἐξήρκει, κατήκοοί τε ἦσαν τῶν νόμων καὶ πρὸς τὸ συγγενὲς θεῖον φιλοφρόνως εἶχον· τὰ γὰρ φρονήματα ἀληθινὰ καὶ πάντῃ μεγάλα ἐκέκτηντο, πρᾳότητι μετὰ φρονήσεως πρός τε τὰς ἀεὶ συμβαινούσας τύχας καὶ πρὸς ἀλλήλους χρώμενοι, διὸ πλὴν ἀρετῆς πάντα ὑπερορῶντες μικρὰ ἡγοῦντο

dann kleideten sich alle sofort in ein blaues Gewand von der allerhöchsten Schönheit und so, bei der Glut der Eidesopfer auf der Erde sitzend, indem sie gänzlich das Feuer im Hei- c ligtume auslöschten, empfingen und sprachen sie Recht bei der Nacht, wenn etwa der eine von ihnen den andern irgend einer Übertretung anklagte. Nach vollzogenem Urteil aber schrieben sie die Richtersprüche, sobald es Tag ward, auf einer goldenen Tafel auf und weihten dieselbe samt jenen Gewändern zum Denkzeichen. Es gab aber noch viele andere Gesetze, welche die Rechte der Könige für einen jeden im Besonderen bestimmten, über allen jedoch stand dies, daß sie niemals gegen einander die Waffen führen, vielmehr einander insgesamt Hülfe leisten, wenn etwa Einer von ihnen in irgend einer Stadt das königliche Geschlecht auszurotten versuchte, und nach gemeinsamer Beratung, gleich wie ihre d Vorfahren, ihre Beschlüsse über den Krieg und alle anderen Angelegenheiten fassen und ausführen, den Vorsitz und Oberbefehl dabei aber dem Geschlechte des Atlas überlassen sollten. Die Vollmacht, einen seiner Verwandten hinrichten zu lassen, sollte ferner einem Könige nicht zu Gebote stehen, es sei denn, daß über die Hälfte von den Zehn es genehmigt hätte.

2.4. *Wie es zum Krieg von Atlantis mit Athen kam*

2.4.1. *Allmähliche Entartung der Atlanter; das Eingreifen des Zeus*

Diese Macht von solcher Art und Ausdehnung, wie sie damals in jenen Gegenden bestand, führte der Gott, indem er sie zusammentreten ließ, nun auch gegen unser Land, wozu, wie es heißt, ungefähr folgende Verhältnisse Anlaß gaben. Viele Geschlechter hindurch, so lange noch irgend die Natur e des Gottes in ihnen wirksam war, waren sie den Gesetzen gehorsam und zeigten ein befreundetes Verhalten gegen das ihnen verwandte Göttliche. Denn sie besaßen wahrhafte und durchgehends große Gesinnungen, indem sie eine mit Klugheit gepaarte Sanftmut allen etwaigen Wechselfällen des Schicksals gegenüber, so wie gegen einander an den Tag legten, und da sie eben deshalb alles Andere außer der Tugend für wertlos ansahen, so achteten sie alle vorhandenen

τὰ παρόντα καὶ ῥᾳδίως ἔφερον οἷον ἄχθος τὸν τοῦ χρυσοῦ **121**
τε καὶ τῶν ἄλλων κτημάτων ὄγκον, ἀλλ' οὐ μεθύοντες ὑπὸ
τρυφῆς διὰ πλοῦτον ἀκράτορες αὑτῶν ὄντες ἐσφάλλοντο,
νήφοντες δὲ ὀξὺ καθεώρων ὅτι καὶ ταῦτα πάντα ἐκ φιλίας
τῆς κοινῆς μετ' ἀρετῆς αὐξάνεται, τῇ δὲ τούτων σπουδῇ
καὶ τιμῇ φθίνει ταῦτά τε αὐτὰ κἀκείνη συναπόλλυται
τούτοις. Ἐκ δὴ λογισμοῦ τε τοιούτου καὶ φύσεως θείας
παραμενούσης πάντ' αὐτοῖς ηὐξήθη ἃ πρὶν διήλθομεν.
Ἐπεὶ δ' ἡ τοῦ θεοῦ μὲν μοῖρα ἐξίτηλος ἐγίγνετο ἐν αὐτοῖς
πολλῷ τῷ θνητῷ καὶ πολλάκις ἀνακεραννυμένη, τὸ δὲ
ἀνθρώπινον ἦθος ἐπεκράτει, τότε ἤδη τὰ παρόντα φέρειν **b**
ἀδυνατοῦντες ἠσχημόνουν, καὶ τῷ δυναμένῳ μὲν ὁρᾶν
αἰσχροὶ κατεφαίνοντο, τὰ κάλλιστα ἀπὸ τῶν τιμιωτάτων
ἀπολλύντες, τοῖς δὲ ἀδυνατοῦσιν ἀληθινὸν πρὸς εὐδαι-
μονίαν βίον ὁρᾶν τότε δὴ μάλιστα πάγκαλοι μακάριοί τε
ἐδοξάζοντο εἶναι, πλεονεξίας ἀδίκου καὶ δυνάμεως ἐμπιμ-
πλάμενοι. Θεὸς δὲ ὁ θεῶν Ζεὺς ἐν νόμοις βασιλεύων, ἅτε
δυνάμενος καθορᾶν τὰ τοιαῦτα, ἐννοήσας γένος ἐπιεικὲς
ἀθλίως διατιθέμενον, δίκην αὐτοῖς ἐπιθεῖναι βουληθείς, ἵνα
γένοιντο ἐμμελέστεροι σωφρονισθέντες, συνήγειρεν θεοὺς **c**
πάντας εἰς τὴν τιμιωτάτην αὑτῶν οἴκησιν, ἣ δὴ κατὰ
μέσον παντὸς τοῦ κόσμου βεβηκυῖα καθορᾷ πάντα ὅσα
γενέσεως μετείληφεν, καὶ συναγείρας εἶπεν —

. . . .

Glücksgüter geringe und betrachteten mit Gleichmut und 121a
mehr wie eine Last die Masse ihres Goldes und ihrer übrigen Besitztümer und nicht kamen sie, berauscht von dem Schwelgen in ihrem Reichtum, so daß sie durch ihn die Herrschaft über sich selbst verloren hätten, zu Falle, sondern erkannten mit nüchternem Scharfblick, daß dies Alles nur durch die gemeinsame Freundschaft im Verein mit der Tugend sein Gedeihen empfängt, durch den Eifer und das Streben nach ihm dagegen nicht bloß selber entschwindet, sondern auch jene mit sich zu Grunde richtet. In Folge dieser Grundsätze und der fortdauernden Wirksamkeit der göttlichen Natur in ihnen gedieh ihnen denn das Alles, was ich euch vorhin mitgeteilt habe. Als aber ihr Anteil am Wesen des Gottes durch die vielfache und häufige Beimischung des Sterblichen in ihnen zu schwinden begann, und die menschliche Art überwog, da erst waren sie dem vorhandenen b
Reichtum nicht mehr gewachsen und entarteten und erschienen dem, welcher es zu erkennen vermochte, niedrig, indem sie von Allem, was in Ehren zu stehen verdient, gerade das Schönste zu Grunde richteten; denen aber, die ein wahrhaft zur Glückseligkeit führendes Leben nicht zu erkennen im Stande waren, schienen sie damals erst recht in aller Herrlichkeit und Seligkeit dazustehen, als sie ungerechten Gewinn und ungerecht erworbene Macht im Überflusse besaßen. Der Gott der Götter aber, Zeus, welcher nach den Gesetzen herrscht und solches wohl zu erkennen vermag, beschloß, als er ein treffliches Geschlecht (so) schmählich herunterkommen sah, ihnen Strafe dafür aufzuerlegen, damit sie, durch c
dieselbe zur Besinnung gebracht, zu einer edleren Lebensweise zurückkehrten. Er berief daher alle Götter in ihren ehrwürdigsten Wohnsitz zusammen, welcher in der Mitte des Weltalls liegt und eine Überschau aller Dinge gewährt, welche je des Werdens teilhaftig wurden, und nachdem er sie zusammenberufen hatte, sprach er – – – – – – – – – – – –

HINWEISE DES HERAUSGEBERS

Die Gesichtspunkte, nach denen diese Platon-Ausgabe gestaltet ist, werden in der Einleitung zum 1. Band dargestellt. Zum vorliegenden 8. Band sind die folgenden speziellen Angaben nachzutragen: a) Der griechische Text des Dialogs *Philebos*, für die Ausgabe von „Les Belles Lettres" erarbeitet von A. Diès, erschien dort in Bd. 9,2, S. 1-94 (Paris 1959, 5. Aufl. 1978); der Text des *Timaios*, von A. Rivaud, in Bd. 10, S. 125-228 (Paris 1925, 6. verbess. Aufl. 1985); und der des *Kritias*, wiederum von A. Rivaud, in Bd. 10, S. 254-274. – b) Der deutsche Text des *Philebos* stammt von F. Schleiermacher; bei ihm stand er in Bd. II,3, S. 139-248 (2. verbess. Aufl., Berlin 1826). Die Übersetzungen der beiden anderen Dialoge stammen von F. Susemihl. In der von ihm und anderen herausgegebenen Reihe der platonischen Schriften erschien die Übersetzung des *Timaios* in Gruppe 4, Bd. 6 und 7 (Stuttgart 1856) und die des *Kritias* in Gruppe 4, Bd. 8 (Stuttgart 1857).

Alte Welt und Mittelalter
im insel taschenbuch

Aischylos: Prometheus in Fesseln. Zweisprachige Ausgabe. Herausgegeben und übersetzt von Dieter Bremer. Mit Hinweisen zur Deutung und Wirkungsgeschichte. it 918

Jost Amman: Frauentrachtenbuch. Mit kolorierten Holzschnitten der Erstausgabe von 1586 und einem Nachwort von Manfred Lemmer. it 717

Apuleius: Der goldene Esel. Mit Illustrationen von Max Klinger zu ›Amor und Psyche‹. Aus dem Lateinischen von August Rode. Mit einem Nachwort von Wilhelm Haupt. it 146

Augustinus: Bekenntnisse. Lateinisch und Deutsch. Eingeleitet, übersetzt und erläutert von Joseph Bernhart. Mit einem Vorwort von Ernst Ludwig Grasmück. it 1002

Joseph Bédier: Der Roman von Tristan und Isolde. Mit Holzschnitten von 1484. Deutsch von Rudolf G. Binding. it 387

Boethius: Trost der Philosophie. Zweisprachige Ausgabe. Lateinisch und deutsch. Mit einem Nachwort von Ernst Ludwig Grasmück. it 1215

Otto Borst: Alltagsleben im Mittelalter. Mit zeitgenössischen Abbildungen. it 513

Giordano Bruno: Das Aschermittwochsmahl. Übersetzt von Ferdinand Fellmann. Mit einer Einleitung von Hans Blumenberg. it 548

Marcus Tullius Cicero: Von den Pflichten. Zweisprachige Ausgabe. Aus dem Lateinischen von Christian Garve. it 1273

Epikur: Philosophie der Freude. Briefe, Hauptlehrsätze, Spruchsammlung, Fragmente. Übertragen und mit einem Nachwort versehen von Paul M. Laskowsky. it 1057

Erasmus von Rotterdam: Das Lob der Torheit. Mit den Randzeichnungen von Hans Holbein dem Jüngeren. Übersetzt und herausgegeben von Uwe Schultz. it 369

Das Evangeliar Heinrichs des Löwen. Erläutert von Elisabeth Klemm. Mit farbigen Bildtafeln. it 1121

Aulus Gellius: Attische Nächte. Ein Lesebuch aus der Zeit des Kaisers Marc Aurel. Herausgegeben von Heinz Berthold. it 1079

Geschichte des Königs Apollonius von Tyrus. Ein antiker Liebesroman nach dem Text der Gesta Romanorum. Übertragen von Ilse und Johannes Schneider. Mit Illustrationen von Harry Jürgens. it 977

Geschichten aus dem Mittelalter. Herausgegeben von Hermann Hesse. Aus dem Lateinischen übersetzt von Hermann Hesse und J. G. T. Graesse und mit Nacherzählungen von Leo Greiner. Neu zu sammengestellt von Volker Michels. it 161

151/1/10.90

Alte Welt und Mittelalter
im insel taschenbuch

Gesta Romanorum. Das älteste Märchen- und Legendenbuch des christlichen Mittelalters. Übersetzt von J. G. T. Graesse. Augewählt und eingeleitet von Hermann Hesse. it 315

Griechisches Lesebuch. Herausgegeben von Hellmuth Flashar. it 995

Griechisches Theater. Aischylos: Die Perser. Die Sieben gegen Theben. Sophokles: Antigone. König Ödipus. Elektra. Aristophanes: Die Vögel. Lysistrata. Menander: Das Schiedsgericht. Deutsch von Wolfgang Schadewaldt. it 721

Johannes Hartlieb: Das Buch aller verbotenen Künste. Herausgegeben und ins Neuhochdeutsche übertragen von Frank Fürbeth. Mit einer Einleitung, einem Nachwort und zeitgenössischen Illustrationen. it 1241

Helmut Hiller: Heinrich der Löwe. Herzog und Rebell. Eine Chronik von Helmut Hiller. it 922

Homer: Ilias. Neue Übertragung von Wolfgang Schadewaldt. Mit antiken Vasenbildern. it 153

Klosterleben im deutschen Mittelalter. Nach zeitgenössischen Quellen von Johannes Bühler. Mit zahlreichen Abbildungen. Herausgegeben von Georg A. Narciß. it 1135

Das Leben der Heiligen. Eine Auswahl aus der ältesten deutschen Druckausgabe von Heiligenlegenden »Das Passional«. Mit zahlreichen farbigen Holzschnitten. it 892

Das Leben des Flavius Josephus. Aus seinen eigenen Aufzeichnungen zusammengestellt und übersetzt von Emanuel bin Gorion. it 536

Longus: Daphnis und Chloë. Ein antiker Liebesroman. Aus dem Griechischen übersetzt und mit einem Nachwort von Arno Mauersberger. Mit Illustrationen der »Edition du Régent«. it 136

Thomas Malory: Die Geschichten von König Artus und den Rittern seiner Tafelrunde. 3 Bde. Übertragen von Helmut Findeisen auf der Grundlage der Lachmannschen Übersetzung. Mit einem Nachwort von Walter Martin. Mit Illustrationen von Aubrey Beardsley. it 239

Minnesinger. In Bildern der Manessischen Liederhandschrift. Mit Erläuterungen herausgegeben von Walter Koschorreck. Vierundzwanzig Abbildungen. it 88

Die Nibelungen. In der Wiedergabe von Franz Keim. Mit Illustrationen von Carl Otto Czeschka. Mit einem Vor- und Nachwort von Helmut Brackert. Im Anhang die Nacherzählung ›Die Nibelungen‹ von Gretel und Wolfgang Hecht. it 14

151/2/10.90